AF253093

1ère Édition

GUIDE MICHELIN

MAROC
ALGÉRIE
TUNISIE

la Carte Michelin le complète.

Prix du Guide : **25** francs

LA CARTE MICHELIN

MAROC — ALGÉRIE — TUNISIE

(N° 151)

est en 1 feuille au 2.000.000ᵉ

(1 cm pour 20 km)

Cette carte indique entre autres renseignements :

les routes principales,
les routes secondaires,
les pistes pour voitures à 4 roues,
les pistes pour les autres voitures,
en outre.....

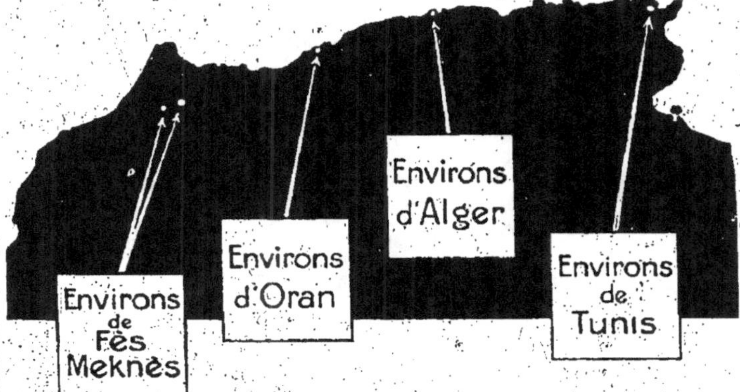

...les environs des grandes villes sont représentés en détail, à une échelle 4 fois plus grande que le reste de la carte, dans les cartouches figurés ci-dessus.

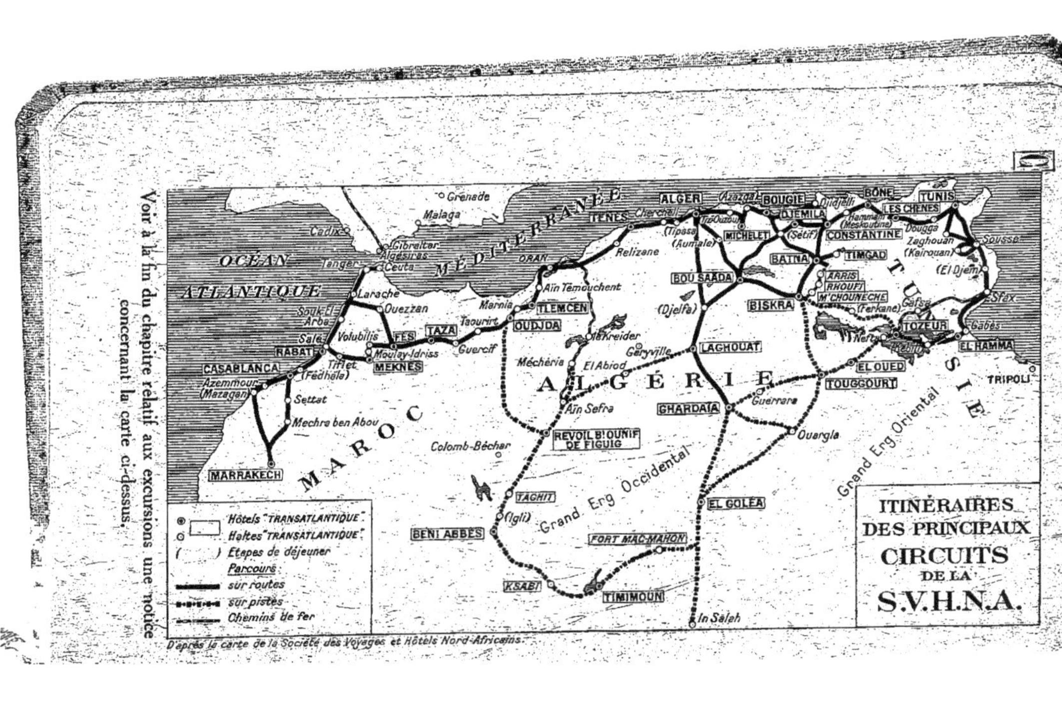

Voir à la fin du chapitre relatif aux excursions une notice concernant la carte ci-dessus.
OCÉAN ATLANTIQUE
MÉDITERRANÉE
MAROC
ALGÉRIE
TUNISIE
Grenade
Malaga
Cadix
Gibraltar
Algésiras
Ceuta
Tanger
Larache
Souk-El-Arba
Ouezzan
Salé
Volubilis
FES
TAZA
RABAT
Moulay-Idriss
CASABLANCA
Tiflet
MEKNES
Azemmour (Mazagan)
(Fédhala)
Settat
Mechra ben Abou
MARRAKECH
Taourirt
Guercif
Marnia
TLEMCEN
OUDJDA
Aïn Témouchent
ORAN
Relizane
TENES
Cherchell
ALGER
(Tipasa)
(Aumale)
Azazga
Tizi Ouzou
MICHELET
BOUGIE
DJIDJELLI
DJEMILA
(Sétif)
Hammam (Meskoutine)
BONE
LES CHENES
CONSTANTINE
TUNIS
Dougga
Zaghouan
(Kairouan)
Sousse
BATNA
TIMGAD
ARRIS
RHOUFI
M'CHOUNECHE
(Ferkane)
Gafsa
(El Djem)
Sfax
BOU SAADA
(Djelfa)
BISKRA
Gâbes
El Kreïder
Géryville
LAGHOUAT
TOZEUR
Nefta
Kebili
EL HAMMA
Méchéria
El Abiod
EL OUED
TRIPOLI
Aïn Sefra
GHARDAIA
TOUGGOURT
Guerrara
REVOIL B.ᵗ OUNIF DE FIGUIG
Ouargla
Colomb-Béchar
Grand Erg Occidental
Grand Erg Oriental
TAGHIT
(Igli)
EL GOLEA
BENI ABBES
FORT MAC-MAHON
KSABI
TIMIMOUN
In Salah
ITINÉRAIRES DES PRINCIPAUX CIRCUITS DE LA S.V.H.N.A.
Hôtels "TRANSATLANTIQUE"
Haltes "TRANSATLANTIQUE"
Étapes de déjeuner
Parcours
sur routes
sur pistes
Chemins de fer
D'après la carte de la Société des Voyages et Hôtels Nord-Africains.

Les Guides régionaux Michelin.

Le Guide Michelin
France

3.350 *localités décrites*
730 *plans*
1 *atlas au* 1/3.000.000ᵉ

Prix : **25 francs**

Les Cartes Michelin de France

La Carte au 200.000ᵉᵐᵉ

Assemblage des 37 feuilles.

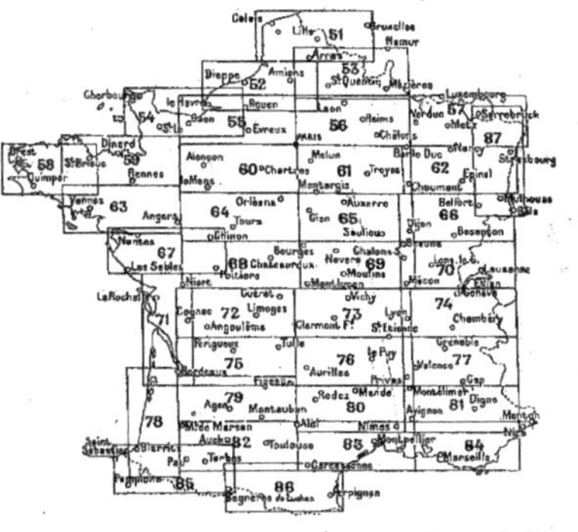

Prix de chaque feuille { sur papier : **4 frs.** / sur toile : **12 frs.**

La Carte de la Corse au 1/200.000ᵉᵐᵉ
n° 90 avec notice descriptive d'itinéraires

Prix de la feuille { sur papier : **6 frs.** / sur toile : **15 frs.**

La Carte des " Sorties de Paris "
au 1/50.000ᵉᵐᵉ, N° 100

Prix de la feuille, sur papier : **4 frs.**

Les Cartes au 1.000.000ᵉᵐᵉ

1° " L'Etat des Routes "

La France en 2 feuilles.

Editions : Printemps, Été, Hiver

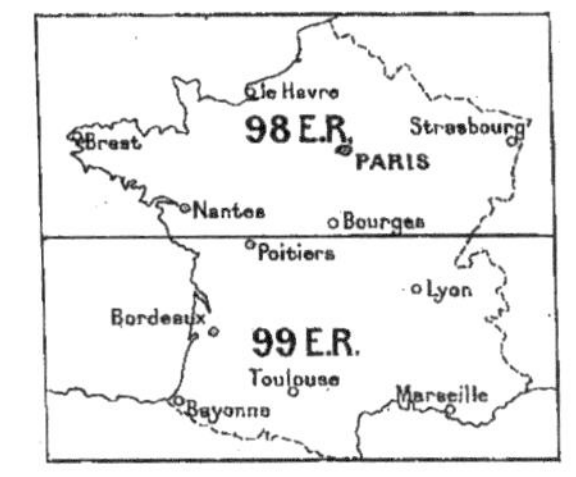

Prix de chaque feuille,
sur papier : **4 frs.**

2° " Les Grandes Routes "
(même assemblage que ci-dessus)

nᵒˢ 98 et 99.

Prix de chaque feuille { sur papier : **4 frs.** / sur toile : **12 frs.**

Les deux feuilles assemblées sur toile : **25 frs.**

Les Guides et Cartes Michelin d'Europe.

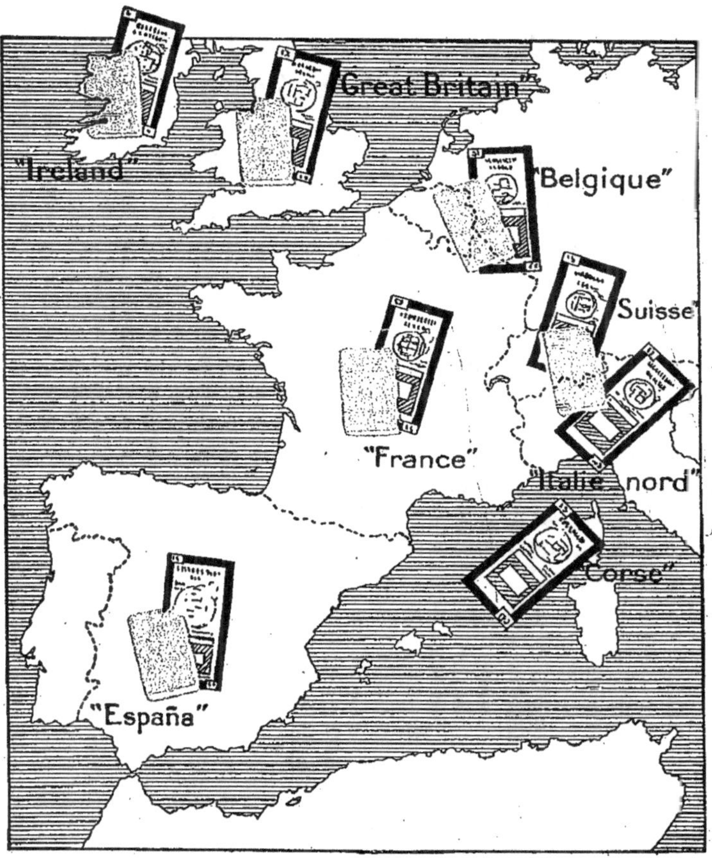

Les Itinéraires Michelin

Nos Services de Tourisme
97, Boulevard Pereire, Paris-17e
étudient et envoient gracieusement tout itinéraire direct d'une localité à une autre, ou tout itinéraire d'excursion concernant une région non décrite dans les guides régionaux parus.

Utilisez la formule de demande placée à la fin du guide.

LE
GUIDE MICHELIN

indique les bons hôtels
et les prix qu'ils DOIVENT appliquer
dans l'année.

*Ayez donc toujours la dernière édition :
en 2 journées d'hôtel, vous aurez regagné
les 25 frs qu'elle vous aura coûtés.*

Ce volume contient :

Services de Tourisme Michelin
97, Boulevard Pereire, Paris (XVIIe)

MICHELIN & CIE, CLERMONT-FERRAND, PROPRIÉTAIRES-ÉDITEURS
R. C. nº 2.213, Clermont-Ferrand. R. C. nº 147.754, Seine.

1

AVANT-PROPOS

Il y aura bientôt cent ans que les premières troupes françaises débarquaient dans la baie de Sidi-Ferruch et l'Algérie comme la France s'apprêtent à célébrer d'un même élan ce glorieux centenaire. Les progrès réalisés depuis ces temps relativement récents par les moyens de communication permettent de déclarer, en paraphrasant un mot célèbre, qu'il n'y a pour ainsi dire plus de Méditerranée, surtout depuis qu'en quelques coups d'ailes on vole de Toulouse à Casablanca et de Marseille à Alger ou Tunis. Les liens culturels et économiques se resserrent chaque jour davantage entre la métropole et son empire africain. Toutes ces raisons font que les touristes s'orientent de plus en plus vers le Maroc, l'Algérie et la Tunisie. Ils s'y sentent attirés par des pays restés neufs, par le soleil, par une civilisation différente de la nôtre, par des paysages sans analogues sous nos climats, par l'attrait du désert et de ses immenses solitudes.

Il nous est apparu que pour donner au flot sans cesse accru de visiteurs un mentor sûr et bien informé, il fallait rajeunir nos anciens guides Michelin « Pays du Soleil » et « Maroc ». Le nouveau Guide que nous présentons aujourd'hui unit dans une même étude Maroc, Algérie et Tunisie que rapprochent tant de traits communs. Conduire notre lecteur à travers toutes ces merveilles, les lui signaler au passage, lui indiquer les meilleurs trajets à parcourir, les plus belles excursions à faire, les meilleurs gîtes : tel est le but que nous poursuivons ici, comme dans nos autres publications similaires.

Nous avons eu, d'ailleurs, la tâche grandement facilitée par l'obligeant concours qu'ont bien voulu nous accorder toutes les autorités civiles et militaires, notamment le personnel des Ponts et Chaussées et du Service vicinal, les officiers des Services des Affaires indigènes et des Renseignements, les dirigeants des Syndicats d'Initiative. Aux uns et aux autres, nous exprimons nos bien sincères remerciements.

Quelque soin que nous ayons apporté à la rédaction de cet ouvrage, nous sommes convaincus qu'il n'atteint pas la perfection souhaitable. C'est dire que nous serions tout à fait reconnaissants à ceux qui voudront bien nous aider à l'améliorer. Toutes leurs suggestions seront soigneusement étudiées.

**

Mais avant d'emmener avec nous le voyageur de ville en ville, d'étape en étape, il nous semble indispensable de lui rappeler, dans les notes qui suivent, ce que sont les régions vers lesquelles vont le transporter sa curiosité et sa fantaisie ; de quelle histoire est fait leur passé et comment la France a été conduite à y venir prodiguer les bienfaits de son action civilisatrice ; quelles gens, quelles mœurs, quelle religion, quelles manifestations d'art animent ce décor et lui donnent une physionomie particulière.

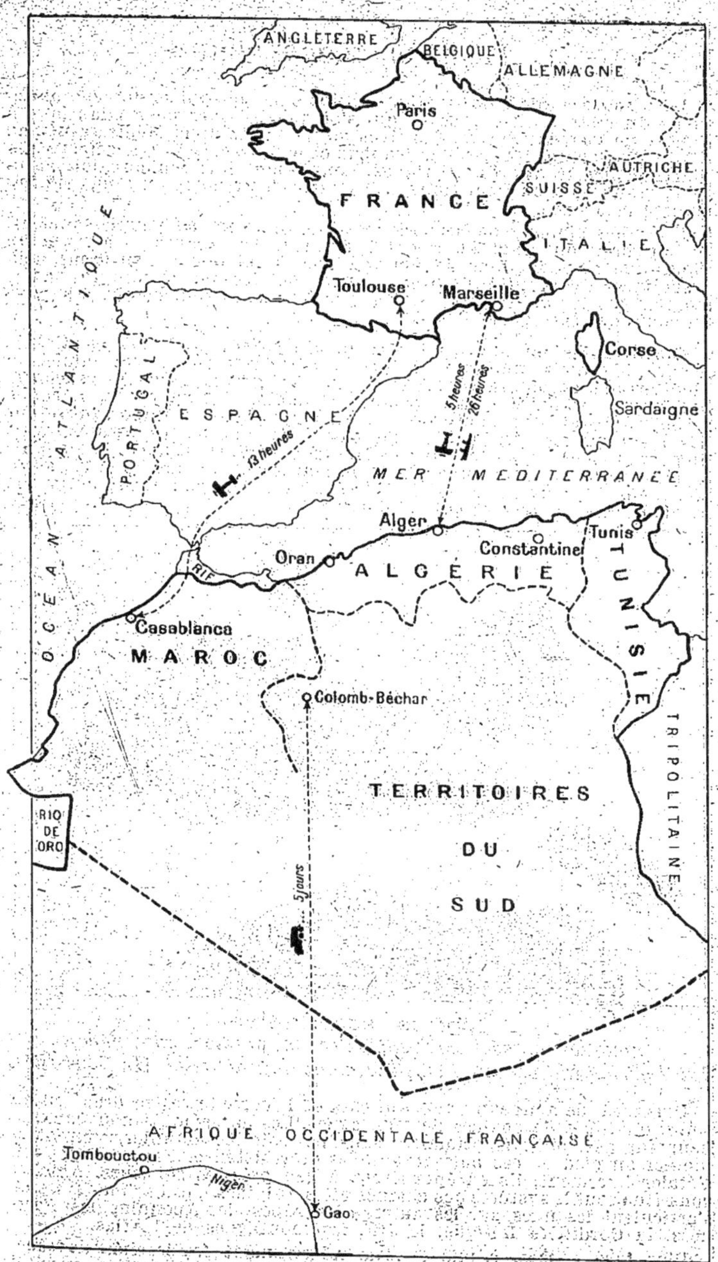

*L'Afrique du Nord française,
grande 5 fois comme la métropole,
est aux portes de la France.*

I. — APERÇU GÉOGRAPHIQUE

Une seule région naturelle. — Bloc compact qui se détache nettement du reste de l'Afrique et qui s'étend des rives de l'Atlantique à l'ancienne mer des Syrtes, des rives méridionales de la Méditerranée au désert du Sahara, l'Algérie, la Tunisie et le Maroc, bien que séparés par d'artificielles frontières politiques, constituent une seule région naturelle, grande, si l'on tient compte des vastes Territoires du Sud, cinq fois comme la France.

Les noms globaux de Berbérie que lui donnaient les peuples anciens, de Moghreb ou Maghreb que lui donnent les Arabes, d'Afrique du Nord que nous tendons de plus en plus à lui donner, suffisent déjà à souligner cette unité. Pour en donner une idée plus exacte, rappelons simplement les phases successives par lesquelles sont passés ces pays au cours des âges géologiques.

Comment s'est formée l'Afrique du Nord. — Là où les atlas de géographie nous montrent l'Europe méridionale et occidentale, la Méditerranée occidentale et l'Afrique du Nord, nous n'aurions rencontré à l'époque primaire qu'un groupe de masses émergées. A l'époque secondaire, qui, dans l'histoire du globe, marque un important retour des mers sur les continents, une partie de ces mêmes masses avait disparu. Il n'en subsistait que le Massif Central en France, le socle de la Meseta en Espagne, une partie du Maroc et le Sahara en Afrique du Nord, enfin, le continent de la Tyrrhénide à l'emplacement actuel de la Méditerranée (*voir croquis ci-dessous*).

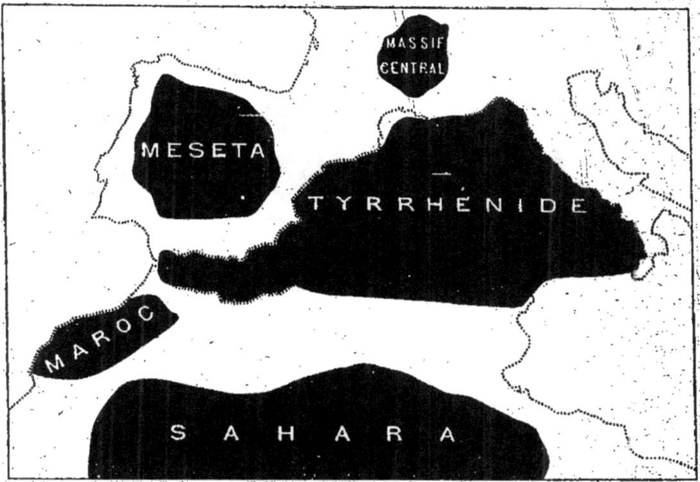

Époque secondaire.
Quelques masses continentales en partie submergées.
La Tyrrhénide occupe l'emplacement de l'actuelle Méditerranée.

Plus tard, de nouveaux mouvements de l'écorce terrestre firent surgir toute une série de chaînes de montagnes. Les plissements nouveaux, se heurtant aux massifs primaires sans pouvoir les ébranler, vinrent se mouler au pied de ces puissants môles de résistance. Faute de pouvoir s'étaler librement, ils en épousèrent à peu près les contours. Ainsi se constitua tout le système des chaînes dites « alpines », qui se font suite ou s'articulent les unes sur les autres : les Alpes, les Apennins, les Pyrénées, la Cordillère Bétique, le Rif, les montagnes de l'Atlas.

Plus tard encore, à une époque relativement rapprochée des âges historiques, la Tyrrhénide s'effondra brusquement tout entière, aussitôt recouverte par la mer ; seuls restèrent debout quelques lambeaux de continent, rattachés aux autres masses terrestres, comme les Maures et l'Esterel en France, l'Edough dans la région de Bône en Algérie, ou isolés au milieu de la mer nouvelle, notre Méditerranée d'aujourd'hui comme les îles Baléares, la Corse, la Sardaigne. Vers l'est, une cassure dans la chaîne des montagnes ouvrit le détroit de Gibraltar, si brutale, que les Anciens, n'y reconnaissant pas l'œuvre lente de la nature, l'imputèrent à la massue d'Hercule, si soudaine, qu'aujourd'hui encore on rencontre, de part et d'autre de la brèche, en Espagne et dans le Rif, les mêmes espèces animales et végétales.

Tous ces bouleversements s'accompagnèrent d'une grande activité volcanique. Elle se poursuit encore de nos jours : les volcans de l'Etna, du Vésuve, des îles Lipari (Stromboli) en sont les témoins vivants, alors que la montagne d'Agde en France, les caps Palos et de Gata en Espagne, le cap Matifou et certains points de la côte algérienne en sont les témoins défunts (*voir croquis ci-dessous*).

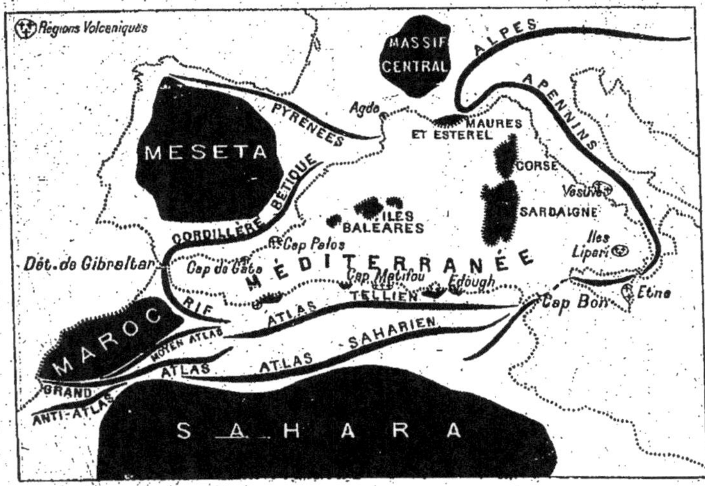

Époques tertiaire et quaternaire.

Des chaînes surgissent qui contournent les vieux massifs. La Tyrrhénide s'effondre et la Méditerranée s'établit à sa place. Activité volcanique.

De ce rapide exposé il ressort que le Maroc, l'Algérie et la Tunisie ont bien des origines communes ; mais il en ressort aussi que ces pays, d'âges et de formations divers, doivent présenter de notables différences.

De fait, ces dernières sont inscrites sur le sol ; elles se traduisent dans le relief ; elles s'accusent sous l'influence du climat qui commande la végétation.

Le relief. — Le touriste abordera en Afrique du Nord presque toujours par la mer pour gagner ensuite l'intérieur. Il est donc logique de lui présenter ces régions dans l'ordre où il est appelé à les rencontrer : les pays en avant des chaînes de l'Atlas, l'Atlas lui-même ou mieux les différents Atlas, le Sahara (*voir carte page suivante*).

Les côtes. — Si la côte de l'Atlantique est généralement basse, sablonneuse, bordée de dunes, la côte méditerranéenne, par contre, jusqu'au cap Bon, est rocheuse et découpée ; plongeant, en beaucoup d'endroits, ses falaises à pic dans les flots, elle évoque, à chaque pas, la cassure qui l'a formée. Sur sa face est, la côte tunisienne, plate et encombrée, elle aussi, de lagunes, borde des eaux peu profondes.

Sur l'Atlantique, ce front maritime est, sans cesse, attaqué par les tempêtes, les marées et les courants ; il a fallu y construire les ports de toutes pièces (Casablanca). Les vents battent la côte nord de la Méditerranée ; les ports ne s'y sont créés et développés que dans quelques baies mieux protégées par les promontoires ou les anciens pointements volcaniques (Oran, Alger, Bizerte). Mais en Tunisie, les hauts fonds et les sables rendent difficile l'accès de la côte est : le port de Tunis ne communique avec la haute mer que par un chenal entretenu au prix d'incessants efforts et les gros navires ne peuvent aborder ni dans le port de Sousse, ni dans celui de Sfax.

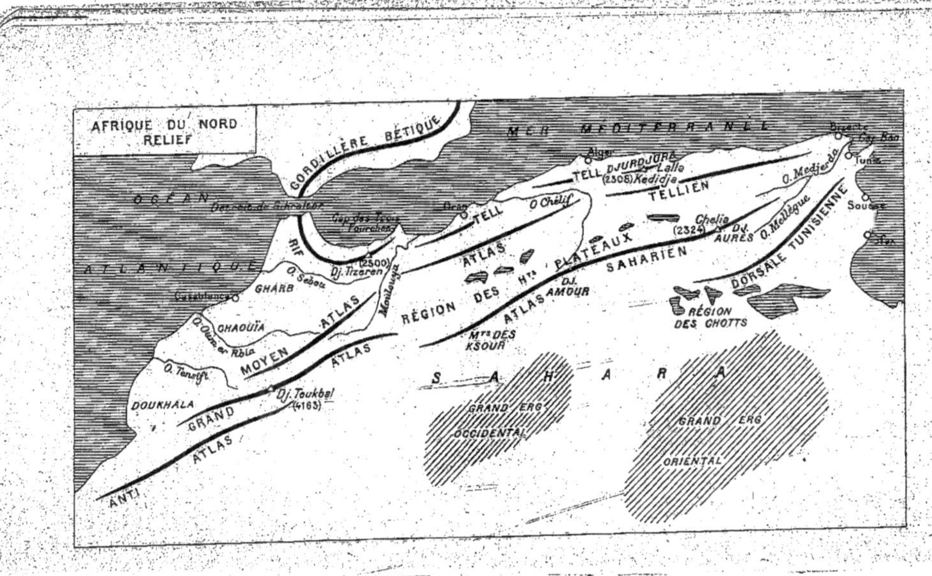

AFRIQUE DU NORD
RELIEF
MER MÉDITERRANÉE
GORDILLÈRE BÉTIQUE
Détroit de Gibraltar
OCÉAN
ATLANTIQUE
Cap des Trois Fourches
RIF
Dj. Tizaren (2500)
Montouya
O. Sebou
GHARB
Casablanca
O. Oum er Rbia
CHAOUÏA
O. Tensift
DOUKHALA
MOYEN ATLAS
GRAND ATLAS
Dj. Toukbal (4165)
ANTI ATLAS
Oran
O. TELL
O. Chélif
TELL
ATLAS
RÉGION DES Hts PLATÉAUX
ATLAS SAHARIEN
ATLAS AMOUR
DJ.
Mts DES KSOUR
Alger
TELL
(2308) Kedidja
DJURDJURA Lalla
TELLIEN
Chelia (2324)
DJ. AURÈS
O. Medjerda
O. Mellègue
Bizerte
Cap Bon
Tunis
Sousse
Sfax
DORSALE TUNISIENNE
RÉGION DES CHOTTS
S A H A R A
GRAND ERG OCCIDENTAL
GRAND ERG ORIENTAL

Les vieux massifs et les plaines. — Entre la mer et les montagnes de l'Atlas s'étendent :

— sur le versant atlantique, une série de plaines, de plateaux en terrasses et de collines qui s'élèvent graduellement jusqu'aux premières pentes de la montagne. Pour la plupart très fertiles, elles constituent la presque totalité du « Maroc utile » ;

— sur le versant méditerranéen nord, toute la ligne des massifs qui forment la vieille armature de la côte. En bordure de ces massifs, encadrées par eux ou couvrant le pied de leurs pentes, s'étalent toute une série de plaines étroites, fermées, jadis insalubres, mais qui comptent aujourd'hui parmi les régions les plus prospères : c'est la région des Sahels, du Tell Algérien ;

— sur le versant méditerranéen de l'est, toute une série de plaines basses et mamelonnées.

Les montagnes de l'Atlas. — Ce n'est qu'en pénétrant plus profondément à l'intérieur des terres qu'on se heurte aux hautes montagnes, contemporaines de nos Alpes.

Prolongement en terre africaine de la Cordillère Bétique, le Rif décrit sa courbe concave, ouverte vers le nord, entre le détroit de Gibraltar et le cap des Trois Fourches. Les Atlas marocains comprennent trois chaînes : le Moyen Atlas qui vient tomber à pic sur la brèche formée par la haute vallée de la Moulouya ; le Grand Atlas, à peu près parallèle au précédent qui dresse au sud de Marrakech sa haute barrière, presque infranchissable jusqu'à ces derniers temps, et l'Anti-Atlas enfin qui pousse ses contreforts vers l'Atlantique jusqu'à la colonie espagnole du Rio del Oro.

En Algérie, ces montagnes se prolongent par les chaînes de l'Atlas Tellien ou Méditerranéen et par celles de l'Atlas Saharien. Dans la région à l'est de Constantine, les extrémités de ces deux chaînes tendent à se rejoindre pour former un ensemble de massifs confus, d'orientation de plus en plus oblique par rapport à celle de l'Atlas Tellien.

En Tunisie, c'est la « Dorsale Tunisienne » qui sépare le pays en deux régions distinctes et dont les nombreuses ramifications viennent mourir en gradins sur la dépression des Chotts ou sur les basses plaines des Sahels.

Les Hauts Plateaux. — Les deux Atlas enserrent tout un pays d'altitude moyenne assez élevée, fragments de l'ancien môle de résistance « emballés dans les plissements » (Larnaude) : les Hauts Plateaux, de relief monotone, presque nivelés par les alluvions arrachées à la montagne : c'est la steppe aux mornes horizons, rocailleuse, immense et presque vide.

Le Sahara. — Plus au sud enfin, s'étend le vaste désert : le Sahara. On l'a pris longtemps pour un fond de mer desséchée, à la surface plate et unie : nous savons ce qu'il faut penser du bien-fondé de cette hypothèse. Aujourd'hui, remanié par l'action des vents, il se présente sous l'aspect de plateaux à la structure assez tourmentée, élevés et pierreux, les « Hamadas », encadrés eux-mêmes par des régions plus basses, les « Grands Ergs », l'Oriental et l'Occidental, où les siècles sont venus entasser en dunes les débris arrachés aux flancs des montagnes. Mer immense aux vagues figées, les Ergs constituent la région à plus proprement parler désertique, pays de la solitude, « de la Soif et de la Mort », peuplé de génies malfaisants et de sombres légendes par l'imagination superstitieuse de ses rares habitants.

Le climat. — La diversité des régions nord-africaines s'accuse davantage encore sous l'influence du climat.

Les plateaux en terrasse et les plaines de la partie orientale du Maroc, placés sous l'influence de l'Océan et des courants océaniques (courant froid des Canaries), sont gratifiés de pluies relativement abondantes, notamment vers la fin de l'automne et du printemps, et aussi d'une température sans grands écarts, d'autant plus chaude qu'on descend davantage vers le Sud. Sur les pentes de cet amphithéâtre ouvert du côté de l'Océan, l'altitude croissante corrige partout l'éloignement de la mer.

Les régions du Rif, du Tell Algérien, de la Tunisie Méridionale jouissent des agréments du climat méditerranéen ; à la chaleur humide et un peu déprimante des étés succède la douceur des hivers qui attire là les étrangers comme elle les attire ailleurs vers la Côte d'Azur ou vers l'Egypte. Pourtant, les premiers écrans de montagnes arrêtent les pluies qui s'y déversent abondamment, plus particulièrement vers l'est. De plus, ces hivers sont froids dans les régions plus élevées ; les neiges y tombent très souvent, à tel point, par exemple, que tous les ans elles encombrent, pendant plusieurs mois, dans le Djurdjura, le col de Tirourda et y rendent impossible la circulation des automobiles.

Mais dès qu'on pénètre vers l'intérieur, apparaît le caractère le plus marquant du climat : la sécheresse. Les Hauts Plateaux, l'Atlas Saharien et même le Grand Atlas ne reçoivent que des pluies rares et irrégulières. Partout les écarts de température sont considérables, entre les saisons, entre le jour et la nuit. En hiver, la neige apparaît quelquefois. Les gelées sont très fréquentes.

Au Sahara, le caractère continental du climat s'accuse plus brutalement encore. Ici, excessive, la sécheresse est reine. Sous un même ciel toujours bleu et profond, brille pendant le jour un soleil qui donne des températures de 45° à l'ombre. Les variations du thermomètre sont plus considérables encore que partout ailleurs et plus soudaines : il descend fréquemment au-dessous de 0° pendant la nuit. A ce régime, les roches éclatent, elles se désagrègent plus complètement et plus vite que sous l'action des pluies et elles se résolvent en sable. Des années entières s'écoulent sans qu'il tombe une goutte d'eau et ces sables impalpables sont fréquemment soulevés en lourds nuages par les tempêtes du sirocco et du simoun : soufflant vers le nord, ces vents s'échauffent de plus en plus dans leur course à travers les étendues vides ; par-dessus les pentes de l'Atlas ils s'en viennent finalement transformer en fournaises les basses plaines côtières et, au passage, ils répandent encore sur Alger les méfaits de leurs poussières ténues avant d'aller se perdre dans les vastes espaces marins.

Les rivières. — Avec cette rareté des précipitations, avec cette disposition des chaînes qui séparent la mer et les régions intérieures, les pays de l'Afrique du Nord ne pouvaient avoir de fleuves longs, abondants et réguliers. Si l'on met à part le Maroc, qui doit au voisinage de l'Atlantique, à son climat et à ses hauts massifs montagneux d'avoir quelques vrais fleuves, toutes les rivières de ces pays appartiennent à la catégorie des « oueds », pour la plupart à régime intermittent, normalement à sec, sujets à des crues subites d'une violence inouïe, dévastatrices, comme celle qui, fin 1927, ravagea toute une partie du département d'Oran. Dans toute la région du sud, ces rares eaux, soumises à une évaporation intense, se perdent, soit dans une série de cuvettes qui constituent, entre les Hauts Plateaux et l'Atlas Saharien, la région des Chotts, soit même, simplement, dans les sables.

Certains torrents ont pourtant réussi à s'ouvrir des passages à travers les massifs en y sciant des gorges qui sont un des attraits principaux de l'Algérie Orientale. Mais ils arrivent à la mer, après avoir disparu et reparu plusieurs fois tout au long d'une course incertaine : aussi bien l'indigène, faute de pouvoir suivre la même eau de sa source à son embouchure, donne-t-il presque toujours des noms différents à chacun des tronçons qu'il peut identifier.

Les ressources naturelles et leur exploitation. — La seule combinaison de tous ces facteurs naturels n'aurait fait de l'Algérie, de la Tunisie et du Maroc que des pays assez déshérités; mais l'intervention des hommes a su compenser les défauts de la nature (*voir croquis ci-contre*).

Tout d'abord, notons les produits du sous-sol. Chacun sait quelle place importante tiennent, et tiendront, chaque jour davantage, dans l'ensemble de notre économie nationale, les phosphates d'Oued-Zem et de Kourigha au Maroc, et ceux dont les gisements à cheval sur la frontière algéro-tunisienne, dans les régions de Souk-Ahras, Tébessa et Gafsa, ont déterminé une âpre lutte d'influences entre les ports tunisiens de Sousse et de Sfax et les ports algériens de Bône et de Philippeville. Les minerais de fer font l'objet d'une exploitation active dans le massif du Zakkar, dans la région de Beni-Saf et, depuis peu, dans le Rif. Avant la guerre, les minerais algériens étaient, pour la plus grande partie, drainés par l'industrie métallurgique allemande, mais, aujourd'hui, ils prennent surtout le chemin de la France. Quant aux minerais du Rif, le souvenir des controverses qu'ils ont récemment provoquées est encore présent à toutes les mémoires.

Malheureusement, les combustibles manquent ; toutes les prospections faites n'ont permis de découvrir qu'un seul gisement de houille, au sud de Colomb-Béchar, encore est-il d'assez peu d'importance. Et si on a trouvé, çà et là, en Algérie, en Tunisie et surtout au Maroc, des traces

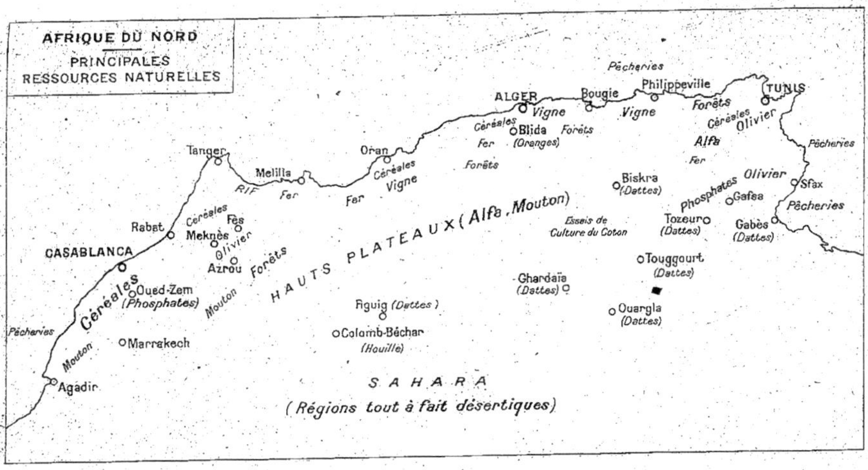

AFRIQUE DU NORD
PRINCIPALES
RESSOURCES NATURELLES

Pêcheries
ALGER
Bougie
Philippeville
TUNIS
Vigne
Vigne
Forêts
Céréales
Olivier
Blida
Forêts
Céréales
(Oranges)
Alfa
Fer
Fer
Pêcheries
Tanger
Oran
Melilla
Céréales
Olivier
RIF
Fer
Fer
Vigne
Biskra
Phosphates
Gafsa
Sfax
(Dattes)
Céréales
Fès
Forêts
Essais de
Tozeur
Gabès
Pêcheries
Rabat
Meknès
Olivier
HAUTS PLATEAUX (Alfa, Mouton)
Culture du Coton
(Dattes)
(Dattes)
CASABLANCA
Azrou
Forêts
Touggourt
Céréales
Mouton
Forêts
(Dattes)
Oued-Zem
(Phosphates)
Ghardaïa
(Dattes)
Pêcheries
Figuig (Dattes)
Ouargla
Mouton
Colomb-Béchar
(Dattes)
Marrakech
(Houille)
Agadir
SAHARA
(Régions tout à fait désertiques)

d'hydrocarbures démontrant la présence du pétrole en Afrique du Nord —
on ne peut cependant encore parler, pour ces pays, d'une production
pétrolifère à rendement certain.

L'élevage constitue une des principales ressources. On y rencontre les
mêmes espèces d'animaux domestiques que dans nos fermes de France.
Mais, parmi celles qui s'accommodent le mieux des conditions locales
de vie, il faut citer surtout le mouton dont
les troupeaux trouvent, dans les hauts
plateaux algériens et tunisiens et dans les
hautes plaines marocaines, d'immenses
« terrains de parcours », le mouton à grosse
queue, dont la chair à forte saveur de suif
est particulièrement recherchée des indigènes ; rôti en « mechoui », il est de toutes
les fêtes et sa laine fournit déjà un appoint
important à nos industries textiles du Nord.
Ensuite l'âne, le « bourricot » de petite
taille, robuste, passif, docile, à qui sont
dévolues toutes les « corvées », que l'on
rencontre au long de toutes les routes et
dans tous les villages, travaillant aux champs
ou bâté et portant vers les marchés voisins
les produits des douars, avançant à pas
menus sous le féroce aiguillon que son
maître enfonce toujours plus profond dans
le même trou sanguinolent de sa peau
martyre ; le « bourricot » dont les longues
théories chargées de pesants matériaux

mettaient aux arrières du front, pendant la Grande Guerre, une note pas-
torale et archaïque. Enfin, le chameau, le « vaisseau du désert », for-
tune des pays du Sud et du Sahara, le chameau des caravanes, qui sait

affronter le soleil et la soif et qui n'est pas encore
près d'être dépossédé, par les autos-chenilles, de
son titre de roi de la Dune et de l'Erg.

La mise en culture des plaines, l'asséchement
des marais, commencés aux premières époques
de l'occupation française, la mise en œuvre de
toute une politique d'hydraulique agricole, ont
permis, au Maroc, dans le Tell Algérien, et dans
la Tunisie du Nord, une intensive culture des
céréales, principale richesse de ces pays, et, plus
tard, le développement de vignobles, maintenant
vastes et prospères. Une réglementation spéciale a
même dû, par moments, freiner le rendement de
ces derniers pour éviter à certaines régions les
dangers d'une trop exclusive monoculture et
pour mettre les vignobles français à l'abri d'une
concurrence trop redoutable.

Les montagnes portent en beaucoup d'endroits de splendides forêts
aux essences différentes de celles de nos contrées : chênes-lièges et chênes-
zéens de Kabylie et de Kroumirie, cèdres plusieurs fois centenaires,
égaux en magnificence aux fameux cèdres du Liban, dans l'Ouarsenis
(forêt de Teniet-el-Had) et l'Atlas Marocain (région d'Azrou). Malheureusement, le déboisement a causé partout ses ravages. Des mesures ont
dû être prises pour l'enrayer. Une des plus heureuses a été, en Algérie,
la création de huit « parcs nationaux », « véritables conservatoires des
beautés naturelles », institués «... pour soustraire l'ensemble des végétaux
et des animaux existant dans leur périmètre à toute influence humaine
qui s'exercerait en dehors du but... de protection poursuivie... ».

La « mer d'Alfa », au nom qui dispense de longues descriptions, re-
couvre, presque partout, les Hauts Plateaux. On l'exploite de plus en
plus et ses chantiers apportent de la vie dans certaines régions du Sud-
Oranais et du Sud-Constantinois.

Les diverses variétés de palmiers peuplent, « les pieds dans l'eau
et la tête au soleil », les oasis sahariennes. Les Tells et les Sahels se
sont prêtés au développement des cultures maraîchères. Les oranges de
Blida alimentent nos marchés, au même titre que celles des Baléares
et des « Huertas » de Valence. Les olivettes du Maroc et surtout celles
de Tunisie sont là source d'une immense richesse.

Dans ce même ordre d'idées, il n'est pas sans intérêt de noter les tentatives faites pour implanter la culture du coton (les premiers essais re-
montent à l'époque où la guerre de Sécession rendait impossibles les

importations d'Amérique). Un moment florissante, puis abandonnée, cette culture n'a été reprise que ces dernières années.

Enfin, les mers poissonneuses qui bordent les côtes apportent aussi leur tribut de richesses. En Tunisie on pêche le thon et, plus particulièrement vers le sud, l'éponge. En Algérie les pêcheries alimentent, surtout dans la région de Philippeville et de Collo, des usines de conserves. Au Maroc, sur la côte atlantique, les touristes ne manqueront pas d'apprécier les crustacés, homards et langoustes, qui abondent, notamment dans les parages de Mogador et d'Agadir.

Pour conclure, détruisons une légende souvent combattue et toujours tenace : l'Afrique du Nord n'est plus aujourd'hui, en admettant qu'elle l'ait jamais été, « le pays des grands fauves ». On y trouve des chacals et des hyènes un peu partout, quelques rares panthères dans les profondes forêts de Kroumirie, des Babors et du Zakkar. Mais le lion ne se chasse pas plus au sud de Biskra qu'en nul autre endroit du Sahara, et Tartarin, s'il débarquait à nouveau au pays des « Teurs », n'y rencontrerait plus ni Bombonnel, ni le lion aveugle du mendiant indigène. S'il voulait toujours accroître son prestige aux yeux de Costecalde et de Bézuquet, il ne lui resterait d'autre ressource que d'aller, « à l'heure

tranquille où les lions vont boire », tendre quelques glorieuses embuscades... aux inoffensives gazelles du Désert.

II — NOTES D'HISTOIRE

Un trait domine l'histoire des peuples de l'Afrique du Nord : livrés à eux-mêmes, ils n'ont jamais connu ni paix, ni unité, ni prospérité ; ils n'ont joui de ces bienfaits qu'à deux moments, placés presque aux deux pôles de leur destinée : celui de l'occupation romaine et celui, qu'ils vivent encore, de l'occupation française. Animées d'un tenace esprit d'indépendance, les populations autochtones, de souche berbère, ont toujours lutté contre quiconque a tenté de les asservir ; mais, incapables de se grouper autour d'un chef ou d'un idéal commun, elles n'ont jamais su constituer un état durable, ni créer une civilisation originale. Successivement assujetties par les puissances européennes ou asiatiques, elles ont plus ou moins accepté toutes ces dominations sans jamais se laisser pénétrer profondément. Si l'ardeur et le ressort nouveaux qu'elles ont un moment tirés de la foi musulmane, semblaient les appeler à participer, sinon à la diriger, à une nouvelle conquête du monde, les germes d'anarchie que leur apportait en même temps cette doctrine eurent tôt fait d'aggraver l'état de désordre causé par leur tempérament. Au XIXᵉ siècle seulement, la France a repris et élargi l'ancienne tradition romaine pour accomplir l'œuvre que nous connaissons aujourd'hui.

Les Berbères et Carthage. — De très bonne heure, peut-être vers le Xᵉ siècle avant J.-C., les Phéniciens vinrent fonder des comptoirs commerciaux sur toute la côte africaine. Une de leurs colonies, Carthage, ne tarda pas à éclipser la métropole. Elle créa une nation de marchands et de guerriers, bientôt toute-puissante dans le bassin occidental de la Méditerranée. Ces marchands explorèrent les côtes et l'un d'eux, Hannon, accomplit un périple célèbre. Au IIᵉ siècle, ralliant à eux de nombreux mercenaires Numides et Gétules, les Carthaginois portèrent la guerre, à travers les Espagnes et les Gaules, jusqu'aux portes de Rome. A l'appel de Caton : « Delenda est Carthago ! » la Ville se ressaisit. Sous les coups des armées de Scipion, Carthage fut vaincue (bataille de Zama, 202 avant J.-C.) et sa domination prit fin. Elle n'avait d'ailleurs jamais poussé sa conquête très loin vers l'intérieur des terres africaines. Les tribus berbères, à la faveur des querelles de chefs, qui leur permettaient de servir le plus offrant ou de mener pour leur compte la guerre d'insurrection, étaient en fait demeurées indépendantes. Elles retombèrent plus profondément dans un désordre auquel elles n'avaient jamais été arrachées.

Rome : la conquête. — Sur les ruines de cet empire détruit, Rome étendit le sien. La République essaya d'abord d'une politique de « collaboration ». Employant la méthode que nos coloniaux modernes ont appelée celle « de la pénétration pacifique », elle voulut n'apporter aux peuples d'Afrique qu'un simple protectorat ; mais des complots s'ourdirent, des trahisons surgirent, des révoltes éclatèrent et entraînèrent des guerres de répression souvent sauvages, toujours longues et difficiles, comme les expéditions menées contre Jugurtha, ce fier Numide dont Salluste nous a conté l'histoire. Moins ouvertement dressés contre Rome, certains autres chefs, pour qui « le cadre des institutions » impériales n'était qu'un faux prétexte, essayèrent de se tailler une large part dans l'Empire. Telle cette dynastie des Juba, princes maurétaniens « nourris dans le sérail », qui surent faire de leur royaume et de sa capitale Césarée, la Cherchell d'aujourd'hui, un centre de culture gréco-latine à l'image de la Rome des Césars, mais qui, pour avoir voulu prendre des allures trop indépendantes, furent détrônés par la sagesse avisée des empereurs. Vers le milieu du premier siècle après J.-C., l'annexion pure et simple fut prononcée, et de protectrice, Rome devint partout maîtresse absolue.

La « Paix romaine ». — L'Afrique fut organisée en quatre provinces : l'Afrique proprement dite, la Numidie, la Maurétanie Césarienne, la Maurétanie Tingitane. L'occupation fut peu à peu poussée vers le sud jusqu'à la ligne des Chotts et de l'Aurès. Une armée, bientôt réduite à l'effectif d'une seule légion, la IIIe légion Augusta soit environ 20 à 25.000 hommes, avec les auxiliaires de cavalerie recrutés sur place, tint garnison dans le pays et c'est elle qui nous a laissé à Tebessa et à Lambèse, les ruines des camps où elle séjournait. Des routes sillonnèrent l'Algérie, la Tunisie et le Maroc comme tout le reste de l'Empire : bien longtemps après, elles servaient encore de voies d'accès vers les Hauts Plateaux et les régions du sud. Le pays fut mis en culture : de nos jours, les administrateurs qui s'efforcent de remettre en valeur tel coin de l'Aurès délaissé jusqu'à ces temps derniers y reprennent les procédés romains d'irrigation ; en Tunisie, on a réintro-

duit aux mêmes endroits, les mêmes cultures de céréales et de l'olivier qui avaient fait de cette province un « grenier de Rome ». Des villes furent construites avec des édifices publics : temples, théâtres, thermes et de somptueuses demeures privées. Un riche patriciat se développa, et de fastueux citoyens embellirent leurs villes natales en les dotant de monuments contre lesquels les âges n'ont point prévalu : c'est la munificence des frères Cosinius qui nous a légué quelques-unes des plus typiques ruines de l'ancienne Cuicul à Djemila.

La population s'accrut. Sous l'influence du christianisme auquel elle se rallia de bonne heure en grande partie, elle s'assimila la mentalité romaine. Cette belle période de calme et de prospérité se poursuivit au long de plusieurs siècles et gagna en splendeur au fur et à mesure que l'église d'Afrique se développa, sous la direction de grands évêques qui furent aussi de grands politiques. A l'époque de saint Augustin, par exemple, l'Afrique du Nord était, bien plus que la Gaule ou l'Orient, et presque autant que l'Italie elle-même, devenue un très brillant foyer de culture latine. Les innombrables ruines, groupées dans les vestiges de cités antiques, échelonnées le long des anciennes voies ou dispersées dans les campagnes, qui sont parvenues jusqu'à nous, malgré tant de vicissitudes, demeurent comme un émouvant témoignage de cette haute civilisation disparue.

La « Paix romaine » : décadence. — Les Byzantins. — Dès le
IVe siècle, la décadence de Rome commença en Afrique avec le mouvement donatiste. Ce schisme déchaîna une sorte de guerre de religion, véri-
table révolte, longue à réprimer, et qui laissa derrière elle une agitation
endémique. En outre, les événements qui précipitèrent la ruine générale
de l'Empire ne tardèrent pas à avoir leur répercussion sur les rives Sud de
la Méditerranée. Déjà installés en Espagne, les Vandales furent appelés
par le comte d'Afrique Boniface en lutte contre l'Empereur. Au début
du IVe siècle, ils traversèrent le pays, y installèrent un royaume assez
éphémère, et durent surtout faire face à de constants soulèvements des
populations. Dans un raid audacieux, un de leurs rois, Genséric, repassa
même la mer pour remonter en Italie où il alla saccager Rome.

Cependant, à la tête de l'Empire d'Orient, qui prétendait raffermir et
perpétuer la tradition romaine ébranlée, Justinien veillait. Il envoya
en Afrique son plus illustre général, Bélisaire, qui la reconquit en
grande partie. Le pays fut couvert aux épaisses murailles
et d'églises parées de mosaïques, mais sous la domination byzantine,
qui ne s'étendit jamais très loin vers l'est, les Berbères demeurèrent
pratiquement insoumis et toujours agressifs.

Les Arabes : première invasion. — D'ailleurs cette nouvelle civilisation n'eut pas le temps de pousser des racines profondes. Au VIIe siècle
elle s'effondra sous les coups des conquérants arabes. La foi prêchée par
Mahomet lança à l'assaut du monde ancien des bandes armées, animées
d'un intransigeant prosélytisme, mais plus encore du désir de piller.
L'Afrique, tentante par les richesses de ses villes et de ses terres, fut rapidement conquise, malgré les résistances des garnisons byzantines et malgré la lutte que menèrent certaines tribus soulevées par une jeune fille,
la Kahenna, celle que des historiens ont appelée « la Jeanne d'Arc berbère ». Sidi Okba put venir baigner son cheval dans les flots de l'Atlantique et ses bandes poussèrent jusqu'au Sous. Tarik franchit les colonnes
d'Hercule, auxquelles il devait laisser son nom (« Djebel el Tarik » :
Gibraltar), et c'est lui qui, à la tête d'une armée où figuraient de nombreux Berbères, vint se faire battre par Charles Martel aux environs de
Poitiers (732).

La pénétration arabe et musulmane parmi les autochtones n'alla pas
non plus sans difficultés. Convertis à l'Islam, beaucoup de ces derniers
se mirent vite en marge du nouveau dogme orthodoxe. Pour marquer
leur indépendance, ils se rallièrent à des doctrines schismatiques, notamment au Kharedjisme. Des chefs dissidents constituèrent de véritables états libres : un royaume kharedjite s'organisa dans la région
du Sud-oranais. Pourchassés plus tard, les descendants de ces dernières
tribus vinrent organiser le M'zab, jusqu'alors complètement désertique et
inhabité. Ils y créèrent des villes et des oasis, faisant surgir des puits
artésiens l'eau nécessaire à la vie des hommes, des plantes et des animaux.
A l'abri du désert, leur croyance particulière s'est conservée jusqu'à
nos jours. Certains d'entre eux essaimèrent jusque dans l'île de Djerba,
où se retrouvent encore les mêmes pratiques.

Vers la même époque, Idriss, descendant d'Ali, gendre du Prophète,
s'empara de Fès et étendit sa domination au Maghreb tout entier ; mais
cet empire se désagrégea rapidement au profit de multiples dynasties
rivales.

Les Arabes : invasion hilalienne. — Au IXe siècle, les tribus hila-
liennes, que leur turbulence rendait dangereuses pour l'empire égyptien
des Fatimites, furent lancées par eux sur le Maghreb. Les villes furent
encore pillées et détruites, les campagnes dévastées. Bientôt, il ne sub-
sista plus rien de l'ancienne civilisation romaine et chrétienne qui, malgré tout, s'était jusqu'alors maintenue dans certaines régions sous l'action de quelques évêques.

Le Moyen Age et les Temps Modernes. — Une nouvelle période
commença, la plus longue en durée, car elle remplit à peu près ce que
nous appelons le « Moyen Age » et les « Temps Modernes », la plus encombrée d'événements, de rivalités de dynasties ou de tribus puissantes,
d'empires qui se fondent, jettent un certain éclat, puis s'effondrent bientôt ; mais aussi la plus nettement marquée par l'incapacité des Arabes
ou des Berbères à organiser un Etat.

Certains faits émergent pourtant de cet ensemble si confus. Au
XIIe siècle, la dynastie des Almoravides, venue du Maroc, réussit à étendre
sa domination sur toute l'Afrique du Nord, et même sur l'Espagne méridionale. Sous leur règne se développa une belle civilisation arabe. Mais
la Tunisie s'affranchit peu après et un puissant royaume se constitua
dans la région de Tlemcen. Sur les ruines de l'Empire almohade recom-
mencèrent une fois de plus les querelles. Au Maroc encore, la dynastie

saadienne réussit plus tard à s'emparer un instant du pouvoir et ses souverains jetèrent les bases de l'organisation « Makhzen » qui est parvenue tant bien que mal à durer jusqu'au xxᵉ siècle. Au xviiᵉ siècle, Moulay Ismaïl, le Louis XIV marocain, fut un sultan puissant, mais sauvage. Poussé par de vastes desseins politiques, grand bâtisseur de villes et de palais, il rechercha même l'alliance de rois de France : les mémoires de l'époque nous ont relaté le souvenir de cette ambassade qu'il envoya à Versailles et au cours de laquelle l'ambassadeur, égayant la cour de ses bons mots, crut même pouvoir demander pour son « seigneur et maître » la main de la princesse de Conti. Mais après le long règne de Moulay-Ismaïl, il ne resta bientôt plus rien de cette sérieuse tentative du gouvernement. Le pays retomba dans un état de semi-barbarie.

Dès le xviᵉ siècle, les Turcs, maîtres de la Méditerranée orientale, essayèrent de jouer un rôle en Algérie et en Tunisie. De grandes expéditions militaires furent tentées en vain pour venir à bout des indigènes rebelles. La décadence de la Porte en Europe eut ses répercussions en Afrique et, au xviiiᵉ siècle, son autorité effective s'y limitait à quelques points de la côte.

Les nations chrétiennes d'Europe tournèrent aussi leurs regards vers la terre africaine ; cependant, leur triple effort, religieux, économique et militaire, ne leur permit pas d'y jeter des bases solides. Les missions catholiques qui tentèrent d'évangéliser le Maroc, sous l'inspiration de saint François d'Assise, allèrent jusqu'à fonder un évêché à Marrakech, mais elles durent s'enfuir au xviᵉ siècle devant un retour du fanatisme musulman ; les Compagnies commerciales créées au xviiᵉ siècle par Colbert ne purent jamais que végéter et les relations entretenues avec les ports africains par Marseille, Venise ou Gênes demeurèrent toujours précaires ; les guerres qui entraînèrent Portugais et Espagnols à la poursuite des Maures les conduisirent à des désastres retentissants où leurs rois trouvèrent parfois la mort. De toutes les villes qu'ils avaient occupées sur le littoral, les Espagnols ne conservèrent bientôt plus qu'Oran. La Méditerranée fut remplie des combats livrés par les flottes de Charles-Quint ou les « Galères du Roi » contre les corsaires barbaresques qui venaient audacieusement piller jusque sur nos côtes de Provence et vendaient sur leurs marchés d'esclaves les prisonniers capturés : parmi ces derniers, se trouvèrent un jour Cervantès et, plus tard, celui qui devait devenir saint Vincent de Paul.

Au début du xixᵉ siècle, à la veille de l'intervention française, la situation en Afrique du Nord restait plus que jamais caractérisée par l'anarchie, le désordre et presque partout l'insécurité.

La France en Afrique du Nord. — Venue à Alger pour obtenir du Dey la réparation d'un outrage, la France allait être appelée à conquérir l'Algérie tout entière, puis à étendre son protectorat sur la Tunisie et le Maroc. Un incident diplomatique, presque un hasard, allait servir de point de départ à l'accomplissement d'une œuvre qui donne à la France un de ses plus légitimes sujets de fierté.

La France en Algérie. — Après la prise d'Alger (1830) et des principales villes du Tell, qui marqua la fin de la suzeraineté turque, il fallut d'abord vaincre les hésitations du gouvernement français et de l'opinion publique, peu favorables à une vaste expédition, puis conquérir le pays pied à pied. On eut la fâcheuse idée de maintenir à leur place, avec certains pouvoirs reconnus, des chefs indigènes influents. Prenant pour de la faiblesse nos tâtonnements et notre mansuétude, ces derniers soulevèrent à maintes reprises leurs tribus. Pour réduire Abd el Kader notamment, il fallut mettre sur pied une armée de plus de 100.000 hommes commandés par Bugeaud, faire la guerre au Sultan du Maroc rallié à la cause de l'émir rebelle : ce n'est qu'au prix de mille souffrances, après que nos soldats eurent lutté à la fois contre le climat et contre les insurgés, que le Tell tout entier put être considéré comme définitivement conquis. Des faits d'armes marquants illustrèrent cette période : la prise de Constantine (1837), la bataille de l'Isly (1844), la reddition d'Abd el Kader à Lamoricière (1847). Restaient à soumettre les régions montagneuses du Sud et du désert ; les opérations nécessaires se poursuivirent dix années encore, marquées par les campagnes de l'Aurès et de Grande Kabylie (1857).

A la période de la conquête allait succéder celle de l'apaisement. Il y fallut encore du temps, car, de-ci de-là, à l'appel des marabouts et des fanatiques, éclatèrent souvent des insurrections. L'une d'elles, à la faveur des désastres français de 1870, faillit compromettre les résultats obtenus jusqu'alors. Elle ne fut définitivement réprimée qu'en 1874, mais par la suite le calme ne cessa de régner et les troupes n'eurent plus à quitter leurs garnisons que pour effectuer quelques opérations de police dans les Territoires du Sud.

La France en Tunisie. — La pacification de l'Algérie terminée, la France se vit obligée d'intervenir en Tunisie où un gouvernement autonome, sous une lointaine suzeraineté de la Porte, incapable d'assurer l'ordre, favorisait plus ou moins ouvertement les incursions de tribus hostiles en territoire algérien. Nos troupes occupèrent Bizerte en 1881 et l'expédition ne fut qu'une promenade militaire. Pourtant, quelque temps après, le rappel prématuré d'une partie du corps d'occupation provoqua une grave révolte. Pour en venir à bout, il fallut mettre en œuvre de très sérieux moyens militaires. Depuis lors, sous le régime du protectorat qui laisse au Bey et au Résident général de France des pouvoirs et des attributions bien définis, la Tunisie, peut-être un peu en retard vis-à-vis de l'Algérie, se développe et prospère dans la paix et la tranquillité.

La France au Maroc. — Des motifs analogues conduisirent la France, un peu plus tard, à porter ses armes au Maroc.

En 1903, pour assurer la sécurité de la frontière orano-marocaine menacée par les tribus voisines, le général Lyautey dut occuper Colomb-Béchar et l'année suivante, Berguent.

En 1907, malgré les projets de réforme élaborés par la Conférence internationale d'Algésiras, l'anarchie marocaine subsistait, toujours menaçante pour nos possessions algériennes. Elle se manifesta par l'assassinat du Dr Mauchamp, à Marrakech (19 mars 1907) et de cinq ouvriers français à Casablanca (30 juillet 1907). Ces faits amenèrent le gouvernement français à décider l'envoi au Maroc d'un corps expéditionnaire.

Le 7 août 1907, le général Drude débarqua à Casablanca et y établit son poste de commandement ; de 1907 à 1910, les généraux Drude, d'Amade et Moinier occupèrent et organisèrent peu à peu la Chaouïa. A la même époque, sur le front oriental, le général Alix progressait dans toute la région voisine de l'Oranie et prenait pied dans les vallées de la Moulouya et du Guir : Taourirt tombait entre nos mains en 1910.

Au début de 1911, notre autorité fut suffisamment assurée pour que le sultan Moulay-Hafid, assiégé dans Fès par les tribus berbères révoltées contre lui, nous appelât à l'aide. Le général Moinier occupa d'abord Fès (2 mars 1911), puis Marrakech.

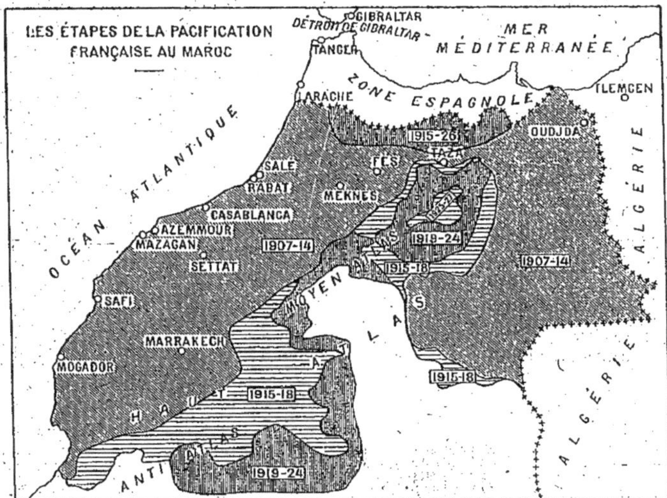

Mais le 1er juillet, ce fut « le coup d'Agadir » : l'Allemagne chercha à entraver nos conquêtes ; nous dûmes lui céder une partie de nos possessions du Congo, pour pouvoir signer avec Moulay-Hafid la convention de Fès, qui instituait, en fait, le régime du Protectorat (30 mars 1912). Pourtant le Maroc était loin d'être pacifié ; et quand, le 24 mai, le général Lyautey, premier Résident général de la France au Maroc vint occuper son poste, il trouva le pays en pleine révolte, et la ville de Fès elle-même assiégée par 20.000 Berbères, d'ailleurs bientôt repoussés (juin 1912).

L'abdication de Moulay-Hafid, le 12 août 1912, et l'avènement de son frère Moulay-Youssef, provoqua une nouvelle insurrection fomentée par le prétendant El-Hiba qui refusa de reconnaître Moulay-Youssef. Marrakech, de nouveau investie par les rebelles, fut reprise en septembre. Sur la montagne qui la domine de 527 mètres, le Gueliz, fut aussitôt organisé un système de batteries destiné à bombarder éventuellement la ville et à tenir les Maures en respect.

Pendant tout ce temps, les opérations militaires se poursuivaient toujours dans l'Est où le général Alix marchait sur Taza; à la fin de 1913, Fès, Meknès, et Marrakech étaient nettement dégagés, et notre conquête à l'Est et à l'Ouest, circonscrivait presque exactement les monts du moyen Atlas. En mai 1914, Taza vit s'opérer la jonction des troupes du Maroc oriental (général Baumgarten) et du Maroc occidental (général Gouraud).

Survint la guerre de 1914. Le Président prit immédiatement la décision de « garder jusqu'au bout le Maroc à la France, malgré tout ». Bien que notre armée coloniale eût été réduite, malgré l'audace des rebelles qui sentaient notre puissance ébranlée, la pacification se poursuivit et l'œuvre française se montra douée d'une vitalité surprenante : les villes s'élevèrent, les ports s'organisèrent suivant les méthodes modernes, les pistes devinrent des routes carrossables, les chemins de fer fonctionnèrent et en pleine guerre (1915 et 1916) s'ouvrirent les expositions de Casablanca, les foires de Fès et de Rabat, qui remportèrent un éclatant succès.

Avec des effectifs réduits par les nécessités supérieures de la guerre européenne, nos progrès continuèrent cependant lentement et notre zone d'influence s'élargit. A la fin de 1916, les contreforts sud du Haut-Atlas furent atteints et nous serrions de plus en plus près les hauteurs du Moyen Atlas, centre de la résistance des dissidents.

Enfin, les traités de 1919 vinrent confirmer la parole de 1914 : « le sort du Maroc doit se régler en Lorraine » ; l'Allemagne et l'Autriche renoncèrent aux avantages que leur avait accordés l'acte d'Algésiras, et le protectorat de la France au Maroc fut reconnu par toutes les puissances signataires.

En 1925, Abd-el-Krim, poussé par l'ambition et cédant à des influences que l'histoire établira plus tard, encouragé par ses succès dans la zone espagnole, rêva de faire du Rif un état indépendant et peut-être aussi de fonder à son profit une dynastie nouvelle pour étendre sa domination personnelle sur le Maroc tout entier. La révolte qu'il dirigea fit courir à notre Afrique du Nord, un des plus graves dangers qui l'eussent jamais menacée.

Depuis la défaite des rebelles, le Maroc se développe toujours mieux et toujours plus vite. La zone de dissidence se résorbe chaque année ; en beaucoup d'endroits il a même suffi de quelques négociations habiles pour provoquer la soumission de tribus jusqu'alors irréductibles.

Par-dessus les siècles, la tradition de Rome a été renouée, mais plus humaine, plus généreuse, plus pénétrante, puisque la « paix française » a su porter jusqu'aux solitudes les plus inaccessibles du désert les bienfaits matériels et moraux de sa civilisation.

Grâce à la ténacité et au clair génie des Bugeaud et des Lyautey, il n'y a plus de Berbérie, plus de Moghreb, ni de Maurétanie. Il n'y a que « l'autre France » dont la destinée se lie désormais étroitement à celle de la France éternelle.

III. — AUJOURD'HUI

Après avoir décrit dans leurs grandes lignes les pays de l'Afrique du Nord, après avoir raconté à très larges traits leur histoire, il nous reste à dire quelques mots sur ce que le voyageur rencontrera en les parcourant de nos jours.

Les populations. — Au total, l'Algérie, la Tunisie et le Maroc sont peuplés d'environ 13.000.000 d'habitants, parmi lesquels on compte à peine 1.000.000 d'Européens : tout le reste constitue la population indigène.

C'est en Algérie que les premiers sont les plus nombreux. Ils peuplent les villes et les localités agricoles dans les régions de culture, où les différentes méthodes de colonisation employées ont conduit presque partout au régime de la grande propriété. Des éléments très divers constituent cette population européenne : Français, d'origine ou naturalisés, et étrangers : Italiens, surtout en Tunisie où leur grand-nombre, leur activité et le statut particulier dont ils jouissent posent des questions toujours brûlantes ; Espagnols, plus particulièrement dans la province d'Oran, où ils exercent pour la plupart de petits métiers et où ils ont introduit de bonne heure, dans les cultures maraîchères, les procédés d'irrigation importés par eux d'Andalousie.

A côté les Indigènes : on sait aujourd'hui qu'il ne faut pas les confondre tous sous le nom d'Arabes et qu'en réalité le fond de la population indigène provient des Berbères. Mais Arabes et Berbères se sont, en bien des endroits, si amalgamés qu'il n'est pas toujours facile de les distinguer les uns des autres. Les Berbères se rencontrent plus particulièrement dans les régions montagneuses où les populations, sédentaires, cultivent le sol : Kabylie, Aurès, Atlas marocain. Les Arabes habitent surtout les Hauts-Plateaux et les régions du Sud : ils sont pasteurs et nomades. Au Sahara, les Targuis sont de souche berbère. Dans les villes de Tunisie et du Maroc, on trouve une bourgeoisie indigène, fine et policée, qui se rencontre moins fréquemment en Algérie.

Répartis sur tout l'ensemble du pays, des Juifs, particulièrement nombreux au Maroc, vivent à part, relégués dans les Mellahs, quartiers spéciaux des villes. Enfin, des Maltais se sont établis en Tunisie et en Algérie, surtout dans les ports.

Les religions. — Ces distinctions présentent, ethniquement parlant, un intérêt considérable en raison des répercussions qu'elles peuvent avoir sur les conceptions de la « politique indigène ». Elles échapperont, cependant, la plupart du temps, au touriste qui ne verra en tous lieux, qu'une population musulmane. C'est à l'Islam qu'il se heurtera à chaque pas, car le Coran, à la fois code religieux, code civil et code social, régit dans toutes ses manifestations la vie des Croyants. Les dispositions essentielles en sont connues : rappelons seulement que, révélé verset par verset à Mahomet, le dernier et le plus grand des Prophètes, il rapporte dans ses « sourates » la parole même d'Allah. Comme la retentissante apostrophe de Massillon, dans le Coran : « Dieu seul est Grand ! » et ce Dieu est un. Il récompense les bons et punit les méchants. Il impose aux fidèles leurs cinq devoirs essentiels : l'ablution, la prière, faite en commun dans les mosquées ou dite isolément, le jeûne pendant le mois de Ramadan, l'aumône et le pèlerinage à La Mecque. Il prêche le mépris du « roumi ». Il autorise la polygamie en limitant à quatre le nombre des femmes légitimes, mais sans limiter, toutefois, celui des concubines. Il proscrit l'usage du vin et des boissons fermentées, certaines viandes, en particulier celle du porc. Il réprouve l'usure, l'esclavage, le meurtre. Il proclame le culte de la force et la soumission aux puissants, dépositaires de l'autorité émanée d'Allah.

L'Islam n'est d'ailleurs pas parvenu sans schismes jusqu'au xx.º siècle. L'esprit critique, le libre arbitre se sont fréquemment attaqués à ses dogmes orthodoxes. Au Moyen Age, d'illustres docteurs, comme le fameux Averroès, ont fréquemment pris à son égard certaines libertés. Plus récemment a été énoncée la théorie mystique du « souffisme ». De nos jours, s'est créé tout un mouvement de modernisme islamique qui s'affranchit de plus en plus des disciplines étroites pour ne conserver de la religion que le lien moral et aussi la conscience d'un sentiment national encore assez confus. Les divisions entre Musulmans, et même entre Musulmans africains, sont profondes et nombreuses : c'est ainsi qu'à Alger, par exemple, on trouve des mosquées ressortissant à trois rites différents. En outre, et bien que le Prophète ait condamné le monachisme, de nombreuses confréries religieuses, secrètes ou avouées, se sont formées : sans avoir la cohésion de nos ordres religieux, elles groupent les fidèles d'un même culte rendu à la mémoire d'un saint fondateur. On y pratique souvent un ascétisme qui nous paraît un peu barbare et les dirigeants poursuivent, presque toujours, des fins politiques : il a fallu compter avec ces confréries au moment de la conquête de l'Algérie ; au Maroc, elles ont, à plusieurs reprises, provoqué de fanatiques retours de l'esprit d'indépendance.

Avec les Européens, le christianisme est revenu en Afrique du Nord. Mais les tentatives, organisées sous l'impulsion du cardinal Lavigerie et poursuivies par ses Pères Blancs, pour évangéliser les indigènes, n'ont donné, jusqu'ici, il faut bien le reconnaître, que peu de résultats, du moins dans le domaine strict de la religion. Quelques communautés chrétiennes fondées en Kabylie prospèrent cependant.

Les langues. — Partout s'est répandu l'usage du français. Les éléments hétérogènes qui forment la population européenne ont fini par adopter tous notre langue : les plus rebelles à son emploi ont été et sont encore les Italiens de Tunisie. Les Indigènes, toutefois, continuent à se servir de leurs idiomes propres. L'arabe est parlé à peu près partout, mais avec des différences de vocabulaire assez sensibles quand on passe du Maroc en Algérie et d'Algérie en Tunisie. Les Berbères ont conservé l'usage de leurs dialectes et beaucoup d'entre eux ne parlent ni ne comprennent l'arabe. Du contact des Indigènes et des Européens, est né un parler assez particulier, le « sabir », pittoresque patois populaire, fait de mots français arabisés et de mots arabes francisés, de tournures prises dans les deux langues, que parlent dans les villes les indigènes frottés de culture française et qui donne un fidèle reflet des mœurs locales : un de ses traits caractéristiques réside dans le tutoiement, emprunté à l'arabe qui ne possède pas nos formules de politesse. D'ailleurs, qu'il parle français, arabe ou sabir, l'Indigène tutoie tout le monde : loin de s'en formaliser, on devra, au contraire, lui répondre toujours de la même façon.

Les manifestations d'art. — Au cours de ses randonnées, le touriste rencontrera en Afrique du Nord, de nombreux restes des différentes civilisations qui s'y sont succédées : des temps primitifs et de l'époque punique, peu de choses, si ce n'est aux ruines mêmes de Carthage ; mais, par contre, de nombreux souvenirs des périodes romaine et musulmane. Les Romains ont laissé des villes, des édifices civils, religieux, militaires. Les Musulmans, eux aussi, des édifices religieux : mosquées, tombeaux ; militaires : forteresses, enceintes fortifiées avec des portes monumentales autour de certaines villes ; civils : palais, fontaines, médersas. La Tunisie du Nord et du Sud, le département de Constantine, Cherchell et ses environs, sont les régions les plus riches en monuments romains et chrétiens. Les plus beaux monuments musulmans se rencontrent en Tunisie : Tunis, Kairouan ; à Tlemcen et surtout au Maroc dans toutes les villes « makhzens » : Fez, Meknès, Marrakech, Rabat. L'occupation française a marqué en faveur de toutes ces richesses artistiques un très gros effort de conservation. Des « Services des Beaux-Arts » sont chargés de les restaurer, de les protéger contre les atteintes du temps, d'ouvrir des fouilles nouvelles : on s'en rendra compte à Volubilis, à Djemila, à Timgad, à Lambèse, à Dougga, en maints autres endroits encore, et en visitant les musées d'antiquités, surtout le musée Alaoui au Bardo.

Tout en s'attachant à sauvegarder les restes du passé, on s'est efforcé de former et de développer le goût des populations indigènes. Des écoles ont été ouvertes pour leur réapprendre la pratique des industries artistiques et familiales : la fabrication des tapis, notamment, a repris une grande place, surtout en Tunisie, au Maroc et en certains points du Sud algérien.

D'autres efforts enfin ont porté sur des constructions utilitaires. Le développement des réseaux routier et ferré a conduit à la construction de superbes ouvrages d'art ; dans les villes on a bâti de nombreux édifices administratifs, conçus dans le style local et adaptés aux nécessités du climat : on pourra admirer à Alger les palais du Gouvernement général ; à Rabat, les bâtiments et les jardins de la Résidence.

Pour que ce tableau de l'Afrique du Nord d'aujourd'hui soit complet, il faudrait encore évoquer les problèmes politiques, sociaux, économiques, militaires, que pose l'œuvre de colonisation ; expliquer comment le régime administratif varie suivant qu'on se trouve en Algérie, en Tunisie ou au Maroc ; traiter des industries qui s'éveillent dans ces pays encore presque neufs ; présenter le mouvement de la jeune littérature africaine et celui, plus général, des idées qui, chaque jour davantage, contribuent à la formation d'une mentalité néo-française...

Toutes ces considérations offrent en soi un réel intérêt ; mais, s'adressant peut-être à des spécialistes plus qu'aux touristes et aux promeneurs, elles dépasseraient le cadre de cette préface. Ceux de nos lecteurs que l'étude de ces questions attirerait, sauront avoir recours aux ouvrages particuliers.

*
* *

On a dit et répété de l'Afrique du Nord qu'elle est le pays des contrastes. Pour être devenue presque banale, cette constatation n'en mérite pas moins d'être soulignée. Nous avons tenu ici à affirmer tout d'abord qu'il y a unité entre la Tunisie, l'Algérie et le Maroc : cette unité, nous l'avons prouvée par la géographie et par l'histoire. Mais, nous avons décrit aussi toute la variété des aspects physiques qui s'y rencontrent, toute la suite des civilisations qui s'y sont superposées.

Nous voudrions terminer sur cette impression de diversité. Dans ces pays, que nous appelions neufs tout à l'heure et que, par ailleurs, nous avons montrés si vieux, tout n'est qu'opposition. Deux cultures s'y côtoient qui semblent jusqu'ici demeurer étrangères l'une à l'autre. A côté de sa vieille « kasbah » aux ruelles tortueuses et sombres, l'Alger moderne étale ses quartiers ouverts, percés de larges avenues ; à côté de la boutique-atelier où l'artisan de Fès travaille encore le bois et le cuir comme le faisaient nos compagnons de jadis, la T. S. F., le terrain d'aviation ; sur la route, à côté du « bourricot », le même que celui de la Fuite en Égypte, l'autocar énorme et luxueux ; à côté de la Médersa où l'on cherche à expliquer quelque obscur verset du Coran, comme on se battait autrefois pour un iota dans les monastères de Byzance, la Faculté, avec ses laboratoires scientifiques, l'Institut Pasteur ; au désert, sur la même piste, se croisent la caravane houleuse et bariolée et l'autre, la « Caravane sans chameaux », celle des autos à six roues ou des autos-chenilles.

Spectacle unique, qu'on ne rencontrera nulle part ailleurs ! Il faut aller le contempler sur place si l'on tient à méditer sur l'étrange impression qu'on peut retirer de la comparaison entre un passé, ancien comme le monde, mais vivant, dans l'immuable sérénité de son « Mektub », et un présent fiévreux, servi par tous les perfectionnements et tous les progrès de nos techniques, parti à pas de géant dans les voies de l'avenir !

BIBLIOGRAPHIE

Ci-après nous indiquons à nos lecteurs, sans prétendre à être complets en une aussi abondante matière, une liste d'ouvrages traitant, à des points de vue différents, de l'Afrique du Nord en général, ou de chacun de ses pays en particulier. Ils pourront ainsi trouver dans leurs lectures, avant le départ, une utile préparation au voyage ; après le retour, la possibilité d'évoquer des souvenirs et de revivre leurs impressions.

Toutes les fois que nous avons pu obtenir ces renseignements, nous indiquons la date de la dernière édition et le prix de vente actuel (fin 1928) des livres cités.

I. — OUVRAGES D'ORDRE GÉNÉRAL :

LYAUTEY. — *Paroles d'action.* — Paris, Colin (1927). . . . 35 f.

TH. STEEG. — *La Paix française en Afrique du Nord.* — Paris, Alcan (1926). . . . . 25 »

A. SARRAUT. — *La Mise en Valeur des Colonies françaises.* — Paris, Payot (1922). . . . . 26 »

J. GERMAIN et S. FAYE. — *Le Nouveau Monde français (Algérie, Tunisie, Maroc).* — Paris, Plon-Nourrit (1924). 12 »

HARDY. — *Vue générale de l'Histoire d'Afrique.* — Paris, Colin (1922). . . . . 9 »

G. BOISSIER. — *L'Afrique romaine.* — Paris, Hachette. . . 12,50

S. GSELL. — *Histoire ancienne de l'Afrique du Nord.* — Paris, Hachette (6 vol. parus). Le vol. . . . . . . 45 »

E.-F. GAUTIER. — *L'Islamisation de l'Afrique du Nord. Les Siècles obscurs de l'Histoire du Maghreb.* — Paris, Payot (1927). . . . . 30 »

HUART. — *Histoire des Arabes.* — Paris, Geuthner (2 vol. 1912) . . . . 125 »

E. MONTET. — *L'Islam.* — Paris, Payot (1923) . . . . . 6 »

E. MONTET. — *Le Coran. Choix de Sourates.* — Paris, Payot (1925). . . . . 15 »

J. SICARD. — *Vade-Mecum en Terre d'Islam.* — Paris, E. Larosse (1923). . . . . 20 »

L'Afrique du Nord (texte de J. ET J. THARAUD, G. ROZET, MYRYAM HARRY). — Paris, les Horizons de France. Broché : 220 fr. ; relié. . . . . 280 »

P. RICARD. — *Les Merveilles de l'autre France.* — Paris, Hachette. Broché. . . . . 70 »

P. RICARD. — *Pour comprendre l'Art musulman dans l'Afrique du Nord et en Espagne.* — Paris, Hachette. 27,50

MARÇAIS. — *Manuel d'art musulman. L'Architecture du IXᵉ au XIXᵉ siècle. Tunisie, Algérie, Maroc, Sicile, Espagne.* — Paris, Picard (2 vol. 1926-1927). Chaque vol. Broché : 100 fr. ; relié. . . . . 24 »

R. CAGNAT. — *Carthage, Timgad, Tebessa et les villes antiques de l'Afrique du Nord.* — Paris, Laurens (collection « Les Villes d'arts célèbres », 1927). . . . . 18 »

L. BERTRAND. — *Les Villes d'Or.* — Paris, Fayard. . . . 12 »

L. BERTRAND. — *Le Livre de la Méditerranée.* — Paris, Plon-Nourrit (1926). . . . . 12 »

LEHURAUX. — *Sur les pistes du Désert.* — Paris, Plon-Nourrit (1928). . . . . 15 »

II. — OUVRAGES CONCERNANT PLUS SPÉCIALEMENT LE MAROC :

HARDY et CELERIER. — *Les grandes Lignes de la Géographie du Maroc.* — Paris, E. Larose (1927). . . . . . 15 »

HARDY. — *Le Maroc.* — Paris, Laurens (« Anthologie illustrée des Colonies françaises », 1928). Broché : 20 fr. relié. 30 »

A. Bernard. — *Le Maroc*. — Paris, Alcan (1922). . . . . . . 20 f.

Hardy et Aurès. — *Les grandes Étapes de l'Histoire du Maroc*. — Paris, E. Larose (1926). . . . . 12 »

M. Leclerc. — *Au Maroc avec Lyautey*. — Paris, Colin (1927). 20 »

A. de Tarde. — *Le Maroc, École d'énergie*. — Paris, Plon-Nourrit (1923). . . . . 9 »

Tranchant de Lunel. — *Au Pays du Paradoxe, Maroc*. — Paris, Fasquelle (1924) . . . . 12 »

P. Champion. — *Le Maroc et ses Villes d'Art : Tanger, Fès, Meknès, Marrakech et Rabat*. — Paris, Laurens (collection « Les Villes d'arts célèbres », 1926). . . . . . . 36 »

P. Champion. — *Rabat et Marrakech*. — Paris, Laurens (collection « Les Villes d'Art célèbres », 1926). . . . . 18 »

P. Champion. — *Tanger, Fès, Meknès*. — Paris, Laurens (collection « Les Villes d'Arts célèbres », 1924). . . . . 18 »

P. Dumas. — *Le Maroc*. — Grenoble, Éditions J. Rey (1928). 27 »

P. Loti. — *Au Maroc*. — Paris, Calmann-Lévy (1927). . . . 9 »

Gomez-Carillo. — *Fès ou les nostalgies andalouses*. — Paris, Fasquelle (1927). Broché. . . . . 12 »

H. Célarié. — *Un Mois au Maroc*. — Paris, Hachette. . . 17,50

H. Célarié. — *Nos sœurs des Harems*. — Paris, Hachette. 9 »

H. Célarié. — *La Vie mystérieuse des Harems*. — Paris, Hachette. . . . . 12 »

H. Célarié. — *Amours marocaines*. — Paris, Hachette. . . 12 »

A. Chevrillon. — *Crépuscule d'Islam*. — Paris, Hachette. Broché. . . . . 10 »

A. Chevrillon. — *Marrakech dans les Palmes*. — Paris, Calmann-Lévy (1927). . . . . 9 »

C. Farrère. — *Les Hommes nouveaux*. — Paris, Flammarion (1926) . . . . 14 »

Le Glay. — *Récits de la Plaine et des Monts*. — Paris, Berger-Levrault (1928). . . . . 12 »

Le Glay. — *Badda, fille berbère et autres Récits marocains*. — Paris, Plon-Nourrit (1924). . . . . 12.

A.-R. de Lens. — *Harems entr'ouverts*. — Paris, Calmann-Lévy (1927). . . . . 9 »

P. Redan. — *Aux Confins du Pays berbère*. — Paris, Delalain . . . . 12 »

E. Rhaïs. — *Saada la Marocaine*. — Paris, Plon-Nourrit (1926) . . . . 12 »

J. et J. Tharaud. — *La Fête arabe*. — Paris, Plon-Nourrit (1927). . . . . 12 »

J. et J. Tharaud. — *Marrakech ou les Seigneurs de l'Atlas*. — Paris, Plon-Nourrit (1928). . . . . 12 »

J. et J. Tharaud. — *Rabat ou les Heures marocaines*. — Paris, Plon-Nourrit (1927). . . . . 12 »

Fédération des Syndicats d'Initiative et de Tourisme du Maroc : *Guide du Maroc* — Casablanca.

Le Maroc, album illustré avec texte publié par le Protectorat de la République française au Maroc.

III. — OUVRAGES CONCERNANT PLUS SPÉCIALEMENT L'ALGÉRIE :

E.-F. Gautier. — *Structure de l'Algérie*. — Paris, Éditions de la Société de Géographie (1922). . . . . 25 »

E.-F. Gautier. — *Le Sahara*. — Paris, Payot (1923). . . . 6 »

A. Bernard. — *L'Algérie*. — Paris, Alcan (doit paraître début 1929).

E.-F. Gautier. — *L'Algérie et la Métropole*. — Paris, Payot (1920). . . . . 12 »

C. Rousset. — *La Conquête de l'Algérie*. — Paris, Plon-Nourrit (2 vol., 1913). . . . . 24 »

P. Azan. — *L'Émir Abd-el-Kader*. — Paris, Hachette. Br. 20 »

R. Bazin. — *Charles de Foucauld.* — Paris, Plon-Nourrit (1927) . . . . 16 f

J. Germain et G. Faye. — *Un Fils de France : le Général Laperrine.* — Paris, Plon-Nourrit (1923) . . 12 »

G. Goyau. — *Le Cardinal Lavigerie.* — Paris, Plon-Nourrit (1926) . . . . 12 »

Fr. Jammes. — *Lavigerie.* — Paris, Flammarion (1927). . . 12 »

S. Gsell. — *Promenades archéologiques autour d'Alger.* — Paris, Les Belles Lettres (1926). . . . . 15 »

E. Fromentin. — *Une Année dans le Sahel.* — Paris, Plon-Nourrit (1924). . . . . 15 »

E. Fromentin. — *Un Été dans le Sahara.* — Paris, Plon-Nourrit (1924) . . . . 15 »

P. Loti. — *Fleurs d'Ennui, Trois Dames de la Kasbah.* — Paris, Calmann-Lévy (1926) . . . . 9 »

G. de Maupassant. — *Au Soleil.* — Paris, Albin Michel. . . 12 »

Isabelle Eberhardt. — *Dans l'Ombre chaude de l'Islam.* — Paris, Fasquelle (1926) . . . . 12 »

Isabelle Eberhardt. — *Notes de route.* — Paris, Fasquelle (1923) . . . . 12 »

Isabelle Eberhardt. — *Pages d'Islam.* — Paris, Fasquelle (1922) . . . . 12 »

L. Bertrand. — *La Cina.* — Paris, Albin Michel. . . . . 12 »

L. Bertrand. — *Le Sang des Races.* — Paris, Albin Michel. 12 »

L. Bertrand. — *Pepète et Balthazar.* — Paris, Albin Michel. 12 »

L. Bertrand. — *Saint Augustin.* — Paris, Fayard (1927). . 12 »

L. Bertrand. — *Sanguis Martyrum.* — Paris, Fayard (1925) 12 »

Celarié. — *Un mois en Algérie.* — Paris, Hachette. . . . 17,50

E. Gojon. — *En Algérie avec la France.* — Paris, Fasquelle (1927) . . . . 12 »

E. Rhais. — *La Fille des Pachas.* — Paris, Plon-Nourrit (1922) . . . . 12 »

E. Rhais. — *La Fille du Douar.* — Paris, Plon-Nourrit (1924) . . . . 12 »

E. Rhais. — *La Mariage de Hanifa.* — Paris, Plon-Nourrit (1925) . . . . 12 »

J. Melia. — *La Ville blanche. Alger et son département.* — Paris, Plon-Nourrit (1920) . . . . 12 »

J. Melia. — *Laghouat ou les Maisons entourées de jardins.* — Paris, Plon-Nourrit (1923) . . . . 12 »

A. Chollier. — *Alger et ses environs.* — Grenoble, Editions Rey (1928). . . . . 18 »

A. Chevrillon. — *Les Puritains du Désert.* — Paris, Plon-Nourrit (1927). . . . . 12 »

Ossendowski. — *Sous le Fouet du Simoun.* — Paris, Flammarion (1928) . . . . 12 »

F. Falck, secrétaire général de l'office du gouvernement général de l'Algérie, *Guide du Touriste en Algérie.* — Paris, Horizons de France (1928) . . . . 20 »

IV. — OUVRAGES CONCERNANT PLUS SPÉCIALEMENT LA TUNISIE :

De Lanessan. — *La Tunisie.* — Paris, Alcan (1917) . . . 10 »

H. Saladin. — *Tunis et Kairouan.* — Paris, Laurens (collection « Les villes d'art célèbres », 1912). . . . . . 18 »

M. Harry. — *Tunis la Blanche.* — Paris, Fayard (1925). . 12 »

G. Flaubert. — *Salammbô.* — Paris, Fasquelle. . . . . 12 »

L. Vaillat. — *Le Collier de Jasmin.* — Paris, Flammarion (1924) . . . . 10 »

Burnet. — *Loin des Icônes.* — Paris, Flammarion (1923). 7 »

P. Desfeuilles. — *La Tunisie.* — Paris, Edit. Pierre Roger (1928) . . . . 5 »

CARTOGRAPHIE

Nous indiquons ci-dessous les principales cartes ou documents cartographiques de nature à intéresser les touristes.

I. — PUBLICATION MICHELIN :

Carte « Maroc, Algérie, Tunisie » au 1/2.000.000e avec cartouches au 1/500.000e des régions de Meknès-Fès, Oran, Alger, Tunis. — Prix : sur papier: 6 fr. ; sur toile: 15 fr.

Cette carte est le complément indispensable du présent Guide.

II. — Cartes des Services géographiques de l'Armée et du Maroc :

Ces cartes peuvent s'acheter : à *Paris* : au Service géographique de l'Armée; *140, rue de Grenelle* ; chez H. Barrère, éditeur, *21, rue du Bac* ; à *Alger* : chez Andreo, *2, place de la Régence* ; à *Tunis* : chez Namura, *15, avenue de France* ; à *Casablanca* et *Rabat* : au Service géographique du Maroc ; à *Oudjda* : à l'annexe du Bureau topographique du Maroc.

(Pour le choix des cartes qu'ils désirent, nos lecteurs pourront utilement se faire présenter les tableaux d'assemblage.)

a) Cartes du Maroc :

Échelle du 1/200.000e : carte de reconnaissance (en 3 couleurs, par demi-feuilles) : la feuille, 1 fr. 50.

Échelle du 1/500.000e : carte générale du Maroc (en 4 couleurs, 12 feuilles): la feuille, 2 fr. 50.

Échelle du 1/1.000.000e : carte générale du Maroc (en 5 couleurs, 2 feuilles) : la carte complète, 15 fr.

Échelle du 1/1.500.000e : carte générale du Maroc (1 feuille en 10 couleurs) : 4 fr.

b) Cartes de l'Algérie :

Échelle du 1/50.000e : carte générale de l'Algérie (en 7 couleurs) : la feuille, 5 fr.

Échelle du 1/200.000e : carte générale de l'Algérie (édition définitive, en 4 couleurs) : la feuille, 3 fr.

Échelle du 1/2.000.000e : carte des pistes automobiles des Territoires du Sud de l'Algérie (2 feuilles en noir) : la feuille, 2 fr. 50.

c) Cartes de Tunisie :

Échelle du 1/50.000e : carte générale de la Tunisie (en 7 couleurs) : la feuille, 5 fr.

Échelle du 1/100.000e : carte générale de la Tunisie (en 5 couleurs) : la feuille, 4 fr. 50.

Échelle du 1/200.000e : carte générale de la Tunisie (édition définitive, en 4 couleurs) : la feuille, 3 fr.

d) Cartes générales :

Échelle du 1/500.000ᵉ : feuilles parues de la carte générale de l'Afrique (Orléansville, Alger, Constantine, Tunis, Tébessa, Sfax, Tozeur, Gabès, Colomb-Béchar, El Goléa, Ouargla, Timimoun) ; (type normal, en 5 couleurs ; type spécial pour les régions sahariennes, en 3 couleurs) : la feuille, 6 fr.

Échelle du 1/500.000ᵉ : carte générale de la Tunisie (en 2 feuilles, coupure spéciale extraite de la précédente) : les 2 feuilles (non vendues séparément), 24 fr.

Échelle du 1/2.000.000 : carte générale d'Afrique (les feuilles Maroc, Algérie, Tunisie, donnent, réunies, l'essentiel de l'Afrique du Nord) : la feuille, 7 fr. 50.

III. — *Autres cartes :*

a) Algérie :

Échelle du 1/400.000ᵉ. Carte des voies de communication des départements d'Oran, d'Alger, de Constantine (éditée tous les ans par le Gouvernement général de l'Algérie, à Alger). Une feuille par département.

A. Bernard et R. de Flotte de Roquevaire. — *Atlas d'Algérie et de Tunisie* (6 fascicules parus. L'Atlas complet comprendra environ 30 fascicules). — Paris, E. Larose, le fascicule, 40 fr.

b) Tunisie :

Échelle du 1/1.000.000ᵉ : carte générale des routes de Tunisie. Éditée par la Direction générale des Travaux publics de Tunisie à Tunis.

QUELQUES CONSEILS AUX TOURISTES

Époque la plus favorable pour visiter le Maroc, l'Algérie et la Tunisie. — L'automne (fin octobre au 15 décembre) et le printemps (mars à fin mai) sont les saisons les plus propices pour voyager en Algérie et en Tunisie. Au Maroc, la bonne période est celle qui s'étend de janvier à fin avril, bien que les pluies soient à craindre, principalement dans le nord, en février et mars. (Voir le paragraphe « Climat » de notre *Aperçu géographique* p. VII.)

Biskra et Marrakech sont, dès décembre, de très agréables stations pour les hiverneurs.

Routes et pistes. — A l'heure actuelle, il existe en Algérie, en Tunisie et surtout au Maroc d'excellentes routes, comparables à celles de France ; il convient cependant de se méfier des bas côtés parfois très poussiéreux et des chantiers de goudronnage où des dérapages sont à craindre.

Les autres voies de communications sont des pistes généralement praticables (voir notre carte « Maroc, Algérie, Tunisie » au 1/2.000.000), sauf pendant les pluies : se renseigner avant de s'y engager.

Essence. — On trouve de l'essence dans toutes les villes et localités de quelque importance. Il est toutefois prudent de se munir d'une importante réserve pour parer à toute éventualité.

Hôtels. — On trouve à se loger et à se nourrir à peu près partout. Pour le logement, des progrès sont réalisés tous les jours au point de vue de l'hygiène et du confort. Il existe de bons hôtels dans les principales villes. D'une manière générale, la vie est assez chère.

En dehors des villes que nous décrivons dans le Guide, on trouve des postes, des cantines, des caravansérails où, à la rigueur, il est possible de se ravitailler, mais il est préférable de n'y pas coucher.

Vêtements. — En raison des grandes différences de température entre le jour et la nuit, il est recommandé de se munir pour le jour de vêtements légers et pour la nuit de vêtements chauds. Les vêtements de flanelle sont très recommandés.

En outre, il est prudent d'emporter des lunettes à verres teintés et aussi une petite trousse de pharmacie pour se prémunir contre les piqûres des insectes ou des reptiles.

Habitants. — Les Indigènes accueillent généralement bien les touristes. Il convient donc de les traiter avec politesse et douceur, surtout si l'on veut obtenir d'eux aide ou concours. Dans ce dernier cas, on doit les rétribuer raisonnablement.

Boissons et aliments. — L'eau potable est très rare. Il est donc recommandé de ne pas se servir de l'eau des fontaines sans la faire bouillir et d'utiliser, de préférence, l'eau minérale, que l'on trouve à peu près partout, ou du thé très léger. De même, les légumes crus sont à éviter et, en général, les fruits qui ne se pèlent pas.

Monnaies. — Les billets de la Banque de France sont acceptés partout en Algérie, en Tunisie et au Maroc dans toutes les villes.

La Banque d'Algérie émet des billets spéciaux qui ont cours en Algérie et en Tunisie et qui sont au pair avec les billets de la Banque de France. La monnaie divisionnaire française est la seule employée en Algérie. Par contre, elle est remplacée en Tunisie par des pièces tunisiennes, seules acceptées en principe. Au Maroc (zone française) la monnaie légale est le franc marocain représenté, soit par des billets de la Banque d'Etat du Maroc, soit par une monnaie divisionnaire en pièces de nickel ou de billon. Le franc marocain est au pair avec le franc français. Dans le Maroc espagnol ont cours les monnaies marocaine et espagnole. Dans la zone internationale de Tanger, circulent les monnaies française, marocaine, espagnole et même la monnaie anglaise.

Visites des villes et de leurs monuments. — La plupart des centres importants se composent de deux agglomérations bien distinctes :

1° La ville européenne ou nouvelle, où l'on trouve généralement les hôtels, garages, etc... ;

2° La ville indigène ou ancienne (souvent complétée par le quartier juif) dont la visite est particulièrement recommandée (places publiques, marchés et monuments). Mais il faut noter qu'au Maroc et en Tunisie (sauf à Kairouan) l'entrée des mosquées et sanctuaires est rigoureusement interdite. Dans certains cas même, cette interdiction s'étend aux environs immédiats des édifices : il vaut mieux ne pas s'y attarder.

Circulation dans les zones soumises à une réglementation spéciale. — La circulation des automobiles et des touristes en général est soumise à une réglementation spéciale :

1° En Algérie, dans les territoires du Sud ;

2° Au Maroc, en dehors de la zone de sécurité.

Nos lecteurs trouveront, aux pages 228 et 238, les prescriptions édictées à ce sujet par les autorités compétentes.

VOCABULAIRE FRANÇAIS-ARABE OU BERBÈRE

FRANÇAIS.	TERMES USITÉS SUIVANT LES PAYS		
	ALGÉRIE.	TUNISIE.	MAROC.

Nombres.

FRANÇAIS.	ALGÉRIE.	TUNISIE.	MAROC.
un	ouahad	ouahed	ouahad
deux	zouje	tenine	zouje
trois	tleta	tleta	tleta
quatre	arbâa	arbâa	arbâa
cinq	khamsa	khamsa	khamsa
six	setta	setta	sta, seta
sept	sbâa	sbâa	sbâa, sebaa
huit	tmânia	tmânia	tmânia
neuf	tessâa	tessâa	tsaoud
dix	achra	achra	achra
onze	hadâche	hadâche	hadâche
douze	etnâche	etnâche	tnâche
treize	tletâche	tletâche	tletâche
quatorze	rbatâche	rbatâche	rbatâche
quinze	khamstâche	khamstâche	khamstâche
seize	stâche	stâche	setâche
dix-sept	sbatâche	sbatâche	sbatâche
dix-huit	tmentâche	tmentâche	tmentâche
dix-neuf	tsatâche	tsatâche	tsatâche
vingt	achrine	achrine	achrine
trente	tletine	tletine	tletine, tlatine
quarante	arbeine	arbeine	arbeine
cinquante	khamsine	khamsine	khamsine
cent	mia	mia	mia
mille	alef	alef	alef, alf

Jours.

FRANÇAIS.	ALGÉRIE.	TUNISIE.	MAROC.
dimanche	el had	nade	el had
lundi	et tnine	letnine	etnine
mardi	et tleta	tleta	etleta
mercredi	larbâa	larbâa	larbâa
jeudi	el khemis	khemis	el khemis
vendredi	ed djemâ	djemâ	el jemeâ
samedi	es sebt	sept	essebt

Divisions du temps.

FRANÇAIS.	ALGÉRIE.	TUNISIE.	MAROC.
jour	nehâr	nehâr	nehâr
nuit	lil	lil	lil, leil
matin	sbah	sbah	sbah
midi	letnâche	lanel	letnâche
soir	achiya	achia	achiya
heure	saa	saar	saâ
demi-heure	nouss-saa	nouss-saar	nouss-saa
1/4 d'heure	rbou-saa	rbou-saar	rbou-saa
aujourd'hui	el-youm	el-youm	el-youm
hier (soirée)	elbarrah	elbarrah	elbarrah
hier (journée)	iamess		

Mots usuels.

FRANÇAIS.	ALGÉRIE.	TUNISIE.	MAROC.
administration gouvernement	makhzene	idara	maghzen
allumette	oukida	oukida	ouqida
ami	sahib, habib	habib	habib
âne	hemar, behim	behim	hemar, behim
après-demain	bag-dhedda	bad-gheddoua	bâd-ghedda
arabe (campagnard)	arbi, bedoui	arbi	aroubi
arbre	chedjra	chejra	chejra

FRANÇAIS.	TERMES USITÉS SUIVANT LES PAYS :		
	ALGÉRIE.	TUNISIE.	MAROC.
argent (mon-naie)	flous	flouss	flous
argent (métal)	fedda	fedda	noqra, fedda
assemblée	djemâa	jamiâa	jemâa
assez	barka, ikfi	yezi	baraka
assiette	tobsi	shane	tobsil ; *pl.* tosel
attention	balek, rod balek	rod balek	balek, balak
auberge	fondouk, *pl.* fna-dek	fondouk	fendeq, *pl.* fna-deq
automobile	tomobil	karaba	tomobil
bagage	kechch, *pl.* kchouch	debêche	qechch, *pl.* qchouch
bain	hammam	hammam	hammam
banlieue	fahs	lahouaze	fahs, berra
barque	barcassa	flouka	barcassa, flouka
beau	djemil, zine	djemil	jemil, mezziane
beaucoup	bezzef, yasser	yasser	bezzaf, yasser, ketir.
beurre	zebda	smene	zebda
blanc	abiod	abiod	abiod, biad
bœuf	begri, *pl.* bguer	begri	begri, *pl.* bguer
bon	hasene, mlih	m'lih	hasene, mezziane
bonjour	sebah el kheïr	s'bah kir	asslâma { sbah keïr, msa el keïr }
bonsoir	messelkheïr	m'sik bel kir	
bouche, em-bouchure	foum	foum	foum
boue	gharga, ghis	tabâa	gheis, ghis, ghar-gâa
bougie	chemâa	chemâa	chemâa
bouteille	metreb, karâa	dabouza	metreb, qarâa, betha
burnous	selham	barnous	selham
café	cahoua	cahoua	qahoua
cap	ras	ras	ras
carrefour	melka, megrene	melka	melka ; megrene
confluent			
caserne	kechla	kechla	qechla
cèdre	meddad	sarouel	erz, lerz
chacal	dib, *pl.* diab	dib	dib, *pl.* diab
chaise, fauteuil	chelya, *pl.* chli	coursi	chilya, *pl.* chli
chaleur	sekhana	sekhana	sekhana, sahd
chambre	bite	bite	bite
chameau	djemel ; baïr	djemel	jemel, baïr
chapelle	koubba	kheloua	qoubba, qobba
chemin	trik	trik	triq
chef	caïd	raïs	qaïd
chêne	belloute	bellouta	belloute
chêne-liège	fernane	fernane	fernane
cheval	aoud, *pl.* kheil	h'sane	aoud, *pl.* kheil
chien	kelb, *pl.* klab	kelb	kelb, *pl.* klab
chrétien (euro-péen)	roumi	roumi	roumi ; nesrani
cimetière	makabra ; djeb-bana	jebana	makabra ; djeb-bana
cimetière mu-sulman	raouda, *pl.* roua-di	jebana	raouda; *pl.* rou-adi
citadelle	kasba	kasbah	kasbah
citerne	djebb, damous	majene	djebb, demous, metfiya
col	faïdja	rekba	ang, ank, faïd-ja, tizi (*ber-bère*)
collège, université	medersa	medersa	medersa
combien	chlal	kadeche	chlal
contrée	bled	bled	bled

Français.	Termes usités suivant les pays		
	Algérie.	Tunisie.	Maroc.
corde	hebel ; kenneb	karneb	hebel, qenneb
couteau	mousse ; *pl.* mouâsse	sekina	mousse, *pl.* mouâsse
couverture	ferrachia	ferrachia	ferrachia, gheta
cuiller	moghorfa	ni gharfa	maalga, malqa
datte	temer	temer	temer
défilé	khanga ; fedj	istarade	khanga, ang, fedj
déjeuner (de midi)	ghda	ftour	ghda
demain	gheddoua	ghedddoua	gheddoua, ghedda
descente	hedoura	habta	hadoura, hadra, habta
devant	keddam	keddam	qoddem
Dieu	Allah	Allah	Allah
dîner	o'cha	encha	encha
domestique	khedime	khedime	khedime, metallem
droite	ymine	yamine	yamine, limine
eau	elma	ma	elma
épicier, droguiste	attar	attar	beqaf, attar
est (orient)	cherg	cherg	cherg, cherq
étang	garâa-ghedir	garâa	garâa, dayia
étudiant	taleb, *pl.* tolba	taleb	taleb, *pl.* tolba
ferme	firma	henchir	azib
figue	kermouss ; bakour	kermouse	kermoussa, bakoura
fils	ben, *pl.* beni	ben	ben, *pl.* beni ; ould, *pl* ouladi aït (*berbère*)
fontaine	sokkala, sebbala	sebala	seqqala
forêt	ghaba, *pl.* ghiyeb	ghaba	ghaba, *pl.* ghiyeb
fort, forteresse	bordj, kalâa	bordj	bordj, kalâa
froid	berd	bered	berd
gardien	assès, *pl.* assasine	assès	assès, *pl.* assessa
gâteau, friandise	haloua, *pl.* halaouat	haloua	haloua, *pl.* hlaoui *et* halouat
gauche	chemâl, issar	isare	chemâl
gazelle	ghzel, *pl.* ghozlane	ghzel	ghzal, *pl.* ghozlane
gens	ahel, hel	ahel	ahel, hel, nas
grand	kebir	kebir	kebir
grotte, caverne	ghar, kehf	ghar	ghar
gué	medjez, mgaz, megtaa	medjez	medjez, mgaz, mechrâa
hauteur	alou	alou	alou
hier	albarrah, yamessé	el barrah	albarrah, yamessé
hôtel, auberge	fendak, fondouk	fondouk, fendouk	fendaq, fondouq
ici	mena, ehna	hena	mena
île	djezira, *pl.* djezaïr	djezira	djezira, *pl.* djejaïr ; dzira
indigène cultivateur	fellah	fellah	fellah
inférieur, bas	tahtani, sflani	tahtani	tahtani, sflani
jambe	sag	krâa	hrâa, rjel
jardin	arsa, *pl.* arasi	senia	arsa, *p.* arasi ; jnane
jaune	asfer, *fem.* sefra	asfer	sfer, *fém.* sefra
jeune, neuf	djedid, *fem.* djedida	djedid, *fem.* djedida	jedid, *fém.* jedida
joli	zine	djemil	mezziane
lac salé	sebkha	sebkha, melha	sebkha

FRANÇAIS.	TERMES USITÉS SUIVANT LES PAYS :		
	ALGÉRIE.	TUNISIE.	MAROC.
lac	berka	sebkha	berka
lapin	gnina	arneb	ganina, qniya
lettre, missive	bra, p. braouat ; carta	djaouat	bra, pl. braouat ; carta
lit	frach	serrire	frach
loin	beaïd	beaïd	beaïd
long	touil	touil	touil
main	id, pl. idine yed, pl. yedine	yed	id, pl. idine ; yed, p. yedine
maison	dar	dar	dar
maison fortifiée	bordj	bordj	bordj
manteau	dejellaba	djeba	jeballa, selham
marais	merdja, pl. moroudj	merja	marja, pl. moroudj
marché	souk	souk	souk
marché couvert	fondouk	fondouk	fendek
mare	guelta	guelta	guelta, daya
mer	behar	behar	bhar
merci	saha	barak allahou fik	barak allahou fik
minaret	soumâa, pl. souamâ	soumâa	somâa, pl. souamâ
mois	chehar	chehar	chehar
monnaie	flous, sarf	flous, sarf	flous, sarfe
montagne	djebel	djebel	djebel, adrar (berbère)
montée	akba	akba	aqba
mosquée	djâmâ	djâmâ	jâmâ
moustique	namous	namous	namous
mouton	kebch, pl. kbach	kebch	kebch, pl. kbach haouli, pl. hwala
mulet	bghel	bghel	bghel
navire	merkeb, babour el behar	merkeb	markeb
neuf, jeune	djedid, fém. djedida	djedid	djedid, sghir
nord	dahra	dahra	dahra, chamal
œuf	beïda, pl. beïd	admu	beïda, pl. beïd
olivier	zitoun	zitoun	zitoun, zitouna
ouest	gharbi, moghreb	garbi	gharbi, moghreb, gharb,
pain	khobz	khobz	khobz
palmier	nakhla	nakhla	nakhla
papier	kaghete	kaghete	kaghete
petit (adjectif)	sghir, fém. sghira	sghir	sghir
petit déjeuner	ftour	ftour	ftour
pierre	hadjra, pl. hadjer	hajdra	hadjra, pl. hadjer
piste	hemmala	mesret	meslek, trik, hemmala
plaine	outâ	outâ	outâ
plateau rocheux	hamada	hamada	hamada
pluie	nâou	chtâa	chta, nâou
poisson	hout	hout	hout
pommier	teffah	teffah	teffah
pont	kantra, gantra	khantra, gantra	kantra, gantra
porc	hallouf	hallouf	hallouf
port	marsa	marsa	marsa
porte	bale, pl. bibane	bab	bab, pl. bibane
poule	djaja	djaja	djaj, djaja
pourboire	fabor	chsane	fabor
poussière	ghebâr	ghabra	ghebâr, ghabra
près	kérib	kérib	kérib
puits	bir, pl. biar	bir	bir, pl. biar
quartier juif	mellah	hara	mellah
raisin	aneb, ineb	aneb	aneb, ineb

FRANÇAIS.	TERMES USITÉS SUIVANT LES PAYS.		
	ALGÉRIE.	TUNISIE.	MAROC.
rivage, littoral	sahel	sahel	sahel
rivière	oued	oued	oued
rocher	rasfa ; sokhra, *pl.* skhour	sokhra	sakhra, *pl.* skour
rouge	ahmar	ahmar	ahmar
route	trik	trik	triq
rue, boulevard	charâ	charâ	charâ, zenqa, chari
ruine	kherba, *pl.* kherb	khereb	kherba
sable	rmel	rmel	rmel
sac	khencha	khencha	chkara, khen-cha
sauterelle	djerad	djirad	jrada, *pl.* jrad
sel	meleh	melh	melh
sentier	mesreb	mesreb	mesreb
serpent	hanech	hanech	hnech, *pl.* hnou-cha
soleil	chems	chems	chems
sou	sourdi, akarid	sourdi	akarid, soldi, sourdi
source	aïn, *pl.* ayoun	aïn	aïn, *pl.* ayoun
sucre	sokkar	sokkar	sokkar
sud	guebla	ghebla	guebla, qebla
supérieur, élevé	foukani	foukani	fouqani
tente euro-péenne	guitoûne, *pl.* gui-âténe	guit'oune	guitoûne, *pl.* gui-âtene
terre	ard	ard	ard
thé	lataï	thé	ataï, lataï
tombeau	kbeur, *pl.* kbour	kbeur	qbar, *pl.* qbour
tribu	kbila, *pl.* kbaïl ; arch	kbila	qbila, *pl.* qbaïl
trou	hofra	hofra	hofra
vallée	batn	bateun	bateun
vent	rih	rih	rih
vert	akhdar, *fém.* khadra	akhdar	akhdar, *fém.* khadra
vêtements	bouaïdj, kesoua	kesoua	kesoua
viande	leham	lcham	leham
vigne	dalya, *pl.* douali	asseb	dalya, *pl.* douali
village	dechra, *pl.* deher	dechra	dechra, *pl.* deher
village compo-sé de tentes	douar	douar	douar
ville	medina	medina	medina
vin	cherâb	cherab	cherâb
voiture	kaliche	carousse	kaliche, koutchi
wagon	fagon	arabia	fagon, fago

TITRE I

Ne gaspillez pas vos pneus...

Avant tout...

... montez un pneu qui peut porter largement le poids de votre auto chargée.

Chaque semaine, quand vous graissez, retirez clous et silex, bouchez les coupures.

Le 1ᵉʳ et le 15,

un coup de gonflage !

Quand vous démontez un pneu...

... regardez vos jantes, grattez la rouille, faites redresser les bords écrasés.

Pour éviter les crevaisons...

... montez des pare-clous. Si vous êtes à plat, arrêtez-vous tout de suite.

Voici les conseils que nous développons dans la notice :

" NE GASPILLEZ PAS VOS PNEUS "

Si vous n'avez pas cette notice, demandez-la à MICHELIN et Cⁱᵉ, 97, Bᵈ Péreire, Paris (XVII).

Pas de pneus trop petits

Si vos pneus meurent vite, c'est très souvent parce qu'ils sont trop petits pour le poids de votre auto.

Dans ce cas, **montez les pneus plus gros indiqués ci-dessous**

AMILCAR

6 CV sur	715×115......	**720×120**
sur	11×45.......	**12×45**
7 CV sur	715×115,.....	**720×120**
sur	11×45........	**12×45**
sur	12×45.......	**13×45**
8 CV sur	12×45.......	**13×45**
sur	27×4,40......	**28×4,95**

BERLIET

7 CV sur	730×130......	**740×140**
sur	13×45.........	**14×45**
9 CV sur	13×45........	**14×45**
sur	730×130.......	**740×140**
10 CV sur	14×45......	**15×45**

CHENARD & WALCKER

7 CV sur	12×45......	**13×45**
8 CV sur	730×130.....	**740×140**
9 CV sur	13×45.......	**14×45**
Y 3 10 CV sur	730×130......	**740×140**
— sur	13×45.........	**14×45**
F 10 CV sur	14×45........	**15×45**

CITROËN

5 CV sur	715×115......	**720×120**
sur	11×45........	**12×45**
Cond. int. 4 places 10 CV sur	730×130......	**740×140**
sur	13×45.........	**14×45**
Familiale 6 pl. — sur	14×45.......	**15×45**

Rien à toucher aux roues ni aux jantes.

Si votre voiture n'est pas sur cette liste, veuillez nous écrire.

DELAGE

11 CV sur 775 × 145...... **780 × 150**
     sur 14 × 50...... **15 × 50**
     sur 30 × 5,77..... **32 × 6,00**
14 CV sur 30 × 5,77..... **32 × 6,00**
     sur 14 × 50...... **15 × 50**
17 CV sur 33 × 6,20...... **33 × 6,00**
     sur 15 × 50...... **16 × 50**

DELAHAYE

10 CV sur 775 × 145...... **780 × 150**
     sur 14 × 50...... **15 × 50**
107 M **10** CV sur 14 × 45...... **15 × 45**
12 CV sur 14 × 50...... **15 × 50**
14 CV sur 14 × 45...... **15 × 45**
16 CV sur 15 × 50...... **16 × 50**

DONNET

G **7** CV sur 715 × 115...... **720 × 120**
     sur 11 × 45...... **12 × 45**
G⁵ **7** CV sur 12 × 45...... **13 × 45**
10 CV sur 13 × 45...... **14 × 45**
11 CV sur 775 × 145...... **780 × 150**
     sur 14 × 50...... **15 × 50**
14 CV sur 15 × 50...... **16 × 50**

FIAT

7 CV sur 715 × 115...... **720 × 120**
     sur 11 × 45...... **12 × 45**
10 CV sur 730 × 130...... **740 × 140**
     sur 13 × 45...... **14 × 45**

Rien à toucher aux roues ni aux jantes.

Si votre voiture n'est pas sur cette liste, veuillez nous écrire.

HOTCHKISS

12 CV sur	30×5,77	**32×6,00**
	sur 14×50	**15×50**

LA LICORNE

5 CV sur	11×45	**12×45**
8 CV sur	715×115	**730×130** (1)
9 CV sur	775×145	**780×150**
	sur 14×50	**15×50**
9/10 CV sur	13×45	**14×45**
10 GV sur	775×145	**780×150**
	sur 14×50	**15×50**

MATHIS

7 CV sur	715×115	**720×120**
	sur 11×45	**12×45**
Conduite int. —	sur 12×45	**13×45**
10 CV sur	13×45	**14×45**
11 CV sur	730×130	**740×140**
	sur 13×45	**14×45**

PANHARD

10 CV sur	775×145	**780×150**
	sur 14×50	**15×50**
6 cylindres **10** CV sur	14×50	**15×50**
12 CV sur	15×50	**16×50**
6 cylindres **12** CV sur	14×50	**15×50**

Rien à toucher aux roues ni aux jantes.

(1) Remplacer la chambre 715×115 par chambre 730×130.

Si votre voiture n'est pas sur cette liste, veuillez nous écrire.

PEUGEOT

```
 5 CV sur 715×115 . . . . . .   720×120
       sur   9×48 . . . . . . .   10×48
       sur  11×45 . . . . . . .   12×45
 9 CV sur 730×130 . . . . . .   740×140
       sur  13×45 . . . . . . .   14×45
11 CV sur 730×130 . . . . . .   740×140 (1)
       sur  13×45 . . . . . . .   14×45
12 CV sur  14×45 . . . . . .   15×45
14 CV sur  33×6,20 . . . . . .   33×6,00
```

RENAULT

```
        6 CV sur 715×115 . . . . . .   720×120
              sur  11×45 . . . . . . .   12×45
NN 1  6 CV sur  12×45 . . . . . . .   13×45
Mona  8 CV sur  12×45 . . . . . . .   14×45
       10 CV sur 775×145 . . . . . .   780×150
              sur  14×50 . . . . . . .   15×50
Viva 15 CV sur  14×50 . . . . . . .   15×50 (2)
       18 CV sur  33×6,20 . . . . .   33×6,75
```

UNIC

```
L'T 11 CV sur 775×145 . . . . . .   780×150
           sur  14×50 . . . . . . .   15×50
```

VOISIN

```
10 CV sur 775×145 . . . . . .   780×150
      sur  14×50 . . . . . . .   15×50
      sur  30×5,25 . . . . .   30×5,77
14 CV sur 775×145 . . . . . .   780×150
      sur  14×50 . . . . . . .   15×50
      sur  30×5,77 . . . . .   32×6,00
```

Rien à toucher aux roues ni aux jantes.

(1) Il est encore plus avantageux de monter du 14×45 qui peut porter 100 kg de plus par essieu que le 740×140.
Le 14×45 se monte sur roues de 14×45.

(2) Sur la Renault Vivasix, il y a intérêt à monter à l'arrière du 16×50 sur roues 15-16×50. (Nous écrire.)

Si votre voiture n'est pas sur cette liste, veuillez nous écrire.

Démontage du
" CONFORT-BIBENDUM "

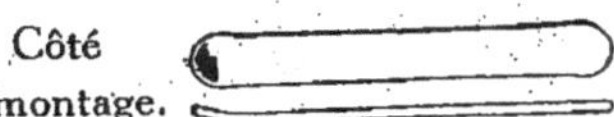

Clé pour
desserrer ou serrer
l'écrou de jante.

Levier Michelin
pour montage et démontage
du « Confort-Bibendum ».

Côté
démontage.

Côté
montage.

1. *Pour libérer la plaquette :*
   — Dégonfler complètement.
   — Enlever l'écrou de la valve. (*Fig. ci-dessus.*)

2. *Pour décoller le pneu de la jante.*
   — L'écraser sur tout son pourtour et sur ses deux faces.

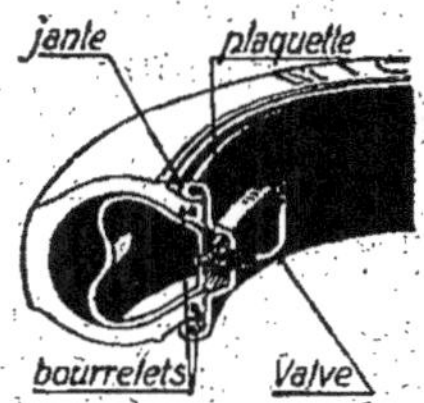

3. *Pour dégager le fond de la gorge et permettre aux bourrelets d'y venir :*
   — Pousser la valve vers la jante. (*Fig. ci-dessus.*)

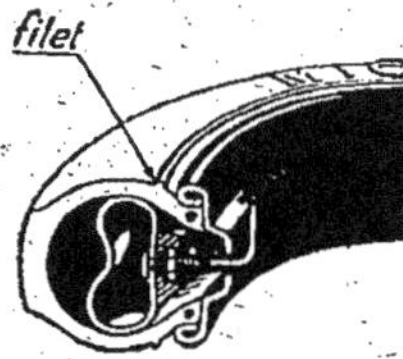

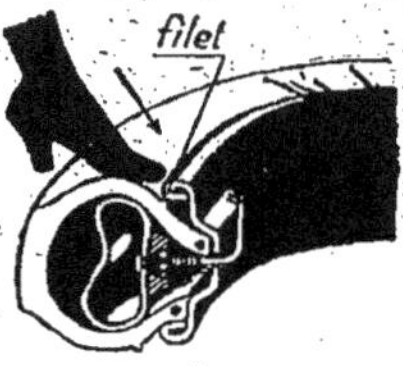

4. *Pour amener un bourrelet au fond de la jante* **près de la valve** *et pouvoir dégager un des bourrelets* **à l'opposé de la valve :**

— *A l'endroit de la valve,* pousser sur le pneu, avec le pied, jusqu'à ce que le filet de gomme disparaisse. (*Fig. ci-dessus.*)

5. *Pour enlever le premier bourrelet :*
— *A l'opposé de la valve,* engager les deux leviers à 20 cm. l'un de l'autre. Les rabattre l'un après l'autre. (*Fig. ci-dessus.*)

— Achever avec un levier ou à la main.

6. — Enlever la chambre.

7. *Pour pouvoir dégager le deuxième bourrelet* **à l'opposé de la valve :**
— Mettre la roue verticale, trou de valve en bas.

8. *Pour dégager l'enveloppe :*
— A l'opposé du trou de valve, engager un levier.
— Redresser le levier et appuyer dessus à fond pour sortir le pneu. (*Fig. ci-dessus.*)

Montage du
"CONFORT-BIBENDUM"

1. *Pour ne pas pincer la chambre au montage :*
   — Gonfler légèrement.
2. — Mettre la chambre dans l'enveloppe.
3. — Poser la roue à plat, côté bombé en dessus.
4. — Passer la valve, le bout en haut, dans le trou de la jante. (*Fig. ci-dessus.*)

5. *Pour que le bourrelet du dessous puisse rentrer à l'opposé de la valve :*
   — *Mettre le bourrelet du dessous au fond de la jante, près de la valve.* (*Fig. ci-dessus.*)

6. *Pour continuer à monter le premier bourrelet :*
   — Appuyer avec le pied sur le pneu, alternativement à droite et à gauche de la valve, là où le bourrelet du dessous sort de la jante. (*Fig. ci-dessus.*)
   — Terminer à l'opposé de la valve.

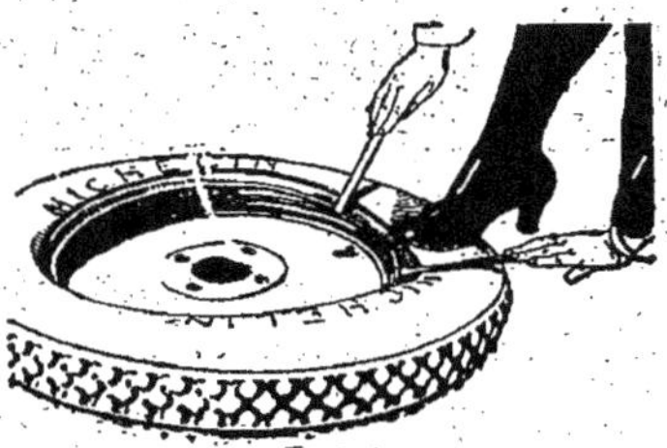

Pour engager le deuxième bourrelet :

- Repousser la valve vers l'intérieur du pneu.

- Enfoncer au fond de la gorge près de la valve le bourrelet avec les leviers et en s'aidant du pied ou du genou. (*Fig. ci-dessus.*)

- Continuer le montage avec un levier, puis avec le pied, en appuyant, comme précédemment, à droite et à gauche de la valve, là où le bourrelet sort de la jante. (*Fig. ci-dessus.*) (Si le montage est difficile, s'assurer que le filet de gomme disparaît sous la jante près de la valve.)

- Terminer à l'opposé de la valve.

- Gonfler. (*Voir le tableau page XL.*)

- Visser à bloc, l'écrou de la valve sur la jante.

... le " *Confort-Bibendum* " est ainsi **indéjantable.**

Tableau de gonflage et de charge

"Confort-Bibendum"

Pneus de	Charge par essieu	Pressions
11 × 45	250 Kg.	1 Kg. 1/4
	350 —	1 — 1/2
	450 —	1 — 3/4
	550 —	2 —
12 × 45	400 Kg.	1 Kg. 1/2
	500 —	1 — 3/4
	600 —	2 —
	700 —	2 — 1/4
13 × 45	550 Kg.	1 Kg. 1/2
	650 —	1 — 3/4
	750 —	2 —
	800 —	2 — 1/4
14 × 45 14 × 50	600 Kg.	1 Kg. 1/4
	700 —	1 — 1/2
	800 —	1 — 3/4
	900 —	2 —
	1.000 —	2 — 1/4
15 × 45 15 × 50	600 Kg.	1 Kg. 1/4
	800 —	1 — 3/4
	1.000 —	2 — 1/4
	1.200 —	2 — 3/4
16 × 50	700 Kg.	1 Kg. 1/4
	900 —	1 — 3/4
	1.100 —	2 — 1/4
	1.300 —	2 — 3/4
	1.500 —	3 — 1/4
17 × 50	1.000 Kg.	1 Kg. 1/2
	1.200 —	2 —
	1.400 —	2 — 1/2
	1.600 —	3 —
	1.800 —	3 — 1/2

Pneus à talons haute pression.

Pneus de	Charge par essieu	Pressions
550 × 65 650 × 65	200 Kg.	2 Kg. 1/2
	300 —	3 —
	400 —	3 — 1/2
700 × 85 30 × 3	400 Kg.	2 Kg. 1/2
	500 —	3 —
	600 —	3 — 1/2
30 × 3 1/2	500 Kg.	3 Kg.
	600 —	3 — 1/2
	700 —	4 —
710 × 90 760 × 90 810 × 90 30 × 3 1/2 — 31 × 4	600 Kg.	3 Kg.
	700 —	3 — 1/2
	800 —	4 —
765 × 105 815 × 105 875 × 105	700 Kg.	3 Kg.
	800 —	3 — 1/2
	900 —	4 —
815 × 120	800 Kg.	3 Kg.
	950 —	3 — 1/2
	1.100 —	4 —
820 × 120 880 × 120 920 × 120	800 Kg.	3 Kg.
	1.000 —	3 — 1/2
	1.200 —	4 —
835 × 135 895 × 135 935 × 135	1.100 Kg.	3 Kg.
	1.300 —	3 — 1/2
	1.500 —	4 —
890 × 140	1.200 Kg.	3 Kg.
	1.400 —	3 — 1/2
	1.600 —	4 —
	1.800 —	4 — 1/2

Les chiffres en gras indiquent, pour chaque dimension, le poids maximum de chaque essieu à ne pas dépasser.

Tableau de gonflage et de charge pneus "Confort"

à talons

Pneus de	Charge par essieu	Pressions
715 × 115	300 Kg. 400 — 500 —	1 Kg. 1/4 1 — 1/2 1 — 3/4
720 × 120	400 Kg. 500 — 600 — 700 —	1 Kg. 1/2 1 — 3/4 2 — 2 — 1/4
730 × 130	400 Kg. 600 — 800 —	1 Kg. 1/4 1 — 3/4 2 — 1/4
740 × 140	500 Kg. 700 — 900 —	1 Kg. 1/2 2 — 2 — 1/2
775 × 145	600 Kg. 800 — 1.000 —	1 Kg. 1/4 1 — 3/4 2 — 1/4
780 × 150	700 Kg. 900 — 1.100 —	1 Kg. 1/2 2 — 2 — 1/2
860 × 160	900 Kg. 1.100 — 1.300 —	1 Kg. 1/2 2 — 2 — 1/2
905 × 165	900 Kg. 1.200 — 1.500 — 1.800 —	1 Kg. 1/2 2 — 1/4 3 — 3 — 1/2
29 × 4,40 31 × 4,45	400 Kg. 500 — 700 — 800 —	1 Kg. 400 1 — 3/4 2 — 1/4 2 — 400

à tringles

Pneus de	Charge par essieu	Pressions
27 × 4,40	400 Kg. 500 — 600 — 700 —	1 Kg. 1/2 1 — 3/4 2 — 2 — 1/4
29 × 4,40	500 Kg. 700 — 800 —	1 Kg. 3/4 2 — 1/4 2 — 400
30 × 4,50 29 × 4,75	550 Kg. 650 — 750 — 800 —	1 Kg. 3/4 2 — 2 — 1/4 2 — 400
28 × 4,95	600 Kg. 700 — 800 —	1 Kg. 3/4 2 — 2 — 1/4
29 × 4,95 30 × 4,95 31 × 4,95	500 Kg. 700 — 900 —	1 Kg. 1/4 1 — 3/4 2 — 1/4
28 × 5,25 30 × 5,25 31 × 5,25	600 Kg. 800 — 1.000 —	1 Kg. 1/4 1 — 3/4 2 — 1/4
30 × 5,77 32 × 5,77	750 Kg. 950 — 1.150 —	1 Kg. 1/2 2 — 2 — 1/2
32 × 6,00 33 × 6,00	900 Kg. 1.100 — 1.300 — 1.500 —	1 Kg. 3/4 2 — 1/4 2 — 3/4 3 — 1/4
32 × 6,20 33 × 6,20	800 Kg. 900 — 1.100 — 1.300 —	1 Kg. 1/4 1 — 1/2 2 — 2 — 1/2
33 × 6,75	1.000 Kg. 1.300 — 1.600 — 1.800 —	1 Kg. 1/2 2 — 1/4 3 — 3 — 1/2

Les chiffres en gras indiquent, pour chaque dimension, le poids maximum de chaque essieu à ne pas dépasser.

NOTES

TITRE II

Comment se servir de ce Guide.
Signes conventionnels et abréviations.

Première partie :

Carte des itinéraires décrits,
81 grands itinéraires directs,
26 excursions,
Notice sur les pistes sahariennes.

Deuxième partie :

Nomenclature des villes
par ordre alphabétique :
388 villes,
7 plans de villes en couleurs,
43 plans de villes en noir,
Curiosités, hôtels, mécaniciens,
Dictionnaire des distances.

NOTES

COMMENT SE SERVIR DE CE GUIDE

complété par la carte Michelin
" Maroc, Algérie, Tunisie " au 1/2.000.000ᵉ
(avec cartouches au 1/500.000ᵉ
pour les environs des grandes villes).

See on page 10 : « How to use this Guide ».

Vous devez voyager au Maroc, en Algérie, en Tunisie.

Il faut que grâce au Guide et à la Carte de Bibendum vous vous disiez en rentrant : « Sans fatigue, aussi agréablement que possible, je suis allé, dans le minimum de temps, à mes rendez-vous d'affaires », ou bien : « Pendant mes vacances, j'ai excursionné par les routes les plus pittoresques et j'ai vu tout ce qui en valait la peine. »

Voici comment atteindre ce résultat.

A. — Préparation de l'itinéraire.

a — *Choix de l'itinéraire.*

Carte " Maroc, Algérie, Tunisie ". — La nouvelle Carte Michelin « Maroc, Algérie, Tunisie » vous permettra de trouver facilement les routes à emprunter pour vous rendre d'un point à un autre.

Grâce à ses indications, vous pourrez noter la catégorie et le numéro des routes, les noms des localités d'une certaine importance rencontrées, puis établir aisément le kilométrage total de votre voyage et partiel de vos étapes.

Itinéraires décrits dans le Guide. — Reportez-vous ensuite à la Carte schématique des itinéraires décrits dans le Guide et notez les numéros de ceux qui se trouvent sur le trajet que vous allez parcourir.

b — *Choix des villes où vous arrêter.*

Le choix de vos arrêts sera fixé par l'intérêt des villes (curiosités, sites, monuments) ou la catégorie des hôtels dans lesquels vous voudrez descendre.

Dans les deux cas le Guide vous documentera : il indique, en effet, tout ce qui est intéressant à voir dans les villes ; quant aux hôtels, il vous permettra de choisir celui qui est approprié à vos ressources et à vos goûts.

Aimez-vous le luxe, le raffinement dans le confort?

Les hôtels indiqués par les signes ⛪, ⛪ vous les offriront.

Voulez-vous un hôtel moderne et très confortable?

Cherchez parmi ceux qui ont le signe ⛪.

Désirez-vous un hôtel plus simple?

Vous le trouverez parmi les ⛪.

Avez-vous des goûts plus modestes?

Les ⛪ désignent les petits hôtels bien tenus.

Aimez-vous déjeuner dans les hôtels de campagne?

Surveillez les signes ⚘.

(Pour plus de détails sur cette classification, voir p. 7.)

c — *Choix de quelques excursions à faire.*

Si vous faites un voyage d'agrément et si vous désirez visiter plus particulièrement une région, reportez-vous au chapitre des excursions et choisissez celles qui vous intéressent. Vous pourrez sans difficulté les combiner avec nos grands itinéraires.

Si vous vous proposez en outre de parcourir le Sahara, lisez très attentivement la notice que le Guide consacre aux pistes sahariennes (p. 134).

B. — En voyage.

a — *Sur la route.*

A l'aide du Guide et de la Carte, suivez les itinéraires détaillés dont vous avez déjà relevé les numéros avant le départ.

Pour les régions de Fès et d'Meknès, d'Oran, d'Alger, de Tunis utilisez les cartouches au 1/500.000 qui sont d'une lecture plus aisée et qui, grâce à leur légende plus complète, vous donneront plus de renseignements.

b — *En ville.*

50 plans de villes détaillés et très clairement dessinés vous enlèveront toute hésitation dans la traversée des localités importantes.

En cas de panne, vous aurez la liste des stockistes Michelin et Agents de l'Automobile avec indication des marques d'autos qu'ils représentent.

Si vous avez à modifier votre programme et que vous deviez gagner, pour l'étape de midi ou du soir, une localité non prévue dans votre programme initial, vous trouverez, dans chaque ville décrite, la distance qui la sépare des localités voisines.

Avez-vous quelques loisirs à dépenser dans une localité décrite au Guide? Les curiosités qu'elle renferme vous sont indiquées et leur emplacement figure sur le plan, lorsqu'il y en a un.

En plus des ressources hôtelières, le Guide renferme des renseignements d'ordre général : altitude, population, circulation, utiles au touriste.

c — *Pour les grandes excursions.*

Si vous excursionnez à travers une région qui est comprise dans les cartouches au 1/500.000e de la Carte, utilisez simultanément cette dernière et le Guide. Pour les autres excursions les schémas détaillés du Guide, avec le texte qui les accompagne, vous suffiront.

****

Tous les automobilistes savent par expérience que, du choix de l'itinéraire et de la façon dont il a été suivi, dépend, pour une large part, l'impression finale que laisse un voyage; étudiez notre carte, feuilletez notre Guide et vous éviterez ainsi toute surprise désagréable.

SIGNES CONVENTIONNELS
ET ABRÉVIATIONS
See on page 13 :
"Conventional Signs and Abbreviations".

TITRE II. — 1ʳᵉ PARTIE

ITINÉRAIRES

Ⓘ Ⓘ	Numéros des sorties correspondant à ceux qui figurent sur les plans des villes.
N 15	Route nationale nº 15
D 5	Route départementale nº 5.
G C 16	Chemin de grande communication nº 16.
I C 4	Chemin d'intérêt commun nº 4.
V 2	Chemin vicinal nº 2.
G P 1	Route de grand parcours nº 1.
M C 64	Route de moyenne communication nº 64.
R P 2	Route principale nº 2.
R S 205	Route secondaire nº 205.
P N	Passage à niveau avec la voie ferrée.
P S	Passage supérieur (la route passe sur la voie ferrée).
P I	Passage inférieur (la route passe sous la voie ferrée).
Dr.	droite.
G.	gauche.
Dj	Djebel.
N	Nord.
S	Sud.
E	Est.
O	Ouest
alt.	Altitude.
bifur	Bifurcation.

Pour l'Algérie.
Pour la Tunisie.
Pour le Maroc.

it.	Itinéraire.
k	Kilomètre.
kge	Kilométrage.
p.	Page.
Od	Oued.

ALGER
MÉNERVILLE
Félix-Faure

Les localités dont le nom est composé en caractères gras figurent à la « Nomenclature des villes, par ordre alphabétique ».

EXCURSIONS

(Légende des signes employés dans les schémas détaillés).

	Tracé de l'itinéraire conseillé.
	Sens préférable pour l'itinéraire.
	P.N (Passage à niveau avec la voie ferrée).
	P.S (La route passe au-dessus de la voie ferrée).
	P.I (La route passe au-dessous de la voie ferrée).
	Col.
	Disque d'arrêt pour le kilométrage.
43	Kilométrage.
GC36	Nº de route (Chemin de Grande Communication Nº 36).
Ⓘ	Numéros des sorties correspondant aux plans du Guide.
★	Curiosité.
	Point de vue.

TITRE II. — 2ᵐᵉ PARTIE

RENSEIGNEMENTS GÉNÉRAUX

Ⓟ　Préfecture. ⎫

⬦ Ⓢ ⎫　Sous-Préfecture. ⎬ Pour l'Algérie seulement.

Ⓒ　Chef - lieu de Canton. ⎭

(Pli 5)　La localité se trouve sur la Carte Michelin au 1/2.000.000ᵉ et dans le pli marqué ⑤.

(Alt.)　Altitude.

2.050 Eur.　Population européenne.

1.350 Ind.　Population indigène.

Taxe séj.
0,10 à 2 fr. : Minimum et maximum de la taxe de
1ᵉʳ mai- séjour (non compris la
30 sept. taxe additionnelle) que la localité a été autorisée à percevoir et saison de perception.

☰ Voir :　Curiosités à voir dans la ville, suivies, entre parenthèses, de la lettre correspondante du plan quand la ville en comporte un.

★　Curiosité très intéressante.

★★　Curiosité tout à fait remarquable.

☰ Env. :　Curiosités à voir aux environs immédiats de la ville (au plus à 3 km).

☰ Exc. :　Excursions à faire dans la région.

N
S　⎫ Position géographique des curiosités par rapport à la ville décrite. ⎬ au Nord. au Sud. à l'Est. à l'Ouest.
E
O

Ⓘ Ⓘ etc.　Signe du plan et de la Carte Michelin (pour les cartouches au 1/500.000ᵉ seulement) indiquant la route conduisant à la curiosité.

Les tarifs de visite des curiosités sont donnés à titre indicatif et sans engagement.

Dans les paragraphes **Env.** et **Exc.** le nom de la curiosité est suivi :

a) Lorsque l'on peut s'y rendre en auto : du nombre de kilomètres séparant la curiosité de la ville décrite ;

b) Lorsque l'on doit s'y rendre à pied : du nombre et des lettres *m* (minutes) ou *h* (heures), en italiques, indiquant le temps de marche aller et retour, non compris le temps de visite ou de contemplation.

Chemins de fer, postes, télégraphe, téléphone :

Lorsqu'une ville décrite dans la nomenclature du Guide *possède à la fois* :

une station de chemin de fer,

un bureau de poste, de télégraphe et de téléphone,

aucune mention n'a été portée.

Lorsqu'une de ces villes *possède* une station de chemin de fer *située à plus d'un kilomètre* de la localité, le signe ci-dessous a été employé pour indiquer la distance à laquelle se trouve la station :

🚂 2,5 —　　　Station de chemin de fer à 2 k. 5

Lorsqu'une de ces villes *ne possède pas* :

de station de chemin de fer,

de bureau de poste, de télégraphe ou de téléphone,

les signes ci-dessous ont généralement été employés pour indiquer la localité la plus proche où l'on trouve ces ressources :

🚂 Oran 16 —　　Station de chemin de fer à Oran, à 16 k.

✉ ☇ Souk el Arba 9 —　Poste et Télégraphe à Souk el Arba, à 9 k.

☏ Aïn-Draham 10 —　Téléphone à Aïn-Draham, à 10 k.

N. B. — Toutes les fois où pour indiquer la gare, le bureau de poste, le télégraphe, le téléphone les plus proches, il faudrait renvoyer à une localité trop éloignée, nous mettons simplement, suivant le cas :
Pas de 🚂, ✉, ☇, ☏.

Spécialités. — Sous cette rubrique sont indiqués les produits locaux qu'il est recommandé de consommer sur place ou d'emporter.

Distances. — Dans la nomenclature des villes, nous donnons, en kilomètres, pour chaque ville ou localité décrite, la distance qui la sépare des localités voisines ou des villes importantes. Ces dernières sont énumérées dans l'ordre alphabétique.

Pour les villes qui ont un plan les distances sont suivies des signes ①, ②, ③, etc., correspondant aux numéros des sorties sur ce plan.

PLANS
Légende des Signes conventionnels.

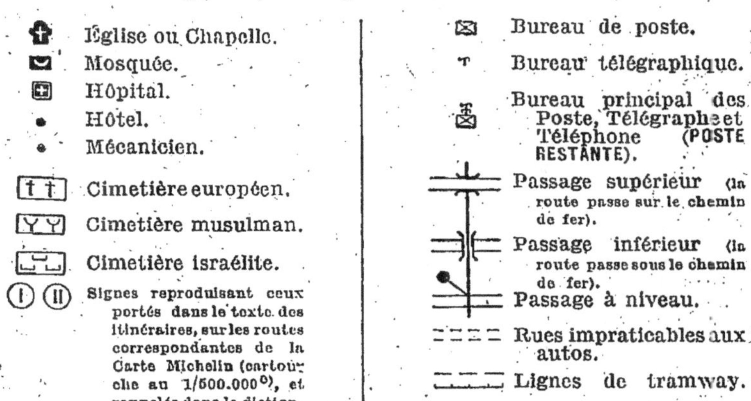

Abréviations.

C	Caserne.		M	Musée.
G	Gendarmerie.		P	Préfecture ou Sous-P.
H	Hôtel de Ville.		T	Théâtre.
J	Palais de Justice.		U	Université.

Plans en noir.

Les principaux monuments y sont dessinés et accompagnés d'une lettre. On trouvera le nom du monument, indiqué à la suite de cette même lettre, dans l'une des légendes qui se trouvent en marge du plan.

Les emplacements des principaux hôtels sont indiqués par un carré, ceux des mécaniciens par un rond. Chacun d'eux est relié par un trait ponctué au nom correspondant écrit en marge. Les noms des hôtels sont en italique; ceux des mécaniciens sont en caractères droits.

Plans en couleurs.

Établis seulement pour sept grandes villes, ils sont divisés en carrés constitués par des colonnes horizontales (numérotées à chaque extrémité en chiffres allant de 1 à 9) et des colonnes verticales de même largeur (numérotées à chaque extrémité en chiffres partant de 10).

Les emplacements des principaux monuments y sont dessinés et accompagnés d'une lettre (capitale) placée à côté. Cette lettre correspond à deux légendes, l'une pour les monuments intéressants, l'autre pour les monuments repères. La première de ces légendes indique de plus, à la suite de la lettre, les chiffres des colonnes dont le carré de jonction contient le monument.

Les hôtels et mécaniciens y sont indiqués de la même façon, mais par des lettres minuscules.

Six plans ont été imprimés en 5 couleurs. —Les modifications résultant de l'emploi de ces coloris sont indiquées en légende sur chacun des plans.

NOTA. — Les plans sont toujours orientés le Nord en haut.

HÔTELS RECOMMANDÉS

Les hôtels que nous recommandons, sont classés comme suit :

🏰🏰 Hôtels Palais, avec confort princier.

🏰🏰 Hôtels de très belle apparence, avec grand confort moderne.

🏰🏰 Hôtels très confortables, avec agencement moderne ou modernisé.

🏰🏰 Hôtels en partie modernisés ou récents, d'un bon confort moyen.

🏰 Hôtels simples, mais bien tenus.

🍴 Hôtels où l'on peut au moins déjeuner ou dîner.

Les hôtels dont les noms sont inscrits en caractères gras sont ceux dont les propriétaires nous ont donné tous les prix.

Les hôtels dont l'adresse n'est suivie d'aucune date sont ouverts toute l'année.

(meublé) { Indique que l'hôtel ne possède pas de restaurant.

Repas 3.9.9. { du petit déjeuner (café, chocolat ou thé) *servi dans la chambre.*
Ces chiffres correspondent dans l'ordre aux prix fixes : { du déjeuner, de 12 heures à 13 heures 30 ; du dîner, de 19 heures à 20 heures 30 ; *servis par petites tables* entre les heures ci-dessus et comprenant le menu de table d'hôte.

—dim 15.20 { Prix des déjeuners et dîners correspondant à un menu spécial du dimanche (15 fr. le déjeuner, 20 fr. le dîner).

15/20. 15/20 { Prix des déj. et dîners correspondant à deux menus de chaque jour (l'un à 15 fr., l'autre à 20 fr.).

(bc) Boisson comprise } dans le prix des repas.
(bnc) Boisson non comprise.

Ch 10 à 45 { Prix minimum (10), correspondant à une chambre avec lit confortable, occupée par une seule personne. Prix maximum (45), correspondant à la plus belle chambre de l'hôtel, occupée par deux personnes (y compris toilette et salle de bains s'il y a lieu).

Chfr 30 { Arrangement pour le chauffeur mécanicien ; prix de la journée complète comprenant : petit déjeuner, déjeuner, dîner (*boisson comprise*) et chambre.

Serv 10 % Majoration de 10 % prélevée pour le service.

TE 4 % Taxe d'Etat (4 ou 13 %) prélevée sur le montant de la facture, lorsque l'hôtelier ne la prend pas à sa charge.

TS 1,80 Montant de la taxe de séjour prélevée par jour par l'hôtel pendant un maximum de 28 jours.

(70 ch) L'hôtel dispose de 70 chambres convenables.

Asc Ascenseur.

Chauffage central.

Eclairage électrique.

10 Eau courante froide.

60 Eau courante chaude et froide.

(Le chiffre indique le nombre de chambres possédant cette installation).

3 Salle de bains.

(Le chiffre indique le nombre de baignoires que possède l'hôtel).

(wc) Water-closets bien tenus, installation moderne.

Gar [6] Rem [8] Abri [10] { Local dont dispose l'hôtel pour garer les automobiles et nombre de voitures qu'il peut contenir.

Box { [1] [3] } Compartiments particuliers fermant à clef, et nombre de ces compartiments.

att Attenant à l'hôtel.

ext Extérieur.

250 m à 250 mètres de l'hôtel.

2 fr. { Prix par nuit, pour le garage.

grat { Gratuité du garage aux touristes, porteurs du Guide Michelin, prenant repas à l'hôtel ou y logeant (au tarif du Guide).

Gareur 100 m. { Un garage n'appartenant pas à l'hôtel est situé à 100 mètres.

Fosse à réparations.

Adresse télégraphique.

📞 21 Téléphone et numéro.

RESTAURANTS RECOMMANDÉS

Pour un certain nombre de villes, dans lesquelles le touriste peut avoir à s'arrêter simplement pour prendre un repas, nous avons indiqué des restaurants qui nous ont été signalés comme faisant de la bonne cuisine. Ceux-ci sont classés, à notre habitude, en 5 catégories correspondant approximativement à celles des hôtels :

✳•••✳	Restaurants de tout premier ordre	— grand luxe.
✳••✳	— de très belle apparence	— cuisine recherchée.
★•★	— renommés pour leur table.	
★ ★	— moyens.	
✳	— simples, mais bien tenus.	

AVIS IMPORTANTS

Hôtels dont les prix figurent dans ce Guide.

Les prix publiés par nous correspondent aux conditions précisées à la page 7.

Pour les hôtels saisonniers, les prix donnés s'entendent "en saison" aussi bien pour les repas que pour les chambres. Nos lecteurs devront donc s'entendre avec l'hôtelier lorsqu'ils descendront hors saison dans l'un de ces hôtels.

Les propriétaires d'hôtels et de restaurants ont pris l'engagement d'appliquer les tarifs qu'ils nous ont donnés, pendant l'année 1929, aux porteurs du « Guide Michelin ». Il est donc indispensable que nos lecteurs se fassent connaître comme porteurs du Guide Michelin.

Pour les chambres, nous ne pouvons indiquer que le prix minimum (pour une personne) et maximum (pour deux). Nous conseillons donc à nos lecteurs de demander, en arrivant, le prix de la chambre qu'ils auront choisie. *Si, comme l'usage tend à s'en répandre, l'hôtelier porte sur la note un pourcentage pour le service, nous les engageons vivement à ne donner de pourboire supplémentaire à aucun domestique.*

Au cas où certains hôteliers, ou restaurateurs, ne tiendraient pas leurs engagements, nous recommandons à nos lecteurs d'en faire la remarque *au propriétaire même* lors du règlement de la note ; si satisfaction ne leur était pas donnée, nous les prions instamment de nous envoyer aussitôt (*Services de Tourisme Michelin, 97, boulevard Péreire, à Paris*) leur facture en l'accompagnant de tous les renseignements complémentaires utiles : dates et heures d'arrivée et de départ, numéro et genre de chambre, etc...

Toutes les plaintes seront examinées avec la plus grande attention.

Hôtels pour lesquels nous n'avons pas indiqué de prix.

Pour certains hôtels, nous n'avons donné aucun tarif parce que les propriétaires n'ont voulu prendre, vis-à-vis de nos Clients, *aucun engagement.*

Nous ne pouvons garantir que les prix y seront sensiblement les mêmes que ceux des autres hôtels de même catégorie dans la ville ou la région.

Nous engageons donc nos Clients qui croiraient devoir y descendre à faire toutes leurs conditions à leur arrivée.

Il se peut que des touristes retiennent leur chambre et, pour une raison quelconque, n'arrivent pas le jour qu'ils ont fixé.

Nous insistons pour qu'ils avisent l'hôtelier de ce contretemps, par téléphone ou mieux par télégraphe.

****

Notre but, en publiant ce Guide, est d'être utiles et agréables aux touristes. Aussi, pour éviter tout soupçon de partialité, *n'acceptons-nous aucune annonce payante des propriétaires d'hôtels ou de restaurants.*

Nous faisons tous nos efforts pour ne mentionner que des établissements reconnus dignes d'être recommandés.

Toutefois, entre le moment de l'impression de ce Guide et celui où les renseignements tomberont sous les yeux du lecteur, des changements pourront se produire ; nous serons donc très reconnaissants à ceux qui voudront bien nous les signaler (*Services de Tourisme Michelin, 97, boul. Péreire, à Paris*), et, spécialement, nous faire connaître les noms des hôtels ou restaurants, dont la tenue ou l'installation ne leur aurait pas donné satisfaction.

Leurs renseignements seront notés avec le plus grand soin et utilisés pour la rédaction de nos éditions ultérieures.

AGENTS et CONSTRUCTEURS

	Mécanicien réparateur.
Ç ITROEN, RENAULT, etc.	Nom des Constructeurs dont le mécanicien est Agent.
(AIR)	Dépôt de bouteilles d'air Michelin, pour le gonflage des pneus.
⑤	Garage et nombre des voitures qu'il peut contenir.
Box	Compartiments fermés à clef et nombre de ces compartiments.
☎ 1.04.	Téléphone et numéro.

Pour trouver immédiatement

tous renseignements contenus dans ce Guide,

consultez à la fin du volume,

l'INDEX ALPHABÉTIQUE.

Vous gagnerez du temps.

HOW TO USE THIS GUIDE

**which is completed by the Michelin Map
" Maroc, Algerie, Tunisie ",
scale 32 miles to the inch
(with insets, scale 8 miles to the inch
for the neighbourhoods of large towns).**

Should you be undertaking a journey either in Morocco, Algeria or Tunis, you should be able, thanks to Bibendum's Guide and Map, to say on your return : " Without fatigue and as pleasantly as possible, I went to my business appointments in the shortest possible time, " or : " During my holidays I traversed the most picturesque roads and I saw everything that was worth while. "

You can obtain this result in the following manner :

A. — Preparation of the route.

a — *Choice of the route.*

Map " Maroc, Algerie, Tunisie " : The new Michelin Map " Maroc, Algerie, Tunisie " will enable you to easily find the roads to be taken for travelling from one point to another.

Thanks to indications on the Map, you will be able to note the class and number of the roads, the names of localities of any importance which will be passed through, and also calculate quite easily the total or intermediate mileages on your journey.

Routes described in the Guide : Then refer to the sketch map of the routes described in the Guide and make a note of the numbers of those included in the journey you are going to make.

b — *Choice of stopping places.*

The choice of your stopping places will be fixed by the interest provided by the towns (places of interest, monuments, etc.), or the type of Hotels in which you desire to stay.

In both cases the Guide will inform you : it indicates all that is interesting to be seen in the towns ; and as regards Hotels it will allow you to choose those which suit your purse and your tastes.

Do you want luxury and refined comfort?
The Hotels indicated by the signs ⛫, ⛫ will provide these

Do you want a modern and very comfortable Hotel?
Choose amongst those with the sign ⛫.

Do you desire the simpler type of Hotel?
You will find it amongst the ⛫.

Are your tastes quite modest?
The sign ⛫ indicates small, well-kept Hotels.

Do you care to lunch at country Hotels?
Consult the signs ⚘.

(For further details on this classification see p. 16).

c — *Choice of excursions to be made.*

If you are making a pleasure trip and wish to visit one district in particular, refer to the excursion chapter and choose those excursions which interest you. You can quite easily combine them with our main routes.

If in addition you propose to take a trip in the Sahara, read very carefully the notes given in the Guide regarding the Sahara tracks (p. 134).

B. — En route.

a — *On the road.*

Using the Guide and the Map follow out the detailed itineraries of which you have already taken note of the numbers before starting.

For the districts of Fes and of Meknes, Oran, Algiers and Tunis, use the insets, scale 8 miles to the inch, which are extremely easy to read, and which, thanks to their more complete reference, will give you more information.

b — *In the towns.*

50 detailed and very clearly drawn town plans will relieve you of any hesitation in passing through important localities.

In case of a breakdown, you have the list of Michelin Stockists and Automobile Agents with the indication of the makes of cars which they represent. If you have to modify your programme and wish to reach by midday or the evening a locality unforeseen on your original route, you will find, under each described town, the distances to neighbouring towns.

Should you have a little leisure to spend in a locality described in the Guide, you will find the places of interest clearly indicated and, if there is a plan, their position marked.

In addition to Hotel indications, the Guide gives information of a general character : altitude, population and traffic regulations, all of which are interesting to the tourist.

c — *For long excursions.*

If you are making an excursion across a district which is included in the insets, scale 8 miles to the inch, of the Map, use them in conjunction with the Guide. For other excursions the sketch Maps detailed in the Guide together with the text accompanying them will be sufficient.

Every Motorist knows from experience that on the choice of a route and the manner in which it is followed depends, to a large extent, the final impression left by a tour. Study our Map, consult our Guide, and you will avoid any kind of disagreeable surprise.

CONVENTIONAL SIGNS
AND ABREVIATIONS

PART II. — 1st PART.

ROUTES

Ⅰ Ⅱ   Exit numbers corresponding to those shown on the town plans.

N 15	Route nationale n° 5 (National road).	
D 5	Route départementale n° 5 (Departmental road).	
G C 16	Chemin de grande communication n° 16 (Secondary road).	For Algeria.
I C 4	Chemin d'interêt commun. n° 4 (District road).	
V 2	Chemin vicinal n° 2 (Parish road).	
G P 1	Route de grand parcours n° 1 (Main road).	For Tunis.
M C 64	Route de moyenne communication n° 64 (Secondary road).	
R P 2	Route principale n° 2 (Main road).	For Morocco
R S 205	Route secondaire n° 205 (Secondary road).	

P N   Railway level crossing.
P S   Road bridge over Railway.
P I   Road arch under Railway.
Dr.   Right.
G.   Left.
N   North.
S   South.
E   East.
O   West.
alt.   Altitude.
bifur   Road junction.

Dj.   Djebel (mountain).
it   Route.
k   Kilometre.
kge   Kilometrage.
p.   Page.
Od   Oued (River).

ALGER
MENERVILLE
Félix-Faure
Towns indicated in heavy type are shown in the alphabetical list of towns.

EXCURSIONS

(Reference for signs used in the detailed sketch plans.)

Tracé de l'itinéraire conseillé. (Recommended road.)

Sens préférable pour l'itinéraire. (Direction recommended).

P. N. Railway level crossing.

P. S. Road bridge over Railway.

P. I. Road arch under Railway.

Col. Pass.

Disque d'arrêt pour le kilométrage. (Disc indicating kilometrage limit.)

43   Kilometrage.

GC36   Road Number (Chemin de grande Communication n° 36).

Ⅱ   Exit numbers corresponding to the plans in the Guide.

★   Places of interest.

Views

PART II. — 2nd PART.

GENERAL INFORMATION

[P] Préfecture. ⎫
⬨ Sous-Préfecture. ⎬ For Algeria only
© Capital of Canton. ⎭

(PII 5) : The locality will be found on the Michelin Map scale 32 miles to the inch and on Section marked ⑤

Alt. : Altitude.

2.050 Eur. European Population.

1.350 Ind. Native Population.

Taxe séj. *0,10 à 2 fr.* *1er mai-30 sept.* Minimum and Maximum taxe de séjour (not including additional tax) that the locality is authorised to charge, and season during which it is chargeable.

= Voir : Places of interest to be seen in the town, followed in brackets by the corresponding letter on the plan when the town has one.

★ Places of special interest.

★★ Places of exceptional interest.

= Env. : Places of interest in the immediate neighbourhood of the town (maximum distance 3 km.).

= Exc. : Excursions which should be made in the district.

N ⎫ Geographical ⎫ To North.
S ⎪ position of ⎪ To South.
E ⎬ places of interest in relation to the town described. ⎬ To East.
O ⎭ ⎭ To West.

Ⓘ Ⓘ etc. The sign used on town plan and on Michelin Map (for insets scale 8 miles to the inch only) indicating the road leading to place of interest.

The prices of admission to places of interest are given as an indication, but without guarantee.

In the paragraphs **Env.** and **Exc.** the name of the place of interest is followed by :

a) The number of kilometres between the town described and the place of interest when the journey can be made by car ;

b) The time, m (minutes) or h (hours) in italics, required to proceed there and back on foot, but not including the time of actually visiting or appreciating the place of interest

Railway Stations, Post, Telegraph and Telephone Offices :

When a town described in the alphabetical list in the Guide *possesses*
a Railway Station
a Post, Telegraph and Telephone Office,
no mention is shown.

When one of these towns possesses a Railway Station situated *more than one kilomètre* distant the sign shown below has been used to indicate the distance to the Station :

🚂 2,5 —: Railway Station 2 kilos. 5 distant.

When one of these towns *does not possess* :
Railway Station,
Post, Telegraph or Telephone Office,
the signs below have generally been used to indicate the nearest locality where such facilities can be obtained :

🚂 Oran 16 — Railway Station at Oran 16 kilos distant.
✉ ⌁ Souk el Arba 9 — Post and Telegraph Office at Souk el Arba 9 kilos distant.
☏ Aïn-Draham 10 — Telephone Office at Aïn-Draham 10 kilos distant.

N. B. — In every case where, to indicate the nearest Station, Post, telegraph or Telephone Office would have meant referring to a locality too far distant, we have indicated simply, in accordance with the circumstances :
Pas de 🚂 ✉, ⌁, ☏ (no Railway Station, Post, Telegraph or Telephone Office).

Speciality. — Under this heading we have indicated certain local produce which we recommend for consumption on the spot or for taking away.

Distances. — In the alphabetical list of towns, we give, in kilometres, for each town or locality described, the distances to neighbouring localities or important towns. These latter are enumerated in alphabetical order.

For towns which have a plan the distances are followed by the signs (I), (II), (III), etc., corresponding to the exit numbers on the town plans.

PLANS
Reference for Conventional Signs.

Church or Chapel.

Mosque.

Hospital.

Hotel.

Repairer.

European Cemetery.

Musulman Cemetery.

Israelite Cemetery.

(I) (II) Signs similar to those shown in the text of the routes on the corresponding roads of the Michelin Map (insets scale 8 miles to the inch) and also mentioned in the dictionary of distances.

Post Office.

Telegraph Office.

Central Post, Telegraph and Telephone Office, POSTE RESTANTE.

Railway Bridge (the road passes over the Railway).

Railway Arch (the road passes under the Railway).

Level Crossing.

Streets impracticable for cars.

Tramlines.

Abréviations.

C Caserne (Barracks).
G Gendarmerie (Police Station).
H Hôtel de Ville (Town Hall).
J Palais de Justice (Law Court).

P Préfecture or Sous-P
M Musée (Museum).
T Theatre.
U University.

Plans in Black.

The principal monuments are shown and accompanied by a letter. The name of the monument will be found by referring to the same letter in the list of monuments given in the margin of the plan.

The positions of the principal Hotels are indicated by a square and of the Repairers by a dot. Each of these positions is joined to a name in the margin by an interrupted line. The names of Hotels are in Roman letters ; those of Repairers in upright letters.

Plans in colours.

Drawn for only 7 large towns, these plans are divided into squares by vertical columns numbered top and bottom from 10, and horizontal columns of the same size numbered at each end from 1 to 9.

The positions of the principal monuments are drawn on the plan and accompanied by a capital letter placed alongside. This letter corresponds to two references, one for interesting monuments, the other for monuments constituting landmarks. The first of these references also indicates, after the letter, the figures of the columns forming the square in which the monument is situated.

Hotels and Repairers are indicated in the same manner, but by small letters.

Six plans have been printed in 5 colours. The modifications resulting from the use of these colours are indicated in the reference of each plan.

NOTE. — The plans are invariably drawn with the North point at the top of the page.

RECOMMENDED HOTELS

The Hotels which we recommend are arranged in the following manner :

🏰 Palace Hotels with princely comfort.

🏨 Fine Hotels with every modern comfort.

🏨 Very comfortable Hotels with modern or modernised appointments.

🏨 Hotels partly or recently modernised of good medium comfort.

🏛 Simple, but well-kept Hotels.

☙ Small Hotels where at least good meals can be obtained.

Hotels whose names are indicated in heavy type are those whose Proprietors have supplied us with their prices in full.
Hotels whose address is followed by no date are open all the year round.

(meublé) — This indicates that the hotel has no restaurant.

Repas 3.9.9.
These figures correspond in the order given to the fixed prices for:
— Breakfast (coffee. chocolate or tea) *served in the bedroom.*
Lunch from 12 noon to 1.30 p. m.
Dinner from 7 p m. to 8.30 p. m. *Served at separate tables during the hours mentioned above and comprising the table d'hote menu.*

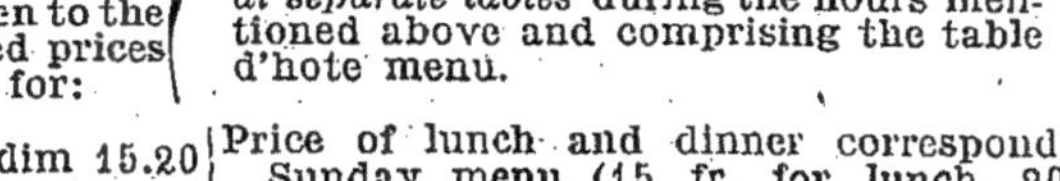

— dim 15.20 — Price of lunch and dinner corresponding to a special Sunday menu (15 fr. for lunch, 20 fr. for dinner).

15/20 15/20 — Price of lunch and dinner corresponding to two alternative menus (one at 15 fr. the other at 20 fr.)

(bc) — Drink included
(bnc) — Drink not included — In the price of meals.

Ch 10 à 45. —
Minimum price (10) for a room with comfortable bed to be occupied by one person only.
Maximum price (45) for the best room in the hotel, to be occupied by two persons (including Toilet and Bathroom where necessary).

Chfr 30 — Special arrangements for Chauffeur ; price per day including Breakfast, Lunch, Dinner (*drink included*) and room.

Serv 10 % — Increase of 10 % for service.

TE 4 % — « Taxe d'Etat (4 or 13 %) » A set tax charged on the amount of the Bill when the hotel does not include it in its prices.

TS 1.80 — Amount of taxe de séjour charged per day by the hotel during a maximum of 28 days.

(70 ch) — The hotel has 70 comfortable bedrooms.
Asc — Ascenseur (Lift).
Central heating.
Electric light.
10 — Cold running water.
60 — Hot and cold running water.
(The figure indicates the number of rooms having this installation.)
3 — Bathrooms.
(The figure indicates the number of bathrooms in the Hotel.)
(wc) — Well-kept water-closets, modern installation.
Gar / Rem / Abri — Accommodation at hotel for garaging cars and number of cars it will contain.
Gar : — Garage.
Rem : — Shed.
Abri : — Shelter.

Box — Private lock-up, compartments and number thereof.
att — Adjoining hotel.
ext — Away from hotel.
250 m — 250 metres from hotel.
2 fr. — Charge for Garage per night.
grat — Free use of Garage accommodation to tourists carrying the Michelin Guide, taking meals at the hotel or staying the night (at Guide tariff).
Gareur 100 m. — Public Garage 100 metres from the hotel.
— Inspection pit.
— Telegraphic address.
☏ 21 — Telephone and number.

RECOMMENDED RESTAURANTS

For a certain number of towns where the tourist may wish to stop simply for a meal, we have indicated restaurants recommended to us as providing good cooking. These have been classified, in accordance with our usual custom, in 5 categories, corresponding approximately to those of the hotels :

    ★•••★   First class de luxe restaurant.

    ★••★   Very well-appointed restaurants, « cuisine par excellence ».

    ★•★   Restaurants renowned for their table.

    ★★   Good restaurants of the standard type.

    ★   Simple but well-kept restaurants.

IMPORTANT NOTICE

Hotels for which prices are given in the Guide.

The prices published by us correspond to the conditions given on page 16.

For seasonal hotels, the prices given are those for the season, both for meals and rooms. Our readers should therefore, make arrangements with the hotel proprietor when their visit is out of season.

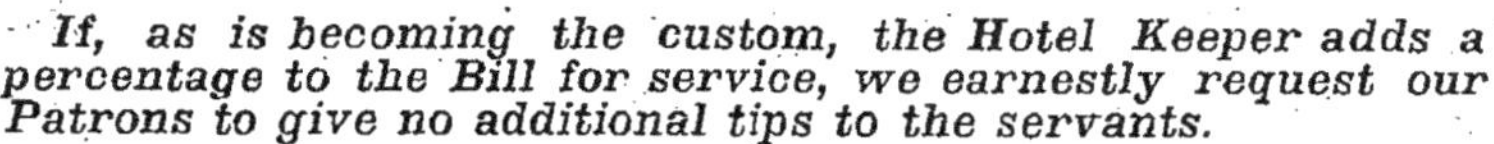

Proprietor of hotels and restaurants have undertaken to charge the prices given to us, during the year 1929, to holders of the Michelin Guide. It is, therefore, indispensable that our readers should make it clearly understood that they use the Michelin Guide.

For bedrooms, we only give the minimum price (for one person) and the maximum (for two). We therefore, advise our clients to enquire on arriving the charge for the room they choose.

If, as is becoming the custom, the Hotel Keeper adds a percentage to the Bill for service, we earnestly request our Patrons to give no additional tips to the servants.

Should any Hotel or Restaurant Proprietor not keep their engagements with us, we recommend our readers to point this out to the Proprietor himself when paying the bill. If satisfaction is not forthcoming, we would ask them to send us **immediately** (*Service de Tourisme Michelin, 97, boulevard Péreire, Paris*) their bill with all necessary information; the date and hour of arrival and departure, number and kind of room, etc. All complaints will be examined with the greatest care.

Hotels for which no prices are given.

For certain hotels, we have given no prices, because the Proprietors **have not wished to bind themselves down** vis-a-vis our clients. We cannot guarantee that their prices will be about the same as those of other Hotels of the same category in the town or district.

We therefore, advise our clients who wish to stay in these hotels, to make all arrangements, relative to prices, in advance.

It sometimes occurs that tourists reserve their room and for some reason are unable to arrive on the day arranged. We strongly urge our clients to advise the Hotel Keeper of such an event by telephone, or better, by telegram.

* * *

Our aim in publishing this Guide is that it may be useful to tourists. To prevent any suspicion of partiality, *we accept no Hotel or Restaurant paid advertisements whatever.*

We make every effort only to mention those establishments which are worthy of recommendation.

However, between the time of printing this Guide and the date when the information will be used by our readers, changes may occur. We shall be very grateful to those who will point out any such changes (*Services de Tourisme Michelin, 97, boulevard Péreire, Paris*) and, more especially, the names of Hotels and Restaurants where the service and installation do not give satisfaction.

All such information will be examined with the greatest care and used for the compilation of future Editions.

AGENTS AND MANUFACTURERS

Repairer.
CITROEN, RENAULT, etc.	Name of manufacturers for whom the Repairer is Agent.
(AIR)	Michelin air cylinder depot, for tyre inflation.
[5]	Garage and number of cars it will contain.
Box [1/5]	Private lock-up compartments and number thereof.
☎ 1.04.	Telephone and number.

To find immediately

all information contained in this Guide

consult

the **ALPHABETICAL INDEX**

at the end of the book

You will save time

CARTE
DES ITINÉRAIRES
décrits
dans le présent ouvrage.

CARTE D'ENSEMBLE DES ITINÉRAIRES DÉCRITS DANS LE GUIDE

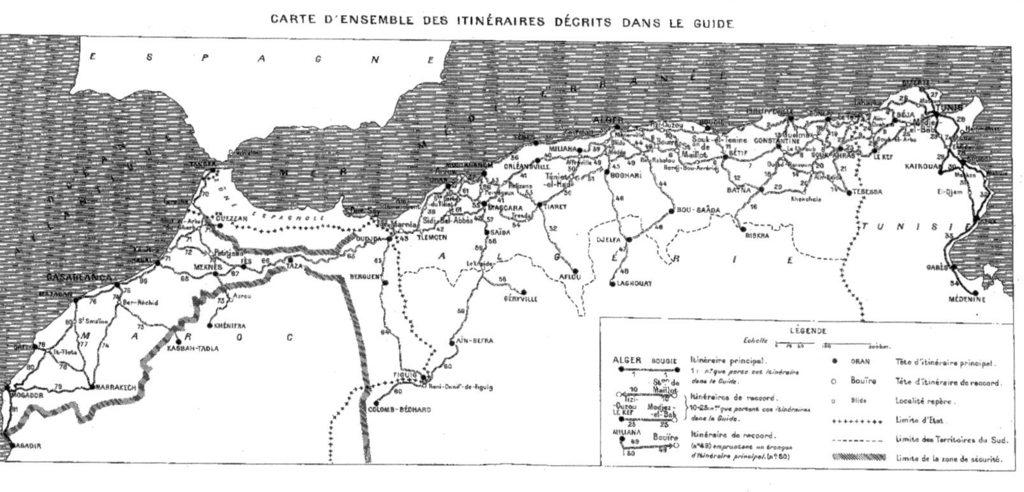

Carte
des itinéraires

Carte
des itinéraires

TITRE II — 2ᵉ PARTIE

81 GRANDS ITINÉRAIRES DIRECTS

POUR AUTOMOBILES

Nos itinéraires sont présentés en prenant comme origine Alger. Partant de cette ville, ils décrivent toutes les routes importantes en se déplaçant d'abord vers l'Est jusqu'en Tunisie. Repartant ensuite d'Alger, ils décrivent de même les routes en progressant vers l'Ouest jusqu'au Maroc.

Comme, à l'exception de quelques itinéraires de pénétration vers le Sud, tous ces itinéraires sont décrits dans les deux sens, le touriste pourra ainsi combiner le voyage à son gré. Il pourra aussi l'agrémenter en faisant les excursions que nous indiquons d'autre part (*voir p. 115*).

NOTA. — *Le choix des arrêts lui sera très facile, car, dans le texte ci-après, les localités dont le nom est composé en caractères gras sont décrites à la « Nomenclature des villes par ordre alphabétique ».*

LISTE DES ITINÉRAIRES

1 **Alger—Bougie.**
1bis **Bougie—Alger.**

2 **Bougie—Philippeville.**
2bis **Philippeville—Bougie.**

3 **Philippeville—Bône.**
3bis **Bône—Philippeville.**

4 **Bône—Béja.**
4bis **Béja—Bône.**

5 **Béja—Tunis.**
5bis **Tunis—Béja.**

6 **Alger—Sétif.**
6bis **Sétif—Alger.**

7 **Sétif—Constantine.**
7bis **Constantine—Sétif.**

8 **Constantine — Souk - Ahras.**
8bis **Souk-Ahras — Constantine.**

9 **Souk-Ahras—Béja.**
9bis **Béja—Souk-Ahras.**

10 **Tizi-Ouzou — Station de Maillot.**
10bis **Station de Maillot—Tizi-Ouzou.**

11 **Souk-el-Tenine—Sétif.**
11bis **Sétif—Souk-el-Tenine.**

12 **Sétif—Batna.**
12bis **Batna—Sétif.**

13 **Constantine — Philippeville.**
13bis **Philippeville — Constantine.**

14 **Constantine—Tébessa.**
14bis **Tébessa—Constantine.**

15 **Constantine—Batna.**
15bis **Batna—Constantine.**

16 **Batna—Biskra.**
16bis **Biskra—Batna.**

17 **Philippeville—Guelma.**
17bis **Guelma—Philippeville.**

18 **Bône—Guelma.**
18bis **Guelma—Bône.**

19 **Bône—Souk-Ahras.**
19bis **Souk-Ahras—Bône.**

20 **Batna—Souk-Ahras.**
20bis **Souk-Ahras—Batna.**

21 **Souk-Ahras—Tébessa.**
21bis **Tébessa—Souk-Ahras.**

22 **Souk-Ahras—Le Tarf.**
22bis **Le Tarf—Souk-Ahras.**

23 **Souk-Ahras—Le Kef.**
23bis **Le Kef—Souk-Ahras.**

24 Le Kef—Tabarka.
24bis Tabarka—Le Kef.

25 Le Kef—Medjez-el-Bab.
25bis Medjez-el-Bab—Le Kef.

26 Tabarka — Tunis (par Mateur).
26bis Tunis — Tabarka (par Mateur).

27 Tunis—Bizerte.
27bis Bizerte—Tunis.

28 Tunis—Sousse.
28bis Sousse—Tunis.

29 Tunis — Kairouan (par Zaghouan—Enfidaville).
29bis Kairouan — Tunis (par Enfidaville—a Zghouan.

30 Sousse—Kairouan.
30bis Kairouan—Sousse.

31 Sousse—Sfax (par El-Djem).
31bis Sfax—Sousse (par El-Djem).

32 Sousse—Sfax (par Mahdia).
32bis Sfax—Sousse (par Mahdia).

33 Sfax—Gabès.
33bis Gabès—Sfax.

34 Gabès—Médenine.
34bis Médenine—Gabès.

35 Alger—Ténès.
35bis Ténès—Alger.

36 Ténès—Mostaganem.
36bis Mostaganem—Ténès

37 Mostaganem—Oran.
37bis Oran—Mostaganem.

38 Oran—Tlemcen par Aïn-Témouchent).
38bis Tlemcen-Oran (par Aïn-Témouchent).

39 Alger—Miliana.
39bis Miliana—Alger.

40 Miliana—Orléansville.
40bis Orléansville—Miliana.

41 Orléansville—Mascara.
41bis Mascara—Orléansville.

42 Mascara—Tlemcen.
42bis Tlemcen—Mascara.

43 Tlemcen—Oudjda.
43bis Oudjda—Tlemcen.

44 Alger—Bou-Saâda.
44bis Bou-Saâda—Alger.

45 Alger—Boghari.
45bis Boghari—Alger.

46 Boghari—Djelfa.
46bis Djelfa—Boghari.

47 Djelfa—Laghouat.
47bis Laghouat—Djelfa.

48 Laghouat—Bou-Saâda.
48bis Bou-Saâda—Laghouat.

49 Miliana — Bouïra (par Médéa—Bir-Rabalou).
49bis Bouïra — Miliana (par Bir-Rabalou—Médéa).

50 Miliana—Tiaret.
50bis Tiaret—Miliana.

51 Boghari—Teniet-el-Had.
51bis Teniet-el-Had—Boghari.

52 Tiaret—Aflou.
52bis Aflou—Tiaret.

53 Tiaret—Mostaganem.
53bis Mostaganem—Tiaret.

54 Tiaret—Mascara (par Frenda).
54bis Mascara—Tiaret (par Frenda)

55 Mascara—Oran.
55bis Oran—Mascara.

56 Mascara—Mostaganem.
56bis Mostaganem—Mascara.

57 Mascara—Saïda.
57bis Saïda—Mascara.

58 Saïda—Géryville.

59 Saïda—Aïn-Sefra.

60 Aïn-Sefra—Colomb-Béchar.

61 Arzew.—Sidi-bel-Abbès.
61bis Sidi-bel-Abbès—Arzew.

62 Marnia—Port-Say.
62bis Port-Say—Marnia.

63 Oudjda—Berguent.
63bis Berguent—Oudjda.

64 Berguent—Figuig.

65 Oudjda—Taza.
65bis Taza—Oudjda.

66 Taza—Fès.
66bis Fès—Taza.

67 Fès—Meknès.
67bis Meknès—Fès.

68 Meknès—Rabat.
68bis Rabat—Meknès.

69 Rabat—Casablanca.
69bis Casablanca—Rabat.

70 Fès—Tanger.
70bis Tanger—Fès.

71 Rabat—Ouezzan.
71bis Ouezzan—Rabat.

72 Petitjean—Kenitra.
72bis Kenitra—Petitjean.

73 Meknès—Khenifra.
73bis Khenifra—Meknès.

74 Casablanca—Marrakech
74bis Marrakech—Casablanca.

75 Casablanca — Kasbah-Tadla.
75bis Kasbah - Tadla — Casa-blanca.

76 Casablanca—Mazagan.
76bis Mazagan—Casablanca.

77 Mazagan—Marrakech.
77bis Marrakech—Mazagan.

78 Marrakech—Safi.
78bis Safi—Marrakech.

79 Marrakech—Mogador.
79bis Mogador—Marrakech.

80 Mazagan—Mogador.
80bis Mogador—Mazagan.

81 Mogador—Agadir.
81bis Agadir—Mogador.

ITINÉRAIRE 1

ALGER — BOUGIE : 239 k.

Kge partiel		Kge total
11,5	**ALGER** : sortir par la rue Sadi-Carnot. [I] du plan. N 5, qui longée à G. par une voie de tram, traverse **Hussein-Dey**, franchit la voie ferrée (PI) puis l'Od Harrache. Après	
4	**MAISON-CARRÉE**, la route pénètre dans la plaine de la Mitidja, région de riches cultures maraîchères et d'importants vignobles. Elle est longée à Dr. par un tramway à vapeur. PN du tram à l'entrée de	11,5
16	RETOUR DE LA CHASSE. A 1 k bifur : laisser à Dr. le GC 16 vers Maison-Blanche (aéroport) et le Fondouck. La route plate et rectiligne traverse **Rouïba**, puis	15,5
12	**REGHAÏA**. A 1 k PN. Aux vignobles succèdent des bois de chênes-lièges. Quittant la Mitidja, on pénètre, après **l'Alma**, dans une région accidentée. Montée sinueuse de 6 % pendant 2 k, puis descente sur	31,5
10,5	STE-MARIE-DU-CORSO. La route devient très dure. Montée de 3 k, puis descente sinueuse jusqu'à la bifur. du chemin de Bellefontaine, qu'on laisse à G. Parcours très pittoresque, belles vues, fortes ondulations jusqu'à	43,5
15	**MÉNERVILLE**. A la sortie PI., 3 k plus loin bifur : prendre à G. la N 12 (laisser à Dr. la N 5 vers Sétif, *décrite par l'it. 6*) qui descend vers la vallée de l'Od Isser, puis, par **Félix-Faure** et **les Issers**, gagne, à travers de vastes vignobles,	54
11	BORDJ MENAÏEL. Peu après, PN ; courte montée de 8% et nouveau PN avant	69
13	HAUSSONVILLERS. A la sortie laisser à G. le GC 2A vers Dellys. PS, puis longue descente sinueuse, offrant de beaux points de vue sur la vallée de l'Od Sebaou. On laisse encore à G. un chemin vers Dellys, puis, après un PN de tram, à Dr. l'agglomération de **Camp du Maréchal**. Nouveau PN du tram qui suit le côté G. de la route. Celle-ci continue à descendre et renouvelle de jolies vues sur les mamelons boisés de Taourga et le Dj. Belloua qui domine Tizi-Ouzou. PN de tram avant	80
11	**MIRABEAU**. Peu après PN, puis montée de 5 % à travers la région broussailleuse de Bou-Kralfa. La rampe s'accentue. PI avant	93
16	**TIZI-OUZOU**. On descend vers l'Od Sebaou. A 2 k bifur : suivre tout droit la N 12. A hauteur d'une ferme, nouvelle bifur : suivre toujours la N 12 (laisser à Dr. la N 15 vers Fort-National, *décrite par l'it. 10*). Une rampe conduit à	104
22	TEMDA. Tantôt à flanc de coteau, tantôt dans la vallée, on remonte l'Od Sebaou. A 17 k laisser à G. une route vers Freha, 1 k plus loin une autre. Montée très sinueuse pour atteindre	120
11	**AZAZGA** : [II] du plan pour entrer ; [I] pour sortir. On va entrer dans les vastes forêts de chênes-lièges qui couvrent la partie N. du Djurdjura. Par une rampe douce, sous bois, très pittoresque, on atteint	142
27	**YAKOUREN**, dans une vaste clairière, puis à nouveau la forêt. Du col de Tagma (alt. 943) on découvre un panorama très étendu. La route dévale ensuite, toujours à travers bois, et traverse une des parties les plus curieuses de la Kabylie avec ses nombreux villages indigènes. On atteint le point culminant au	153
33	COL DE TAKDINT (alt. 985). La route serpente au-dessus de la vallée de la Soumman. On traverse encore une forêt, on passe les deux cols d'Amilloul et de Talmetz (alt. 712) et par de nombreux tournants brusques on descend sur	180
	EL KSEUR. A 2 k PN. On longe la voie ferrée en	213

Kge partiel		Kge total
	ITINÉRAIRE 1 (suite).	
26	passant par le « Tombeau de la Neige ». PN avant la Réunion. Au milieu des vignes et des oliviers on arrive à	
	BOUGIE où l'on entre par [I] du plan.	239

ITINÉRAIRE 1 bis

BOUGIE — ALGER : 239 k.

Kge partiel		Kge total
26	**BOUGIE :** [I] du plan pour sortir par la N 9. A 3 k bifur : prendre à Dr. la N 12 (laisser à G. la N 9 vers Djidjelli). On remonte la vallée de l'Od Soumman. Après la Réunion, PN. On longe la voie ferrée en passant près du « Tombeau de la Neige ». Nouveau PN 2 k avant	
33	**EL KSEUR.** Par une rampe avec de nombreux tournants brusques la route remonte la vallée de l'Od el Kseur. On est déjà dans les immenses forêts de chênes-lièges qui recouvrent la partie N du Djurdjura. On passe aux cols de Talmetz (alt. 712) et d'Amilloul et la route atteint son point culminant au	26
27	COL DE TAKDINT (alt. 985). Elle se déroule toujours en forêt et traverse une des régions les plus pittoresques de la Kabylie. Du col de Tagma on découvre un panorama très étendu. On redescend ensuite, sous bois, vers	59
11	**YAKOUREN**, au milieu d'une vaste clairière, et, après de nombreuses sinuosités, par un parcours très pittoresque, on arrive à	86
22	**AZAZGA :** [I] du plan pour entrer; [II] pour sortir. Longue descente sinueuse, puis deux bifur : suivre toujours la N 12 (laisser à Dr. deux chemins vers Fréha). Serpentant tantôt à flanc de coteau, tantôt au pied de pentes, la route descend la vallée de l'Od Sebaou et gagne	97
16	TAMDA. Elle descend vers l'oued, et le franchit. A hauteur d'une ferme bifur : suivre la N 12 (laisser à G. la N 15 vers Fort National, *décrite par l'it. 10*). Passage de l'Od Aïssi, puis nouvelle bifur : suivre toujours la N 12 (laisser à Dr. le V 1). On remonte doucement sur	119
11	**TIZI-OUZOU.** Peu après la sortie, PI. Descente, d'abord assez rapide, vers Bou-Kralfa et une région broussailleuse. PN entre deux tournants, puis	135
13	**MIRABEAU.** Bientôt la route s'élève de nouveau et, longée à Dr. par un tram qui la coupe par un PN, avant de laisser à G. l'agglomération de **Camp du Maréchal.** Nouveau PN de tram, puis bifur : suivre la N 12 tout droit (laisser à Dr. route vers Dellys). Montée rapide avec PS avant	146
11	HAUSSONVILLERS. A la sortie PN. Descente, nouveau PN avant	159
15	BORDJ MENAÏEL. Suivre toujours la N 12. A travers de grands vignobles et longeant la voie ferrée, on gagne **les Issers, Félix-Faure,** puis on rejoint la N 5 (*décrite vers Sétif par l'it. 6*). Après un PI,	170
	MÉNERVILLE. Région accidentée où la route devient dure. A 6 k bifur: suivre la N 5 tout droit (laisser à	185

Kge partiel		Kge total

ITINÉRAIRE 1 bis (suite).

10,5 — Dr. le chemin vers Bellefontaine). Montée sinueuse, puis descente sur

12 — **STE-MARIE-DU-CORSO.** On monte pendant 2 k, puis on descend pour franchir un oued avant de passer un nouveau dos de terrain. Après **l'Alma** la route pénètre dans la Mitidja, belle plaine avec de riches cultures maraîchères et de vastes vignobles. On suit toujours la N 5. PN 1 k avant — **195,5**

16 — **REGHAÏA.** On traverse **Rouïba**, ensuite l'Od Hamiz, puis — **207,5**

4 — **LE RETOUR DE LA CHASSE.** PN d'un tramway à vapeur qui longe la route à G. Après — **223,5**

11,5 — **MAISON-CARRÉE,** celle-ci passe l'Od Harrache, plus loin un PI, et longeant la voie ferrée, avec une voie de tram sur son côté Dr., elle dépasse **Hussein-Dey** pour entrer, par ① du plan et la rue Sadi-Carnot, dans — **227,5**

ALGER. — **239**

ITINÉRAIRE 2

BOUGIE — PHILIPPEVILLE : 260 k.

BOUGIE : ① du plan pour sortir. Revenir sur ses pas jusqu'à la bifur : prendre à G. la N 9 (laisser à Dr. la N 12). PN, pont sur l'Od Soumman. Bifur : prendre la N 9 (laisser à Dr. le GC 15 vers Oued-Amizour). La route court en corniche au bord de la mer, passe deux oueds, contourne le cap Aokas (se méfier des éboulements fréquents entre le cap Aokas et Djidjelli), dépasse Oued-Marsa, longe les dernières pentes des Babors et atteint, par la forêt d'Ashrit,

34 — **SOUK-EL-TENINE.** Bifur : prendre à G. la N 12 (laisser à Dr. la N 9 vers Sétif, *décrite par l'it. 11*). Après l'Od Agrioun commence la « Corniche de Djidjelli » taillée dans les « Grandes Falaises » surplombant la mer, coupée de tunnels. Après **Zlama,** elle s'abaisse un instant, puis à partir de **Mansouriah,** regrimpe sur la falaise. A 1 k 5 de cette localité, sous un tunnel, « Grotte merveilleuse » de Dar el Oued (5 fr. par personne), puis viaduc du même nom. La route s'accroche toujours au flanc des rochers. — **34**

41 — **MONTAIGNE.** Belles forêts de chênes-lièges et de pins maritimes. On atteint — **75**

21 — **DJIDJELLI.** On s'éloigne de la côte, au milieu de vignobles. A 4 k 5 bifur : suivre la N 12 (laisser à G. le GC 2 vers Duquesne). Après Strasbourg on descend pour franchir l'Od Djineldjene, puis on remonte sur — **96**

18 — **TAHER.** Deux bifur successives : suivre toujours la N 12. La route se rapproche à nouveau de la mer. Au milieu des dunes elle gagne l'embouchure de l'Od el Kébir, puis remonte la vallée aux pentes garnies de forêts de chênes-lièges. Pont avant — **114**

50 — **EL-MILIA.** Tortueuse et accidentée la route passe le col de Sidi Zerzour (maison forestière), franchit l'Od Bou Siaba, remonte au col de Siana (maison forestière) et débouche dans une plaine. Pont, puis bifur : suivre la N 12 (laisser à G. le GC 6 vers Collo). Nouvelle bifur : suivre toujours la N 12 (laisser à G. le GC 28 vers Philippeville). Après — **164**

48 — TAMALOUS, on remonte la vallée de l'Od Guebli. — **212**

Kge partiel		Kge total
	ITINÉRAIRE 2 (suite).	
48	Bifur : suivre la N 12 (laisser à Dr. le GC 5 vers El-Arrouch). Parcours très pittoresque, mais dur (nombreux tournants brusques) jusqu'à St-Antoine. Au milieu du bourg, prendre à G. la N 3 qui, par une vallée riante, conduit à	
	PHILIPPEVILLE où l'on entre par (II) du plan.	260

ITINÉRAIRE 2 bis

PHILIPPEVILLE — BOUGIE : 260 k.

Kge partiel		Kge total
48	**PHILIPPEVILLE :** (II) du plan pour sortir. Suivre la N 3 jusqu'à St-Antoine, dans une vallée riante. Au milieu du village prendre à Dr. la N 12 dont le parcours est très pittoresque, mais difficile (nombreux tournants brusques). En atteignant l'Od Guebli bifur : suivre la N 12 (laisser à G. le GC 5 vers El-Arrouch). On descend la vallée et à	
48	TAMALOUS, nouvelle bifur : suivre la N 12 (laisser à Dr. le GC 28 vers Philippeville). Nouvelle bifur : suivre la N 12 (laisser à Dr. le GC 6 vers Collo). Pont. On traverse une plaine, puis on monte vers le col de Siana (maison forestière). On redescend sur l'Od Bou Siaba qu'on franchit pour remonter au col de Sidi Zerzour (maison forestière). Enfin, par une nouvelle descente sinueuse et accidentée, on atteint	48
50	**EL-MILIA.** Pont sur l'Oued el Kébir, dont on redescend, jusqu'à l'embouchure, la vallée aux pentes couvertes de forêts de chênes-lièges. La route longe ensuite la côte au milieu des dunes, puis s'en éloigne. Plusieurs bifur (suivre toujours la N 12) avant	96
18	**TAHER.** On descend vers l'Od Djineldjene, puis on remonte à Strasbourg d'où l'on se rapproche de la mer et, laissant un peu à G. Duquesne, on gagne, au milieu des vignobles,	146
21	**DJIDJELLI.** Peu après commence « la Corniche de Djidjelli » (se méfier des éboulements fréquents entre Djidjelli et le Cap Aokas) où la route, taillée dans le roc, coupée de tunnels, surplombe à pic la mer. Par de belles forêts de pins maritimes et de chênes-lièges, elle atteint d'abord	164
41	MONTAIGNE, puis continue à flanc de rocher et franchit le viaduc de Dar el Oued. Peu après, sous un petit tunnel, se trouve l'entrée de la « Grotte merveilleuse » du même nom (5 fr. par personne). On arrive à **Mansouriah**, à partir d'où la route s'abaisse un instant. Après **Ziama**, elle regrimpe sur les « Grandes Falaises ». Passage de l'Od Agrioun. Bifur : prendre à Dr. la N 9 qui vient de Sétif (*décrite par l'it. 11*). Moins de 1 k après,	185
34	**SOUK-EL-TENINE.** Par la forêt d'Ashrit, en longeant les dernières pentes des Babors, on gagne Oued-Marsa. On contourne ensuite le cap Aokas et, après le passage de deux oueds, la route court de nouveau en corniche au bord de la mer. On atteint la vallée de l'Od Soumman. Pont sur l'oued avant de rejoindre la N 12. Prendre à Dr. pour entrer dans	226
	BOUGIE par (I) du plan.	260

Kge partiel		Kge total

ITINÉRAIRE 3

PHILIPPEVILLE — BÔNE : 101 k.

PHILIPPEVILLE : ① du plan pour sortir par la N 12. A 3 k PN, puis bifur : suivre la N 12 (laisser à Dr. l'IC 4 vers Damrémont). Pont sur le Safsaf. Nouvelle bifur : suivre toujours la N 12 (laisser à G. le GC 12). Après Valée on remonte la vallée d'un affluent du Safsaf, puis, par une région boisée, on gagne
22

BISSY, d'où on descend, au milieu des bois, vers l'Od Fendek qu'on franchit avant
22

JEMMAPES, situé dans une plaine, au milieu des vignes. A la sortie bifur : suivre la N 12 (laisser à G. le GC 6 vers Lannoy). PN d'un tram qui désormais longera la route. Après Foy on atteint
32

AURIBEAU. A 500 m. bifur : prendre à G. la N 12 (laisser à Dr. la D 5 vers Guelma, *décrite par l'it. 17*). PN de tram. Pont. Après une forêt de chênes-lièges, pont sur l'Od el Kébir. Le tram de Bône longe à nouveau la route. Par la plaine monotone d'Aïn-Fezzara on atteint
43

AÏN-MOKRA. La route suit le bord du lac Fezzara et traverse la plaine des Haressa, resserrée entre le Dj. Bou Kanta et le massif du Belelieta avant d'arriver à
69

BÔNE où l'on entre par ⑩ du plan.
101

Kge partiel : 22 · 10 · 11 · 26 · 32

ITINÉRAIRE 3 bis

BÔNE — PHILIPPEVILLE : 101 k.

BÔNE : ⑩ du plan pour sortir par la N 12. D'abord resserrée entre le Dj. Bou Kanta et le massif du Belelieta, la route traverse la plaine des Haressa, puis longe le lac Fezzara. Elle passe à
32

AÏN-MOKRA et reste monotone dans une plaine où elle est suivie sur son côté G. par le tram de Bône. Après avoir quitté ce dernier, pont sur l'Od el Kébir et, après une forêt de chênes-lièges, pont sur l'Od Emchekel suivi d'un PN du tram. Bifur : suivre la N 12 tout droit (laisser à G. la D 5 vers Guelma, *décrite par l'it. 17*), avant
32

AURIBEAU. Le tram longe à nouveau la route. On passe Foy et après un PN du tram on arrive à
58

JEMMAPES, dans une plaine au milieu des vignes. A la sortie, prendre à Dr. toujours la N 12. Pont sur l'Od Fendek. La route monte ensuite, sinueuse, au milieu des bois, sur
69

BISSY, d'où elle redescend vers la vallée du Safsaf. Après Valée, suivre toujours la N 12. PN 3 k avant d'entrer dans
79

PHILIPPEVILLE par ① du plan.
101

Kge partiel : 32 · 26 · 11 · 10 · 22

Renseignements administratifs :
Consulter le Titre III *à la fin du Guide.*

Kge partiel		Kge total

ITINÉRAIRE 4

BÔNE — BÉJA : 213 k.

BÔNE : ① du plan pour sortir par la N 12 qui, bordée par la voie ferrée, traverse une plaine monotone et marécageuse. Vers le N une ligne de hautes dunes empêche de voir la mer. *(21 / 21)*

MORRIS. A 2 k pont sur l'Od Bou Namoussa, puis bifur : suivre à G. la N 12 (laisser à Dr. l'IC 5), 4 k 5 plus loin la route quitte la voie ferrée, borde le Dj. Bou Kerma et contourne un marais. *(32 / 53)*

BLANDAN. La route se resserre entre deux massifs boisés. Après le Guergour PN, puis on atteint *(11 / 64)*

LE TARF (route vers Souk-Ahras, *décrite par l'it. 22 bis*). A 4 k PN, puis pont sur l'Od el Kébir. Peu après Yusuf on découvre, puis on côtoie le lac Oubeïra. A hauteur de la station du lac Oubeïra (*une variante est possible entre le lac Oubeïra et Lacroix par l'IC 10*) PN. On s'écarte de la voie ferrée et après Camp des Faucheurs la route devient pittoresque jusqu'à *(22 / 86)*

LA CALLE. *Douanes algériennes.* A 2 k PN. On descend vers le lac Tonga, puis on parcourt une région très coupée par *(12 / 98)*

OUM-TEBOUL, et, après une rampe, Lacroix, puis *(18 / 116)*

AIN-BABOUCH (route vers le Kef *décrite par l'it. 24 bis*). *Douanes tunisiennes.* Bifur : prendre à G. la GP 17 qui, pittoresque, mais difficile, s'abaisse à flanc de coteau dans les magnifiques forêts de la Kroumirie. *(20 / 136)*

TABARKA. Revenir sur ses pas. Bifur : prendre à G. la GP 7 (laisser à Dr. la GP 17). Pont. Passant entre les montagnes du Mekena et d'énormes dunes on gagne le fertile pays des Nefza. La route coupe la voie ferrée par 4 PN avant *(38 / 174)*

DJEBEL-ABIOD. Bifur : prendre à Dr. la GP 14 (laisser à G. la GP 7 vers Mateur, *décrite par l'it. 26*). Par les vallées de l'Od el Madene et de l'Od el Kremane on gagne une région ondulée, souvent dénudée. On passe sous un beau viaduc du chemin de fer, puis on coupe à nouveau la voie ferrée par un PN et on atteint *(39 / 213)*

BÉJA où l'on entre par ① du plan. *(213)*

ITINÉRAIRE 4 bis

BÉJA — BÔNE : 213 k.

BÉJA : ① du plan pour sortir. Prendre la GP 14. PN à la sortie. A 4 k, on passe sous un beau viaduc du chemin de fer, puis à travers une région ondulée, souvent dénudée, la route se développe par les vallées des Ods el Kremane et el Madene. Elle gagne *(39 / 39)*

DJEBEL-ABIOD. (Route vers Mateur, *décrite par l'it. 26*). Dans le village prendre à G. la GP 7 qui parcourt la région fertile des Nefza et se glisse dans un long couloir boisé entre les montagnes du Mekena et d'énormes dunes. On recoupe la voie ferrée par 4 PN. Pont avant *(38 / 77)*

TABARKA. Revenir sur ses pas. Bifur : prendre à Dr.

Kgo partiel	*ITINÉRAIRE 4 bis (suite).*	Kgo total
20	la GP 17 (laisser à G la GP 7). Route pittoresque, mais difficile, qui s'élève rapidement à flanc de coteau dans les magnifiques forêts de la Kroumirie.	
18	AIN-BABOUCH. (Route vers le Kef, *décrite par l'it. 24 bis*). *Douanes tunisiennes.* Suivre la GP 17 jusqu'à la frontière, où cette route devient N 12. Trajet très pittoresque par Lacroix *(une variante est possible entre Lacroix et le lac Oubeïra par l'IC 10)* et	97
12	OUM-TEBOUL. On descend vers le lac Tonga, puis à travers les forêts, 2 k après un PN, on atteint	115
22	**LA CALLE.** *Douanes algériennes.* La N 12 gagne les bords du lac Oubeïra. PN à hauteur de la station du lac Oubeïra. Longeant la voie ferrée, on dépasse le village de Yusuf, puis, 4 k après un PN, on atteint	127
11	**LE TARF.** (Route vers Souk-Ahras, *décrite par l'it. 22 bis*), PN en entrant dans le Guergour, puis la route se resserre entre deux massifs boisés et on arrive à	149
32	BLANDAN. On suit la voie ferrée. S'en écartant ensuite, la route borde le Dj. bou Kerma et contourne un marais. Elle rejoint de nouveau la voie. 4 k après, pont sur l'Od Bou Namoussa, puis on atteint	160
21	**MORRIS.** Courant dans une plaine marécageuse et monotone dont l'horizon est barré au N par une ligne de hautes dunes, la route arrive à	192
	BÔNE où l'on entre par [I] du plan.	213

ITINÉRAIRE 5

BÉJA — TUNIS : 104 k.

Kgo partiel		Kgo total
25	**BÉJA :** [II] du plan pour sortir par la GP 6. A 3 k pont sur l'Od Béja. Presque toujours monotone, la route parcourt une région ondulée, descend sur	
19	OUED ZARGA et suit de près la voie ferrée. A 10 k PN. Pont sur la Medjerda avant	25
30	**MEDJEZ-EL-BAB.** (Route vers le Kef, *décrite par l'it. 25 bis*). Prendre la GP 5 qui se déroule jusqu'aux abords de Tunis parmi de vastes exploitations agricoles en pays généralement plat. A 12 k pont sur l'Od Ahmar. A 13 k bifur : (laisser à dr. la MC 63 vers le Goubellat). On longe le village de Massicault (à Dr.) et on atteint	44
26	BORDJ-EL-AMRI. Bifur : suivre la GP 5 tout droit (laisser à G. la MC 55 vers Tébourba). A 8 k on laisse un peu à G, de la route Sidi Ali el Hattab et St-Cyprien, séparés par une bifur : suivre la GP 5 qui traverse la Mornaghia. La route franchit quelques collines. PN avant	7
4	**LE BARDO.** On suit la voie ferrée et on arrive à	100
	TUNIS où l'on entre par [V] du plan.	104

Kge partiel	ITINÉRAIRE 5 bis	Kge total

ITINÉRAIRE 5 bis

TUNIS—BÉJA : 104 k.

4 — **TUNIS :** Ⓥ du plan pour sortir par la GP 5. On suit la voie ferrée jusqu'à — **4**

26 — **LE BARDO.** Après la sortie, PN. A la bifur environ 2 k plus loin ne pas suivre le tram, mais prendre à G. La route franchit quelques collines. On traverse la Mornaghia, puis on laisse un peu à Dr. les villages de Sidi Ali el Hattab et de St-Cyprien, séparés par une bifur : suivre la GP 5 tout droit. Parmi de vastes exploitations agricoles et en pays généralement plat, on arrive à — **30**

30 — **BORDJ-EL-AMRI.** Bifur : suivre la GP 5 (laisser à Dr. la MC 55 vers Tébourba) ; on longe le village de Massicault (à G.). A 12 k bifur : laisser à G. la MC 63 vers le Goubellat. 1 k plus loin pont sur l'Od Ahmar. On arrive à — **60**

19 — **MEDJEZ-EL-BAB.** A la sortie pont sur la Medjerda. Bifur : prendre la GP 6 (laisser à G. la GP 5 vers Téboursouk et Dougga, *décrite par l'it. 25 bis*). Nouvelle bifur : suivre toujours la GP 6 (laisser à Dr. la MC 64 vers Tébourba). Route monotone. On coupe la voie ferrée par un PN, puis on la suit jusqu'à — **79**

25 — **OUED ZARGA.** Là route monte doucement. Au sommet de la montée bifur : suivre la GP 6 à G. (laisser à Dr. la MC 56). 6 k plus loin nouvelle bifur : suivre toujours la GP 6. Pont sur l'Od Béja, puis on entre dans — **104**

— **BÉJA** par Ⓘ du plan.

ITINÉRAIRE 6

ALGER — SÉTIF : 308 k.

54 — **ALGER :** suivre l'It. 1 jusqu'à — **54**

10 — **MÉNERVILLE.** A la sortie PI. 3 k plus loin bifur : suivre la N 5 (laisser à G. la N 12 vers Tizi-Ouzou *décrite par l'it. 1*). Remontant la vallée de l'Isser, on dépasse Souk-el-Had, puis on coupe la voie ferrée par un PN avant — **64**

15 — **BENI-AMRAN.** Descente très sinueuse et pittoresque. PN puis, dans un tournant très brusque, deux PI, un PN encore plus loin. Bientôt on s'engage dans les très belles gorges de Palestro, longues de 4 k. Dans les gorges on franchit l'oued et, après une montée avec PI sous un viaduc, on arrive à — **79**

12 — **PALESTRO.** On suit toujours la voie ferrée. PI à 2 k, puis PN et PI entre deux coudes. — **91**

33 — **THIERS.** A 11 k bifur : suivre la N 5 ; nouvelle bifur : suivre toujours la N 5 (laisser à G. le GC 17 vers Dra-el-Mizan). 11 k plus loin, passage sur un oued, puis on monte au Col de Dra-el-Khemis (à G. belle vue sur la chaîne du Djurdjura). On franchit la voie ferrée qui est engagée sous un tunnel, puis on descend sur — **124**

39 — **BOUÏRA.** (Route vers Bir-Rabalou et Médéa, *décrite par l'it. 49 bis*.) On parcourt une plaine au pied du versant S du Djurdjura. Pont sur l'Od ed Dous. Bifur : prendre à G. la N 5 (laisser à Dr. l'IC 27 vers Aumale). Peu après PN et coude brusque. On longe la voie ferrée. PN 4 k avant El-Adjiba. A G. se

Kge partiel		Kge total

ITINÉRAIRE 6 *(suite)*.

détache la Lalla Khadidja (2.308 m.); point culminant de la chaîne. On atteint la

STATION DE MAILLOT. Bifur : prendre à Dr. la N 5 (laisser à G. la N 15 vers le col de Tirourda, *décrite par l'it. 10 bis*). De suite après PN. La route ne tarde pas à s'élever et traverse une forêt. Peu après PN. On remonte l'étroite vallée de l'Od. Amrar. Après un PI et un PS, on franchit l'oued et on entre dans le pittoresque défilé des « Portes de Fer ». D'abord en bordure de la forêt des Biban la route descend ensuite, sinueuse, coupée de 3 PN et, après la station de Mzila, arrive à — **163** (partiel 50)

MANSOURA. Montée sinueuse de 4 k. Par-dessus le tunnel de Teniet-el-Merdja on franchit la voie ferrée, puis descente sur El Achir où l'on entre dans la plaine de la Medjana. — **213** (partiel 30)

BORDJ BOU ARRÉRIDJ. A 2 k bifur : suivre la N 5. — **243** (partiel 14)

SIDI-EMBAREK. Descente sinueuse. A 11 k bifur : suivre la N 5. — **257** (partiel 17)

AÏN-TAGROUT. Suivre toujours la N 5. On traverse une région ondulée jusqu'à Sétif. Avant de couper la vallée de l'Od Sellam bifur : suivre toujours la N 5. Dure montée sur Aïn-Zada, puis — **274** (partiel 18)

MACDONALD. Laisser successivement trois routes à G. vers Coligny. Après Aïn-Arnat bifur : suivre la N 5 tout droit. Tournant dangereux à hauteur de la ferme d'El Bey avant de franchir à nouveau l'Od Sellam. Bifur : suivre la N 5 tout droit (laisser à G. la N 9 vers Bougie) avant d'entrer dans — **292** (partiel 16)

SÉTIF par ④ du plan. — **308**

ITINÉRAIRE 6 bis

SÉTIF — ALGER : 308 k.

SÉTIF : ④ du plan pour sortir par la N 5. A 2 k bifur : suivre la N 5 (laisser à Dr. la N 9 vers Bougie). Après le passage de l'Od Sellam, montée avec un tournant brusque à hauteur de la ferme d'El Bey. Bifur : suivre la N 5 tout droit, puis on dépasse Aïn-Arnat. On laisse successivement à Dr. trois routes vers Coligny et on arrive à (partiel 16)

MACDONALD. Route plate jusqu'à Aïn-Zada, puis descente sur l'Od Sellam. Après le passage de l'oued bifur : suivre la N 5 à Dr. On traverse une région assez ondulée. — **16** (partiel 18)

AÏN-TAGROUT. A 4 k bifur : suivre la N 5 tout droit. Montée sinueuse sur — **34** (partiel 17)

SIDI-EMBAREK. Encore quelques ondulations. — **51** (partiel 14)

BORDJ BOU ARRÉRIDJ. On traverse la plaine de la Medjana et on monte sur El Achir. Ensuite on passe sur la voie ferrée engagée sous le tunnel de Teniet-el-Merdja et, par une descente accidentée, en bordure de la forêt des Biban, on arrive à — **65** (partiel 30)

MANSOURA. 1 k après PN. La route monte sinueuse. PN avant la station de Mzila. Après un nouveau PN entre tournants brusques on franchit le pittoresque défilé des « Portes de Fer ». A la sortie du défilé, on passe sur un oued, et par un PS, — **95**

Kge partiel		Kge total

ITINÉRAIRE 6 bis (suite).

puis un PII, on descend la vallée de l'Od Amrar. Après un autre PN la route s'écarte de la voie ferrée, traverse une forêt et descend vers l'Od Sahel. PN et on arrive à la.

50

STATION DE MAILLOT. Bifur : prendre à G. la N 5 (laisser à Dr. la N 15 vers le col de Tirourda, *décrite par l'it. 10 bis*). On suit la vallée du Sahel bordant le versant S du Djurdjura : à Dr. se détache la Lalla Khadidja (2.308 m.), point culminant de la chaîne. On dépasse El Adjiba. PN 4 k. après. Plus loin, pont sur l'oued. La route court en plaine et fait un coude brusque avant un PN ; bifur : suivre la N 5 tout droit (laisser à G. l'IC 27 vers Aumale). Pont sur l'Od ed Dous, puis montée sur — **145**

39

BOUÏRA. (Route vers Bir-Rabalou et Médéa, *décrite par l'it. 49 bis*.) En rampe douce, on atteint le col de Dra-el-Khemis où, par un coude à G., on franchit la voie ferrée engagée sous un tunnel, puis on redescend pour franchir un oued. La route longe la voie ferrée. Après deux bifur (suivre toujours la N 5), on atteint — **184**

33

THIERS. Coupée par un PI, suivi d'un PN, tous deux entre tournants brusques, puis d'un PI, 2 k. avant — **217**

12

PALESTRO, passant ensuite sous un beau viaduc, la route s'engage bientôt dans les pittoresques gorges de Palestro, longues de 4 k. Au milieu des gorges pont sur l'oued. Après la sortie la route reste très sinueuse, avec de nombreux tournants difficiles. On recoupe plusieurs fois la voie ferrée par un PN, puis deux PI dans un tournant, et encore un PN avant — **229**

15

BENI-AMRAN. PN de suite après. Par Souk-el-Had, on descend la vallée de l'Isser. On rejoint la N 12 (suivre à G. la N 5). Un PI avant — **244**

10

MÉNERVILLE. Suivre l'itinéraire 1 bis jusqu'à — **254**

54

ALGER. — **308**

ITINÉRAIRE 7

SÉTIF — CONSTANTINE : 126 k.

SÉTIF : ⑪ du plan pour sortir par la N 5 qui, plate et monotone, dépasse les hameaux d'El Hassi et de la Fontaine Romaine, puis, après la longue descente du « Télégraphe », atteint

26

ST-ARNAUD (Par l'IC 54 on peut aller visiter les ruines de **Djemila** 35 k N). Toujours en plaine et à travers une région sans grand intérêt, on passe par — **26**

16

NAVARIN, — **42**

13

ST-DONAT, pour atteindre — **55**

17

CHÂTEAUDUN-DU-RHUMEL. A 5 k tournant brusque. Région à peine ondulée. Nouveau tournant brusque avant — **72**

14

OUED ATHMÉNIA. A 2 k passage de l'Od Athménia. La route devient un peu plus pittoresque et acci- — **86**

Kge partiel		Kge total
	ITINÉRAIRE 7 (suite).	
22	dentée. Elle franchit une série de mamelons et gagne la vallée du Rhumel. A 12 k PS. Bifur : suivre la N 5 tout droit. On passe par	
18	AÏN-SMARA, pour gagner, après une série de tournants cachés et en suivant presque toujours le cours sinueux du Rhumel,	108
	CONSTANTINE où l'on entre par [III] du plan.	126

ITINÉRAIRE 7 bis

CONSTANTINE — SÉTIF : 126 k.

Kge partiel		Kge total
18	**CONSTANTINE** : [III] du plan pour sortir par la N 5 qui, à peine ondulée, remonte, avec une série de tournants cachés, le cours presque toujours sinueux du Rhumel. Après	
22	AÏN-SMARA, bifur : suivre la N 5 (laisser à G. l'IC 1 vers Oued Séguin). A 10 k PS. Franchissant une série de mamelons, la route s'éloigne de la vallée vers laquelle elle redescend pour franchir l'Od Athménia et arriver, 2 k après, à	18
14	OUED ATHMÉNIA. Suivre toujours la N 5. Région à peine ondulée. Après la sortie un tournant brusque et un autre, 4 k avant	40
17	**CHÂTEAUDUN-DU-RHUMEL**, puis	54
13	ST-DONAT,	71
16	NAVARIN et, toujours en plaine,	84
26	**ST-ARNAUD**. (Par l'IC 54 on peut aller visiter les ruines de **Djemila**, 35 k N). A la sortie, bifur : suivre la N 5 tout droit (laisser à G. le GC 5 vers Chevreul). On monte la longue rampe du « Télégraphe », puis, par une région plate et monotone, on passe les hameaux de la Fontaine Romaine et d'El Hassi, pour gagner	100
	SÉTIF où l'on entre par [II] du plan.	126

ITINÉRAIRE 8

CONSTANTINE — SOUK-AHRAS : 199 k.

Kge partiel		Kge total
16	**CONSTANTINE** : [II] du plan pour sortir par la N 3 qui dans une riante vallée longe la voie ferrée. A 4 k. bifur : suivre la N 3 (laisser à G. l'IC 33). A 13 k, PN. Montée légère, puis forte, pour atteindre,	
	LE KHROUB. A 2 bifur : prendre à G. la N 20 (laisser à Dr. la N 3 vers Batna, *décrite par l'it. 15*). La route s'élève peu à peu. 2 k plus loin bifur : suivre à Dr. la N (20 laisser à G. le GC 27). 7 k plus loin, PN. On	16

Kge partiel		Kge total
	ITINÉRAIRE 8 (suite).	
32	passe au hameau de Bou Nouara et par de nombreuses sinuosités on atteint	
	AÏN-ABID. PN peu après la sortie. On descend la vallée de l'Od Zenati. Deux PN. Coude brusque avant	48
17	**AÏN-REGADA**. Au flanc N de la vallée, la route décrit encore de nombreuses sinuosités. PN entre deux tournants brusques. On franchit l'oued et de suite après on arrive à	65
15	**OUED-ZENATI**. Ensuite, dans un massif accidenté, le trajet devient dur, mais pittoresque. A 2 k bifur : suivre la N 20 tout droit (laisser à Dr. l'IC 48). Une forte rampe très sinueuse conduit au hameau et, 2 k après, au col de Ras el Akba : beau panorama sur le Dj. es Sada à G. Après le col bifur : prendre la N 20 complètement à G. (laisser à Dr. le V. 22). Descente rapide sur **Aïn-Amara** d'où l'on peut, par un sentier à pied, aller visiter les ruines d'**Announa** (2 k 5). On arrive à	80
22	**AÏN-ST-CHARLES**. Suivre la N 20 tout droit (le V 3 à Dr. conduit au village de Clauzel : 1 k). Bifur : suivre la N 20 tout droit (laisser à G l'IC 22 vers Hammam-Meskoutine, 4 k). Passage sur l'Od Bou Hamdan à hauteur de son confluent avec l'Od Cherf. On suit la vallée de la Seybouse dans un cadre pittoresque. PN. Pont sur la Seybouse. De suite après le pont PN. 4 k plus loin nouveau PN et on arrive à	102
20	**QUELMA** : (IV) du plan pour entrer ; (II) pour sortir. Prendre le GC 19. Après la sortie, PN. On passe le village de Millesimo, puis celui de Petit, entre deux PN. Nouveau PN 2 k plus loin. On remonte la vallée de la Seybouse. Pont sur l'Od Halia, puis bifur : suivre tout droit le GC 19 (laisser à G l'IC 16 vers Duvivier) qui avec des sinuosités très accentuées et de fortes ondulations, traverse une région souvent boisée, pittoresque. Pont sur l'Od Sekaka. 4 k plus loin, après un pont avec un moulin, la route, passant à proximité de ruines romaines, monte sur	122
48	**VILLARS**. Coude brusque vers la Dr. Un peu avant Fauvelle laisser à Dr. l'IC 24, puis rejoindre directement la N 21 (vers Bône, *décrite par l'it. 19 bis*). Là, prendre à Dr. Accidentée et sinueuse la N 21 passe par	170
11	**LAVERDURE**, traverse un pays très coupé, avec des forêts de chênes-lièges, dépasse Aïn-Seymour et, après avoir franchi la voie ferrée engagée sous un tunnel, atteint	181
18	**SOUK-AHRAS**.	199

ITINÉRAIRE 8 bis

SOUK-AHRAS — CONSTANTINE : 199 k.

Kge partiel		Kge total
18	**SOUK-AHRAS** : Prendre la N 21 qui franchit d'abord la voie ferrée engagée sous un tunnel. A travers un pays coupé, avec des forêts de chênes-lièges, elle dépasse ensuite Aïn-Seymour, puis gagne	
	LAVERDURE. Elle se poursuit, accidentée et si-	18

Kge partiel	*ITINÉRAIRE 8 bis* (*suite*).	Kge total
11	nueuse. A la sortie bifur : suivre la N 21. Après une maison cantonnière, nouvelle bifur : prendre à G le GC 19 (laisser à Dr. la N 21 vers Bône, *décrite par l'it. 19 bis*). La route monte par Fauvelle jusqu'à	
48	VILLARS. A travers une région souvent boisée, pittoresque, mais de parcours assez dur, le GC 19 gagne la vallée de la Seybouse et, en pays plat, passe par Petit, entre deux PN, puis par Millesimo. Nouveau PN à 3 k et on arrive à	29
20	**GUELMA** : [II] du plan pour entrer ; [IV] pour sortir. La N. 20 remonte la vallée de la Seybouse dans un cadre pittoresque. PN, puis, 4 k plus loin, nouveau PN. De suite après, pont et, plus loin, encore un PN. On retraverse la Seybouse à hauteur de son confluent avec l'Od Bou Hamdan. Peu après bifur : suivre la N 20 tout droit (laisser à Dr. l'IC 22 vers Hammam-Meskoutine, 4 k). Plus loin laisser à G. le V 3 qui conduit au village de Clauzel.	77
22	AÏN-ST-CHARLES. On monte vers **Aïn-Amara** d'où l'on peut par un sentier à pied aller visiter les ruines d'**Announa** (2 k 5), puis, après une bifur suivre la N 20 complètement à Dr., vers le col de Ras el Akba (beau panorama sur le Dj. es Sada à Dr.). Descente rapide vers le hameau du même nom et on arrive à	97
15	**OUED-ZENATI**. A la sortie pont sur l'Od Zenati dont on remonte la vallée. Après le pont PN entre deux tournants brusques. Au flanc de la vallée la route décrit encore de nombreuses sinuosités. Après	119
17	**AÏN-REGADA**, coude brusque, puis on traverse 3 PN avant	134
32	AÏN-ABID. Longeant la voie ferrée la N 20 descend par de nombreuses sinuosités dans la vallée de l'Od Berda. Après Bou Nouara PN ; puis elle rejoint la N 3 (*décrite vers Batna, par l'it. 15*), 2 k avant	151
16	**LE KHROUB**. Suivre la N 3. Descente, d'abord assez forte. Un PN. Par une riante vallée, on arrive à	183
	CONSTANTINE où l'on entre par [II] du plan.	199

ITINÉRAIRE 9

SOUK-AHRAS — BÉJA : 152 k.

69	**SOUK-AHRAS.** *Douanes algériennes.* Prendre la N 16 qui, après un pont sur un oued, se développe, accidentée, en corniche, jusqu'à Aïn-es-Souda. Bifur : prendre à Dr. la N 21 (laisser à G. le V I. vers les bains d'Hammam-Zaïd, 2 k). 5 k plus loin nouvelle bifur : prendre à Dr. la N 21 (laisser à G. la N 16 vers Lamy, *décrite par l'it. 22*), qui court au flanc de la montagne, dominant souvent la vallée de la Medjerda. On pénètre en Tunisie où la route s'appelle GP 6. Une descente assez rapide avec tournants dangereux, amène sur l'oued. Pont, PN, puis	
34	**GHARDIMAOU.** *Douanes tunisiennes.* Longeant la voie ferrée, on s'engage dans le bassin supérieur de la Medjerda, bordé de hauteurs couvertes de broussailles et de quelques forêts.	69
	SOUK-EL-ARBA. Suivre toujours la GP 6 dans	103

Kge partiel		Kge total

ITINÉRAIRE 9 (suite).

22 — le même cadre. A 6 k beau pont en ciment armé sur l'Od Mellègue et à 11 k pont sur l'Od Tessa. Plus loin, bifur : suivre la GP 6 tout droit. Pont sur la Medjerda, puis

SOUK-EL-KHEMIS. A la sortie PN, puis bifur : suivre la GP 6 tout droit (laisser à G. la MC 74). Après un oued, la route devient légèrement ondulée. 15 k plus loin, bifur : suivre la GP 6 (laisser à Dr. la MC 68 vers Téboursouk et Dougga). Nombreuses ondulations, puis un tournant brusque et on arrive à — **125**

27

BÉJA où l'on entre par (IV) du plan. — **152**

ITINÉRAIRE 9 bis

BÉJA — SOUK-AHRAS : 152 k.

BÉJA : (IV) du plan pour sortir par la GP 6. Tournant brusque peu après la sortie. On traverse une région assez ondulée, mais monotone. A 12 k bifur : suivre à Dr. la GP 6 (laisser à G. la MC 68, vers Téboursouk et Dougga). 15 k. plus loin, nouvelle bifur : suivre toujours à G. la GP 6 (laisser à Dr. la MC 74). — **27**

27

SOUK-EL-KHEMIS. Après la sortie, pont sur la Medjerda, dont on remonte la vallée, bordée de hauteurs couvertes de broussailles et de quelques forêts. Bifur : poursuivre par la GP 6 à Dr. Pont sur l'Od Tessa. 5 k. plus loin beau pont en ciment armé sur l'Od Mellègue. On atteint — **27**

22

SOUK-EL-ARBA. Suivre toujours la GP 6 qui longe la voie ferrée jusqu'à — **49**

34

GHARDIMAOU. *Douanes tunisiennes.* PN. Pont sur la Medjerda, puis rampe avec tournants difficiles. On pénètre en Algérie où la route s'appelle N 21. Elle court d'abord à flanc de montagne dominant souvent la vallée. On laisse à Dr. le V I vers les bains d'Hammam-Zaïd (2 k) et on rejoint la N 16 : à la bifur. prendre à G. la N 16 (*décrite vers le Tarf, par l'it. 22*) qui, par Aïn-es-Souda se déroule, en corniche, à travers un pays très accidenté, pour atteindre, après un pont sur l'Od Djedra, — **83**

69

SOUK-AHRAS. *Douanes algériennes.* — **152**

ITINÉRAIRE 10

TIZI-OUZOU —
STATION DE MAILLOT : 104 k.

TIZI-OUZOU : sortir par la N 12. On descend vers l'Od Sebaou. A 2 k bifur : suivre la N 12 (laisser à G. l'IC 24). A hauteur d'une ferme, nouvelle bifur : prendre à Dr. la N 15 (laisser à G. la N 12 vers Bougie, *décrite par l'it. 1*). C'est à partir de

Kge partiel		Kge total

ITINÉRAIRE 10 (suite).

là que commence la montée vers le col de Tirourda (*impraticable à cause des neiges, du 15 novembre au 15 avril*). La route s'élève rapidement (8 à 11 %), par des sinuosités très dangereuses. Elle domine le sillon aux parois escarpées au fond duquel coule l'Od Aïssi : nombreux villages kabyles accrochés au flanc de la montagne ; vaste panorama changeant à chaque détour du chemin. **27,5** *(Kge partiel)*

FORT-NATIONAL. On aperçoit déjà vers le S tout l'ensemble du Djurdjura. Côtoyant de profonds abîmes la route se déroule à flanc de montagne et permet de découvrir un vaste horizon, d'abord vers l'O, puis vers l'E. Après une montée sur 6 k, elle atteint **27,5** *(Kge total)* — partiel **20**

MICHELET. Elle continue à s'élever, de plus en plus pittoresque. On dépasse Tifferdout et Tazerout. Au col de Tizi-N'Djemaa (au pied de l'Azrou Tidjer) une maison cantonnière domine deux profonds ravins. Ensuite par des rampes dépassant parfois 10 %, la route, taillée dans le rocher, passe sous deux tunnels. Elle surplombe des précipices à pic de plus de 500 m. de hauteur : site unique, grandiose et sauvage. On atteint enfin le point culminant au **47,5** *(total)* — partiel **16**

COL DE TIROURDA (alt. 1.760). Par une descente aux innombrables lacets, assez douce, mais avec de nombreux tournants de faible rayon, on regagne la plaine à travers la fraîcheur des forêts. Au bas de la descente, bifur : prendre la N 15 à Dr. (laisser à G. le GC 19 vers Akbou). 8 k plus loin, on laisse à Dr. le village de Maillot, puis, après un pont sur l'Od Sahel, on rejoint la N 5 à la **63,5** *(total)* — partiel **40,5**

STATION DE MAILLOT. **104**

ITINÉRAIRE 10 bis

STATION DE MAILLOT—
TIZI-OUZOU : 104 k.

STATION DE MAILLOT : prendre la N 15. Pont sur l'Od Sahel. Un peu plus de 1 k après le pont bifur : suivre à Dr. la N 15 (laisser à G. le GC 17 vers Maillot). Route plate ou légèrement ondulée. Après une nouvelle bifur (suivre la N 15 à G., laisser à Dr. le GC 19 vers Akbou), commence la longue rampe qui, très sinueuse, avec de nombreux tournants à faible rayon, s'élève au milieu d'un magnifique panorama et, à travers la fraîcheur des forêts, gagne le partiel **40,5**

COL DE TIROURDA (alt. 1.760), qui est le point culminant du parcours. La vue s'étend de tous côtés sur le massif du Djurdjura (*le col est impraticable à cause des neiges du 15 novembre au 15 avril*). La descente est très rapide (pentes dépassant parfois 10 %). Taillée dans le rocher, la route surplombe de plus de 500 m. de hauteur des précipices à pic, dans des sites uniques, tour à tour sauvages et riants. On passe sous deux tunnels. A hauteur d'une maison cantonnière qui, au col de Tizi-N'Djemaa, surplombe deux ravins, la route passe au pied de l'Azrou Tidjer. Par les hameaux de Tazerout et de Tifferdout on descend sur **40,5** *(total)* — partiel **16**

MICHELET. La route se déroule à flanc de montagne **56,5**

Kge partiel		Kge total

ITINÉRAIRE 10 bis (suite).

20 — découvrant toujours un vaste horizon. Elle continue à descendre très fort sur 6 k, puis se poursuit en pente douce, mais très sinueuse, jusqu'à

FORT-NATIONAL. Par de nombreuses sinuosités elle domine le sillon au fond duquel coule l'Od Aïssi, dans un cadre animé par de nombreux villages, kabyles, pittoresquement accrochés au flanc de la montagne. Au bas de la descente on rejoint la N 12. **27,5** — A hauteur d'une ferme, prendre à G. la N 12 qui passe l'Od Aïssi et remonte vers — **76,5**

TIZI-OUZOU. — **104**

ITINÉRAIRE 11

SOUK-EL-TENINE — SÉTIF : 78 k.

SOUK-EL-TENINE : partir par la N 12. Bifur : prendre à Dr. la N 9 (laisser à G. la N 12 vers la « Corniche de Djidjelli », *décrite par l'it. 2*). La route remonte la vallée de l'Od Agrioun dont elle épouse toutes les sinuosités. Elle s'engage dans les fameuses gorges du Chabet el Akra, qui sont pendant 7 k un constant émerveillement. Taillée au **25** — flanc du rocher, la route domine parfois de plus de 100 m. le lit de l'oued qui coule enserré entre des parois presque verticales, hautes souvent elles-mêmes de plus de 1.000 m. Vers le milieu des gorges, la route franchit le torrent par un très beau viaduc. A la sortie du défilé,

KERRATA. La route continue à remonter la vallée de l'oued qu'elle franchit. Peu après le pont, à **17** — hauteur du hameau de Merouaha, bifur : suivre la N 9 tout droit (laisser à Dr. le GC 14). Par une longue montée on arrive au col de — **25**

TIZI-N'BÉCHAR : belle vue sur toute la région (à Dr. un chemin vers Takitount). Descente, puis de **24** — nouveau rampe vers Amoucha et le col de Teniet-el-Tnin (alt. 1.230) : assez belle vue. — **42**

EL-OURICIA. Quelques fortes ondulations encore avant Fermatou. Moins de 1 k après bifur : **12** — laisser la N 9 et prendre à G. par le GC 15 pour couper court sur — **66**

SÉTIF où l'on entre par ① du plan. — **78**

ITINÉRAIRE 11 bis

SÉTIF — SOUK-EL-TENINE : 78 k.

SÉTIF : ① du plan pour sortir par le GC 15 qui, avec quelques ondulations, rejoint la N 9. La suivre **12** — en prenant à Dr. On passe un oued et après Fermatou bifur : suivre la N 9 tout droit (laisser à G.

Kge partiel		Kge total
	ITINÉRAIRE ***11 bis*** *(suite).*	
	le GC 15). Par la vallée de l'Od Sellam on atteint	
24	EL-OURICIA. A la sortie bifur : suivre toujours la N 9 (laisser à Dr. l'IC 39). La route monte vers le col de Teniet-el-Tnin (alt. 1.230) (assez belle vue), descend par de nombreuses sinuosités (plusieurs bifur : suivre toujours la N 9) vers Amoucha et remonte au col de	12
17	TIZI-N'BÉCHAR, d'où l'on a une belle vue sur toute la région (à G. un chemin sur Takitount). Très pittoresque la route descend sur Merouaha. Bifur : suivre la N 9 (laisser à G. le GC 14). Pont sur un oued, puis par la vallée de l'Od Berd on gagne	36
25	**KERRATA.** On entre alors dans les fameuses gorges du Chabet el Akra qui sont pendant 7 k un constant émerveillement. Taillée au flanc des rochers, la route domine parfois de plus de 100 m. le lit de l'oued qui coule enserré entre des parois presque verticales, hautes souvent elles-mêmes, de plus de 1.000 m. Vers le milieu des gorges la route franchit le torrent par un très beau viaduc. Après la sortie elle descend la vallée de l'Od Agrioun dont elle épouse toutes les sinuosités jusqu'à la bifur avec la N 12. Prendre à G. pour arriver à	53
	SOUK-EL-TENINE.	78

ITINÉRAIRE 12

SÉTIF — BATNA : 143 k.

Kge partiel		Kge total
12	**SÉTIF** : [III] du plan pour sortir par la N 28. Route en pays faiblement ondulé. Longeant un moment la voie ferrée, on atteint	
40	MESLOUG. PN à la sortie. La route court à travers de vastes champs d'orge au pied du Dj. Youssef. A 7 k bifur : prendre à G. le GC 35 (laisser à Dr. la N 28). On dépasse Bir-Haddada avant d'arriver à	12
22	**AMPÈRE.** On s'engage ensuite dans une longue dépression à travers le massif du Hodna, par un trajet plus accidenté et sinueux, et on arrive ainsi à	52
30	RAS-EL-AIOUN. Bifur : prendre à G. le GC 40 (laisser à Dr. le GC 35). Parcours monotone et sans intérêt jusqu'à	74
24	**CORNEILLE.** La route traverse au pied des montagnes de Batna la plaine de Bellezma. 11 k après Bernelle, bifur : prendre à Dr. le GC 5 (laisser à G. le GC. 40). On escalade ensuite le massif couvert de belles forêts de cèdres pour atteindre, par une rampe très pittoresque, mais difficile (7 à 10 %), le	104
15	COL DE TALMET (alt. 1.750) (*parfois obstrué pendant la mauvaise saison, se renseigner. On peut l'éviter en suivant tout droit après Bernelle, le GC 40 qui par Pasteur rejoint la N 3. Là, prendre à Dr. la N 3. 17 k après on atteint* **Batna** *où l'on entre par* [I] *du plan. Cet itinéraire détourné est plus long de 21 k, mais praticable en toute saison).* Descente très rapide (7 à 10 %) par le Ravin Bleu. Nouvelle bifur : prendre à Dr. le GC 5. 9 k plus loin, après un PN, on entre dans	128
	BATNA par [IV] du plan.	143

Kge partiel		Kge total

ITINÉRAIRE 12 bis

BATNA — SÉTIF : 143 k.

BATNA : ⓘⓥ du plan pour sortir par le GC 5. PN à la sortie. On s'élève rapidement vers les montagnes au NE de Batna, par une rampe (7 à 10 %) qui escalade les pentes du Ravin Bleu. La région est couverte de magnifiques forêts de cèdres. A 9 k bifur : prendre à Dr. le GC 5. Par une montée raide et sinueuse (7 à 10%), on atteint le

15

COL DE TALMET (alt. 1.750) *(parfois obstrué pendant la mauvaise saison : se renseigner à Batna. On peut l'éviter en sortant de Batna par la N 3, ⓘ du plan. A 17 k prendre à G. le GC 40 qui par Pasteur conduit à Bernelle. Cet itinéraire détourné, plus long de 21 k, est praticable toute l'année).* Très pittoresque descente sur Bernelle et la plaine de Bellezma. Après

15

24

CORNEILLE la route (GC 40) devient peu intéressante. A 27 k bifur : prendre à Dr. le GC 35, plus sinueux et accidenté, qui, après

39

30

RAS-EL-AIOUN, s'engage, à travers le massif du Hodna, dans une dépression à l'extrémité de laquelle se trouve

69

22

AMPÈRE. Suivre toujours le GC 35 qui traverse maintenant au pied du Dj. Sekrine de vastes champs d'orge. On passe Bir-Haddada, on longe le Dj. Youssef et 12 k après, bifur : prendre à Dr. la N 28. PN avant

91

40

MESLOUG. On longe un moment la voie ferrée. Par une route faiblement ondulée, on arrive à

131

12

SÉTIF où l'on entre par ⓘⓘⓘ du plan.

143

ITINÉRAIRE 13

CONSTANTINE — PHILIPPEVILLE : 86 k.

CONSTANTINE : sortir par le pont d'El Kantara, après le pont, tourner brusquement à Dr. pour prendre la très pittoresque « Route de la Corniche » ⓘ du plan, qui domine les gorges du Rhumel. On passe sous 3 tunnels. Quelques tournants très difficiles. A hauteur d'une minoterie bifur : prendre à Dr. la N 3. On arrive à

9

LE HAMMA. Montée et coude dangereux avant Bizot. Très sinueuse, la route descend ensuite vers l'Od Smendou. Pont sur l'oued. Après le pont, PI entre tournants. Toujours sinueuse, après un PI et une côte assez rude, la N 3 atteint

9

20

CONDÉ-SMENDOU. A 2 k descente rapide vers un nouveau PI entre tournants, forte montée, puis PN à franchir lentement en raison de la dénivellation importante des rails. Par une rampe très forte (8 à 10 %), on s'élève de plus en plus jusqu'au

29

7

COL DES OLIVIERS, qui est le point culminant du parcours. Dans la descente tournant très brusque

36

Kge partiel	*ITINÉRAIRE 13* (*suite*).	Kge total
19	à hauteur d'El Kantour ; puis PN entre tournants. Par une région très accidentée on dépasse le hameau d'Armée française. Plus loin bifur : suivre la N 3 tout droit (laisser à G. l'IC 19, vers la Station du Col des Oliviers). La route, très sinueuse, établie sur des terrains ébouleux, souvent coupée par de nombreux affaissements, continue à descendre pour atteindre	
14	**EL-ARROUCH,** puis elle se développe dans la vallée du Safsaf, traversant Gastonville et	55
17	**ST-CHARLES.** A la sortie bifur : prendre à G. la N 3 (laisser à Dr. l'IC 4 vers Damrémont). De suite après, PI. Une montée conduit au Col d'El Diss d'où l'on redescend sur St-Antoine, dans une belle et riante vallée, avant d'atteindre	69
	PHILIPPEVILLE où l'on entre par [II] du plan.	86

ITINÉRAIRE 13 bis

PHILIPPEVILLE — CONSTANTINE : 86 k.

Kge partiel		Kge total
17	**PHILIPPEVILLE** : [II] du plan pour sortir par la N 3 qui, par une belle et riante vallée, atteint St-Antoine, puis monte vers le col d'El Diss. Au bas de la descente PI avant d'entrer à	
14	**ST-CHARLES,** dans la vallée du Safsaf que la route remonte par Gastonville jusqu'à	17
19	**EL-ARROUCH.** Suivre toujours la N 3, très sinueuse, établie sur des terrains ébouleux et coupée par de fréquents affaissements. Par une longue montée, avec des rampes de 10 % et des tournants à très faible rayon, laissant à Dr. la Station du Col des Oliviers, on arrive au hameau d'Armée Française, d'où on redescend brusquement sur un PN, pour remonter vers El Kantour (coude très dangereux de la route) et atteindre le point culminant du parcours au	31
7	COL DES OLIVIERS. Descente aussi raide que la montée. Franchissant successivement, avec de nombreux tournants difficiles, un PN (passer lentement en raison de la dénivellation importante des rails), un oued, un PI entre deux tournants, on arrive, 2 k après une assez forte montée, à	50
20	**CONDÉ-SMENDOU.** A moins d'1 k, après une descente, PI. On remonte la vallée de l'Od Smendou qu'on franchit après un autre PI, entre tournants. La route monte de nouveau, très sinueuse. On dépasse Bizot. Encore un coude brusque et la route descend sur	57
9	**LE HAMMA.** A la sortie et à hauteur d'une minoterie, laisser la N 3 et prendre complètement à G. la très pittoresque « Route de la Corniche » qui domine les gorges du Rhumel, passe sous 3 tunnels avant d'arriver au pont d'El Kantara, pour entrer à	77
	CONSTANTINE par [I] du plan.	86

L'adresse des **Services de Tourisme Michelin** *est*
97, Boulevard Pereire, Paris, 17e.

<table>
<tr><td>Kge
partiel</td><td></td><td>Kge
total</td></tr>
</table>

ITINÉRAIRE 14

CONSTANTINE — TEBESSA : 203 k.

16	**CONSTANTINE :** suivre l'itinéraire 8 jusqu'à	16
12	**LE KHROUB.** A 2 k bifur : à Dr. prendre la N 3 (laisser à G. la N 20 vers Guelma, *décrite par l'it. 8*). De suite après PN. La route s'élève en rampe douce. Nouvelle bifur : prendre à G. le GC 4 (laisser à Dr. la N 3 vers Batna, *décrite par l'it. 15*), immédiatement avant	28
12	**OULED-RAHMOUN** que l'on aperçoit sur une hauteur à Dr. de la route. Très sinueuse, celle-ci remonte la vallée de l'Od el Keleb en longeant la voie ferrée. A 8 k PN. On arrive à	40
21	**SIGUS,** puis on s'élève sur un plateau rocheux et dénudé où se trouve Taxas. 6 k plus loin PN. Monotone, la route monte, par	61
27	**AÏN-FAKROUN,** jusqu'au Col d'Ourkis, puis, après de nombreuses sinuosités et ondulations, atteint	88
26	**CANROBERT** au pied du Dj. Sidi Rrheiss. A 2 k PN. On parcourt une plaine où l'horizon s'étend vers le S jusqu'aux montagnes de Khenchela. Nouveau PN à l'entrée d'	114
37	**AÏN-BEÏDA.** (Routes vers Souk-Ahras et Batna, *décrites par les it. 20 et 20 bis.*) Suivre toujours le GC 4 qui peu après la sortie oblique à G. On s'élève maintenant par un parcours pittoresque, à travers un massif montagneux, jusqu'à un col qu'on franchit à 1.089 m. pour descendre ensuite rapidement dans la plaine de l'Od Meskiana, couverte d'alfa. PN et peu après on traverse le village de	151
52	**LA MESKIANA.** On quitte la plaine et la route monte par de nombreux lacets vers le défilé d'Aïn-Halloufa. Col, puis descente. A 22 k de la Meskiana PN. La route continue à descendre jusqu'à la traversée d'un oued. Immédiatement après le pont laisser à Dr. l'IC 59 vers les gorges de Youks-les-Bains (2 k). On passe ensuite devant les sources d'Aïn-Chabrou (à G. de la route). On franchit un PN entre tournants et on atteint, par un vaste plateau monotone,	203
	TEBESSA.	

ITINÉRAIRE 14 bis

TEBESSA — CONSTANTINE : 203 k.

52	**TEBESSA :** sortir par le GC 4. On traverse un vaste plateau monotone. PN entre tournants. Après être passé devant les sources d'Aïn-Chabrou (à Dr. de la route), on laisse bientôt à G. l'IC 59 vers les gorges de Youks-les-Bains (2 k), puis, après un pont sur un oued, la route monte assez fortement, coupée par un PN à 30 k de Tebessa, vers le défilé d'Aïn-Halloufa. Col avant de redescendre vers la vaste plaine de	52
	LA MESKIANA recouverte d'alfa. PN peu après.	

Kge partiel		Kge total

ITINÉRAIRE 14 bis (suite).

37 — Quittant la plaine, la route s'élève par un parcours pittoresque à travers un massif montagneux jusqu'à un col qu'on franchit à 1.089 m., puis elle redescend, sinueuse, sur

26 — **AÏN-BEÏDA.** (Routes vers Souk-Ahras et Batna, *décrites par les it. 20 et 20 bis*.) PN à la sortie. A travers une nouvelle plaine, où l'horizon s'étend vers le S jusqu'aux montagnes de Khenchela, on atteint, 2 k après un PN, — **89**

27 — **CANROBERT**, au pied du Dj. Sidi Rrheiss. Par de nombreuses sinuosités et ondulations, la route monte jusqu'au Col d'Ourkis, et, par — **115**

21 — **AÏN-FAKROUN**, redescend, monotone, coupant la voie ferrée par un PN, d'abord vers un plateau rocheux et dénudé où se trouve Taxas, puis vers — **142**

12 — **SIGUS.** Elle longe ensuite la voie ferrée et descend la vallée de l'Od el Keleb. A 4 k PN. Par un parcours très sinueux, on arrive à — **163**

12 — **OULED-RAHMOUN** que l'on aperçoit sur une hauteur à G. de la route. Après le village prendre à Dr. la N 3 qui descend doucement. De suite après un PN prendre à G. toujours la N 3. On atteint — **175**

16 — **LE KHROUB.** A partir de ce point, suivre l'itinéraire 8 *bis*, pour arriver à — **187**

CONSTANTINE. — **203**

ITINÉRAIRE 15

CONSTANTINE — BATNA : 118 k.

26 — **CONSTANTINE** : suivre l'itinéraire 14 jusqu'à

12 — **OULED-RAHMOUN.** A l'entrée de la localité, bifur : prendre à Dr. la N 8 (laisser à G. le GC 4 vers Aïn-Beïda, *décrit par l'it. 14*). PN peu après. La route remonte la riante vallée de l'Od Merzoug jusqu'à — **26**

10 — **EL-GUERRA.** Bifur : suivre tout droit la N 3 (laisser à G. le GC 24). PN. La route, se déroulant sur un plateau monotone et dénudé, longe la voie ferrée et gagne — **38**

35 — **AÏN-M'LILA.** Elle se poursuit à travers des marécages. A 7 k PN. Elle dépasse la Station des Lacs entre deux chotts aux eaux saumâtres. Après quelques ondulations, — **48**

18 — **AÏN-YAGOUT.** 2 k plus loin PN. (De suite après, un chemin à G., automobilisable en partie, permet d'aller visiter le Medracen, ruine imposante d'un tombeau antique : 10 k.) De la — **83**

17 — **STATION D'EL-MADHER**, on aperçoit le village, à 4 k à G. dominé par le Dj. Bou-Arif. Peu après bifur : suivre tout droit la N 3 (laisser à Dr. le GC 40). Onduleuse et pittoresque, la route court maintenant au pied des pentes boisées des montagnes de Batna. Un PN avant d'entrer à — **101**

BATNA par ① du plan. — **118**

ITINÉRAIRE 15 bis

BATNA — CONSTANTINE : 118 k.

Kge partiel		Kge total
17	**BATNA** : [I] du plan. pour sortir par la N 3. PN à la sortie. La route, onduleuse et pittoresque, court au pied des pentes boisées des montagnes de Batna. 10 k bifur : suivre tout droit la N 3 (laisser à Dr. le GC 26 vers El-Madher et le Médracen, ruine imposante d'un tombeau antique). Nouvelle bifur (suivre toujours la N 3) avant la	
18	STATION D'**EL-MADHER.** On aperçoit à Dr., à 4 k, le village dominé par le Dj. Bou-Arif. La route se développe en pays plat. PN avant	17
35	AÏN-YAGOUT. Longeant la voie ferrée on passe à la Station des Lacs, entre deux chotts aux eaux saumâtres. Nouveau PN et 7 k après, traversant une région de marécages, on arrive à	35
10	**AÏN-M'LILA.** On parcourt un plateau monotone et dénudé. PN et plus loin, bifur (suivre à Dr. la N 3, laisser à G. le GC 24) immédiatement avant	70
12	EL-GUERRA. Quelques sinuosités, puis la route s'engage dans la riante vallée de l'Od Merzoug. Un PN puis on traverse	80
26	OULED RAHMOUN. A la sortie de la localité, bifur : suivre à G. la N 3 (laisser à Dr. le GC 4 vers Aïn-Beida, *décrit par l'it. 14*). A partir de ce point, suivre l'itinéraire 14 *bis* jusqu'à	92
	CONSTANTINE.	118

ITINÉRAIRE 16

BATNA — BISKRA : 117 k.

Kge partiel		Kge total
35	**BATNA** : [III] du plan pour sortir par la N 3. Longeant la voie ferrée, la route s'engage dans une sorte de vallée entre deux belles chaînes de montagnes. Sur la G. s'étend le massif de l'Aurès. Montée insensible jusqu'à la station de Lambirini, puis descente à travers une contrée sauvage et monotone vers	
28	**MAC-MAHON.** Suivre la N 3. 5 k plus loin PN. Nouveau PN à hauteur de la Station des Tamarins (point de départ à pied pour une excursion aux gorges de Tilatou vers la Dr.). La route devient très pittoresque. Elle franchit des ravins profonds. De fortes déclivités marquent le passage du Col des Juifs, après lequel on descend sur l'Od Guebli : PN ; 2 k plus loin nouveau PN. Peu après, on entre dans les très belles gorges d'El Kantara, « la Porte du Désert », dominées par des rochers à pic. Après un PI on descend vers le village d'	35
26	**EL KANTARA** et on traverse une immense oasis qui est l'une des plus belles d'Algérie. A 2 k de la localité, 2 PN dans une courbe. On passe à la Fontaine des Gazelles (2 PN). Pont sur l'Od Biskra, suivi de deux tournants brusques. PN peu avant	63
	EL-OUTAÏA. PN peu après. La route redevient monotone dans un pays plat. Par un raidillon elle franchit	89

Kge partiel		Kge total

ITINÉRAIRE 16 (suite).

28 — le col de Sfa. Dans la descente on a une vue magnifique sur le Sahara, avec, devant soi, l'Oasis de —

BISKRA où l'on entre par ① du plan.　**117**

(Pour se rendre de Biskra à Touggourt, 220 k, il est préférable, en raison des nombreuses difficultés que présente la piste, d'ailleurs en cours de remise en état, d'effectuer le trajet par la voie ferrée.)

ITINÉRAIRE 16 bis

BISKRA — BATNA : 117 k.

28 — **BISKRA :** ① du plan pour sortir par la N 3. D'abord plate, la route s'élève pour franchir, par un raidillon, le Col de Sfa : belle vue en arrière sur l'Oasis de Biskra et en avant sur la plaine. Après un PN on atteint

26 — **EL-OUTAÏA.** Peu après nouveau PN. On longe l'Od Biskra qu'on franchit après deux tournants brusques. On passe à la Fontaine des Gazelles (2 PN), puis on suit la voie ferrée qu'on coupe par 2 autres PN dans une courbe, et on traverse une immense oasis, une des plus belles d'Algérie, avant d'entrer à　**28**

28 — **EL KANTARA.** Par une raide montée, on accède, après un PI, aux curieuses gorges d'El Kantara, dominées par des murailles de rochers à pic. PN et 2 k plus loin nouveau PN. Pittoresque et sinueuse, la route continue à suivre la voie ferrée dans la vallée de l'Od Guebli. Elle franchit le col des Juifs, puis de profonds ravins. PN à hauteur de la Station des Tamarins (point de départ à pied pour une excursion aux gorges de Tilatou vers la G). 5 k après un nouveau PN on atteint　**54**

35 — **MAC-MAHON.** La région devient monotone. On monte vers la Station de Lambirini, point culminant du parcours, puis on descend doucement vers une sorte de vallée entre deux hautes montagnes : sur la Dr. le massif de l'Aurès. On arrive enfin à　**82**

BATNA où l'on entre par ⑩ du plan.　**117**

ITINÉRAIRE 17

PHILIPPEVILLE — GUELMA : 88 k.

43 — **PHILIPPEVILLE :** suivre l'itinéraire 9 jusqu'à

AURIBEAU. Suivre la N 12. Tram sur le côté G. de la route. Peu après le village bifur: prendre à Dr. la D 5 (laisser à G. la N 12 vers Bône). En bordure d'une forêt située sur sa Dr., la D 5, par une région quelque peu ondulée, atteint　**43**

10 — **GASTU.** On remonte la vallée de l'Od Hammam. Bifur : suivre toujours la D 5 (laisser à Dr. l'IC 22). Après　**53**

15 — **GALLIENI,** on franchit le dos de pays qui sépare le bassin de l'Od Hammam de celui de la Seybouse vers laquelle on descend par Kellermann. 2 k plus loin, après une bifur (suivre la D 5 tout droit), pont sur la Seybouse, puis, par la N 20, on entre dans　**68**

20 — **GUELMA** par ④ du plan.　**88**

ITINÉRAIRE 17 bis

GUELMA — PHILIPPEVILLE : 88 k.

Kgc partiel		Kgc total
20	**GUELMA :** [IV] du plan pour sortir par la N 20. 1 k bifur : prendre à Dr. la D 5 qui franchit la Seybouse, monte vers Kellermann et, après avoir passé le dos de terrain qui sépare le bassin de la Seybouse de celui de l'Od Hammam, arrive à	
15	GALLIENI. Elle descend ensuite la vallée de l'Od Hammam. Laissant à G. l'IC 22, elle atteint	20
10	GASTU. Par une région quelque peu ondulée, elle court en bordure d'une forêt située à G., tandis qu'une voie de tram la longe sur son côté droit.	35
43	AURIBEAU. Suivre l'itinéraire 3 bis jusqu'à	45
	PHILIPPEVILLE.	88

ITINÉRAIRE 18

BÔNE — GUELMA : 65 k.

Kgc partiel		Kgc total
12	**BÔNE :** (route vers Philippeville, *décrite par l'It. 3 bis*) [II] du plan pour sortir par la N 20. Plus loin PN du tram. On longe un instant la Seybouse, puis la route court en plaine au milieu de vignobles. 5 k après le PN, bifur : suivre la N 20 tout droit (laisser à Dr. l'IC 29 vers le Lac Fezzara). On atteint	
23	**DUZERVILLE.** A la sortie, bifur : suivre à Dr. la N 20 (laisser à G. la N 21 vers Souk-Ahras, *décrite par l'it. 19*). D'abord en plaine, la route monte ensuite vers	12
9	PENTHIÈVRE. La montée continue, devient sinueuse. Après	35
10	NECHMEYA, elle s'accentue encore pour atteindre par quelques tournants brusques le point culminant du parcours au col de Fedjoudji (belle vue), d'où elle redescend rapidement sur	44
11	GUELÂA-BOU-SBA. 3 k plus loin on passe près des sources d'Hammam-Berda (piscines romaines), puis on atteint Héliopolis, dominé à Dr. par le plateau des Vignes. On descend vers la Seybouse. Bifur : suivre tout droit la N 20. Pont sur l'oued, puis montée en haut de laquelle on franchit un PN et on entre à	54
	GUELMA par [I] du plan.	65

ITINÉRAIRE 18 bis

GUELMA — BÔNE : 65 k.

Kgc partiel		Kgc total
	GUELMA : [I] du plan pour sortir par la N 20 Après un PN on descend vers la Seybouse qu'on	

Kge partiel		Kge total

ITINÉRAIRE 18 bis (suite).

11 — franchit pour remonter à Héliopolis, dominé à G. par le plateau des Vignes. On passe à proximité des sources d'Hammam-Berda (piscines romaines) et on arrive à

10 — GUELÂA-BOU-SBA. Sinueuse la N 20 monte ensuite vers le Col de Fedjoudji (belle vue) qui est le point culminant du parcours et on redescend, par des tournants très brusques, sur — **11**

9 — NECHMEYA, puis, par une pente plus douce, sur — **21**

23 — PENTHIÈVRE. A 1.500 m. bifur : prendre à G. la N 20 (laisser à Dr. le GC 13 vers Mondovi). Nouvelle bifur : suivre toujours la N 20 (laisser à G. le GC 13 vers le lac Fezzara). Après un parcours dans une plaine souvent recouverte de vignobles on arrive à — **30**

12 — DUZERVILLE. La plaine se poursuit, couverte de riches cultures, et la route se rapproche de la voie ferrée qu'elle longe un instant en même temps que la Seybouse. PN du tram, peu après on arrive à — **53**

BÔNE par ⑪ du plan. — **65**

ITINÉRAIRE 19

BÔNE — SOUK-AHRAS : 100 k.

12 — BÔNE : suivre l'itinéraire 18 jusqu'à

14 — DUZERVILLE. A la sortie, bifur : prendre à G. la N 21 (laisser à Dr. la N 20 vers Guelma, *décrite par l'it. 18*). Courant en plaine au milieu d'importants vignobles et longeant la voie ferrée qu'elle coupe par un PN la route atteint — **12**

33 — MONDOVI. A 3 k PN. On s'élève légèrement au flanc des collines qui bordent la Seybouse dont on remonte la vallée très fertile. Après **Barral**, celle-ci se resserre. Bifur : prendre à Dr. la N 21 (laisser à G. l'IC 27). On dépasse les stations de St-Joseph et d'Oued Frara et on continue à longer la voie ferrée qu'on recoupe par 3 PN. Pont sur la Seybouse, avant d'arriver par une montée à — **26**

23 — DUVIVIER. (Laisser à Dr. l'IC 16 vers Guelma.) Route sinueuse et bientôt très accidentée, qui emprunte la vallée d'un affluent de la Seybouse. A 3 k bifur : suivre tout droit la N 21 (laisser à G. l'IC 11). Après deux tournants très brusques on franchit l'Od Sfa avant un PN. La route s'élève. Après Medjez-Sfa, 2 nouveaux PN. On pénètre dans une région de forêts de chênes-lièges et après un parcours très sinueux, en pays coupé, on atteint — **59**

18 — LAVERDURE. Suivre l'itinéraire 8 jusqu'à — **82**

SOUK-AHRAS. — **100**

Kge partiel		Kge total
	ITINÉRAIRE 19 bis	
	SOUK-AHRAS — BÔNE : 100 k.	
18	**SOUK-AHRAS :** suivre l'itinéraire 8 bis jusqu'à	
	LAVERDURE. Suivre toujours la N 21. Parcours très sinueux, dans une région très coupée, et souvent recouverte de forêts de chênes-lièges. Laisser à G. successivement le V 1 et le GC 19 pour descendre vers l'Od Sfa. 2 PN avant Medjez-Sfa. La route s'abaisse, franchit un PN, puis l'Od Sfa. Après deux tournants brusques, bifur : suivre à G. la N 21 (laisser à Dr. l'IC 11). Nombreuses sinuosités avant	18
23		
	DUVIVIER. (Laisser à G. l'IC 16 vers Guelma.) La route descend vers la Seybouse qu'elle franchit et dont elle suit l'étroite et très fertile vallée. Elle longe la voie ferrée qu'elle recoupe par 3 PN avant les stations d'Oued Frara et de St-Joseph. Après **Barral** la vallée s'élargit. Encore un PN et on arrive à	41
33		
	MONDOVI, dans une plaine couverte de vignobles. Suivre toujours la N 21 qui longe la voie ferrée. Après avoir franchi un PN on rejoint la N 20 un peu avant d'entrer dans	74
14		
	DUZERVILLE. Suivre l'itinéraire 18 *bis* jusqu'à	88
12		
	BÔNE.	100

Kge partiel		Kge total
	ITINÉRAIRE 20	
	BATNA — SOUK-AHRAS : 256 k.	
11	**BATNA :** [II] du plan pour sortir par le GC 20 qui longe les premières pentes de l'Aurès. Tournant brusque à l'entrée de	
	LAMBÈSE : [II] du plan pour entrer; [I] pour sortir. La route monte vers Marcouna. A la sortie, bifur : prendre à G. le GC 20 (laisser à Dr. le GC 32 vers Arris). La montée continue. Après un coude brusque, la route s'abaisse en décrivant quelques sinuosités. A 19 k. de Marcouna, part à Dr. la route de **Timgad** (2 k 5). Monotone le GC 20 passe par Aïn-Douffana (laisser à Dr. un chemin qui conduit, par une belle forêt de cèdres, vers le pic Chelia); puis il se rapproche des montagnes dont il longe les pentes boisées à partir d'	11
71		
	EDGAR-QUINET, situé à l'entrée de belles gorges qu'on aperçoit à Dr. La route devient plus accidentée jusqu'à.	82
22		
	KHENCHELA. Prendre le GC 1 qui s'oriente vers le NE pour traverser une vaste plaine monotone et parfois marécageuse. A 24 k PN. Nouveau PN 15 k plus loin. On arrive à	104
48		
	AÏN-BEÏDA. (Routes vers Constantine et vers Tébessa *décrites par les it. 14 bis et 14.*) Continuer par le GC 1. 12 k plus loin et un peu avant le village de Berriche bifur : prendre à Dr. le GC 1 (laisser à G. le GC 10 vers Oued-Zenati). La route traverse longuement	152

Kge partiel		Kge total

ITINÉRAIRE 20 (suite).

50 — une région monotone, puis devient un peu plus variée en se rapprochant des montagnes qu'on aperçoit vers le N. On atteint — **202**

18 — **SEDRATA.** (Une piste, carrossable par temps sec, permet d'aller visiter les ruines de **Khamissa**, 14 k NE). Bifur : prendre à Dr. le GC 7 (laisser à G. le GC 1), puis, 13 k plus loin, nouvelle bifur : continuer par le GC 7. Par un vaste plateau on gagne — **220**

36 — **TIFECH**, où se trouvent de nombreuses ruines romaines (on peut de là aussi se rendre à **Khamissa**, 7 k NO). Le plateau se poursuit, puis on traverse une région boisée et par un trajet sinueux, pittoresque, on descend vers la Medjerda qu'on franchit. On remonte à flanc de coteau sur le versant opposé pour arriver à — **256**

SOUK-AHRAS.

ITINÉRAIRE 20 bis

SOUK-AHRAS — BATNA : 256 k.

36 — **SOUK-AHRAS :** prendre le GC 7. On descend à flanc de coteau vers la Medjerda qu'on franchit pour remonter par un trajet sinueux et pittoresque sur le versant opposé. On aborde un plateau sur lequel se trouve

18 — **TIFECH**, au milieu de nombreuses ruines romaines (excursion aux ruines de **Khamissa** 7 k NO). Bifur : continuer par le GC 7 à Dr. ; 13 k plus loin nouvelle bifur : prendre le GC 1 à G. On atteint — **36**

50 — **SEDRATA**, d'où une piste, carrossable par temps sec, permet également d'arriver à **Khamissa**, 14 k NE. Courant en bordure de montagnes qu'on aperçoit vers le N la route reste assez variée, mais elle devient monotone en traversant longuement une plaine assez élevée. Peu après le village de Berriche, bifur : prendre à Dr. le GC 10. On arrive à — **54**

48 — **AÏN-BEÏDA.** (Routes vers Constantine et vers Tébessa *décrites par les it. 14 bis et 14.*). PN à 5 k. La route se déroule dans une plaine sans intérêt et marécageuse. 15 k plus loin nouveau PN. A — **104**

22 — **KHENCHELA** prendre à Dr. le GC 20 qui longe les pentes boisées de l'Aurès et gagne — **152**

71 — **EDGAR-QUINET**, situé à l'entrée de belles gorges que l'on aperçoit à G. On passe à Aïn-Douffana (laisser à G. un chemin qui par une belle forêt de cèdres conduit vers le pic Chélia). 17 k plus loin se détache à G. la route vers les ruines de **Timgad** (2 k 5). Maintenant sinueux, le GC 20 s'élève et après un tournant brusque descend vers Marcouna. Bifur : suivre toujours le GC 20 (laisser à G. le GC 32 vers Arris). On continue à descendre vers — **174**

11 — **LAMBÈSE :** ① du plan pour entrer ; ② pour sortir. Tournant brusque à la sortie. Toujours en bordure de l'Aurès, on arrive à — **245**

BATNA où l'on entre par ② du plan. — **256**

Kgo partiel	ITINÉRAIRE 21	Kgo total

SOUK-AHRAS — TEBESSA : 134 k.

11	**SOUK-AHRAS :** prendre la N 16 qui, coupant la voie ferrée par un PN, descend la vallée encaissée de la Medjerda. Pont, puis montée sinueuse vers	
25	ZAROURIA. La route s'engage dans un pays assez accidenté, mais aux horizons monotones. Montée assez forte, puis PN près de la station de	11
8	DRÉA. (Avant le PN un sentier à G. permet d'aller visiter les ruines de **Madaure**, 5 k SE). On suit de près la voie ferrée à travers une région dénudée, fertile quand il pleut suffisamment. On arrive à	36
28	MONTESQUIEU (PN). On longe la voie ferrée (PN à 6 k) et on descend vers l'Od Mellègue en laissant loin à G. le Dj. Bou-Sessou. Passage de l'oued. On traverse un plateau assez mamelonné en laissant également dans le lointain à G. le Dj. Ouenzza aux riches mines de fer. PN après le passage d'un autre oued et avant	44
28	CLAIRFONTAINE qui est en bordure d'une maigre forêt. On contourne le Dj. Guelb qu'on laisse à G. A 4 k bifur : suivre la N 16 tout droit (laisser à Dr. le GC 20 vers la Meskiana). On s'engage bientôt dans une vaste plaine dénudée, souvent couverte d'alfa, qui se continue après	72
34	MORSOTT. On passe au pied du Dj. Dir (à G.), puis on traverse enfin la large plaine de la Merdja. Dans le lointain on voit se détacher, sur un fond de montagnes boisées,	100
	TEBESSA.	134

ITINÉRAIRE 21 bis

TEBESSA — SOUK-AHRAS : 134 k.

34	**TEBESSA :** prendre la N 16 qui traverse la large plaine de la Merdja, et passe au pied du Dj. Dir (à Dr.). On atteint	
28	MORSOTT. La route borde la voie ferrée. Elle s'engage dans une vaste plaine dénudée, souvent recouverte d'alfa, descend la vallée d'un affluent de l'Od Mellègue, contourne le Dj. Guelb et par une maigre forêt, laissant à G. le GC 20 vers la Meskiana, arrive à	34
28	CLAIRFONTAINE. Pont sur un oued, puis PN. Laissant loin à Dr. le Dj. Ouenzza, aux riches mines de fer, la route parcourt un plateau assez mamelonné. Pont sur l'Od Mellègue suivi d'un PN. Par une région accidentée, mais aux horizons monotones, on remonte vers	62
8	MONTESQUIEU (PN), d'où un sentier à Dr. permet de se rendre aux ruines de **Madaure**, 8 k. E. (On peut aussi s'y rendre de Dréa par un sentier, après le PN à hauteur de la station : 5 k S E). A travers une région dénudée, fertile quand il pleut suffisamment, on arrive à la station de	90
25	DRÉA. PN. Assez forte descente, puis trajet accidenté jusqu'à	98
11	ZAROURIA d'où l'on descend par une route sinueuse sur la vallée encaissée de la Medjerda. Pont, puis montée et PN, avant d'entrer à	123
	SOUK-AHRAS.	134

ITINÉRAIRE 22

SOUK-AHRAS — LE TARF : 86 k.

Kge partiel		Kge total

SOUK-AHRAS : suivre l'itinéraire 9 jusqu'à la bifur avec la N 21. Prendre à G. la N 16, qui, très sinueuse et par un parcours très difficile, traverse un immense massif couvert de forêts de chênes-lièges, dominé par le Djebel M'Cid sur sa G., et descend rapidement, avec de nombreux tournants brusques, sur

43 — 43

LAMY, puis sur l'Od Bou Hadjar qu'elle franchit. Après le pont, bifur : prendre complètement à Dr. (laisser à G. l'IC 5). La route remonte ensuite, très pittoresque, au col de Djemaa-Sidi-Habid d'où elle gagne, par de fortes descentes et toujours difficile,

17 — 60

MUNIER, dans une vaste clairière. On s'engage à nouveau dans les bois de chênes-lièges. Moins accidentée, mais toujours très intéressante, la route descend une vallée, passe par Toustain et ne quitte la forêt que peu avant d'arriver à

26 — 86

LE TARF.

ITINÉRAIRE 22 bis

LE TARF — SOUK-AHRAS : 86 k.

LE TARF : prendre la N 16 qui parcourt une région très accidentée et qui s'engage tout de suite au cœur d'immenses forêts de chênes-lièges. Elle passe à Toustain, puis remontant la vallée d'un oued, atteint, au milieu d'une vaste clairière,

26 — 26

MUNIER. Toujours très sinueuse, et en pays de plus en plus difficile, elle monte, par de fortes rampes, vers le col de Djemaa-Sidi-Habid d'où elle redescend, très pittoresque, sur l'Od Bou Hadjar. Bifur : tourner brusquement à G. (laisser à Dr. l'IC 5). Pont sur l'oued et montée vers

17 — 43

LAMY. La montée s'accentue ensuite ; on pénètre dans un nouveau massif forestier, dominé à Dr. par le Djebel M'Cid. On rejoint la N 21 qui vient de Tunisie et à partir de ce point le trajet se confond avec celui de l'itinéraire 9 bis jusqu'à

43 — 86

SOUK-AHRAS.

ITINÉRAIRE 23

SOUK-AHRAS — LE KEF : 93 k.

SOUK-AHRAS. *Douanes algériennes.* Prendre le GC 30. A 2 k 5, PN. Route assez difficile, pittoresque, en terrain très coupé. On traverse la Medjerda, puis à Oued-Amara bifur : suivre tout droit le GC 30 (laisser à Dr. le V 4 vers Gambetta). On traverse maintenant une région très riche en minerais et par Aïn-Kerma, on gagne la frontière tunisienne.

50 — 50

SAKIET-SIDI-YOUSSEF. *Douanes tunisiennes.* La route s'appelle désormais GP 5. Elle descend vers

Kge partiel		Kge total

ITINÉRAIRE 23 (suite).

l'Od Mellègue qu'elle franchit, puis elle traverse quelques ondulations de terrain couvertes de broussailles, passe l'Od Ramel, et, par une région où sont éparses de nombreuses ruines romaines, elle monte sur — **43**

LE KEF où l'on entre par ⑩ du plan. — **93**

ITINÉRAIRE 23 bis

LE KEF — SOUK-AHRAS : 93 k.

LE KEF : ⑩ du plan pour sortir par la GP 5. Par une région où sont éparses de nombreuses ruines romaines, la route descend vers l'Od Ramel, le passe, traverse ensuite quelques ondulations de terrain couvertes de broussailles, puis redescend vers l'Od Mellègue qu'elle franchit pour remonter vers la frontière algérienne. — **43**

SAKIET-SIDI-YOUSSEF. *Douanes tunisiennes.* En Algérie la route s'appelle GC 30. On traverse alors une région riche en minerais. On dépasse Aïn-Kerma. A Oued-Amara bifur : suivre tout droit le GC 30 (laisser à G. le V 4 vers Gambetta). On traverse ensuite la Medjerda et on parcourt un pays difficile, coupé, mais pittoresque. PN 2 k 5 avant de gagner — **43**, **50**

SOUK-AHRAS. *Douanes algériennes.* — **93**

ITINÉRAIRE 24

LE KEF — TABARKA : 120 k.

LE KEF : ① du plan pour sortir par la GP 17 E qui s'élève d'abord au flanc du Dyr, puis, par une pente assez forte et avec de grands lacets, redescend sur 8 k pour remonter ensuite vers un plateau peu mamelonné (belle vue vers le N). Bifur : prendre à G. la GP 17 qui, par une descente assez rapide, s'engage dans une gorge. On laisse Nébeur un peu à G. et on traverse une région très accidentée. Longue descente vers l'Od Mellègue. Pont sur l'oued, PI, puis, en plaine, on atteint — **50**

SOUK-EL-ARBA. (Routes vers Béja et vers Souk-Ahras, *décrites par les it. 9 et 9 bis.*) PN dans la localité. Suivre toujours la GP 17. Après la sortie, pont sur la Medjerda. On continue en plaine. Après l'Od Baïer, une route à Dr. conduit aux ruines romaines de **Bulla-Regia**, 2 k. Au delà de cette bifur commence une longue rampe vers — **50**, **21**

FERNANA. La montée s'accentue, très sinueuse à travers la forêt, et devient très raide, avec des tournants brusques, jusqu'au col du — **71**, **13**

CAMP DE LA SANTÉ (station estivale des **Chênes** en pleine forêt). La route redescend très rapide, dépasse — **84**

Kge partiel		Kge total

ITINÉRAIRE 24 (suite).

10 — le Méridj, puis par une montée on passe du versant S des montagnes Khroumirs sur le versant N. A flanc de coteau la route arrive à

AÏN-DRAHAM au pied du Dj. Bir. On franchit le col des Ruines et par une descente assez difficile, d'où l'on découvre un superbe horizon sur Tabarka et la mer, on atteint — **94**

6 — **AÏN-BABOUCH.** *Douanes tunisiennes.* Suivre l'itinéraire 4, jusqu'à — **100**

20 — **TABARKA.** — **120**

ITINÉRAIRE 24 bis

TABARKA — LE KEF : 120 k.

20 — **TABARKA :** suivre l'itinéraire 4 bis jusqu'à

AÏN-BABOUCH. *Douanes tunisiennes.* Prendre la GP 17. Montée assez raide vers le Col des Ruines (panorama en arrière sur Tabarka et la mer), puis descente sur — **20**

6 — **AÏN-DRAHAM** au pied du Dj. Bir. La route s'élève à flanc de coteau, puis passe sur le versant S des montagnes Khroumirs. On dépasse le Méridj, et, par une montée très sinueuse et raide, on atteint le col du — **26**

10 — CAMP DE LA SANTÉ (station estivale des **Chênes**, en pleine forêt). Toujours au milieu des bois on redescend par une route d'abord très difficile, avec de nombreux tournants brusques, puis moins dure, vers — **36**

13 — FERNANA. La descente continue, plus douce, vers l'Od Bajer. Un peu avant cet oued une route à G. conduit aux ruines romaines de **Bulla-Regia** (2 k). On est ensuite en plaine. Pont sur la Medjerda et peu après — **49**

21 — **SOUK-EL-ARBA.** (Routes vers Béja et vers Souk-Ahras, *décrites par les it. 9 et 9 bis.*) PN dans la localité. Toujours en plaine on arrive, après un PI, sur l'Od Mellègue. Pont. La région qui suit, très accidentée, est couverte de forêts ou de broussailles. A hauteur de Nébeur (qu'on laisse un peu à Dr.), on traverse une gorge, et on parcourt ensuite un plateau assez mamelonné qui offre de belles vues vers le N. Bifur : prendre à Dr. la GP 17 E (laisser à G. la GP 17 vers Maktar). Par une dure rampe de 8 k avec de vastes lacets on s'élève sur le Dj. Dyr, puis, au flanc du massif, très pittoresque, la route descend sur — **70**

50 —

LE KEF où l'on entre par ① du plan. — **120**

Kge partiel	ITINÉRAIRE 25	Kge total

ITINÉRAIRE 25

LE KEF — MEDJEZ-EL-BAB : 109 k.

Kge partiel		Kge total
	LE KEF : ⑪ du plan pour sortir par la GP 5. Descente sinueuse au bas de laquelle on s'engage dans une plaine bien cultivée parallèlement à la montagne du Dyr. Après avoir coupé la GP 17, on passe sur un pont romain restauré. On entre ensuite dans le couloir du Khanguet el Kédim, entre le Dj. Kebouch à Dr. et le Dj. Berkane à G. On franchit l'Od Tessa avant d'atteindre, par une région broussailleuse, coupée de belles cultures,	
38	**BORDJ MESSAOUDI.** Toujours en pays couvert de broussailles et à travers une région parsemée de ruines romaines. on gagne	38
13	**LE KRIB.** On franchit l'Od Ramel, puis la route court au pied des collines qui dominent la vallée de l'Od Kralled. Après la bifur avec la MC 66 et 6 k plus loin, coude assez brusque de la route ; on arrive à une autre bifur : suivre la GP 5 tout droit (par la route à G. on va vers **Téboursouk**, 1 k 5, et aux ruines de **Dougga**, 8 k 5). La route traverse la belle oliveraie qui environne Téboursouk, puis elle devient plus accidentée, et descend vers la vallée de l'Od Kralled qu'on franchit pour remonter vers les ruines d'Aïn-Tounga. Après le passage de l'Od Siliana (descente de 7 à 8 %), on atteint	51
40	**TESTOUR.** Le pays, couvert de cultures, devient plus monotone. On suit la vallée de la Medjerda. Pont sur l'oued, puis nouveau pont avant d'entrer à	91
18	**MEDJEZ-EL-BAB.**	109

ITINÉRAIRE 25 bis

MEDJEZ-EL-BAB — LE KEF : 109 k.

Kge partiel		Kge total
	MEDJEZ-EL-BAB : prendre la GP 5. Pont sur la Medjerda dont on remonte la vallée, couverte de cultures, mais monotone. Nouveau pont. La route monte jusqu'à	
18	**TESTOUR.** On descend vers l'Od Siliana qu'on franchit et, à travers un pays couvert de brousse, accidenté, par une rampe très rapide (7 à 8 %), on monte aux ruines d'Aïn-Tounga. 15 k plus loin, après avoir franchi l'Od Kralled et en entrant dans une oliveraie, bifur : prendre la GP 5 à G. (la route à Dr. va vers **Téboursouk**, 2 k, et vers les ruines romaines de **Dougga**, 9 k). La route fait un coude assez brusque et, 6 k plus loin, nouvelle bifur : suivre la GP 5 à G. (laisser à Dr. la MC 66). La route court au pied des collines qui dominent l'Od Kralled. On dépasse	18
40	**LE KRIB**, puis, toujours en pays couvert de broussailles, parsemé de cultures et de ruines romaines, le	58
13	**BORDJ MESSAOUDI.** Descente vers l'Od Tessa. Pont. On entre dans le couloir de Khanguet el Kedim, entre le Dj. Berkane à Dr. et le Dj. Kebouch à G. A la sortie du défilé pont romain restauré. La GP 5 coupe la GP 17, traverse une plaine bien cultivée, et, par une montée rapide et sinueuse, atteint	71
38	**LE KEF** où l'on entre par ⑪ du plan.	109

Kge partiel		Kge total

ITINÉRAIRE 26

TABARKA — TUNIS (par Mateur) : 173 k.

38

TABARKA : suivre l'itinéraire 4 jusqu'à

DJEBEL ABIOD. (Route vers Béja, *décrite par l'it. 4.*) Prendre la GP 7 à G. La route remonte une vallée, passe sous un beau viaduc. S'élevant à travers un massif forestier elle recoupe la voie ferrée d'abord par un PS, puis par un PN. Elle passe près de la Garaa Sedjenane sur laquelle on a quelques belles échappées. Elle dépasse ensuite la station de — **38**

17

SEDJENANE et continue à longer la voie ferrée à travers toute une région très coupée, peu habitée, mais très pittoresque, avec sur sa droite les escarpements des Hedill (deux tournants très dangereux que rien ne laisse prévoir). Après 2 PN, elle s'écarte un peu de la voie et arrive à une bifur : suivre à Dr. la GP 7. La route court au bas des pentes qui dominent la plaine au S du Dj. et de Garact Achkel. On arrive ainsi à — **55**

52

MATEUR que l'on peut contourner par le N. A la sortie deux bifur successives : suivre toujours la GP 7. Après un PN prendre complètement à Dr. La route parcourt une région assez ondulée, elle contourne par le N un marécage, un autre par le S, coupe la voie ferrée par un PN entre tournants brusques et dépasse — **107**

27

SIDI ATHMAN. Suivre la GP 7 tout droit. En plaine elle atteint, après un PN, Chaouat, puis, de suite après un autre PN, — **134**

15

DJEDEÏDA. Pont sur la Medjerda. A la sortie d'un petit bois d'oliviers, bifur : suivre la GP 7. 5 k plus loin nouvelle bifur : suivre à G. la GP 7. PN après cette bifur. Toujours en plaine et traversant une région fertile, souvent au milieu d'oliviers, on laisse à Dr. **la Manouba** et on atteint **le Bardo.** PN avant d'arriver à — **149**

24

TUNIS où l'on entre par ⑤ du plan. — **173**

ITINÉRAIRE 26 bis

TUNIS — TABARKA (par Mateur) : 173 k.

TUNIS : ⑤ du plan pour sortir par la GP 5. Après un PN on dépasse **le Bardo.** Prendre la GP 7. Bordée par la voie ferrée, la route laisse à G. **la Manouba.** Elle traverse des bois d'oliviers, puis une vaste plaine très fertile. Après un PN suivre la GP 7 tout droit, et, après un oued, bifur : prendre à Dr. la GP 7. Pont sur la Medjerda et on arrive à

24

DJEDEÏDA. PN. La plaine se poursuit. Après Chaouat, un autre PN. Plus loin bifur : suivre la GP 7 pour atteindre — **24**

15

SIDI ATHMAN. A 3 k PN entre deux tournants brusques. La route contourne un marécage par le S, puis un autre par le N. S'écartant de la voie ferrée vers le N, elle parcourt une région assez accidentée. Après un brusque tournant à G. PN, puis deux bifur : suivre toujours la GP 7, et on arrive à — **39**

27

MATEUR qu'on peut contourner par le N. La route court au bas des pentes qui dominent la plaine au S du Dj. et de Garact Achkel. Bifur : prendre à G. la — **66**

Kge partiel		Kge total

ITINÉRAIRE 26 bis (suite).

GP 7 (laisser à Dr. la MC 57). Suivant toujours la voie ferrée, on s'engage alors dans toute une région très coupée (deux tournants très dangereux que rien ne laisse prévoir), peu habitée, mais très pittoresque, avec à Dr. les escarpements des Hedill. Après la bifur, bientôt 2 PN assez rapprochés. Nombreux tournants brusques. On dépasse la station de

52

SEDJENANE et la route permet fréquemment de très belles échappées sur la Garaa Sedjenane. Elle traverse de splendides forêts de chênes-lièges et de chênes-zéens, recoupe la voie ferrée par un PN et un PS, puis descend la vallée d'un oued, passe sous un beau viaduc et, en plaine, atteint

17 — **118**

DJEBEL-ABIOD. (Route vers Béja, *décrite par l'it. 4.*) Suivre l'itinéraire 4 bis jusqu'à

135

38

TABARKA.

173

ITINÉRAIRE 27

TUNIS — BIZERTE : 64 k.

TUNIS : Ⓥ du plan pour sortir par la GP 5. PN en arrivant au **Bardo**. Après le PN bifur : suivre la GP 5. Nouvelle bifur : prendre à Dr. la GP 8. La route court à travers les oliviers et les vignobles, puis monte à l'E du Dj. Amar, pour redescendre sur

16 — **16**

LA SEBALA. Elle traverse une plaine assez marécageuse, descend sur la Medjerda, la franchit à Protville. Après le pont bifur : suivre la GP 8 tout droit (laisser à G. la MC 64 vers Sidi Athman). La route s'élève bientôt (laisser à Dr. un chemin vers les ruines d'Utique, 3 k), pour franchir un dos de terrain. Nouveau parcours en plaine, puis bifur : suivre à G. la GP 8 (laisser à Dr. la MC 51 vers Porto-Farina). On s'élève à nouveau pour franchir une croupe du Dj. Kechabta. Descente assez raide et accidentée au bas de laquelle bifur : suivre à Dr. la GP 8 (laisser à G. la MC 53 vers Ferryville). De nouveau en plaine, par El-Azib, on contourne le lac de Bizerte à travers une région marécageuse.

42

MENZEL-DJEMIL. Parmi les olivettes et les jardins, on atteint le Goulet (*bac gratuit, 5 h. à 22 h.*) et

58

6

BIZERTE où l'on entre par Ⓘ du plan.

64

ITINÉRAIRE 27 bis

BIZERTE — TUNIS : 64 k.

BIZERTE : Ⓘ du plan pour sortir (passage du Goulet : *bac gratuit, 5 h. à 22 h.*). Par la GP 8 on monte à travers les jardins et les olivettes et on arrive à

6

MENZEL-DJEMIL. On contourne le lac de Bizerte par une plaine marécageuse et on atteint El-Azib.

6

Kge partiel		Kge total

ITINÉRAIRE 27 bis (suite).

Bifur: suivre tout droit la GP 8 (laisser à G. la MC 52). Nouvelle bifur : (suivre la GP 8 tout droit), avant de s'élever par une rampe assez dure pour franchir une croupe du Dj. Kechabta. Au bas de la descente qui suit, bifur : suivre la GP 8 tout droit. Après un nouveau parcours en plaine, montée puis descente pour franchir un dos de terrain. On laisse à G. un chemin qui conduit aux ruines d'Utique, 3 k. La route se poursuit à travers une plaine marécageuse. Une bifur, avant de franchir la Medjerda à Prot-ville, une autre après, en haut d'une rampe : suivre toujours la GP 8. On atteint, au milieu d'un bois d'oliviers,

42

LA SEBALA. A travers les olivettes et les vignobles on descend vers **le Bardo.** Bifur : prendre à G. la GP 5. PN. Nouvelle bifur : prendre à G. toujours la GP 5 pour entrer dans

16   **48**

TUNIS par Ⓥ du plan   **64**

ITINÉRAIRE 28

TUNIS — SOUSSE : 140 k.

TUNIS : Ⓜ du plan pour sortir par la GP 1 qui longe la voie ferrée. A 2 k 5 bifur : prendre à G. la GP 1. Peu après 3 PN. La route court en plaine au milieu de vignobles et d'olivettes et par Foudouk-Choucha (laisser à G. la MC 33 vers Radès) atteint

17

HAMMAM-LIF. Elle longe ensuite constamment la voie ferrée et se développe au pied des pentes boisées du Dj. Bou Kournine. A 7 k bifur : prendre à Dr. la GP 1 (laisser à G. la GP 9 vers Soliman). On passe Fondouk-Djedid. Peu après PN. On arrive à

22   **17**

GROMBALIA. A 3 k bifur : prendre à Dr. la GP 1 (laisser à G. la GP 10 vers Nabeul). Après une région toujours plantée d'oliviers, la route devient un peu plus accidentée dans un décor de brousse. Courte et légère descente. PI, puis

22   **39**

BIR-BOU-REBKA. A 2 k nouveau PN. Peu après bifur : suivre tout droit la GP 1 (laisser à G. la GP 15 vers Hammamet et Menzel-Temine). D'abord parallèle au rivage la route s'en écarte pour arriver à

14   **61**

BOU-FICHA. A 6 k on laisse à Dr. une route qui conduit au centre de colonisation de Djeradou en passant à proximité des ruines de l'ancienne Aphrodisium, récemment dégagées en partie et restaurées, puis on côtoie des lagunes pour arriver, 5 k après un PN, à

21   **75**

ENFIDAVILLE. (Routes vers Kairouan et vers Zaghouan, *décrites par les it. 29 et 29 bis.*) Suivre toujours la GP 1. A 2 k PN. Plate et monotone pendant une vingtaine de k la route pénètre, après Sidi-bou-Ali, dans la riante et pittoresque région du Sahel de Sousse où elle devient plus accidentée. Elle descend sur Hammam-Sousse (peu avant le village, laisser à Dr. la MC 91 vers Kalaa Kebira et Kalaa Srira) et de là, entre des jardins, après un PS, elle gagne

44   **96**

SOUSSE où l'on entre par Ⓜ du plan.   **140**

Kge partiel		Kge total

ITINÉRAIRE 28 bis

SOUSSE — TUNIS : 140 k.

SOUSSE : ⓘ du plan pour sortir par la GP 1. PS peu après la sortie. Au milieu des jardins on gagne Hammam-Sousse ; peu après on laisse à G. la MC 91 vers Kalaa Kebira et Kalaa Srira, puis on s'élève légèrement pour pénétrer dans la riante et pittoresque région du Sahel de Sousse. Après Sidi-bou-Ali le paysage change d'aspect et c'est par une monotone route de plaine qu'on gagne, 2 k après un PN,

44

ENFIDAVILLE. (Routes vers Kairouan et vers Zaghouan, *décrites par les it. 29 et 29 bis.*) Suivre toujours la GP 1. A 5 k PN. Côtoyant des lagunes on laisse à G. une route vers le centre de colonisation de Djeradou et on passe à proximité des ruines, récemment dégagées en partie et restaurées, de l'ancienne Aphrodisium, puis on arrive à

44

21

BOU-FICHA. La route se rapproche du rivage et court parallèlement à lui. A 11 k bifur : suivre tout droit la GP 1 (laisser à Dr. la GP 15 vers Hammamet et Menzel-Temine), puis PN, 2 k avant

65

14

BIR-BOU-REBKA. Peu après PI. A peine ondulée dans un décor de brousse, la route retrouve dans la plaine des plantations d'oliviers. Elle longe presque toujours la voie ferrée. 3 k après avoir rejoint la GP 10, elle arrive à

79

22

GROMBALIA. Peu après bifur : prendre à G. la GP 1 (laisser à Dr. la MC 41 vers Soliman). PN avant Fondouk-Djedid. Toujours en bordure de la voie ferrée la route se développe parmi les vignobles et les olivettes, au pied des pentes boisées du Dj. Bou Kournine, jusqu'à

101

22

HAMMAM-LIF. Deux bifur successives : une à Dr., puis une à G. : suivre toujours la GP 1 tout droit. A Fondouk-Choucha laisser à Dr. la MC 33 vers Radès. PN peu après et 2 nouveaux PN avant d'entrer dans

123

17

TUNIS par ⓘ du plan.

140

ITINÉRAIRE 29

TUNIS — KAIROUAN
(par Zaghouan-Enfidaville) : 157 k.

TUNIS : ⓘⱽ du plan pour sortir par la GP 2 qui laisse à G. le fort de Sidi bel Hacen. A 1 k 300 bifur : prendre complètement à Dr. la GP 2 ; 300 m. plus loin nouvelle bifur : prendre complètement à G. la GP 2. A travers les vignobles et les olivettes la route contourne le Sebkhret es Sedjoumi, puis monte vers

15

MOHAMMÉDIA. On longe les ruines de l'aqueduc de Carthage coupées par un pont pittoresque sur l'Od Miliane. Bifur : suivre tout droit la GP 3 (laisser à G. la GP 2 qui permet de se rendre, en partie à pied, aux ruines d'Oudna (5 k) et qui conduira directement à Zaghouan, quand elle sera achevée sur toutes les parties de son parcours où elle est encore à l'état de mauvaise piste). Après la bifur PN, puis

15

Kge partiel		Kge total

ITINÉRAIRE 29 (suite).

39 — nouvelle bifur : prendre à G. la MC 36 (laisser à Dr. la GP 3). La route s'élève assez rapidement au flanc du Dj. Oust, puis redescend vers la plaine. Bifur : prendre à G. la MC 36 (laisser à Dr. la route de Bir M'Cherga). 1 k 700 plus loin nouvelle bifur : prendre à G. la MC 36 (laisser à Dr. la MC 36 E). 6 k 300 plus loin, encore une autre bifur : prendre à G. la MC 36 (laisser à Dr. la route de Bou-Ramada) qui conduit à

ZAGHOUAN, au pied du Djebel du même nom. — 54

43 — Prendre la GP 2. On traverse une région assez accidentée, boisée par endroits. Après avoir dépassé le centre de colonisation de Zriba, on laisse à G. une route qui conduit à Bou-Ficha. Dominée à Dr. d'abord par le Dj. Zriba, puis par une série de massifs couverts de brousse, la GP 2 laisse à G. la route de colonisation de Djeradou, puis à Dr. celle de Samaf, plus loin à Dr. le village de Takrouna, perché sur un rocher, plus loin encore, et toujours à Dr., une route qui conduit vers Pont-du-Fahs. Par un vaste vignoble on atteint

ENFIDAVILLE. (Routes vers Sousse et vers Grombalia, — 97

60 — *décrites par les it. 28 et 28 bis.*) A la sortie prendre à Dr. la GP 2 qui traverse un pays peu accidenté, presque désertique, puis court sur les crêtes qui dominent vers la G. la Sebkra Kelbia. On traverse les jardins de Draa Temmar, situés sur une colline allongée, avant d'atteindre

KAIROUAN où l'on entre par Ⓘ du plan. — 157

I.TINÉRAIRE 29 bis

KAIROUAN — TUNIS
(par Enfidaville et Zaghouan) : 157 k.

60 — **KAIROUAN :** Ⓘ du plan pour sortir par la GP 2. En quittant la ville on traverse les jardins de Draa Temmar situés sur une colline allongée, puis la route court sur les crêtes qui dominent à Dr. la Sebkra Kelbia. Elle traverse toute une région peu accidentée, presque désertique, avant d'atteindre

ENFIDAVILLE. (Routes vers Sousse et vers Grombalia, *décrites par les it. 28 et 28 bis.*) Au milieu de — 60

43 — la localité, prendre à G. la GP 2 qui passe un vaste vignoble, et laisse à G. d'abord une route conduisant à Pont-du-Fahs, puis le village de Takrouna, perché sur un rocher. On entre alors dans une région très accidentée, boisée par endroits, où la route est dominée sur sa gauche par une série de massifs dont le plus au N. est le Dj. Zriba. On laisse à G., puis à Dr., les routes de colonisation desservant les centres de Samaf et de Djeradou, puis, au village de Zriba, à Dr., une route conduisant à Bou-Ficha. On atteint

ZAGHOUAN, au pied du massif de même nom. Pren- — 103 dre à G. la MC 36 (laisser à Dr. la GP 2 qui conduira directement à Mohammédia quand elle sera achevée sur toutes les parties de son parcours où elle est encore à l'état de mauvaise piste). On traverse une plaine broussailleuse. Bifur : prendre à Dr. la MC 36 (laisser à G. la route de Bou-Ramada).

Kge partiel		Kge total

ITINÉRAIRE 29 bis (suite).

39 — 6 k 300 plus loin nouvelle bifur : prendre à Dr. la MC 36 (laisser à G. la MC 36 E) ; 1.700 m. plus loin encore une bifur : prendre à Dr. la MC 36 (laisser à G. la route de Bir M'Cherga). La route s'élève rapidement au flanc du Dj. Oust, puis elle dévale vers la plaine de l'Od Miliane. Bifur : on rejoint la GP 3 qui se développe entre une voie ferrée et les vestiges utilisés de l'aqueduc de Carthage. PN et 2 k après bifur : suivre tout droit la GP 2 (qui vers la droite permet d'aller visiter, en partie à pied, les ruines d'Oudna, 5 k). L'aqueduc est coupé par un pont pittoresque sur l'Od Miliane. On arrive ensuite à

142 — MOHAMMÉDIA. A travers quelques vignobles et olivettes on contourne le Sebkhret es Sedjoumi. Deux bifur : prendre à angle droit d'abord à Dr. et, 300 m. après, à G. pour entrer dans

15

TUNIS par ⓘⓥ du plan. — **157**

ITINÉRAIRE 30

SOUSSE — KAIROUAN : 58 k.

11 — **SOUSSE :** ⓘⓘ du plan pour sortir par la GP 1. A 2 k bifur : prendre à G. la GP 1 (laisser à Dr. la GP 17 qui, une fois achevée, sera la route directe de Kairouan). Au milieu des olivettes on parcourt un plateau assez ondulé. On laisse à G. le village de Zaouïa-Sousse, puis à Dr. celui de Messadine, et, après un brusque coude à Dr., on atteint

47 — MSAKEN qu'on contourne par l'O. Bifur : prendre à Dr. la MC 88 E (laisser à G. la GP 1 vers Sfax, *décrite par l'it. 31*). On laisse à G. le village de Knaïn, puis on parcourt bientôt une région à peu près désertique et on rejoint la GP 17 qui coupe la voie ferrée par un PN un peu avant le Camp de Sidi el Hani. Par une vaste plaine très monotone, on atteint — **11**

KAIROUAN où l'on entre par ⓘⓘ du plan. — **58**

ITINÉRAIRE 30 bis

KAIROUAN — SOUSSE : 58 k.

47 — **KAIROUAN :** ⓘⓘ du plan pour sortir par la GP 17, qui parcourt une vaste plaine monotone et désertique. Elle passe près du Camp de Sidi el Hani. PN peu après le Camp. Bifur : prendre à Dr. la MC 88 E (à G. la GP 17 encore inachevée sera plus tard la route directe vers Sousse). Après avoir laissé à Dr. le village de Knaïn, bifur : prendre à G. la GP 1 (à Dr. GP 1 vers Sfax, *décrite par l'it. 31*). De suite après on atteint

11 — MSAKEN qu'on contourne par l'O. On s'engage sur un plateau légèrement ondulé, planté de nombreuses olivettes et, laissant à G. le village de Messadine, puis à Dr. celui de Zaouïa-Sousse, on arrive à — **47**

SOUSSE où l'on entre par ⓘⓘ du plan. — **58**

Kge partiel		**Kge total**

ITINÉRAIRE 31

SOUSSE — SFAX (par El Djem) :
127 k.

SOUSSE : ⓘⓘ du plan pour sortir par la GP 1. A 2 k, bifur : prendre à G. la GP 1 (laisser à Dr. la GP 17). Au milieu des olivettes, on parcourt un plateau assez ondulé. On laisse à G. le village de Zaouïa-Sousse, puis à Dr. celui de Messadine et, après un brusque coude à Dr., on atteint

11

MSAKEN qu'on contourne par l'O. Bifur : prendre à G. la GP 1 (laisser à Dr. la MC 88 E vers Kairouan, *décrite par l'it. 30*) qui, toujours parmi les oliviers, laisse à G. le village de Beni-Khaltoun, et gagne

11

8

EL-BOURDJINE. Bifur : suivre tout droit la GP 1 (laisser à G. la MC 88 vers Moknine). On traverse maintenant une région très dénudée dont rien ne rompt la monotonie. Après avoir laissé à G. la MC 94 vers Djemmal, on se rapproche un instant de la Sebkra el Hani. Après les quelques maisons de Kerker, on laisse à Dr. la MC 94 vers la Smala des Souassi. Forte rampe pour atteindre le sommet des collines. Un peu plus tard apparaissent au loin les ruines majestueuses de l'amphithéâtre d'

19

43

EL DJEM. Suivre toujours la GP 1. Quelques oliviers, puis à nouveau la région dénudée. On longe la voie ferrée. A 10 k PN, puis on traverse le Sebkret M'ta-el-Djem. On dépasse la Hencha. Plus loin, nouveau PN. Bientôt après on pénètre dans la belle forêt d'oliviers de Sfax et par Ste-Juliette, Sidi-Salah et Sakiet es Zit, on arrive à

62

65

SFAX où l'on entre par ⓘ du plan.

127

ITINÉRAIRE 31 bis

SFAX — SOUSSE (par El Djem) :
127 k.

SFAX : ⓘ du plan pour sortir par la GP 1. Par Sakiet es Zit, Sidi-Salah, Ste-Juliette, on traverse la belle forêt d'oliviers de Sfax, dont on sort pour parcourir une région dénudée. Après un PN on dépasse la Hencha et, après avoir traversé le Sebkhret M'ta-el-Djem, nouveau PN. On longe la voie ferrée. Encore quelques oliviers et on arrive à

65

EL DJEM. On laisse à G. les ruines majestueuses de l'amphithéâtre. Après une descente rapide et sinueuse, on laisse à G. la MC 94 vers la Smala des Souassi, on dépasse les quelques maisons de Kerker pour se rapprocher un instant de la Sebkra el Hani ; on traverse longuement encore une région dénudée dont rien ne rompt la monotonie. On laisse à Dr. la MC 94 vers Djemmal, puis, à la bifur avec la MC 88, suivre tout droit la GP 1 jusqu'à

65

43

EL BOURDJINE. Par de belles olivettes on gagne (laisser à G. la MC 88 E, vers Kairouan, *décrite par l'it. 30*)

108

8

MSAKEN qu'on contourne par l'O. On s'engage sur un plateau légèrement ondulé, planté de nombreux oliviers. La route laisse à G. le village de Messadine, puis à Dr. celui de Zaouïa-Sousse, pour arriver à

116

11

SOUSSE où l'on entre par ⓘⓘ du plan.

127

Kge partiel	ITINÉRAIRE 32	Kge total

ITINÉRAIRE 32

SOUSSE — SFAX (par Mahdia) : 167 k.

SOUSSE : ① du plan pour sortir par la GP 16. Peu après la sortie PN. La route s'éloigne peu à peu de la mer. Bifur : prendre à Dr. la GP 16 (laisser à G. la MC 92). On atteint

(11)

SAHLINE. La région est d'une grande richesse agricole, abondamment plantée d'oliviers et très peuplée. Après Menzel-Harb, bifur : prendre à G. la GP 16 (laisser à Dr. la MC 93 vers Djemmal) qui conduit par Ksar-Hellal à *(11)*

(24)

MOKNINE (*on peut également venir à Moknine en prenant, à la bifur avant Sahline, la MC 92 qui, bordée de beaux jardins, côtoie la mer et permet de visiter* **Monastir**). Suivre toujours la GP 16 qui longe une voie ferrée. A la sortie PN, un autre PN entre deux tournants avant Teboulba. Un autre PN après. On contourne par l'E un vaste lac salé, la Sebkra M'ta Moknine, et par le centre agricole de Bekalta (5 k à l'E, au bord de la mer, ruines de Thapsus), on arrive, 2 k après un PN, à *(35)*

(26)

MAHDIA. A la sortie prendre à Dr. la GP 16 qui se dirige à nouveau vers l'intérieur pour passer à Ksour-Essaf, puis se rapproche de la mer, quitte le riant Sahel tunisien, longe de hautes dunes, passe à la Chebba, et courant à une certaine distance de la mer, atteint *(61)*

(48)

MELIOUNECHE. Elle entre dans la forêt d'oliviers de Sfax un peu avant *(109)*

(20)

DJEBINIANA, puis, tout droit vers le Sud, par Kriba, elle gagne, avec un PN, *(129)*

(38)

SFAX où l'on entre par ② du plan. *(167)*

ITINÉRAIRE 32 bis

SFAX — SOUSSE (par Mahdia) : 167 k.

SFAX : ② du plan pour sortir par la GP 16 qui, après un PN, traverse la forêt d'oliviers de Sfax, court droit vers le N et, par Kriba, atteint

(38)

DJEBINIANA puis, quittant cette agréable région, *(38)*

(20)

MELIOUNECHE. Courant à une certaine distance de la côte, elle passe à la Chebba, laisse sur sa Dr. une ligne de dunes, pénètre dans le riant Sahel tunisien, se dirige un instant vers l'intérieur pour passer à Ksour-Essaf et se rapproche à nouveau de la mer pour atteindre *(58)*

(48)

MAHDIA. Suivre toujours la GP 16. La route longe la voie ferrée. A 2 k PN. On contourne par l'E. le lac salé qu'est la Sebkra M'ta Moknine. Par le centre agricole de Bekalta (5 k à l'E au bord de la mer, ruines de Thapsus), on gagne, en passant un PN, Teboulba. Peu après PN entre deux tournants brusques. Nouveau PN avant *(106)*

(26)

MOKNINE. En suivant toujours la GP 16, on traverse une région de grande richesse agricole, abondam- *(132)*

Kge partiel		Kge total

ITINÉRAIRE 32 bis (suite).

24 — ment plantée d'oliviers et très peuplée. On dépasse Ksar-Hellal, Menzel-Harb et on arrive à

11 — SAHLINE. Peu après on rejoint la MC 92 : suivre tout droit la GP 16 *(pour arriver à ce point, on peut aussi, à Ksar-Hellal, prendre à Dr. la MC 92 qui longe la mer, côtoie de nombreux jardins et permet de visiter* **Monastir***)* qui conduit, (un PN)' à — **156**

SOUSSE où l'on entre par ① du plan. — **167**

ITINÉRAIRE 33

SFAX — GABÈS : 136 k.

SFAX : ⑩ du plan pour sortir par la GP 1. Sur tout son parcours, la route longe la mer dont elle est presque toujours séparée par des « Sebkras ». Elle suit d'abord la voie ferrée à travers les olivettes. A 24 k. PN (à hauteur de la station de Chaffar). Nouveau PN avant

34 — **MAHARÈS.** Le pays traversé prend ensuite le caractère désertique. Au — **34**

32 — **BORDJ-EL-ACHICHINA,** bifur : prendre à G. la GP 1. Plus loin, laisser à G. une route vers Cekhira. La voie ferrée borde la route. Pont encaissé sur l'Od Akarit. Après un PN on laisse à G. Methouïa. On traverse l'oasis et le village de — **66**

65 — **BOU-CHEMMA.** Le parcours est très sinueux à travers les palmeraies de l'oasis. Pont sur l'oued, après lequel on prend à G. pour entrer dans — **131**

5 — **GABÈS** par ⑩ du plan. — **136**

ITINÉRAIRE 33 bis

GABÈS — SFAX : 136 k.

GABÈS : ⑩ du plan pour sortir par la GP 1. Peu après la sortie tourner à Dr. pour franchir l'oued. Par un parcours sinueux la route traverse les palmeraies de l'oasis, puis le village de

5 — **BOU-CHEMMA.** Sur tout son parcours, elle longe la mer dont elle est presque toujours séparée par des « Sebkras », et elle longe presque toujours aussi la voie ferrée. La région traversée a d'abord un caractère désertique. A 5 k bifur : prendre à Dr. la GP 1. On laisse à Dr. le village de Methouïa. Peu après PN et plus loin pont encaissé sur l'Od Akarit. Plus loin encore laisser à Dr. un chemin vers Cekhira. On arrive au — **5**

65 — **BORDJ-EL-ACHICHINA.** Prendre à Dr. la GP 1. Quelques oliviers assez rares avant — **70**

32 — **MAHARÈS.** PN 2 k après. Nouveau PN à hauteur de la station de Chaffar. Le pays devient plus agréable et parmi les olivettes on arrive à — **102**

34 — **SFAX** où l'on entre par ⑩ du plan. — **136**

Kge partiel		Kge total

ITINÉRAIRE 34

GABÈS — MÉDENINE : 76 k.

GABÈS : ① du plan pour sortir par la GP 1 qui s'élève dans un pays assez accidenté et, par une région presque-désertique, longe les dernières pentes du massif des Matmatas qu'on aperçoit sur la Dr. On passe l'oasis de

19

KETENA et on arrive à celle plus importante de — **19**

16

MARETH, échelonnée le long d'un oued. Après celle d'Aram, on aperçoit en avant, dans le lointain, la masse du Djebel Tadgera que l'on contourne vers l'E par les pentes d'un de ses contreforts. On laisse à Dr. Ksar Metameur, perché sur une croupe, et par un plateau rocailleux on descend sur l'oasis de — **35**

41

MÉDENINE. — **76**

ITINÉRAIRE 34 bis

MÉDENINE — GABÈS : 76 k.

MÉDENINE : prendre vers le NO la GP1 qui traverse un plateau rocailleux. Laissant à G. le Ksar Metameur, perché sur une croupe, la route s'élève sur les pentes d'un contrefort de Dj. Tadgera. Avec assez loin sur sa G. la masse des montagnes des Matmatas elle traverse ensuite un pays à peu près désertique. On passe l'oasis d'Aram, puis on arrive à celle de

41

MARETH, échelonnée le long d'un oued. On atteint ensuite celle moins importante de — **41**

16

KATENA. Par une région assez accidentée, avec de belles vues en avant sur les palmeraies, on arrive à — **57**

19

GABÈS où l'on entre par ① du plan. — **76**

ITINÉRAIRE 35

ALGER — TÉNÈS : 205 k.

ALGER : ⑪ du plan pour sortir par la N 11 que l'on suivra sur tout le parcours. Tram à Dr. On quitte l'agglomération algéroise par **St-Eugène** et **Pointe Pescade**. PN du tram. Après Bains-Romains, on laisse à G. la forêt de Baïnem et à Dr. le phare du Cap Caxine. Tournant brusque puis PN de tram à l'entrée de

15

GUYOTVILLE. La route est plus monotone à travers les vignobles. A **Staoueli** laisser à Dr. le GC 15 vers la baie de Sidi Ferruch. 2 k plus loin, tourner à Dr., puis à G., vers — **15**

16

ZERALDA. A 4 k 5 pont sur l'Od Mazafran, puis 2 PN de tram. Peu après, laisser à G. la route de Koléa. Toujours au milieu des vignes et suivant la côte, la route, dominée au S par les dernières collines du Sahel, passe par Douaouda les Bains, longe la plage de **Fouka-Marine**, et après un PN de tram atteint — **31**

16

CASTIGLIONE. Plate et monotone, elle laisse à G. — **47**

Kge partiel		Kge total

ITINÉRAIRE 35 (suite).

Tefeschoun et dépasse **Bérard**. Après la ferme Beauséjour, se détache à G. une route conduisant (5 k) au Tombeau de la Chrétienne. On traverse un joli bois et, laissant à Dr. d'importantes ruines romaines, on découvre

24

TIPAZA et son port avec, comme fond, le massif de Chenoua qui s'avance dans la mer. A 2 k se détache sur la Dr. une route qui permet de faire une magnifique excursion, très recommandée, au Cap Ras el Amouch (aller et retour par le même itinéraire, 22 k en tout). Pont sur l'Od Nador. Montée jusqu'à Desaix. Contournant le Dj. Chenoua, la route descend vers l'Od Hachem. PN de tram et pont ; tourner ensuite brusquement à Dr. (laisser à G. la route vers Zurich). Après l'Od Bellah on s'élève fortement. Tournant brusque d'où on peut apercevoir à G. les ruines d'un aqueduc antique. On arrive à

71

25

CHERCHELL : ① du plan pour entrer ; ② pour sortir. Descente, puis montée. On traverse Novi et Fontaine du Génie par un trajet très pittoresque, mais accidenté, surtout au passage des oueds. Après le pont sur l'Od Sebt montée assez dure du haut de laquelle on a, vers l'arrière, un beau panorama sur la baie de Cherchell. Peu après,

96

28

GOURAYA. Ondulée, sinueuse, difficile au passage des oueds, toujours en bordure de la mer, la route passe par Villebourg pour arriver à

124

22

DUPLEIX. On descend vers l'embouchure de l'Od Damous qu'on franchit. Ensuite montée d'où on a, de nouveau, un très beau panorama sur toute la côte. Excessivement sinueuse et pittoresque, taillée en corniche, la route dépasse **Francis-Garnier** ; après une forêt, elle longe la baie des Soubalias. Plus loin elle s'éloigne de la mer pour contourner le massif du Cap Ténès. Elle franchit l'Od Yacoub près d'une belle cascade, puis par une descente mouvementée, elle arrive, de suite après un PN de tram, à

146

59

TÉNÈS.

205

ITINÉRAIRE 35 bis

TÉNÈS — ALGER : 205 k.

TÉNÈS : suivre la N 11 sur tout le parcours. PN de tram à la sortie. A moins de 1 k laisser à G. la route vers le sémaphore. Très sinueuse et très pittoresque, la route franchit l'Od Yacoub près d'une belle cascade, puis elle longe la baie des Soubalias et dépasse **Francis-Garnier**. Plus loin elle traverse une forêt. Elle se poursuit ensuite, taillée en corniche. Du haut d'une montée, on a un panorama splendide sur toute la côte avant de descendre vers l'Od Damous qu'on franchit bientôt. Peu après

59

DUPLEIX, on dépasse Villebourg. Toujours ondulée, sinueuse, difficile au passage des oueds, la route, après une montée assez rapide, atteint

59

22

GOURAYA. Plus loin très belle vue sur la côte, en direction de Cherchell, du haut d'une descente vers l'Od Sebt. Par un trajet très pittoresque, mais acci-

81

Kge partiel		Kge total

ITINÉRAIRE 35 bis (suite).

28 — denté, surtout comme précédemment au passage des oueds, on dépasse Fontaine du Génie et Novi. Descente, puis montée vers

CHERCHELL : ⅠⅠ du plan pour entrer ; Ⅰ pour sortir. — **109**
Sur la Dr. on aperçoit bientôt les ruines d'un aqueduc romain. La route fait ensuite un coude brusque. Elle s'éloigne du littoral et s'abaisse fortement vers l'Od Bellah. Voie de tram sur le côté G. de la route. A 12 k 5 coude brusque vers la G. pour franchir l'Od Hachem (laisser à Dr. la route vers Zurich). PN du tram. Montée rapide, puis on contourne le Dj. Chenoua et, par des vignobles, on arrive à Desaix. Descente et pont sur l'Od Nader. 3 k après le pont bifur : suivre la N 11 tout droit (la route à G. permet de faire une magnifique excursion, très recommandée, au Cap Ras-el-Amouch. Aller et retour, 22 k par le même chemin). 2 k après on atteint

25

TIPAZA. A G. importantes ruines romaines. A 2 k, bifur : laisser à Dr. l'IC 6 vers Montebello. On traverse un joli bois, puis la route devient moins intéressante. Un peu avant la ferme Beauséjour se détache, à Dr., la route conduisant (5 k) au Tombeau de la Chrétienne. On dépasse **Bérard** et par un trajet monotone, laissant à Dr. **Tefeschoun**, on arrive à — **134**

24

CASTIGLIONE. A la sortie PN du tram. Séparée de la Mitidja par les dernières collines du Sahel et toujours au milieu des vignes, la route longe la plage de **Fouka-Marine**, dépasse Douaouda les Bains, franchit 2 PN, puis un pont sur l'Od Mazafran, 4 k 5 avant — **158**

16

ZÉRALDA. A 4 k 5 laisser à G. une route vers la baie de Sidi-Ferruch et 500 m. plus loin à Dr. une route vers La Trappe. Parcours monotone à travers un vaste vignoble. Par **Staouéli**, on atteint — **174**

16

GUYOTVILLE. A la sortie PN du tram et tournant brusque. Sur la Dr. s'étend la forêt de Baïnem, sur la G. se dresse le phare du Cap Caxine. Après Bains-Romains, PN du tram. Par **Pointe Pescade** et **St-Eugène**, on arrive à — **190**

15

ALGER où l'on entre par ⅠⅠⅠ du plan. — **205**

ITINÉRAIRE 36

TÉNÈS — MOSTAGANEM : 162 k.

TÉNÈS : prendre la N 11 qu'on suivra sur tout le parcours. Parallèle au rivage, la route se déroule d'abord sur un plateau peu élevé. Après Mainis, elle devient sinueuse et très pittoresque dans un parcours en corniche, difficile par endroits. Aux environs de Pointe-Rouge, elle longe de belles forêts, et, après

30

TARZOUT, une plage pendant une dizaine de k dans une région splendide. A hauteur de l'îlot Colombi, elle franchit le — **30**

12

COL DE BOU KOUFA. Elle contourne la baie d'El-Marsa, puis s'élève pour franchir le massif du Cap — **42**

Kge partiel		Kge total

ITINÉRAIRE 36 (suite).

Nagroun (belle vue en arrière). Elle s'abaisse ensuite rapidement, et, après avoir suivi une falaise escarpée, elle s'éloigne peu à peu de la mer pour se diriger, ondulée et sinueuse, avec des tournants brusques au passage de nombreux oueds encaissés; vers

68

LAPASSET (laisser à G. le GC 42 vers Cassaigne). A travers de nombreux vignobles, toujours accidentée, elle se rapproche de la mer. Après — **110**

20

OUILLIS, séduisante station estivale (grotte remarquable), elle descend à flanc de coteau, puis elle longe à nouveau la côte à partir du phare du Cap Ivi. Pont sur le Chélif, puis montée le long du Dj. Diss vers Karouba qu'on laisse légèrement à Dr. On arrive à — **130**

32

MOSTAGANEM où l'on entre par ⑦ du plan. — **162**

ITINÉRAIRE 36 bis

MOSTAGANEM — TÉNÈS : 162 k.

MOSTAGANEM : ⑦ du plan pour sortir par la N 11 qu'on suivra sur tout le parcours. La route longe la côte au pied du Dahra. Après Karouba qu'on laisse légèrement à G., elle descend le long du Dj. Diss vers le Chélif. Pont. A partir du phare du Cap Ivi, elle s'écarte du littoral et, par une longue montée à flanc de coteau, elle gagne

32

OUILLIS, séduisante station estivale (grotte remarquable), (laisser à Dr. le GC 8 vers Cassaigne). A travers de nombreux vignobles, accidentée, elle arrive à — **32**

20

LAPASSET. Ondulée et sinueuse, avec des tournants brusques au passage de nombreux oueds encaissés, elle se rapproche peu à peu de la mer, suit pendant quelques k une falaise escarpée, puis elle s'élève assez rapidement pour franchir le massif du Cap Nagroun d'où l'on découvre un magnifique panorama. Elle redescend, contourne la baie d'El-Marsa, s'élève à nouveau vers le — **52**

68

COL DE BOU KOUFA, à hauteur de l'îlot Colombi. A travers une région splendide, elle longe une plage pendant une dizaine de k, puis elle traverse — **120**

12

TARZOUT. Aux environs de Pointe-Rouge, elle longe de belles forêts, et, toujours sinueuse, en corniche, par endroits difficile, elle atteint Mainis. Elle se déroule ensuite moins pittoresque, sur un plateau peu élevé, jusqu'à — **132**

30

TÉNÈS. — **162**

Pour ne pas perdre de temps,

pour trouver **de suite le renseignement cherché,**

consultez d'abord

l'index alphabétique *(à la fin du volume).*

ITINÉRAIRE 37

MOSTAGANEM — ORAN : 80 k.

Kge partiel		Kge total
15	**MOSTAGANEM :** [III] du plan pour sortir par la N 4. Peu après, PN. Une descente pittoresque conduit vers **Mazagran.** A l'entrée du village, prendre à Dr. (laisser à G. la N 17 vers Perrégaux, *décrite par l'it. 56 bis*). On est séparé de la mer par des dunes boisées. La descente se continue (virages brusques) vers	
34	**LA STIDIA.** La route se poursuit à flanc de collines, dominant la mer, puis s'engage dans des dunes : un PN, 100 mètres avant le pont de la Macta dont on aperçoit à G. les vastes marais. Coude à Dr., puis à G., avant Port-aux-Poules. La route se poursuit toujours plate au bord de la mer. A 8 k de Port-aux-Poules, bifur : prendre à G. le GC 32 (laisser à Dr. la N 4 vers Arzew). On dépasse **Saint-Leu,** puis Damesme. Après cette localité PN, puis on coupe le GC 5 (suivre tout droit). 1 k plus loin on coupe la N 13 (suivre tout droit). Après cette bifur PN. On rejoint la N 4 à	15
8	STE-LÉONIE. Prendre à G. la N 4. Peu après PN. On dépasse Renan et on franchit un autre PN. On arrive à	49
23	**ST-CLOUD.** A la sortie, bifur : prendre à Dr. le GC 32 qui est la route la meilleure et la plus courte vers Oran. (*Laisser à G. la N 4 vers Oran,* [II] *du plan, par Assis-bens-Okba,* **Assis-bou-Nif :** *itinéraire moins bon et plus long de 4 k).* Par une région de riches vignobles, après avoir dépassé Arcole, on atteint	57
	ORAN où l'on entre ainsi par [I] du plan.	80

ITINÉRAIRE 37 bis

ORAN — MOSTAGANEM : 80 k.

Kge partiel		Kge total
23	**ORAN :** [I] du plan pour sortir par le GC 32. Par une région de riches vignobles on atteint Arcole, puis	
8	**ST-CLOUD.** *(On peut également gagner St-Cloud en sortant d'Oran par la N 4,* [II] *du plan, et en passant par* **Assis-bou-Nif,** *Assis-ben-Okba. Cet itinéraire, moins bon, est plus long de 4 k.)* Suivre la N 4 tout droit. A 3 k PN, avant Renan. Nouveau PN avant	23
34	STE-LÉONIE. Bifur : prendre à Dr. le GC 32 (laisser à G. la N 4 vers Arzew). On passe un PN, puis on coupe la N 13 (suivre tout droit). De suite après cette bifur PN, avant Damesme. Suivre toujours le GC 32. On dépasse **St-Leu** et on rejoint la N 4 : la prendre à Dr. La route se poursuit en longeant la côte. On dépasse Port-aux-Poules. Aussitôt après coude à Dr., puis à G., pour atteindre le pont de la Macta dont on aperçoit à Dr. les vastes marais. PN 100 m. après. Au milieu des vignes, la route, séparée de la mer par des dunes souvent boisées, s'élève à flanc de collines jusqu'à	31
15	**LA STIDIA.** La montée s'accentue (virages dangereux). Bifur : prendre à Dr. la N 4 qui, légèrement sinueuse, dépasse **Mazagran** pour atteindre, peu après un PN,	65
	MOSTAGANEM où l'on entre par [III] du plan.	80

Kge partiel	Kge total

ITINÉRAIRE 38

ORAN — TLEMCEN (par Aïn-Témou-chent) : 138 k.

ORAN : ⓘⓥ du plan pour sortir par la N 2 qu'on suivra sur tout le parcours. Par Eckmühl et Pont Albin, la route s'élève à travers les vignobles sur les pentes SE du Dj. Murdjadjo. D'un petit col près de la ferme Ste-Anne, très belle vue en arrière sur Oran et la mer, en avant sur la plaine de la Mléta et au loin sur le massif du Tessala. Descente sur

MISSERGHIN. On suit une voie ferrée en longeant la rive N de la Sebkha d'Oran. On dépasse successivement Brédéa,

BOU-TLÉLIS, puis, continuant en plaine,

LOURMEL ; on monte ensuite doucement sur Er-Rahel. Peu après on atteint

RIO-SALADO. On pénètre dans une région plus accidentée. On laisse à G. Laferrière et en rampe douce, on atteint

AÏN-TÉMOUCHENT. A la sortie, laisser à Dr. le GC 10 vers Beni-Saf. La route remonte la vallée de l'Od Senane dont elle épouse les sinuosités. Quittant la vallée elle atteint

AÏN-KHIAL d'où elle continue à s'élever très sinueuse, avec des tournants brusques, jusqu'au Col d'El-Krilat (alt. 609), sur une sorte de plateau : belle vue sur la vallée de l'Isser et Tlemcen. Laisser à Dr. le GC 38 et à G. plus loin, le village et les carrières de marbre et d'onyx de Tekbalet. Ensuite on s'engage dans une longue descente tortueuse (pentes de 7 à 10%) vers

PONT-DE-L'ISSER. Nouvelle rampe, puis descente vers la vallée de l'Od Amiguier qu'on remonte dans un décor de broussailles. Après avoir franchi le Col du Télégraphe (alt. 608) on pénètre dans le riant bassin de Tlemcen. On dépasse Safsaf et, parmi les vignes et les oliviers, après un PI, on arrive à

TLEMCEN où l'on entre par ⓘ du plan.

Kge partiel		Kge total
15	MISSERGHIN	15
15	BOU-TLÉLIS	30
12	LOURMEL	42
17	RIO-SALADO	59
13	AÏN-TÉMOUCHENT	72
14	AÏN-KHIAL	86
20	PONT-DE-L'ISSER	106
32	TLEMCEN	138

ITINÉRAIRE 38 bis

TLEMCEN — ORAN (par Aïn-Témou-chent) : 138 k.

TLEMCEN : ⓘ du plan pour sortir par la N 2 qui, 1 k après, passe sous la voie ferrée ; aussitôt bifur : prendre à G., en laissant à Dr. la N 7 vers Sidi-bel-Abbès, *décrite par l'it. 42 bis.* La route traverse le riant bassin de Tlemcen, dépasse Safsaf, puis s'élève jusqu'au Col du Télégraphe (alt. 608). Peu après on laisse à Dr. le GC 53, puis on atteint la vallée de l'Od Amiguier que l'on descend dans un décor de broussailles. Montée, puis descente vers

PONT-DE-L'ISSER. A la sortie pont sur l'Isser. Laisser à Dr. le GC 19 vers Lamoricière. La route s'élève, tortueuse (pentes de 7 à 10 %), laissant à Dr. sur une hauteur le village et les carrières de marbre et d'onyx de Tekbalet. Au col d'El-Krilat (alt. 609), sur une sorte de plateau, belle vue sur la

Kge partiel		Kge total
32	PONT-DE-L'ISSER	32
20		

Kge partiel		Kge total

ITINÉRAIRE 38 bis (suite):

vallée de l'Isser et Tlemcen. Forte descente avec tournants brusques sur

AÏN-KHIAL et la vallée de l'Od Senane dont on suit toutes les sinuosités. Tourner à Dr. à l'entrée d' — **14** — **52**

AÏN-TÉMOUCHENT. La route descend doucement et s'engage dans une région moins accidentée. Elle laisse à Dr. Laferrière, puis dépasse successivement — **13** — **66**

RIO SALADO, Er-Rahel. Légère descente sur — **17** — **79**

LOURMEL. La route plate et droite, longe la rive N de la Sebkha d'Oran par — **12** — **96**

BOU-TLÉLIS, Brédéa et — **15** — **108**

MISSERGHIN. Longeant les pentes SE du Murdjadjo, elle s'élève jusqu'à un petit col à proximité de la ferme Ste-Anne (très belle vue en avant sur Oran et la mer, en arrière sur la plaine de la Mléta et, au loin, sur le massif du Tessala). Descente à travers les vignobles par Pont-Albin et Eckmühl jusqu'à — **15** — **123**

ORAN où l'on entre par (IV) du plan. — **138**

ITINÉRAIRE 39

ALGER — MILIANA : 131 k.

ALGER : (II) du plan pour sortir par la N 1. Tram au milieu de la route. Belle montée en lacets à travers les villas jusqu'à la **Colonne Voirol** (vue magnifique sur Alger et sa rade). La route longe le Bois de Boulogne : sur sa Dr. un pittoresque ravin. Tournants brusques en descendant sur **Birmandreïs.** Courte montée, puis nouvelle descente sur — **10**

BIRKADEM. Laisser aussitôt à Dr. l'IC 16 vers Draria, puis le GC 13 vers Saoula. 4 k plus loin, après un virage brusque, laisser à G. l'IC 14 vers Maison-Carrée. Pont sur l'Od Kerma. Dans la riche plaine de la Mitidja, on longe maintenant au milieu des vignobles les riantes collines du Sahel. Quelques ondulations jusqu'à — **13** — **10**

BIRTOUTA. Aux Quatre Chemins bifur : prendre à G. la N 1 (laisser à Dr. l'IC 12 vers Koléa) pour gagner, — **12** — **23**

BOUFARIK : (I) du plan pour entrer ; (II) pour sortir. Toujours plate, la route atteint **Beni-Mered.** PN et bifur à la sortie : prendre la N 1 au milieu. En rampe très douce on monte jusqu'à — **14** — **35**

BLIDA : (I) du plan pour entrer ; (III) pour sortir ; bifur : suivre tout droit la N 1. À 4 k PN, puis on descend vers deux ponts, un sur l'Od El Kébir, l'autre sur la Chiffa. Bifur : suivre tout droit la N 4 (laisser à G. la N 1 vers Médéa, *décrite par l'it. 45*). Toujours en plaine la route dépasse — **8** — **49**

LA CHIFFA, Mouzaïaville, Bou Roumi et **El Affroun.** Pont, puis PN, suivi d'un PN du tram qui côtoie la route par **Ameur-el-Aïn,** jusqu'à — **25** — **57**

BOURKIKA. Peu après la sortie bifur : prendre à G. la N 4 (laisser à Dr. le GC 3 A), PN de suite après. La route quitte la Mitidja. Elle devient plus accidentée et s'élève au milieu de pins jusqu'à un petit col (alt. 380). A 17 k, puis 1.500 m. plus loin, — **82**

Kge partiel		Kge total

ITINÉRAIRE 39 (suite).

39 — laisser successivement à Dr. deux chemins qui conduisent à la très pittoresque station thermale d'**Hammam-Righa**. En arrivant sur l'Od Djer prendre à Dr. pour franchir la rivière. De plus en plus accidentée, la route monte constamment. Elle court un instant sur les crêtes qui dominent la vallée de l'Od Zeboudj. 7 k après le pont de l'Od Djer, on laisse à Dr. deux autres chemins conduisant à Hammam-Righa (le premier par Vesoul-Benian). On passe le Col des Oliviers (alt. 560) et, par un parcours très sinueux, on suit une crête du Zaccar-Chergui. On arrive à

10 — MARGUERITTE. Descente tortueuse, rapide et très pittoresque (on laisse à Dr. la route vers le Col des Righa à travers le massif du Zaccar et vers la station estivale d'**Aïn-N'Sour**). Montée de 3 k au milieu des vignobles sur   —   121

MILIANA où l'on entre par ① du plan.   —   131

ITINÉRAIRE 39 bis

MILIANA — ALGER : 131 k.

10 — **MILIANA** : ① du plan pour sortir par la N 4. qui descend à travers les vignobles. A 4 k, prendre à Dr., en laissant à G. la route du Col des Righa vers la station estivale d'**Aïn-N'Sour**, dans le massif du Zaccar. Montée tortueuse, rapide et très sinueuse vers

39 — MARGUERITTE. Par un parcours encore très sinueux, la route suit une crête du Zaccar-Chergui, puis passe au Col des Oliviers (alt. 560) : à G. se détache un chemin vers la très pittoresque station thermale d'**Hammam-Righa**. 2 k plus loin, à G., un autre chemin vers Hammam-Rhiga par Vesoul-Benian. Au cours d'une longue descente, on laisse à Dr. un chemin vers Changarnier. Au bas de la descente, franchir l'Od Djer, aussitôt tourner à G. La route s'élève peu à peu, laissant à G. deux autres chemins vers Hammam-Rhiga. Après un petit col (alt. 380) descente rapide à travers les pins. A 12 k du pont sur l'Od Djer bifur : prendre à Dr. laissant à G. le GC 8 vers Meurad et Marengo. 7 k plus loin, après un PN, tourner à Dr. vers   —   10

25 — BOURKIKA. La route longée par un tram traverse maintenant la riche plaine de la Mitidja par **Ameur-el-Aïn**. A 4 k 2 PN, le premier de tram. Nouveau pont sur l'Od Djer peu avant **El Affroun**. On dépasse Bou Roumi, **Mouzaïaville** et l'on arrive à   —   49

8 — **LA CHIFFA**. Peu après, bifur : suivre tout droit la N 1. (On laisse à Dr. la N 1 vers les gorges de la Chiffa et Médéa, *décrite par l'it. 45.*) 2 ponts, un sur la Chiffa, l'autre sur l'Od El Kébir, montée et PN avant   —   74

14 — BLIDA : ③ du plan pour entrer ; ① pour sortir. PN à l'entrée de **Beni-Mered**. Route toujours plate vers   —   82

12 — BOUFARIK : ② du plan pour entrer ; ① pour sortir. Aux Quatre Chemins, bifur : prendre à Dr., laissant en face le GC 12 vers Douéra et à G. l'IC 12 vers Koléa. On longe maintenant, au milieu de vignobles, les riantes collines du Sahel.   —   96

BIRTOUTA. Quelques ondulations. On franchit l'Od   —   108

Kge partiel		Kge total
	ITINÉRAIRE 39 bis (*suite*).	
13	Kerma et on laisse à G. le GC 13 vers Saoula peu avant	
	BIRKADEM. La route s'élève parmi des jardins et des villas, puis s'abaisse (tournants brusques), pour arriver à **Birmandreïs.** Elle longe le Bois de Boulogne ; sur la G. un pittoresque ravin. On atteint la **Colonne Voirol** (vue magnifique sur Alger et sa rade). Très belle descente en lacets à travers les villas jusqu'à	121
10		
	ALGER où l'on entre par [II] du plan.	131

ITINÉRAIRE 40

MILIANA — ORLÉANSVILLE : 96 k.

Kge partiel		Kge total
	MILIANA : [II] du plan pour sortir par la N 4. Descente très sinueuse et rapide avec une très belle vue sur la plaine du Chélif et au loin sur le massif de l'Ouarsenis. PI peu avant,	
9		
	AFFREVILLE. [I] du plan pour entrer ; [III] pour sortir. (Routes vers Médéa, *décrite par l'it. 49*, et vers Tiaret, *décrite par l'it. 50.*) Suivre toujours la N 4. La route va descendre, sur presque tout le reste du parcours, la vallée du Chélif qu'on franchit après Lavarande, au pont d'El Kantara. Peu après coude très brusque à Dr. pour contourner le Dj. Doui au pied duquel se trouve	9
24		
	DUPERRÉ. Par une région légèrement ondulée, on atteint **Rouïna.** On longe la voie ferrée et on dépasse St-Cyprien des Attafs, **Les Attafs**, Vauban. PN entre deux tournants à l'entrée d'	33
42		
	OUED-FODDA. A la sortie bifur : suivre tout droit la N 4 (laisser à G. l'IC 32 vers Lamartine et les gorges de l'Od Fodda). A 4 k, PN. On franchit un contrefort de l'Ouarsenis. A 8 k, nouveau PN. Après Ponteba on est de nouveau dans la vallée du Chélif jusqu'à	75
21		
	ORLÉANSVILLE où l'on entre par [I] du plan.	96

ITINÉRAIRE 40 bis

ORLÉANSVILLE — MILIANA : 96 k.

Kge partiel		Kge total
	ORLÉANSVILLE : [I] du plan pour sortir par la N 4. La route emprunte la vallée du Chélif que l'on suivra presque constamment jusqu'à Affreville. 2 k 5 après, on traverse Ponteba, puis un PN. On franchit un contrefort de l'Ouarsenis. A 8 k PN d'une voie ferrée qui longe la route. Laisser à Dr. l'IC 32 vers Lamartine et les gorges de l'Od Fodda à l'entrée d'	
21		
	OUED-FODDA. A la sortie PN entre tournants. On dépasse successivement Vauban, **les Attafs**, St-Cyprien-des-Attafs. Peu après la route s'infléchit à G.	21

Kge partiel		Kge total
	ITINÉRAIRE 40 bis (suite).	
42	et traverse l'Od Tikazale. **Rouïna**. Par une région légèrement ondulée, on atteint	
24	**DUPERRÉ**, au pied du Dj. Doui que l'on contourne. La route tourne brusquement à G. pour franchir le Chélif au pont d'El Kantara. On traverse Lavarande avant	63
9	**AFFREVILLE.** [III] du plan pour entrer ; [I] pour sortir. (Routes vers Médéa, *décrite par l'it. 49*, et vers Tiaret, *décrite par l'it. 50*). Peu après PI. Montée sinueuse, mais très pittoresque (beau coup d'œil en arrière sur la plaine du Chélif et, au loin, sur le massif de l'Ouarsenis) jusqu'à	87
	MILIANA où l'on entre par [II] du plan.	96

ITINÉRAIRE 41

ORLÉANSVILLE — MASCARA : 153 k.

Kge partiel		Kge total
15	**ORLÉANSVILLE :** [II] du plan pour sortir par la N 4 qui descend la vallée du Chélif entre le Dahra (à Dr.) et l'Ouarsenis (à G.). Peu après la sortie, PN (voie étroite); à 7 k nouveau PN (voie normale)	
30	MALAKOFF. Pont sur l'Od Sli. On dépasse **Charon**. A 4 k. PN, à 11 k nouveau PN. Pont sur l'Od Riou et, après un tournant brusque,	15
43	**INKERMANN.** Trajet monotone en s'éloignant du Chélif, par **St-Aimé** et Hamadena. Montée puis descente avant Ferry. 2 PN avant	45
24	**RELIZANE :** [I] du plan pour entrer; [II] pour sortir. On continue par la N 4. Pont sur l'Od Mina et 2 k plus loin bifur : prendre à G. la N 7 (laisser à Dr. la N 4 vers Mostaganem, *décrite par l'it. 53*). Après la traversée de la plaine de Khourara, la route s'élève accidentée et pittoresque vers	88
17	TLIOUANET, puis, très ondulée, avec quelques tournants brusques, elle traverse l'intéressante région des Beni Hachem et s'engage dans la forêt du Nadour.	112
24	EL BORDJ. A la sortie bifur : suivre tout droit la N 7 (laisser à G. La route vers Sonis). Montée très belle, mais difficile jusqu'à Aïn-Farès. A flanc de coteau on descend, parmi de nombreux vignobles, vers	129
	MASCARA où l'on entre par [I] du plan.	153

ITINÉRAIRE 41 bis

MASCARA — ORLÉANSVILLE : 153 k.

Kge partiel		Kge total
24	**MASCARA :** [I] du plan pour sortir par la N 7 qui monte assez rapidement à flanc de coteau parmi de nombreux vignobles. Peu après Aïn-Farès, descente très belle, mais difficile, jusqu'aux abords d'	
	EL BORDJ. Traversée de la forêt du Nadour. A 11 k bifur : appuyer à Dr. (laisser à G. le GC 12 vers	24

Kge partiel		Kge total
	ITINÉRAIRE 41 bis (suite).	
17	l'Hillil). La route, très ondulée avec quelques tournants brusques, s'engage dans l'intéressante région des Beni Hachem.	
24	TLIOUANET. Longue descente pittoresque vers la plaine de Khourara. A 19 k. de Tliouanet, obliquer à Dr. pour prendre la N 4 (laisser à G. la même N 4 vers Mostaganem, *décrite par l'it. 53*). Pont sur l'Od Mina peu avant	41
43	**RELIZANE** : [II] du plan pour entrer; [I] pour sortir. Peu après, 2 PN. Parcours monotone. A 8 k. on laisse à Dr. le GC 2 vers Zemmora. On dépasse successivement Ferry (peu après, montée puis descente), Hamadena et **St-Aimé.**	65
30	**INKERMANN.** On laisse à Dr. le GC 8 vers Ammi-Moussa ; aussitôt pont sur l'Od Riou. On remonte la vallée du Chélif entre l'Ouarsenis (à Dr.) et le Dahra (à G.). A 14 k d'Inkermann, PN. 11 k plus loin, nouveau PN. **Charon.** On franchit l'Od Sli à l'entrée de	108
15	MALAKOFF. A 8 kms PN (voie normale). Après un autre PN (voie étroite) on atteint	138
	ORLÉANSVILLE où l'on entre par [II] du plan.	153

ITINÉRAIRE 42

MASCARA — TLEMCEN : 180 k.

Kge partiel		Kge total
12	**MASCARA** : [III] du plan pour sortir par la N 6 qui avec un PI descend vers St-André. A la sortie de cette localité, bifur : prendre à Dr. la N 7 (laisser à G. la N 6 vers Saïda, *décrite par l'it. 57*) qui traverse la plaine d'Eghri ; 5 k 5 plus loin, PN. Nouveau PN avant	
13	TIZI. La route se poursuit, plate. PN 2 k avant	12
26	AÏN-FEKAN. Elle descend la vallée de l'Od du même nom. PI peu après la sortie. PN à 2 k 5. Très pittoresque, la route franchit l'Od Hammam sur le pont des Trois-Rivières, parcourt la plaine d'Aïn-Frass, puis fait un brusque coude à Dr. pour franchir un chaînon et descendre sur	25
12	**MERCIER-LACOMBE.** Suivre toujours la N 7. A un carrefour en croix prendre à G. Longeant la voie ferrée, la route court en plaine dans une dépression entre deux massifs montagneux et dépasse	51
26	BOULET. Par une plaine fertile, on atteint, après un PN,	63
21	**SIDI-BEL-ABBÈS** : [II] du plan pour entrer; [V] pour sortir. (Route vers Arzew, *décrite par l'it. 61.*) Suivre toujours la N 7. On parcourt une riche région très bien cultivée. A 4 k. PN entre tournants. On traverse Detrie (suivre la N 7 en prenant à G. au centre de la localité). 5 k plus loin, **bifur** : suivre tout droit la N 7 (laisser à Dr. le GC 10 vers Aïn-Témouchent). Peu après, nouvelle bifur : suivre tout droit la N 7 (laisser à G. le GC 9 vers Palissy). On arrive à	89
20	LAMTAR, puis, toujours par une région bien cultivée, à Tassin et ensuite à	110
	DESCARTES. Après un PN, on descend sur l'Od Kralouf, on passe à Aïn-Tellout, puis, coupant la	130

Kge partiel		Kge total

ITINÉRAIRE 42 (suite).

17 — voie ferrée par un PS et 2 PN, la route atteint, avec d'assez fortes ondulations et de nombreuses sinuosités, à travers une région broussailleuse,

LAMORICIÈRE. A moins de 1 k bifur : suivre tout droit la N 7 (laisser à Dr. le GC 19 vers Pont-de-l'Isser). A 2 k PN, PI à Oued-Chouly (11 k), puis nouveaux PN à 15 et 20 k. Après Aïn-Fezza (grottes de Beni-Had, 4 k S), descente très pittoresque dans le profond ravin du Safsaf. On fait le tour du cirque d'El-Ourit, puis on monte de nouveau après le pont sur l'oued. On rejoint la N 2. PI avant d'entrer dans — **147**

33

TLEMCEN par ① du plan. — **180**

ITINÉRAIRE 42 bis

TLEMCEN — MASCARA : 180 k.

TLEMCEN : ① du plan pour sortir par la N 2 qui, 1 k après, passe sous la voie ferrée ; aussitôt, bifur : prendre à Dr. la N 7, en laissant à G. la N 2 vers Aïn-Témouchent, *décrite par l'it. 38 bis.* Descente pittoresque dans le profond ravin du Safsaf au bas duquel on contourne le cirque d'El-Ourit. Après le pont sur l'oued, montée vers Aïn-Fezza (grottes de Beni-Had, 4 k S). PN à 1 k, à 6 k, PI à Oued-Chouly (11 k), nouveau PN à 19 k.

33

LAMORICIÈRE : dans la localité laisser à Dr. le GC 19 vers Sebdou. La route assez fortement ondulée et sinueuse, à travers une région broussailleuse, coupe la voie ferrée par 2 PN et un PS. On passe à Aïn-Tellout et on franchit l'Od Kralouf. Par une montée (autre PN), on atteint un plateau où se trouve — **33**

17

DESCARTES. A travers une région bien cultivée, on gagne Tassin et on arrive à — **50**

20

LAMTAR. A 9 k suivre tout droit la N 7 : laisser à Dr. le GC 9 vers Pallissy. Detrie : à l'église tourner à Dr. ; à la sortie, après un pont, prendre à G. 1.500 m. plus loin, PN entre tournants peu avant — **70**

21

SIDI-BEL-ABBÈS : ⑦ du plan pour entrer ; ⑪ pour sortir. (Route vers Arzew, *décrite par l'it. 61*). On traverse une plaine fertile. A un carrefour en croix, suivre tout droit toujours la N 7. A 2 k PN. La route court dans une dépression entre deux massifs montagneux et dépasse — **91**

26

BOULET pour atteindre — **117**

12

MERCIER-LACOMBE : tourner à Dr. La route s'élève pour traverser un chaînon, puis s'abaisse et, par un coude brusque à G., elle pénètre dans la plaine d'Aïn-Frass. Après le pont des Trois-Rivières sur l'Od Hammam, on côtoie l'Od Aïn-Fekan. PN, puis PI avant — **129**

26

AÏN-FEKAN. 2 k après PN. Route plate qui pénètre bientôt dans la plaine d'Eghri et atteint — **155**

13

TIZI. A la sortie PN. 3 k après, nouveau PN. Suivre tout droit la N 6 à l'entrée de St-André. Au cours d'une montée, PI avant — **168**

12

MASCARA où l'on entre par ⑪ du plan. — **180**

ITINÉRAIRE 43

TLEMCEN — OUDJDA : 80 k.

Kge partiel		Kge total
	TLEMCEN : ⑪ du plan pour sortir par la N 7 qui, à 2 k, laisse à G. le GC 45 vers Mansourah et Sebdou. 2 k 5 plus loin, PS. La route s'élève ensuite jusqu'au Col du Juif (belle vue en arrière sur Tlemcen et Mansourah). Descente sinueuse et très pittoresque, au milieu de profonds ravins, jusqu'à l'Od Zitoun. Pont, puis montée vers	
29	**TURENNE.** Toujours tortueuse, la route traverse la forêt de Tameksalet. Elle s'abaisse ensuite, par une région moins sauvage, vers la Tafna, la franchit et, par la plaine de la Marnia, atteint	29
24	**MARNIA.** A 5 k bifur : prendre à G. la N 7 (laisser à Dr. la N 7 E vers Port-Say, *décrite par l'it. 62*) qui se déroule monotone, parmi les broussailles, jusqu'à	53
13	**HASSI OULED AYED.** Maison cantonnière à la frontière algéro-marocaine. Parcours sans grand intérêt par la RP 17 dans la plaine des Angad (un passage de la voie ferrée), jusqu'à	66
14	**OUDJDA** où l'on entre par ⑪ du plan. *(Bureau de douanes habilité pour toutes formalités entre l'Algérie et le Maroc et vice versa.)*	80

ITINÉRAIRE 43 bis

OUDJDA—TLEMCEN : 80 k.

Kge partiel		Kge total
	OUDJDA. *(Bureau de douanes habilité pour toutes formalités entre l'Algérie et le Maroc et vice versa.)* ⑪ du plan pour sortir. Parcours sans grand intérêt par la RP 17 dans la plaine des Angad (un passage de la voie ferrée).	
14	**HASSI OULED AYED.** Maison cantonnière à la frontière Maroc-Algérie. La N 7 s'abaisse à travers des broussailles. A 8 k obliquer à Dr., en laissant à G. la N 7 E vers Port-Say, *décrite par l'it. 62.*	14
13	**MARNIA.** La route traverse d'abord la plaine de la Marnia, puis franchit l'Od Tafna et s'élève dans une région de plus en plus sauvage vers la forêt de Tameksalet. On atteint	27
24	**TURENNE.** Descente au bas de laquelle on passe un pont sur l'Od Zitoun, puis montée très pittoresque au milieu de profonds ravins. Au Col du Juif, belle vue en avant sur Tlemcen et Mansourah. Quelques ondulations. A 3 k, PS. 2 k 5 plus loin, on laisse à Dr. le GC 45 vers Mansourah et Sebdou. Parmi les vignobles et les oliviers, on arrive à	51
29	**TLEMCEN** où l'on entre par ⑪ du plan.	80

Pour ne pas perdre de temps,

pour trouver **de suite le renseignement cherché,**

consulter d'abord

l'index alphabétique *(à la fin du volume).*

Kge partiel		Kge total

ITINÉRAIRE 44

ALGER — BOU-SAÂDA : 249 k.

11,5 — **ALGER** : suivre l'itinéraire 1, jusqu'à — **11,5**

MAISON-CARRÉE. Prendre à Dr. la N 8. PN de voie ferrée, 3 k plus loin, PN du tram. Le tram suit le côté G. de la route, qui, tout droit, court à travers la plaine de la Mitidja, couverte de vignobles. Elle dépasse les Eucalyptus, important carrefour, puis atteint — **18,5** — **30**

L'ARBA. Dans la localité, abandonner le tram et prendre à G. Suivre toujours la N 8, qui quitte la plaine pour remonter la vallée de l'Od Djemaa. On aborde les premières pentes de la montagne. Parcours très pittoresque. Par une rampe longue, sinueuse, et à tournants très brusques, d'abord assez douce, puis accidentée à partir du moulin El Mahidine (raidillons atteignant 10 %), dominant des ravins très encaissés, avec des vues très étendues, on monte vers le village et vers le col de Sakamody (alt. 741). Après ce premier col, légère descente ; la route continue à monter et on arrive au — **29**

COL DES DEUX BASSINS (alt. 920) ; vaste panorama ; une descente très sinueuse conduit à — **9** — **59**

TABLAT. La route se poursuit, avec de nombreux lacets, franchit l'Od Isser, remonte l'Od Meilah, à travers une belle région, boisée par endroits, traverse le hameau des Frênes et arrive à — **35** — **68**

BIR RABALOU (routes vers Bouïra et vers Médéa, *décrites par les it. 49 et 49 bis*). Par la plaine des Arib elle gagne **les Trembles** et, par un parcours de nouveau accidenté, monte, coupée par un PN, vers — **20** — **103**

AUMALE. La montée se poursuit le long du Dj. Dira que l'on contourne. On descend dans une région monotone et dénudée. On atteint — **33** — **123**

SIDI-AÏSSA. Désormais, à travers le désert, la route est plate, de peu d'intérêt, marquée seulement de quelques ondulations souvent assez fortes, au passage des oueds. On ne rencontre que des bordjs militaires et de rares auberges. En arrivant sur lui on découvre soudainement l'admirable site dans lequel est étagé en amphithéâtre le Ksar de — **93** — **156**

BOU-SAÂDA. — **249**

ITINÉRAIRE 44 bis

BOU-SAÂDA — ALGER : 249 k.

BOU-SAÂDA. N 8 vers le N. D'abord très pittoresque, la route ne tarde pas à devenir monotone en parcourant une région désertique, avec quelques ondulations, parfois assez fortes, au passage des oueds. On ne rencontre que des bordjs militaires avec de rares auberges. A 10 k bifur : prendre à G. la N 8 (laisser à Dr. le GC 8 vers Msila). — **93**

SIDI-AÏSSA. Bifur : prendre à Dr. la N 8 (laisser à G. l'IC 36). La route s'élève dans une région dé- — **93**

Kge partiel		Kge total

nudée, le long des pentes du Dj. Dira que l'on contourne pour redescendre ensuite sur

33

AUMALE. Coupée par un PN, elle continue à descendre vers les **Trembles**, puis, par la plaine des Arib, elle gagne — **126**

20

BIR-RABALOU. (Routes vers Bouïra et vers Médéa, *décrites par les it. 49 et 49 bis*.) Elle traverse le hameau des Frênes et descend ensuite, sinueuse, la pittoresque vallée de l'Od Mellah, à travers une belle région boisée par endroits. Elle franchit l'Od Isser et remonte vers — **146**

35

TABLAT. Par une longue montée, toujours sinueuse, elle s'élève ensuite jusqu'au — **181**

9

COL DES DEUX BASSINS (alt. 920). On descend, puis on remonte jusqu'au village et au col de Sakamody (alt. 741). La route domine des ravins profondément encaissés. Elle est très pittoresque, mais difficile, avec plusieurs tournants brusques et quelques pentes atteignant 10 %. On rejoint la vallée de l'Od Djemaa. Les déclivités s'atténuent après le moulin El Mahidine, pour entrer dans — **190**

29

L'ARBA. Laisser à G. le GC 9 vers Blida et l'IC 17 vers Sidi-Moussa ; tourner à Dr. : suivre toujours la N 8. On longe une voie de tram qui sera sur le côté Dr. de la route pendant 14 k. Cette dernière court tout droit à travers la riche plaine de la Mitidja, couverte de vignobles. 4 k après les Eucalyptus, carrefour important, PN du tram. 3 k plus loin, PN de voie ferrée avant — **219**

18,5

MAISON-CARRÉE. Suivre l'itinéraire 1 bis jusqu'à — **237,5**

11,5

ALGER. — **249**

ITINÉRAIRE 45

ALGER — BOGHARI : 167 k.

ALGER : suivre l'itinéraire 39 jusqu'à

49

BLIDA : ⑪ du plan pour sortir. Bifur : prendre tout droit la N 1. A 4 k PN, puis on descend vers 2 ponts : un sur l'Od El Kébir, l'autre sur la Chiffa. Après ce dernier bifur : prendre à G. la N 1 (laisser à Dr. la N 4 vers Miliana, *décrite par l'it. 39*) qui longe la rivière. PI à 1 k 5 et PN 5 k 5 plus loin. On pénètre dans les très pittoresques gorges de la Chiffa. La route dépasse la station de Sidi Madani et l'Hôtel du Ruisseau des Singes. 2 PI dans les gorges qu'on quitte après la halte du Camp des Chênes. On continue un instant dans la vallée qu'on quitte aussi pour monter par une longue rampe très sinueuse au flanc du Dj. Nador. PN avant — **49**

42

MÉDÉA. (Route vers Miliana, *décrite par l'it. 49 bis*). Suivre la N 1 qui s'abaisse rapidement. PI. On laisse sur la Dr. le village de Damiette. PS à l'entrée de Loverdo. Nouveau PS au cours de la longue montée qui suit. Plus loin bifur : suivre à G. la N 1 (ne pas franchir la voie ferrée, laisser à Dr. l'IC 38). 2 k — **91**

Kge partiel		Kge total

ITINÉRAIRE 45 (suite).

32 — plus loin, nouvelle bifur : prendre complètement à Dr. (laisser à G. le GC 23). On passe au caravansérail de Ben Chicao et par une région accidentée on arrive, de suite après un PN, à

44 — **BERROUAGHIA.** (Route vers Bir Rabalou et Bouïra, *décrite par l'it. 49.*) ④ du plan pour entrer ; ③ pour sortir. Suivre toujours la N 1. A 2 k 5 PS, puis laisser un chemin à G. (V 1) et un autre à Dr. à l'endroit dit du « Quarantième ». La route devient ensuite très pittoresque à travers une région boisée. 8 k plus loin commence la longue et sinueuse descente du « Mont Gornot » (atteint parfois 9 %). On dépasse le Camp des Zouaves, puis on quitte les bois pour descendre sur l'Od Hakoum qu'on franchit à la Maison-Blanche. Par la vallée du Chélif (PN), on arrive à — 123

BOGHARI. — 167

ITINÉRAIRE 45 bis

BOGHARI — ALGER : 167 k.

44 — **BOGHARI** : Prendre la N 1 qui suit la vallée du Chélif. Peu après, PN. Pont sur l'Od Hakoum à l'entrée de la Maison-Blanche. Au cours d'une montée, la route pénètre dans une région boisée, très pittoresque. Après le Camp des Zouaves, très forte rampe sinueuse dite du « Mont Gornot » (atteint parfois 9 %). A l'endroit dit du « Quarantième », croisement : suivre la N 1. PS avant

32 — **BERROUAGHIA.** (Route vers Bir Rabalou et Bouïra, *décrite par l'it. 49.*) ③ du plan pour entrer ; ④ pour sortir. PN. La route s'élève rapidement, parcourt une région accidentée et dépasse le caravansérail de Ben Chicao. Aussitôt longue et très forte descente au cours de laquelle, on laisse à Dr. le GC 23 vers Souk-el-Khemis. Plus loin bifur : suivre la N 1 à Dr. Longue descente rapide ; PS. Après Loverdo, nouveau PS. La N 1, en montée sinueuse au flanc du Dj. Nador, laisse à G. le village de Damiette, passe sous la voie ferrée et atteint — 44

42 — **MÉDÉA.** (Route vers Miliana, *décrite par l'it. 49 bis.*) Après un PN la route s'abaisse rapide et toujours sinueuse dans les très pittoresques gorges de la Chiffa. Après la halte du Camp des Chênes et le pont sur l'oued on passe deux fois sous la voie ferrée. La route dépasse l'Hôtel du Ruisseau des Singes et la station de Sidi Madani avant de quitter les gorges (PN). Vue sur la plaine de la Mitidja. A 5 k 5 PI, 1.500 m. plus loin bifur : prendre à Dr. (laisser à G. la N 4 vers Miliana, *décrite par l'it. 39*). Peu après 2 ponts : un sur la Chiffa, l'autre sur l'Od El Kébir suivis d'une montée. PN avant — 76

49 — **BLIDA** où l'on entre par ③ du plan. Suivre l'itinéraire 39 bis jusqu'à — 118

ALGER. — 167

<table>
<tr><th>Kge partiel</th><th></th><th>Kge total</th></tr>
</table>

ITINÉRAIRE 46

BOGHARI — DJELFA : 153 k.

Kge partiel		Kge total
22	**BOGHARI** : prendre la N 1 qui continue à remonter la vallée du Chélif (1 PN) dans une région désertique, où le paysage prend l'aspect saharien. La route suit la voie ferrée, puis contourne une vaste plaine marécageuse (2 autres PN) où se produisent souvent les curieux phénomènes du mirage. A	
31	BOU-GHEZOUL, suivre tout droit la N 1. (A 2 k laisser à Dr. l'IC 37 vers Chellala). Après avoir dépassé El Krachem on atteint	22
45	AÏN-OUSSERA (PN), puis on pénètre dans la « Mer d'Alfa » et la route s'engage dans le défilé de Guelt-es-Stel (P.N.) A la sortie du défilé, nouveau PN. On pénètre dans les Territoires du Sud dont la première localité est	53
55	HASSI-BAHBAH, puis on descend (un PN), dans la plaine des Zahrez (exploitation de sel par évaporation). On traverse El Mesrane et, à hauteur du « Rocher du Sel », on aborde les Monts des Ouled-Naïl, vaste région d'élevage, couverte en partie de forêts de pins et de chênes verts, peu visibles de la route. 3 PN dans la vallée de l'Od Mellah avant	98
	DJELFA.	153

ITINÉRAIRE 46 bis

DJELFA — BOGHARI : 153 k.

Kge partiel		Kge total
55	**DJELFA** : prendre la N 1 qui est très accidentée (3 PN), durant son parcours dans la vallée de l'Od Mellah et à travers les monts des Ouled Naïl, vaste région d'élevage, couverte en partie de forêts de pins et de chênes verts, peu visibles de la route. Quittant le massif on passe à hauteur du « Rocher du Sel » puis on traverse la plaine du Zahrez (exploitation de sel par évaporation) entre El Mesrane et (après un PN),	
45	HASSI-BAHBAH. On pénètre dans une sorte de défilé où se trouve Guelt-es-Stel (PN). A la sortie nouveau PN. La route s'engage dans la « Mer d'alfa » qu'elle traverse jusqu'à	55
31	AÏN-OUSSERA (PN). Après El Krachem, on atteint, (2 k. après avoir laissé à G. l'IC 37 vers Chellala),	100
22	BOU-GHEZOUL. Suivre tout droit la N 1 qui contourne une vaste plaine marécageuse (2 PN) où se produisent souvent les curieux phénomènes du mirage. Elle entre ensuite dans la vallée du Chélif (1 PN) qui conserve le caractère saharien jusqu'aux abords de	131
	BOGHARI.	153

Renseignements administratifs :
Consultez le **Titre III** *à la fin du Guide.*

<table>
<tr><td>Kge
partiel</td><td></td><td>Kge
total</td></tr>
</table>

ITINÉRAIRE 47

DJELFA — LAGHOUAT : 112 k.

DJELFA : prendre vers le S la N 1 qui traverse constamment une région de steppes monotones. La route s'élève jusqu'au Col des Caravanes (alt. 1.272) d'où elle descend sur la vallée de l'Od Seddour. Elle passe près de l'ancien poste optique de Timeghmeght et par Ksar Zeïra, atteint

38

AÏN-EL-IBEL (caravansérail). A 3 k. bifur : continuer par la N 1 (laisser à G. une piste automobilisable vers l'oasis de Messaâd et Touggourt ou Guerrara. Avant de s'y engager se renseigner obligatoirement auprès du Chef de poste de Messaâd). La route descend progressivement jusqu'à

38

18

MOKTA EL OUST, sur l'Od Tadmit, puis elle passe à proximité du caravansérail de

56

13

SIDI-MAKLOUF. Elle parcourt ensuite un pays plat, couvert d'alfa et de broussailles épineuses, puis elle pénètre dans la vallée de l'Od Metlili, entre les montagnes escarpées du Dj. Milck et du Dj. Dakla. Plus loin elle franchit un cassis empierré (ralentir) près du confluent de l'Od Metlili et de l'Od Mzi, à proximité du « Chapeau du Gendarme ». Elle traverse ensuite l'Od Mzi sur un beau pont et arrive enfin à

69

43

LAGHOUAT. *(Une piste carrossable et bien entretenue permet, par Tilrempt et Berriane, à travers un vaste plateau pierreux, parsemé de quelques maigres oasis, de gagner le Mzab et* **Ghardaïa**, *204 k.)*

112

ITINÉRAIRE 47 bis

LAGHOUAT — DJELFA : 112 k.

LAGHOUAT : prendre vers le N la N 1 qui traverse constamment une région monotone de steppes. Peu après la sortie, beau pont sur l'Od Mzi. Après le confluent de cet Od avec l'Od Metlili, près du « Chapeau de Gendarme » cassis empierré : ralentir. La route se dirige tout droit vers le N, suit la vallée de l'Od Metlili, entre les montagnes escarpées du Dj. Milck et Dj. Dakla, et atteint

43

SIDI-MAKLOUF (caravansérail), puis

43

13

MOKTA EL OUST. Elle monte ensuite progressivement jusqu'à

56

18

AÏN-EL-IBEL, laissant à 3 k. à l'E de cette localité, sur la Dr., une piste automobilisable vers l'Oasis de Messaâd et Touggourt ou Guerrara (ne pas s'y engager sans s'être, au préalable, obligatoirement renseigné auprès du Chef de poste de Messaâd). On passe ensuite à Ksar Zeïra, on remonte la vallée de l'Od Seddour jusqu'au Col des Caravanes (alt. 1.272), puis la route s'abaisse vers

74

38

DJELFA.

112

Kge partiel		Kge total
	ITINÉRAIRE 48	
	LAGHOUAT — BOU-SAÂDA : 224 k.	
112	**LAGHOUAT** : suivre l'itinéraire 47 bis jusqu'à	
52	**DJELFA.** Laisser la N 1 vers Boghari, *décrite par l'it. 46 bis*, et prendre vers le N E. le V 2, piste qui traverse une partie des monts des Ouled-Naïl, vaste région d'élevage, dont la plus grande masse se profile sur la Dr. On passe par Aïn Mouïla pour atteindre	112
40	SLIM. Quelques rares autres bordjs en pays désertique, comme celui de Kef el Tiour. Parcours monotone jusqu'à	164
20	DJERMEL. A flanc de montagne on descend sur sa rive G. la profonde vallée de l'Od Bou Saâda en franchissant le lit encaissé de plusieurs oueds affluents. On arrive ainsi à	204
	BOU-SAÂDA.	224
	ITINÉRAIRE 48 bis	
	BOU-SAÂDA — LAGHOUAT : 224 k.	
20	**BOU-SAÂDA** : sortir vers le S O par le V 2, piste accidentée qui remonte à flanc de montagne la profonde vallée de l'Od Bou Saâda, en franchissant le lit encaissé de plusieurs oueds affluents. Après	
40	DJERMEL, le parcours devient plus facile dans un pays désertique où on ne dépasse que quelques bordjs comme ceux de Kef el Tiour et de	20
52	SLIM. On pénètre dans les monts des Ouled-Naïl, dont la plus grande masse se profile sur la G., vaste région d'élevage, dénudée, sans arbres. On dépasse Aïn Mouïla pour arriver à	60
112	**DJELFA.** A partir de là, suivre l'itinéraire 47 jusqu'à	112
	LAGHOUAT. *De Laghouat à* **Ghardaïa**, *voir p. 79.*	224
	ITINÉRAIRE 49	
	MILIANA — BOUÏRA (par Médéa et Bir Rabalou) : 211 k.	
9	**MILIANA** : suivre l'itinéraire 40 jusqu'à	
18	**AFFREVILLE.** (Routes vers Orléansville et vers Tiaret, *décrites par les it. 40 et 50.*) [II] du plan pour sortir par la N 14. Peu après, deux bifur. successives : prendre la N 18 (laisser à Dr. la N 14, vers Tiaret, *décrite par l'it. 50*), puis à G. l'IC 5 E, vers Aïn-Sultan). Monotone dans la plaine du Chélif jusqu'à	9
	LAVIGERIE, la route devient très accidentée et	27

Kge partiel		Kge total

ITINÉRAIRE 49 *(suite)*.

11	assez pittoresque à partir de DOLLFUSVILLE. A la sortie, pont sur le Chélif. On laisse à G. deux chemins vers Borély-la-Sapie.	38
33	On remonte une vallée, puis on longe ensuite le plateau de Sidi-Ali. PI avant Lodi. Montée assez forte, avec belles vues, coupée par un PN avant MÉDÉA : (route vers Blida, *décrite par l'it. 45 bis*).	71
32	Suivre l'itinéraire 45 jusqu'à BERROUAGHIA. (Route vers Boghari, *décrite par l'it. 45.*) ① du plan pour sortir par la N 18. Peu après la sortie, bifur : suivre à G. la N 18 (laisser à Dr. le GC 20 vers Aumale). On passe devant le Pénitencier agricole (à Dr.). Pont sur l'Od Hammam, puis on s'élève au flanc du Dj. Saksak pour redescendre vers	103
73	la plaine des Beni Sliman qu'on traverse par un long parcours monotone, ne dépassant que de rares hameaux comme Souk-el-Khemis, Souk-el-Tnine, Souk-el-Arba et franchissant de nombreux oueds dont le plus important est l'Od Zeroua peu avant BIR RABALOU. (Routes vers Aumale et vers Alger, *décrites par les it. 44 et 44 bis.*) La route se poursuit	176
9,5	de même à travers la plaine des Arib. PN, puis bifur : prendre à G. peu avant AÏN-BESSEM. Plus pittoresque et sinueuse à partir	185,5
25,5	de Bertville, la route descend la vallée de l'Od Lekahl (1 PN) et dépasse Aboutville. PN à la sortie et nouveau PN à l'entrée de	
	BOUÏRA.	211

ITINÉRAIRE 49 bis

BOUÏRA — MILIANA (par Bir-Rabalou et Médéa) : 211 k.

25,5	**BOUÏRA** : prendre la N 18 ; à la sortie, PN. Peu après, descente vers la vallée de l'Od Lekahl, PN avant Aboutville. Parcours pittoresque et sinueux, avec un nouveau PN, jusqu'à Bertville, moins intéressant ensuite vers	
9,5	**AÏN-BESSEM.** A 1.500 m. bifur : prendre à Dr. pour traverser la plaine des Arib. PN et peu après,	25,5
73	**BIR RABALOU.** (Routes vers Aumale et vers Alger, *décrites par les it. 44 et 44 bis.*). Pont sur l'Od Zeroua. La route se déroule, toujours monotone, dans la plaine des Beni Sliman, franchissant de nombreux oueds et ne dépassant que de rares hameaux comme Souk-el-Arba, Souk-el-Tnine, Souk-el-Khemis. On s'élève au flanc du Dj. Saksak pour redescendre vers l'Od Hammam qu'on franchit peu avant le Pénitencier agricole (à G.). Bifur : suivre tout droit (laisser à G. le GC 20 vers Aumale) avant	35
32	**BERROUAGHIA** où l'on entre par ① du plan. (Route vers Boghari, *décrite par l'it. 45*) Suivre l'itinéraire 45 bis jusqu'à	108
	MÉDÉA. (Route vers Blida, *décrite par l'it. 45 bis*). Suivre toujours la N 18. Descente assez forte, avec	140

Kge partiel		Kge total
	ITINÉRAIRE 49 bis (*suite*).	
33	belles vues, coupée par un PN, vers Lodi : prendre à G. A la sortie PI. On longe le plateau de Sidi-Ali, puis on descend par la vallée d'un oued vers le Chélif. Laisser à Dr. 2 chemins vers Borély-la-Sapie, puis franchir le Chélif peu avant	
	DOLLFUSVILLE. La route devient monotone et	173
11	plate à partir de	
	LAVIGERIE. Elle se développe alors dans la plaine.	184
18	Deux bifur successives : suivre tout droit (laisser à Dr. l'IC 5 E vers Aïn-Sultan, puis à G. la N 14, *décrite* vers Tiaret *par l'it. 60*) ; on emprunte cette dernière pour entrer, par [II] du plan, dans	
	AFFREVILLE. (Routes vers Orléansville et vers	202
9	Tiaret, *décrites par les it. 40 et 50.*) Suivre l'itinéraire 40 bis jusqu'à	
	MILIANA.	211

ITINÉRAIRE 50

MILIANA — TIARET : 181 k.

Kge partiel		Kge total
	MILIANA : Suivre l'itinéraire 40 jusqu'à	
9		
	AFFREVILLE. (Routes vers Orléansville et vers	9
12	Médéa, *décrites par les it. 40 et 49.*) [II] du plan pour sortir. A 1 k bifur : suivre à Dr. la N 14 (laisser à G. la N 18 vers Médéa, *décrite par l'It. 49*). On descend vers le Chélif dont on traverse la plaine monotone. Après	
	LE PUITS, bifur : suivre tout droit la N 14 (laisser à	21
25	G. le GC 6 vers Letourneux). On remonte bientôt dans une belle région la vallée de l'Od Massine. Après Pont du Caïd, on pénètre au cœur d'un massif boisé. On dépasse ainsi	
	MARBOT. La route continue à s'élever sur le flanc du	46
21	Dj. Akris, puis descend sur Dutertre. Elle se dirige ensuite sinueuse, très pittoresque, avec quelques tournants brusques, sur	
	TÉNIET-EL-HAD. (Route vers Boghari, *décrite par*	67
32	*l'it. 51 bis.*) (Ne pas manquer de faire jusqu'au Rond Point de la Maison forestière (14 k), une promenade dans la splendide forêt de cèdres. Route praticable aux autos, se renseigner.) Peu après bifur : prendre au milieu la N 14 (laisser à Dr. et à G. le GC 3), qui descend vers le Plateau du Sersou. Quelques ondulations. A hauteur de Taine qu'on laisse un peu à G. commence une descente très sinueuse et rapide (plus de 10 %) sur	
	BOURBAKI. On dépasse plusieurs centres agricoles du	99
17	Sersou et par	
	VIALAR, Waldeck-Rousseau, on atteint	116
48		
	TRUMELET. Prendre à Dr. Assez ondulée, la route se	164
17	développe parmi de nombreuses fermes, au milieu de prairies et de riches cultures. Montée vers la Jumenterie, et vers	
	TIARET où l'on entre par [I] du plan.	181

Kge partiel		Kge total

ITINÉRAIRE 50 bis

TIARET — MILIANA : 181 k.

Kge partiel		Kge total
17	**TIARET** : ① du plan pour sortir par la N 14 qui descend vers la Jumenterie. La route, assez ondulée, se développe parmi de nombreuses fermes, au milieu de prairies et de riches cultures. Dans	
48	TRUMELET, prendre à G. On dépasse plusieurs centres agricoles du Sersou ; par Waldeck-Rousseau,	17
17	**VIALAR**, on atteint	65
32	BOURBAKI. A la sortie, forte rampe sinueuse (plus de 10 %), jusqu'à hauteur de Taine qu'on laisse à Dr. La N 14 s'engage à travers le massif de l'Ouarsenis et atteint par une longue montée	82
21	TÉNIET-EL-HAD. (Route vers Boghari, *décrite par l'it. 51 bis*.) (Ne pas manquer de faire, jusqu'au Rond Point de la Maison forestière, 14 k, une promenade dans la splendide forêt de cèdres. Route praticable aux autos, se renseigner.) La route, sinueuse (quelques tournants brusques) et très pittoresque, se dirige vers Dutertre, puis s'abaisse sur le flanc du Dj. Akris vers	114
25	MARBOT. On pénètre ensuite au cœur d'un massif boisé et on descend la vallée de l'Oued Massine par Pont du Caïd pour arriver à	135
12	LE PUITS. Traversée de la plaine monotone du Chélif au cours de laquelle on franchit l'oued. Bifur : prendre à G. la N 14 (à Dr. route vers Médéa, *décrite par l'it. 49*) peu avant,	160
9	**AFFREVILLE** où l'on entre par ⑪ du plan. (Route vers Orléansville, *décrite par l'it. 40*.) Suivre l'itinéraire 40 bis, jusqu'à	172
	MILIANA.	181

ITINÉRAIRE 51

BOGHARI — TÉNIET-EL-HAD :
110 k.

Kge partiel		Kge total
8	**BOGHARI** : sortir vers l'O par l'embranchement de la N 1. PN à 500 m. Pont métallique sur le Chélif 200 m. après. Une montée difficile, très sinueuse, mais très belle, conduit à	
21	**BOGHAR**, «le Balcon du Sud». Prendre le GC 5 qui se développe très accidenté et très pittoresque sur les contreforts S du massif de l'Ouarsenis. Du moulin Donadieu (très joli site), en passant par la source glacée d'Aïn-Dalia, on monte par une longue rampe sinueuse au	8
27	COL DE BIRIN (alt. 1.148), d'où l'on a une vue splendide sur tout le massif du Zaccar. La route descend ensuite très tortueuse. Bifur : (suivre tout droit le GC 5, laisser à Dr. le GC 6 vers Affreville) 2 k avant	29
18	LETOURNEUX. Après quelques ondulations au flanc du Dj. ech Chaoun, on arrive à	56
36	TAZA. On descend d'abord sur l'Od Mrhila qu'on franchit, puis par une longue montée on atteint	74
	TÉNIET-EL-HAD.	110

Kge partiel		Kge total

ITINÉRAIRE 51 bis

TÉNIET-EL-HAD — BOGHARI :
110 k.

TÉNIET-EL-HAD : sortir par la N 14 vers le S.
A 4 k. bifur. : prendre à G. le GC 5, accidenté et
36   pittoresque sur les contreforts S de l'Ouarsenis.
Longue descente sur l'Od Mrhila, puis montée vers
TAZA. Quelques ondulations au flanc du Dj. ech   **36**
18   Chaoun, puis on arrive à
LETOURNEUX. A 2 k. bifur. : prendre à Dr. le GC   **54**
5 (laisser à G. le GC 6 vers Affreville). La route
27   s'élève jusqu'au
COL DE BIRIN (alt. 1.143) d'où on a une vue superbe   **81**
sur tout le massif du Zaccar. Par une descente très
sinueuse et difficile, on passe à la source glacée d'Ain-
21   Dalia et au moulin Donadieu (très joli site), puis,
par un trajet très pittoresque, on gagne
BOGHAR, « le Balcon du Sud ». Une descente très   **102**
sinueuse, difficile, mais très belle, conduit (pont
8   métallique sur le Chélif ; PN 200 m. après), à
BOGHARI.   **110**

ITINÉRAIRE 52

TIARET — AFLOU : 173 k.

TIARET : ⑪ du plan pour sortir par le GC 8 qui
traverse des régions à peu près désertes. Parcours
27   tout à fait monotone. Quelques cultures céréalifères.
On dépasse le centre de colonisation de
TRÉZEL et les cultures se font de plus en plus rares   **27**
à mesure que l'on s'enfonce davantage vers le Sud.
46   Après
EL OUSSEUKR elles disparaissent complètement.   **73**
On s'engage dans l'immense « Mer d'Alfa » qui s'étend
73   à perte de vue et on ne rencontre plus que les trois
caravansérails de Moudjehaf, Hassiam ed Dib et
GUELTA SIDI SAÏD. 13 k plus loin, on traverse une   **146**
forêt très clairsemée de thuyas, les seuls arbres depuis
27   Tiaret, avant d'atteindre
AFLOU.   **173**

ITINÉRAIRE 52 bis

AFLOU — TIARET : 173 k.

AFLOU : prendre le GC 8 qui traverse d'abord
une forêt très clairsemée de thuyas, les seuls arbres

Kge partiel	*ITINÉRAIRE 52 bis (suite).*	Kge total
27	qu'on rencontrera sur tout le parcours. La route s'engage ensuite dans l'immense « Mer-d'Alfa » qui s'étend à perte de vue. On dépasse le Bordj de	
73	GUELTA SIDI SAÏD, puis, par un trajet tout à fait monotone, à travers une région presque désertique, ceux de Hassiam ed Dib et de Moudjehaf, pour atteindre le centre de colonisation de	27
46	EL OUSSEUKR, Quelques rares cultures céréalifères apparaissent ensuite, à peine plus fréquentes à mesure qu'on gagne vers le Nord. On dépasse	100
27	**TRÉZEL**, autre centre de colonisation, avant d'arriver à	146
	TIARET où l'on entre par [II] du plan.	173

ITINÉRAIRE 53

TIARET — MOSTAGANEM : 153 k.

35	**TIARET** : [IV] du plan pour sortir par le GC 2 qui monte sur Guertoufa (vue sur le massif de l'Ouarsenis dans lequel on va s'engager). Descente sinueuse et pittoresque sur Temda et l'Od Berkat que l'on franchit. La route, toujours très belle, s'élève de nouveau assez rapidement (1 PN) et présente, après	
23	**MONTGOLFIER**, une série de tournants sans vue et des ondulations jusqu'à	35
16	MENDEZ. On suit d'abord l'Od Menasfa, puis la route s'élève et s'abaisse pour franchir la rivière. Après un PI, nouvelle descente sinueuse (encore deux passages de la voie ferrée), à travers une belle région boisée, sur	58
21	**ZEMMORA**. La route descend toujours, d'abord rapidement, puis elle traverse la plaine de la Mina. Bifur : prendre à G. la N 4 (à Dr. route vers Orléansville, *décrite par l'it. 41 bis*) plate et monotone. PN à l'entrée de	74
20	**RELIZANE** : [I] du plan pour entrer ; [II] pour sortir. Après un pont sur la Mina bifur : suivre tout droit (laisser à G. la N 7 vers Mascara, *décrite par l'it. 41*). On dépasse Clinchant et l'on arrive à	95
11	**L'HILLIL**. A la sortie, PN. Peu après, bifur : prendre à Dr. Quelques ondulations et sinuosités, notamment au passage du Dj. Meharïga. Descente sur	115
14	**BOUGUIRAT**. La route, plate et sans intérêt, contourne le Dj. Mouzaïa, traverse Sirat et atteint	126
13	ABOUKIR. Parcours intéressant dans une contrée riche en vignobles. On monte au flanc du plateau de Dradeb, puis on descend vers la Vallée des Jardins. Légère montée vers	140
	MOSTAGANEM où l'on entre par [II] du plan.	153

Kge partiel	ITINÉRAIRE 53 bis MOSTAGANEM — TIARET : 153 k.	Kge total
	MOSTAGANEM : ⓘ du plan pour sortir par la N 4 qui parcourt une contrée riche en vignobles. Légère descente vers la vallée des Jardins, puis on monte au flanc du plateau des Dradeb. La route s'abaisse ensuite vers	
13		13
14	ABOUKIR, puis, plate et monotone, elle traverse Sirat, contourne le Dj. Mouzaïa et atteint	27
11	**BOUGUIRAT.** Quelques ondulations et sinuosités, notamment au passage du Dj. Mehariga. PN à l'entrée de	38
20	**L'HILLIL.** La route, de nouveau plate et monotone, dépasse Clinchant, laisse à Dr. la N 7 (*décrite vers Mascara par l'it. 41*) franchit la Mina et arrive à	58
21	**RELIZANE :** ⓘ du plan pour entrer ; ⓘ pour sortir. PN. A 8 k de Relizane, quitter la N 4 (vers Orléansville, *décrite par l'it. 41 bis*) et prendre à Dr. le GC 2, d'abord à travers la plaine de la Mina, puis en montée de plus en plus rapide vers	79
16	**ZEMMORA.** PN. Route sinueuse et ondulée (un autre PN) sur les premières pentes boisées du massif de l'Ouarsenis, 5 k plus loin, bifur : prendre à G. A 2 k, autre bifur : suivre tout droit. Après un PI la route s'abaisse vers l'Od Menasfa qu'elle franchit ; quelques ondulations le long de la rivière jusqu'à	95
23	MENDEZ. Parcours sinueux (quelques tournants sans vue) et accidenté, mais très pittoresque, vers	118
35	**MONTGOLFIER.** PN peu après. On descend vers l'Od Berkat que l'on franchit à l'entrée de Temda. Nouvelle montée sur Guertoufa : vue sur l'Ouarsenis. On descend sur	153
	TIARET où l'on entre par ⓘⓥ du plan.	

ITINÉRAIRE 54

TIARET — MASCARA (par Frenda) : 155 k.

Kge partiel		Kge total
16	**TIARET :** ⓘ du plan pour sortir par la N 14. Peu après, bifur : prendre à G. (laisser en face le GC 11 vers Prévost-Paradol), aussitôt après PN. Pont sur la Mina (d'où l'on peut faire l'excursion aux gorges de l'Od Mina et à la cascade de Hourara), 5 k. avant	16
32	PALAT. On laisse à G. les Djebar, mausolées indigènes. Parcours sinueux et accidenté à travers une région boisée jusqu'à	48
43	**FRENDA.** Quelques tournants avant d'atteindre Martimprey au pied du Dj. Gaada, couvert de magnifiques forêts de pins.	91
41	TAGREMARET. Peu après bifur : laisser à G. le GC 48 vers Saïda. La route se dirige brusquement vers le Nord, puis s'élève vers le col d'Aïn-Guergour (alt. 759). Longue descente pittoresque vers la ferme de Zelamta à travers une région boisée. Après	132
23	CACHEROU, village natal d'Abd-el-Kader, carrefour : suivre tout droit. 7 k plus loin, prendre à G. (laisser à Dr. le GC 12 vers Palikao), pour atteindre, après un PN, Maoussa. Une voie étroite longe la route qui s'élève et on arrive à	
	MASCARA où l'on entre par ⓘ du plan	155

ITINÉRAIRE 54 bis

MASCARA — TIARET (par Frenda) : 155 k.

Kge partiel		Kge total
23	**MASCARA** : [II] du plan pour sortir par la N 14 qui se déroule avec quelques ondulations. A 4 k, au bas d'une descente, bifur : prendre à G. en laissant à Dr. le GC 52. Une voie étroite longe la route. Après Maoussa, bifur : prendre à Dr. (laisser à G. le GC 11 vers Palikao). De suite après cette bifur, un PN, suivre tout droit vers	
41	CACHEROU, village natal d'Abd-el-Kader. Parcours pittoresque dans une région montagneuse et boisée. Longue montée vers la ferme de Zelamta et le col d'Aïn-Guergour (alt. 759). Peu après, la route s'abaisse et, se dirigeant vers le S, atteint	23
43	TAGREMARET : en face se dresse l'imposant Dj. Gaada, couvert de magnifiques forêts de pins, au pied duquel se trouve Martimprey. Ondulations et sinuosités avant	64
32	**FRENDA.** Suivre toujours la N 14 à travers une région boisée. Parcours accidenté et sinueux ; on laisse à Dr. les Djebar, mausolées indigènes, et on arrive à	107
16	PALAT. 5 k après, pont sur la Mina (d'où l'on peut faire l'excursion aux gorges de l'Od Mina et à la cascade de Hourara). PN. Tourner à Dr. peu avant	139
	TIARET où l'on entre par [III] du plan.	155

ITINÉRAIRE 55

MASCARA — ORAN : 100 k.

Kge partiel		Kge total
21	**MASCARA** : [IV] du plan pour sortir par la N 6 qui monte, sinueuse, jusqu'à l'Avant-Garde (alt. 700, vue), puis dans un parcours encaissé et pittoresque, par la descente de « Crèvecoeur » (quelques tournants brusques, pentes de 6 %), atteint	
27	**DUBLINEAU.** A la sortie, PN et pont sur l'Od Hammam. 1 k plus loin, bifur : prendre à G. la N 6 (laisser à Dr. le GC 1 vers Perrégaux, *décrit par l'it. 56*) qui s'élève, tortueuse (pentes de 6 à 8 %), au pied du Dj. Merrioua, puis s'abaisse vers la plaine du Sig. On laisse à Dr. le fort de l'Union et on arrive à	21
25	**ST-DENIS-DU-SIG.** A la sortie, pont. A 8 k PN. Courant au pied de la chaîne du Tessala, la route devient sinueuse jusqu'à	48
15	**STE-BARBE-DU-TLÉLAT.** (Routes vers Arzew et vers Sidi-bel-Abbès, *décrites par les it. 61 et 61 bis.*) Elle se déroule ensuite dans la plaine du Tlélat en suivant la voie ferrée. Contournant la Sebkha d'Oran on atteint	73
12	**VALMY.** A la sortie 2 PN, le second sans barrières, coupant une voie étroite. Nouveau PN avant la Senia. On arrive à	88
	ORAN où l'on entre par [III] du plan.	100

ITINÉRAIRE 55 bis

ORAN — MASCARA : 100 k.

Kge partiel		Kge total
12	**ORAN** : [III] du plan pour sortir par la N 6 qui est suivie par une voie étroite. A 1 k 5 de la Sénia PN. 2 autres PN, le premier sans barrières, sur cette voie étroite avant	
15	**VALMY.** La route contourne ensuite la Sebkha d'Oran, puis oblique à G. Elle se déroule dans la plaine du Tlélat et atteint	12
25	**STE-BARBE-DU-TLÉLAT.** (Routes vers Arzew et Sidi-bel-Abbès, *décrites par les it. 61 et 61 bis*). Parcours sinueux au pied de la chaîne du Tessala. 15 k après, PN. Parmi les oliviers la route se dirige vers le Sig que l'on franchit à l'entrée de	27
27	**ST-DENIS-DU-SIG.** On dépasse le fort de l'Union et on laisse à G. le GC 6 à travers la plaine du Sig, vers Perrégaux. La N 6 s'élève sinueuse et en rampe assez forte sur les pentes du Dj. Merrioua, puis s'abaisse (6 à 8 %) vers l'Od El Hammam. (On laisse à G. le GC 1 vers Perrégaux, *décrit par l'it. 56*). Pont sur l'Od et PN de tram à l'entrée de	52
21	**DUBLINEAU.** Longue montée dite de « Crèvecœur » (quelques tournants brusques, pentes de 6 %) ; parcours encaissé et très pittoresque. A partir de l'Avant-Garde (alt. 700, vue), descente sinueuse vers	79
	MASCARA où l'on entre par [IV] du plan.	100

ITINÉRAIRE 56

MASCARA — MOSTAGANEM : 83 k.

Kge partiel		Kge total
21	**MASCARA** : Suivre l'itinéraire 55 jusqu'à	
21	**DUBLINEAU.** (Route vers Oran, *décrite par l'it. 55.*) A la sortie PN et pont sur l'Od El Hammam. 1 k plus loin bifur : prendre à Dr. le GC 1 en laissant en face la N 6 vers Oran. La route sinueuse descend la vallée encaissée de l'Od El Hammam qu'elle domine à flanc de coteau. 10 k plus loin, sur la Dr. barrage formant lac au confluent des Od El Hammam et Fergoug. Peu après PN suivi d'un autre à 4 k. La vallée s'élargit. Bifur : prendre à Dr. pour franchir l'Habra. Nouveau PN avant	21
24	**PERRÉGAUX.** PN à la sortie. Suivre la N 17 dans la vaste plaine de l'Habra. Quelques ondulations avant	42
17	**NOISY-LES-BAINS.** La route, légèrement ondulée, traverse un immense vignoble, coupe une voie étroite par un PN, dépasse **Rivoli**, puis atteint **Mazagran**. De là suivre l'itinéraire 37 bis, jusqu'à	66
	MOSTAGANEM.	83

ITINÉRAIRE 56 bis

MOSTAGANEM — MASCARA : 83 k.

MOSTAGANEM : Suivre l'itinéraire 37 jusqu'à **Mazagran** : dans la localité suivre tout droit la N 17.

Kge partiel		Kge total

ITINÉRAIRE 56 bis (*suite*).

17 — Peu après bifur : tourner à Dr. La route, légèrement ondulée, traverse un immense vignoble, dépasse **Rivoli**, coupe une voie étroite par un PN pour atteindre

24 — **NOISY-LES-BAINS.** Après avoir passé un chaînon montagneux on pénètre dans la vaste plaine de l'Habra pour atteindre, de suite après un PN, — **17**

21 — **PERRÉGAUX.** Prendre le GC 1 (un PN) qui franchit l'Habra ; aussitôt bifur : prendre à G. en laissant en face le GC 30 vers St-Denis-du-Sig. La route s'engage dans la vallée de l'Od El Hammam. Après un PN la vallée se resserre, encaissée entre des massifs montagneux. On s'élève peu à peu, dominant la rivière à flanc de coteau. Nouveau PN à 4 k : à G. barrage formant lac au confluent des Od El Hammam et Fergoug. Bifur : prendre à G. la N 6 (à Dr. route vers Oran, *décrite par l'it. 55*). Pont sur l'Od El Hammam et PN à l'entrée de — **41**

21 — **DUBLINEAU.** De là suivre l'itinéraire 55 bis jusqu'à — **62**

MASCARA. — **83**

ITINÉRAIRE 57

MASCARA — SAÏDA : 73 k.

11 — **MASCARA :** Suivre l'itinéraire 42 jusqu'à St-André. Bifur : prendre à G. la N 6 (laisser à Dr. la N 7 vers Sidi-Bel-Abbès, *décrite par l'it. 42*). La route traverse la plaine d'Eghri. Après

22 — **FROHA**, on passe l'oued du même nom. PN. Quelques ondulations pour franchir un massif montagneux. On coupe le GC 15 et on suit tout droit à travers une région monotone. Nouveau PN, bifur : suivre tout droit ; pont sur un oued avant — **11**

16 — **TARIA.** La route monte par une sorte de plateau vers les montagnes. Elle tourne brusquement à G. en arrivant sur l'Od Saïda, dont, à partir de Charrier, elle remonte le cours dans une vallée assez encaissée. Parcours sinueux, avec des tournants de faible rayon, le long de la voie ferrée. Par — **33**

24 — **FRANCHETTI** on dépasse les Eaux Chaudes, Nazreg (sources abondantes et grotte souterraine) et on atteint, après un PN, — **49**

SAÏDA. — **73**

ITINÉRAIRE 57 bis

SAÏDA — MASCARA : 73 k.

24 — **SAÏDA :** PN ; à la sortie prendre la N 6 qui, longée par la voie ferrée, suit le cours de l'Od Saïda. On dépasse Nazreg (sources abondantes et grotte souterraine) et les Eaux Chaudes. La route se rapproche de la rivière avant

16 — **FRANCHETTI.** Parcours sinueux (quelques tournants de faible rayon) dans une vallée assez encaissée. Aussitôt après Charrier, par un brusque tournant à Dr. on s'éloigne de l'Od Saïda et la route s'abaisse doucement vers — **24**

TARIA. A la sortie, pont sur l'oued du même nom ; peu après PN. Trajet monotone en plaine. Après le croise- — **40**

Kge partiel		Kge total

ITINÉRAIRE 57 bis *(suite).*

22 — ment du GC 15 (laisser à Dr. la route de Thiersville) quelques ondulations pour franchir un massif montagneux. PN et pont sur l'Od Froha avant

FROHA. Traversée de la plaine d'Eghri. Bifur : prendre à Dr. (laisser à G. la N 7 vers Sidi-bel-Abbès, *décrite par l'it. 42*), vers St-André d'où on suit l'itinéraire 42 bis jusqu'à — **62**

11

MASCARA. — **73**

ITINÉRAIRE 58

SAÏDA — GÉRYVILLE : 204 k.

SAÏDA : à la sortie PN. N 6 qui s'élève par de hauts plateaux bien cultivés vers — **12**

12

AÏN-EL-HADJAR. PN. Plus loin, bifur : suivre la N 6 tout droit (laisser à Dr. le GC 55). On traverse une partie de la vaste plaine des Maâtif, couverte de cultures, puis des plateaux cailouteux où apparaissent les premières touffes d'alfa. Nouvelle bifur : continuer tout droit *(laisser à G. un embranchement de la N 6 qui permettrait d'aller tout droit à Géryville par Kralfallah et Foum el Maï. Mais à partir de ce dernier point, il n'y a plus qu'une piste impraticable).* On entre bientôt dans la « Mer d'Alfa ». Parcours monotone. A hauteur de la station de Modzbach, PN. On atteint ainsi

74

LE KREIDER. Plus au Sud on traverse la cuvette du Chott_ech Chergui. Ensuite, après un PN, — **86**

13

BOU-GUETOUB. A 2 k 5 bifur : prendre à G. (laisser à Dr. la route vers Méchéria et Aïn-Sefra, *décrite par l'it. 59*). Monotone, le parcours se déroule à travers des plateaux toujours couverts d'alfa. On ne rencontre que les trois caravansérails d' — **99**

32

ALFAVILLE, Kel-el-Ahmar et Zouireg avant d'atteindre — **131**

73

GÉRYVILLE. — **204**

ITINÉRAIRE 59

SAÏDA — AÏN-SEFRA : 269 k.

SAÏDA : suivre l'itinéraire 58 jusqu'à

99

BOU-GUETOUB. A 2 k 5, bifur : prendre à Dr. vers le S (laisser à G., la route vers Géryville, *décrite par l'it. 58*). Long trajet monotone à travers une région à peu près désertique au milieu des sables et des dunes, le long de la voie ferrée de Colomb-Béchar, qu'on recoupe à plusieurs reprises. On atteint — **99**

68

MÉCHÉRIA au pied du Dj. Antar qui se dresse au milieu de la plaine. La piste gagne ensuite la Sebka en Naâma qu'elle contourne par l'E (assez loin sur la Dr., le Dj. Malah). On s'engage dans une sorte de dépression entre deux massifs montagneux. Par les stations de Mékalis et de — **167**

78

BOU-GHELLABA on atteint — **245**

24

AÏN-SEFRA. — **269**

Kge partiel		Kge total

ITINÉRAIRE 60

AÏN-SEFRA — COLOMB-BÉCHAR :
234 k.

(Itinéraire accessible aux automobiles ordinaires de tourisme. Prendre en temps de pluie des précautions pour franchir les fonds de « Dayas » et ne pas perdre de vue les prescriptions du Code de l'automobile sur les routes sahariennes : voir p. 228.)

AÏN-SEFRA : à la sortie O du centre, prendre une piste qui, après un PN, se dirige vers l'O. A 4 k bifur (mur indicateur) : prendre à Dr. Trajet sans intérêt jusqu'au bordj de — **32**

BEN IKHROU. 8 k plus loin, on franchit le col de Founassa (gorge d'un impressionnant aspect sauvage). Plus loin encore on traverse une petite palmeraie, puis la piste entre dans une plaine à l'aspect désertique. On recoupe plusieurs fois la voie ferrée et on atteint — **73**

DJENIEN-BOU-REZG. La piste longe la redoute, franchit un PN, dépasse l'ancien village et suit la voie ferrée qu'elle recoupe plusieurs fois. On passe aux stations de Hadjerat M'Guil et de Duveyrier pour arriver à — **123**

BENI-OUNIF-DE-FIGUIG (relié par une bonne route, 7 k, à **Figuig**, *voir it. 64*). Par un long parcours sur un plateau pierreux, où la piste est en voie d'aménagement et où rien ne rompt la monotonie du trajet, on arrive à — **234**

COLOMB-BÉCHAR.

Partiels : 32, 41, 50, 111.

ITINÉRAIRE 61

SIDI-BEL-ABBÈS — ARZEW : 93 k.

SIDI-BEL-ABBÈS : ① du plan pour sortir par la N 13 qu'on suivra sur presque tout le parcours. Un PN sur une voie étroite. Descendant la vallée de la Mekerra, la route longe la voie ferrée. Au milieu des vignes et des oliviers, elle dépasse le Rocher et Prudon, puis atteint — **17**

LES TREMBLES. A 1 k bifur : continuer tout droit (laisser à Dr. le GC 5). La route est assez ondulée. Immédiatement après, un PN. — **17**

OUED-IMBERT. A 3 k on franchit le col qui sépare les vallées de l'Od Mekerra et de l'Od Tlélat. On descend désormais constamment. Dans la vallée de l'Od Tlélat, on passe par les Lauriers Roses et 2 k plus loin, sur la droite, on aperçoit le barrage de l'Od, 4 k après Djenan-Meskine PN. On traverse bientôt **St-Lucien** pour arriver, après un nouveau PN, à — **25**

STE-BARBE-DU-TLÉLAT. (Routes vers Oran et vers Mascara, *décrites par les it. 55 et 55 bis.*) Suivre tout droit dans la localité. La N 13 traverse les marais du Daïet Oum el Rhelaz. Bifur en croix ; suivre la N 13 (laisser le GC 41, à Dr. vers St-Denis-du-Sig, à G. vers Fleurus). La route passe entre deux vastes salines, puis à travers une plaine couverte de vignobles ; après un PN elle rejoint la N 4 et atteint — **55**

ARZEW. — **93**

Partiels : 17, 8, 30, 38.

Kge partiel	ITINÉRAIRE 61 bis	Kge total

ARZEW — SIDI-BEL-ABBÈS : 93 k.

ARZEW : sortir par la N 4. 1 k après, bifur : prendre à Dr. 2 k plus loin, nouvelle bifur : prendre à G. la N 13 qui court à travers une plaine couverte de vignobles. PN. La route laisse à Dr. le GC 40 et on passe entre deux vastes salines. Elle croise le GC 41 (à Dr., vers Fleurus, à G. vers St-Denis-du-Sig), puis traverse les marais du Daïet Oum el Rhelaz avant d'atteindre

38

STE-BARBE-DU-TLÉLAT. (Routes vers Oran et vers Mascara, *décrites par les it. 55 et 55 bis.*) A 1.500 m. PN d'une voie ferrée qui longe la route dans la vallée du Tlélat. Après **St-Lucien,** on pénètre avec la rivière dans les premiers contreforts du Dj. Tessala. PN. La route s'élève sinueuse, dépasse à G. le barrage de l'Od Tlélat, Djenan Meskine, les Lauriers Roses. On suit toujours l'Od Tlélat, puis on franchit un col qui sépare les vallées de l'Od Tlélat et de l'Od Mekera pour arriver à

38 · **30**

OUED-IMBERT : à la sortie PN. Quelques ondulations avant

8 · **68**

LES TREMBLES où l'on atteint la vallée de la Mekerra. On traverse successivement Prudon, le Rocher. Parmi les vignes et les oliviers, on arrive, après avoir coupé une voie étroite à

17 · **76**

SIDI-BEL-ABBÈS où l'on entre par ① du plan.

93

ITINÉRAIRE 62

MARNIA — PORT-SAY : 69 k.

MARNIA : prendre la N 7 qui s'engage dans une région en voie de colonisation. A 5 k bifur : prendre à Dr. la N 7 ᴍ (laisser à G. la N 7 vers Oudjda, *décrite par l'it. 43*, puis le GC 63, 2ᵉ tronçon). Par un parcours sans grand intérêt, on atteint l'Od Mouïlah qu'on franchit. Après

25

SIDI-BOU-DJENAN laisser à Dr. successivement le GC 63, 1ᵉʳ tronçon, et le GC 46 vers Nemours. On descend sur

25 · **12**

BAB-EL-ASSA et l'Od Kiss dont on suit la vallée par la rive droite, presque toujours à flanc de coteau (laisser à G. un chemin vers Martimprey du Kiss). A partir de Souk-Adjeroud la vallée se resserre et la route entre dans de pittoresques gorges au sortir desquelles, par une plaine marécageuse, en partie assainie et cultivée, elle gagne, au bord de la mer (laisser à G. un chemin vers Saïdia),

37 · **32**

PORT-SAY.

69

ITINÉRAIRE 62 bis

PORT-SAY — MARNIA : 69 k.

PORT-SAY : prendre la N 7 ᴍ qui s'éloigne de la mer par une plaine marécageuse, en partie assai-

Kge partiel		Kge total

ITINÉRAIRE 62 bis (suite).

nie et cultivée (laisser à Dr. un chemin vers Saïdia). Peu après, on pénètre dans les pittoresques gorges de l'Od Kiss que l'on suit jusqu'à Souk-Adjeroud. **32** La route s'élève dominant la rive droite de l'oued et presque toujours à flanc de coteau. (Laisser à Dr. un chemin vers Martimprey-du-Kiss.)

12 BAB-EL-ASSA. Laisser à G. successivement le GC 46 et le GC 63, 1er tronçon, vers Nemours avant **32**

SIDI-BOU-DJENAN. Parcours sans grand intérêt au cours duquel on franchit l'Od Mouïlah. Après l'Od **44** laisser à Dr. le GC 63, 2e tronçon; plus loin bifur: **25** prendre en suivant tout droit la N 7 (à Dr. route vers Oudjda, *décrite par l'it. 43*). On atteint

MARNIA. **69**

ITINÉRAIRE 63

OUDJDA — BERGUENT : 81 k.

OUDJDA : Ⓜ du plan pour sortir par la RP 16. Après le pont sur l'Od Nachef, prendre à G. la RP 19 (laisser la RP 16 vers Taza, *décrite par l'it. 65*) qui quitte bientôt la plaine d'Oudjda pour se dé- **44** rouler dans un pays accidenté, aux pentes boisées par endroits. On laisse à Dr. le massif du Zekkara et à G. le Dj. Metsila. Après avoir franchi plusieurs oueds, on atteint ainsi le caravansérail de

DJERADA. Par une montée en lacets on s'élève jus- **44** qu'au col de Djerada. La route redescend ensuite vers la plaine où elle court dans les gorges de Beni- **37** Mahtar. Sur 10 k le trajet se fait par une piste (bonne en été, difficile en cas de pluie) actuellement en voie de transformation en route. Cette dernière reprend ensuite et se poursuit jusqu'à

BERGUENT. **81**

ITINÉRAIRE 63 bis

BERGUENT — OUDJDA : 81 k.

BERGUENT : prendre la RP 19, qui, en plaine, se dirige vers le N. La route se poursuit, plate, sur 16 k en passant par les gorges de Beni-Mahtar. On a **37** alors 10 k de piste (bonne en été, difficile en cas de pluie) où la route est en construction. Cette der- nière monte ensuite vers le Col de Djerada. Par une descente en lacets, on atteint le caravansérail de

DJERADA. On parcourt une région accidentée, aux **37** pentes boisées par endroits, où la route se déroule entre le massif du Zekkara à G. et le Dj. Metsila à **44** Dr. On regagne ainsi la plaine. Après avoir traversé plusieurs oueds, on rejoint la RP 16 (*décrite vers Taza, par l'it. 65*). Prendre à Dr. pour entrer dans

OUDJDA par Ⓜ du plan. (*Douanes avant l'entrée en Algérie.*) **81**

Kge partiel	ITINÉRAIRE 64	Kgo total
	BERGUENT — FIGUIG : 297 k.	
37	**BERGUENT :** A travers une série de vallonnements peu accidentés, la piste s'élève progressivement par Gour-Leam et Maghounat, où l'on entre dans l'alfa, jusqu'au caravansérail de	
43	OGLAT CEDRA (puits très fréquenté). Elle monte sur le plateau du Dahra, aux larges horizons, où elle court à travers l'alfa, puis à travers le thym. Par Dayet oum Sliman on atteint le bordj de	37
35	TRARIT GHARSALLAH. La piste se poursuit à travers le plateau, puis elle pénètre dans une région légèrement accidentée pour arriver à	80
42	TENDRARA. (Nœud de pistes et points d'eau importants.) Continuer dans la direction S. Le décor reste le même. Parcours assez accidenté à travers l'alfa. On atteint le bordj de	115
27	HASSI-EL-ARICHA. La piste descend vers le S E en traversant quelques fonds d'oueds normalement sans eau. Elle gagne, dans un col, au milieu d'un cirque de montagnes,	157
46	BOU-ARFA. Au sortir du col, elle tourne brusquement à l'E pour suivre le Maader Messarine entre deux chaînes de montagnes distantes de plusieurs k. A El Bechil, elle s'oriente de nouveau vers le S. Elle atteint ainsi le bordj de	184
37	MAADER ZOULEY. Elle se poursuit en direction S pendant une vingtaine de k, franchit le col du Teniet-Zait, puis repart vers l'E, à travers un terrain assez tourmenté jusqu'au bordj de	230
30	HASSI-BOU-LAKHAL. On s'engage alors dans la vallée de l'Od Tisserfine, entre deux hautes montagnes, jusqu'au col du Teniet-Zerga d'où l'on aperçoit, à 2 k devant soi, l'oasis de	267
	FIGUIG. (Il n'existe à Figuig ni hôtel ni restaurant. Pour séjourner se rendre à **Beni-Ounif de Figuig,** 7 k.)	297

ITINÉRAIRE 65

OUDJDA — TAZA : 225 k.

Kge partiel		Kgo total
59	**OUDJDA :** du plan pour sortir par la RP 16 qu'on suivra sur tout le parcours. A 1 k pont sur l'Od Nachef, puis laisser à G. la RP 19 vers Berguent, *décrite par l'it. 63.* Après l'Od Isly PN. Laissant à Dr. la RS 403 vers Berkane, la route s'élève à travers la plaine cultivée des Angad, dominée à Dr. par le massif des Beni-Snassen. On dépasse la gare de Naïma puis, par un trajet assez ondulé, après avoir franchi l'Od Bou Rdim, on atteint	
49	EL AÏOUN SIDI-MELLOUK. Par une région toujours ondulée, la route coupant plusieurs fois la voie ferrée, suit l'ancien « Trik es Soltan ». Elle franchit l'Od El Assas, laisse à Dr. une piste vers Mouley el Bach, puis, une piste vers le Camp Berteaux. Pont sur l'Od Za et de suite après,	59
	TAOURIRT. La route parcourt la plaine désertique de Tafrata (un PN), ravinée par des oueds affluents de la Moulouya et du Za. Après Guetitir, nouveau	108

Kge partiel		Kge total

ITINÉRAIRE 65 *(suite).*

PN. Un autre avant El Agreb. On laisse à Dr. une piste vers Merada. PN. La route s'abaisse vers la Moulouya. On laisse à G. Saflet. Plus loin PN après lequel se détache à G. une piste vers Mahiridja. Pont commun à la route et à la voie ferrée sur la Moulouya, puis PN immédiatement avant

51

GUERCIF. PN à la sortie. Remontant la vallée de l'Od Melloulou, puis traversant une plaine, la route recoupe la voie ferrée par de fréquents PN. Elle passe aux gares de El-Mizane, Safsafat (village à G.) et de M'Soun (village à Dr.). Elle monte ensuite au col de Zhaza qui sépare les bassins de l'Atlantique et de la Méditerranée ; c'est le commencement du Maroc occidental. PN au col. Dans la descente, des terrains fertiles bordent la route. On dépasse Aghbal, puis, par un parcours accidenté, traversant de nombreux oueds, laissant sur la Dr. Bou-Ladjeraf, on atteint

159

66

TAZA où l'on entre par ① du plan. *(Douanes entre le Maroc oriental et le Maroc occidental.)*

225

ITINÉRAIRE 65 bis

TAZA — OUDJDA : 225 k.

TAZA : ① du plan pour sortir par la RP 16 qui emprunte le tracé du « Trik es Soltan ». Par un parcours accidenté, traversant de nombreux oueds, laissant sur la G. Bou-Ladjeraf, on atteint Aghbal. La route, bordée par des terrains fertiles, s'élève vers le col de Zhaza qui sépare les bassins de l'Atlantique et de la Méditerranée. C'est le commencement du Maroc oriental. PN au col. Après la descente, la route, coupée par de nombreux PN, dépasse les gares de M'Soun (village à G.), Safsafat (village à Dr.) et d'El-Mizane dans la vallée de l'Od Melloulou. PN à l'entrée de

66

GUERCIF. Nouveau PN à la sortie. Pont commun à la route et à la voie ferrée sur la Moulouya. Traversée de la plaine désertique de Tafrata ravinée par des oueds, affluents de la Moulouya et du Za. A Dr. se détache une piste vers Mahiridja. Aussitôt après PN. La route, s'élevant légèrement, laisse à Dr. Saflet, croise à nouveau la voie ferrée, puis dépasse El Agreb. 2 PN avant Guetitir. Coupant encore la voie ferrée, la route atteint ensuite

66

51

TAOURIRT. Nombreux PN sur le reste du parcours. A G. se détache une piste vers le Camp Berteaux. On laisse bientôt à G., une autre piste vers Mouley el Bach et on franchit l'oued El Assas. On arrive à

117

49

EL AÏOUN-SIDI-MELLOUK. Parcours assez ondulé, au cours duquel on franchit l'Od Bou Rdim. Après la gare de Naïma la route s'abaisse à travers la plaine cultivée des Angad, dominée à G. par le massif des Beni-Snassen. A G. se détache la RS 403 vers Berkane ; peu après PN et pont sur l'Od Isly. Pont sur l'Oued Nachef avant d'entrer à

166

59

OUDJDA par ③ du plan. *(Douanes avant l'entrée en Algérie.)*

225

Kge partiel		Kge total

ITINÉRAIRE 66

TAZA — FÈS : 127 k.

Kge partiel		Kge total
24	**TAZA :** [II] du plan pour sortir par la RP 15 qui, sur tout le parcours, est suivie par une voie ferrée. On franchit les Od Taza et Inaouene, puis, laissant à Dr. l'ancienne piste de Fès, l'Od Hadjar et de nouveau, à plusieurs reprises, l'Od Inaouene. Après la station de Bab Merzouka, la route s'engage dans un immense cirque couvert de végétation, où elle s'élève par un trajet avec des virages très durs et avec de nombreux PN, jusqu'au	
15	COL DE TOUAHAR (alt. 558) : splendide panorama à Dr. et à G. sur les massifs montagneux, en arrière sur le cirque qu'on vient d'escalader, en avant sur la riche vallée de l'Od Inaouene qu'on va parcourir. Sinueuse, la route dévale très rapidement. Elle laisse à G. la Kasbah des Beni-Megara et franchit l'Od Amelil. PN un peu plus loin. Après	24
29	SIDI ABDALLAH, au milieu des oliviers, on franchit pour la dernière fois l'Od Inaouene, plus loin l'Od Zireg. Nouveau PN, on laisse à Dr. Beni M'tir. Après Sidi-Mimoun, on franchit l'étroite vallée de l'Od Bou Halou, et après Chbabat les Ods Matmata et Bou Zemlane, pour atteindre	39
32	SIDI ABD EL DJELIL. La route quitte alors la vallée de l'Od Inaouene et s'élève sur le plateau d'Aïn Sbitt. Nombreux PN. On redescend par	68
27	AÏN SBITT, au milieu de cultures et d'oliveraies, avec des virages difficiles et de fortes pentes, vers l'Od Sebou qu'on longe d'abord par sa rive Dr. (2 PN), puis par sa rive G. Après la maison cantonnière d'El Aricha on s'élève au flanc d'arides collines, puis à travers les bois d'oliviers, et on arrive à	100
	FÈS où l'on entre par [I] du plan.	127

ITINÉRAIRE 66 bis

FÈS — TAZA : 127 k.

Kge partiel		Kge total
27	**FÈS :** [I] du plan pour sortir par la RP 15 qui est suivie par une voie ferrée sur tout son parcours. On longe la rive G. de l'Od Sebou, d'abord à travers des bois d'oliviers, puis au flanc d'arides collines, jusqu'à la maison cantonnière d'El Aricha. Après un pont sur l'oued et un PN, la route s'élève au milieu de cultures et d'oliveraies, avec des virages difficiles et de fortes rampes. Nouveau PN, vers le plateau d'	
32	AÏN SBITT. Longue descente (nombreux PN) vers la vallée de l'Od Inaouene que l'on atteint à	27
29	SIDI ABD EL DJELIL et que l'on suivra presque jusqu'à Taza. La route franchit les Ods Bou Zemlane et Matmata, puis laisse à G. Chbabat. On traverse l'étroite vallée de Bou Halou peu avant Sidi-Mimoun. On laisse Beni M'tir à G. PN et ponts sur les Od Zireg et Inaouene avant	59
	SIDI ABDALLAH, au milieu des oliviers. Peu après,	88

Kge partiel		Kge total

ITINÉRAIRE 66 bis (suite).

15
PN et pont sur l'Od Amelil. La route laissant à Dr. la Kasbah des Beni-Megara s'élève très rapidement jusqu'au

COL DE TOUAHAR (alt. 558). Splendide panorama à Dr. et à G. sur les massifs montagneux, en arrière sur la riche vallée de l'Od Inaouene et en avant sur un immense cirque couvert de végétation vers lequel on descend. Parcours sinueux avec des virages très **103**

24
durs et de nombreux PN. Après la station de Bab Merzouka, on franchit à plusieurs reprises l'Od Inaouene. Ponts sur les Od Hadjar, Inaouene et Taza avant d'arriver à

TAZA où l'on entre par ⑪ du plan. (*Douanes entre le Maroc oriental et le Maroc occidental.*) **127**

ITINÉRAIRE 67

FÈS — MEKNÈS : 61 k.

FÈS : ⑪ du plan pour sortir par la RP 3 qui remonte la vallée de l'Od Fès, puis s'engage dans la grande plaine du Saïs. A 12 k bifur : prendre à G. la RP 5 (laisser à Dr. la RP 3 vers Kénitra par le col de Segotta, *décrite par les itin. 70 et 72*) que l'on suivra sur tout le reste du parcours. On passe l'Od Nja sur un vieux pont marocain, puis la route se développe dans la plaine, marquée seulement par le passage de quelques oueds et dominée bientôt sur la Dr. par le massif du Zerhoun aux pentes couvertes de vignes et d'oliviers. Après

40
AÏN CHKEF la route se rapproche de la voie ferrée, qu'elle longe avant d'arriver à **40**

21
MEKNÈS où l'on entre par ① du plan. **61**

ITINÉRAIRE 67 bis

MEKNÈS — FÈS : 61 k.

MEKNÈS : ① du plan pour sortir par la RP 5 qui longe la voie ferrée dans la grande plaine du Saïs, marquée seulement par le passage de quelques oueds et dominée sur la G. par le massif du Zerhoun aux pentes couvertes de vignes et d'oliviers. On traverse

21
AÏN-CHKEF. On passe l'Od Nja sur un vieux pont marocain. Bifur : suivre tout droit la RP 3 (à G. route vers Kénitra, *décrite par les it. 70 et 72*). La route, suivant la vallée de l'Od Fès, atteint **21**

40
FÈS où l'on entre par ⑪ du plan. **61**

Kge partiel	ITINÉRAIRE 68	Kge total

ITINÉRAIRE 68

MEKNÈS — RABAT : 141 k.

MEKNÈS : Ⓜ du plan pour sortir par la RP 4 qu'on abandonne après Dar oum es Soltan pour prendre à G. la RP 14 (virage très dangereux, en cours d'amélioration). D'abord sur un plateau jusqu'à Aïn-Lorma, la route descend ensuite, pittoresque et sinueuse (3 k de parcours dangereux vers la fin de la descente) sur l'Od Beht, le franchit, puis remonte en lacets sur la rive opposée. Par une région assez accidentée, elle atteint — **58**

KHEMISSET. Peu après la sortie PN. Parcours monotone dans une région de pâturages, avec quelquefois vers le S un aperçu sur les montagnes de l'Atlas. Un nouveau PN. On dépasse plusieurs abris cantonniers et on franchit plusieurs oueds. Bifur : suivre tout droit la RP 14 (laisser à G. la RS 209). On descend ensuite sur la vallée encaissée de l'Od Tiflet, et par une montée sinueuse on atteint, 4 k après la bifur, — **84**

TIFLET. PN à la sortie. Suivre toujours la RP 14 qui, par un trajet légèrement ondulé, traverse un pays de cultures et d'élevage. On pénètre bientôt dans la partie SO de la forêt de chênes-lièges de la Mamora. Laissant quelques abris cantonniers à G. de la route on dépasse Monod, groupe de quelques baraques. Après être sorti de la forêt, et à hauteur de la ferme Lauzet, bifur : prendre à G. la RP 14 A (laisser à Dr. la RP 14 qui conduit, PN, Ⓙ du plan, à **Salé**) pour arriver, par une descente, à — **141**

RABAT où l'on entre par Ⓙ du plan.

Colonne gauche Kge partiel : 58, 26, 57

ITINÉRAIRE 68 bis

RABAT — MEKNÈS : 141 k.

RABAT : Ⓙ du plan pour sortir par la RP 14 A qui monte vers la ferme Lauzet ; bifur : prendre à Dr. la RP 14 (à G. débouche la route venant de Salé). La route pénètre bientôt dans la partie SO de la forêt de chênes-lièges de la Mamora, dépasse Monod, groupe de quelques baraques, et laisse à Dr. quelques abris cantonniers. A la sortie de la forêt, parcours ondulé à travers un pays de cultures et d'élevage. PN avant — **57**

TIFLET. Descente sinueuse au bas de laquelle on franchit l'Od Tiflet sur un pont, puis montée sur la rive opposée. Bifur : suivre tout droit la RP 14 (laisser à Dr. la RS 209). On dépasse plusieurs abris cantonniers et on franchit plusieurs petits oueds. PN. Au loin sur la Dr. on aperçoit par moments les montagnes de l'Atlas. Nouveau PN avant — **83**

KHEMISSET. On s'engage dans une région assez accidentée. Par une descente en lacets on gagne la profonde vallée de l'Od Beht qu'on franchit. On s'élève ensuite par une montée très sinueuse (virages aigus et dangereux pendant 3 k). Cette montée continue jusqu'à Aïn-Lorma, puis pendant 8 k 5, la route traverse un plateau. On arrive à une bifur (virage très dangereux en cours d'amélioration) : prendre à Dr. la RP 4. Par Dar oum es Soltan on atteint —

MEKNÈS où l'on entre par Ⓜ du plan. — **141**

Colonne gauche Kge partiel : 57, 26, 58

Kge partiel		Kge total

ITINÉRAIRE 69

RABAT — CASABLANCA : 92 k.

RABAT : ⑭ du plan pour sortir par la R.P.1 qu'on suivra sur tout le parcours. Longeant d'abord la voie ferrée, la route se déroule en pays Zaër parmi de belles cultures. PS avant

11   **11**

TEMARA. Peu après bifur : (laisser à G. la RS 202 vers Sidi-Yahia des Zaërs). La route se poursuit assez monotone, par une région faiblement ondulée, marquée par le passage des Od Ykem et Cherrat qu'on franchit sur des ponts suspendus. A hauteur de

30   **41**

BOU-ZNIKA se détache à G. la RS 117 vers Boulhaut. On pénètre dans la partie N de la Chaouïa où le parcours s'effectue au milieu de terres qui sont en majeure partie mises en culture. 18 k plus loin se détache à G. la RS. 101 également vers Boulhaut. Après le passage de l'Od Nefifikh, montée difficile. Laisser à Dr. la RS 101 vers Fédhala. Descente avec virages difficiles sur l'Od Mellah qu'on franchit. On coupe ensuite la RS 107 (à Dr. vers Fédhala, à G. vers Mediouna) 18 k avant d'atteindre, par une plaine plus cultivée, et après un PI,

51

CASABLANCA où l'on entre par ① du plan.   **92**

ITINÉRAIRE 69 bis

CASABLANCA — RABAT : 92 k.

CASABLANCA : ① du plan pour sortir par la RP 1 qu'on suivra sur tout le parcours. La route se déroule à travers la Chaouïa couverte de cultures. PI peu après la sortie. A 18 k, on coupe la RS 107 (à G. vers Fédhala, à Dr. vers Mediouna). On descend vers l'Od Mellah qu'on franchit pour remonter (un virage difficile) et redescendre (virage et descente difficiles) vers l'Od Nefifikh. Peu après ce dernier, se détache sur la Dr. la RS 101 vers Boulhaut. Le parcours s'effectue toujours au milieu de terres qui sont en majeure partie mises en culture. A hauteur de

51

BOU-ZNIKA, se détache à Dr. la RS 117 également vers Boulhaut. Par une région faiblement ondulée, assez monotone, marquée par le passage des Od Cherrat et Ykem, que l'on franchit sur des ponts suspendus, la route arrive, après avoir laissé à Dr. la RS 202 vers Sidi-Yahia des Zaërs, à   **51**

30

TEMARA. Peu après PS. Au milieu de belles cultures et le long de la voie ferrée, on parcourt le pays Zaër; puis on atteint   **81**

11

RABAT où l'on entre par ⑭ du plan.   **92**

Pour trouver immédiatement
tous renseignements contenus dans ce Guide,
consultez à la fin du volume,
l'INDEX ALPHABÉTIQUE.
Vous gagnerez du temps.

ITINÉRAIRE 70

FÈS — TANGER : 312 k.

Kge partiel		Kge total
	FÈS : (III) du plan pour sortir par la RP 3 qui remonte d'abord la rive G. de l'Od Fès et s'engage dans la plaine du Saïs. A 12 k bifur. : prendre à Dr. la RP 3 (laisser à G. la RP 5 vers Meknès, *décrite par l'it. 67*). Après le village de Nzala-Jeboub, la route s'abaisse vers l'Od Mikkès et après	
40	**NZALA-EL-OUDAÏA**, le franchit. On traverse ensuite une région ravinée par les cours d'eaux qui descendent des pentes du massif du Zerhoun qu'on laisse au S. de la route. Pont sur l'Od Halina. 2 k plus loin se détache à G. un chemin vers Beni-Amar et la piste circulaire de Zerhoun. On franchit plusieurs autres oueds et, après l'Od Segotta, la route monte sinueuse et pittoresque, vers le	40
20	**COL DE SEGOTTA** (alt. 406). A G. se détache la RS 301 vers Moulay-Idriss et Meknès. La route descend, toujours sinueuse, par Sidi Emmbarek vers le défilé de Bab Tiouka où coule l'Od Tihiti. Elle atteint ensuite	60
20	**PETITJEAN**. (Route vers Kénitra, *décrite par l'it. 72*). Prendre la RP 6 qui se déroule en plaine le long de l'Od Rdom jusqu'à	80
16	**SIDI GUEDDAR**, puis gagne la région assez marécageuse du cours inférieur de l'Od Sebou. On laisse à G. la RS 205 vers Tihiti, puis on longe la voie jusqu'au Sebou qu'on franchit (pont commun à la route et à la voie ferrée) et on arrive à	96
33	**MECHRA-BEL-KSIRI**. (PN de voie étroite.) Dans la plaine du Gharb, région de riches cultures et d'élevage, la route court tout droit. Après deux PN (un de voie étroite, un de voie normale) elle atteint	129
15	**SOUK-EL-ARBA-DU-GHARB**. Prendre la RP 2. PN de voie étroite. Bientôt une bifur : suivre tout droit (laisser à Dr. la RP 23 vers Ouezzan, *décrite par l'it. 71*). Le parcours devient un peu plus accidenté. On longe l'Od Mda et la voie ferrée. Après un PS,	144
33	**ARBAOUA**. PN peu après. *Douanes françaises* avant la frontière de la zone espagnole. *Douanes espagnoles* après avoir franchi l'Od Loukkos et avant	177
10	**EL-KSAR-EL-KEBIR** (en espagnol « Alcazar Quivir) ». Après la sortie PN. On franchit à nouveau le Loukkos sur un pont commun à la route et à la voie ferrée. Nouveau PN. Après un long parcours en bordure d'une ligne de coteaux, on se rapproche de l'Océan, puis, à travers les sables et les lagunes, on atteint	187
36	**LARACHE** (II) du plan pour entrer ; (I) pour sortir. On franchit le Loukkos sur un pont de bateaux. Par les postes d'El Khemis et de Rouah, à travers un pays coupé, la route atteint et dépasse l'Od Mafla, puis elle court à peu près parallèlement au rivage pour gagner	223
43	**ARZILA**. PN à la sortie. On s'éloigne de la côte et on franchit l'Od Ayacha. Après Souk el Had on laisse à Dr. les ruines romaines d'Ad Mercuri. On passe l'Od Hachef dans une vallée marécageuse, puis, après une montée sinueuse en terrain broussailleux, on arrive au signal de la	266
24	**COTE ROUGE** (en espagnol « Cuesta-Colorada »). *Douanes espagnoles avant l'entrée dans la zone*	290

Kge partiel		Kge total
	ITINÉRAIRE 70 (*suite*).	
22	*internationale.* Bifur : suivre tout droit (laisser à Dr. une route vers Tétouan). Peu après, par un pont international sur l'Od Maharbar, on entre dans la zone internationale de Tanger. On escalade le massif du Charf el Aqual, couvert d'oliviers, et par le pays mamelonné du Fahs, couvert d'abord de brousse, plus loin de cultures, on atteint	
	TANGER où l'on entre par [II] du plan.	312

ITINÉRAIRE 70 bis

TANGER — FÈS : 312 k.

Kge partiel		Kge total
22	**TANGER :** [II] du plan pour sortir. La route traverse d'abord le pays mamelonné du Fahs, couvert de cultures, ensuite de brousse, puis elle franchit le massif du Charf el Aqual. Elle sort de la zone internationale par un pont sur l'Od Maharbar. A hauteur du signal de la	
24	COTE ROUGE (en espagnol « Cuesta-Colorada »), *douanes espagnoles*; on rejoint la route qui vient de Tétouan. A travers une région broussailleuse, la route descend vers l'Od Hachef qu'elle franchit dans une vallée marécageuse, puis laissant à G. les ruines romaines d'Ad Mercuri, elle dépasse Souk el Had, franchit l'Od Ayacha, se rapproche de la côte et, immédiatement après un PN, atteint	22
43	**ARZILA.** Elle court à peu près parallèlement au rivage. Elle dépasse l'Od Mafia et, à travers un pays assez coupé, par les postes de Rouah et d'El Khemis, elle arrive, après un pont de bateaux sur le Loukkos, à	46
36	**LARACHE :** [I] du plan pour entrer; [II] pour sortir. Long parcours au milieu des sables et des lagunes en s'écartant peu à peu de la mer. PN, puis pont commun à la route et à la voie ferrée sur le Loukkos. Nouveau PN avant	89
10	**EL-KSAR-EL-KEBIR** (en espagnol « Alcazar Quivir »). Après les *douanes espagnoles*, on franchit de nouveau le Loukkos, puis on pénètre en zone française. *Douanes françaises.* PN avant	125
33	**ARBAOUA.** Suivre la RP 2. Après un PS la route longe la voie ferrée et l'Od Mda par un terrain assez accidenté. Elle pénètre bientôt dans la riche plaine du Gharb, terre de cultures et d'élevage. Après avoir rejoint la RP 23 qui vient d'Ouezzan (sur la G., *décrite par l'it. 71*), on arrive (PN de la voie étroite) à	135
15	**SOUK-EL-ARBA-DU-GHARB.** Prendre la RP 6, puis, toujours parmi les cultures, après deux PN (un de voie normale, un de voie étroite), on atteint	168
33	**MECHRA BEL KSIRI.** (PN de voie étroite.) On franchit l'Od Sebou, sur un pont commun à la route et à la voie ferrée. Longeant cette dernière on laisse à Dr. la RS 205 vers Tiflit. On remonte alors le cours inférieur du Sebou et on atteint	183
	SIDI GUEDDAR, puis toujours en plaine, le long	216

Kge partiel		Kge total
	ITINÉRAIRE 70 bis (suite).	
16	de l'Od Rdom, après avoir rejoint la RP 3, on arrive à	
	PETITJEAN (route vers Kénitra, *décrite par l'It. 72*). Suivre la RP 3 qui s'engage bientôt dans le défilé de Bab Tiouka où coule l'Od Tihiti. Par Sidi Emmbarek, pittoresque et sinueuse, elle monte ensuite vers le	232
20		
	COL DE SEGOTTA (alt. 406), où elle laisse à Dr. la RS 301 vers Moulay-Idriss et Meknès. Elle redescend rapidement vers l'Od Segotta qu'elle franchit ainsi que plusieurs autres oueds descendant des pentes du Zerhoun qui domine la route vers le S. A Dr. se détache un chemin qui conduit vers le village de Beni-Amar et la piste circulaire du Zerhoun. On traverse une région assez ravinée. Ponts sur l'Od Halina, plus loin sur l'Od Mikkès et, après ce dernier,	252
20		
	NZALA-EL-OUDAÏA. Quelques ondulations, puis la route gagne la plaine du Saïs. Elle rejoint la RP 5 qui vient de Meknès (à G., *décrite par l'it. 67*) et, par la rive Dr. de l'Od. Fès, on arrive à	272
40		
	FÈS où l'on entre par [III] du plan.	312

ITINÉRAIRE 71

RABAT — OUEZZAN : 173 k.

(Le terminus de cet itinéraire est en dehors de la zone de sécurité : voir p. 238.)

Kge partiel		Kge total
	RABAT : [I] du plan pour sortir et gagner	
6		
	SALÉ : [I] du plan pour sortir par la RP 2 qui, plate, parcourt, le long de la voie ferrée et en bordure de la forêt de Mamora (sur sa Dr.), une région sablonneuse. Elle traverse une partie de la forêt et passe sous un PI avant	6
34		
	KÉNITRA. (Route vers Petitjean, *décrite par l'it. 72 bis.*) [II] du plan pour entrer ; [I] pour sortir. PS à la sortie. La route franchit l'Od Fouarat et recoupe à plusieurs reprises la voie ferrée. Bifur : prendre à G. la RP 2 (laisser à Dr. la RP 3 vers Fès), puis PI. A travers une région marécageuse, on longe le cours de l'Od Sebou, d'abord par sa rive G., puis après un pont à	40
41		
	SIDI ALLAL TAZI, par sa rive Dr. Après El Tleta laisser à Dr. une piste vers Mechra-bel-Ksiri. On s'éloigne du Sebou (PN de voie étroite) et par une riche région on atteint	81
36		
	SOUK-EL-AREA-DU-GHARB. A la sortie PN de voie étroite. Suivre toujours la RP 2 vers le N. Bifur : prendre à Dr. la RP 23 (laisser à G. la RP 2 vers Larache, *décrite par l'it. 70*). De suite après, PN. D'abord peu accidentée, puis de plus en plus pittoresque dans un pays de montagnes dont les pentes se couvrent d'oliviers, la route arrive à	117
56		
	OUEZZAN.	173

Kge partiel		Kge total

ITINÉRAIRE 71 bis

OUEZZAN — RABAT : 173 k.

OUEZZAN : prendre la RP 23, très pittoresque dans un décor de montagnes aux pentes souvent couvertes d'oliviers, puis moins accidentée en arrivant dans la plaine du Gharb. Après un PN bifur : prendre à G. la RP 2 (*décrite vers Tanger par l'it 70*). PN de voie étroite avant — **56** (partiel)

SOUK EL ARBA DU GHARB. Par une riche région, PN de voie étroite, on se rapproche du cours de l'Od Sebou. Une piste se détache sur la G. vers Mechra-bel-Ksiri, un peu avant El Tleta. Par la rive Dr. de l'Od Sebou, on atteint — **56** total · **36** partiel

SIDI ALLAL TAZI, à partir d'où on passe sur la rive G. On parcourt une région marécageuse. Après un PI on rejoint la RP 3 (qui vient de Fès), on franchit ensuite l'Od Fouarat, recoupant la voie ferrée à plusieurs reprises. PS avant — **92** total · **41** partiel

KÉNITRA : ① du plan pour entrer ; ② pour sortir. (Route vers Petitjean, *décrite par l'it. 72 bis*.) A la sortie PI. La route traverse une partie de la forêt de la Mamora qu'elle laisse ensuite sur sa G. pour parcourir, le long de la voie ferrée, une région sablonneuse, plate. On arrive par ① du plan de cette ville, à — **133** total · **34** partiel

SALÉ, puis à — **167** total · **6** partiel

RABAT où l'on entre par ① du plan. — **173** total

ITINÉRAIRE 72

PETITJEAN — KÉNITRA : 87 k.

PETITJEAN : prendre la RP 3. On laisse à Dr. à la sortie du centre la RP 6, puis on franchit un PS. La route se déroule monotone à travers une région de pâturages. Elle franchit l'Od Rdom, laisse à G. la RP 4 vers Meknès et à Dr. le chemin d'accès à la gare de — **23** partiel

SIDI-SLIMANE. On laisse à G. la RS 205 vers Dar-bel-Amri, puis on franchit l'Od Beht. Sur la G. s'étend la vaste forêt de la Mamora. La voie ferrée reste assez loin à Dr. de la route. Après — **23** total · **36** partiel

SIDI-YAHIA pont sur l'Od Tiflet et 500 m. plus loin pont sur l'Od Smennto. La route se poursuit dans la plaine. Bifur : prendre à G. la RP 2 qui franchit l'Od Fouarat, puis un PS avant d'atteindre — **59** total · **28** partiel

KÉNITRA où l'on entre par ① du plan. — **87** total

ITINÉRAIRE 72 bis

KÉNITRA—PETITJEAN : 87 k.

KÉNITRA : ① du plan pour sortir par la RP 2.

Kge partiel		Kge total

ITINÉRAIRE 72 bis (suite).

PS. On franchit l'Od Fouarat. Bifur : prendre à Dr. la RP 3 (laisser à G. la RP 2 vers Larache et Tanger, *décrite par les it. 71 et 70*). La route se développe en plaine, laissant sur sa Dr. la vaste forêt de la Mamora. La voie ferrée la longe assez loin à G. Après un pont sur l'Od Smennto et un autre sur l'Od Tiflet on dépasse

28

SIDI-YAHIA puis, par un trajet monotone, après avoir franchi l'Od Beht, — **36** — **28**

SIDI-SLIMANE où on laisse à Dr. la RS 205 vers Dar-bel-Amri. Peu après bifur : prendre à G. la RP 3 (laisser à Dr. la RP 4 vers Meknès). On franchit l'Od Rdom et un PS avant de laisser à G. la RP 6, puis on arrive à — **23** — **64**

PETITJEAN. — **87**

ITINÉRAIRE 73

MEKNÈS — KHENIFRA : 152 k.

(A partir de Ito, cet itinéraire sort de la zone de sécurité : voir p. 238.)

MEKNÈS : ⑪ du plan pour sortir par la RP 21 qui remonte la vallée fertile de l'Od Bou Fékrane entre des hauteurs recouvertes de palmiers nains. On franchit un oued et, laissant à Dr. les ruines de la Kasbah de Bou Fekrane, on atteint par une rampe — **36**

EL HAJEB. En lacets, la route escalade la falaise rocheuse qui domine le village, puis elle atteint le plateau de Sidi-Aïssa. A gauche piste vers Ifrane. On monte jusqu'à — **23** — **36**

ITO, d'où la vue s'étend très loin à Dr. sur la vallée de l'Od Tigrigra et sur toute une région schisteuse. Toujours en montée, la route offre à G. un autre beau panorama sur la grande forêt de chênes-verts de Djaba. Une descente longue et sinueuse amène ensuite sur l'Od Tigrigra qu'on franchit ainsi que le ravin d'Ouïkour. Laisser à G. une piste vers Ifrane avant — **12** — **59**

AZROU, dans un beau cadre de verdure. Prendre à Dr. la RP 24. Après l'avoir encore franchi, on descend un instant la vallée de l'Od Tigrigra, puis on monte vers — **16** — **71**

TIOURIRINE (laisser à G. une piste vers Aïn-Leuh). A travers les montagnes qui bordent le Moyen Atlas, le trajet est très pittoresque, mais dur. On laisse, à 3 k à l'E, — **20** — **87**

LIAS. Parcours légèrement accidenté qui coupe plusieurs petites vallées séparées par quelques vallonnements. Après — **20** — **107**

MRIRT on quitte le plateau pour gagner (assez longue descente en lacets) la vallée de l'Oum-er-Rbia qu'on franchit à El Bordj. On laisse à G. le « Bou Ayati » ou « Table des Zaïans » avant d'atteindre — **25** — **127**

KHENIFRA. — **152**

ITINÉRAIRE 73 bis

KHENIFRA — MEKNÈS : 152 k.

Kge partiel		Kge total
— 25	**KHENIFRA** : prendre la RP 24 qui remonte la vallée de l'Oum-er-Rbia, en laissant sur la G. le « Bou Ayati » ou « Table des Zaïans ». Pont sur l'oued à El Bordj. On s'élève ensuite par une longue série de lacets jusqu'au plateau de	
20	MRIRT. Parcours légèrement accidenté qui coupe plusieurs petites vallées séparées par quelques vallonnements. Après on laisse à 3 k. à l'E.	25
20	LIAS. Le trajet reste très pittoresque à travers les montagnes qui bordent le Moyen-Atlas. On arrive à	45
16	TIOURIRINE (laisser à Dr. une piste vers Aïn-Leuh). Une descente conduit dans la vallée de l'Od Tigrigra. On franchit l'oued et on remonte la vallée dont on s'écarte avant	65
12	**AZROU**, dans un beau cadre de verdure. Suivre vers le N la RP 21. La route gagne une dépression où l'on passe le ravin d'Ouikour et l'Od Tigrigra. On laisse à Dr. une piste vers Ifrane, puis, par une montée longue et sinueuse, avec, sur la Dr., de très belles vues sur la grande forêt de chênes-verts de Djaba, on s'élève vers	81
23	ITO, d'où la vue s'étend très loin en arrière sur toute la vallée de l'Od Tigrigra et une région schisteuse. Au cours d'une descente on laisse à Dr. encore une piste vers Ifrane. On parcourt le plateau de Sidi-Aïssa et, par une rampe en lacets, on dévale au flanc de la falaise rocheuse qui domine le village de	93
36	EL HAJEB. La descente se poursuit vers un oued qu'on franchit. Laissant à G. les ruines de la Kasbah de Bou Fekrane, on descend ensuite la fertile vallée de l'oued du même nom, entre des hauteurs recouvertes de palmiers nains, et on arrive ainsi à	116
	MEKNÈS où l'on entre par [II] du plan.	152

ITINÉRAIRE 74

CASABLANCA — MARRAKECH : 241 k.

Kge partiel		Kge total
19	**CASABLANCA** : [III] du plan pour sortir par la RP 7 qu'on suivra sur tout le parcours. PN à la sortie. Légèrement ondulée, avec, par moments, des vues étendues sur la plaine de la Chaouïa, la route laisse à G. la maison cantonnière d'Aïn-Hallouf, puis atteint	
22	MEDIOUNA (laisser à G. la RS 107 vers Fedhala). Par un pays sans arbres, mais très fertile, on arrive, immédiatement après un PN, à	19
31	**BER-RÉCHID**. (Route vers Kasbah-Tadla, *décrite par l'it. 75.*) (PN à la sortie.) Suivre tout droit la RP 7 qui se développe à travers de nombreuses et riches exploitations agricoles, atteint Sidi el Aïdi où elle coupe par un PS la voie phosphatière. Elle s'élève légèrement pour arriver à	41
	SETTAT : [I] du plan pour entrer ; [IV] pour sortir.	72

Kge partiel		Kge total

ITINÉRAIRE 74 (suite).

23	Jalonnée par quelques maisons cantonnières, la route continue d'abord à s'élever un peu, puis elle redescend, recoupe la voie normale et passe à	
24	EL KHEMISSET d'où, par une région cultivée et après deux PI (voie normale) dans la descente sur l'Oum-er-Rbia, elle gagne	95
23	MECHRA BEN ABBOU. De suite après on franchit l'Od Oum-er-Rbia, sur un grand pont métallique, puis on gravit une pente pour atteindre un nouveau plateau. A partir d'El Guelb, le parcours se fait plus accidenté dans la vallée d'un oued. Après	119
28	EL ARBA DES SHKOUR, PS à 2 k, montée et quelques ondulations. Deux PN (voie étroite) avant	142
36	BEN GUÉRIR (laisser à G. une piste vers El Kelaa). PN (voie étroite). Longée par la voie ferrée étroite, la route se poursuit maintenant en pays plat, ayant à G. la voie étroite et à Dr. la voie normale. Elle franchit deux oueds et la voie normale (PS), puis arrive à	170
35	SIDI BOU OTHMANE, au pied de la chaîne des Djebilet qu'on franchit par un col resserré (vue sur la plaine du Haouz, Marrakech et au loin l'Atlas). PI (voie normale). Le trajet reste assez difficile pendant la traversée du massif. Dominée à Dr. par le Dj. Bramrane la route descend vers l'Od Tensift (passage sur un vieux pont) et laisser à G. la RP 24 vers El Kelaa. On recoupe les deux voies ferrées avant de pénétrer dans la Grande Palmeraie et d'atteindre	206
	MARRAKECH où l'on entre par ① du plan.	241

ITINÉRAIRE 74 bis

MARRAKECH — CASABLANCA : 241 k.

35	**MARRAKECH** : ① du plan pour sortir par la RP 7 qu'on suivra sur tout le parcours. On traverse la Grande Palmeraie, puis on franchit l'Od Tensift sur un vieux pont. Après le pont, bifur : suivre tout droit (laisser à Dr. la RP 24 vers El Kelaa). On recoupe deux voies ferrées et s'élève par un parcours assez tourmenté à travers la chaîne des Djebilet (PI voie normale), jusqu'à un col resserré (belles vues en arrière sur la plaine du Haouz, Marrakech et l'Atlas). Puis on descend sur	
36	SIDI BOU OTHMANE. 1 k PS (voie normale). Constamment la route se poursuit maintenant en pays plat avec à sa G. la voie normale et à sa Dr. la voie étroite. Elle franchit deux oueds et après un PN (voie étroite), arrive à	35
28	BEN GUÉRIR. Deux nouveaux PN (voie étroite). Quelques ondulations et PS (voie normale) juste avant	71
23	EL ARBA DES SKHOUR. Le parcours se fait plus accidenté dans la vallée d'un oued. Après El Guelb, on traverse un plateau avant de descendre vers l'Od Oum-er-Rbia sur la rive Dr. duquel se trouve	99
	MECHRA BEN ABBOU. Après 2 PI (voie normale),	122

Kge partiel		Kge total

Kge partiel		Kge total
	on remonte sur le plateau et on gagne, par une région cultivée,	
24	**EL KHEMISSET.** La route s'élève d'abord légèrement, puis recoupe la voie normale et jalonnée de quelques maisons cantonnières, redescend en pente douce vers	146
23	**SETTAT** (IV) du plan pour entrer ; (I) pour sortir. La descente se poursuit. On est désormais dans la Chaouïa que l'on traverse au milieu de nombreuses et riches exploitations agricoles. A Sidi-el-Aïdi on coupe par un PS la voie phosphatière et on arrive à	169
31	**BER-RÉCHID.** (Route vers Kasbah-Tadla, *décrite par l'it. 75.*) PN à la sortie. Suivre tout droit la RP 7 qui, par un pays légèrement ondulé, sans arbres, mais très fertile, gagne	200
22	MEDIOUNA (laisser à Dr. la RS 107 vers Fédhala). On laisse à Dr. la maison cantonnière d'Aïn-Hallouf, et on atteint, avec, par moments, de vastes horizons sur tout le pays traversé, après un passage de la voie ferrée,	222
19	**CASABLANCA** où l'on entre par (III) du plan.	241

ITINÉRAIRE 75

CASABLANCA — KASBAH-TADLA : 198 k. — BENI-MELLAL : 229 k.

(Après Boujad cet itinéraire quitte bientôt la zone de sécurité : voir p. 238.)

Kge partiel		Kge total
	CASABLANCA : Suivre l'itinéraire 74 jusqu'à	41
41	**BER RÉCHID.** Prendre la RP 13 qu'on suivra jusqu'à la fin du parcours : plate, elle se déroule toujours à travers la Chaouïa et ses cultures jusqu'à	
22	SIDI EL AÏDI. On franchit l'Od El Ameur dont, après un PN, on va remonter la vallée tout en longeant la voie ferrée. Après	63
17	**BEN-AHMED** on traverse un vaste plateau peu cultivé et on laisse à G. de la route la Kasbah Ould Hadjaj et celle en ruines de Melgou. Plus loin, on se trouve dans la région des gisements de phosphates, dont le centre d'exploitation le plus important, **Kourigha**, reste assez loin à Dr. de la route. A partir d'Oulad Abdoum le pays devient plus fertile. On passe un PN avant Dechra Guefaf et après Dechra des Beni Smir on descend vers la dépression d'	80
72	**OUED-ZEM.** La route s'engage à travers un plateau mamelonné. On passe deux oueds et on atteint	152
20	**BOUJAD.** La route court d'abord à travers un pays rocailleux, puis parmi des pâturages, avec, à l'horizon, la haute barre de l'Atlas. Par Sedret-en-Nous, on arrive à	172
26	**KASBAH-TADLA.** On passe l'Od Oum-er-Rbia sur un vieux pont, puis, après Oulad Yaïch, son affluent l'Od Derna, et, par une montée, on atteint, au pied même des premières pentes de l'Atlas,	198
31	**BENI-MELLAL.** (*Si on pousse jusqu'à Beni-Mellal, il est recommandé de revenir le jour même à Kasbah-Tadla.*)	229

Kge partiel	ITINÉRAIRE 75 bis	Kge total

KASBAH-TADLA — CASABLANCA :
198 k.

Kge partiel		Kge total
26	**KASBAH-TADLA :** Prendre la RP 13, assez monotone, d'abord parmi des pâturages, puis à travers un pays rocailleux. On dépasse Sedret-en-Nous et on atteint	
20	**BOUJAD.** Le trajet se poursuit par un plateau mamelonné. On passe deux oueds et on arrive, dans une dépression, à	26
72	**OUED-ZEM.** Suivre toujours la RP 13. On dépasse Dechra des Beni Smir et Dechra Guefaf. PN. Plus loin on se trouve dans la région des gisements de phosphates dont le centre d'exploitation le plus important, **Kourigha**, reste assez loin à G. de la route. Région assez fertile jusque vers Oulad Abdoum. On traverse un plateau peu cultivé et laissant à Dr. la Kasbah en ruines de Mélgou, puis la Kasbah Ould Hadjaj, on gagne	46
17	**BEN-AHMED.** Longée par la voie ferrée, la route descend bientôt la vallée de l'Od El Ameur qu'elle franchit de suite après un PN, avant	118
22	**SIDI EL AÏDI.** A travers la plaine ondulée de la Chaouïa et parmi les cultures, la route se développe jusqu'à	135
41	**BER RÉCHID.** A partir de ce point, suivre l'itinéraire 74 bis jusqu'à	157
	CASABLANCA.	198

ITINÉRAIRE 76

CASABLANCA — MAZAGAN :
97 k.

Kge partiel		Kge total
27	**CASABLANCA :** Ⓥ du plan pour sortir par la RP 8 qu'on suivra sur tout le parcours. Longée d'abord par la voie ferrée étroite, la route laisse à Dr. l'aérodrome de Casablanca-Cazes. Elle s'engage ensuite dans la plaine de la Chaouïa. On dépasse la maison cantonnière de Sidi bou Ziane (à Dr.) A	
18	**AÏN-SAÏERNI** laisser à G. la RS 103 vers Ber-Réchid. Trajet monotone dans une région assez colonisée. A la halte de	27
35	**ST-HUBERT,** laisser à G. la RS 115, qui mène à l'usine hydro-électrique de Sidi Saïd Maâchou. On dépasse Souk-el-Tnine et, par Sidi Ali, on descend vers l'Od Oum-er-Rbia, qu'on traverse sur un grand pont en ciment armé, pour entrer dans	45
17	**AZEMMOUR** Ⓘ du plan pour entrer ; Ⓘ pour sortir. Continuer par la RP 8, d'abord au milieu des vergers et des jardins, puis parmi les cultures dans une région toujours quelque peu ondulée. On se rapproche de l'Océan bordé de dunes, et on longe un moment la plage avant d'atteindre	80
	MAZAGAN où l'on entre par Ⓘ du plan.	97

ITINÉRAIRE 76 bis

MAZAGAN — CASABLANCA : 97 k.

Kge partiel		Kge total
17	**MAZAGAN** : [I] du plan pour sortir par la RP 8 qu'on suivra sur tout le parcours. Après avoir un instant longé la plage on s'écarte peu à peu du cordon de dunes qui masque l'Océan et on traverse une région de belles cultures pour arriver, parmi les jardins et les vergers, à	
35	**AZEMMOUR** : [II] du plan pour entrer; [I] pour sortir. Après avoir passé l'Od Oum-er-Rbia, sur un grand pont en ciment armé, on monte (belle vue en arrière sur Azemmour) vers Sidi Ali. Le parcours s'effectue ensuite par la plaine légèrement ondulée de la Chaouïa. On dépasse Souk-el-Tniné et on arrive à la halte de	17
18	ST-HUBERT. Laisser à Dr. la RS 115 qui mène à l'usine hydro-électrique de Sidi Saïd Maâchou. Trajet monotone dans une région assez colonisée. A	52
27	AÏN-SAÏERNI, laisser à Dr. la RS 103 vers Ber Réchid. On dépasse la maison cantonnière de Sidi bou Ziane (à G.), puis, laissant à G. l'aérodrome de Casablanca-Cazes, et longeant la voie ferrée étroite, on arrive à	70
	CASABLANCA où l'on entre par [V] du plan.	97

ITINÉRAIRE 77

MAZAGAN — MARRAKECH : 198 k.

Kge partiel		Kge total
21	**MAZAGAN** : [II] du plan pour sortir par la RP 9 qu'on suivra sur tout le parcours. On traverse les terres riches et cultivées des Doukkala et on laisse à G., peu après Mazagan, la RS 113 vers Sidi Saïd Mâachou, puis la RS 105 vers Kasbah bou Laouane. Peu après cette dernière bifur,	
30	SIDI BRAHIM. Par un pays moins fertile, on gagne	21
21	SIDI SMAÏNE (laisser à Dr. la RP 11 vers Safi). On se retrouve au milieu de belles cultures et on dépasse ensuite	51
21	SIDI BEN NOUR, centre assez important. Après	72
21	SIDI RAHEL MTAL, on s'élève sur un plateau pauvre où on laisse à G. Sidi Abd el Aoui, le caravansérail de Guérande et les ruines d'une forteresse portugaise qui dominent sur un piton. On descend vers l'Od El Kaf que l'on franchit sur un pont. On arrive ensuite à	93
40	SOUK-EL-TNINE BOUCHAN. On parcourt toujours une région pauvre. Au k 118 traversée à gué de l'Od Bou Chane. Au k 126, caravansérail. Quelques ondulations, quelques rares villages, puis la route traverse en droite ligne une plaine caillouteuse, qui sert de terrain de parcours pour les troupeaux. A	114
22	ET TLETA MENNABA, débouche à Dr., venant de Safi, la RP 12. On franchit la chaîne des Djebilet. Route ondulée ; au sommet de la montée, belle vue sur la plaine du Haouz, Marrakech et dans le fond, l'Atlas. On descend sur	154
22	BIR DRAOUI. Peu après on franchit l'Od Tensift, puis on traverse la Grande Palmeraie (PS voie normale), en laissant à Dr. le rocher du Gueliz, pour entrer dans	176
	MARRAKECH par [V] du plan.	198

ITINÉRAIRE 77 bis

MARRAKECH — MAZAGAN : 198 k.

Kge partiel		Kge total
22	**MARRAKECH** : [V] du plan pour sortir par la RP 9 qu'on suivra sur tout le parcours. On laisse à G. le rocher du Gueliz, puis, au sortir de la Grande Palmeraie (PS voie normale), on franchit l'Od Tensift et on arrive à	
22	BIR DRAOUI. On monte vers les sommets de la chaîne des Djebilet (vue en arrière sur la plaine du Haouz, Marrakech et l'Atlas) qu'on traverse pour redescendre vers	22
40	ET TLETA MENNABA. Bifur : suivre tout droit (laisser à G. la RP 12 vers Safi, *décrite par les itin. 78 et 78 bis*). En ligne droite la route traverse une plaine caillouteuse servant de terrain de parcours pour les troupeaux. Quelques ondulations, quelques rares villages, un caravansérail, puis, par une région pauvre, on traverse à gué l'Od Bou Chane et on atteint	44
21	SOUK-EL-TNINE BOUCHAN. On s'élève sur un plateau presque inculte. On laisse à Dr. les ruines d'une forteresse portugaise qui dominent sur un piton, le caravansérail de Guérande, Sidi Abd el Aoui, puis on redescend vers	84
21	SIDI RAHEL MTAL, d'où on gagne le centre assez important de	105
21	SIDI BEN NOUR, puis, au milieu maintenant de belles cultures,	126
30	SIDI SMAÏNE (laisser à G. la RP 11 vers Safi). Par une région moins fertile on atteint	147
21	SIDI BRAHIM. Peu après, laisser à Dr. la RS 105 vers la Kasbah bou Laouane, plus loin la RS 113 vers Sidi Saïd Maâchou. On parcourt ainsi les terres riches et cultivées des Doukkala, puis on arrive à	177
	MAZAGAN où l'on entre par [II] du plan.	198

ITINÉRAIRE 78

MARRAKECH — SAFI : 154 k.

Kge partiel		Kge total
44	**MARRAKECH** : suivre l'itinéraire 77 bis jusqu'à	
41	ET TLETA MENNABA. Prendre la RP 12. En pays plat, la route ne dépasse que quelques douars et marabouts ou maisons cantonnières. Par Oulad Bahla et Sidi Brahim, on arrive à	44
28	CHEMAÏA. La route contourne ensuite par sa rive N la Sebkra Zima, une des plus importantes salines du Maroc, puis traverse les mornes étendues du Bled Ahmar, pays d'élevage. Elle franchit quelques collines et descend, par	85
15	SIDI MOHAMED TIZI, vers une région de riches cultures, qui s'étend au delà d'	113
26	ET TLETA. Bifur : suivre tout droit (on coupe la RP 11 de Mazagan à Mogador, *décrite par les it. 80 et 80 bis*). A travers la riche plaine des Abda, légèrement ondulée, la route arrive à	128
	SAFI où l'on entre par [II] du plan.	154

ITINÉRAIRE 78 bis

SAFI — MARRAKECH : 154 k.

Kge partiel		Kge total
26	**SAFI** : [II] du plan pour sortir par la RP 12 qui, légèrement ondulée, traverse la riche plaine des Abda. A	
15	ET TLÉTA bifur : suivre tout droit (on coupe la RP 11 de Mazagan à Mogador, *décrite par les it. 80 et 80 bis*). La route se poursuit au milieu de cultures jusqu'à	26
28	SIDI MOHAMED TIZI. Elle parcourt ensuite une région de collines, puis gagne les mornes étendues du Bled Ahmar, pays d'élevage. Elle contourne la rive N de la Sebkra Zima, une des plus importantes salines du Maroc, et arrive à	41
41	CHEMAÏA. En pays plat, elle ne dépasse plus que quelques douars et marabouts ou maisons cantonnières. Par Sidi Brahim et Oulad Bahia, elle atteint	69
44	ET TLÉTA MENNABA. Prendre la RP 8 et à partir de ce point, suivre l'itinéraire 77 jusqu'à	110
	MARRAKECH.	154

ITINÉRAIRE 79

MARRAKECH — MOGADOR : 177 k.

Kge partiel		Kge total
24	**MARRAKECH** : [IV] du plan pour sortir par la RP 10. On laisse à Dr. le rocher du Gueliz et en pays plat, on gagne l'Od Nfis qu'on franchit. De suite après,	
25	SIDI ATHMAN. La route parcourt la vaste plaine du Haouz, coupée par de nombreux canaux d'irrigation : immense horizon limité vers le N, au delà de l'Od Tensift, par les montagnes des Djebilet, vers le S par les contreforts de l'Atlas. Après	24
24	MZOUDIA on franchit plusieurs oueds et on atteint, dans une jolie vallée,	49
27	CHICHAOUA. On passe un oued. Plus loin, on laisse à G. une piste vers Imintanout et Agadir. La route s'élève ensuite jusqu'au col du Rhi d'où elle redescend vers	73
23	SIDI MOKTAR pour parcourir un plateau presque désertique, parfois broussailleux, jusqu'à	100
30	AÏN-TAFTECHT où on laisse à Dr. une piste vers Safi. En pays plat on passe par Et Tleta el Hanchene. Puis on traverse une forêt d'arganiers avant	123
24	SIDI TLAA. Là, bifur : suivre tout droit la RP 10 (laisser à Dr. la RP 11 vers Safi, *décrite par l'it. 80 bis*). A 4 k bifur : (laisser à G. l'ancienne RP 10). On parcourt d'abord une région pierreuse et boisée d'arganiers, puis une région de dunes fixées, et on arrive à une nouvelle bifur : prendre à Dr. la RP 10 (laisser à G. la RP 25 vers Agadir, *décrite par l'it. 81*), 2 k avant d'entrer à	153
	MOGADOR par [I] du plan.	177

Kge partiel	ITINÉRAIRE 79 bis	Kge total

MOGADOR — MARRAKECH : 177 k.

MOGADOR : ① du plan pour sortir par la RP 10. Peu après la sortie, à 2 k de Mogador, bifur : prendre à G. la RP 10 (laisser à Dr. la RP 25 vers Agadir, *décrite par l'it. 81*). On parcourt une région de dunes fixées, puis une région pierreuse et boisée d'arganiers, avant

24

SIDI TLAA. Bifur : suivre tout droit la RP 10 (laisser à G. la RP 11 vers Safi, *décrite par l'it. 80 bis*). La route se déroule maintenant à travers une forêt d'arganiers. On passe par Et Tleta el Hanchéne et, en pays plat, on gagne — **24**

30

AÏN-TAFTECHT où on laisse à G. une piste vers Safi. La route parcourt un plateau presque désertique, parfois broussailleux, qui s'étend jusqu'à — **54**

23

SIDI MOKTAR et au delà. Elle s'élève ensuite jusqu'au col du Rhi. A Dr. une piste vers Imintanout et Agadir. Peu après, — **77**

27

CHICHAOUA, dans une jolie vallée. On franchit plusieurs oueds et, après — **104**

24

MZOUDIA, on débouche bientôt dans la vaste plaine du Haouz, coupée par de nombreux canaux d'irrigation : immense horizon limité vers le N, au delà de l'Od Tensift, par les montagnes du Djebilet, vers le S par les contreforts de l'Atlas. Après — **128**

25

SIDI ATHMAN, on passe l'Od Nfis. Le parcours se poursuit en pays plat. On laisse à Dr. le rocher du Gueliz pour entrer dans — **153**

24

MARRAKECH par ④ du plan. — **177**

ITINÉRAIRE 80

MAZAGAN — MOGADOR : 259 k.

51

MAZAGAN : suivre l'itinéraire 77 jusqu'à

SIDI SMAÏNE. Prendre à Dr. la RP 11 (laisser à G. la RP 9 vers Marrakech, *décrite par l'it. 77*), qui se déroule à nouveau au milieu de terrains bien cultivés. Une maison cantonnière à G., peu avant — **51**

30

EL KHEMIS (laisser à Dr. une piste allant à Safi par Sidi-Aïssa). La route arrive à — **81**

21

EL ARBA REGUIBAT où l'on croise la piste de Sidi Ben Nour à Safi. On dépasse l'important marché de Souk el Djama Sahim, au centre des riches terres noires qui constituent les « tirs » marocains, et on atteint — **102**

30

ET TLÉTA (laisser à Dr. la RP 12 pour aller à Safi et en revenir : *voir it. 78 et 78 bis*). Continuer par la RP 11. On traverse maintenant les terres rouges ou « hamris » également très fertiles. Par Es-Sebt on arrive à — **132**

30

ET TNINE RIAT. Peu après commence, à travers une région moins riche, une descente sinueuse et rapide vers l'Od Tensift. Pont, puis montée moins dure, mais sinueuse à travers le pays Chiadma. On laisse à Dr. le village de Telmest. La route devient pittoresque et accidentée. Elle franchit l'extrémité — **162**

73

Kge partiel		Kge total

ITINÉRAIRE 80 (suite).

E du Dj. Hadid qui la domine ensuite sur sa Dr. On dépasse une huilerie (à Dr. de la route) et on arrive peu après, à

SIDI TLAA. A partir de ce point, suivre l'itinéraire 79 jusqu'à — **235**

24 — **MOGADOR.** — **259**

ITINÉRAIRE 80 bis

MOGADOR — MAZAGAN : 259 k.

24 — **MOGADOR :** suivre l'itinéraire 79 bis jusqu'à

SIDI TLAA. Prendre la RP 11 (laisser à Dr. la RP 10 vers Marrakech, *décrite par l'it. 79 bis*). Par un trajet pittoresque et accidenté la route, laissant à G. une huilerie, est dominée plus loin, sur sa G., par le Dj. Hadid dont elle franchit l'extrémité E. On laisse à G. le village de Telmest et, à travers le pays Chiadma, par une descente sinueuse, on atteint l'Od Tensift. Pont, puis montée dure, très sinueuse. On traverse une région assez pauvre jusqu'à — **24**

73 —

ET TNINE RIAT. Par Es Sebt on gagne la riche région des terres rouges ou « hamris » et on arrive à — **97**

30 —

ET TLÉTA (laisser à G. RP 12 pour aller à Safi et en revenir, *voir it. 78 bis et 78*). Continuer par la RP 11. On dépasse l'important marché de Souk el Djama Sahim au centre des riches terres noires qui constituent les « tirs marocains ». A — **127**

30 —

EL ARBA REGUIBAT on croise la piste de Sidi Ben Nour à Safi et on arrive peu après à — **157**

21 —

EL KHEMIS (à G. une piste vers Sidi-Aïssa). Peu après, à Dr., une maison cantonnière. La route se déroule dans un pays très cultivé jusqu'à — **178**

30 —

SIDI SMAÏNE. A partir de ce point, suivre l'itinéraire 77 bis jusqu'à — **208**

51 — **MAZAGAN.** — **259**

ITINÉRAIRE 81

MOGADOR — AGADIR : 183 k.

(Quelques k après Aïn-Oufra, cet itinéraire sort de la zone de sécurité : voir p. 238. De parcours difficile, il comporte notamment le passage de plusieurs gués, impraticables par grandes crues : se renseigner.)

MOGADOR : ① du plan pour sortir par la RP 10. 2 k après la sortie, bifur : prendre à Dr. la RP 25 (laisser à G. la RP 10 vers Marrakech, *décrite par l'it. 79 bis*) qui, bordée de chaque côté par des arganiers, suit un plateau, franchit sur un pont l'Od Tidzi, par un gué (impraticable par grandes crues) l'Od Smimou et atteint

41 —

SOUK EL HAD SMIMOU. Elle monte ensuite (du haut de la côte vue magnifique sur les ravins et les — **41**

Kge partiel		Kge total

***ITINÉRAIRE 81** (suite).*

31 — massifs environnants) pour traverser le Dj. Amssiten, puis elle redescend longuement (tournants très dangereux), vers l'Od Tasrasert (pont) et après avoir franchi un dos de terrain, vers l'Od Iguezoulen (pont). De là, elle remonte encore sur le plateau de

30 — TAMANAR. Nombreuses ondulations. On laisse à Dr. une piste vers la baie d'Imsouane, puis on dépasse   **72**

19 — AÏN-OUFRA, d'où on remonte pour déboucher en face de la mer qu'on domine de 150 m. (vue splendide). La route s'abaisse ensuite par de nombreux lacets (tournants très dangereux) vers l'Od Tameur qu'on franchit (gué impraticable par grandes crues) avant   **102**

62 — DAR CAÏD TAMRI. Désormais la route longe la mer sur tout le reste du parcours, avec de fréquentes et fort belles échappées sur une côte sauvage et découpée. Mais le trajet comporte de nombreux passages difficiles, des virages impressionnants, des déclivités très accusées, un gué pour passer l'Od Tamraght (difficile par temps de crue). Après plusieurs villages de pêcheurs on arrive à   **121**

AGADIR.   **183**

ITINÉRAIRE 81 bis

AGADIR — MOGADOR : 183 k.

(Itinéraire de parcours difficile et qui comporte notamment le passage de plusieurs gués, impraticables par grandes crues : se renseigner.)

62 — **AGADIR :** prendre la RP 25 qui longe la mer, passant par plusieurs petits villages de pêcheurs. Parcours difficile avec un gué pour franchir l'Od Tamraght (difficile par temps de crue), des déclivités très accusées, des virages impressionnants, des passages assez durs, mais avec de nombreuses et forts belles échappées sur une côte sauvage et découpée. La route se dirige ensuite vers l'intérieur pour atteindre

19 — DAR CAÏD TAMRI, avant de franchir à gué (impraticable par grandes crues) l'Od Tameur. Elle s'élève ensuite par un plateau broussailleux, puis par de nombreux lacets (tournants très dangereux), offrant un point de vue splendide vers la mer, avant de redescendre sur   **62**

30 — AÏN-OUFRA. On laisse à G. une piste vers la baie d'Imsouane et, par une suite de nombreuses ondulations, on atteint sur un plateau   **81**

31 — TAMANAR. Nouvelle descente pour gagner et passer l'Od Iguezoulen (pont), puis, après avoir franchi un dos de terrain, on descend encore vers l'Od Tasrasert (pont). Une longue montée (tournants très dangereux) permet d'escalader le Dj. Amssiten et le panorama est splendide sur les ravins et les massifs environnants avant de redescendre sur   **111**

41 — SOUK EL HAD SMIMOU. Peu après, on franchit à gué (impraticable par grandes crues) l'Od Smimou, puis sur un pont l'Od Tidzi. On remonte sur un plateau où la route rejoint la RP 10 (qui vient de Marrakech, *décrite par l'it. 79 bis*). On suit cette dernière tout droit, et on arrive à   **142**

MOGADOR où l'on entre par ① du plan.   **183**

26 EXCURSIONS

Ci-après nous proposons quelques excursions autour des principales villes ou dans les régions qui offrent un intérêt touristique particulier.

En principe, et sauf exceptions que nous signalons chaque fois, elles sont conçues sous la forme de circuits qui ramènent au point de départ et peuvent être parcourus aisément en une journée.

Toutefois, pour laisser le champ plus libre au gré des touristes, nous indiquons, quand il se peut, les itinéraires à emprunter pour combiner entre elles plusieurs de ces excursions.

NOTA. — 1° Les itinéraires d'excursions que nous recommandons sont représentés par un schéma :

a) sommaire pour ceux de ces itinéraires qui sont compris, dans les cartouches au 1/500.000 de la Carte Michelin au 1/2.000.000 « Maroc, Algérie, Tunisie » (consulter cette carte) ;

b) plus détaillé pour les autres.

2° Dans les textes qui s'y rapportent, les noms des localités décrites à la « Nomenclature des villes » ont été composés en caractères gras.

AU MAROC :

1. Les kasbahs et les sites de l'Atlas au sud de Marrakech.
2. Les cascades l'Oued Mellah, Boulhaut, Marchand.
3. La forêt de la Mamora.
4. Le circuit d'Azrou.
5. Volubilis, Moulay-Idriss et le circuit du Zerhoun.
6. Le massif des Beni-Snassen.

EN ALGÉRIE :

7. Les confins algéro-marocains ; le Djebel Fillaoussène ; le massif des Trara.
8. Le col d'El Krilat ; Beni-Saf et Rachgoun ; les gorges de la Tafna.
9. Les sources de la Tafna ; Sebdou ; la haute vallée de l'Isser ; le cirque d'El-Ourit.
10. La région montagneuse de Mascara et la plaine de Perrégaux.
11. Le cap Falcon et la plaine des Andalouses ; le Djebel Murdjadjo ; la Sebkha d'Oran et la plaine de la Mléta.
12. Les environs est d'Oran ; la « Montagne des Lions » ; Arzew et sa rade ; la plaine du Sig.
13. La plaine et les gorges du Chélif ; le plateau du Dahra et la route des Crêtes.
14. La côte de Turquoise ; Cherchell ; la plaine de la Mitidja (ouest) ; le Sahel d'Alger.
15. Le Sahel d'Alger ; le Zaccar ; l'Atlas mitidjien ; la plaine de la Mitidja (ouest).
16. La plaine de la Mitidja (est) ; les gorges de Keddara et de Palestro ; la côte à l'est d'Alger.
17. La grande Kabylie au nord de Tizi-Ouzou ; Port-Gueydon ; la corniche de Dellys.
18. La grande Kabylie ; le Djurdjura (col de Tirourda) ; les gorges de l'oued Kassari.
19. La Kabylie des Babors ; la corniche de Djidjelli ; les gorges du Chabet el Akra.
20. Le massif et les vallées de l'Aurès.

EN TUNISIE :

21. Mateur ; Bizerte ; les ruines d'Utique.
22. Sidi bou Saïd ; les ruines de Carthage et les bains de Radès.
23. Hammam-Lif ; la corniche et les bains de Korbous ; les bois d'oliviers ; Grombalia et Crétéville.
24. La plaine du Mornag ; les sources et le pic de Zaghouan ; les ruines d'Oudna.
25. Les ruines de Bir M'Cherga et de Enchir el Kasbate (Thuburbo Majus) ; Pont du Fahs.
26. Les ruines de Gightis ; l'île de Djerba.

EXCURSION N° 1 : *au départ de Marrakech*

LES KASBAHS ET LES SITES DE L'ATLAS AU SUD DE MARRAKECH.

Les excursions dans les vallées de l'Atlas sont tout particulièrement recommandées, tant à cause du pittoresque propre à la haute montagne, qu'à cause de la couleur locale si fortement accusée des villages berbères.

C'est de préférence au printemps, d'avril à juin, qu'il faut les faire. Mais on ne devra pas s'engager dans cette région sans en demander au préalable l'autorisation au Général commandant la Subdivision de Marrakech qui pourra l'accorder sur l'avis du Service des Renseignements. D'autre part, il sera bon de s'informer des possibilités auprès du Syndicat d'Initiative de **Marrakech.**

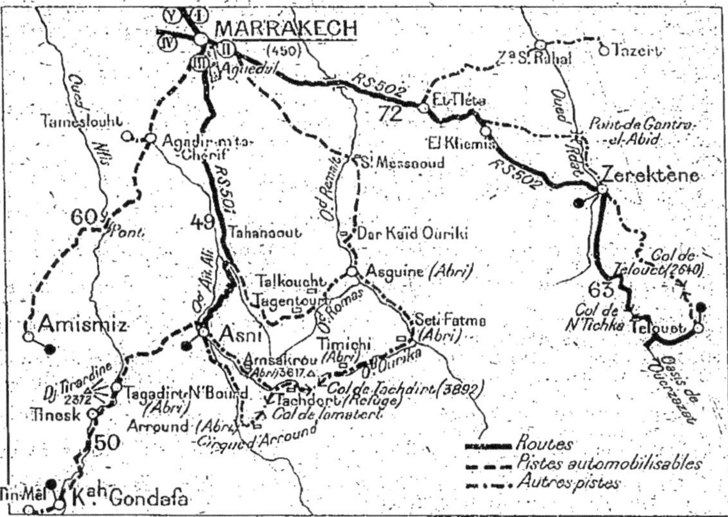

Le schéma donne les principales routes ou pistes à parcourir. On pourra, en plusieurs excursions successives :

— par le col de N'Tichka, visiter Telouet, dont la kasbah, résidence des grands chefs Glaouis, rappelle les constructions féodales du Moyen Age, avec ses énormes murs crénelés, hérissés de donjons imposants ;

— parcourir le circuit Tahanaout-Dar Kaïd Ouriki (kasbah pittoresque et mosquée avec joli minaret) ;

— rayonner autour d'Asni, soit vers Kasbah Gondafa, qui, dans un paysage grandiose, commande un défilé très fréquenté, et Tin-Mêl (*1 h. de mulet*) où subsistent les vestiges remarquables d'une ancienne mosquée almohade ; soit vers le cirque d'Arround (d'où on peut faire l'ascension du Dj. Toubkal, 4.165 m., le plus haut sommet de l'Afrique du Nord ; *deux jours sont nécessaires* ; on peut passer la nuit aux Azibs, modestes abris à 3.000 m. d'alt., dans la haute vallée) ; soit en faisant le circuit Asni-Dar Kaïd Ouriki (*plusieurs jours*) ;

— gagner Amismiz, dans une région de riches cultures et faire l'ascension du Dj. Tirardine (2.372 m.), d'où l'on jouit d'un splendide panorama sur la chaîne de l'Atlas.

EXCURSION N° 2 : *au départ de Casablanca.*

LES CASCADES DE L'OUED MELLAH, BOULHAUT, MARCHAND : 197 k (jusqu'à Rabat).

Sur la route de **Casablanca** à **Rabat,** avant de franchir l'Od. Mellah, une piste, à Dr., carrossable jusqu'au marabout de Sidi bou Chaïb, permet de visiter les cascades de l'Od Mellah.

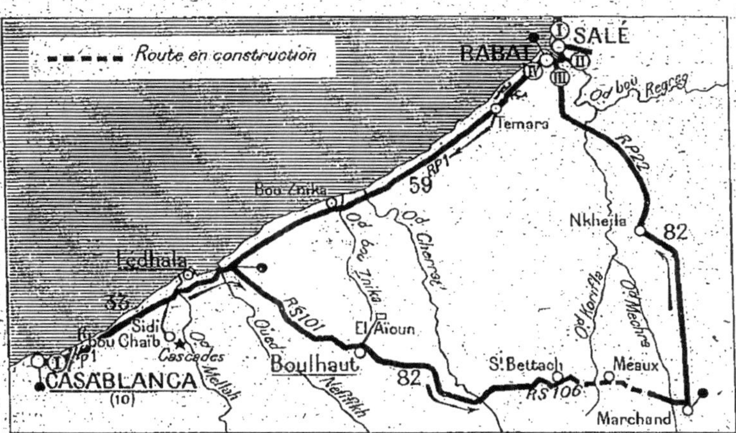

Le trajet emprunte ensuite la vallée de l'Od Nefifikh et, par une région boisée de chênes-lièges gagne **Boulhaut** (promenade en forêt jusqu'à la maison forestière d'El Aïoun). Après Boulhaut on atteint la vallée boisée de l'Od Cherrat dont la traversée s'effectue par une longue descente (pentes de 5 à 6 %) suivie d'une montée analogue. Par une région toujours boisée on poursuit ensuite jusqu'à la profonde coupure de l'Od Korifla (mauvaise passerelle en bois sur l'oued ; traverser avec précautions). Le trajet se continue par une piste assez difficile, mais accessible aux autos par beau temps. On retrouve une bonne route peu après Méaux, puis, par une longue descente (pentes de 6 %), on atteint Marchand d'où l'on rentre à **Rabat** en traversant la palmeraie de Nkheïla, au milieu d'une région fertile.

On peut terminer cette excursion à Rabat ou retourner à Casablanca (*voir it. 69*).

EXCURSION N° 3 : *au départ de Rabat.*

LA FORÊT DE LA MAMORA.

Vaste ensemble forestier où dominent le chêne-liège, très exploité, et le poirier sauvage, la forêt de la Mamora permet une excursion agréable, mais toujours difficile tant en été qu'en hiver. Ne pas s'y engager si on n'est pas soi-même ou si on n'a pas un chauffeur très au courant des pistes. De toute façon se renseigner à Rabat ou à Salé avant le départ et aussi tout le long du trajet, aux maisons forestières.

Un itinéraire certain ne saurait être recommandé. Celui qui est le plus généralement indiqué emprunte d'abord la route pendant 20 k, puis une tranchée gazonnée, qui conduit à Aïn-Jorra (déjeuner), au cœur de la forêt.

Par Dar ben Hacine et une piste qui d'abord longe l'Od Touirzha, puis le franchit, on atteint la lisière N à l'E de Sidi Yahia, d'où on rentre à **Rabat** par **Kénitra.**

EXCURSION N° 4 : au départ de Meknès.

CIRCUIT D'AZROU : 173 k. (jusqu'à Fès).

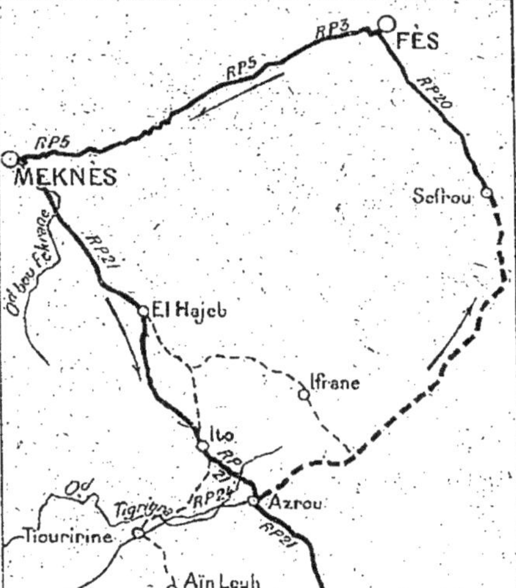

La route suit d'abord la vallée de l'Od Fekrane, dont les hauteurs sont couvertes de palmiers nains, puis par El Hajeb (kasbah de Moulay el Hassane, XIXe s.), atteint Ito, d'où le panorama est merveilleux sur toute une région de montagnes et sur la vallée de l'Od Tigrigra. Par Tiouririne et Aïn-Leuh, un détour à travers une région boisée permet d'atteindre **Azrou**, centre d'excursions en forêt (demander l'autorisation pour ces excursions au Bureau de Renseignements).

On peut aussi venir directement à **Azrou** en suivant la route tout droit après Ito.

D'Azrou, on peut, par Ifrane, en contournant la forêt de chênes-verts et de chênes-zéens de Djaba, retourner à Meknès, ou mieux, continuer sur **Sefrou**, par la forêt de chênes et de chênes-verts de Dayet Achleff et les ruines romaines d'Anosseur, puis gagner **Fès**.

(Cette excursion peut se faire en un jour, mais il est préférable de la faire en deux en s'arrêtant à Azrou. L'autorisation du Général commandant la Subdivision de Meknès est nécessaire. La demander quelques jours à l'avance.)

EXCURSION N° 5 : au départ de Meknès.

VOLUBILIS, MOULAY-IDRISS ET LE CIRCUIT DU ZERHOUN.

L'excursion commence par la visite des ruines romaines de **Volubilis** (s'adresser à la Direction du musée qui autorise la visite : 5 fr.). Revenant sur ses pas on prend ensuite la piste du Zerhoun tracée en corniche au flanc d'un Djebel escarpé, avec des vues magnifiques sur **Moulay-Idriss**.

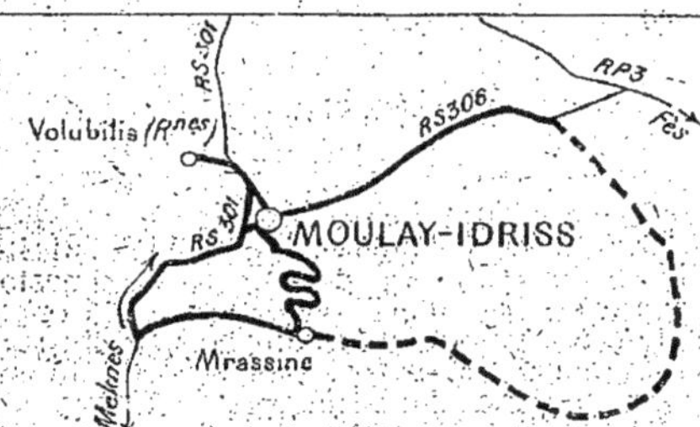

On peut déjeuner à l'hôtel-refuge du Zerhoun. Après avoir visité **Moulay-Idriss**, la « ville sainte », on passe le col de Bab Remila pour gagner Mrassine par une impressionnante descente en lacets, puis, à travers les vignes et les bois d'oliviers, on atteint Beni-Ourad et on rentre à **Meknès**.

Première variante : à ce circuit peut se juxtaposer un circuit vers l'E et le NE, par Beni-Amar, à travers un pays pittoresque, le col de Segotta et la route de **Petitjean** à **Meknès**.

Deuxième variante : on peut, de Mrassine (voir ci-dessus), envoyer la voiture à 2 k 5 au delà de Beni-Amar. A pied ou à mulet, on parcourt alors un troisième circuit par Moussaoua, d'où l'on a une vue panoramique superbe, puis par une région déserte et sauvage, en longeant une énorme falaise de rochers au sommet de laquelle se trouve perchée la Kasbah Nosrani, le trajet s'achève par une descente en lacets et à travers une belle oliveraie avant de rejoindre la voiture.

EXCURSION N° 6 : *au départ d'Oudjda.*

LE MASSIF DES BENI-SNASSEN : 136 k.

D'**Oudjda** à **Martimprey-du-Kiss**, la route parcourt d'abord la plaine des Angad, où l'on rencontre quelques fermes, puis franchit le col de Guerbous d'où la vue s'étend au loin vers le N sur les terres rouges et fertiles de la plaine des Triffa. Du col, on aperçoit aussi la mer avec, vers l'E., les îles Zaffarines.

On contourne ensuite le pittoresque massif des Beni-Snassen en traversant **Berkane** et **Taforalt.**

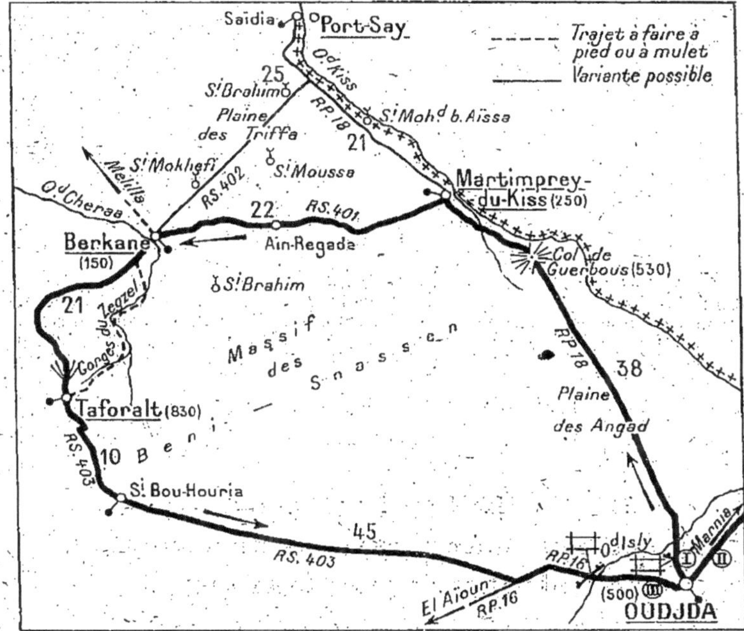

Peu après **Berkane**, on peut prendre une piste qui remonte les gorges du Zegzel sur 15 k. La piste est dure, mais le paysage est très pittoresque. Au point où s'arrête la piste on trouve assez facilement des guides pour visiter les deux grottes de Trasrout. On peut continuer à pied jusqu'à **Taforalt** où l'on rejoint la voiture.

Le retour vers **Oudjda** se fait par une région plate et peu habitée.

L'adresse des **Services de Tourisme Michelin** est
97, Boulevard Pereire, Paris, 17me.

EXCURSION N° 7 : *au départ de Tlemcen.*

LES CONFINS ALGÉRO-MAROCAINS, LE DJÈBEL FILLAOUSSÈNE, LE MASSIF DES TRARA : 139 k.

On quitte **Tlemcen** en suivant la grande artère routière qui fait communiquer l'Algérie et le Maroc, d'abord par une région assez mouvementée avec de belles vues en arrière sur la ville (col du Juif), puis en plaine après la traversée de la Tafna.

De **Marnia** à **Nedroma**, on traverse une première fois le pittoresque massif des Trara d'où, au fur et à mesure que l'on s'élève, la vue s'étend de plus en plus sur le bassin de Tlemcen et que l'on franchit au col de Bab Taza.

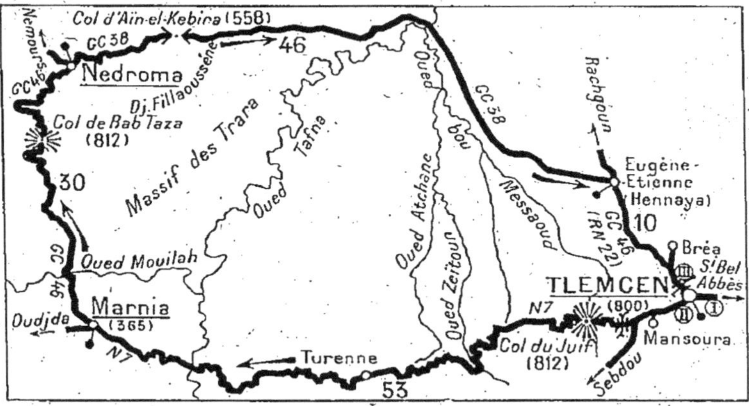

Après **Nedroma**, la route passe d'abord au pied du Dj. Fillaoussène, dont on peut faire l'ascension à pied *(2 h. environ)* et du sommet duquel on aperçoit, par temps clair, les côtes d'Espagne. Elle continue ensuite à se développer dans une région très accidentée et après la plaine d'Eugène-Etienne (Hennaya), elle remonte doucement vers les terrasses de Tlemcen.

(De Tlemcen à Marnia, voir it. 43.)

EXCURSION N° 8 : *au départ de Tlemcen.*

LE COL D'EL KRILAT, BENI-SAF ET RACHGOUN, LES GORGES DE LA TAFNA : 166 k.

Après avoir traversé une région broussailleuse et désolée, la route franchit l'Isser, atteint le col d'El Krilat, d'où la vue est magnifique sur la vallée de l'Isser et, loin en arrière, sur Tlemcen. Par un pays fortement accidenté, on arrive à **Aïn-Témouchent**.

Passé l'Od Mekraïssia, un site élevé offre à nouveau un fort beau panorama sur les massifs voisins et la mer, après quoi, par un ravin sauvage, on descend sur **Beni-Saf**.

On longe la mer jusqu'à l'embranchement de **Rachgoun** et on rentre à **Tlemcen** par les pittoresques gorges de la Tafna et la plaine d'Eugène-Etienne (Hennaya).

(De Tlemcen à Aïn-Témouchent, voir it. 38 bis.)

EXCURSION N° 8 (suite).

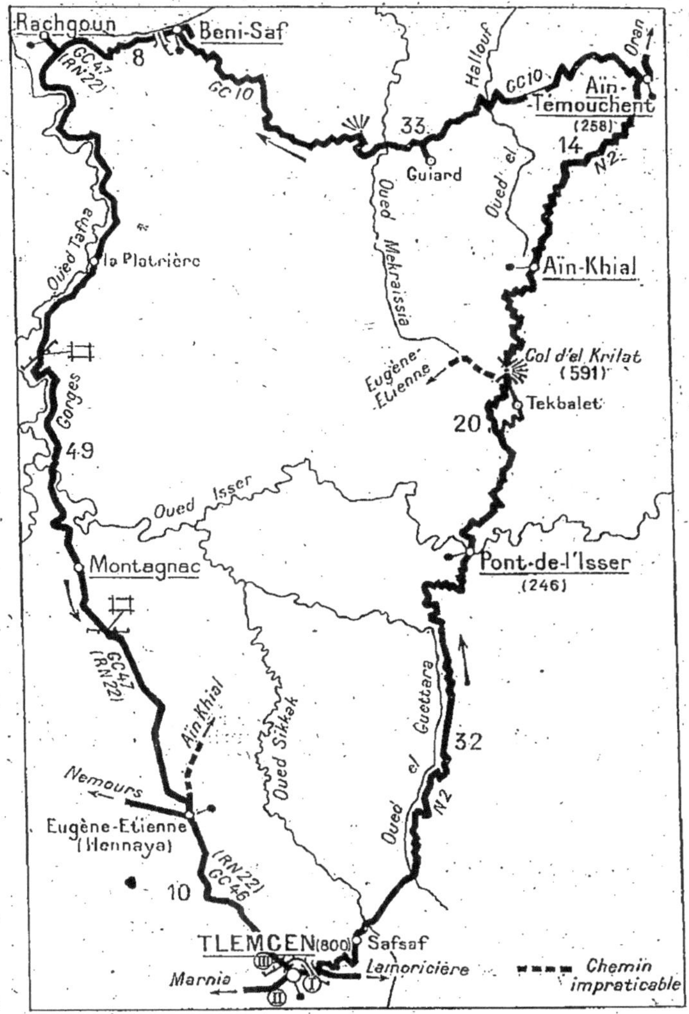

EXCURSION N° 9 : *au départ de Tlemcen.*

LES SOURCES DE LA TAFNA, SEBDOU, LA HAUTE VALLÉE
DE L'ISSER, LE CIRQUE D'EL-OURIT : 118 k.

Une route souvent difficile, sinueuse, mais très pittoresque, conduit de **Tlemcen** à **Sebdou** en passant aux « Sources de la Tafna » et au pied d'une curieuse ligne de douze montagnes dites les « douze Apôtres ». Les points de vue intéressants sont nombreux et le plus remarquable est celui du col de Talterni.

On gagne ensuite la vallée de l'Od el Benian, haute vallée de l'Od Isser, puis à hauteur de **Lamoricière,** on s'oriente vers l'O pour rentrer à **Tlemcen.** Dans cette partie la route est toujours très voisine de la

(*Voir schéma page suivante.*)

EXCURSION N° 9 (suite).

voie ferrée qu'elle recoupe fréquemment. Après Aïn-Fezza, elle parcourt en un vaste lacet le cirque d'El-Ourit où le Safsaf tombe en cascades étagées.

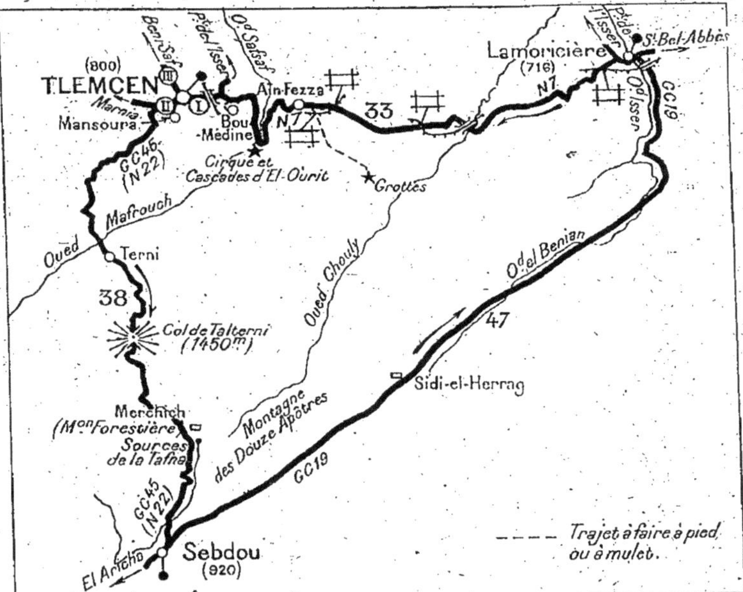

(S'adresser au préalable au Syndicat d'Initiative de Tlemcen pour visiter les grottes qui sont sur un plateau de rochers et de pâturages au S.-E. d'Aïn-Fezza. 4 k 5 de piste à parcourir à pied ou à mulet.)

(De Lamoricière à Tlemcen, voir it. 42.)

EXCURSION N° 10 : *au départ de Mascara.*

LA RÉGION MONTAGNEUSE DE MASCARA

ET LA PLAINE DE PERRÉGAUX : 141 k.

Au N de **Mascara**, une route très belle, constamment à flanc de coteau, permet d'atteindre à **Dublineau**, la vallée de l'Od el Hammam. Plus au N, au confluent de cet Od avec l'Od Fergoug, on passe près de l'endroit où était le grand barrage-réservoir enlevé, en partie, par les inondations qui ont ravagé la région fin 1927.

A partir de **Perrégaux**, la route traverse une riche plaine couverte de cultures pour entrer à nouveau dans le massif montagneux après l'**Hillil**.

Elle devient très pittoresque, avec des passages étroits et des tournants sans vues, entre des parois de roc ; elle passe à Kalâa, très curieux village, exclusivement arabe, dont le site est particulièrement impressionnant. Après une large boucle vers l'E (que l'on peut couper à pied jusqu'à El Bordj par un sentier impraticable aux autos), on rentre à **Mascara**.

(De Mascara à Perrégaux, voir it. 56 ; de Bouguirat à l'Hillil, it. 53 bis ; pour la partie du trajet par la N 7, it. 41.)

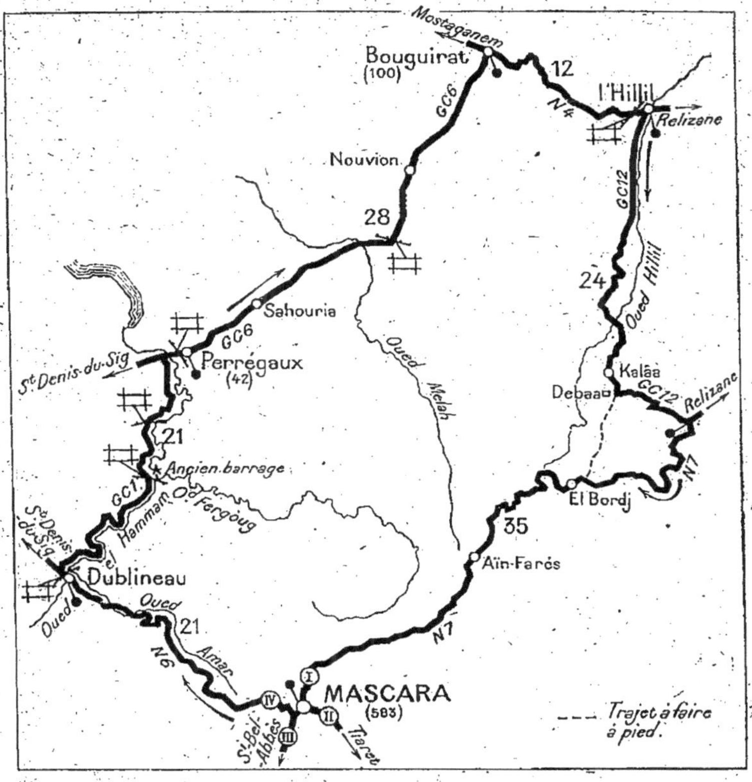

EXCURSION N° 11 : *au départ d'Oran.*

LE CAP FALCON ET LA PLAINE DES ANDALOUSES, LE DJEBEL MURDJADJO, LA SEBKHA D'ORAN ET LA PLAINE DE LA MLÉTA : 143 k.

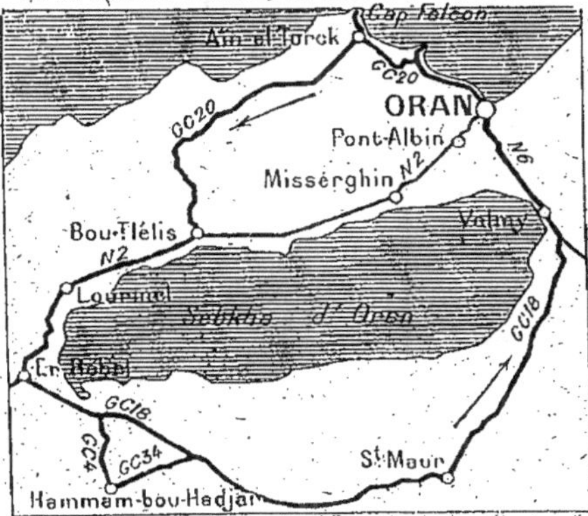

À la sortie d'**Oran**, la route s'élève sur le flanc du Dj. Murdjadjo d'où elle surplombe la mer et d'où l'on a une belle vue d'ensemble sur toute la rade d'Oran. On peut pousser jusqu'au cap Falcon qui permet d'embrasser un immense et magnifique panorama.

On traverse ensuite la plaine des Andalouses. Le parcours devient très pittoresque pour franchir le dos de terrain qui sépare la mer de la Sebkha (au point culminant, à nouveau vaste panorama) et très accidenté dans la descente sur **Bou-Tlélis**.

Ensuite on longe la Sebkha, généralement recouverte en été d'une croûte

EXCURSION Nº 11 (suite).

saline blanchâtre, et, à partir d'**Er-Rahel**, le retour vers **Oran** s'effectue, jusque vers **Valmy**, à travers la plaine de la Mléta, couverte de riches cultures.

Variantes. — 1º On peut agrémenter ce trajet par la visite de la station thermale **d'Hammam-bou-Hadjar** ;

2º Si on dispose d'assez peu de temps, on peut, de **Bou-Tlélis**, rentrer directement à Oran par **Misserghin** et Pont Albin ;

3º En une randonnée de plusieurs jours, on peut enfin parcourir le circuit **Oran, Aïn-Témouchent, Tlemcen, Sidi-bel-Abbès, Oran.**

(De Valmy à Oran, voir it. 55 ; de Bou-Tlélis à Oran par Misserghin, it. 38 bis ; d'Oran à Tlemcen par Aïn-Témouchent, it. 38 ; de Tlemcen à Oran par Sidi-bel-Abbès et Ste-Barbe-du-Tlélat, it. 42 bis, 61 bis et 55.)

EXCURSION Nº 12 : *au départ d'Oran.*

LES ENVIRONS EST D'ORAN, LA « MONTAGNE DES LIONS », ARZEW ET SA RADE, LA PLAINE DU SIG : 132 k.

Cette excursion permet de visiter la banlieue E d'Oran, puis le Dj. Khar ou « Montagne des Lions », entièrement entouré par une piste qui offre une série de points de vue uniques dans la région, et d'atteindre, à travers une région assez ondulée et richement cultivée, **Arzew** et sa rade, qui, particulièrement bien protégée contre les vents, offre un des meilleurs abris de l'Algérie.

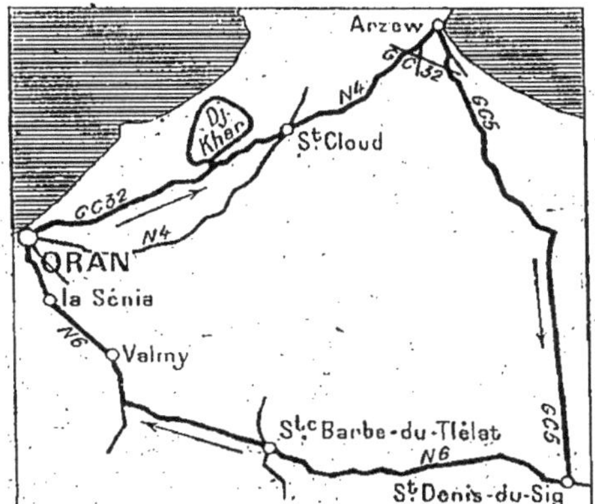

En revenant vers le S, la route court en plaine à travers une région de maigre végétation, prolongement indécis de la « forêt de Mouley Ismaël », passe entre des salines et les marais de la Macta, puis parcourt une partie de la plaine du Sig, couverte de champs de céréales et de vignobles. De **St-Denis-du-Sig**, on regagne Oran par **Ste-Barbe-du-Tlélat**, et la plaine du Tlélat, assez peu fertile. De **la Sénia**, on aperçoit **Oran** au pied du Dj. Murdjadjo et du fort de Santa-Cruz.

Variante. — On peut élargir cette excursion en parcourant le circuit **Oran, Arzew,** Port-aux-Poules, **Mostaganem** (où on rejoint l'itinéraire recommandé pour l'excursion nº 13), **Perrégaux** (où on rejoint l'itinéraire recommandé pour l'excursion nº 10).

(D'Oran à Arzew, voir it. 37 bis ; de St-Denis-du-Sig à Oran, it. 55.)

EXCURSION Nº 13 : *au départ de Mostaganem.*

LA PLAINE ET LES GORGES DU CHÉLIF, LE PLATEAU DE DAHRA ET LA ROUTE DES CRÊTES : 236 k.

De **Mostaganem** à **Relizane**, la route, presque partout plate et monotone, s'élève à peine un instant au flanc du Dj. Mehariga après Bouguirat. Puis elle traverse les plaines de la Mina et du Chélif jusqu'à **Inkermann.**

S'orientant vers le N, elle franchit le Chélif sur un pont de fer, remonte la vallée de l'Od Ouarizane par une route très pittoresque,

EXCURSION N° 13 (*suite*).

mais très dure et sinueuse, passe par Mazouna, coquet village arabe dans un décor de vergers. A partir de **Renault,** on longe constamment la crête du plateau de Dahra qui offre une magnifique suite de panoramas jusqu'à **Cassaigne.** (Nombreuses courbes à rayon étroit.)

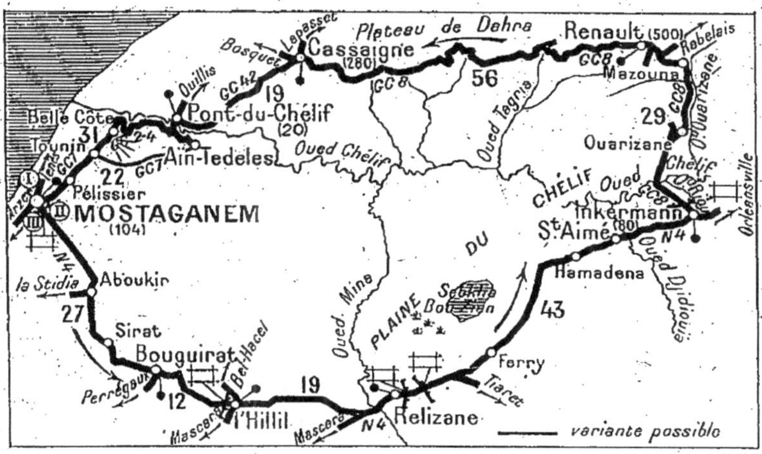

L'intérêt demeure soutenu dans la descente vers le Chélif qu'on franchit à nouveau sur un pont en maçonnerie et qui, près de son embouchure, coule dans d'étroites gorges. Du haut de la montée de Belle Côte, on jouit d'une vue très étendue sur la vallée du Chélif.

(*De Mostaganem à Relizane, voir it. 53 bis ; de Relizane à Inkermann, voir it. 41 bis.*)

EXCURSION N° 14 : *au départ d'Alger.*

LA CÔTE DE TURQUOISE, CHERCHELL, LA PLAINE DE LA MITIDJA (OUEST), LE SAHEL D'ALGER : 211 k.

Après une région assez monotone, au milieu de vignobles dont certains, comme ceux de **Staouéli,** donnent des crus réputés, la route suit la « Côte de Turquoise » à l'O d'Alger. Elle passe à proximité du

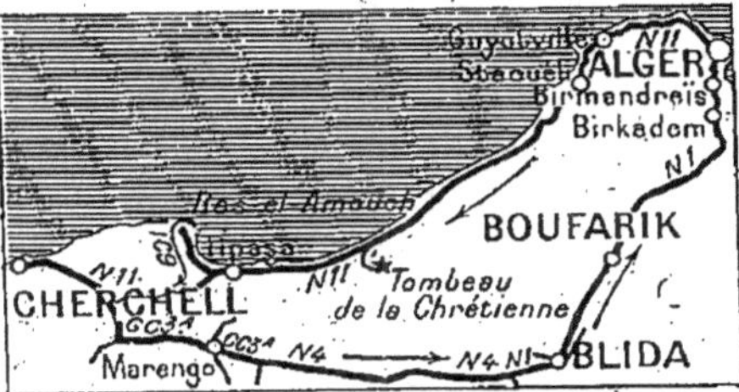

« Tombeau de la Chrétienne » et, par **Tipasa** (ne pas manquer de pousser jusqu'au Ras-el-Amouch, 22 k aller et retour), gagne **Cherchell,** attrayante par son site et son riche musée d'antiquités romaines.

Au retour, elle court, d'abord en bordure S, puis, après **Blida,** au cœur même de la riche plaine de la Mitidja. Le parcours s'achève à travers les collines verdoyantes du Sahel, par le site très pittoresque de **Birmandreis** et les hauteurs de Mustapha Supérieur, avec leur splendide panorama sur la ville et la baie **d'Alger.**

(Si on n'a pas le temps de faire l'excursion n° 15 ci-après, on peut compléter l'excursion n° 14 par la visite des gorges de la Chiffa.)

(*D'Alger à Cherchell, voir it. 35 ; pour la partie du trajet par la N 4 et la N 1, it. 39 bis.*)

EXCURSION N° 15 : *au départ d'Alger.*

LE SAHEL D'ALGER, LE ZACCAR, L'ATLAS MITIDJIEN, LA MITIDJA (OUEST) : 297 k.

Par les collines du Sahel qui dominent **Alger** au S et à l'O, on gagne le N de la plaine de la Mitidja que l'on contourne jusqu'à **Marengo**. L'excursion devient particulièrement intéressante dans la traversée accidentée du massif du Zaccar, par les routes très pittoresques qui permettent de visiter la station thermale **d'Hammam-Righa**.

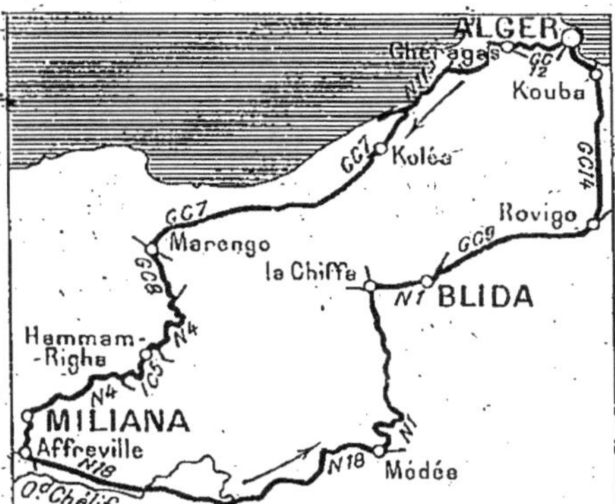

Après **Miliana**, on parcourt d'abord le sillon marqué par la vallée du Chélif, en bordure de l'Ouarsenis qui domine la région de sa masse compacte, puis on s'en écarte pour atteindre **Médéa**.

Revenant vers le N, on entre dans les gorges de la Chiffa où l'on aperçoit parfois des bandes de singes sauvages dans les branches des arbres ou au milieu des rochers le long de la route, ou encore sur la route elle-même, si on s'arrête pour prendre un repas à l'auberge du Ruisseau des Singes.

Après **Blida**, on retrouve encore les riches cultures de la Mitidja et par une route plate, assez monotone, on regagne Alger que l'on découvre avec sa baie, dans un vaste panorama, en arrivant sur les hauteurs de **Kouba**.

(Cette excursion, un peu longue, peut être coupée en deux en s'arrêtant pour une nuit à Médéa. On peut en outre la combiner avec l'excursion n° 14 précédente en empruntant, au départ **d'Alger**, la route du littoral jusqu'à **Cherchell** et en prenant, au retour, à partir de **Marengo**, l'itinéraire recommandé pour l'excursion n° 15.)

(Pour la partie du trajet par la N 4, voir it. 39 et 40 ; d'Affreville à Médéa it. 49 ; de Médéa à Blida, it. 45 bis.)

EXCURSION N° 16 : *au départ d'Alger.*

LA PLAINE DE LA MITIDJA (EST), LES GORGES DE KEDDARA ET DE PALESTRO, LA CÔTE A L'EST D'ALGER : 191 k.

D'Alger à l'Arba et à **Rivet**, la route traverse l'extrémité E de la plaine de la Mitidja. A partir du **Fondouck**, on pénètre dans une région montagneuse et on s'engage bientôt dans les gorges de l'Od Keddara,

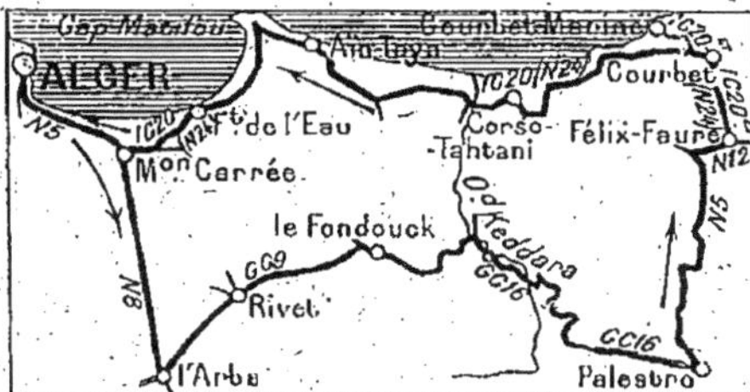

extrêmement sauvages et pittoresques ; puis, après **Palestro**, revenant vers Alger, la route traverse les gorges de Palestro où elle est presque toujours dominée par d'imposantes masses de rochers.

Par **Félix-Faure** et Courbet, on se rapproche de la côte. On regagne Alger par une route accidentée qui offre de nombreuses échappées et de nombreux points de vue sur la mer, notamment celui du cap Matifou, qui permet d'embrasser, dans un ensemble incomparablement beau, d'une part la baie et le port d'**Alger**, et d'autre part la côte vers l'E jusqu'au cap Djinet.

(D'Alger à l'Arba, voir it. 44 ; pour les gorges de Palestro, it. 6 bis.)

EXCURSION N° 17 : *au départ de Tizi-Ouzou.*

LA GRANDE KABYLIE AU NORD DE TIZI-OUZOU, PORT-GUEYDON, LA CORNICHE DE DELLYS : 157 k.

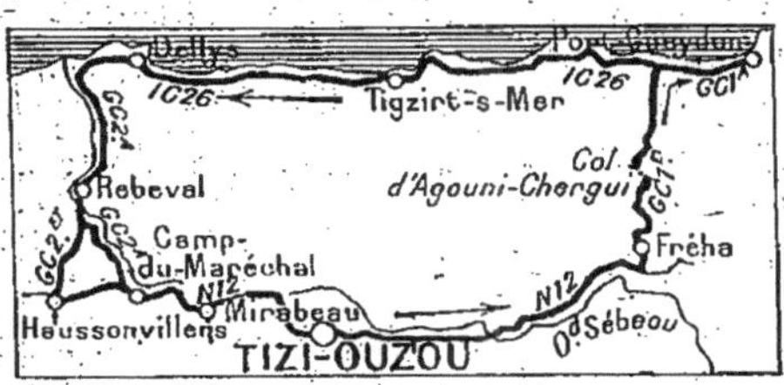

Par la vallée de l'Od Sébaou et le village de Fréha, on atteint le col d'Agouni-Chergui d'où l'on découvre la mer et **Port-Gueydon**. Puis on descend par des pentes vives vers la côte (pousser une pointe jusqu'à **Port-Gueydon**). Le long de la mer, en pays assez accidenté, surtout après **Tigzirt-sur-Mer**, on franchit de nombreux estuaires d'oueds. Les points de vue se succèdent et, après avoir longé la forêt de Mizrana, on arrive à **Dellys**, par une belle route en corniche.

De là, on redescend dans la vallée de l'Od Sebaou dont on remonte le cours. Par Haussonvillers ou **Camp-du-Maréchal**, on peut ensuite soit rentrer à **Tizi-Ouzou**, soit regagner **Alger** en rattrapant à **Félix-Faure** l'itinéraire recommandé pour l'excursion n° 16.

(*Pour la partie du trajet par la N 12, voir it. 1.*)

EXCURSION N° 18 : *au départ de Tizi-Ouzou.*

LA GRANDE KABYLIE, LE DJURDJURA (COL DE TIROURDA), LES GORGES DE L'OUED KASSARI : 223 k.

Cette excursion complète la précédente et conduit au cœur de la Grande Kabylie.

Une route extrêmement pittoresque, qui compte parmi les plus curieuses de l'Algérie, conduit par **Fort-National**, et **Michelet**, au col de Tirourda, à travers une admirable suite de sites pleins d'imprévus, peuplés de villages kabyles audacieusement accrochés aux pentes abruptes.

Par un trajet plus facile, mais toujours pittoresque, on redescend sur la station de Maillot.

De là, on atteint **Bouira** en longeant les pentes S du Djurdjura. On peut ensuite, soit gagner **Palestro**, où on rejoint l'itinéraire recommandé pour l'excursion n° 16, soit, par **Dra-el-Mizan** et la vallée de l'Od Kassari, dont on descend les très belles gorges, rejoindre à **Mirabeau** l'itinéraire de l'excursion n° 17, pour rentrer directement à **Tizi-Ouzou**.

(Le col de Tirourda est impraticable à cause des neiges du 15 novembre au 15 avril.)

(*De Tizi-Ouzou à la Station de Maillot, voir it. 10 ; pour la partie du trajet par la N 5 à partir de la Station de Maillot, it. 6 bis.*)

EXCURSION N° 19 : *au départ du Sétif.*

LA KABYLIE DES BABORS, LA CORNICHE DE DJIDJELLI,
LES GORGES DU CHABET EL AKRA : 287 k.

De **Sétif,** directement par Perigotville, ou en faisant un détour par **St-Arnaud,** on gagne la haute vallée de l'oued Dehemcha, puis on pénètre au cœur du massif des Babors. Très accidentée, avec de nombreux virages brusques (attention aux cassis) la route franchit plusieurs cols d'où la vue découvre d'immenses panoramas.

On descend ensuite vers la mer qu'on atteint à **Djidjelli.** Par une corniche escarpée, dominant à pic les flots, coupée parfois de tunnels dans le roc (ne pas manquer de visiter au passage la merveilleuse grotte de Dar-el-Oued), on gagne **Souk-el-Tenine.**

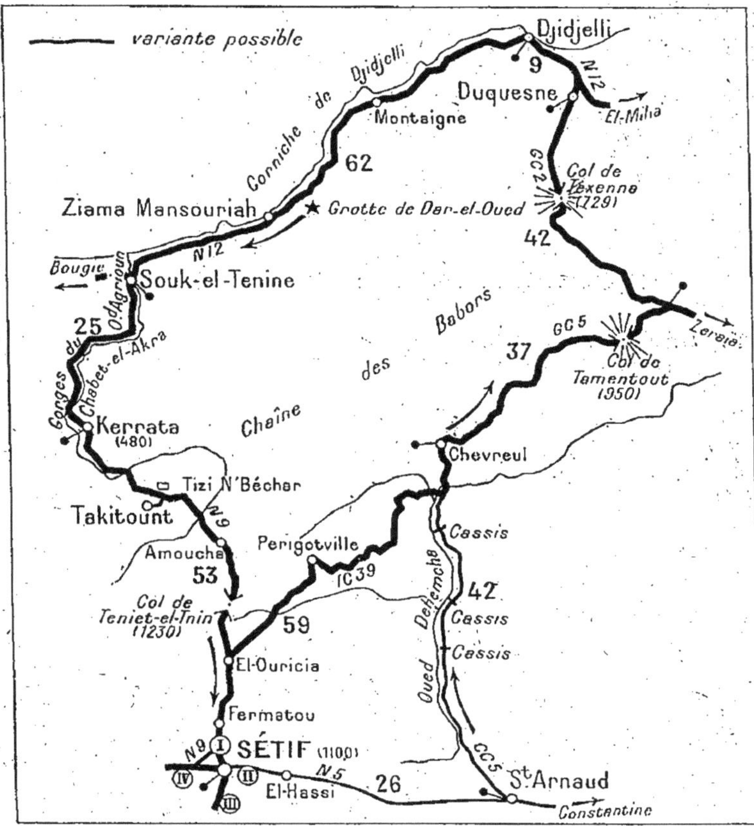

Revenant vers le S, on s'engage ensuite dans les gorges particulièrement sauvages et tourmentées du Chabet-el-Akra. On franchit encore une fois la chaîne des Babors avant de revenir à **Sétif.**

(Si cette excursion, particulièrement recommandée, paraît trop longue pour être faite en une seule journée, on peut la couper en deux en passant une nuit à Djidjelli.)

(*De Djidjelli à Souk-el-Tenine, voir it. 2 bis ; de Souk-el-Tenine à Sétif, it. 11.*)

EXCURSION N° 20 : *au départ de Batna.*

LE MASSIF ET LES VALLÉES DE L'AURÈS.

Par l'extraordinaire pittoresque de ses chaînes parallèles, par la fraîcheur de ses vallées et le prodigieux escarpement de ses gorges, par la juxtaposition des climats les plus différents, par la diversité de la végétation, par l'originalité des villages accrochés aux cimes comme autant de vieux burgs et sans analogues dans le reste de l'Algérie, par le particularisme de ses populations, le massif de l'Aurès, pays du chaos et des contrastes violents, des mornes étendues caillouteuses et des gais vergers plantureux, des rochers éblouissants de soleil et des palmeraies doucement ombragées, doit inévitablement attirer et retenir les touristes.

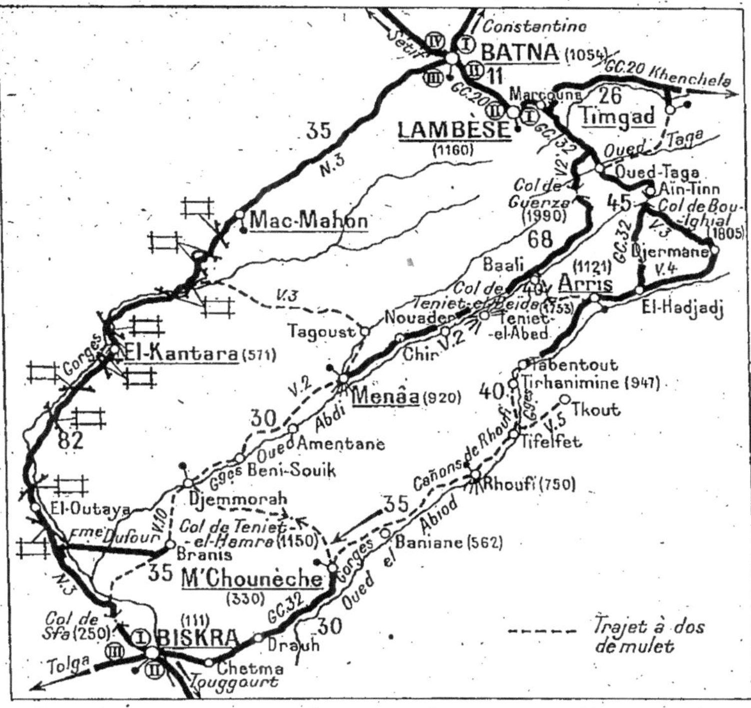

Cependant si les voies d'accès, tant par le N, de **Batna** à **Arris** ou à **Menâa**, que par le S, de **Biskra** à **M'Chounèche** sont, grâce à de bonnes routes, d'un parcours facile pour les automobilistes, par contre, les trajets d'excursions au cœur même du massif doivent encore être parcourus à dos de mulet, par des pistes quelquefois fatigantes.

Aux époques de l'année les plus favorables, en mai ou septembre, on pourra, en prenant de préférence **Arris** comme point de départ, entreprendre un ou plusieurs circuits, de quatre jours chacun, pour visiter :

d'**Arris** à Rhoufi et **M'Chounèche**, la vallée de l'Od El Abiod, qu'il faut absolument parcourir dans le sens de la descente;

d'**Arris** à **Menâa** et à Djemmorah, la vallée de l'Od Abdi.

Des fondouks-hôtels assurent gîte et ravitaillement à **Arris,** Rhoufi, **M'Chounèche,** Djemmorah et **Menâa.**

(Avant de s'engager dans les vallées et sur les pistes, il est très recommandé de se mettre en relations avec l'Administrateur de la commune mixte de l'Aurès à Arris, qui donnera volontiers toutes les indications de détail nécessaires pour l'organisation matérielle de ces expéditions et qui procurera notamment les guides et mulets indispensables.)

(De Batna à Biskra, voir it. n° 16; de Batna à Timgad, it. 20.)

EXCURSION N° 21 : *au départ de Tunis.*

MATEUR, BIZERTE, LES RUINES D'UTIQUE : 184 k.

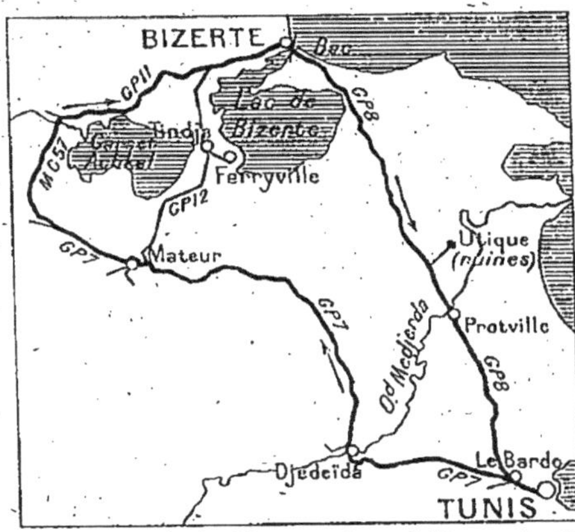

De **Tunis** à **Mateur** la route traverse une plaine basse, souvent inondée pendant la saison des pluies.

De Mateur on peut gagner **Bizerte**, soit en contournant par l'O. le lac Achkel, soit par Tindja d'où part une route menant à **Ferryville** et à l'arsenal de Sidi Abdallah. La route parcourt une région ondulée et pittoresque avec vue sur le lac de Bizerte.

Au retour on franchit le Goulet sur un bac, puis, à travers les olivettes, on gagne à nouveau la plaine. Avant d'atteindre la Medjerda on peut visiter les ruines d'Utique.

(De Tunis à Mateur et au delà par la GP 7, voir it. 26 bis; de Bizerte à Tunis, it. 27 bis.)

EXCURSION N° 22 : *au départ de Tunis.*

SIDI BOU SAÏD, LES RUINES DE CARTHAGE ET LES BAINS
DE RADÈS : 60 k.

La route longe le Parc du Belvédère, qui peut être parcouru en auto (du point culminant, vue magnifique sur le golfe et la ville).

On peut gagner **la Marsa** soit par la route de l'Ariana qui traverse

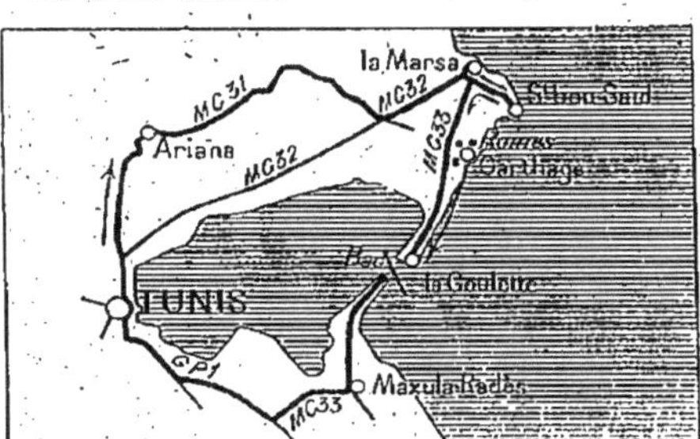

des olivettes et des jardins très agréables, soit par la route directe qui est excellente. On aperçoit vers la droite les hauteurs de **Carthage** couronnées par la cathédrale St-Louis, avant d'arriver à **la Marsa**, station estivale particulièrement fréquentée.

De là, on peut aller à pied, en suivant la crête de la falaise, admirer le superbe panorama du phare de Sidi bou Saïd, puis gagner le village, très pittoresquement bâti en amphithéâtre. On y rejoint la voiture qui, entre temps, s'y rend directement par la route.

On rentre par les ruines de **Carthage**. A **la Goulette**, on franchit la passe au moyen d'un bac à vapeur. Par Radès, qu'on peut, soit contourner en voiture, soit traverser à pied (les autos ne traversent pas la localité), on regagne **Tunis**.

EXCURSION N° 23 : *au départ de Tunis.*

HAMMAM-LIF, LA CORNICHE ET LES BAINS DE KORBOUS, LES BOIS D'OLIVIERS, GROMBALIA ET CRÉTÉVILLE :
128 k.

En sortant de **Tunis**, on gagne Hammam-Lif d'où l'on peut faire (*à mulet*) l'ascension du Dj. bou Kournine qu'il est recommandé d'organiser de façon à se trouver au sommet pour le lever du soleil.

A travers une plaine monotone on gagne ensuite **Soliman** (contourner la localité que les automobiles ne doivent pas traverser), puis on se

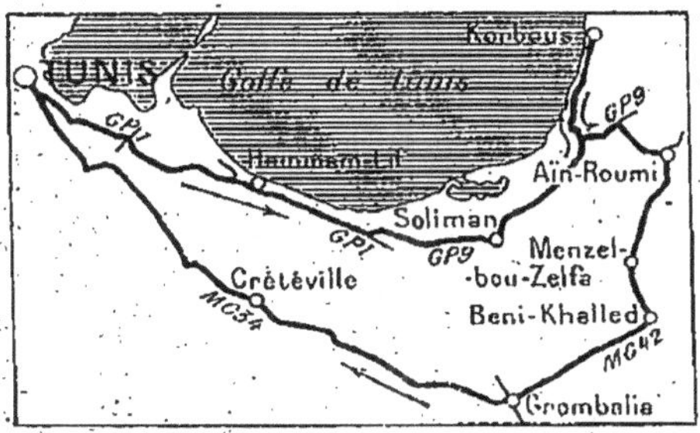

rapproche de la côte. Taillée en plein rocher, la route domine en corniche toute une série d'escarpements abrupts et elle permet des vues magnifiques sur tout le golfe de Tunis. Elle gagne enfin, dans un fond, la pittoresque station balnéaire de **Korbous.**

Par un trajet ondulé, au cours duquel on franchit plusieurs oueds, on traverse de belles forêts d'oliviers, plusieurs villages arabes assez curieux et on se retrouve en plaine vers **Grombalia.** Par **Crétéville**, on regagne **Tunis.**

(Cette excursion peut être agréablement complétée de la manière suivante : en revenant de Korbous, prendre la route très pittoresque qui part de Mraïssa et aboutit à l'Od el-Abid. Au delà du pont sur l'oued cette route est en construction vers Tozegrane. On ne peut rejoindre **Menzel-Temine** que par une piste. De là par Korba et Beni-Khalled cette variante se rattache à l'itinéraire précédent.)

(Pour la partie du trajet par la GP 1 au départ de Tunis, voir it. 28.)

EXCURSION N° 24 : *au départ de Tunis.*

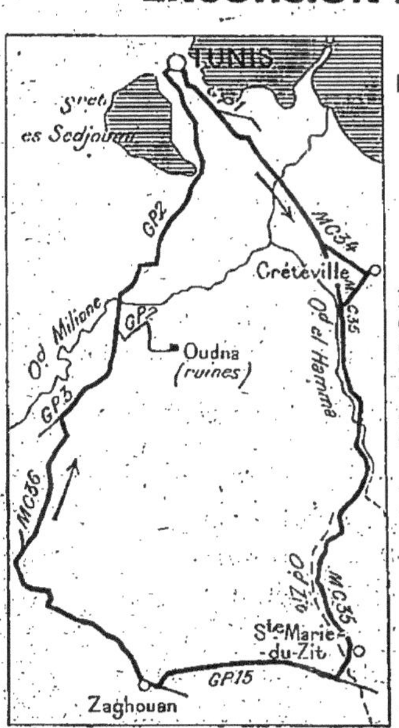

LA PLAINE DU MORNAG, LES SOURCES ET LE PIC DE ZAGHOUAN, LES RUINES D'OUDNA : 123 k.

En sortant de **Tunis**, la route parcourt la plaine du Mornag, fertile et couverte de vignobles. Elle passe ensuite au pied du Dj. Reças dont on peut faire l'ascension, puis elle monte en lacets par la vallée de l'Od el Hamma et redescend ensuite le cours de l'Od Zit pour gagner **Ste-Marie-du-Zit.**

Le parcours est particulièrement pittoresque dans la région de **Zaghouan**, au pied du Djebel du même nom dont on peut faire aussi l'ascension pour jouir d'un splendide panorama. Les sources qui sortent au pied de cette montagne alimentaient dans l'antiquité Carthage et maintenant alimentent Tunis.

Au retour, on visitera les ruines romaines d'Oudna (ancienne Uthina).

(De Zaghouan à Tunis, voir it. 29 bis.)

EXCURSION Nº 25 : *au départ de Tunis.*

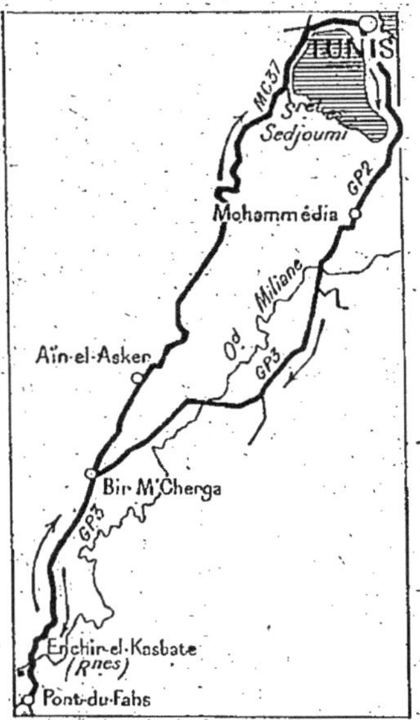

LES RUINES
DE BIR M'CHERGA
ET D'ENCHIR EL KASBATE
(THUBURBO-MAJUS),
PONT-DU-FAHS :
118 k.

Après avoir franchi les collines qui séparent le lac Sedjoumi de la mer, la route longe les bords de ce lac qui est dominé par les ruines de Mohammédia (ancien château du Bey Ahmed).

Longeant ensuite les ruines imposantes de l'aqueduc romain, elle atteint, à travers une région bien cultivée, **Bir M'Cherga** où se trouvent les ruines de l'ancien oppidum Guiflna.

Plus loin, une route à droite contourne les importantes ruines de Thuburbo-Majus. On traverse ensuite l'Oû Miliane sur un pont construit avec des pierres provenant des ruines romaines du voisinage, puis on atteint le village de **Pont-du-Fahs.**

Le retour vers Tunis peut se faire par **Bir-M'Cherga** et Aïn-el-Asker.

(De Tunis au carrefour de la GP 3 avec la MC 36, voir it. 29.)

EXCURSION Nº 26 : *au départ de Médenine.*

LES RUINES DE GIGHTIS, L'ÎLE DE DJERBA : 177 k.

Une bonne route conduit de **Médenine** à la Marsa et permet, en passant à Bou Grara, de visiter les ruines romaines de l'ancienne Gightis. La traversée de la Marsa à Adjim s'effectue sur un canot à moteur équipé pour le transport des autos (téléphoner ou télégraphier au préalable à Adjim pour le faire venir à la Marsa).

On visite ensuite l'**île de Djerba** « l'île aux sables d'or », un des coins les plus reposants et les plus originaux de la Tunisie du Sud. (Voir notamment **Houmt-Souk** et **Midoun.**)

(Voir schéma page suivante.)

Pour celles des excursions qui n'ont
dans le Guide qu'un *schéma sommaire,*
reportez-vous à la **Carte Michelin**
« **Maroc-Algérie-Tunisie** »
(cartouche au 1/500.000 correspondant).

EXCURSION N° 26 (suite).

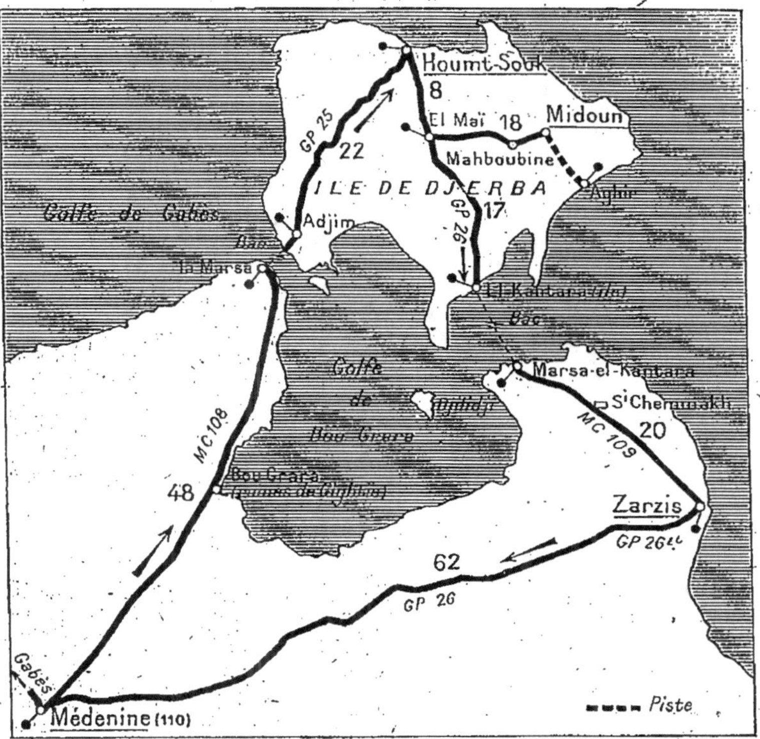

Puis on revient sur le continent par le détroit d'El Kantara (passage des autos sur deux barques accolées l'une à l'autre, péage 16 fr. : 30 m. à 2 h., suivant le vent). De **Zarzis** une route ramène à **Médenine** par une région onduleuse, assez monotone, à peine égayée de quelque végétation et de rares oasis.

Cette excursion peut se faire aussi en partant de **Gabès**, soit par voie de terre (gagner **Médenine**, puis comme ci-dessus), soit par voie de mer (services maritimes desservant Djerba : se renseigner à Gabès). Dans ce dernier cas, télégraphier à Houmt-Souk pour louer une auto qu'on trouvera au débarcadère et qui permettra d'excursionner dans l'île.

LES PISTES SAHARIENNES

Les pistes sahariennes; leur équipement:

Les pistes sahariennes ne sont que rarement l'objet d'importants travaux d'aménagement : par endroits cependant, des chaussées en pierre ou en paille, recouvertes d'herbe sèche et de terre, aident au franchissement des fonds de vallée à sable mou ; un profil choisi permet souvent de rendre plus praticables les rampes de montagne. Mais, en général, à défaut d'une solide surface de roulement, le sol naturel est partout conservé. On le débarrasse simplement des cailloux et de la végétation quand ils l'encombrent et on se contente d'éviter les terrains rocailleux ou de sable fluent qui offriraient une trop grande résistance à l'avancement des véhicules automobiles.

L'équipement se borne à un jalonnement aussi visible que possible. Les pistes sont, d'ailleurs, presque toujours inscrites sur le sol par les traces de roues qui se conservent intactes pendant de longs mois. En certains endroits, cet équipement est déjà complété, et il le sera davantage au fur et à mesure des possibilités, par la création d'hôtels dans les principaux centres, de gîtes d'étapes ou de campements, avec ravitaillement en vivres, tous les 200 ou 300 k, de dépôts d'essence et même d'ateliers de réparation avec centres de dépannage. Dans les passages délicats le tracé est nettement indiqué et fréquemment marqué par des bordures de cailloux.

Dès maintenant la plupart des grandes pistes sont parcourues régulièrement par des services de transports en commun.

Précautions à prendre:

a) **Avant le départ.** — Un voyage au Sahara ne s'improvise pas. Il exige, au contraire, une minutieuse préparation avant le départ. D'abord, il faut avoir un chauffeur, ou être soi-même, très au courant des particularités de la route saharienne et de la façon de conduire sur les différents sols du désert. Ensuite, il faut préparer sa voiture. De plus en plus, les pistes deviennent accessibles aux voitures de tourisme ordinaire. Mais ces dernières doivent, au préalable, être pourvues de pneus à large section, d'un système de suspension particulièrement souple, de dispositifs spéciaux pour le refroidissement de l'eau, l'épuration de l'air, de réservoirs de grande capacité pour l'essence et pour l'huile ; les organes essentiels du moteur doivent être bien protégés et résistants. Des véhicules de série, équipés de la sorte, réussissent couramment, sans incident, la traversée complète d'Algérie au Niger. Ils sont généralement pourvus d'un poste émetteur de T. S. F.

➤ Enfin, avant d'entreprendre un long raid transsaharien, il est bon de se mettre en relations soit avec les autorités locales, soit avec les transporteurs automobiles qui disposent de réservoirs à essence.

b) **En route.** — Il peut être utile de disposer de guides. Il faut se méfier des pistes, surtout de la traversée des oueds en cas de pluie et des brusques variations de température. Il faut enfin se conformer strictement aux prescriptions de l'Arrêté du Gouverneur général de l'Algérie, qui règle la circulation sur la plupart des pistes des Territoires du Sud. (*Voir le détail de ces prescriptions, page 228.*) Rappelons simplement ici l'essentiel de leur teneur:

1° avis à donner aux autorités des points de départ et d'arrivée ;
2° marche en convois ;
3° transport d'approvisionnements de réserve;
4° transport de rechanges et d'agrès ;
5° armement des convois.

Parcours actuellement possibles:

Nous donnons, ci-après, en indiquant les ressources qu'elles offrent, un tableau *(p. 136)* des principales pistes sahariennes actuellement accessibles aux touristes. Ces derniers pourront, à leur gré, combiner les itinéraires des pistes de pénétration avec ceux des pistes transversales pour organiser les circuits qui les tenteront le plus (*voir carte ci-contre*). Nous les engageons d'ailleurs à s'adresser, pour tous renseignements complémentaires dont ils pourraient avoir besoin, à la Société *les Amis du Sahara,* dont le Comité d'action a son siège, 26, boul. Carnot, à Alger.

CARTE SCHÉMATIQUE
DES PRINCIPALES PISTES SAHARIENNES

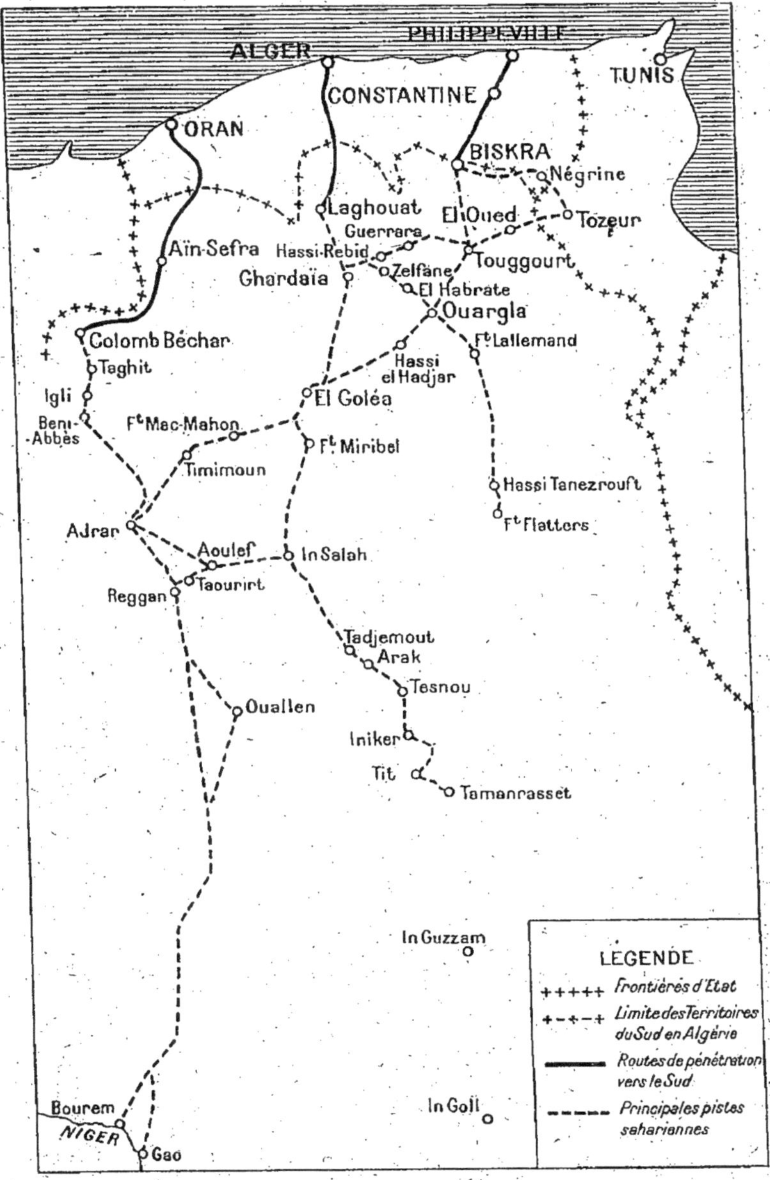

Pour se rendre :

1° D'Oran à Colomb-Béchar, voir it. 55 *bis*, 57, 59, 60.

2° D'Alger à Laghouat et Ghardaïa, voir it. 45, 46, 47.

3° De Philippeville à Biskra et Touggourt, voir it. 13 *bis*, 15, 16.

PISTE	ÉTAT DE LA PISTE	RESSOURCES EN			LIAISONS POSTALES, TÉLÉGRAPHIQUES, ETC.
		HOTELS	BORDJS ET ABRIS	ESSENCE	
1° PISTES DE PÉNÉTRATION VERS LE SUD					
Colomb-Béchar-Bourem, 2.094 k.	Dure et accidentée jusqu'à Igli. Terrain sablonneux, puis demi-dur jusqu'à Adrar. Sables et rocailles jusqu'à Reggan. Bien jalonnée jusqu'à ce point. Jalonnement très rudimentaire, mais bonne praticabilité ensuite jusqu'à Bourem. Il est bon de prendre contact, soit à Reggan, soit à Gao, avec la Compagnie générale Transsaharienne, qui se charge de fournir des guides, des appareils portatifs de T. S. F., et en cours de route, de l'eau et de l'essence.	**Colomb-Béchar.** Beni-Abbès (Transat. 12 ch.). Taghit (Transat. 18 ch.).	Ouallen (petit bordj). Reggan (petit bordj).	Colomb-Béchar. Taghit. Beni-Abbès. Adrar. Reggan.	Colomb-Béchar, T. S. F. Beni-Abbès, ⊠ ⌁. T. S. F. Adrar, ⊠ ⌁ T. S. F. Reggan, T. S. F.
Ghardaïa - El Goléa - Fort Miribel-In Salah - Tadjemout - Taman-rasset, 1.436 k.	Piste entièrement tracée et maintenue en bon état de viabilité. Après In Salah traverse la région très pittoresque des gorges d'Arak, puis, toujours très bonne, se dirige à travers le Hoggar jusqu'à Tamanrasset. Sera incessamment prolongée d'un côté vers le Niger, de l'autre sur In Guzzam, puis In Goll et la Nigeria anglaise.	**Ghardaïa. El Goléa.**	Fort Miribel. In-Salah (bordj milit. 14 ch.). Tadjemout (bordj, 4 p.). Arak (bordj hôtel) et Iniker (bordj hôtel), aménagés par la société automobile Catelan. Tamanrasset (bordj milit.).	Ghardaïa. El Goléa. Fort Miribel. In-Salah. Arak.	**Ghardaïa,** T. S. F. **El Goléa,** T. S. F. In Salah, T. S. F. Tamanrasset, T. S. F.
Touggourt-Ouargla-Fort Flatters, 509 k.	Bonne piste, très praticable et bien construite jusqu'à Ouargla. Au sortir d'Ouargla quelques mauvais passages dus à un sol trop meuble. D'Ouargla à Fort Lallemand les pentes sont aménagées, la piste est jalonnée. De Fort Lallemand à Hassi-Tanezrouft, peu d'aménagements. De Hassi-Tanezrouft à Fort Flatters deux bordures de cailloux marquent l'itinéraire. Le jalonnement est généralement complété par des « guémiras », tas de sable de 1 m. de diamètre, élevés tous les 50 m. environ.	**Touggourt. Ouargla.**	Fort Lallemand (bordj). Fort Flatters (bordj).	Touggourt. Ouargla.	**Touggourt. Ouargla,** T. S. F. Fort Flatters, T. S. F.

PISTE	ÉTAT DE LA PISTE	HOTELS	BORDJS ET ABRIS	ESSENCE	LIAISONS POSTALES, TÉLÉGRAPHIQUES, ETC.
2° PISTES TRANSVERSALES					
In Salah - Aoulef - Adrar, 317 k.	Sol ferme d'In-Salah à Aoulef. Après Aoulef, un détour sur Oued Cheurfa pour éviter de petites dunes.		In Salah (bordj milit., 14 ch.). Aoulef (bordj, 5 pièces). Adrar (bordj).	In Salah. Aoulef. Adrar.	In Salah, T. S. F. Aoulef, T. S. F. Adrar, T. S. F.
El Goléa - Fort Mac-Mahon - Timimoun-Adrar, 623 k.	Bonne piste, entretenue et jalonnée, dont le parcours n'offre aucune difficulté.	**El Goléa.** Fort Mac-Mahon (Transat., 8 ch.). Timimoun (Transat., 20 ch.).		El Goléa. Timimoun. Adrar.	**El Goléa,** T. S. F. Timimoun, T. S. F. Adrar, T. S. F.
Ouargla - El Goléa, 320 k.	Bonne piste, bien aménagée, présentant quelques passages difficiles. Jalonnement suffisant seulement.	**Ouargla. El Goléa.**	Hassi el Hadjar (bordj, 2 ch.).	**Ouargla. El Goléa.** Hassi el Hadjar.	**Ouargla,** T. S. F. **El Goléa,** T. S. F.
Ghardaïa - Ouargla, 210 k.	Bonne piste, en dehors du passage très sablonneux de Mellala. Bien jalonnée.	**Ghardaïa. Ouargla.**	El Habrate (bordj). Zelfane (bordj).	**Ghardaïa. Ouargla.**	**Ghardaïa,** T. S. F. **Ouargla,** T. S. F.
Ghardaïa - Touggourt, 250 k.	Bonne piste, régulièrement entretenue, n'offrant pas de difficulté sérieuse. Régulièrement parcourue par des autocars.	**Ghardaïa. Touggourt.**	Hassi-Rebid (bordj). Guerrara (7 ch.).	**Ghardaïa. Touggourt.**	**Ghardaïa,** T. S. F. **Touggourt.**
Touggourt-El Oued-Tozeur, 260 k.	Bonne piste, régulièrement entretenue. Après les orages et les pluies, se renseigner auprès des autorités locales.	**Touggourt. El Oued. Nefta. Tozeur.**	—	**Touggourt. Tozeur.**	**Touggourt. El Oued. Nefta. Tozeur.**
Biskra - Négrine-Tozeur, 390 k.	Bonne piste, régulièrement parcourue par des autocars.	**Biskra. Tozeur.**		**Biskra. Tozeur.**	**Biskra. Tozeur.**

NOTA. — *Pour les localités dont le nom est composé en caractères gras* (**Colomb-Béchar**) *se reporter à la Nomenclature des villes par ordre alphabétique.*

AUTO-CIRCUITS NORD-AFRICAINS

La Société des Voyages et Hôtels Nord Africains, filiale de la Compagnie Générale Transatlantique, met à la disposition des personnes désireuses d'être débarrassées de toute préoccupation d'ordre matériel et de voyager en même temps avec le maximum de confort, une organisation complète connue sous le nom d'« Auto-Circuits Nord-Africains » dont la création remonte au printemps de l'année 1920.

Cette organisation touristique, spécialiste en la matière, s'appuie sur un réseau d'agences expérimentées en Afrique du Nord et centralise :

Les traversées maritimes par les navires de la Compagnie Générale Transatlantique entre Marseille ou Bordeaux et les différents ports de l'Afrique du Nord ; mais n'importe quel autre trajet maritime peut être prévu au gré des voyageurs, par exemple : Tunis-Palerme ou vice versa par la Compagnie italienne « Florio », Gibraltar-Casablanca ou vice versa par la Compagnie anglaise « Bland Line », Tanger ou Ceuta-Algesiras ou vice versa par la Compagnie espagnole « Transmediterranea », etc.

Les transports terrestres assurés par un matériel automobile spécial (cars, landaulets, limousines, etc.), soit même par chemin de fer au gré des demandes.

Le séjour dans les 44 hôtels « Transatlantique » où les personnes voyageant sous les auspices de la Société des Voyages et Hôtels Nord-Africains sont assurées d'avoir la priorité sur tous autres voyageurs.

Les billets forfaitaires de la Société des Voyages et Hôtels Nord Africains comprennent tous les frais : transport par mer, transport terrestre, séjour dans les hôtels, frais de guides, visites, pourboires, etc., ne laissant ainsi place à aucun aléa.

En dehors des circuits collectifs à dates et itinéraires fixes, la Société des Voyages et Hôtels Nord-Africains se charge d'organiser n'importe quel voyage particulier avec programme établi au gré des touristes ; elle s'occupe notamment d'assurer le déplacement de personnes qui désirent emmener leur voiture personnelle et, dans ce cas, le forfait comprend, outre les avantages habituels, le transport maritime de la voiture, le garage dans les hôtels, les passages du chauffeur, le cas échéant, ainsi que son logement et sa nourriture.

Plus de 36.000 touristes qui ont déjà souscrit aux billets forfaitaires des « Auto-Circuits Nord-Africains » ont apprécié l'organisation complète et les facilités offertes par la Société des Voyages et Hôtels Nord Africains.

(Voir Carte des « Auto-Circuits Nord-Africains » au début du Guide, p. C.)

Pour trouver immédiatement

tous renseignements contenus dans ce Guide,

consultez à la fin du volume,

l'INDEX ALPHABÉTIQUE.

Vous gagnerez du temps.

TITRE II — 2ᵐᵉ PARTIE

NOMENCLATURE DES VILLES

PAR ORDRE ALPHABÉTIQUE

AFFREVILLE (Alger) **(Pli 14)**, (Alt. 311 m.), 1.624 Eur., 1.533 Ind.
= **Exc.** : *voir exc. n° 15.*

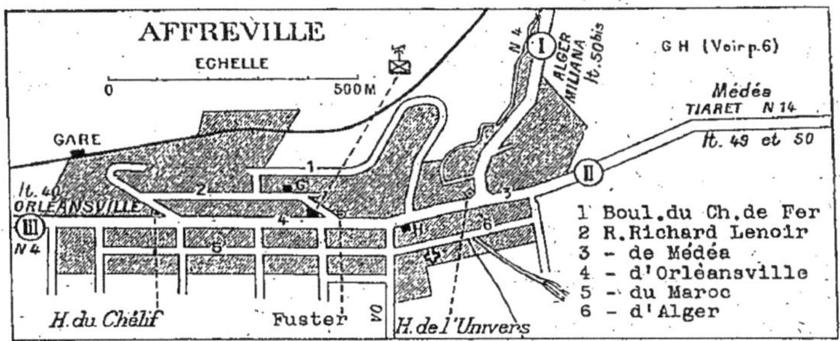

du Chélif, (20 ch) 2 .

de l'Univers, (25 ch) (wc) Rem [4] ⟟ 0.21.
STOCK MICHELIN **Sté Algérienne des Autos Renault,** *r. d'Orléansville.*
RENAULT. ⟟ 0.95.
STOCK MICHELIN **S. A. des Ets P. Adam et Cie,** *rte d'Orléansville.* FIAT.
[6] ⟟ 0.67.
STOCK MICHELIN **Louis Fuster,** Gar. Moderne. CITROEN. [30] ⟟ 0.61.
Sté Algérienne de matériel agricole. FORD, HOTCHKISS, LAFFLY, MATHIS.

Alger 140 (I) — Berrouaghia 94 (II) — Duperré 24 (III) — Lavigerie 19 (II) —
Médéa 62 (II) — Miliana 9 (I) — Orléansville 87 (III) — Ténlet-el-Had
58 (II) — Tiaret 172 (II).

Aflou (Oran) **(Pli 6)**, (C) (Alt. 1.405 m.), 329 Eur., 1.578 Ind. —
Pas de ni de ⟟. = **Exc.** : N E : Djebel Gourou (1.706 m.) 15. —
O : Djebel Sidi Obka (1.707 m.) 8, *puis 2 h. 30 jusqu'au poste optique.*
= **Spécialité** : Tapis du Djebel Amour.
Tiaret 173 - Trézel 146.

Agadir (Maroc) **(Pli 11)**, (Alt. 1 à 220 m.), 142 Eur., 1.523 Ind. —
Pas de ni de ⟟. = *Territoire en zone d'insécurité ; les tou-*
ristes ne sont autorisés à y pénétrer que munis d'une autorisation
spéciale émanant de la Région de Marrahech ; validité 7 jours. =
Voir : La Kasbah. = SE : *Terrain d'aviation à Ben Sergao 8.*
Mogador 180.
STOCK MICHELIN **Ch. Laporte,** Gar. Elgadiri, BERLIET, CHRYSLER, DELAGE
FORD.

Aïn-Amara *(comm. de Clauzel)* (Constantine) **(Pli 8)**, (Alt. 500 m.),
171 Eur., 3.732 Ind. — Hammam-Meskoutine 10 ou Medjez-Amar
9. — ⟟ Aïn-St-Charles 2. = **Env.** : S : Ruines romaines et
byzantines d'Announa (ancienne Tibilis) ★ (45 m. à pied).
Constantine 100 - Guelma 22 - Hammam-Meskoutine 10 - Oued
Zenati 20.

Aïn-Beïda (Constantine), **(Pll 8)**, © (Alt. 1.008 m.), 1.618 Eur., 6.032 Ind. = **Voir** : Source, Souterrain romain. = SO : *Terrain d'aviation* 3. = **Spécialité** : Zerbia (tapis de laine).
Batna 152 - Canrobert 26 - Constantine 114 - Guelma 115 - Khenchela 48 - La Meskiana 37 - Sedrata 50 - Souk Ahras 104 - Tebessa 89.
STOCK MICHELIN **Établissements Jean Humbert.** Ford. [5] ℡ 68.
STOCK MICHELIN **H. et A. Démaria frères.** Citroën. [305] ℡ 51.

Aïn-Bessem (Alger), © **(Pll 16)**, (Alt. 677 m.), 555 Eur., 1.327 Ind. —
Bouïra 25,5.
Alger 112,5 - Aumale 22 - Bir Rabalou 9,5 - Bouïra 25,5 - Médéa 105.
STOCK MICHELIN **Sté Algérienne des Autos Renault.** Renault.
Sté Algérienne de matériel agricole. Ford, Hotchkiss, Laffly, Mathis.

Aïn-Draham (Tunisie), **(Pll 9)**, (Alt. 810 m.), 320 Eur., 80 Ind. —
Tabarka 26. = **Exc.** : SE : Ascension du Dj. Bir (1.019 m.) (vue ★) 1 h. 10. = Synd. d'Init. *à la Mairie.*
Béja 103 - Bône 122 - La Calle 36 - Les Chênes 10 - Le Kef 94 - Mateur 133 - Tabarka 26 - Tunis 201.
de France.
Agence Citroën, Estival Gar. Pierre Dallard. Citroën, Delage, Unic. [15] Box [2] ℡ 8.
— La Tunisienne auto. Chenard, Delahaye, Rosengart.
— Central Gar., Cozzi François. Peugeot. [10].

Aïn-el-Hadjar (Oran) **(Pll 5)**, (Alt. 1.024 m.), 522 Eur., 257 Ind.
Géryville 192 - Le Kreider 74 - Mascara 85 - Oran 184 - Saïda 12 - Sidi-bel-Abbès 110 - Le Télagh 77.

Aïn-el-Turck (Oran), **(Pll 4)**, (Alt. 20 m.), 1.581 Eur., 597 Ind. —
Oran 16. = **Voir** : Plage ; Marabout de Sidi bou Ameur (pèlerinage en septembre). = **Exc.** : *voir excursion nº 11.*
Bou-Tlélis 29 - Mers-el-Kébir 8 - Oran 16.

Aïn-Khial (Oran) **(Pll 5)**, (Alt. 280 à 450 m.), 422 Eur., 517 Ind.
— Aïn-Témouchent 14. = **Exc.** : *voir exc. nº 8.*
Aïn-Témouchent 14 - Beni-Saf 47 - Hammam-bou-Hadjar 66 - Oran 86 - Pont-de-l'Isser 20 - Tlemcen 52.

Aïn-M'lila (Constantine) © **(Pll 8)**, (Alt. 775 m.), 336 Eur., 1.269 Ind. = **Exc.** : SE : Source de Fesguia 8.
Batna 70 - Constantine 48 - Guelma 140 - Le Khroub 34 - Sigus 34.
de France, (11 ch).
STOCK MICHELIN **Bonnet-Bertin.** Citroën. [2].

Aïn-Mokra (Constantine) © **(Pll 8)**, (Alt. 32 m.), 209 Eur., 1.185 Ind.
Bône 32 - Guelma 72 - Herbillon 35 - Jemmapes 37 - Philippeville 69.

Aïn-N'Sour (Alger) **(Pll 14)**, (Stat. d'alt.), (Alt. 1.150 m.), — ⊠
℡ Miliana 9,5. = **Exc.** : dans les Zaccars.
Synd. d'Init. 27 boul. Victor-Hugo, Alger F. 8.07, à Alger.
Bureau de Rens. à Aïn-N'Sour : M. Rey, hôtelier de la Sté du Zaccar-Nord.
Alger 131 - Miliana 9,5.

Aïn-Regada (comm. de Oued Zenati) (Constantine), **(Pll 8)**, (Alt. 658 m.), 152 Eur., 1.755 Ind. = **Voir** : Domaine de la Cie Algérienne (exploitations céréalistes de grande culture).
Constantine 65 - Guelma 57 - Hammam-Meskoutine 43 - Le Khroub 49 - Oued Zenati 15.

Aïn-Roua (Constantine) **(Pll 7)**, (Alt. 1.160 m.), 87 Eur., 277 Ind. —
Sétif 38. = Lafayette 13 - Sétif 38.

Aïn-Sefra (Algérie, Territ. du Sud) **(Pli 15)**, (Alt. 1.060 m.), 637 Eur., 798 Ind. = **Douanes** : *voir p. 252.* = **Voir** : Dunes ★. = **Exc.** : N : Ascension du Djebel Aïssa (2.256 m.), *2 h. 30 jusqu'au poste optique.* — E : Oasis de Tiout (gravure sur roches VIe s. av. J.-C.) 16. — SE : Ascension du Ras Chergui (2.061 m.) (*sentier muletier) 6 h.* — O : Aïn-Ouarka (source thermale, site ★) 45. = Terrain d'aviation militaire 6.
Colomb-Béchar 234 - Méchéria 102 - Saïda 269.

   de France, *r. E. Etienne*, Repas 1,50. 12. 12 (bc) Ch 12 Chfr 28 (bc) (7 ch) (wc) Abri 100 m 5 fr ⑩.

Aïn-Taya (Alger) **(Pli 16)**, (Alt. 35 m.), 997 Eur., 1.280 Ind. = **Voir :** Plage ; Fontaine fraîche. = **Env.** : E : Plage de Surcouf 1,5. = **Exc.** : *voir exc. n° 16.*
Alger 31 - Fort-de-l'Eau 13,5 - Maison-Carrée 19,5 - Ménerville 32 - Reghaïa 9 - Rouïba 7.

   Belle Vue, **ouverture 1er juillet**, Ch 20 Serv 10 % (16 ch) CC ⑥ (wc) Gar int *grat* ⑥.

Aïn-Tédelés (Oran) **(Pli 5)**, (Alt. 200 m.), 751 Eur., 617 Ind. = **Voir** : Pépinière. = **Exc.** : *voir exc. n° 13.*
Arzew 70 - Bouguirat 37 - Cassaigne 25 - Mostaganem 22 - Oran 112 - Perrégaux 64 - Pont-du-Chélif 6,5.

   des Voyageurs.

Aïn-Témouchent (Oran), Ⓒ **(Pli 5)**, (Alt. 258 m.), 7.730 Eur., 3.760 Ind. = **Exc.** : *voir exc. n° 8.*
Aïn-Khial 15 - Beni-Saf 33 - Hammam-bou-Hadjar 22 - Laferrière 7,5 - Oran 73 - Palissy 56 - Rio Salado 13 - Sidi-bel-Abbès 62 - Tlemcen 66.

   Royal, (wc) Gareur 100 m.
   de Londres, *33 boul. National*, (20 ch) ⑥ (wc) cour att. —
STOCK MICHELIN **L. Lassaque**, Gar. Central, *r. Pasteur*, DELAGE, ㊵ ☎ 1.01.
   Sté Algérienne de matériel agricole. FORD, HOTCHKISS, LAFFLY, MATHIS. ㉕ ☎ 1.39.
— S. A. des Ets J. Vinson. DELAHAYE, PEUGEOT.

Akbou (Constantine) Ⓒ **(Pli 7)**, (Alt. 320 m.), 397 Eur., 1.486 Ind.
Bordj-bou-Arréridj 73 - Bougie 72 - El Kseur 46 - Sétif 137 - Tazmalt 17.

   Gar. de l'Union, Charles Victor Martin. ⑧.

Alcazar Quivir. *Voir* : El Ksar el Kebir.

ALGER (Alger), Ⓕ **(Pli 15)**, (Alt. 1 à 160 m.), 166.604 Eur., 59.614 Ind. = *Taxe séj. : 0 fr. 75 à 2 fr. 50.* = **Voir** : Cath. St-Philippe XIXe (L 12-2) ; Palais de l'Archevêché ★ (N 12-2) ; Palais du Gouverneur (K 12-2) ; Bibliothèque Nationale (F 12-2) ; Mosquée de la Pêcherie (Djemaa El Djedid) (R 12-13-2) ; Grande Mosquée ★ XIe (S 13-2) ; La Ville arabe ★★ (ruelles en escaliers, mosquées) ; Kasbah (V 11-3) ; Cimetière musulman d'El Kettar ★ ; Mosquée et Zaouïa de Sidi-Abd-er-Rahmane (B 12-2) ; Jardins de Mustapha supérieur ; Musée des Antiquités (M1 10-8) ; Bois de Boulogne ; Jardin Marengo ★ (A 12-1) ; Medersa de Tsalibia (D 12-2) ; Egl. N.-D. des Victoires (E 12-2) ; Port. = **Exc.** : N : St-Eugène et Pointe Pescade 4. — S E : (*par la r. de Lyon*) Jardin d'Essai ★★ 5 ; Cimetière musulman de Belcourt ; Grotte de Cervantès ; Hussein-Dey et Maison-Carrée ; Circuit d'El-Biar, Bouzaréa, quartier de Bab-el-Oued. — *Voir exc. nos 14, 15 et 16.*
Syndicat d'Initiative, *4 boul. de la République.* ☎ 4.78.

Auto-Club d'Algérie et Cercle des Sports, *72 r. de Constantine.* ☎ 8.90.

L'adresse des **Services de Tourisme Michelin** *est*

97, Boulevard Pereire, Paris, 17e.

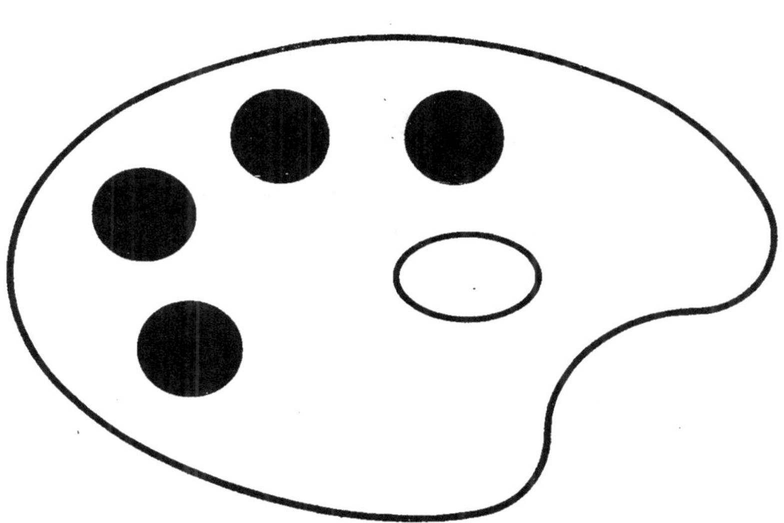

Original en couleur
NF Z 43-120-8

Alger (*suite*).

Algeria, *boul. Camille-St-Saëns* (u 10-7) (*15 nov.-15 mai*), transatlantique. Repas 8. 35. 40 (bnc) Ch 60 à 270 Chfr 50 (bc) Serv 10 % TS 2,40 (200 ch) Asc ⒼⒼ ♨ 200 ⚎ 100 ⚌ (wc) Gar ext 40 ⚟ Hotransat ☎ 32.71.

St-Georges, *à Mustapha Supérieur* (z 10-9) (*25 oct.-5 mai*), Repas 10. 40. 45 (bnc) Ch 40 à 225 Chfr 50 (bc) TS 2,40 (180 ch) Asc ⒼⒼ ♨ 180 ⚎ 100 ⚌ (wc) Box 15 fr ⑥ Gar 10 fr 20 ⚟ Georgeotel ☎ 2.69.

Alexandra, *à Mustapha Supérieur, r. Michelet* (q 10-9) (*1er oct.-31 mai*) (46 ch) Asc ⒼⒼ 46 ⚎ 6 ⚌ (wc) Rem att ⑤ ⚟ Alexandra ☎ 2.68.

de l'Oasis, *9 boul. de la République et r. du Laurier* (d 12-3), (60 ch) 50 ⚎ 20 ⚌ Asc ⒼⒼ ♨ (wc) ⚟ Oasis ☎ 1.35.

Régence, *pl. du Gouvernement* (c 12-2), Repas 6. 22. 25 (bnc) Ch 25 à 140 Chfr 72 (bc) Serv 10 % TS 1,80 (75 ch) Asc ⒼⒼ ♨ 75 ⚎ 21 ⚌ (wc) ☎ 1.68.

de Nice, *square Besson* (g 12-3), (45 ch) Asc ⒼⒼ ♨ 45 ⚎ 2 ⚌ ☎ 1.86.

des Etrangers (meublé), *1 r. Dumont-d'Urville* (f 12-3), Ch 25 à 80 Serv 10 % TS 1,80 (50 ch) Asc ⒼⒼ ♨ 50 ⚎ 10 ⚌ (wc) ☎ 2.67.

Atlandide-Hôtel, *2 boul. Amiral-Pierre* (b 12-2), Repas 6.22.25 (bnc) Ch 30 à 70 Chfr 60 (bc) Serv 10 % TS 1,80 (40 ch) Asc ⒼⒼ ♨ 40 ⚎ 10 ⚌ (wc) Gareur 50 m ☎ 35.67.

Régina, *27 boul Bugeaud* (m 12-5), Ch 25 à 50 Serv 10 % TS 1,80 (90 ch) Asc ⒼⒼ ♨ 90 ⚎ 10 ⚌ (wc) ⚟ Reginotel ☎ 16.38.

Royal, *18 boul. de la République* (c 12-3), ☎ 3.81.

STOCKISTES MICHELIN :

Sté Nord-Africaine des Auto. Citroën, *51 et 11 r. d'Isly* (l 12-5). Citroen. ☎ 21.75 et 56.72 ; *r. Sadi-Carnot* (le Ruisseau) ☎ 28.17 ; *12 av. Malahoff*, ☎ 55.44.

Sté Algérienne des Auto. Renault, *28 r. de la Liberté* (h 12-4). Renault. ☎ 3.44 et 48.09.

Succursale de la S. A. des Anciens Ets Panhard et Levassor, *2 boul. Camille-Saint-Saëns* (p 11-6). Panhard. ☎ 33.25.

Auto. Berliet, *23 r. Michelet* (j 12-5). Berliet. ☎ 11.40.

Ets Lyonnais Rochet-Schneider, *109 r. Michelet* (w 10-11-7). Rochet. 20④ ☎ 21.37.

Auto Fiat Ets P. Adam et Cie, *2 r. Tancrède* (k 12-5). Fiat. 25 ☎ 10.70 et 54.36.

Ets Vincent frères, *41 r. Michelet* (s 11-6). De Dion, Hispano-Suiza, Unic. tracteurs A. R. A. 40 ☎ 1.19 et 53.60.

Auto. Court, Sté A. A. E. Luc Court et Cie, *2 r. Berthezène* (o 11-5). Luc Court. ☎ 29.25.

Aprile père et fils, Standard Gar., *3 r. de Lyon* (y 12-8). 30⑤ ☎ 23.08.

Gar. Bastelica et Cie, *4 r. de Joinville* (i 12-4) ⑥ ☎ 14.42.

Ets. Emile Ladhuie, *24 boul. Carnot* (n 12-5). jIRAT.

Sagnier H., *58-60 r. Michelet* (t 11-6-7). Cottin. 30 ☎ 16.71.

Félix Gournail, Palais du Moteur, *7-9 r. de Constantine*. Aries, Chenard, Ford, Rosengart. ☎ 24.76 et 18.87.

Rub et Cie, Gar. Michelet, *117 r. Michelet* (x 10-7). Erskine, Studebaker. 70 ☎ 18.18.

Sté Algérienne des Auto. Mathis, *9 boul. Baudin et allée des Mûriers-Belcourt*. Mathis. 70. ☎ 22.59.

G. Morlet et Lucet, *16 r. Meissonnier* (v 11-7). Citroen. 80 ☎ 43.44.

Gaston Maire-Sébille, Grand Gar. Durando, *10 av. Lurando* (a 11-1). Citroen, Hotchkiss. 10 ☎ 63.86.

Ets Goelitzer et Cie, *28 av. Michelet, 4-6 et 10, r. Berthezène et r. Macé* (r 11-6). Delage 100 box 10 ☎ 35.18 et 43.89.

Sté du Gar. Majestic, *83 r. Michelet* (b 11-7). Citroen. 100100100100100 ☎ 68.83.

Ch. E. de Laplante, *1 r. Borély-la-Sapie* (a 12-1).

AUTRES MÉCANICIENS RÉPARATEURS :

Gar. Montaigne L. Missika, *11 r. Montaigne*. 60 ☎ 44.95.

Marcel Rey et Cie, *24 r. de Lyon*. ⑧ ☎ 53.67.

Rapid, auto tourisme, Seyfried et Cie, *3 r. Warnier*. ☎ 26.63.

Robert Jonathan, *21 r. Burdeau*. 10 ☎ 59.55.

Gar. de l'Etoile, Agence Citroën, Alfred Boyer, *9 boul. Thiers*. Citroen. 70. ☎ 52.74.

Albert Vial, *25 boul. Carnot*. La Licorne.

Peyrot, Gar. Nelson, *10 r. Guillaumet*. 60 ☎ 53.02.

Robert Aeschbacher, Gd gar. du Vallon, *21 av. Frais-Vallon*. ④ ☎ 48.34.

Alfred Diard, *6 r. Livingstone*.

Gar. Lambert Félicien, *25 r. Mogador*. Renault. ☎ 64-31.

Meyer Martial, *78 et 3 r. de Lyon*. 10 ☎ 18.62.

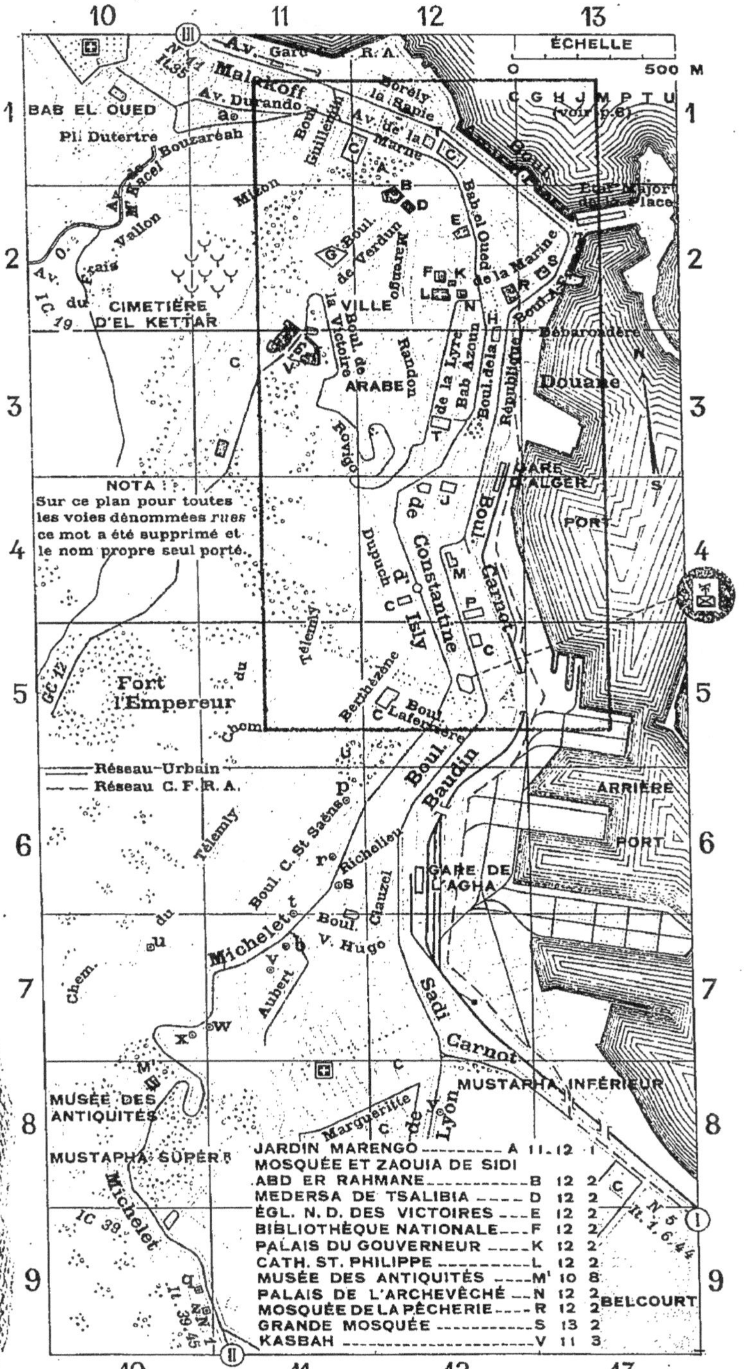

ALGER

ÉCHELLE

0   500 M

Pour le détail de la Partie Centrale (rectangle vert)
voir l'autre dos du plan des environs

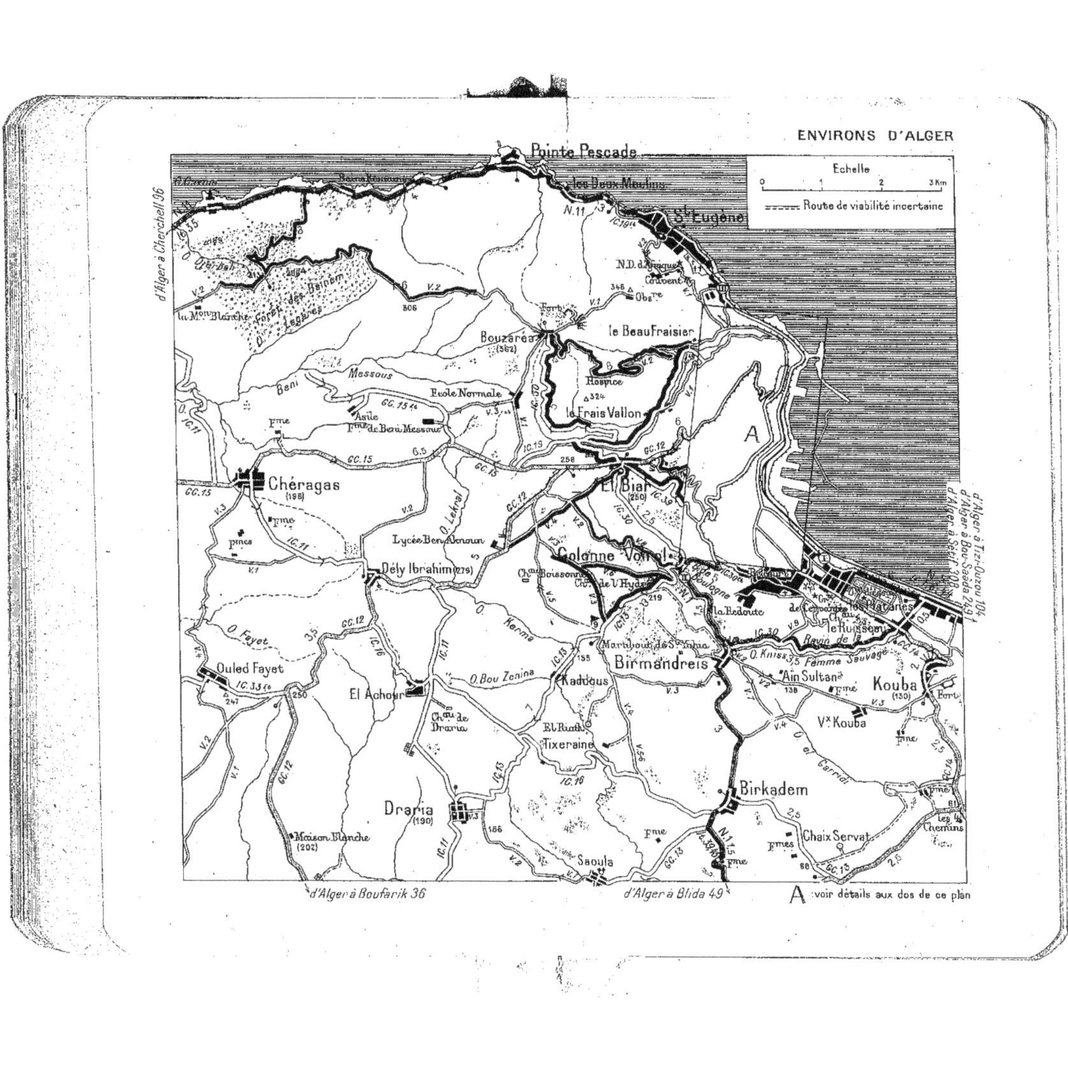
ENVIRONS D'ALGER
Echelle
0   2   3 Km
Route de viabilité incertaine
d'Alger à Cherchell 96
Pointe Pescade
Baina Romaine
les Deux Moulins
St Eugène
N.11
IC.19
N.D. d'Afrique
Couvent
Obs
le BeauFraisier
Bouzaréa
(362)
Fort
Messous
Hospice
Beni
Ecole Normale
le Frais Vallon
GC.14
Asile
Fme de Beau Messous
GC.15
Chéragas
(198)
GC.15
El Biar
(250)
IC.39
O. Lekral
GC.12
Colonne Voirol
Lycée Ben Aknoun
Dély Ibrahim (279)
Chau Boissonne
Chau de l'Hydra
Boulogne
la Redoute
Ravin de
Kerma
les Platanes
le Ruisseau
O. Kniss
Femme Sauvage
Ouled Fayet
IC.33
O. Fayet
GC.12
Birmandreis
Kaddous
Ain Sultan
(138)
Kouba
(130)
Fort
El Achour
Chau de Draria
O.Bou Zenina
V.x Kouba
Fme
O. el Carrai
Tixeraine
El Riath
Birkadem
N.1.5
Draria
(190)
Maison Blanche
(202)
Chaix Servat
les 4 Chemins
Saoula
GC.13
Fmes
d'Alger à Boufarik 36
d'Alger à Blida 49
A voir détails aux dos de ce plan
d'Alger à Tizi-Ouzou 104
d'Alger à Bou Saada 249
d'Alger à Sétif 308

ALGER

PARTIE CENTRALE

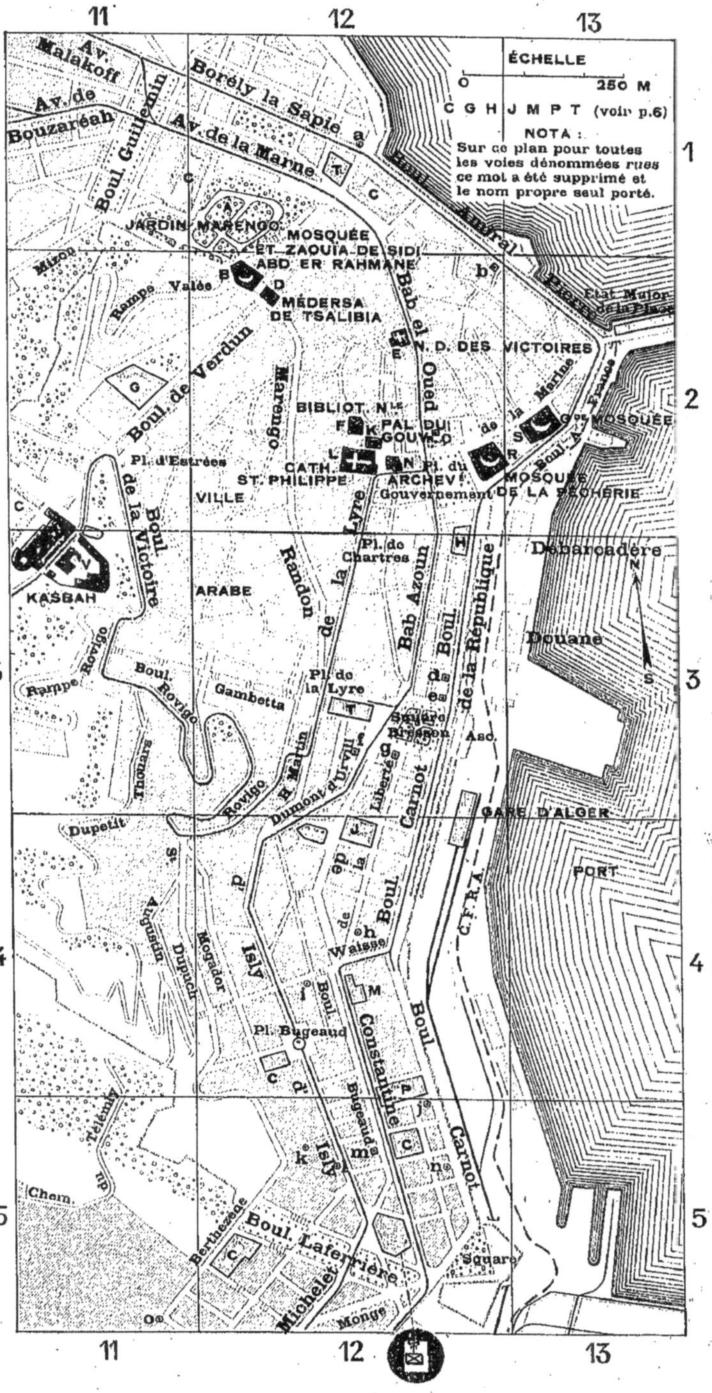

Alger (*suite*).

Mme Vve L. de Ferrou, Eden Gar., *2 et 4 r. Allairac.* ☎ 48.45.
Henri Streiff, *10 et 34 boul. Saint-Saëns.*
E. Verlaine, *4 r. Francis-Garnier.*
Mounier Paul, *rampe Poirel, voûtes X et V, arrière-port Agha.*
Joseph Molinès, Gar. du Soleil Levant, *83 av. de la Bouzaréah.* [30] ☎ 39.94.
Orfila, *3 r. Mizon.*
Ets J.-B. Autuore, *7 boul. Villaret-Joyeuse.* [30].
F. Masclet, *222 r. Sadi-Carnot.* [2].
Gaston Biscos, *10 r. Valentin.*
Zagame et Gaston, *96 bis r. Michelet.*
Georges Vassal, *12 r. Edgar-Quinet.*
Louis Rivière, *6 r. Violette.*
Weishaupt et Cie, *3 r. de Strasbourg.*
Derambure Maurice, Gar. des Mûriers, *9 allée des Mûriers.* [10].
Combe, *5 r. Clauzel.*
A. Puchol, *r. Léon-Roche.* [25].
Malaval et Azzi, *74 bis r. Rovigo.*
Roca et Scognamiglio, Palais de l'Auto, *30 r. Michelet.* Delaunay, **Motobloc, Overland, Sizaire, Six, Willys.**
René Varin et G. Gautron, *23 r. de l'Union.*
S. A. des Ets Vinson, *19 et 21 boul. Baudin.* Delahaye, Peugeot.
Sté Algérienne de mat. agricole, *60-62 r. de Constantine.* Auburn, Ford, Hotchkiss, Laffly, Mathis. ☎ 11.35, 39.19, 59.12.
Léonce Loubet, *103 r. Michelet.* [100][50] ☎ 2.36.
L. Veuve Pérez et Cie, Central Gar. de l'Agha, *rampe Chassériau.* [100][100] ☎ 65.39, 55.60.
Muscat et Cie, *r. Joanny-Pharaon, Bab-el-Oued.*
Gar. Baudin, *6 boul. Baudin.* [100][100][50] ☎ 64.11.
Industrie agricole nord africaine, *10 r. Michelet.*
Kléber et Toloméi, *18 r. Auber et 1 r. de la Tour-d'Auvergne.*
Méot et veuve Lambert, Gar. du Parc, *128 et 132 r. Michelet.*
Tudury Jean, aux Deux-Moulins.
Brincat, *28 r. Sadi-Carnot.*
L. Chebat et Ceddaha G., *19 r. Michelet.* Th. Schneider.
J. Cornier, *6 chemin Yusuf.*
L. Pons et Rouland, Gar. St-Jean, *r. St-Charles.*
Sté Nord Africaine des Autos Talbot, *3 et 5 boul. Baudin.* Talbot. [70] ☎ 17.79.
Athouel frères, *8 r. Borély-la-Sapie.*
Bitz et Cie, Gd Gar. de Belcourt, *23 r. de Lyon.*
Capello Sauveur, Museum Gar., *144 chemin de Tlemly.*
Cusman, Gar. Buffalo, *5 r. du Dey.*
Tudury Joseph, *29 r. Mizon.*
Baland et Duin, *4 r. Charras.*
Laporte, père et fils, *16 r. Livingstone.* [10] ☎ 47-91.
Mme Vve A. Point et Mlle Navarro, Chalet Gar., *boul. Amiral-Pierre.*
Magnieux et Bernardo, Gd Gar. Meissonier, *18 r. Meissonier.*
Fomitchoff, *161 r. Sadi-Carnot.*

Affreville 140 [II] — L'Alma 38 [I] — L'Arba 30 [II] — Aumale 123 [I] — Berrouaghia 123 [II] — Bir Rabalou 103 [I] — Blida 49 [II] — Boghari 167 [II] — Boufarik 35 [II] — Bougie 239 [I] — Bouïra 124 [III] — Bourkika 82 [II] — Bou-Saâda 249 [I] — Cherchell 96 [III] — La Chiffa 57 [II] — Médéa 91 [II] — Ménerville 54 [I] — Miliana 131 [II] — Palestro 79 [I] — Sétif 308 [I] — Tizi-Ouzou 104 [I].

Alma (L') (Alger), **(Pli 16)**, (Alt. 20 à 100 m.), 913 Eur., 623 Ind.
Alger 38 - Arbatache 14 - Blida 65 - Le Fondouck 13,5 - Ménerville 16 - Reghaïa 5,5 - Tizi-Ouzou 66.
STOCK MICHELIN Rocher frères, *r. Nationale.* Delahaye, Peugeot. ☎ 0.66.

Ameur-el-Aïn (Alger), **(Pli 15)**, (Alt. 80 m.), 343 Eur., 422 Ind. = **Exc.** : *voir exc. n° 14.* = Alger 73 - Blida 24 - Bourkika 9 - Cherchell 42 - El Affroun 6 - Médéa 50 - Miliana 58.
🏨 du Nord, (6 ch).
🔧 **Marius Roux.** ☎ 0.34.

Ammi-Moussa (Oran), ©, **(Pli 6)**, (Alt. 167 m.), 244 Eur., 541 Ind. — 🚆 Inkermann 25. = Orléansville 70 - Relizane 68.

Ampère (Constantine), **(Pli 7)**, (Alt. 960 m.), 214 Eur., 578 Ind. — 🚆 Mesloug 44. = Barika 75 - Batna 91 - Corneille 52 - Sétif 32.
🏨 Trémolières.

Announa (ruines d'). *Voir :* Aïn-Amara.

Arba (L') (Alger), © (Pll 16), (Alt. 102 m.), 820 Eur., 1.479 Ind. = **Exc.** : *voir exc. n° 16.* = Alger 30 - Bir Rabalou 73 - Blida 32 - Maison-Carrée 18,5 - Rivet 8,5 - Rovigo 7 - Tablat 38 - Tizi-Ouzou 99
🏨 de l'Arba, (15 ch).
🔧 Sintès Philippe.
— Théodore Ziga, r. *Carnot.*

Arbaoua (Maroc), (Alt. 138 m.), (Pll 3), 30 Eur., 78 tentes. — 🚂 1,2. = **Douanes** : à Quedadra (*voir p. 252*).
El Ksar el Kebir 10 - Fès 177 - Kenitra 110 - Larache 46 - Ouezzan 69 - Souk el Arba du Gharb 33 - Tanger 135.
🏨 Restaurant Michel.

Arbatache (Alger), (Alt. 140 m.), (Pll 16), 225 Eur., 3.781 Ind. — 🚂 Maison-Blanche 17. = **Exc.** : SE: Ascension du Bou Zegza ; Gorges de l'Od Keddara ✶ 6. — NO: Barrage du Hasniz 5. — *Voir exc. n° 16.*
Alger 37 - L'Alma 14 - Blida 56 - Le Fondouck 5 - Maison-Carrée 25 - Palestro 37 - Rivet 16 - Rouïba 16 - Tizi-Ouzou 80.
🏨 Vincent Espi.

Arris (*comm. mixte de l'Aurès*) (Constantine), (Pll 8), (Alt. 1.121 m.) 21 Eur., 2.500 Ind. — *Pas de* 🚂. = **Voir** : Villages indigènes, oliveraies et pépinières ; Musée des objets de l'industrie indigène (visite sur demande à l'Administrateur). = **Exc.** : *voir exc. n° 20.* = **Spécialités** : Poteries de l'Aurès et divers produits des industries familiales indigènes. = Batna 56 - Biskra (*par la piste*) 105 - Lambèse 45 - M'Chounèche 75 - Timgad 68.
Halte Transatlantique, (8 ch) 1 🛁.

Arzew (Oran), © (Pll 4), (Alt. 2 m.), 3.629 Eur., 259 Ind. = **Exc.** : *voir exc. : n° 12.* = *Hippodrome* 1,5. = Aïn-Tédelès 70 - Assis-bou-Nif 28 - Mascara 88 - Mostaganem 48 - Oran 38 - Perrégaux 52 - Saint-Cloud 15 - Saint-Denis-du-Sig 35 - Sainte-Barbe-du-Tlélat 39 - Saint-Leu 8 - Sidi-bel-Abbès 93 - La Stidia 33.
🏨 **Grand Hôtel**, r. *de la Marine*, Repas 3,50.10.10 (bnc) Ch 10 à 18 Chfr 34,50 (bc) Serv 10 % (15 ch) 🛁 Gar att !fr [12] Abri 250 m *grat* ☎ 0.14.
STOCK MICHELIN **Michel Quessada**, r. *du Rempart.* CITROEN. [5]. ☎ 0.15.

Arzila (Maroc esp.) (Pll 3), 2.000 Eur., 8.000 Ind. = **Voir** : Palais de Raisouli (occupé actuellement par l'administration espagnole) ; Enceinte portugaise. = Larache 43 - Tanger 46.
⋆ Cartagenera.

Assis-bou-Nif (Oran) (Pll 4), (Alt. 100 m.), 186 Eur., 121 Ind. = **Exc.** : *voir excursion n° 12.* = Arzew 28 - Fleurus 6 - Mostaganem 70 - Oran 15 - Saint-Cloud 13 - Sainte-Barbe-du-Tlélat 28.
🏨 des Voyageurs (Kohn).

Attafs (Les) (Alger) (Pll 6), (Alt. 170 m.), 180 Eur., 255 Ind. = Affreville 54 - Alger 194 - Duperré 30 - Orléansville 33 - Oued Fodda 12

Aumale (Alger) © (Pll 16), (Alt. 886 m.), 1.199 Eur., 1.453 Ind. = **Stationnement** : 1 fr. (*la nuit*). = Aïn-Bessem 22 - Alger 123 - Berrouaghia 93 - Bir Rabalou 20 - Bouira 36 - Bou-Saâda 126.
🏨 Grossat, *pl. Denfert-Rochereau et r. de l'Hôpital*, Rem att [10] ☎ 0.12.
🔧 J. Boutry, Gar. Central. [6] ☎ 0.21.

AZAZGA (*comm. du Haut-Sébaou*) (Alger), (Pll 17-18), (Alt. 432 m.), 485 Eur., 214 Ind. — 🚂 Tizi-Ouzou 38. = **Exc.** : dans les belles forêts de chênes-lièges et de châtaigniers (*s'informer auprès des Inspecteurs des Forêts pour les possibilités de gîte et de ravitaillement*).
🏨 **Touristes**, Repas 6. 25. 30 (bnc) Ch 18 à 25 Chfr 35 (bc) Serv 10 % (7 ch) 🛁 (wc) Abri *grat* [5] Hotouriste ☎ 0.18.
Alger 142 [II] — Bougie 97 [I] — Fort-National 51 [II] — Port-Gueydon 43 [II] — Tigzirt-sur-Mer 65 [II] — Tizi-Ouzou 38 [II] — Yakouren 11 [I].

Azazga (*suite*).

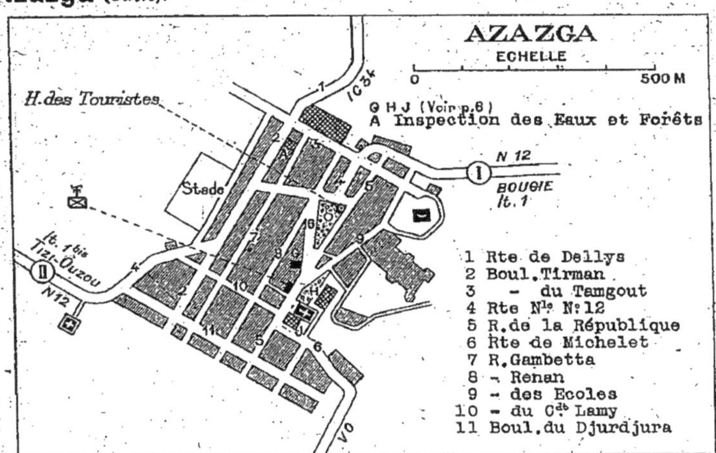

AZEMMOUR (Maroc) (Pli 2-12), (Alt. 25 m.), 154 Eur., 8.973 Ind.
— Pas de 🚂. = **Voir** : Remparts arabes et portugais (*s'adresser au
bureau de police en face la poste*), Grande Mosquée de Moulay bou
Chaïb (*entrée interdite*) (E). = **Exc.** : S E : Bois d'orangers de Mé-
hioula 17. — Promenades en barque sur l'Od Oum er Rbia.

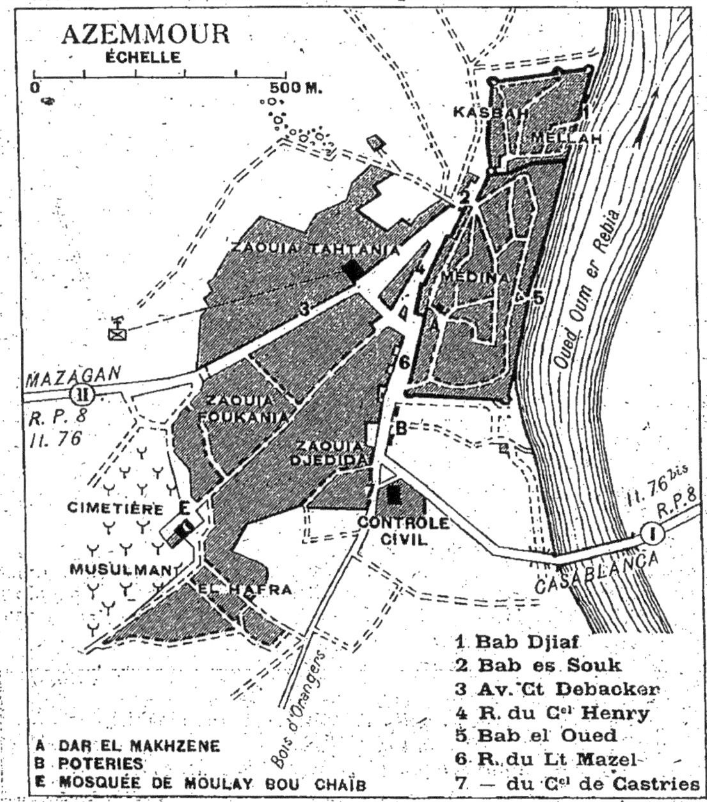

Azemmour (*suite*).

Casablanca 80 [I] — Marrakech 215 [II] — Mazagan 17 [II] — Rabat 172 [I] — Safi 175 [II] — Settat 134 [II].

Azrou (Maroc) **(Pll 2)**, (Alt. 1.300 m.), 125 Eur., 1.425 Ind. — *Pas de* 🚂. = **Circulation** : *interdite du coucher au lever du soleil sur certaines routes et pistes de la région; s'informer au Bureau des Renseignements.* = **Voir** : Kasbah de Moulay Ismaïl. = **Exc.** : SO : Forêt de cèdres d'Aïn-Leuh 25. — *Voir exc. n° 4* = **Spécialité** : Tapis. = O : *Terrain d'aviation 3.*

Fès 102 - Khenifra 81 - Meknès 71 - Sefrou 70.

🏨 de l'Atlas, Ch 15 à 25 Serv 10 % (15 ch) 6 🛁 1 🚿 (wc) Abri att [4] ☎ 3.

Baba-Hassem (Alger), **(Pll 15)**, (Alt. 193 m.), 321 Eur., 39 Ind. — 🚂 Alger 18.

🏨 Chollet.

Bardo (Le) (Tunisie), **(Pll 19)**. (Alt. 20 m.). = **Voir** : Musée Alaoui ★★ et appartements beylicaux (*3 fr. ; grat. dimanche*); Palais beylical de Kassar Saïd ★ (*3 fr.; grat. dimanche*) ; Orangerie de Kassar Saïd. = **Exc.** : (*Voir : Tunis*). = NO : *Hippodrome de Kassar-Saïd 2.*

Bizerte 60 - Medjez-el-Bab 56 - Tunis 4.

Barika (Constantine), **(Pll 7)**, (Alt. 450 m.), 107 Eur., 1.028 Ind. — *Pas de* 🚂. = **Exc.** : N : Ruines de Tobna 3.

Ampère 75 - Batna 90 - Mac-Mahon 55 - Sétif 127.

🏨 Jordan (8 ch).

Barral (Constantine), **(Pll 8)**, (Alt. 60 m.), 136 Eur., 255 Ind.

Bône 31 - Duvivier 28 - Duzerville 19 - Guelma 64 - Mondovi 5 - Souk-Ahras 69.

BATNA (Constantine), [SI] **(Pll 8)**, (Alt. 1.054 m.), 2.858 Eur., 4.316 Ind. = **Exc.** : NO : Forêt de cèdres 13 ; *de la maison forestière,* excursion du Djebel Touggour (*4 h. 30*). = *Voir exc. n° 20.* = *Terrain d'aviation 1.*

🏨 Transatlantique, *10 pl. de la République* (*1er oct.-31 mai*), (28 ch) 🛁 (wc) Gar att [10] ⊔ ☎ Hotransat ☎ 0.01.

🏨 **d'Angleterre et d'Orient,** *av. de la République,* Repas 8. 22. 25 (bc) Ch 25 à 80 Chfr 60 (bc) Serv 10 % (20 ch) [cc] 🛁 🛁 8 🚿 Rem int ☎ Orient ☎ 0.40.

STOCKISTES MICHELIN :

Gar. Rameaux. Félicien Rameau, *av. de la République.* RENAULT. [25] ☎ 0.83.

Klenck et Meyer, Gar. Moderne, *av. du Stand.* PEUGEOT, DELAHAYE. [30/5] Box [7] ☎ 1.07.

Joseph Eschalier, *av. de la République.*

AUTRES MÉCANICIENS RÉPARATEURS :

🔧 Marginedès, International Gar.

— Atquier et Longchambon, *r. Damresne.*

— A. Roy, *r. Damresne.* FORD. [5].

Aïn-M'lila 70 [I] — Arris 56 [II] — Barika 90 [III] — Biskra 117 [III] — Constantine 118 [I] — Corneille 39 [IV] — El Kantara 63 [III] — Khenchela 104 [II] — Lambèse 11 [II] — Mac-Mahon 35 [III] — Sétif 143 [IV] — Timgad 37 [II].

Pour ne pas perdre de temps,
pour trouver **de suite le renseignement cherché,**
consulter d'abord
l'index alphabétique (*à la fin du volume*).

Batna (suite).

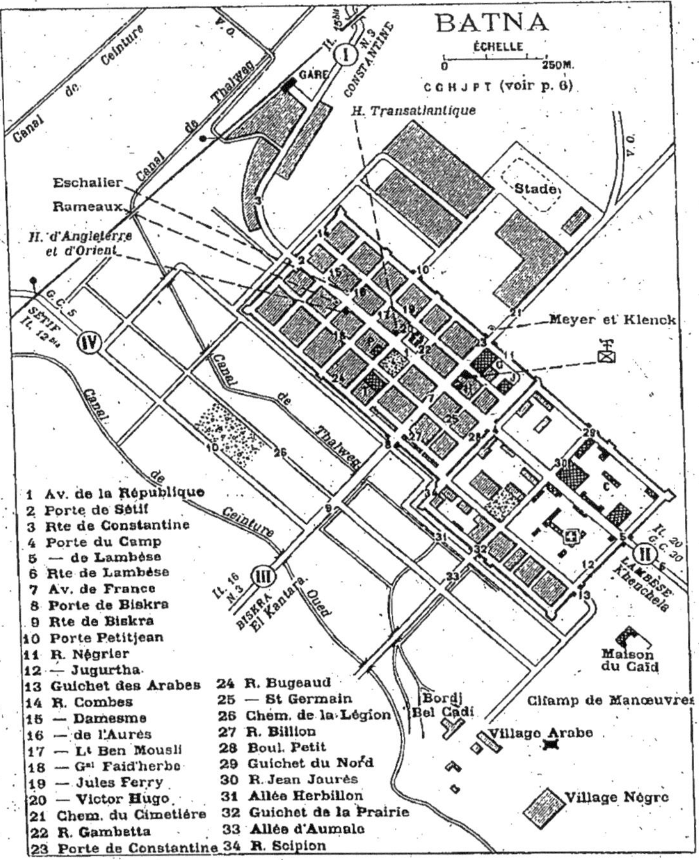

BÉJA (Tunisie), **(Pli 9)**, (Alt. 240 à 300 m.), 2.000 Eur., 9.500 Ind.
= **Voir** : Kasbah (B) ; Remparts byzantins (A). = **Exc.** : S : Pont
de Trajan 14 ; Hammam Sayala (bains chauds) 8. — O : Basilique
chrétienne d'Henchir Ghiria 9.

de France, *av. de la Gare* (26 ch).

Hôtel Brasserie du Phénix, *av. de France*, Repas 5. 18. 25 (bnc)
Ch 20 à 33 Chfr 33 (bc) Serv 10 % (12 ch) (wc) Gareur
100 m 31.

STOCK MICHELIN **Pontillo frères,** Palace Auto, *r. Massicault.* CITROEN,
DELAGE, 40. 14.

STOCK MICHELIN **Comptoirs Chevaiso.** BERLIET, FORD. 2 4.

Majestic Gar., F. Chollet. RENAULT. 40. 1.22.

Aïn-Draham 103 (IV) — Bône 213 (I) — La Calle 127 (I) — Le Kef 99 (IV) —
Médjez-el-Bab 44 (II) — Souk-Ahras 152 (IV) — Souk-el-Khemis 27 (IV) —
Tabarka 77 (I) — Tunis 104 (II).

(Voir plan page suivante).

Béja *(suite).*

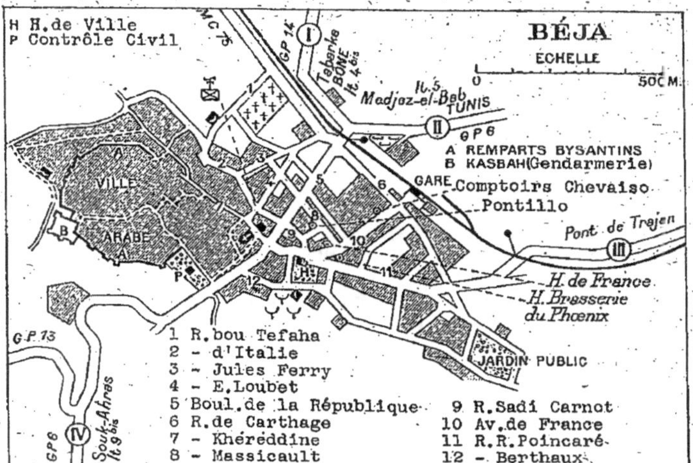

Ben-Ahmed (Maroc), **(PII 12)**, (Alt. 600 m.), 84 Eur., 880 Ind. =
Voir : Souk *(marché très important le lundi).* = **Exc.** : S : Sidi Hadjaj
15 ; Aïn-Roumi *(marché important le jeudi)* 20. — SO : Zaouïa
Hadj Taghi 4. — O : Jardins de la vallée de Mils 4. — N : *Terrain
d'aviation* 0,5.

Ber-Réchid 39 - Casablanca 80 - Kasbah-Tadla 118 - Mazagan 162 -
Oued Zem 72 - Rabat 172 (par Casablanca) - Settat 45.

⚑ de France (6 ch) Abri ext ⑩.

Ben Gardane (Tunisie) **(PII 10)**, (Alt. 7 m.). 87 Eur., 1.070 Ind.
Pas de 🚂. = **Voir :** Mosquée (belle vue du minaret). — N : *Terrain
d'aviation* 1. = Gabès 153 - Médenine 77.

⚑ de France (3 ch).

🚃 Cohen Michel. ☎ 3.

Beni-Amran *(comm. de Palestro)* (Alger), **(PII 16)**, (Alt. 118 m.),
45 Eur., 350 Ind. = **Exc.** : S : Gorges de Palestro 5. = *Voir exc. n° 16.*

Alger 63 - Bouïra 61 - Ménerville 9 - Palestro 16 - Tizi-Ouzou 53.

⚑ Sauzet.

Beni-Mellal (Maroc), **(PII 12)**, (Alt. 580 m.), 42 Eur., 7.500 Ind. —
Pas de 🚂. — ✉ Kasbah Tadla 31. = **Voir** : Panorama (du Service des renseignements); Kasbah Kebira. = **Spécialité** : **Tapis.**

🚃 Blachier.

Beni-Mered (Alger), **(PII 15)**, (Alt. 140 m.), 268 Eur., 61 Ind. =
Voir : Monument du sergent Blandan. = **Exc.** : *Voir exc. n° 14.*

Alger 42,5 - Blida 6,5 - Boufarik 7,5.

Beni-Ounif de Figuig (Algérie, Territ. du Sud) **(PII 15).** =
Voir: Figuig. = Aïn-Sefra 123 - Colomb-Béchar 111 - Figuig 7.

🏨 Transatlantique (15 ch) 🛁 🚿 4 🚽 (wc) Gar ⚡ Hotransat ☎ 0.06.

🚃 Mohamed ben Larabi Kouddane.

Renseignements administratifs :
Consultez le **Titre III** *à la fin du Guide.*

Beni-Saf (Oran), **(Plis 4-5)**, (Alt. 90 m.), 3.988 Eur., 1.687 Ind. = **Exc.** : Voir exc. n° 8.:

Aïn-Khial 47 - Aïn-Témouchent 33 - Oran 106 - Rachgoun 8 - Sidi-bel-Abbès 95 - Tlemcen 67.

☆ de France.

Fernandez Manuel, r. Pélissier. RENAULT. [20] ☎ 0.73.

Bérard (Alger), **(Pli 15)**, (Alt. 20 m.), 532 Eur., 737 Ind. — Castiglione 9. = **Exc.** : O : Tombeau de la Chrétienne ★ 9. = Voir exc. n° 14.

Alger 56 - Castiglione 9 - Cherchell 40 - Tefeschoun 8 - Tipasa 15.

Berguent (Maroc), **(Pli 4)**, (Alt. 928 m.), 100 Eur., 950 Ind. — Pas de 🚂. = **Exc.** : N : Col de Djerada 35. = **Douanes :** voir p. 253.

Figuig 297 - Oudjda 81.

🏨 du Commerce, près la Poste, Repas 4,50. 12. 15 (bc) Ch 12 à 20 Chfr 30 (bc) Serv 10 % (6 ch) (wc) ☎ 0.14.

Berkane (Maroc), **(Pli 4)**, (Alt. 150 m.), 1.683 Eur., 18.982 Ind. — Pas de 🚂. = **Exc.** : SE. Ras Foughal, point culminant du massif des Beni Snassen (1.556 m.), par Regada 9, puis 4 h. à pied ou à mulet (vue ★). — NO : Embouchure de la Moulouya, site, 24. = Voir exc. n° 6.

Martimprey-du-Kiss 22 - Mellila 98 - Oudjda 60 - Taforalt 21.

🏨 Bonnevialle.

STOCK MICHELIN **Coffin**, boul. de la Moulouya et r. de Paris. DELAHAYE, PEUGEOT. [10] ☎ 81.

Gaston Mandillé. CITROEN, [5] ☎ 0.46.

Ber-Réchid (Maroc), **(Pli 12)**, (Alt. 200 m.), 350 Eur., 350 Ind. = **Voir** : Vieille Kasbah ; Ruines de la Kasbah de Mordjana.

Ben-Ahmed 39 - Casablanca 41 - Fédhala 55 - Kasbah-Tadla 157 - Marrakech 200 - Settat 31.

☆ Ber-Réchid. ☎ 0.20.

STOCK MICHELIN **Landert Jean.**

BERROUAGHIA (Alger), © **(Pli 15)**, (Alt. 930 m.), 1.013 Eur., 2.335 Ind.

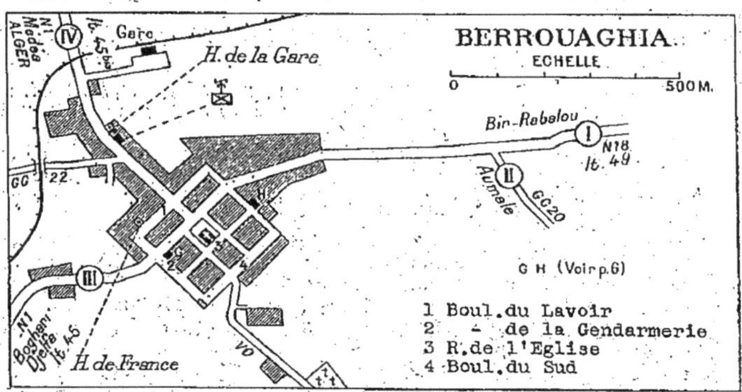

☆ de la Gare.

☆ de France, Rem int [4].

Affreville 94 (IV) — Alger 123 (IV) — Aumale 93 (II) — Bir Rabalou 73 (I) — Blida 74 (IV) — Boghari 44 (III) — Bouïra 108 (I) — Médéa 32 (IV) — Miliana 103 (IV).

Bir-Bou-Rebka (Tunisie), **(Pli 19)**. = **Env.** : E : Ruines de Ksar es Zit 0,8. = Enfidaville 35 - Grombalia 22 - Hammamet 9 - Menzel-Témine 67 - Nabeul 21 - Sousse 79 - Tunis 64.

Birkadem (Alger), **(Pli 15)**, (Alt. 105 m.), 1.466 Eur., 1.562 Ind.
— Baba Ali 7. = **Voir** : Fontaine mauresque. = **Exc.** : *voir exc. n° 14.*

Alger 10 - Birtouta 13 - Blida 39.

STOCK MICHELIN **Lescure fils,** Gar. Central. RENAULT. 4 0.45.

Biancardini, Gar. du Progrès.

Birmandreïs (Alger), **(Pli 15)**, (Alt. 111 à 181 m.), 3.020 Eur., 1.285 Ind. — Agha 7 *ou* Alger 7. = **Env.** : NE : Ravin de la Femme Sauvage 1. — NO : Marabout de Sidi Yahia 2 *(à pied).* = **Exc.** : *voir exc. n° 14.* = Alger 7 - Birkadem 3 - Blida 12.

des Deux-Platanes, Abri 2 Bertrand Hôtel.

Bir M'Cherga (Tunisie), **(Pli 18)**, (Alt. 152 m.), 99 Eur., 95 Ind. — 7,2. = **Exc.** : S : Ruines de Thuburbo-Majus 15. — Voir exc. n° 25. = Pont-du-Fahs 17,5 - Tunis 43,5 - Zaghouan 25.

Bir Rabalou (Alger), **(Plis 6-7)**, (Alt. 642 m.), 118 Eur., 335 Ind. — Les Trembles 7 ou Aïn-Bessem 9,5.

Aïn-Bessem 9,5 - Alger 103 - L'Arba 73 - Aumale 20 - Berrouaghia 73 - Bouïra 35 - Bou-Saâda 146 - Tablat 35.

★ **des Colons,** Repas 20.20 (bnc) Serv 10% Rem int *grat* 10 0.01.

Birtouta (Alger), **(Pli 15)**, (Alt. 65 m.), 242 Eur., 41 Ind. = **Exc.** : *voir exc. n° 14.* = Alger 23 - Birkadem 13 - Boufarik 12.

BISKRA (Constantine), ©, **(Pli 7)**, (Alt. 111 m.), 1.759 Eur., 13.804 Ind. = *Taxe séj. 0 fr. 35 à 2 fr. 40 : 1er oct.-15 mai.* = **Voir** : Vieux Fort turc (vue) ; Le Vieux Biskra ; Oasis ★ ; Jardin Landon ★ ; Monument du Cardinal Lavigerie (B) ; Place du Marché *(le matin)* (A). = **Exc.** : E : Oasis d'Oumache *(piste carrossable)* 20 ; Oasis de Chetma *(piste carrossable)* 8. — SE : Oasis et Mosquée de Sidi Okba 20. — NO : Hammam Salahine 7. — *Voir exc. n° 20.* = **Spécialité** : Tapis.

Golf, Hippodrome et Terrain d'Aviation à Beni-Mora 1,5.

— Syndicat d'Initiative, *av. de la Croix.*

Royal-Hôtel *(15 nov.-15 mai),* Repas 9. 35. 40 (bnc) Ch 35 à 200 Chfr 45 (bc) Serv 10 % TS 2,40 (90 ch) 90 8 (wc) Gareur 20 m Royal 0.29.

Transatlantique (70 ch) 29 Hotransat 0.14.

Palace-Hôtel *(1er oct.-31 mai),* Repas 8. 28. 30 (bnc) Ch 45 à 110 Chfr 40 (bc) Serv 10 % TS 1,75 (18 ch) 18 6 (wc) Palace 0.16.

Victoria, *av. Gambetta,* *(15 oct.-15 juin),* Repas 6. 25.30 (bnc) Ch 30 à 100 Chfr 40 (bc) Serv 10 % TS 1,80 (50 ch) 50 12 (wc) Gar 20 m *grat* 8 0.95.

des Zibans (Transatlantique) (36 ch) 3 Hotransat 0.03.

du Sahara, *19 r. Berthe (15 sept.-31 mai)* (40 ch) 4 (wc) Gar 500 m 10 34.

de l'Oasis, *r. Cardinal Lavigerie (15 sept.-31 mai),* Repas 6. 20. 22 (bnc) Ch 18 à 40 Chfr 35 (bc) Serv 10 % TS 1,15 (40 ch) 2 (wc) 0.08.

Terminus.

STOCK MICHELIN **Gar. G. Letailleur,** *9 boul. Mac-Mahon.* 15.

STOCK MICHELIN **Paul Toureng,** Gar. des Zibans. CITROEN. 20.

Charles Adjus, Gar. des Messageries, *boul. Carnot.* 30 2 1.11.

Batna 117 ① — Constantine 235 ① — El Kantara 54 ① — Mac-Mahon 82 ① — M'Chounèche 30 ① — M'Raïer 102 ⓘⓘ — Ouled-Djellal 86 ⓘⓘ — Touggourt 220 ⓘⓘ.

Biskra (suite).

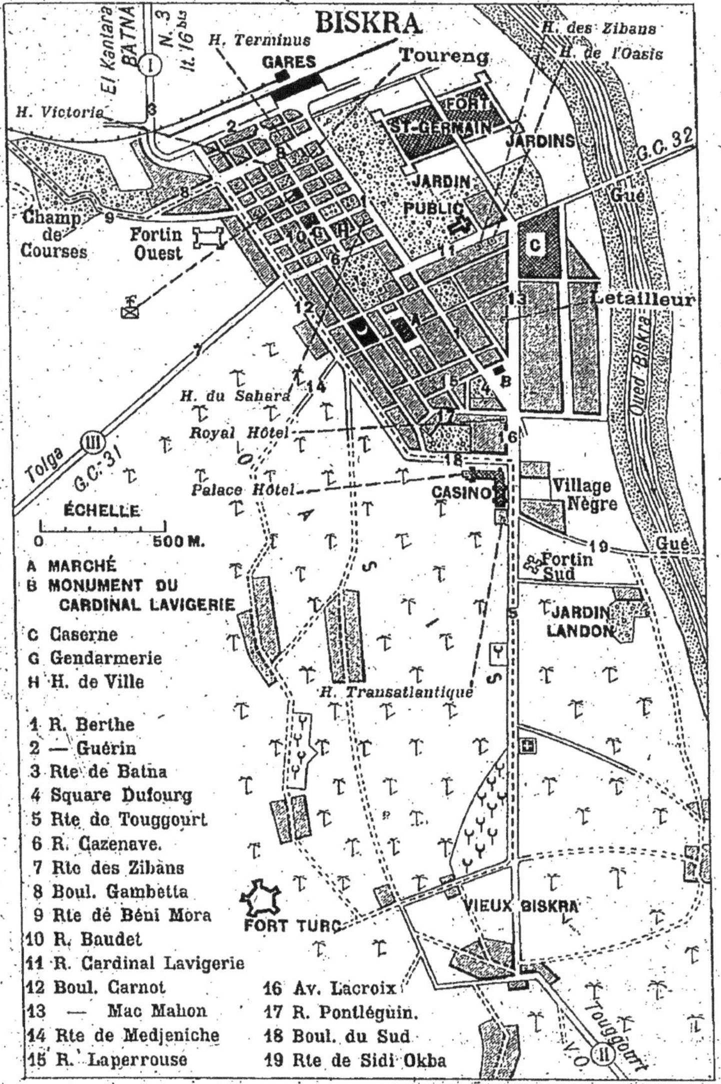

Pour trouver immédiatement
tous renseignements contenus dans ce Guide,
consultez, à la fin du volume,
l'INDEX ALPHABÉTIQUE.
Vous gagnerez du temps.

BIZERTE (Tunisie), **(Pli 18)**, (Alt. 1 à 20 m.), 6.738 Eur., 13.855 Ind.
  = *Taxe séj. 0 fr. 60 à 2 fr.* = **Voir** : Vieux port ; Ville arabe.
  = **Exc.** : N : Route de la Corniche 6 ; Dj. Nador (panorama) 10.
  — NE : Dj. Kebir (panorama) 4. — *Voir exc. n° 21.* = **Bac** *gratuit*
*pour le passage du Goulet : de 5 h. à 22 h., autos et piétons ; de
22 h. à 5 h., piétons seulement.*
  SO : *Terrain d'aviation militaire au Centre d'aviation de Sidi Ahmed 8.*

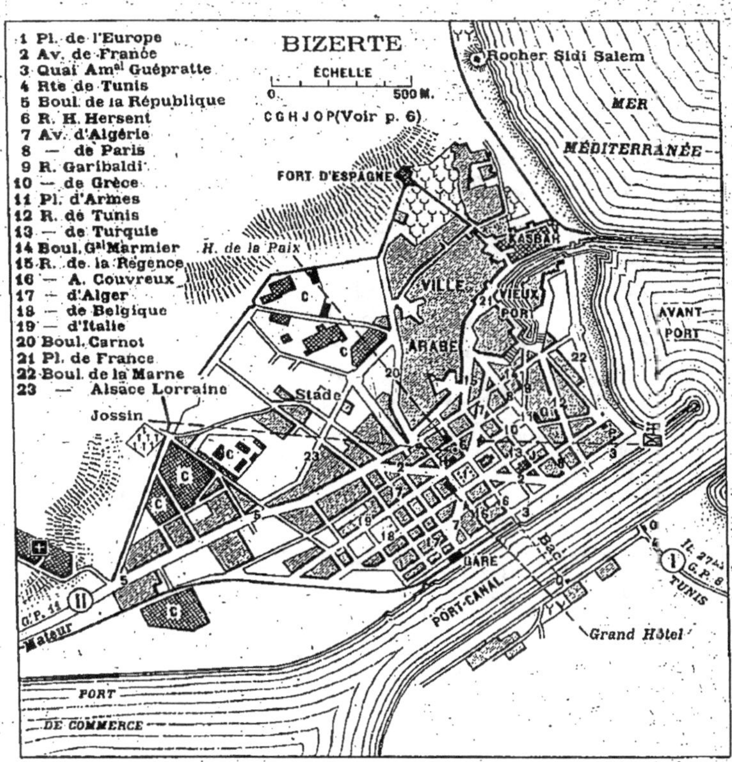

  Grand Hôtel, *square d'Europe*, Repas 2,50. 12. 12 (bnc) Ch 14 à
    30 Serv 10 % TS 1,25 (20 ch) ☆ ☎ 22.

  de la Paix, *r. d'Athènes*, Repas 2,50. 12. 12 (bc) Serv 10 % TS 0,60
    (18 ch) ☆ (wc) ☎ 34.

  ★ **Rest. de la Réserve**, *r. du Capitaine-Madon.* Repas 15. 15 (bnc)
    ☛ Réserve.

STOCK MICHELIN Eugène Jossin, Gar.-Moderne, *r. d'Espagne.* CITROEN.
  30 ☎ 1.43.

  P. Martin et Cie, Central gar., *pl. de la Gare.* RENAULT. 20.

Ferryville 24 ⑪ — Mateur 41 ⑪ — Medjez-el-Bab 107 ⑪ — Porto-Farina
37,5 ① — Tabarka 139 ⑪ — Tunis 64 ①.

Blad-Touaria (Oran), **(Pli 5)**, (Alt. 132 m.), 286 Eur., 211 Ind.
  — Mostaganem 18.
  Bouguirat 12 - Mostaganem 18 - Relizane 43.

STOCK MICHELIN Mécanique automobile. Gustave Mathieu. CITROEN.
  4 ☎ 0.01.

BLIDA (Alger), ⓒ (Pli 15), (Alt. 210 m.), 8.644 Eur., 13.134 Ind.
= **Voir** : Jardin Bizot (E) ; Bois Sacré ★ (D) ; Orangeries ; Mosquées Djama El Terk (B) et Djama Sidi Mohammed Ben Sadoum (A).
= **Exc.** ; SO : Gorges de la Chiffa 11 ; Ruisseau des Singes 15. — Voir exc. nᵒˢ 14 et 15. = **Spécialités** : Tapis ; Objets de cuir travaillé et brodé. = Syndicat d'Initiative, 2, rue Lamy.

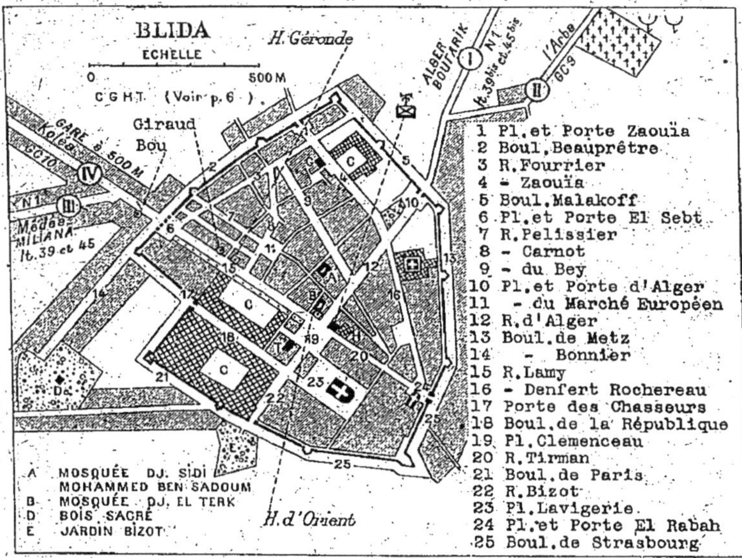

🏠 **Géronde**, r. *Lamy*. Repas 2,50. 15. 15 (bnc) Ch 14 à 30 Chfr 30 (bc) Serv 10% (25 ch) 📞 12 🛁 (wc) Gar int *grat* ⑩ ☎ 0.73.
🏠 **d'Orient**, *1 r. d'Alger*, Repas 4. 15.15 (bnc) Ch 15 à 30 Chfr 40 (bc) Serv 10 % (25 ch) 📞 1 🛁 (wc) Rem int *grat* ⑥ ☎ Orient 0.01.

STOCK MICHELIN Agence des Autos Citroën, Pierre Bou, *av. Armand Le Goff*. Citroen. ☎ 2.49.
STOCK MICHELIN Ets Pierre Giraud, *27 r. Carnot*, Gar. : *r. Lamy*. Berliet. ⑳ ☎ 0.55.
STOCK MICHELIN Sté Algérienne des Autos Renault, *bd Beauprêtre*. Renault. ⑩ ☎ 2.54.

🚗 Fernand Chabras, *6 av. Armand Le Goff*. Amilcar, Ballot, Chenard, Unic. ⑳ ☎ 0.68.
— S. A. des Ets J. Vinson, *r. Lamy*.
— Sté Centrale auto. de la Mitidja. Ford, Hotchkiss, Laffly, Mathis.

Alger 49 ① — L'Alma 65 ② — L'Arba 32 ② — Berrouaghia 74 ③ — Boghari 118 ③ — Boufarik 14 ① — La Chiffa 8 ③ — Médéa 42 ③ — Miliana 82 ③ — Oued-el-Alleug 10 ④ — Rovigo 25 ②.

Boghar (Alger), (Pli 6), (Alt. 985 m.), 184 Eur., 2.235 Ind. —
🚂 Boghari 8. = **Voir** : Panorama sur les Hauts Plateaux ; Grottes.
Alger 175 - Berrouaghia 52 - Boghari 8 - Téniet-el-Had 102.
⚜ de l'Oasis.

Boghari (Alger), ⓒ (Pli 6), (Alt. 920 m.), 845 Eur., 3.341 Ind. —
= **Voir** : Le Ksar (de *préférence le soir*) ; danses des Ouled-Naïl.
— S : *Terrain d'aviation 3*.
Alger 167 - Berrouaghia 44 - Boghar 8 - Chellala 98 - Djelfa 153 - Médéa 76 - Téniet-el-Had 110.
🏠 Atlantide Hôtel, *r. de Laghouat*. (wc) Rem ② ☎ 0.06.
STOCK MICHELIN Lamy.

BÔNE (Constantine), ⬡ (Pli 8), (Alt. 8 à 50 m.), 31.005 J Eur.,
17.505 Ind. = **Voir** : Cours Jérôme Bertagna (D) ; Jardin Randon
(B) ; Pépinière ; Colline des Santons (Kasbah, vue) (A). = **Env.** :
N : Cap de Garde 10 ; St-Cloud-les-Plages (par la route de la Corniche) 4. — O : Hippone (Musée, Basilique St-Augustin : de la
plate-forme, vue ⋆) 3. = **Exc.** : O : Bugeaud (stat. est. en forêt ;
ascension du Bou-Zizi et du Kef Seba) 13 ⓘⓥ. — S : *Hippodrome
(terrain d'aviation) à l'Allelik* 4.

Syndicat d'Initiative, *pavillon du S. I. B.*, r. Thiers. ℡ 3.68.

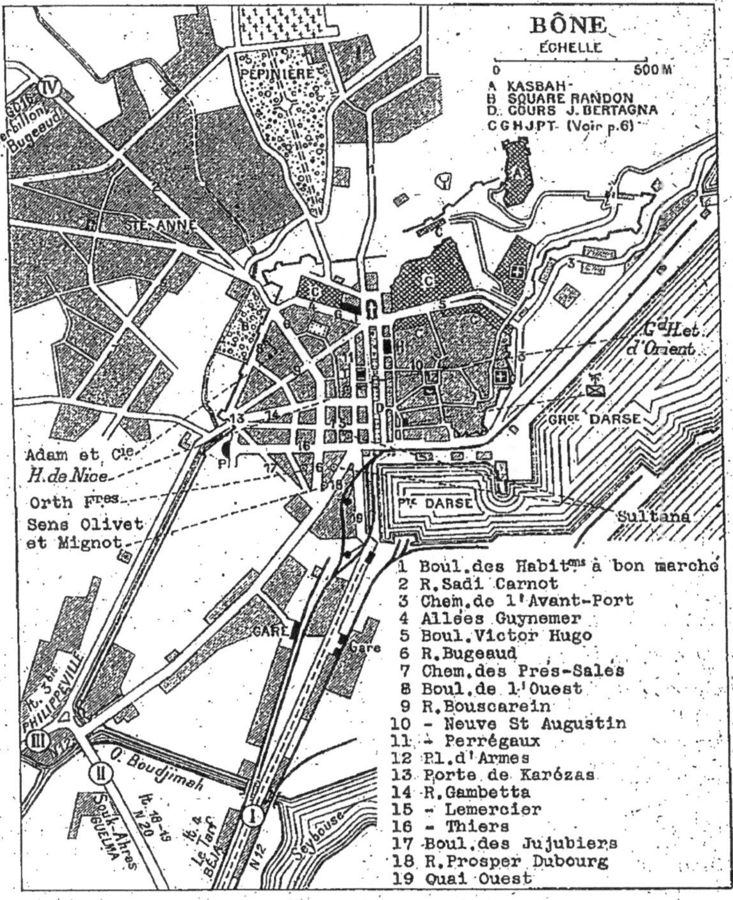

⬛ Transatlantique, *chemin de la Corniche,* (32 ch) 🆑 🍴 ⚗ 12 🛁
    Gar ⌁ Hotransat ℡ 2.44.
⬛ Grand Hôtel et d'Orient, *cours Bertagna,* (60 ch) 🍴 ⚗ 3 🛁 (wc)
    Gar 100 m ⑥ ⌁ Orient ℡ 0.51.
⬛ **Touring,** *r. des Volontaires et Perrégaux,* Repas 5. 16. 16 (bc) Ch22
    à 36 Chfr 45 (bc) Serv 10 % (27 ch) 🍴 27 ⚗ 1 🛁 (wc) ℡ 3.80.
⬛ de Nice (meublé), *11 r. Perrégaux,* 🍴 1 🛁 (wc) Gar int ⑫ ℡ 2.09.

⋆ Nicolas Patalono, *r. Perrégaux.*

STOCKISTES MICHELIN

Ets Pierre Sens-Olivet et A. Mignot, Auto. Gar. Bônois, *8 r.
    Prosper-Dubourg.* BERLIET, CITROEN, DELAGE. ⒶⒾⓇ 🔟 ℡ 0.21

Gar. Henry Sultana, *av. de la Gare et quai de l'Ouest.* CHÉNARD ET
    WALCKER, RENAULT, ROCHET, VOISIN. 🔟🔟🔟 ℡ 0.17 et 0.18.

Bône (suite).

Paul Zéralfa et S. Iglesis, Gar. de l'Ouest, *boul. Général-Moriss.* FIAT.
[50] ☎ 2.66.
J. et G. Orth frères, *r. Salvador Coll.* [10].
Sté Algérienne des Autos Renault. RENAULT.
Ets P. Adam et Cie, *boul. Général-Moriss.* FIAT. [10]. ☎ 2.66.

AUTRES MÉCANICIENS RÉPARATEURS :

François Brinet, *16 r. Jérusalem.* [15] ☎ 5.44.
Gaillot Jean, *12 bis r. Prosper-Dubourg.* ☎ 3.50.
Henri Rocroi, *46 r. Bugeaud.*
Sté de matériel auto. et de culture, *r. Thiers.* FORD, HOTCHKISS, LAFFLY, MATHIS. ☎ 4.42.
S. A. des Ets J. Vinson. DELAHAYE, PEUGEOT.
L'Autoder, *3 r. Prosper-Dubourg.* BUICK, CHEVROLET.

Aïn-Mokra 32 (III) — Béja 213 (I) — Bugeaud 13 (IV) — La Calle 86 (I) —
Constantine 187 (III) — Duvivier 59 (II) — Duzerville 12 (II) — Guelma
65 (II) — Morris 21 (I) — Philippeville 101 (III) — Souk-Ahras 100 (II) —
Le Tarf 64 (I).

Bordj-bou-Arréridj (Constantine), ©, (PII 7), (Alt. 915 m.),
1.569 Eur., 2.348 Ind.
Alger 243 - Bou-Saâda 112 - Constantine 191 - Mansoura 30 - Sétif 65.
🏨 d'Orient, *r. de Constantine*, Ch 12 à 30 Chfr 38,50 (bc) Serv 10 %
(20 ch) ⛽ 1 ⚰ (wc) Rem int 4 fr [6] ☎ 0.22.
🏨 des Voyageurs, *r. de Constantine*, ⚰ (wc) Rem int [5] ☎ 0.34
STOCK MICHELIN **Assimon Georges**, Auto-Palace. CITROËN. [10] ☎ 48.
Sté Algérienne de Matériel Agricole. FORD, HOTCHKISS, LAFFLY, MATHIS.

Bosquet (Oran), (PII 5), (Alt. 360 m.), 347 Eur., 3.104 Ind. —
Aïn-Tédelès 22. = EXC. : NO : Plage 6.
Aïn-Tédelès 22 - Cassaigne 11 - Mostaganem 37 - Pont-du-Chélif 16.
🏨 de la Poste, Abri 20 m [4] ✆ Momain.

Bossuet (*comm. du Télagh*) (Oran), (PII 5), (Alt. 1.850 m.), 121 Eur.,
122 Ind. — Magenta 16.
Chanzy 41 - El Aricha 82 - Magenta 16 - Saïda 92 - Sidi-bel-Abbès
65 - Le Télagh 15.
⚡ Daya, (wc) Rem [2] ✆ Berthon.

Bou-Arada (Tunisie), (PII 18), (Alt. 246 m.), 2.000 Eur., 10.518 Ind.
Medjez el Bab 35 - Tunis 95.
Léon Lacroix. CITROËN. [6] ☎ 5.

Boucheron (Maroc), (Alt. 360 m.), (PII 12), 60 Eur., 400 Ind. —
Ben-Ahmed 24.
Ben-Ahmed 24 - Ber-Réchid 34 - Casablanca 55 - Settat 69.

Bou-Denib (Maroc).
Joseph Stalder. CITROËN. [6].

BOUFARIK (Alger), ©, (PII 15), (Alt. 58 m.), 5.206 Eur., 7.829 Ind.
= Voir : Marché (*le lundi*) (*voir plan*). = EXC. : *voir exc. n° 14.*
— O : *Hippodrome 3.*
⚡ de la Gare.
STOCK MICHELIN **Gar. Gaulard frères**, *r. de France.* CITROËN. [5] ☎ 0.18.
G. Derouet et G. Dessessart, *pl. de la Mairie.* [12] ☎ 1.39.
— Octave Dessessart, *rte d'Alger.*
— Paul San Severino.

Alger 35 (I) — Beni-Mered 7,5 (II) — Birtouta 12 (I) — Blida 14 (II) —
La Chiffa 22 (II) — Douéra 13 (I) — Médéa 56 (II) — Miliana 96 (II) — Oued-
el-Alleug 12 (II).

(Voir plan page suivante)

Boufarik (suite).

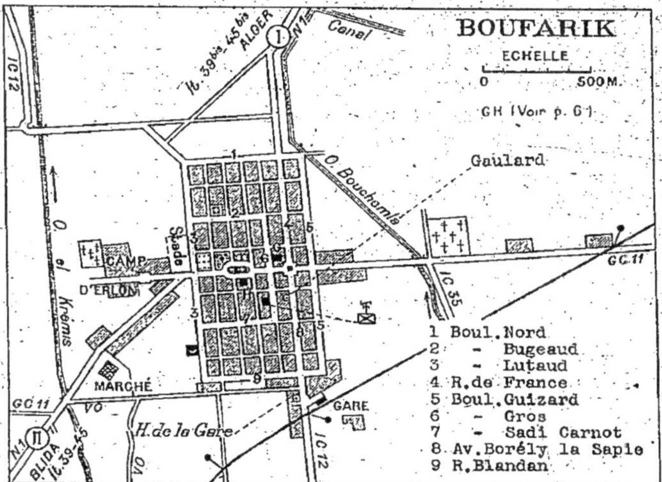

BOUGIE (Constantine), (Pll 7), (Alt. 1 à 700 m.), 5.443 Eur., 16.505 Ind. = *Taxe séj. 0 fr. 75 à 1 fr. 75.* = **Circulation** : Divers sens uniques. — **Stationnement** : Emplacements réservés. = **Voir:** Port; Kasbah (B) ; Bâb-el-Bahar (porte de la mer) (A) ; Panorama sur le golfe. = **Env.** : N : Chemin des Oliviers (corniche, cap Bouak). = **Exc.** : N : Ascension du Gouraya (660 m.) par le plateau des Ruines 6, *puis 30 m. à pied.* — NE : Anse des Aiguades ★ ¼. = **Spécialités** : Tapis ; Cuivres indigènes.

Syndicat d'Initiative et de Tourisme de la Région de Bougie, *18 r. Trézel:* ☎ 0. 87

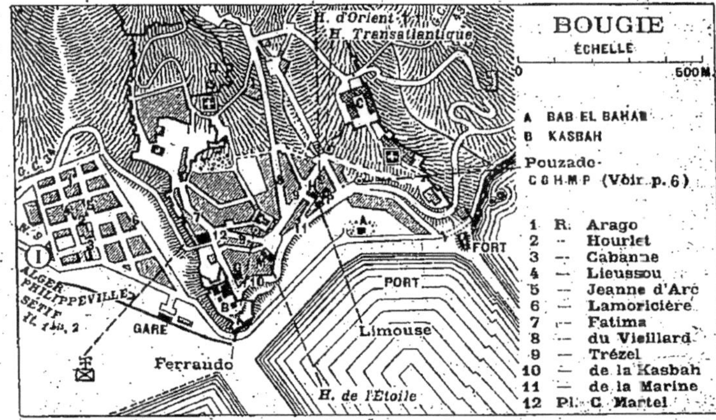

🏨 Transatlantique, (46 ch) 🆑 ☎ ⛭ 26 ⛲ (wc) Gar int 🅑 ⚓ Ho-transat ☎ 0.41.

🏨 **d'Orient**, 5-7 r. *Trézel.* Repas 6.22.25 (bnc) Ch 20 à 100 Chfr 40 (bc) Serv 10 % TS 1,95 (38 ch). ☎ ⛭ 3 ⛲ (wc) Gareur 30 m ☎ 0.49.

🏨 de l'Étoile.

STOCK MICHELIN **Etienne Pouzade**, *pl. Sous-Préfecture.* RENAULT. ③ ☎ 0.45.

STOCK MICHELIN **Marcel Limouse**, Modern' Gar, *quai de la Marine.* BERLIET, PANHARD. (AIR). ⑩ ☎ 1.76.

STOCK MICHELIN **S. A. Henri Ferrando frères**, *pl. de l'Eglise.* CITROEN, G.A.R., SOMUA, UNIC. ⑩2 ☎ 1.38.

— Pierre Jacques, Splendid Gar., *pl. de la Mairie.*

— Trama Vincent, *camp Inférieur.* COTTIN. ⑭ ☎ 2.07.

— Sté Auto. et Agr. de la Soummann. FORD, HOTCHKISS, LAFFLY, MATHIS.

Bougie *(suite).*

Akbou 72 ① — Alger 239 ① — Azazga 97 ① — Djidjelli 96 ① — El Kseur 26 ① — Kerrata 59 ① — Philippeville 260 ① — Sétif 112 ① — Souk-el-Tenine 34 ① — Tizi-Ouzou 135 ①.

Bouguirat (Oran), **(Pli 5)**, (Alt. 100 m.), 433 Eur., 544 Ind. — L'Hillil 11. = **Exc. :** *voir exc. nº 13.*

Arzew 76 - Blad-Touaria 12 - L'Hillil 11 - Mostaganem 27 - Oran 106 - Orléansville 119 - Perrégaux 28 - Relizane 39.

du Roulage.

Bouïra (Alger), © **(Pli 17)**, (Alt. 535 m.), 1.246 Eur., 9.512 Ind. = **Stationnement :** *interdit Grand'Rue.* = **Exc. :** Dans le massif du Djurdjura *(excursions en montagne, à pied ou à mulet, souvent difficiles* (Massifs de l'Haïzer, Aboukir, etc.). = *Voir exc. nº 18.*

Aïn-Bessem 25,5 - Alger 124 - Aumale 36 - Berrouaghia 108 - Bir Rabalou 35 - Bordj-bou-Arréridj 119 - Dra-el-Mizan 36 - Mansoura 89 - Médéa 140 - Palestro 45 - Sétif 184.

de la Colonie, r. *Grande*, Repas 6. 20. 20 (bnc) Ch 20 à 60 Chfr 45 (bc) Serv 10 % (25 ch) 25 2 (wc) Gar 5 fr 15 Colonie 0.02.

STOCK MICHELIN **Metayer et Maunoury**, Gar. et Messageries du Haïzer. Citroen. 10 0.06.

STOCK MICHELIN **Sté Algérienne des Autos Renault**, av. *Wolf.* Renault. 10 0.37.

Gar. Moderne, Ets Vincent Marsilla, r. *Pétain et Bugeaud.* 10 Box 5 0.25.

Bouïsseville *(comm. d'Aïn-el-Turch)* (Oran) **(Pli 14)**, (Alt. 20 m.). 179 Eur., 70 Ind. — Aïn-el-Turck 2,5. = **Voir :** Plage. Oran 13.

Garet.

Montbrun.

Boujad (Maroc), **(Pli 12)**, (Alt. 720 m.), 123 Eur., 9.200 Ind. — Oued Zem 20. = **Voir :** Le Souk. *(Pour toute visite de la ville sainte, s'adresser au préalable, pour autorisation et guide, au chef du Bureau de Renseignements).* = **Spécialités :** Bizarras (tentures), tapis. — NO : *Terrain d'aviation 2.*

Ben-Ahmed 92 - Beni-Mellal 57 - Casablanca 172 - Kasbah-Tadla 26 - Knenifra 92 - Oued Zem 20.

Boulhaut (Maroc), **(Pli 2)**, (Alt. 300 m.), 150 Eur., 500 Ind. — Bou Znika 22. = **Exc. :** N.E : Maison forestière et source d'Aïn-Tizza 6. — E : Cascade d'Aïn-el-Kseub 15. = *Voir exc. nº 2.*

Casablanca 53 - Fédhala 33 - Marchand 57.

Bourkika (Alger), **(Pli 14)**, (Alt. 105 m.), 318 Eur., 452 Ind. = **Exc. :** *Voir exc. nº 14.*

Alger 82 - Blida 33 - La Chiffa 25 - Marengo 6 - Médéa 63 - Miliana 49.

Bou-Saâda (Alger), © **(Pli 7)**, (Alt. 650 m.), 718 Eur., 5.109 Ind. *Pas de* . = **Voir :** L'Oasis ★ ; Bords de l'Oued ; Mosquées (vue). = **Env. :** S : Promenade des Aouïnètes *(3 h. à pied),* retour par le Selloum (vue). = **Exc. :** SO : El Hamel *(voir la Zaouïa)* 15. = **Spécialités :** Bijouterie ; Broderies sur cuir.

N : *Terrain d'aviation à Aïn-Dis 10.* *Syndicat d'Initiative, r. Bosquet.* 0.01.

Alger 249 - L'Arba 221 - Aumale 126 - Bordj-bou-Arréridj 112.

Transatlantique, (50 ch) 24 Gar Hotransat 0.11. du Petit Sahara (Transatlantique), (40 ch) 4 (wc) Rem att 6.

Gar. Gabriel Marcellin. 40. — Moïse d'Israël Chicheportiche. Renault 0.10.

Bou-Tlélis (Oran), **(Pll 3)**, (Alt. 90 m.), 1.012 Eur., 309 Ind. —
= **Exc.** : N : Forêt de Msila 6. — *Voir exc. n° 11.*
Aïn-el-Turck 29 - Aïn-Témouchent 42 - Lourmel 12 - Mers-el-Kébir
37 - Misserghin 15 - Oran 30 - Tlemcen 108.
🏨 des Voyageurs, (wc) Rem ⑮ ⌁ 0.05.

Bugeaud (Constantine), **(Pll 8)**, (Alt. 920 m.), 121 Eur., 390 Ind. —
🚂 Bône 13. = **Voir** : Le Rocher (vue). = **Exc.** :   SO : Ascension
du Bou-Zizi (1.000 m.) et du Kef Seba (1.008 m.) par l'Aqueduc
romain et la Fontaine du Prince (*2 h.*). = Bône 13.
🏨 Cronstadt (*1er avril-15 déc.*), (wc) Rem ①.

Bulla-Regia (ruines de) (*caïdat de Souk-el-Arba*) (Tunisie), **(Pll 9)**
— 🚂 ⊠ ☏ Souk-el-Arba 9. = **Voir** : Ruines de l'ancienne ville ro-
maine ★★ (*guide sur place*).
Aïn-Draham 39 - Les Chênes 29 - Le Kef 59 - Souk-el-Arba 9.

Burdeau (Alger), **(Pll 6)**, (Alt. 900 m.), 698 Eur. 184 Ind. — 🚂
Tiaret 35.
Chellala 61 - Orléansville 121 - Téniet-et-Had 76 - Tiaret 35 - Vialar 27.
⛽ du Sersou.
🚉 Ernest Schreyech.

Calle (La) (Constantine), Ⓒ **(Plls 8-9)**, (Alt. 12 m.), 2.743 Eur., 758 Ind.
= **Douanes** : *voir p. 252.* = **Env.** : Promenades dans les forêts de
chênes-lièges. = **Syndicat d'Initiative**, *place de Tunis.*
Béja 127 - Bône 86 - Lamy 65 - Souk-Ahras 108 - Le Tarf 22 - Tabarka
50 - Tunis 231.
🏨 **Barnier**, *r. de Verdun*, Repas 4. 12. 14 (bnc) Ch 12 à 25 Chfr 33 (bc)
Serv 10 % (12 ch) ⚲ (wc) Abri 5 fr.
STOCK MICHELIN **Brussiau et Arronni,** *r. Napoléon-Ier et r. Gelas.*
Citroen. ㉕ ⌁ 14.

Camp du Maréchal (Alger), **(Pll 17)**, (Alt. 56 m.), 204 Eur.,
32 Ind. = **Exc.** : *voir exc. n° 17.*
Alger 86 - Dellys 29 - Dra-el-Mizan 47 - Les Issers 21 - Mirabeau 7 -
Rébeval 10,5 - Tizi-Ouzou 18.

Canrobert (*comm. d'Oum-el-Bouaghi*) (Constantine), **(Pll 8)**, (Alt.
930 m.), 190 Eur., 1.214 Ind.
Aïn-Beïda 25 - Constantine 86 - Khenchela 73 - Sigus 48 - Tebessa
115.
🏨 Voyageurs (10 ch).
STOCK MICHELIN **Colovret,** *rte Nationale.* Donnet. ⑥.

Cap-Matifou (Alger), **(Pll 16)** (Alt. 5 m), 709 Eur., 755 Ind. —
(*Comprend le centre de Cap Matifou et les stations d'estivage de Jean
Bart et de La Pérouse.*) = **Voir** : Ruines romaines et byzantines.
= **Exc.** : *voir exc. n° 16.*
Aïn-Taya 5,5 - Alger 31 - Fort-de-l'Eau 11 - Maison-Carrée 14,5.

Carthage (Tunisie), **(Pll 19)**, (Alt. 55 m.), 800 Eur., 1.200 Ind.
= *Taxe séj.* : *1 fr.* = **Voir**: Colline St-Louis (cathédrale ★, Musée des
Pères Blancs, Amphithéâtre, ruines de Damous-el-Karita, citernes) ;
Panorama sur le golfe de Tunis ★★. = **Exc.** : *Voir exc. n° 22.* =
Spécialité : Tapis genre Kairouan. = Ⓞ : *Terrain d'aviation à El
Aouina 7.* = **Syndicat d'Initiative,** *3 av. de Carthage, à Tunis.*
La Goulette 5 - Tunis 17.
🏨 Saint-Louis et de Carthage, (15 ch) Ⓖ ⇔ (wc) Gar ② ⌁ 3.

...la carte Michelin

"État des routes"

la France
en 2 feuilles

Échelle : 1 cm pour 10 km.

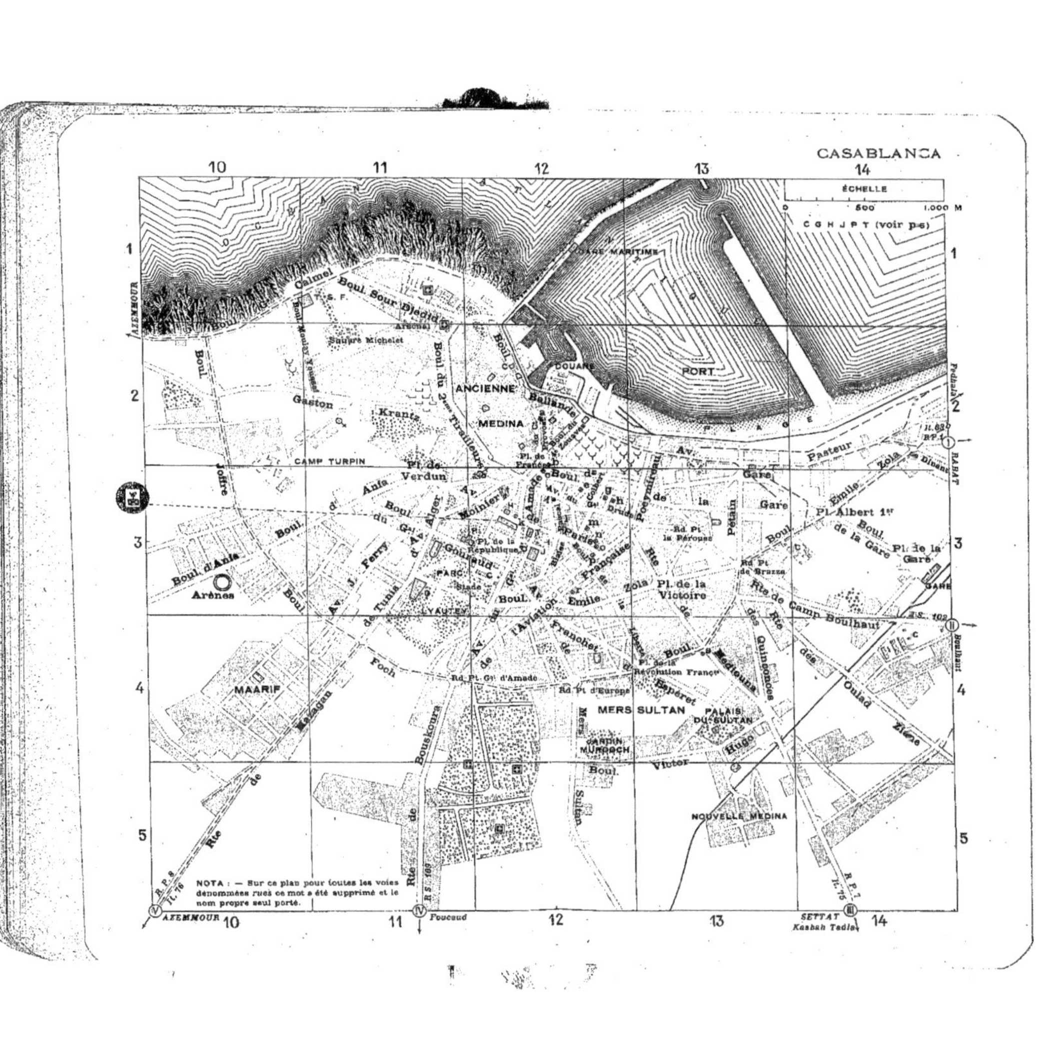
ÉCHELLE
0   500   1.000 M
C G H J P T (voir p.6)
AZEMMOUR
Calmel
Boul. Sour Djedid
T. S. F.
Boul
Square Michelet
ANCIENNE
MEDINA
Gaston
Krantz
Ballande
DOUANE
PORT
PLAGE MARITIME
CAMP TURPIN
Pl. de Verdun
Pl. de France
Av.
Pasteur
Emile
Zola
Gare
R.P.1
RABAT
Anfa
Boul. de
Gare
Pétain
Boul.
Pl. Albert 1er
Boul. de la Gare
Boul
du
Moiniers
Av.
Alger
Amade
Pl. de la République
Boul.
Rd Pt la Pérouse
Pl. de la Gare
GARE
Boul. d'Anfa
Gouraud
PARC
Charles
Rd Pt de Bruzza
Arènes
Av. J. Ferry
Stade
Boul.
Emile
Zola
Pl. de la Victoire
Rte de Camp Boulhaut
de Tunis
YAUTEY
Boulhaut
Av. de l'Aviation
Franchet
Boul.
des Quinconces
des
Oulad
Rd Pt Gal d'Amade
Révolution Française
Esperet
Ziane
Foch
Rd Pt d'Europe
Mers
MERS SULTAN
PALAIS DU SULTAN
MAARIF
de Mazagan
Bouskoura
JARDIN MURDOCH
Hugo
Sultan
Victor
Boul.
de
Rte
NOUVELLE MEDINA
Rte
Foucaud
R.P.8
TL.76
AZEMMOUR
10
R.S.106
11
12
13
SETTAT
Kasbah Tadla
TL.76
R.P.7
14
NOTA : — Sur ce plan pour toutes les voies dénommées rues ce mot a été supprimé et le nom propre seul porté.

La 10 cv. du voisin
roule peu chargée,
ses 13 × 45 durent longtemps !

Votre 10 cv. roule le plus
souvent à pleine charge,
ses 13 × 45 meurent vite !

Le remède ?

CASABLANCA (Maroc), (Pl. 2), (Alt. 10 à 25 m.), 39.500 Eur.,
74.000 Ind. = **Circulation :** *sens unique dans un certain nombre de
rues.* = **Voir :** Port ; Abattoirs (modèle d'installation industrielle)
par la rue de Dinant ; la ville indigène ; Parc Lyautey (11-3). =
Exc. : O : Phare d'El Hank 4 ; Colline d'Anfa Supérieur (vue) 6 ;
Plages d'Aïn-Diab 12 et Sidi Abd er Rahmane 17, retour par le
Boulevard circulaire de banlieue. — *Voir exc. n° 2.*
S : *Hippodrome d'Anfa Supérieur 3.*
O : *Terrain d'aviation (camp Cazes) 6.*

Automobile-Club marocain, *pl. de la République.*
Aéro-Club du Maroc.
Syndicat d'Initiative et de Tourisme, Palais de la Bourse, *boulevard de la Gare.* 📞 15-24

Excelsior, *pl. de France* (b 12-2), Repas 8. 25. 30 (bnc) Ch 25 à 110
Chfr 55 (bc) Serv 10% (130 ch) Asc 130 65 (wc) Gareur
50 m Excelsior 📞 6.53, 6.77 et 6.79.

Transatlantique, *r. Colbert* (m 12-3), (55 ch) Asc 30
(wc) Hotransat 📞 9.01.

Majestic, *57 r. de Marseille* (o 12-3), Repas 7. 22. 25 (bnc) Ch 25 à
80 Chfr 50 (bc) Serv 10% (130 ch) Asc 130 30 (wc) Ga-
reur 50 m 📞 10.96.

Atlantic (meublé), *82 boul. de la Gare* (e 12-3), Ch 13 à 30 Serv
10 % (50 ch) Asc 50 2 (wc) 📞 1.13.

National (meublé), *r. Nationale* (l 12-3), (18 ch) 6 12 1
Gareur att 📞 6.75.

Volubilis, *r. Védrines* (n 12-3), (30 ch) 30 3 (wc) 📞 9.03

Touring-Hôtel (meublé), *57 rue de l'Horloge* (d 12-3), Ch 14 à
30 Serv 10 % (36 ch) 36 (wc) 📞 14.30.

Métropole, *r. Savergnan di Brazza.*

Central, *pl. Amiral-Philibert* (a 12-2), Repas 3,50. 12. 12 (bnc),
Ch 15 à 25 Chfr 36 (bc) Serv 10 % (42 ch) 42 1
(wc) Gar 5 m. 5 fr [8] 📞 0.86.

Gallia (meublé), *r. Aviateur-Prom.* (28 ch) 2 (wc) 📞 10.55.

Restaurant Anfa, *à Anfa supérieur* (16 ch) 16 1 (wc) Gar
int [5] Anfahotel 📞 0.27.

Moderne (meublé), *13 r. Aviateur-Prom.* (h 12-3), (43 ch) 43
4 (wc) Gar 250 m [10] LГ 📞 2.74.

de l'Industrie (meublé), *84-88 r. de l'Industrie* (p 12-3) Ch 15 à
40 Serv 10 % (40 ch) 40 1 (wc) Gareur 100 m 📞 0.93.

★★★ Restaurant du Roi de la Bière, *pl. de France* (c 12-3).

★★ — du Petit Poucet, *r. Aviateur-Prom* (g 12-3).

★ — Maxime, *boul. de la Gare.*

STOCKISTES MICHELIN :

Sté Auto Hall, Anc. Ets G. Veyre, *165 boul. Maréchal-Pétain* (s 13-4).
BERLIET, CHRYSLER, DELAGE, FORD. (AIR) [30] 📞 20.12 et 20.13.

France Auto, *r. du Dr-Mauchamp* (k 12-3). CITROEN, COTTIN, IRAT, ROCHET.
(AIR) 📞 12.83 et 25.24.

Sté Africaine Industrielle et Auto. *r. de l'Oued Boushoura* (f 12-3).
CHENARD, NASH, STEWART. [10] 📞 15.13.

Dorche Paul, *43 r. de Charmes* (r 12-3), [30].

AUTRES MÉCANICIENS RÉPARATEURS :

Auvin J.-F., *28 r. Guynemer et 33.
r. Nationale.* [30] Box [1] 📞 16-52.
Royal gar. Rey, *248 boul. de la
Gare.* [50].
Andrieu, *r. Mézergues.*
Bras, *carrefour Mers-Sultan.*
E. Coudon, *124 av. Mers Sultan.*
Pisani et Magri, *51 r. de Charmes.*
Gar. Hansen, *33 r. Montampignani,
au Maarif.* [20] 📞 2.54.
Homberger, *boul. du 4e-Zouaves.*

Gar. Védrines, Huyghe frères, *r.
Aviateur-Védrines.* [20] 📞 27.45.
Tripet, Gd Gar. de Lorraine, *boul.
de la Liberté.* [30] 📞 26.11.
Martiny Ch., Gar. Amilcar, *16 r.
du Croissant.* [15] Box [4] 📞 23.46.
Gd Gar. de La Liberté, *208 boul.
de la Liberté.* [20].
Pénin auto, Pénin Pierre, *14 r. des
Ouled-Ziane.* 📞 19.79.
Quessada, *40 r. des Ouled-Ziane.*

Casablanca (*suite*).

J. Polizzi, *104 r. Chevalier-de-Valdrome*. ALFA, MORISS. 40 [5] ☎ 10.92.
Marve-auto, *r. de l'Horloge*. AMILCAR, BUGATTI, CHEVROLET, WIPPET.
Auto-Omnium, J. Fleury, *66 à 80 boul. de la Gare*. PEUGEOT. [30] ☎ 3.51.
Gar. Majestic, *r. du Marché*.
J. Amic, *61 r. de Marseille*. RENAULT. [50] ☎ 3.25 et 24.81.
Sté Marocaine des Autos Renault. *Bourse du Commerce*. RENAULT.

Azemmour 80 [V] — Ben-Ahmed 80 [II], 80 [III] — Ber-Rechid 41 [IV], 41 [III] — Boulhaut 53 [II] — Fédhala 29 [I] — Fès 294 [I] — Foucauld 34 [IV] — Kasbah-Tadla 198 [III] — Kénitra 132 [I] — Marrakech 241 [III] — Mazagan 97 [V] — Meknès 233 [I] — Oued Zem 151 [II], 152 [III] — Rabat 92 [I] — Settat 72 [III].

Cassaigne (Oran), Ⓒ **(Pll 5)**, (Alt. 280 m.), 419 Eur., 655 Ind. — 🚂 Aïn-Tédelès 25. = **Exc.** : *voir exc. n° 13*.

Aïn-Tédelès 25 - Bosquet 11 - Mostaganem 50 - Pont-du-Chélif 19 - Renault 56.

🏨 du Dahra, (wc) Rem int [6] ⊔ ☎ Robin ☎ 0.07.

🚗 François Laurelli. CITROEN. [15].

Castiglione (Alger), **(Pll 15)**, (Alt. 90 m.), 1.909 Eur., 870 Ind. = **Voir** : Très belle plage (vue). = **Exc.** : *voir exc. n° 14*.

Alger 47 - Bérard 9 - Blida 28 - Cherchell 49 - Tipasa 24 - Zéralda 16.

🏨 **du Tapis-Vert**, *r. Nationale et de l'Est*, Repas 2,50. 12. 12. (bc)-dîm 15.15 (bc) Ch 10 Chfr 30 (bc) Serv 10 % (6 ch) 🛁 Rem int [4] ☎ 0.04.

STOCK MICHELIN **Gar. Citroën**. René Roux fils, *r. Nationale*. CITROEN, BALLOT. [10]. ☎ 0.19.

Ceuta (Maroc esp.), **(Pll 3)**, 35.219 hab. = **Voir** : Le Quartel de la Reina (vue) ★. = Tanger 97 - Tétouan 40.

🏨 Majestic Hôtel, *sur le quai*, 🛁 ⊔.

🏨 Terminus, *Calle Pedro Meneses*, 🛁.

STOCK MICHELIN **Carlos Palacios**, *60 Réal*. DE DION. ☎ 1.70.
STOCK MICHELIN **Hernando y Cia**, *12 Calle Martinez Campos*. CITROEN [4]. ☎ 47.

🚗 Compania Espanola de Colonizacion, *14 av. de Villanueva*. DODGE, GRAHAM.
— Guardamino, *av. de la Marine*.

Chanzy (Oran), **(Pll 5)**, (Alt. 690 m.), 804 Eur., 1.586 Ind. — 🚂 2. = **Env.** : S : Sources d'Aïn-Skouna et d'Aïn-Mekarreg 2.

Magenta 31 - Oran 117 - Palissy 22 - Sainte-Barbe-du-Tlélat 90 - Sidi-bel-Abbès 35 - Le Télagh 25.

🏨 du Centre, (wc) Abri [15].

Charon (Alger), **(Pll 6)**, (Alt. 82 m.), 193 Eur., 5.513 Ind. = **Env.** : N : Ruines romaines 3. = **Exc.** : S : Trou du Diable 6. — NO : *Terrain d'aviation 3*.

Inkermann 23 - Orléansville 22 - Rabelais 27 - Relizane 66 - Ténès 75.

Châteaudun-du-Rhumel (Constantine), Ⓒ **(Pll 8,)** (Alt. 800 m.), 435 Eur., 2.269 Ind. — 🚂 Mechta-Châteaudun 9.

Constantine 54 - Djidjelli 135 - St-Arnaud 46 - Sétif 72.

🏨 **St-Georges**, *r. Nationale*, Repas 3. 12. 12 (bc) Ch 10 à 16 Chfr 28 (bc) Serv 10% (3 ch) 🛁 Abri int [1] ☎ 49.

STOCK MICHELIN **Central Gar.**, Félix Morandet, *r. Nationale*. [40] ☎ 0.11.
🚗 Antoine Friscia, *rte Nationale*.

Chebli (Alger), **(Pll 15)**, (Alt. 86 m.), 297 Eur., 334 Ind. — 🚂 Birtouta 8.

Alger 31 - Birtouta 8 - Boufarik 8,5 - Rovigo 13.

🚗 Sorin.

Chellala (Alger), **(Pli 6)**, (Alt. 854 m.), 152 Eur., 1.510 Ind. — *Pas de* 🚂. = **Stationnement : 1 fr.** *pour plus de 3 h.* = **Exc. :** S : Taguine (colonne commémorative de la prise de la Smalah d'Abd el Kader) 44.

Boghari 98 - Burdeau 61 - Médéa 174.

⚓ Voyageurs, (10 ch) Abri int ⑤.

STOCK MICHELIN **Lamy.** CITROEN. ④ ☎ 0.01.

Chênes (Les) (Tunisie) **(Pli 9)**, (Alt. 735 m.), Stat. est., 10 Eur. — 🚂
— Souk el Arba 34. — ⚑ Aïn-Draham 10.

Aïn-Draham 10 - Le Kef 84 - Souk-el-Arba 34 - Tabarka 36.

🏨 Halte Transatlantique (25 ch) ⒸⒸ ⚭ ⚮ 10 ⬦ Gar ⚑ Hotransat ☎ poste auxiliaire.

Chéragas (Alger), **(Pli 15)**, (Alt. 198 m.), 1.930 Eur., 2.660 Ind. —
🚂 Alger 12,5. = **Exc. :** *voir exc. n° 15.* = Alger 12,5.

CHERCHELL (Alger), Ⓒ **(Pli 14)**, (Alt. 33 m.), 3.234 Eur., 9.075 Ind. = **Voir :** Musée ★ (M) ; Ruines romaines. = **Exc. :** *voir exc. n° 14.*
Syndicat d'Initiative de Césarée, à la mairie.

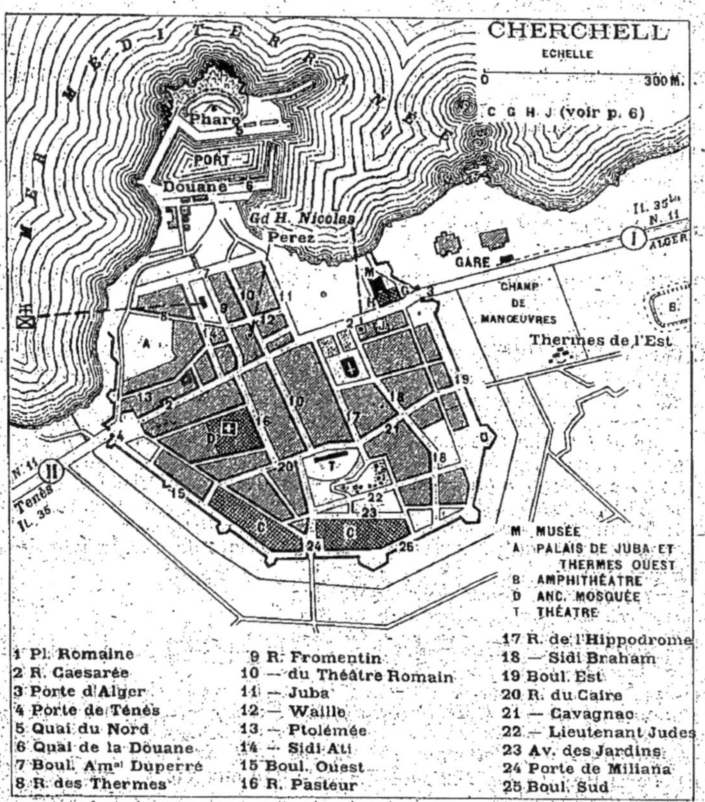

🏨 **Grand Hôtel Nicolas,** *pl. Romaine;* Repas 3. 20. 20 (bnc) Ch 15 à 25 Chfr 35 (bc) Serv 10 % (38 ch) ☾ ⬦ (wc) Gar int 5 fr ⑮ ☎ 0.02.

STOCK MICHELIN **Modern' Car,** Pérez Pierre, *r. du Théâtre-Romain.* CHENARD, ROCHET, tracteurs A.R.A ⑩ ☎ 0.08.

Cherchell (*suite*).

🚗 Beaud frères, *r. Victor-Waille.* CITROEN. [15] ☎ 0.67.
— E. Isselin et Cie. RENAULT.

Alger 96 [I] — Blida 66 [I] — Bourkika 33 [I] — Marengo 27 [I] — Médéa 92 [I] — Miliana 78 [I] — Ténès 109 [II] — Téniet-el-Had 145 [I] — Tipaza 25 [I].

Chiffa (La) (Alger), **(Pll 15)**, (Alt. 112 m.), 194 Eur., 91 Ind. = **Exc.** : S : Gorges de la Chiffa 4; Ruisseau des Singes 8. — *Voir exc. n° 14 et 15.*

Alger 57 - Berrouaghia 66 - Blida 8 - Bourkika 26 - Cherchell 59 - El Affroun 4,5 - Médéa 34 - Miliana 74 - Mouzaïaville 4,5.

🏨 **Chalet-Hôtel**, *au ruisseau des Singes (gorges de la Chiffa), près de la station de Sidi Madani,* Repas 6.25.25 (bnc) Ch 20 Chfr 40 (bc) Serv 10 % (10 ch) 🛁 (wc) Rem int *grat* [10] ☎ Cabine Ruisseau des Singes.

Collo (Constantine), © **(Pll 8)**, (Alt. 18 à 140 m.), 931 Eur., 3.476 Ind. — *Pas de* 🚢. = **Voir** : Pointe du Petit Phare. = **Exc.** : SO : Ascension du Dj. Gouffi (1.183 m.) (panorama) *(20k5, puis 15 m à pied).*

El-Milia 64 - Philippeville 74.

🚗 Giovannetti et Duffort. [20] ☎ 0.4.

Colomb-Béchar (Algérie, Territ. du Sud) **(Pll 14)**, (Alt. 784 m.), 496 Eur., 2.405 Ind. = **Voir** : Ksar de Béchar; Palmeraie.

S : *Terrain d'aviation à* 0 k 8.

Aïn-Sefra 234 - Beni-Ounif de Figuig 111.

🚗 Stalder. CITROEN. [50] Box [10].

Colonne-Voirol (Alger) : Voir : Alger.

Condé-Smendou (Constantine), © **(Pll 8)**, (Alt. 560 m.), 189 Eur., 1.021 Ind. = Constantine 28.

CONSTANTINE (Constantine), [P] **(Pll 8)**, (Alt.644 m.), 46.647 Eur., 47.086 Ind. = *Taxe séj. : 0 fr. 30 à 1 fr. 10 : 1er nov.-30 avril; réduite de moitié du 1er mai au 31 oct.* = **Voir** : Quartiers juif et arabe ; Pont-viaduc de Sidi-Rached ★ ; Grande Mosquée (F 12-3) ; Mosquées de Sidi Lakhdar (K 12-2) et de Salah Bey (B 12-2) ; Cath. Notre-Dame des Sept-Douleurs (E 12-3) ; Palais de Hadj Ahmed (D 12-2) ; Kasbah (A 12-2) ; Pont suspendu de Sidi Mécid ★ ; Hôtel de Ville (musée) (H 12-3) ; Passerelle Perrégaux. = **Env.** : Gorges du Rhumel ★★ *(chemin des Touristes par sentier ; entrée 3 fr.)* ; E : Pont d'El Kantara ★ (vue). = **Exc.** : Route de la Corniche et le Hamma ★ 9.

S : *Hippodrome (terrain d'aviation)* 4.

Syndicat d'Initiative, *5 boulevard Joly-de-Bréslllon.*

🏨 Transatlantique, *rte de Sétif* (I 12-5), (46 ch) [cc] 🛁 🚗 19 🚘 Gar ☎ Hotransat.

🏨 **Cirta,** *av. d'Angleterre* (i 12-4), (*1er oct.-fin mai*), Repas 8. 28. 30 (bnc) Ch 40 à 150 Chfr 60 (bc) Serv 10 % TS 1,75 (80 ch) Asc [cc] 🛁 80 🚗 20 🚘 (wc).

🏨 Grand-Hôtel, *2 r. Nationale* (e 12-3), Asc [cc] 🛁 🚘 ☎ 0.47.

🏨 de Paris-Royal, *1 r. Nationale* (f 12-3), (40 ch) Asc 🛁 1 🚘 (wc) ☎ Hôtel-Paris ☎ 0.45.

🏨 Orient et St-Georges, *14 r. Caraman* (d 12-3), (30 ch) 🚘 (wc) Gareur 200 m ☎ 1.13.

★★ **Brasserie de l'Étoile,** *pl. de la Brèche,* Repas 17. 17 (bnc) ☎ 1.25.

★ **Brasserie Gambrinus,** *6 r. Caraman,* Repas 12.12 (bnc) Serv 10 %.

Qui veut voyager loin
" choisit " sa monture !

Si vos pneus sont
trop petits pour le
poids de votre auto
ils n'iront pas loin...

la dimension
au-dessus fera
deux fois plus
de kilomètres

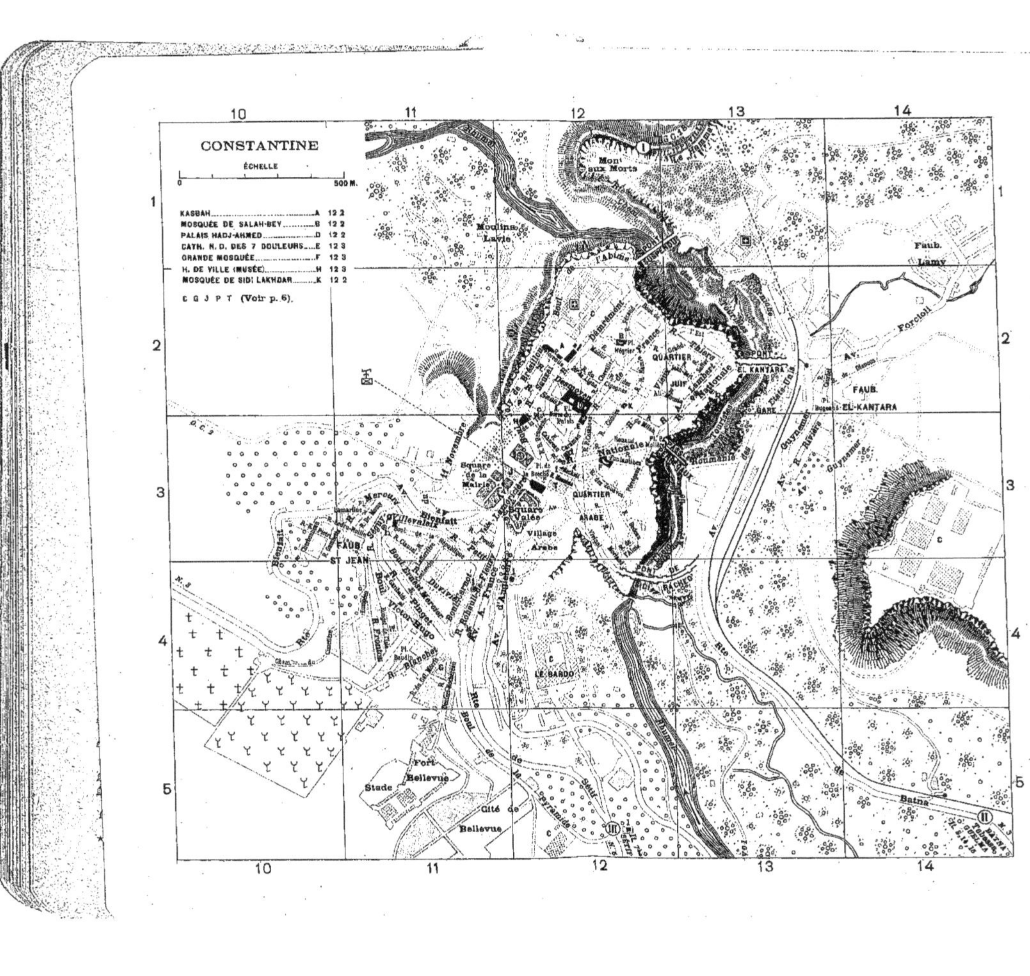

CONSTANTINE
ÉCHELLE
0   500 M.
KASBAH..........................A 12 2
MOSQUÉE DE SALAH-BEY.........B 12 2
PALAIS HADJ-AHMED..............D 12 2
CATH. N. D. DES 7 DOULEURS....E 12 3
GRANDE MOSQUÉE.................F 12 3
H. DE VILLE (MUSÉE)............H 12 3
MOSQUÉE DE SIDI LAKHDAR.......K 12 2
C G J P T (Voir p. 6).
Mont aux Morts
Moulins Lavie
Faub. Lamy
Forcioli
EL-KANTARA
FAUB. EL-KANTARA
QUARTIER JUIF
GARE
QUARTIER ARABE
Village Arabe
Square de la Mairie
PONT DE SIDI RACHED
LE BARDO
FAUB. ST JEAN
Fort Bellevue
Stade
Cité de Bellevue
Batna

Dellys (Alger), © (Pll 17), (Alt. 62 m.), 925 Eur., 15.498 Ind. =
Voir : Quartier indigène. = **Exc.** : E : Ruines romaines de Tigzirt-sur-
Mer 25. — O : Phare du cap Bengut (vue) 3. — Voir exc. n° 17.
Alger 108 - Azazga 85 - Camp-du Maréchal 29 - Port-Gueydon 63 -
Rebeval 19 - Tigzirt-sur-Mer 25 - Tizi-Ouzou 47.
Ⴒ **Beau Rivage**, r. Henri-Jouyne, Repas 3,50. 12.15 (bc) Ch 12 à 20
Chfr 35 (bc) (8 ch) ☗ (wc) Abri int grat ② ☂ Micallef ☞ 0.05.

STOCK MICHELIN **Zouatine Mohamed Benazoua**. ROCHET. ⑩

Demnat (Maroc), (Pll 12), (Alt. 961 m.), 17 Eur., 4.313 Ind. — Pas de
🚂 ⊠ ☂. = **Voir** : Cascade d'Imi n'Ifri (alt. 1.080 m.) ; Marché
indigène (le dimanche). = El Kelaa 107 - Marrakech 111.

Descartes (Oran), (Pll 5), (Alt. 730 m.), 860 Eur., 54 Ind.
Lamoricière 17 - Mascara 130 - Palissy 32 - Sebdou 64 - Tlemcen 50

Djamaâ (Constantine) (Pll 8) (alt. 40 m.), 50 Eur., 8.599 Ind. =
Voir : oasis, le « vieux Djamâa ». = **Spécialité** : dattes.
Biskra 160 - M'Raier 60 - Touggourt 58.
🚂 Charles Bonhoure. ②

Djelfa (Algérie, Territ. du Sud), (Pll 6), © (Alt. 1.145 m.),
592 Eur., 2.332 Ind. = Voir : Marché (lundi).
Boghari 153 - Bou-Saâda 112 - Laghouat 112.
Ⴒ de France.

STOCK MICHELIN **Les Fils Laiou**. CITROEN, ⑥ ☞ 0.04.
🚂 Henri Chicheportiche.
— Zwahlen et Ribès, Central gar.
— Gransard. RENAULT.

Djemila (Ruines de) (Constantine), (Pll 7), (Alt. 900 m.). — 🚂 st-
Arnaud 35. = **Voir** : Très importantes ruines romaines ★ ★.
St-Arnaud 35.
Ⴒ Transatlantique (6 ch) ⊡ ☂ Hotransat ☞ 0.02.

Djemmal (Tunisie) (Pll 9) (Alt. 25 m.), 12.000 hab.
Kairouan 82 - Monastir 19 - Sousse 48.
🚂 Belkhiria Abid Sala. ⑩ ☞ 9.

Djerba (Ile de) (Tunisie), (Pll 10), Voir : Houmt-Souk et Midoun,
et exc. n° 26.

Djidjelli (Constantine), © (Pll 7), (Alt. 9 à 50 m.), 1.604 Eur.,
3.242 Ind. — Pas de 🚂. = **Exc.** : voir exc. n° 19.
Syndicat d'Initiative, au Bureau du Syndicat commercial.
Bougie 96 - Collo 132 - Constantine 149 - Duquesne 9 - El Milia 64 -
Philippeville 164 - Sétif 140 - Souk-el-Tenine 62 - Ziama-Mansouriah 46.
🏨 **de France** (meublé), r. de Picardie, Ch 16 à 60 Serv 10 % (24 ch)
☗ 24 🚿 3 ⇌ (wc) Gar int ② Gar 60 m 5 fr ⑩ ☞ 0.71.
★ Glacier (Joubert).

STOCK MICHELIN **Fauche**, Citro Garage, r. Vivonne. CITROEN. ⑩ ☞ 64.
STOCK MICHELIN **Prudon**, Central Garage, r. Vivonne. ⑩.
🚂 V. Sabatier fils. DONNET, LAFFLY. ⑳.
— Marco Biondi, r. Vivonne. ③ ☞ 0.78.
— Cartier et Bonzon, r. des gardes françaises. DELAHAYE, PEUGEOT. ⑮ ☞ 84.
— Sté Centrale auto. et agr. de la Soumman. FORD, HOTCHKISS, LAFFLY,
MATHIS.
— Marcel Tirard, r. Gadaigne. ⑤ ☞ 0.72.

Douéra (Alger), (Pll 15), (Alt. 115 m.), 1.497 Eur., 344 Ind. — 🚂 Boufarik 13. = Alger 23 - Boufarik 13.
🏨 de France, r. du 4-Septembre, Rem 25 m ④ ☞ 0.09.
STOCK MICHELIN **Gar. Central, Antoine Gomés**, av. du 4-Septembre.
⑩ ☞ 0.35.
🚂 Galves Victor. CITROEN. ⑩ ☞ 0.09.
— Albert Sarrobert. ⑥ ☞ 0.37.

Dougga (Tunisie), **(Pll 9)**, (Alt. 571 m.), 758 Ind. — 🚂 Le Krib 37 ou
Medjez el Bab 49. — ☒ ⚲ 📮 Téboursouk 6. = **Voir** : Panorama ★ ; très
importantes ruines romaines ★★ (*guide sur place si on le désire*). =
Env. : O : Ruines d'un aqueduc 3. — NO : Ruines du Temple d'El
Bouya 2.
Béja 63 - Le Kef 64 - Medjez-el-Bab 49 - Téboursouk 7 - Testour
81 - Tunis 109.

Dra-el-Mizan (Alger), ⓒ **(Pll 17)**, (Alt. 465 m.), 400 Eur., 691 Ind. —
🚂 Aomar-Dra-el-Mizan 12. = **Exc.** : *voir exc. n° 18.*
Alger 113 - Bouïra 35 - Mirabeau 34 - Palestro 34 - Tizi-Ouzou 41.
🛏 du Djurdjura.
⛽ E. Haon, Gar. du Djurdjura, r. de Bauprêtre.

Draria (Alger), **(Pll 15)**, (Alt. 190 m.), 256 Eur., 22 Ind. — 🚂 Alger 15.
Alger 15.
🛏 Houradon.

Dublineau (Oran), **(Pll 5)**, (Alt. 135 m.), 305 Eur., 266 Ind. =
Exc. : *voir exc. n° 10.*
Mascara 21 - Mercier-Lacombe 47 - Mostaganem 62 - Oran 79 - Perré-
gaux 21 - St-Denis-du-Sig 27 - Ste-Barbe-du-Tlélat 52.

Duperré (Alger), **(Pll 14)**, ⓒ, (Alt. 260 m.), 676 Eur., 641 Ind. =
Env. : Ascension du Doui (1.039 m.) (vue) (*2 h. à pied*).
Affreville 24 - Alger 164 - Blida 115 - Miliana 33 - Orléansville
63 - Oued-Fodda 42.
🛏 du Chemin de fer (16 ch).
⛽ Semer frères.

Duquesne (Constantine), **(Pll 7)**, (Alt. 94 m.), 136 Eur., 3.199 Ind.
— Pas de 🚂. = **Exc** : S : Col de Texenna ★ 16. — Voir exc. n° 19.
Bougie 105 - Djidjelli 9 - El Milia 56 - Sétif 147 - Taher 11.

Duvivier (Constantine), ⓒ **(Pll 8)**, (Alt. 190 m.), 220 Eur., 207 Ind.
Barral 28 - Bône 59 - Guelma 36 - Laverdure 23 - Souk-Ahras 41.
🛏 Lagarde.

Duzerville (Constantine), **(Pll 8)**, (Alt. 12 m.), 250 Eur., 309 Ind.
Bône 12 - Duvivier 47 - Guelma 53 - Mondovi 14 - Souk-Ahras 88.
🛏 Dauphinois, (wc) Abri Ⓖ.

Ebba - Ksour (Tunisie), **(Pll 9)**, (Alt. 6 m.), 459 Eur., 1.787 Ind. =
Exc : S : Ruines romaines de Medeïna 24. = Le Kef 38 - Sbeïtla 82.
🏨 de France (20 ch).
🏨 Bertetti (16 ch).
STOCK MICHELIN J. et E. Montgolfier, Gar. Français, r. de Verdun. Ⓙ
📮 5.

El Affroun (Alger), **(Pll 15)**, (Alt. 96 m.), 1.018 Eur., 4.864 Ind.
= **Exc.** : *voir exc. n° 14.*
Alger 67 - Berrouaghia 76 - Blida 18 - Bourkika 15 - Cherchell 48 -
La Chiffa 10 - Médéa 44.

El Aïoun-Sidi-Mellouk (Maroc), **(Pll 4)**, (Alt. 600 m.), 100 Eur.,
950 Ind. = **Voir** : Kasbah. — Terrain d'aviation.
Debdou 101 - Oudjda 59 - Taourirt 49 - Taza 166.

El Aricha (Oran), **(Pll 5)**, (Alt. 1.200 m.), 42 Eur., 41 Ind. —
Pas de 🚂. — Pas de 📮. = **Douanes** : *voir p. 252.*
Bedeau 54 - Bossuet 82 - Sebdou 48 - Sidi-bel-Abbès 147 - Le Télagh
97 - Tlemcen 86.

El-Arrouch (Constantine), © **(Pli 8)**, (Alt. 432 m.), 270 Eur., 1.383 Ind.
Condé-Smendou 26 - Constantine 55 - Philippeville 81 - St-Charles 14.
Jules Linemann. ☒

El Biar (Alger), **(Pli 15)**, (Alt. 250 m.), 5.947 Eur., 1.792 Ind. —
Alger 5,5. = **Voir** : Nombreuses villas et maisons mauresques
(villa du Traité) ; Balcon de St-Raphaël (panorama ★). = **Env.** :
O : Le Frais Vallon 2,5. = **Exc.** : (Voir : Alger). = **Spécialité** :
Soubressade (saucisse pimentée). = Alger 5,5.
Syndicat d'Initiative de Tourisme d'El Biar et Sahel, *à la Mairie.*
Mallard.
René Beyncix.

El Boroudj (Maroc), **(Pli 12)**, (Alt. 405 m.), 12 Eur., 1.200 Ind.
— *Pas de* 🚂.
Ben-Ahmed 65 - Casablanca 145 - Kasbah-Tadla 92 - Oued Zem 78 -
Settat 73.

El Djem (Tunisie), **(Pli 9)**, (Alt. 115 m.), 32 Eur., 5.500 Ind. = **Voir** :
Amphithéâtre romain ★.
Kairouan 98 - Mahdia 42 - Sfax 65 - Sousse 62.
Buffet-Hôtel de la Gare, Repas 3. 15. 15 (bnc) Ch 12 à 18 Chfr
32 (bc) Serv 10 % (3 ch) (wc) Cour att *grat* ☒ ☏ Buffet ☎ 2.

El Goléa (Algérie, Territ. du Sud), (Alt. 383 m.), 20 Eur.,
5.000 Ind. — *Pas de* 🚂 *ni de* ☎. = **Voir** : Oasis (vieux ksar, construction berbère, probablement antérieur au xi° s.) ; Minaret
(vue ★) ; Lac de Bel-Aïd ; Les Puits artésiens ; Parc du Bureau
des Affaires Indigènes (du poste, panorama ★) ; Etablissement
des Pères blancs ; Ouvroir des Sœurs blanches. = **Env.** : Petite
oasis de Taghit ; Premières dunes du Grand Erg occidental ; Oasis
d'Hassi-el-Gara et circuit automobile autour de l'oasis (15 km.). =
Exc. : La Sebkha ; Puits d'Ouallen (*de préférence à dos de chameau*) 30.
Ghardaïa 322.
Transatlantique (20 ch) douches. Gar. T.-S. F.

El-Hamma du Djerid (Tunisie), **(Pli 8)**, (Alt. 50 m.), 1.705 Ind.
— 🚂 Degache el Oudiane 5 *ou* Tozeur 9,5. — ✉☏ ☎ Degache 5. = **Voir** :
Oasis ; Sources thermales. = **Spécialité** : dattes. = S : *Terrain
d'aviation à Tozeur* 9.
Gabès 207 - Nefta 36 - Tozeur 9,5.
Halte Transatlantique (12 ch) Gar.

El Kantara (*comm. d'Aïn-Touta*), (Constantine). **(Pli 7)**, (Alt.
574 m.), 52 Eur., 3.352 Ind. = **Voir** : Défilé de Foumes Sahara ★★ ;
Pont romain ★ ; Les Palmeraies. = **Exc.** : N : Gorges de Tilatou ★ 6,
puis 1 km à mulet (*guide nécessaire*). — N O : Ascension du Dj.
Metlili (*à pied ou à mulet 5 h.*).
Batna 63 - Biskra 54 - Lambèse 74 - Mac-Mahon 28.
Bertrand (*15 sept.-15 juin*), Repas 6. 25. 25 (bnc) Chfr 45 (bc) Serv
10 % (26 ch) 2 (wc) Rem int *grat* ☒ ☎ 0.04.

El Kelaa-des-Srárna (Maroc) **(Pli 12)**, (Alt. 466 m.), 104 Eur.,
1.972 Ind. — *Pas de* 🚂. = **Voir** : Enceinte en ruines.
Kaskah-Tadla 138 - Marrakech 83.

El Ksar-el-Kebir (Maroc esp.), (en espagnol : Alcazar Quivir),
(Pli 3), (Alt. 25 m.), 5.492 Ind. = **Douanes** : *voir p. 253.*
Arbaoua 10 - Fès 187 - Kénitra 120 - Larache 34 - Meknès 136 -
Ouezzan 72 - Petitjean 107 - Rabat 160 - Souk-el-Arba-du-Gharb
43 - Tanger 116.

El Kseur (Constantine), © (Pll 7), (Alt. 90 m.), 366 Eur., 1.691 Ind.
— 🚂 1,6. = Env. : SO : Ruines romaines de Tiklat 4.

Akbou 46 - Azazga 71 - Bougie 26 - Yakouren 60.

🍴 de l'Union, pl. Centrale, Repas 3. 15. 15 (bc) Chfr 45 (bc) (7 ch)
(wc) Gar int grat 🛢 ☎ 0.22.

STOCK MICHELIN **E. Peyroux.** 🛢.

El-Madher (comm. d'Aïn-el-Ksar) (Constantine), **(Pll 8)**, (Alt.
650 m.), 82 Eur., 410 Ind. — 🚂 8. = **Exc.** : NO : Le Medracen
(tombeau) 14. = Batna 21 - Constantine 105.

El-Milia (Constantine), © **(Pll 8)**, (Alt. 80 m.), 271 Eur., 445 Ind.
— Pas de 🚂. = **Exc.** : Dans les forêts de chênes-lièges voisines.
Bougie 164 - Collo 64 - Constantine 87 - Djidjelli 68 - Philippe-
ville 96 - Taher 50.

🍴 Norbert-Hôtel, ⚓.

🚐 Dominique Papalia. 🛢 ☎ 11.

El Oued (Algérie, Territ. du Sud), **(Pll 8)**, (Alt. 120 m.), 38 Eur.,
8.424 Ind. — Pas de 🚂 ni de ☎. = **Douanes** : voir p. 252. = **Voir** :
Grande Mosquée (du haut du minaret, vue ★). = **Exc.** : N : Gué-
mar (zaouïa ; spécialité : tapis) 16. = **Spécialité** : dattes : deglet-en-nour.
N : Terrain d'aviation à Tiksebt 3.

Biskra 216 - Touggourt 120 - Tozeur 144.

🏨 Transatlantique, (25 ch) ⚙ ⚓⚓ 3 ⚐ Gar ⚐ Hotransat.

Enfidaville (Tunisie), **(Pll 9)**, (Alt. 40 m.), 150 Eur., 300 Ind. =
Voir : Egl. (mosaïques tombales). = **Exc.** : O : Village indigène de
Takrouna 6.
Bir-bou-Rebka 35 - Grombalia 57 - Kairouan 60 - Ste-Marie-du-Zit
32 - Sousse 44 - Tunis 96 - Zaghouan 43.

🏨 Grand Hôtel, pl. du Marché, (wc) Gar int 🔟 ⚐ Depuntis.

Er-Rahel (Oran), **(Pll 3)**, (Alt. 137 m.), 1.636 Eur., 406 Ind. = **Exc.**
voir exc. n° 11.

Aïn-Témouchent 21 - Lourmel 9 - Oran 51 - Rio Salado 8 - Tlemcen 87.

🚐 Célestin Plumet. Fiat. ☎ 0.01.

Fédhala (Maroc), **(Pll 2)**, 1.500 Eur., 2.000 Ind. = **Voir** : Plage ;
Kasbah. = **Exc.** : voir exc. n° 2. = Golf 1,8.

Ber-Réchid 55 - Boulhaut 33 - Casablanca 29 - Rabat 67 - Settat 86.

🏨 Hôtel Miramar, (40 ch) 9 ⚐ Gar 50 m 🗐.
🏨 de la Plage, r. de Fès, ⚐ (wc) Gar ext 200 m 🗐 Ц ☎ 0.11.
★★ Restaurant Casino de la Plage.

STOCK MICHELIN **Aillaud.**

Fedj-M'Zala (Constantine), © **(Pll 8)**, (Alt. 570 m.), 85 Eur.
323 Ind. — 🚂 Châteaudun-du-Rhumel 43 ou Saint-Arnaud 51. = **Exc.** : E :
Ruines romaines de Hammam-Beni-Guecha 4.

Constantine 104 - Djidjelli 111 - Duquesne 102.

🍴 Café-Rest. Lafranque.

Félix-Faure (Alger), **(Pll 16)**, (Alt. 72 m.), 319 Eur., 4.395 Ind. =
Exc. : N : Plage de Courbet-Marine 15 . — Voir exc. n° 16.

Alger 60 - Azazga 82 - Camp du Maréchal 26 - Les Issers 4 - Ménerville 6 - Palestro 25 - Tizi-Ouzou 44.

STOCK MICHELIN **Linarès Michel,** Delage, Donnet, Hudson, Latil. 🔟.

Fériana (Tunisie) **(Pll 9)**, (Alt. 754 m.), 80 Eur., 754 Ind. = **Env.** Sources de Ras el Aïn ; ruines romaines. = Gafsa 61 - Tebessa 80.

⚓ **Férania-Hôtel**, Repas 6. 15. 15 (bnc) Ch 15 à 25 Chfr 38 (bc) Serv 10 % (14 ch) 1 ⊖ (wc) Gar att 5 fr ⑩ ☏ 7.

Ferryville (Tunisie), **(Pll 18)**, 4.703 Eur., 359 Ind. = **Voir :** Arsenal de Sidi-Abdallah. = **Exc. :** voir exc. n° 21.

Bizerte 24 - Mateur 19 - Tunis 85.

🏨 de l'Amirauté (meublé), av. de France, ⓣ ⊖ (wc) Gar int ③ cour ⑤ ☏ Soulhac ☏ 0.23.

STOCK MICHELIN **Camille Rondeau**, 47 r. Lochroy. Citroën. ⑮ ☏ 10.
STOCK MICHELIN **Cairel Gustave**, av. de France. Peugeot. ⑳. ☏ 7.

FÈS (Maroc), (Alt. 350 m.), **(Pll 2)** 4.500 Eur., 115.000 Ind. = **Circulation :** Interdite dans Fès Bâli ; autorisée seulement dans les rues principales de Fès Jedid et du Mellah. — Sens unique dans certaines rues signalisées. = **Voir :** A Fès Bâli ou Médina : Mosquées (visibles de l'extérieur seulement, entrée rigoureusement interdite) : Jemaa en Nouar (L 12-2), Moulay Idriss (F 13-2), Karouiyine (I 13-2), Sidi Ahmed Tijani (A 13-2), Sidi Ahmed Chaoui (O 13-2), des Andalous (R 14-2) ; Médersas (pour visiter demander l'autorisation aux Services municipaux) : Bou Ananiya ⋆ (interdite aux femmes) (N 12-2), Attarine (B 13-2), Mesbahia (D 13-2), Seffarin (K 13-2), Sahrij (Q 14-2) ; Dar el Beïda (Résidence) (pour visiter les jardins, demander l'autorisation aux Services municipaux) (V 12-2) ; Dar Batha ⋆ (jardins et musée des arts indigènes (S 12-2) ; Place et Fontaine Nedjarine (E 13-2); les rues, les souks, les fondouks ; La Kissaria ; Le Quartier des Potiers. — A Fès Jedid et au Mellah : les grandes rues ; La Makina (W 11-12-2) : Dar el Makhzène (Y 11-12-3); Palais du Sultan (entrée interdite) (Z 11-3) ; Bab Dekakène (vieux Mechouar) (X 12-3); Jardin de Bou Jloud; Collège musulman. = **Env. :** Le tour de Fès ⋆ par la R. 3 A (route de Bab Segma à Bab Ftouh) (s'arrêter au fort Chardonnet pour visiter les tombeaux mérinides, et au bordj sud, pour visiter le cimetière de Bab Ftouh (extra-muros) (vues ⋆ sur la ville). — S : Pont de l'Od bou Kherareb ; Dar Debibagh (Jardin du Sultan). = **Exc. :** NE : Route de Tissa (pont sur l'Od Sebou). — SE : Sidi Harazem 12 (petit village berbère, Marabout de Sidi Harazem, source d'eau chaude) (deux heures à cheval ou à dos de mulet ; carrossable par temps sec). — SO : Ras el Ma 14 (petit village, sources de l'Od Fès, beau point de vue ⋆ (R. 3 jusqu'au km. 4, puis prendre la piste à gauche, automobilisable par beau temps) ; Sources sulfureuses de Moulay Yacoub 22 (R. 3 jusqu'au km. 12, puis prendre la piste à droite automobilisable par beau temps). — NO : à mulet : montagnes du Zalar et du Trat (les jardins d'oliviers) 10. — Voir exc. n° 4.

Spécialité : Gâteaux arabes (kaabrezel). = **Industries :** Tapis, tissus de soie ; cuivres ciselés ; cuirs ; poteries; broderies.
SE : Hippodrome de Moulay Kamel 0,5.
SO : Terrain d'aviation, derrière le camp de Dahar Mahrès.

Office Economique, r. Ed.-Douh (tourisme, commerce, industrie et colonisation). Directeur : J. Wattier.
Syndicat d'Initiative et de Tourisme, permanence à l'Office économique, r. Ed.-Douh et à la Compagnie Algérienne, pl. du Commerce.
Services municipaux, r. Ed.-Douh.
Corporation des guides arabes (placée sous le contrôle de la Municipalité). S'adresser à l'Office économique ; des guides se trouvent en permanence dans les principaux hôtels de la ville, à la Porte de Bou Jloud, au Syndicat d'Initiative, à l'arrivée des trains et des cars).

🏨 Palais Jamaï (Transatlantique) près Bab Guissa (à Fès Bâli) (a 13-1), (55 ch) ⓒⓞ ⓣ ⚲⚲ 19 ⊖ (wc) Gar ⑳ ☏ 0.41.
🏨 Transatlantique, r. Ed.-Doub (à Fès Bâli) (b 12-13-2), (nov.-avril) (50 ch) ⓒⓞ ⓣ ⚲⚲ 13 ⊖ (wc) Gar ☏ Hotransat ☏ 0.63.
🏨 Bellevue (Transatlantique), près Bab-el-Hadid (à Fès Bâli) (d 13-3), (11 ch) ⓣ 11 ⚲⚲ 1 ⊖ (wc) ☏ 0.18.
🏨 Regina, ville nouvelle, près la gare, (26 ch) ⓣ 26 ⚲ 5 ⊖ Gar int ⑮ ∪ ☏ Regina-Hôtel ☏ 30.4.
🏨 **Terminus** (meublé), 8 av. Général-Maurial, ville nouvelle (h 11-5), Ch 15 à 30 Serv 10 % (43 ch) ⓣ 42 ⚲ 1 ⊖ (wc) Gar int grat ⑧ ☏ 30.10.
🏨 Antinéa (meublé), ville nouvelle (12 ch) ⓣ ⚲ ⊖.

⋆ Rest.-Maroc Hôtel, pl. du Commerce (e 11-3).
⋆ Rest. Grand-Trianon, av. Général-Poeymirau (g 11-5).

FÉS
Sur MICHELIN
on ne dérape pas !

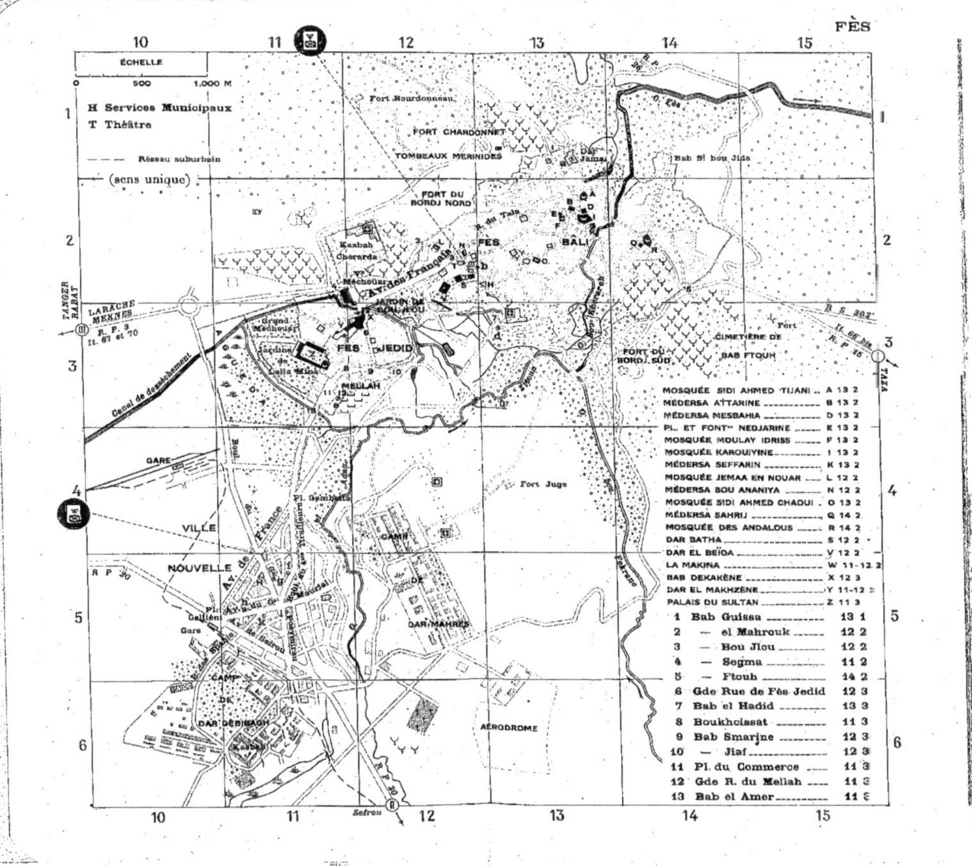

FÈS

ÉCHELLE
0 500 1.000 M

H Services Municipaux
T Théâtre
Réseau suburbain
(sens unique)

Fort Bourdonneau
FORT CHARDONNET
TOMBEAUX MERINIDES
FORT DU BORDJ NORD
Kasbah Cherarda
Méchoûar Français
FES BALI
Dar Jamaï
Bab Si bou Jida
JARDIN DE BOU JLOU
Grand Méchoûar
Jardins
Lalla Mina
FÈS DJEDID
MELLAH
FORT DU BORDJ SUD
CIMETIÈRE DE BAB FTOUH
Fort
TAZA
Canal de dessèchement
TANGER RABAT
LARACHE MEKNES
R. P. 3 It. 87 et 70
GARE
Fort Juge
VILLE NOUVELLE
R P 20
Pl. Gambetta
Pl. Gallièni
Gare
DAR MAHRES
CAMP DE
DAR DEBIBAGH
Kasbah
AÉRODROME
Sefrou

MOSQUÉE SIDI AHMED TIJANI .. A 13 2
MÉDERSA ATTARINE ____ B 13 2
MÉDERSA MESBAHIA ____ D 13 2
PL. ET FONT" NEDJARINE ____ E 13 2
MOSQUÉE MOULAY IDRISS ____ F 13 2
MOSQUÉE KAROUIYINE____ I 13 2
MÉDERSA SEFFARIN ____ K 13 2
MOSQUÉE JEMAA EN NOUAR ____ L 12 2
MÉDERSA BOU ANANIYA ____ N 12 2
MOSQUÉE SIDI AHMED CHADUI . O 13 2
MÉDERSA SAHRIJ ____ Q 14 2
MOSQUÉE DES ANDALOUS ____ R 14 2
DAR BATHA____ S 12 2
DAR EL BEÏDA ____ V 12 2
LA MAKINA ____ W 11-12 2
BAB DEKAKÈNE ____ X 12 3
DAR EL MAKHZÈNE____ Y 11-12 3
PALAIS DU SULTAN ____ Z 11 3

1 Bab Guissa ____ 13 1
2 — el Mahrouk ____ 12 2
3 — Bou Jlou ____ 12 2
4 — Segma ____ 11 2
5 — Ftouh ____ 14 2
6 Gde Rue de Fès Jedid 12 3
7 Bab el Hadid ____ 13 3
8 Boukhcissat ____ 11 3
9 Bab Smarine ____ 12 3
10 — Jiaf____ 12 3
11 Pl. du Commerce ____ 11 3
12 Gde R. du Mellah ____ 11 3
13 Bab el Amer____ 11 3

Pour visiter
les régions pittoresques de France

Fès *(suite)*.

STOCK MICHELIN **Gar. M. A. I. A.**, *av. Général-Maurial* (k 11-5). Berliet, Chrysler, Ford, Delage, Laffly. [AIR] [30] box [12] ☎ 30.79.
STOCK MICHELIN **Lassarade Fernand**, *r. de la Martinière*. Citroen, [AIR] motos F. N. ☎ 30.85.
STOCK MICHELIN **Sté Africaine Industrielle et Auto**, *pl. de l'Industrie, Fès ville nouvelle* (l 11-5). Chenard, Nash, Stewart. [15] ☎ 31.76.
STOCK MICHELIN **Hugot Louis**, *16-18 bd du 4e-Tirailleurs* (f 11-5).

🚗 S. Berlhe, *pl. du Commerce*. [15].
— Fez auto Molina frères, *av. Général-Maurial*. ☎ 30.47.
— Richard, *Ville Nouvelle*. [15] ☎ 31.58.
— Baudrand, *ville nouvelle*.
— Comptoir Auto-Marocain, *ville nouvelle*.

Azrou 102 [II] - Casablanca 294 [III] - Kénitra 167 [III] - Larache 223 [III] - Meknès 61 [III] - Petitjean 80 [III] - Rabat 202 [III] - Sefrou 32 [II] - Taza 127 [I].

Figuig (Maroc), **(Pll 15)**, (Alt. 900 m.), 40 Eur., 15.000 Ind. — 🚂 Beni-Ounif 7. = **Douanes :** *voir p. 252*. = **Voir** : La Palmeraie ⋆ (vue de la terrasse du Djorf) ; le Ksar de Zenaga; El Hammam (source chaude, vue) ; Promenade des Cascades. = **Exc. :** : SE : La Zousfana 10 par le col de Taghla, *puis à pied*, vallée de l'Od Zousfana. — S : Beni-Ounif (vue ⋆ sur le Sahara ; à droite, rocher portant des inscriptions datant de la période néolithique) 7 ; ascension du Djebel Zenaga (vue ⋆) 6. = **Spécialité :** cuirs « Filali ».

Beni-Ounif de Figuig 7 - Berguent 297.

🚗 Emile Michel, père et fils. [4].

Flatters *(comm.-mixte de Tenès)* (Alger), **(Pll 6)**, (Alt. 456 m.), 128 Eur., 181 Ind. — 🚂 Les Heumis 14. = Orléansville 34 - Ténès 29.

Fleurus (Oran), **(Pll 4)**, (Alt. 104 m.), 787 Eur., 245 Ind.

Arzew 22 - Assis-bou-Nif 6 - Mostaganem 64 - Oran 21 - St-Cloud 7 - Ste-Barbe-du-Tlélat 22.

Fondouck (Le) (Alger), (Alt. 100 m.), **(Pll 16)**, 526 Eur., 82 Ind. 🚂 Maison-Blanche 13. = **Exc. :** S : Barrage sur l'Od Hamiz 6. — *Voir exc. n° 16*. = Alger 32 - L'Alma 13,5 - L'Arba 19,5 - Arbatache 5 - Blida 51,5 - Palestro 42 - Rivet 11.

🏨 du Marché.
🏨 du Fondouck.

Fort de l'Eau (Alger), **(Pll 16)**, (Alt. 5 m.), 1.523 Eur., 201 Ind. = **Voir :** La Plage. = **Exc. :** *voir exc. n° 16*.

Aïn-Taya 13,5 - Alger 18 - Maison-Carrée 6,5.

🏨 du Casino.

🚗 Daver Numa.

Fort-National (Alger), ©, **(Pll 17)**, (Alt. 925 m.), 248 Eur., 63 Ind. — 🚂 Tizi-Ouzou 27. = **Voir :** Citadelle (*autorisation du Commandant*) (Panorama ⋆⋆). = **Exc. :** SE : Crête d'Ichériden 8. — *Voir exc. n° 18*.

Alger 131 - Azazga 51 - Michelet 20 - Tizi-Ouzou 27.

🏨 **des Touristes**, *rte Nationale*, Repas 2,50. 15. 15 (bc) Ch 16 à 32 Chfr 32 (bc) Serv 10 % (10 ch) 🛁 (wc) Gar 400 m 5 à 11 fr [10] ✝ Monfray ☎ 0.01.

Fouka (Alger), **(Pll 15)**, (Alt. 110 m.), 647 Eur., 112 Ind. = **Env. :** Plage de Fouka-Marine. = **Exc. :** *voir exc. n° 14*.

Alger 40 - Castiglione 7,5 - Cherchell 49 - Koléa 4 - Zéralda 9.

🏨 de France, *pl. Bugeaud*. (wc) Rem int [10] ☎ 0.10.
TOCK MICHELIN **Jacques Casadémont**. Delahaye, Peugeot. [5] ☎ 0.17.

Francis-Garnier (Alger), **(Pll 6)**, 295 Eur.

🚗 Binet François.

Frenda (Oran), ©, **(Pli 5),** (Alt. 1.152 m.), 1.069 Eur., 2.138 Ind.
— *Pas de* 🚂 = Mascara 107 – Oran 205 – Saïda 108 – Tiaret 48.

🗞 du Progrès.

STOCK MICHELIN **David Touboul**. Berliet. [8] 📞 0.02.

🔫 Vve Mardochée Téboul et fils. Citroen. [15] 📞 0.01.

GABÈS (Tunisie), (Pli 9), (Alt. 11 m.), 1.300 Eur., 14.000 Ind. =

Taxe séj. : 0 fr. 50 à 2 fr. = **Voir :** Oasis ✶ ; plage ; le Grand et le
Petit Djara. = **Env. :** N : Marabout de Sidi Abdesselein ✶ 2. —
SE : Oasis de Mteurch ✶ (vue) 4. — S : Menzel (tombeau du mara-
bout Sidi Boulbaba) 3. — SO : Village de Chenini ✶ 3. = **Exc. :**
SO : Ras-El Oued (*laisser l'auto au barrage romain de Chenini,
puis remonter l'oued à pied ou à âne (site* ✶*)* 10. = **Spécialités :**
Bananes ; Tapis d'Oudref. — S : *Terrain d'aviation 0,5.*

Syndicat d'Initiative, *boul. Président-Fallières.*

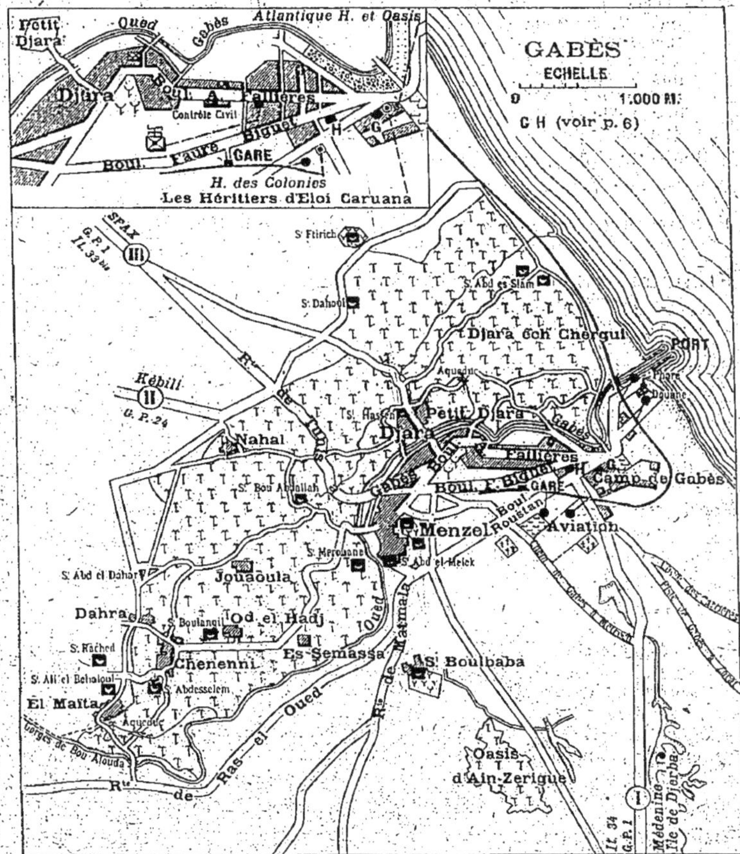

🏨 **Atlantique Hôtel** (*1ᵉʳ nov.-30 juin*), Repas 7. 24. 24 (bnc) Ch 30 à
150 Chfr 50 (bc) Serv 10 % TS 2,50 (34 ch) 📻🛁 34 🚿 8 ⚓
(wc) ☎ Atlantic 📞 34.

🏨 **de l'Oasis,** Repas 6. 24. 24 (bnc) Ch 20 à 80 Chfr 50 (bc) Serv 10 %
TS 1,25 (30 ch) 📻 🛁 30 🚿 3 ⚓ (wc) ☎ Oasis 📞 34.

🏨 **des Colonies,** 🛁 10 🚿 1 ⚓ Gar att [5] 📞 10.

Gabès (*suite*).

STOCK MICHELIN **Les Héritiers d'Eloi Caruana.** Transports Auto du Sud Tunisien. [10] ☎ 8.

STOCK MICHELIN **Sté Tunisienne des Gar. du Sud.** G. Hignard Dr.

🔧 Scozzaro Sauveur, Avenir Gar., *boul. Faure-Biguet.* La Licorne, Panhard. [4] ☎ 3.

— Scialom, Terminus Gar., *boul. Fallières.* Bollée, Unic, Chrysler, Morris. [10] ☎ 60.

— Daniel et Isaac Tayar, Gar. des Colonies, *27 boul. Faure-Biguet.* General Motor, Chevrolet. [12] ☎ 91.

Gafsa 141 [III] — Kebili 116 [II] — Maharès 102 [III] — **Médenine** 76 [I] — Sfax 136 [III] — Zarzis 138 [I].

GAFSA (Tunisie), **(Pli 9)**, (Alt. 345 m.), 248 Eur., 8.475 Ind. — 🚂 3,5. = *Taxe séj. : 1 fr. 25.* = **Voir :** Oasis ★ ; Kasbah (A) ; Grande Mosquée (*entrée interdite*), (panorama du haut du minaret (B) ; Piscines (D). = **Env. :** O : Colline de Sidi-bou-Yahia (panorama) (*30 min*). = **Exc. :** SE : Djebel Orbata, *en auto jusqu'à El Guettar,* 18, *puis 3 h. à pied jusqu'au sommet* (panorama ★) ; *on trouve des guides à El-Guettar.* = S : *Terrain d'Aviation, Gafsa Gare* 4.

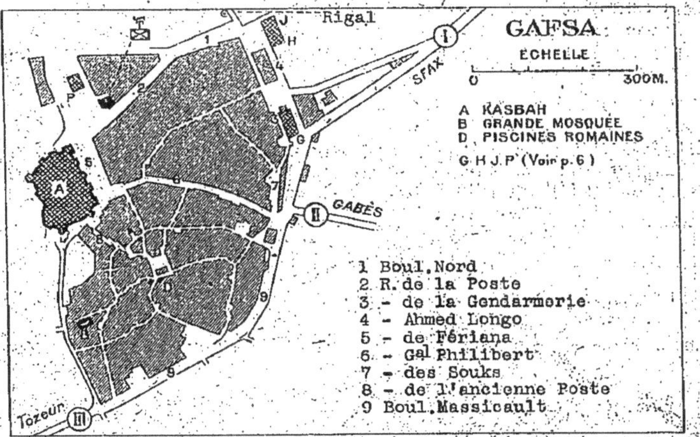

🍴 de France, *pl. de la Kasbah,* (wc) Gar ext [2] ☎ Marquis ☎ 0.18.

STOCK MICHELIN **Rigal Marcel.** [10].

El-Hamma du Djerid 84 [III] — Gabès 141 [II] — Sfax 204 [I] — Sidi-Bouzid 100 — Tozeur 100 [III].

Géryville (Algérie, Territ. du Sud), **(Pli 5)**, (Alt. 1.305 m.), 601 Eur., 2.665 Ind. — *Pas de* 🚂 *ni de* ☎. = **Voir :** Marché (*le jeudi*). = **Spécialités :** Tissus et tapis du Djebel Amour.

SE : *Terrain d'Aviation* 6.

Aïn-el-Hadjar 192 - Le Kreider 118 - Saïda 204.

🍴 de Bordeaux, Cour 800 m [5].

🔧 B. Lerbeil. Citroen. [10] Box [6].

Ghardaïa (Algérie, Territ. du Sud), **(Pli 17)**, (Alt. 526 m.), 87 Eur., 10.607 Ind. — *Pas de* 🚂 *ni de* ☎. = **Voir :** Quartier Mzabite ; Mosquée, minaret ★ ; Oasis ★ (jardins de l'Od Mzab) ; Marché (*le vendredi*). = **Exc. :** SE : Melika 1 ; SE de Melika : Beni Isguen, ville sainte du Mzab, oasis 2. — E de Melika : Bou Noura (oasis, ruines du Ksar) 3. — E de Bou Noura : El Ateuf (oasis, enceinte) 4.

El Goléa 322 - Laghouat 204.

🏨 Transatlantique, (30 ch) [cc] ♨ 7 Gar ☎ Hotransat.

🏨 **du M'Zab,** Repas 6. 20. 20 (bnc) Ch 20 à 40 Chfr 40 (bc) Serv 10 % (14 ch) (wc).

Ghardimaou (Tunisie), **(Pli 8)**, (Alt. 200 m.), 342 Eur., 295 Ind. = **Douanes** : *voir p. 252.* = **Exc.** : NE : Ruines d'El-Guelâa (ancienne Thuburnica) (*en auto par beau temps, à mulet par temps pluvieux*) 9.

Aïn-Draham 78 - Béja 83 - Guelma 146 - Le Kef 84 - Souk-Ahras 69- Souk-el-Arba 34.

Chetboun Ernest. Citroen. [5] ☏ 16.

Goulette (La) (Tunisie), **(Pli 19)**, Stat. baln. = **Circulation** : *sens unique dans certaines voies du 1er juin au 30 sept.* = **Bac à vapeur** *de 5 h. à 22 h. ; autos : 3 fr. ; camions et remorques : 6 fr. ; voyageurs gratuit.* = **Voir** : Port ; Arsenal ; La Karaka (forteresse où fut interné St Vincent de Paul, prisonnier des Turcs). = **Exc.** : *voir exc. n° 22.* = O : *Terrain d'Aviation* 1,5. = Carthage 5 - Tunis 18.

Gréco, r. Sidi Bou Saïd.

Gouraya (Alger), **(Pli 14)**, (Alt. 30 m.), 285 Eur., 4.512 Ind. — Cherchell 28. = **Voir** : Plage. = **Env.** : Ruines romaines.
Alger 124 - Cherchell 28 - Ténès 81.

Grombalia (Tunisie), **(Pli 9)**, (Alt. 60 m.), 756 Eur., 1.000 Ind. = **Exc.** : *voir exc. n° 23.*

Bir-bou-Rebka 22 - Crétéville 18 - Enfidaville 57 - Nabeul 27 - Sousse 101 - Tunis 89.

Rizzo Pierre. [20] ☏ 19.

GUELMA (Constantine), ⟨SU⟩, **(Pli 8)**, (Alt. 279 m.), 3.255 Eur., 3.770 Ind. = **Voir** : Théâtre romain et Musée (A) ; Thermes romains (D) ; Jardins (B). = *Hippodrome* 1.

Grand Hôtel et d'Orient, (10 ch).

Royal Hôtel, (15 ch).

STOCK MICHELIN Modern'Gar., J. Jovine et Lacroix frères, *pl. St-Augustin.* Citroen. [20] Box [10] ☏ 53.

Grether et Ciccia Salvatore, *av. de la Gare.*

— S. M. A. C. Sté de Matériel Auto. et de Culture, *r. des Combattants.* Hotchkiss, Ford, Laffly, Mathis. [50] ☏ 0.02.

Aïn-Beïda 113 (III) — Bône 65 (I) — Constantine 122 (IV) — Duvivier 36 (II) — Duzerville 53 (I) — Hammam-Meskoutine 19 (IV) — Oued Zenati 42 (IV) — Philippeville 88 (IV) — Sédrata 63 (III) — Souk-Ahras 77 (II).

Guercif (Maroc), (PII 4), (Alt. 362 m.), 500 Eur., 400 Ind. = **Exc.** :
S. : Vallée du Melloulou et confluent avec la Moulouya 4. — NE :
Ruines de Mérada 12. — O : *Terrain d'aviation militaire* 1,5.
Oudjda 159 - Taourirt 51 - Taza 66.

🏠 **de la Rive-Gauche**, Repas 4,50.15.15 (bc) Ch 15 à 30 Chfr 45 (bc)
Serv 10 % (12 ch) 🛢 12 🛁 (wc) Cour int *grat* 6 ✆ Bonnaud ✆ 0.04.

🏠 **des Voyageurs**, Repas 3,50. 14.14 (bc) Ch 14 à 25 Chfr 36 (bc)
Serv 10 % (20 ch) 🛢 🍽 Rem int *grat* ✆ Gonnet ✆ 0.1.

Guyotville (Alger), (PII 15), (Alt. 25 m.), 4.010 Eur., 2.065 Ind. =
Exc. : SE : Dolmens de Beni-Messous 3. — *Voir exc. n° 14.*
Alger 15 - Cherchell 81 - Staouéli 7 - Zéralda 16.

🚲 de la Gare, 🛢.

STOCK MICHELIN **Alfred Rabouel, Gar. Moderne**, *6 boul. Parmentier.*
RENAULT. 6 ✆ 0.96.
STOCK MICHELIN **G. Boyer**, *31 r. Malakoff.*
STOCK MICHELIN **Ch. Edouard de Laplante.**
🚗 Auto Gar. Ménard Louis, *rte de Malakoff.* ANSALDO. 8 ✆ 0.86.

Haïdra (Tunisie), (PII 8-9), (Alt. 838 m.). — 🚂 Kalaa Djerba 18 ou Le
Kouif (Algérie) 12 (*ouverture probable d'une gare à Haïdra pour 1929*).
= **Douanes** : *voir p. 252.* = **Voir** : Ruines romaines ; Citadelle byzan-
tine. = Le Kef 80 - Tebessa 44.

Hamma (Le) (Constantine), (PII 8), (Alt. 475 m.), 95 Eur., 310 Ind.
= **Exc.** : NO : Gorges du Keneg 14.
Condé-Smendou 20 - Constantine 9 - Philippeville 77.

Hammam-Bou-Hadjar (Oran), (PII 3), (Alt. 153 m.), 2.924 Eur.,
4.350 Ind. — 🚂 Er. Rahel 13. = **Voir** : Etablissement thermal et parc.
= **Exc.** : *voir exc. n° 11.*
Aïn-Témouchent 22 - Er-Rahel 13 - Laferrière 15 - Oran 64 - Sidi-
bel-Abbès 46 - Valmy 56.

🏠 de l'Etablissement thermal, 25 🛁.

STOCK MICHELIN **Malbec Honoré**, Gd. Gar. Moderne, *av. des Bains.*
PEUGEOT, DELAHAYE. 20.
STOCK MICHELIN **Pierre Andréoletti fils.** CITROEN. 10 ✆ 0.36.
🚗 Louis Bridon. RENAULT.

Hammamet (Tunisie), (PIIs 19-20), (Alt. 25 à 30 m.), 195 Eur., 5.800 Ind.
= **Voir** : Kasbah (vue) ; enceinte en ruines.
Bir-bou-Rebka 9 - Enfidaville 38 - Grombalia 28 - Nabeul 14 -
Sousse 82 - Tunis 67.

🏠 de France, 1 🍽 ✆ 7.

Hammam-Meskoutine (*comm. de Clauzel*) (Constantine), (PII 8),
(Alt. 500 m.), Stat. therm., 171 Eur., 3.722 Ind. = **Voir** : Cascade ★ ;
Etablissement thermal et jardin. = **Exc.** : S : Lac souterrain (*1 h. 30
à pied ; 2 fr. par personne*) ; Ruines d'Announa (voir Aïn-Amara)
10,5. — O : Gorges de Taya 8.
Aïn-Amara 10,5 - Constantine 111 - Guelma 19 - Oued-Zenati 31.

🏨 **Thermal**, *pl. des Thermes* (*15 nov.-15 mai*), Repas 7,25. 28 (bnc) Ch
20 à 60 Chfr 35 (bc) Serv 10 % (35 ch) 🛢 (wc) Gar 50 m 5 :fr
10 ✆ Thermal ✆ 1.

Hammam-Righa (*comm. des Braz*) (Alger), (PII 14), (Alt. 470 m.),
Stat. therm., 200 Eur., 233 Ind. — 🚂 Bou Medfa 11. = **Exc.** : O :
Forêt de Chaïba (circuits de 4 et de 8 km.). — *Voir exc. n° 15.*
Alger 103 - Blida 54 - Bourkika 21 - Cherchell 50 - Meurad 18,5 -
Miliana 31.

🏨 **Grand Hôtel**, Repas 5,25/40. 25/40 (bnc) Ch 30 à 100 Chfr 40 (bnc)
Serv 10 % (75 ch) Asc 🛗 🛢 30 🛁 7 🍽 (wc) Gar 50 m *grat* 10 ✆ 0.01.
🏨 Bellevue (*1er mai-1er déc.*), 🍽 Rem 50 m 10 ✆ 0.02.

Hennaya ou **Eugène-Étienne** (Oran).

🚗 Boumédienne Ould Mohamed ben Ahmed, r. *Moulin-Devèze*. ⑧ ☎ 0.08.

Herbillon (Constantine), **(Pll 8)**, (Alt. 1 à 150 m.), 684 Eur.,
222 Ind. — 🚢 Aïn-Mokra 35. = **Voir** : Plage ; Grottes de Jugurtha (*en barque*). = Aïn-Mokra 35 - Bône 67 - Guelma 107 - Philippeville 104.

🍴 Belle-Vue. Rem 500 m ⑧.

🚗 STOCK MICHELIN **Vincent Vial**, Messageries Auto-Herbillon-Bône ⑥.

Hillil (L') (Oran), **(Pll 5)**, (Alt. 187 m.), 437 Eur., 626 Ind. =
Exc. : *voir exc. n° 13*.
Bouguirat 11 - Mascara 77 - Mostaganem 38 - Relizane 20 - Tiaret 115.

Houmt-Souk (Ile de Djerba) (Tunisie), **(Pll 10)**, (Alt. 54 m.), 558 Eur.,
— *Pas de* 🚢. = *Taxe séj.* : *0 fr. 50 à 1 fr.* = **Voir** : Les Souks ;
Bordj (fort espagnol) ; Mosquées (*entrée interdite*). = **Exc.** : S : Hahara Srira (synagogue) ★ 7. — *Voir exc. n° 26*.

O : *Terrain d'aviation* 5. = Syndicat d'Initiative.

Médenine 70 - Midoun 22 - Zarzis 46.

🏨 **Grand Hôtel**, Repas 7. 25. 27 (bnc) Ch 25 à 50 Serv 10% TS 1,25
(30 ch) 🆑 💧 30 🛁 4 🚾 (wc) Gar att 10 fr ⑮.

🚗 René Didi, *pl. Cambon*. CITROEN. ⑥ ☎ 1.
— Khamous Madar. ⑫ ☎ 43.

Hussein-Dey (Alger), **(Pll 15)**, (Alt. 7 m.), 8.309 Eur., 1.967 Ind.
= **Exc.** : (Voir : Alger). = E : *Hippodrome* 1,8. — NE : *Terrain d'aviation* 0,5. = Alger 6.

STOCK MICHELIN **Succursale des Auto Berliet**; *r. de Constantine*. BERLIET. ☎ 0.69.
STOCK MICHELIN **Louis et Henri Rivière**, *57 r. de Constantine*. CITROEN. ㉚ ☎ 49.

🚗 Molinet Paul, *r. Colonel-Marchand*. ⑮.
— Naimo, *70 r. de Constantine*.

Inkermann (Oran), ©, **(Pll 5)**, (Alt. 80 m.), 919 Eur., 889 Ind. =
Exc. : *voir exc. n° 13*. = Ammi-Moussa 25 - Charon 23 - Mascara
108 - Orléansville 45 - Relizane 43 - Renault 29 - St-Aimé 9.

🍴 des Voyageurs, *av. de la Gare*, Ch 10 à 18 Chfr 30 (bc) Serv 10 %
(18 ch) 💧 (wc) Abri int *grat* ⑤ ☎ Crespin ☎ 0.28.
STOCK MICHELIN **Nathan Hassan**. ⑥ ☎ 0.17 et 0.37.
🚗 Michel Martinez. DELAHAYE, PEUGEOT. ⑩.

Issers (Les) (*comm. d'Isserville*), (Alger), **(Pll 16)**, (Alt. 28 m.),
265 Eur., 40 Ind. = **Voir** : Marché (*le jeudi*).
Alger 64 - Azazga 78 - Félix-Faure 5 - Ménerville 10 - Tizi-Ouzou 40.

🏨 des Issers, Repas 3,50. 12. 12 (bnc) Chfr 27 (bc) Serv 10 % (15 ch)
💧 (wc) Rem int *grat* ⑩ ☎ 0.13.
🏨 du Marché.

STOCK MICHELIN **Julien Pruvot**. RENAULT. ④ ☎ 0.22.
🚗 Delpech frères, Gar. Central. CITROEN. ⑮ ☎ 0.19.

Isserville (Alger), **(Pll 16)**, (Alt. 66 m.), 665 Eur., 12.881 Ind.
Les Issers 2.

Jemmapes (Constantine), ©, **(Pll 8)**, (Alt. 90 à 180 m.), 1.079 Eur.,
2.772 Ind.
Aïn-Mokra 37 - Bône 68 - Guelma 57 - Philippeville 32.
🍴 Terminus, *pl. de la Gare*, 💧 (wc) Rem ② ☎ Four ☎ 0.11.
STOCK MICHELIN **Modern' Gar.**, Raybaud et Cie. CITROEN. ⑮.

KAIROUAN (Tunisie), (Pli 9), (Alt. 60 m.), 629 Eur., 48.797 Ind.

= *Taxe séj. : 2 fr.* = **Stationnement :** *autorisé seulement à l'endroit indiqué par les plaques le long du square Pichon, en face la Municipalité.*
= **Voir :** Grande Mosquée ★ (B) ; Mosquée des Trois-Portes (F) ; Mosquée du Barbier (A) ; Mosquée des Sabres (D) (*pour visiter les mosquées, se munir d'un permis au contrôle civil : 5 fr. par personne*) ; Souks. = **Env. :** SO : Cimetières (*surtout le vendredi*). = **Spécialité :** Tapis (*aucun droit ne grève à leur entrée en France les tapis tunisiens plombés par le Service spécial d'estampillage de Kairouan, accompagnés d'un certificat d'origine délivré gratuitement par le contrôleur civil*). — NO : *Terrain d'aviation militaire 3.*

Syndicat d'initiative, pl. Massicault. ☎ 92.

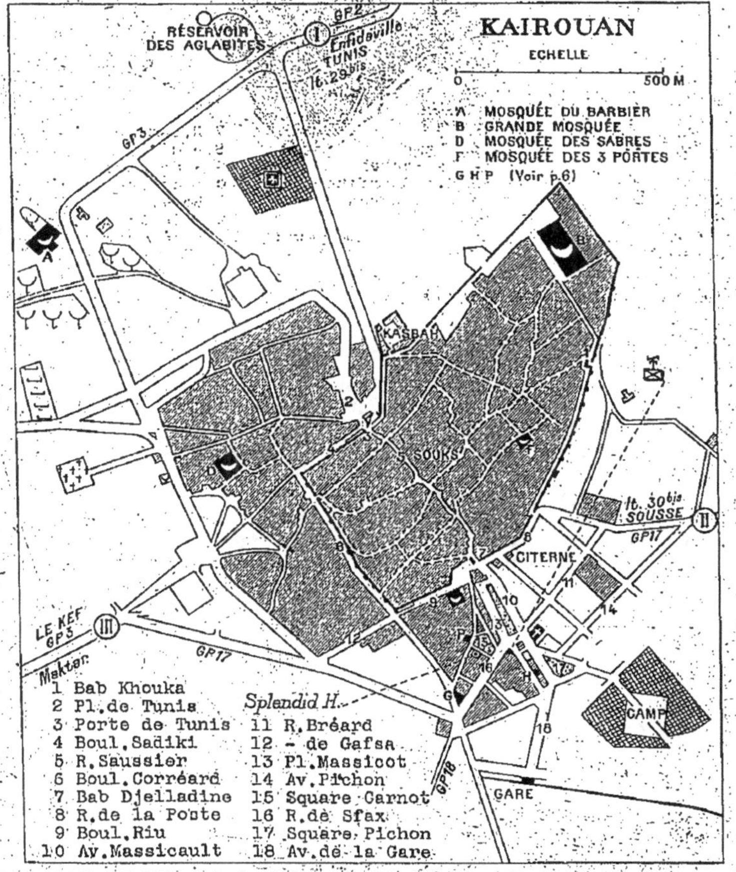

Splendid Hotel, *8 pl. Carnot (1er oct.-15 mai),* Repas 6.20.22 (bnc) Ch 20 à 50 Chfr 50 (bc) Serv 10 % TS 2 fr (25 ch) ☎ 15 ⚿ 3 (wc) Gar att grat 15 Lt ☎ 2.

Henri Pillot, *9 r. de la Poste.* 10.
— Jean de Hai Boukobza. 7 ☎ 64.

El Djem 98 ② — Enfidaville 60 ① — Le Kef ③ — Maktar 101 ③ — Sfax 163 ② — Sousse 58 ② — Tunis 157 ① — Zaghouan 103 ①.

Kasbah-Tadla (Maroc), (Pli 12), (Alt. 500 m.), 400 Eur., 3.000 Ind.

— ⊞ Ouem Zem 46. = **Voir :** Kasbah des Aïn-Roboa ★ ; Pont portugais sur l'Od Oum er Rbia (vue). — N : *Terrain d'aviation militaire 1.* = Ben-Ahmed 118 - Beni-Mellal 31 - Ber-Réchid 157 - Boujad 26 - Casablanca 198 - El Boroudj 92 - El Kelaa 133 - Marrakech 216 - Oued Zem 46.

Excelsior.
A. Grafteaux.

KEF (LE) (Tunisie), **(PII 8)**, (Alt. 780 m.), 1.163 Eur., 6.199 Ind.— 2,5. = **Voir** : Basilique de Dar-el-Kous (A) ; Enceinte (ruines) ; vastes citernes dans la partie nord ; Fontaines monumentales.

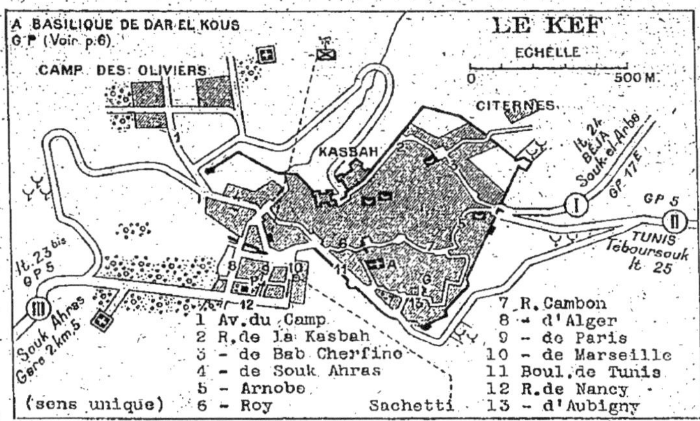

STOCK MICHELIN Gar. Sacchetti (A. et F. Sachetti), *pl. de l'École des Filles*. CITROEN. 50 78.

STOCK MICHELIN Comptoirs Chevaiso, BERLIET, FORD. 2 59.

Pino Joseph, Sportif Gar., r. des Remparts. 12. 25.

Béja 99 (I) — Dougga 64 (II) — Ebba-Ksour 38 — Haïdra 80 — Maktar 60 (II) — Medjez-el-Bab 109 (II) — Souk-Ahras 93 (III) — Souk-el-Arba 50 (I) — Tabarka 120 (I) — Téboursouk 69 (II) — Testour 92 (II) — Tunis 169 (II).

KENITRA (Maroc), **(PII 2)**, (Alt. 20 m.), 4.000 Eur., 6.500 Ind. = **Voir** : Port ; Hippodrome, dans une clairière de la forêt qui borde la ville. = **Exc.** : S : Forêt de la Mamora (*voir exc. n° 3*). — O : Mehdia, à l'embouchure du Sebou (belle plage, Kasbah) 8.

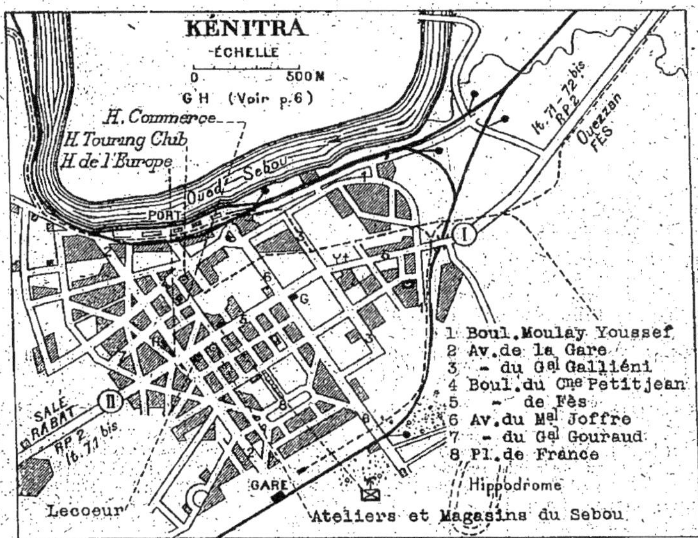

Kénitra (suite).

⌂ de l'Europe, *av. de la Gare et rte de Fès*, Ch 14 à 30 Chfr 30
  (bc) Serv 10 % (40 ch) 🛁 * 2 🍽 (wc) Gareur en face ✗ Europe
  🛣 2.10.

⌂ Touring-Club (meublé), *boul. du Capitaine-Petitjean*, (20 ch 🛁
  20 * 2 🍽 (wc) 🛣 0.92.

⌂ Tourisme Hôtel (19 ch) 🛁 19 * (wc) 🛣 1.18.

⌂ du Commerce (meublé) (18 ch) 🛁 18 * 1 🍽 (wc) 🛣 1.94.
  ★ Restaurant Vefour.

STOCK MICHELIN **Ateliers et Magasins du Sebou**, *av. de Fès et r.
  Albert-1er*. BERLIET, CHRYSLER, DELAGE, FORD. 🔟 🛣 1.11.
STOCK MICHELIN **Robert Lecœur**, Gar. transatlantique, *rte de Fès.*
  BUICK, CHEVROLET, OLDSMOBILE. ⑩ 🛣 0.03.
🚔 Yrles frères, Vichy Gar. CITROEN. ⑮ 🛣 0.80.

🚔 Ets P.-L. Gautier, *av. de Fès.* RENAULT. ⑮ 🛣 2.74.

Casablanca 132 (II) — Fédhala 107 (II) — Fès 167 (I) — Larache 156 (I)
— Meknès 133 (I) — Ouezzan 133 (I) — Petitjean 87 (I) — Rabat 40 (II)
— Salé 34 (II) — Souk-el Arba-du-Gharb 77 (I).

Kerrata (*comm. de Tahitount*) (Constantine), **(PII 7)**, (Alt. 480 m.),
  211 Eur., 499 Ind. — Pas de 🚜. = **Exc. :** N : Défilé du Chabet el
  Akra ★ 10. — *Voir exc. n° 19.*

  Bordj-bou-Arréridj 118 - Bougie 59 - Constantine 179 - Djidjelli 85 -
  Sétif 53 - Souk-el-Tenine 25 - Takitount 18.

⌂ du Chabet (*1er oct.-fin mai*) Repas 6.25.25 (bnc) Ch 15 à 35 Chfr
  36 (bc) Serv 10 % (15 ch) 🛁 2 🍽 (wc) Abri 50 m 3,50 ⑥ ✗
  Chabet 🛣 0.01.

Khamissa (**ruines de**) (*comm.-mixte de Sedrata*) (Constantine)
  (PII 8), (Alt. 940 m.), — 🚜 ✉ ✗ 🛣 Souk-Ahras 41. = Importantes
  ruines romaines ★. = Sedrata 14.

Khemisset (Maroc), **(PII 3)**, (Alt. 458 m.), 168 Eur., 600 Ind.
  Boulhaut 122 - Dar-bel-Amri 50 - Meknès 58 - Rabat 83.

🚔 Rumfola, *av. de Meknès.*

Khenchela (Constantine) Ⓒ **(PII 8)**, (Alt. 1.140 m.), 975 Eur.,
  4.329 Ind. = **Exc. :** SO : Thermes romains d'Aïn el Hammam
  6 ; Aïn Mimoun : forêt de cèdres 32.

  Aïn-Beïda 48 - Batna 104 - Constantine 153 - Guelma 163 - Lambèse
  93 - Sedrata 98 - Timgad 73.

⌂ Rey, *r. de Paris*, (22 ch) 1 🍽.

🚔 Henry Peyronel. RENAULT. ⑤ 🛣 0.37.

Khenifra (Maroc), **(PII 13)**, (Alt. 831 m.), 75 Eur., 1.500 Ind. —
  Pas de 🚜. = **Voir :** Ruines de la Kasbah de Moha ou Hammou.
  Azrou 81 - Boujad 92 - Fès 183 - Meknès 152 - Sefrou 151.

Khroub (Le) (Constantine), Ⓒ **(PII 8)**, (Alt. 625 m.), 379 Eur.,
  1.553 Ind. = **Exc. :** NE Mausolée gréco-punique «Tombeau de Cons-
  tantin » (*à pied*) 4. = Constantine 16.

⌂ Victoria, *en face de la gare*, Ch 15 à 25 Chfr 35 (bc) (25 ch) 🛁 25 **
  (wc) Rem att 12 fr ③.

Koléa (Alger), Ⓒ **(PII 15)**, (Alt. 130 m.), 1.554 Eur., 4.003 Ind. =
  Voir : Jardin des Zouaves ; Mosquée. = **Exc. :** *voir exc. n° 15.*
  Alger 38 - Blida 20 - Castiglione 7 - Cherchell 56 - Fouka 4 - Oued-el-
  Alleug 10 - Zéralda 12.

🍴 **Brasserie Française**, *r. Lamoricière et Berger*, Repas 1.25-11.11
  (bc) Ch 10 à 15 Serv 10 % (6 ch) 🛁 (wc) Rem int Box ② 🛣 0.44.

STOCK MICHELIN **René Roux**, Gar. Citroën, *r. Berger*. CITROEN, BALLOT. 🔟
  🛣 0.61.
🚔 Soreau Marcel, *r. d'Alger.* ④ 🛣 0.29.

Korbous (Tunisie), **(Pll 19)**, (stat. baln.) — 🚂 Soliman 18. = **Voir** : S.E. : Djebel Korbous (413 m.) (panorama ★). = **Env.** : Source « Aïn-el-Atrous » (eau chaude à 60° tombant en cascade dans la mer). = **Exc.** : NE : Village de Douela 4. — *Voir excursion n° 23.*

Syndicat d'Initiative, *3 bis passage de Naples, à Tunis.*

Soliman 18 - Tunis 50.

🏨 des Thermes (*1er nov.-31 mai*), (40 ch) ☎ 1 🛁 (wc) Rem att [10] ⛽ Thermes ☎ 1.

Kouba (Alger), **(Pll 15)**, (Alt. 130 m.), 2.796 Eur., 2.672 Ind. — 🚂 Hussein-Dey 2. = **Exc.** : (Voir : Alger). = Alger 7.

Kourigha (Maroc), **(Pll 12)**, (Alt. 900 m.), 2.500 Eur., 6.000 Ind. = (Ville construite au sommet d'un énorme banc de phosphates.)

Ben-Ahmed 44 - Oued Zem 34.

🍴 de France, (4 ch) ☎.

STOCK MICHELIN **A. Noguès.** Citroën, Ford. [4] ☎ 0.12.

Kreider (Le) (*comm. de Saïda*) (Oran), **(Pll 5)**, (Alt. 988 m.) 81 Eur., 220 Ind. = **Voir** : Oasis.

Aïn-el-Hadjar 74 - Géryville 118 - Mascara 159 - Saïda 86.

🍴 de Paris.

Ksar-Sbahi (*comm.-mixte d'Oum-el-Bouaghi*) (Constantine), **(Pll 8)**. (Alt. 1.100 m.), 80 Eur., 234 Ind. — 🚂 Canrobert 32.

Aïn-Beïda 44 - Canrobert 32.

🔧 Bernis Adrien.

Lafayette (*comm.-mixte du Guergour*) (Constantine), **(Pll 7)**, (Alt. 860 m.), 327 Eur., 530 Ind. — 🚂 Sétif 51. = **Stationnement : 2 fr. 50** *le jeudi (marché)*. = **Exc.** : O : Gorges du Hammam-Guergour 7. = Aïn-Roua 13 - Sétif 51.

★ Rest. Leantier.

🔧 Gilbert Durand. Renault. [2].

Laferrière (Oran) **(Pll 5)**, (Alt. 156 m.), 895 Eur., 2.662 Ind.

Aïn-Témouchent 7 - Oran 65 - Rio Salado 6 - Tlemcen 73.

STOCK MICHELIN **Moreau Félicien.** [5] ☎ 0.12.

Laghouat (Algérie, Territ. du Sud), © **(Pll 6)**, (Alt. 751 m.), 545 Eur. 26.244 Ind. — *Pas de* 🚂. = **Voir** : Quartier indigène du Chtett : Fort Morand (vue ★) ; Terrasse de l'Hôpital (vue) ; Oasis. = **Exc.** : O : Kourdane (résidence du chef de l'ordre des Tidjania) 56 ; Aïn-Madhi (enceinte arabe fortifiée, siège de la Zaouïa des Tidjania) 63. = **Spécialités** : Tapis du Djebel Amour ; Tentures.

NO : *Terrain d'aviation* 1.

Syndicat d'Initiative, *avenue Margueritte.*

[E] Djelfa 112 - Ghardaïa 204.

🏨 Transatlantique, (25 ch) ☎ 🛁 8 🛁 Gar ⛽ Hotransat ☎ 0.25.

🏨 **Saharien,** *av. Cassaigne* (*10 oct.-30 juin*). Repas 4. 20. 20 (bnc) Ch 20 à 50 Chfr 45 (bc) Serv 10 % (30 ch) ☎ 2 🛁 (wc) Gar *grat* [5] Box [3] ⛽ ☎ 0.08.

STOCK MICHELIN **Delaunay,** Transport Auto-Delaunay. Renault. [6] ☎ 0.31

LAMBÈSE (Constantine), © **(Pll 8)**, (Alt. 1.160 m.), 277 Eur., 1.378 Ind. — 🚂 Batna 11. = **Voir** : Importantes ruines romaines ★★ et Musée ★ (*0 fr. 25*) (M). = **Exc.** : *voir exc. n° 20.*

Arris 45 [I] — **Batna 11** [II] — Biskra 128 [II] — Constantine 129 [II] — Khenchela 93 [I] — Timgad 26 [I].

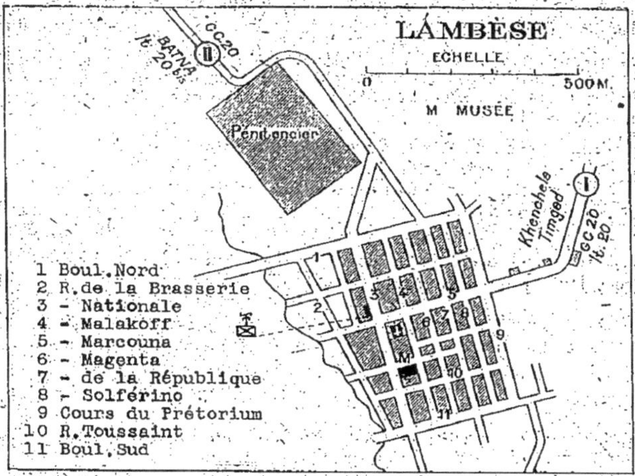

Lamoricière (Oran), © **(PII 5)**, (Alt. 716 m,), 1.118 Eur., 620 Ind
═ **Exc : *voir exc. n° 9*.** ═ Descartes 17 - Mascara 147 - Pont-de-l'Isser 35 - Sebdou 47 - Sidi-bel-Abbès 58 - Tlemcen 33.
⚓ de France.
🚂 R. Leroy, Industriel Gar. ⃞20 ☎ 0.12.

Lamy (*comm. de La Calle*) (Constantine), **(PII 8)**, (Alt. 300 m.), 172 Eur.,
149 Ind. — 🚌 Le Tarf 43 ou Souk-Ahras 43.
Bône 77 - Guelma 120 - Morris 54 - Souk-Ahras 43 - Le Tarf 43.

LARACHE (Maroc, esp.) **(PII 3)**, 10.000 Eur., 15.000 Ind. — ☎ Arbaoua
(zone française) 45. ═ **Voir :** Le Quebibat (anc. fort portugais, aujour-

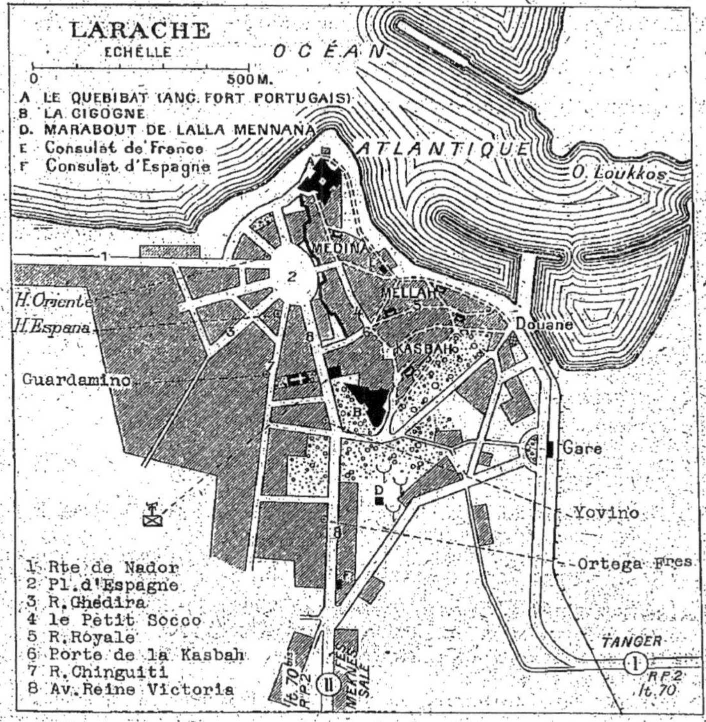

Larache (*suite*).

d'hui hôp. militaire) (A) ; Chât. de la Cigogne xvi° (vue ★ sur la vallée de l'Od Loukkos) (B) ; Marabout de Lalla Mennana (D) ; Le Petit Socco (arcades, marché) (4). = SE : *Terrain d'aviation militaire à Aouamara* 13.

🏨 Espana, *près Carretera de los Cuastros*, (16 ch) 🛁 (wc).

🏨 Oriente, *pl. d'Espagne*.

STOCK MICHELIN **Juan M. Guardamino**, *calle Chingutte*. 🕾30.

STOCK MICHELIN **Yovino**, Gar. Central. 🕾4.

Ortega Hermanos, *42 av. de la Reina Victoria.* RENAULT 🕾20.

Arzila 43 (II) — El Ksar-el-Kebir 36 (II) — Fès 223 (II) — Kénitra 156 (II) — Rabat 196 (II) — Tanger 89 (I).

Laverdure(*comm.-mixte de la Séfia*) (Constantine), (Alt. 770 m.), 90 Eur., 251 Ind. — 🚂 1,8. = Synd. d'Init., à la commune mixte.

Bône 82 - Duvivier 23 - Guelma 59 - Souk-Ahras 18.

♘ Arena.

Lavigerie (Alger), (PII 14), (Alt. 330 m.), 300 Eur., 382 Ind. — 🚂 Affreville 18. = **Exc.** : *voir exc. n° 15.*

Affreville 18 - Alger 157 - Berrouaghia 76 - Médéa 44 - Miliana 26.

Lourmel (Oran), Ⓒ (PII 3), (Alt. 92 m.), 1.580 Eur., 957 Ind. = **Exc.** : *voir exc. n° 11.*

Aïn-Témouchent 30 - Bou-Tlélis 12 - Er-Rahel 9 - Oran 42 - Tlemcen 96.

♘ des Voyageurs.

Mac-Mahon (Constantine) (PII 7), (Alt. 950 m.), 83 Eur., 584 Ind. = **Exc.** : (Voir : El Kantara).

Barika 55 - Batna 35 - Biskra 82 - El Kantara 28.

♘ Tacon, (5 ch).

Madaure (**ruines de**) (Constantine), (PII 8). — *Pas de* 🚂 ✉ ⚐ 🕾 = Importantes ruines romaines ★ et basilique byzantine. *Pas de route automobilisable.* = Souk-Ahras 41.

Magenta (Oran), (PII 5), (Alt. 930 m.), 155 Eur., 150 Ind.

Bossuet 16 - Chanzy 31 - Sidi-bel-Abbès 66 - Le Télagh 31.

♘ Pantard (Daugé), Abri 🔟2.

Maharès (Tunisie), (PII 9), 15 Eur., 4.085 Ind. = **Voir** : Forteresse byzantine ; Citerne romaine. = **Exc.** : SO : Bordj Onga (ruines d'une forteresse xv° ou xvi°) 12. = **Spécialité** : Important centre de pêcheries. = Gabès 102 - Sfax 34.

Mahdia (Tunisie), (PII 10), (Alt. 20 m.), 510 Eur., 7.360 Ind. = **Voir** : Vieille citadelle ; Ruines de l'enceinte ; Grande mosquée (*entrée interdite*) ; Tour de Skifa Kalha (près de l'hôtel de ville) (panorama du haut). = El Djem 42 - Monastir 48 - Sfax 106 - Sousse 61.

♘ Français.

STOCK MICHELIN **Boccara Ernest.** 🕾 28.

Gandoura Hassine, *pl. Sidi M'tir.* CHEVROLET. 🔟25 🕾 56.

— Mohamed ben Sliman. FARHAT. 🔟10 🕾 59.

— Hattab Namji. 🔟2.

— Joulak fres.

Maillot (Alger), (PII 17), (Alt. 450 m.), 256 Eur., 166 Ind. — 🚂 🕾 station de Maillot 4. = Bouïra 43.

♘ **Derasse**, *Gde Rue.* Repas 4.15.15 (bc) Ch 18 à 30 Chfr 45 (bc) Serv 10% (9 ch) 🍴 🛁 9 ♨ 1 ⚱ (wc) Gar int *grat* 🔟4 ext 🔟6 ⛽ 🕾 14.

Maison-Carrée (Alger), Ⓒ (PII 16), (Alt. 20 m.), 6.491 Eur., 5.038 Ind. = **Exc.** : *voir exc. n° 16.* = Alger 11,5.

STOCK MICHELIN **Trentinella Négroni**, Gar. de l'Etoile, *r. Nationale.* RENAULT 🔟60 🕾 1.13.

Gar. du Parc, J. Gomila, *av. de l'Armée d'Afrique.* 🔟5 🕾 1.15.

Pour la route

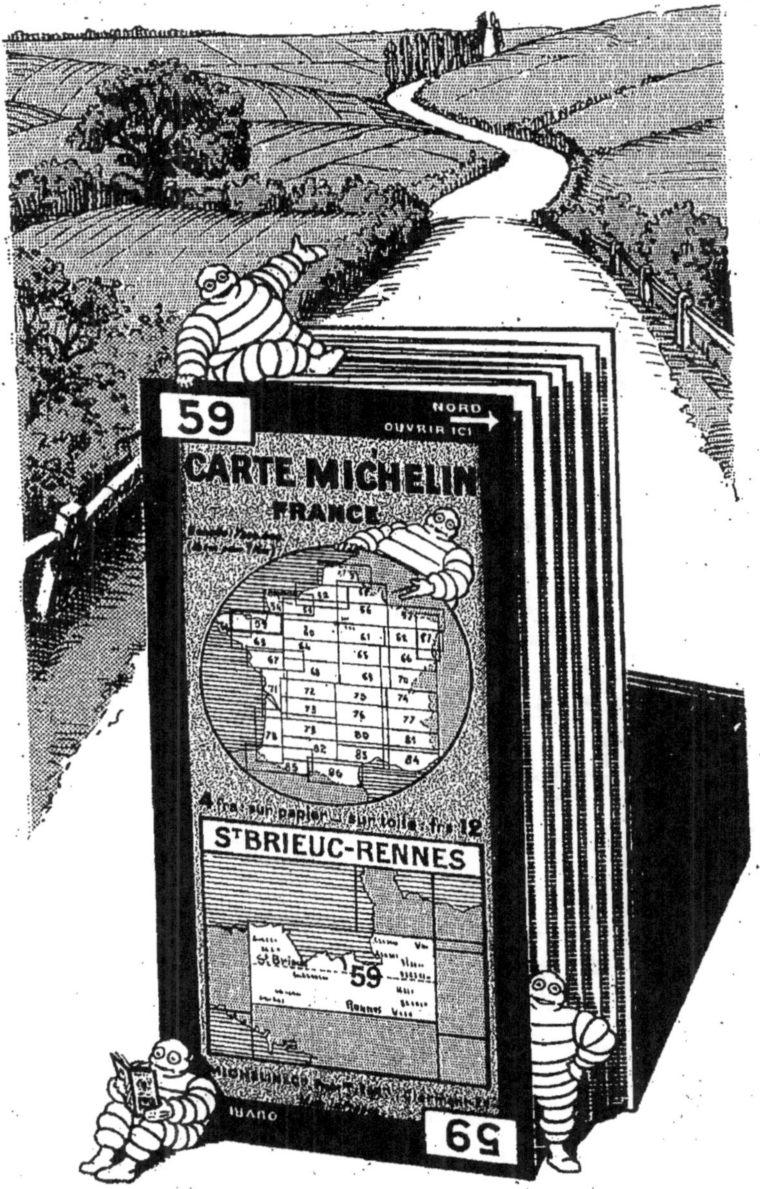

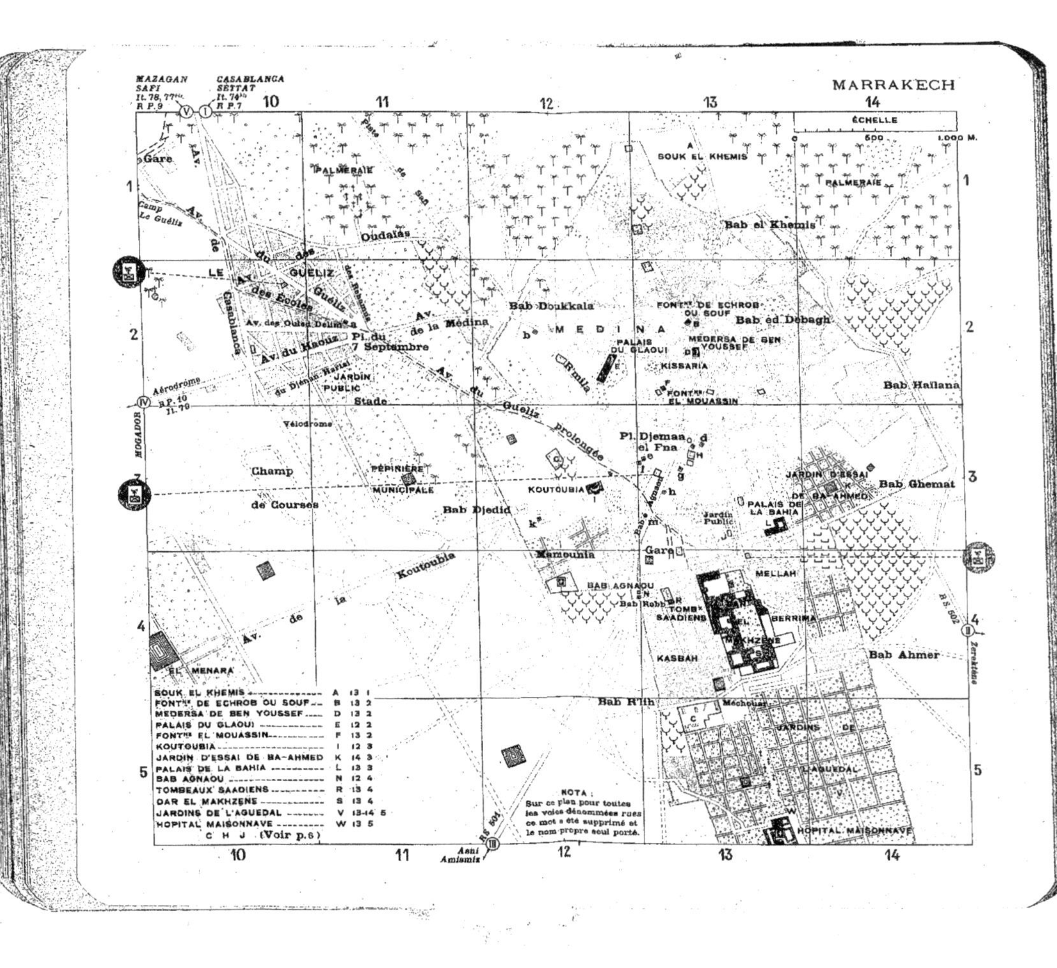

MARRAKECH
MAZAGAN SAFI Il. 78, 77 R P.9
CASABLANCA SETTAT Il. 74 R P.7
ÉCHELLE
0 500 1.000 M.
Gare
Camp Le Guéliz
PALMERAIE
Oudaïas
LE GUÉLIZ
des Écoles
Av. des Ouled Delim
Av. du Haouz
Pl. du 7 Septembre
Av. de la Médina
Bab Doukkala
SOUK EL KHEMIS
PALMERAIE
Bab el Khemis
FONT. DE ECHROB OU SOUF
MEDERSA DE BEN YOUSSEF
Bab ed Debagh
MEDINA
PALAIS DU GLAOUI
KISSARIA
R'mla
FONT. EL MOUASSIN
Bab Hailana
Aérodrome R P.10 Il. 70
JARDIN PUBLIC
Stade
Vélodrome
Champ de Courses
PÉPINIÈRE MUNICIPALE
KOUTOUBIA
Bab Djedid
Av. du Guéliz prolongée
Pl. Djeman el Fna
JARDIN D'ESSAI
Bab Ghemat
PALAIS DE LA BAHIA
Jardin Public
Gare
Koutoubia
Mamounia
MELLAH
BAB AGNAOU
Bab Robb
TOMB. SAADIENS
DAR EL MAKHZENE
BERRIMA
Bab Ahmer
EL MENARA
KASBAH
Bab R'lb
Méchouar
JARDINS DE L'AGUEDAL
HOPITAL MAISONNAVE
Asni Amismiz
SOUK EL KHEMIS .... A 13 1
FONT. DE ECHROB OU SOUF ... B 13 2
MEDERSA DE BEN YOUSSEF .... D 13 2
PALAIS DU GLAOUI .... E 12 2
FONT. EL MOUASSIN .... F 13 2
KOUTOUBIA .... I 12 3
JARDIN D'ESSAI DE BA-AHMED K 14 3
PALAIS DE LA BAHIA .... L 13 3
BAB AGNAOU .... N 12 4
TOMBEAUX SAADIENS .... R 13 4
DAR EL MAKHZENE .... S 13 4
JARDINS DE L'AGUEDAL .... V 13-14 5
HOPITAL MAISONNAVE .... W 13 5
C H J (Voir p.6)
NOTA :
Sur ce plan pour toutes les voies dénommées rues ce mot a été supprimé et le nom propre seul porté.

Si vos pneus meurent vite,
c'est qu'ils sont **trop petits**
pour le poids de votre auto...

..... montez ceux de
la dimension au-dessus,
ils feront trois fois plus de km !

Maktar (Tunisie), **(Pl. 9)**, (Alt. 950 m.). 104 Eur., 614 Ind. — 🚃 Le
Sers 35. = **Voir** : Ruines romaines, dolmens et Musée épigraphique
= **Env.** : SO : Mausolée et ruines romaines 1. = **Exc.** : E : Forêt
d'oliviers et village indigène de la Kessra 16.
Kairouan 104 - Le Kef 60.

Manouba (La) (Tunisie), **(Pl. 19)**, (Alt. 17 m.), 1.384 Eur., 5.500 Ind.
= **Voir** : Palais Khéreddine. — NE : *Hippodrome de Kassar Saïd* 2.
Tunis 7.

Mansoura-des-Bibans (com.-mixte *des Biban*) (Constantine),
(Pl. 7), (Alt. 700 m.), 36 Eur., 256 Ind.
Alger 213 - Bordj-bou-Arréridj 30 - Bouïra 89 - Sétif 95 - Tizi-
Ouzou 154.
🍴 Au Rendez-vous des Chasseurs, Gar ②.

Marengo (Alger), **(Pl. 14)**, ⓒ (Alt. 93 m.), 1.580 Eur., 925 Ind. = **Voir** :
Marché arabe (*le mardi*). = **Exc.** : *voir exc. n⁰ˢ 14 et 15.*
Alger 88 - Blida 39 - Bourkika 6 - Cherchell 27 - Meurad 4 - Miliana
51 - Tipasa 12.
🏨 Moderne, *pl. Malakoff.* (23 ch) (wc) Gar ⑧ Ǔ 🕾 19.
STOCK MICHELIN **Valon Louis.** ⑳ 🕾 0.05.
STOCK MICHELIN **Sté Algérienne des Auto. Renault.** RENAULT.
🚗 Beaud fres. CITROEN.
— Chassagne.

Marnia (Oran), **(Pl. 4)**, (Alt. 365 m.), 1.710 Eur., 2.267 Ind. = **Voir** :
Marché (*le mardi*). = **Exc.** : *voir exc. n° 7.*
Oudjda 27 - Port-Say 69 - Tlemcen 53.
🍴 de France, (wc) Abri int ④ 🕾 0.05.
🚗 E. Lougarre, *r. Montagnac.* CITROEN. ⑩.
— Gonzalès François.

MARRAKECH (Maroc), **(Pl. 12)**, (Alt. 450 m.), 4.600 Eur., 165.000 Ind.
= **Voir** : Panorama de la Terrasse des Services municipaux (*spécialement au coucher du soleil*) (H 13-3) ; Place Djemaa el Fna (13-3) ;
Minaret de la Koutoubia ★ XII° (*entrée interdite*) (I 12-3) ; Palais de
la Bahia ★ (*de 9 à 11 h. et de 14 à 16 h., sauf dimanche après midi*)
(L 13-3) ; Dar el Beïda ou Hôpital Maisonnave (*autorisation
délivrée par les Services municipaux*) (W 13-5) ; Palais du Sultan
(Dar el Makhzene) (S 13-4) et Palais du Glaoui (E 12-2) (*ne se
visitent pas*) ; Tombeaux saadiens ★★ (*de 14 à 18 h., sauf vendredi ;
carte d'entrée délivrée par les Services municipaux : 5 fr.*) (R 13-4) ;
Mosquée de Ben Youssef et Medersa ★ (*interdite aux femmes ; de
8 à 12 h. sauf vendredi ; autorisation délivrée par les Services municipaux ou le Service des Beaux-Arts ; accès à la salle de prières du fond
interdit*) (D 13-2) ; Fontaines monumentales : Echrob ou Souf⁴ (B 13-2),
du Mouassin (Djemaa Mouassin) (F 13-2) ; Porte almohade de Bab
Agnaou (ou Porte portugaise) (N 12-4) ; Jardins et Bassins de
l'Aguedal (*entrée libre. Circulation à sens unique dans les allées ; entrer
par la Cour d'honneur du palais du Sultan et sortir par l'hôpital
militaire et le bastion ; se méfier des dos d'âne au passage des pon-
ceaux sur les canaux d'irrigation*) (V 13-4-5) ; La Grande Palmeraie
entourant la ville ; Souk el Khemis (*jeudi, au N. de la ville*) (A 13-1).
= **Env.** : O : Jardins et Bassins de la Ménara (*entrée libre*) 2. — NO :
Le Dj. Gueliz ★★ (rocher fortifié) (alt. 527 m., vue) : *suivre l'avenue du Gueliz et dans le camp prendre à droite (la route monte jusqu'au
sommet) (demander une autorisation spéciale au Général commandant
la Subdivision).* — Le tour extérieur de la ville par les remparts ★.
= **Exc.** : *voir exc. n° 1.* = **Spécialités** : Cuirs artistiques ; Tapis ; Poteries.

O : *Hippodrome.*

SE : *Golf (autorisation du Syndicat d'Initiative et de Tourisme)* 4.
Syndicat d'Initiative et de Tourisme, *pl.* **Djemaa El-Fna.**

Marrakech (suite).

Mamounia, *dans les jardins de la Mamounia* (k 12-3) (*1er nov.-mai*), (100 ch) cc �***** 45. ⏝ Gar ⏦ 0.99.

Doukkala (Transatlantique) *Bab Doukkala* (b 12-2), (28 ch) cc � 6 ⏝ (wc) Gar ⏦ 0.66.

Continental, *r. des Banques* (d 13-3).

du Parc (meublé), *pl. Djemaa el Fna* (c 13-3), Ch 20 à 30 (20 ch) � 20 ***** 1 ⏝ (wc) Abri ext grat ⸗ Parc-Hôtel ⏦ 1.80.

du Pacha, *au Guéliz* (a 11-2), (14 ch) � (wc) Abri 15.

Cécil, *près de la pl. Djemaa el Fna* (g 13-3), � 1 ⏝ ⏦ 2.03.

★★ **Restaurant de la Taverne de France,** *pl. Djemaa el Fna* (c 13-3), Repas 14. 14 (bc) ⏦ 0.35.

★ **Restaurant de Paris,** *pl. Djemaa el Fna et av. de la Koutoubia* (f 12-13-3), Repas 20. 20 (bc).

STOCK MICHELIN **Sud Auto,** Anc. Ets J.-B. Saclier, *av. Bab Djedid* (m 13-3). Berliet, Crysler, Delage, Ford. AIR 30 Box 10 ⏦ 1.74.

STOCK MICHELIN **France-Auto,** Gar. Central (h 13-3). Citroen, Cottin, Irat, Rochet. ⏦ 12.83 et 25.24.

A. Guiranden, *r. R. Mila.* Fiat. ⏦ 2.50.

— Juda Perez, Atlas Gar., *r. Aars el Maach.* 10 ⏦ 0.42.

— G. Amic, *r. de la Poste.* Renault. 20 ⏦ 0.31.

Asni 49 (III) — Azemmour 215 (V) — Casablanca 241 (I) — El-Kelaa 83 (I) — Kasbah-Tadla 216 (I) — Mazagan 197 (V) — Mogador 177 (IV) — Safi 154 (V) — Settat 169 (I).

Marsa (La) (Tunisie), (PII 19), 1.200 Eur., 3.000 Ind. ⚌ *Taxe séj.* : 2 *fr.* 50. ⚌ **Voir** : Plage ; Palais beylical (*autorisation donnée par l'Administrateur de la liste civile, à Tunis*) ; Bains. ⚌ **Exc.** : *voir exc. nº 22.* — *Terrain d'aviation* 8.

Carthage 4,5 - La Goulette 9,5 - Tunis 18.

du Souffle du Zéphyr, *à Marsa-Plage*.

Martimprey-du-Kiss (Maroc), (PII 4), (Alt. 250 m.), 1.112 Eur. 810 Ind. — Oudjda 38. ⚌ **Douanes** : *voir p. 252.* ⚌ **Exc.** : *voir exc nº 6.* ⚌ Berkane 22 - Oudjda 38 - Taforalt 44.

des Voyageurs.

MASCARA (Oran), ⏝ (PII 5), (Alt. 583 m.), 14.237 Eur., 16.630 Ind. ⚌ **Voir** : Porte d'Oran (vue ★) (A). ⚌ **Exc.** : *voir exc. nº 10.*

Bourelly, *r. de Dalmatie et H. Royal, pl. Gambetta,* � ⏝ (wc) Rem int ⏦ 0.03.

STOCK MICHELIN **Edouard Enthoven,** Central Gar., *16 r. de Saïda* Citroen, Panhard. 90 ⏦ 70.

E. Rimet, *1 r. de Dalmatie.* Ford. La Licorne. 40 ⏦ 0.62.

— S. A. des Ets J. Vinson, *26 r. de Mostaganem.* Delahaye, Peugeot. 30 ⏦ 2.16.

Arzew 88 (IV) — Dublineau 21 (IV) — Frenda 107 (II) — Inkermann 109 (II) — Mercier-Lacombe 51 (III) — Mostaganem 83 (IV) — Oran 100 (IV) — Orléansville 153 (I) — Perrégaux 40 (IV) — Saïda 73 (III) — Sidi-bel-Abbès 89 (III) — Thiersville 18 (III) — Tiaret 155 (II) — Tlemcen 180 (III) — Uzès-le-Duc 54 (II).

Mascara (suite).

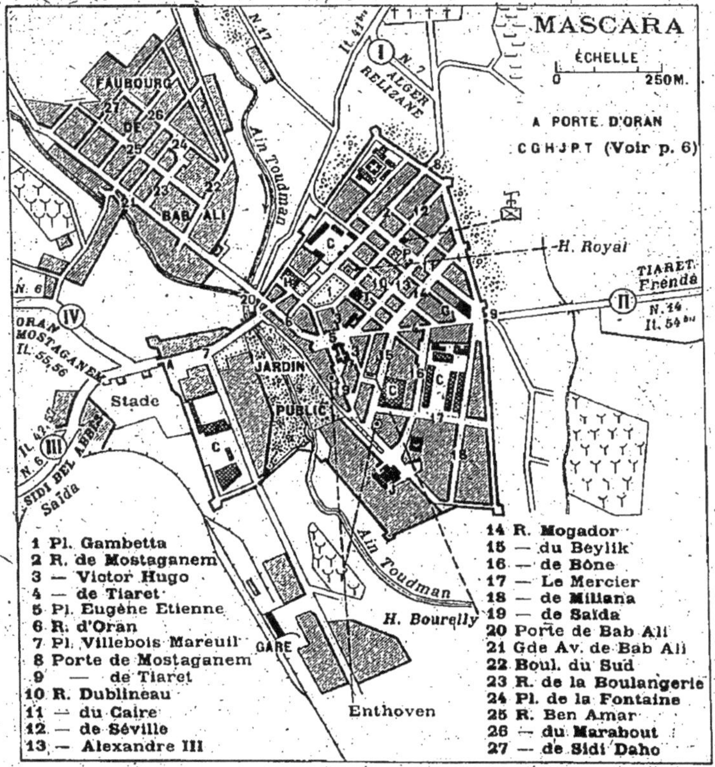

Mateur(Tunisie), (Pll 18), (Alt. 68 m.), 1.700 Eur., 3.300 Ind. = **Voir**
Vieux mur d'enceinte. = **Exc.** : *voir exc. n° 21.*
Bizerte 41 - Ferryville 19 - Tabarka 107 - Tébourba 33 - Tunis 66.
⚲ de France, *pl. Massicault.*
STOCK MICHELIN Michard, Gar. Central, *av. de la Gare.* CITROEN. 25 ☎ 70.
STOCK MICHELIN Comptoirs Chevaiso, *av. de la Gare.* BERLIET, FORD.
Seanagatta et Céleste. 8.

MAZAGAN (Maroc), (Pll 12), (Alt. 5 m.), 1.633 Eur., 17.526 Ind. — *Pas
de* 🚂. = **Voir :** Les remparts ; ancienne Chapelle St-Sébastien,
dite de l'Inquisition (A) ; Égl. de l'Assomption (D) ; la Salle
d'Armes de la Citadelle, ou grande citerne portugaise xvie (mesuré
34 m. × 33), *r. William-Redman* (B) ; Parc Municipal ; Plage.
Hippodrome 2. — *Golf, sur la plage.* — *Terrain d'aviation, Le Plateau.*
Synd. d'Init. et de Tourisme, Chambre de Commerce, *boul. Charles-Roux.* ☎ 1.58.
🏨 **Atlantis,** *boul. Charles-Roux,* Repas 3. 15. 15 (bc) Ch 30 à 45 Chfr
35 (bc) Serv 10 % (16 ch) ⚲ 16 ⚲ 1 ⚲ (wc) Gar 15 m LJ ☎ 1.77.
🏨 **de Provence,** *pl. Brudo,* Repas 5. 15. 15 (bc) Ch 18 à 30 Chfr 50
(bc) (24 ch) ⚲ 24 ⚲ 2 ⚲ (wc) Gar 50 m 5 fr 10 LJ ☎ 2.26.
🏨 de France, *r. de la Poste,* (15 ch) ⚲ (wc) Gar 20 m 8 ☎ 33.
★★ **Restaurant du Casino,** Repas 22/50. 22/50 (bnc) ⚐ Casino ☎ 38.
★ Restaurant de la Brasserie de Paris, ⚲ Cour int 6 ⚐ Nègre ☎ 75.
STOCK MICHELIN Quercy Léon, *r. de Marrakech.* BERLIET, CHRYSLER, DELAGE,
FORD. 10 ☎ 1.42.
STOCK MICHELIN Daniel et Barraud, *53 pl. Joseph Brudo.* RENAULT. 30 ☎ 2.05.
Gar. Courson Louis. 20 ☎ 2.23.
Corsin, *rte de Casablanca.*
Azemmour 17 Ⅰ — Casablanca 97 Ⅰ — Marrakech 197 Ⅱ — Mogador
259 Ⅱ — Rabat 189 Ⅰ — Safi 158 Ⅱ, *par la côte* Ⅲ — Setta 1117 Ⅱ.

Mazagan (*suite*).

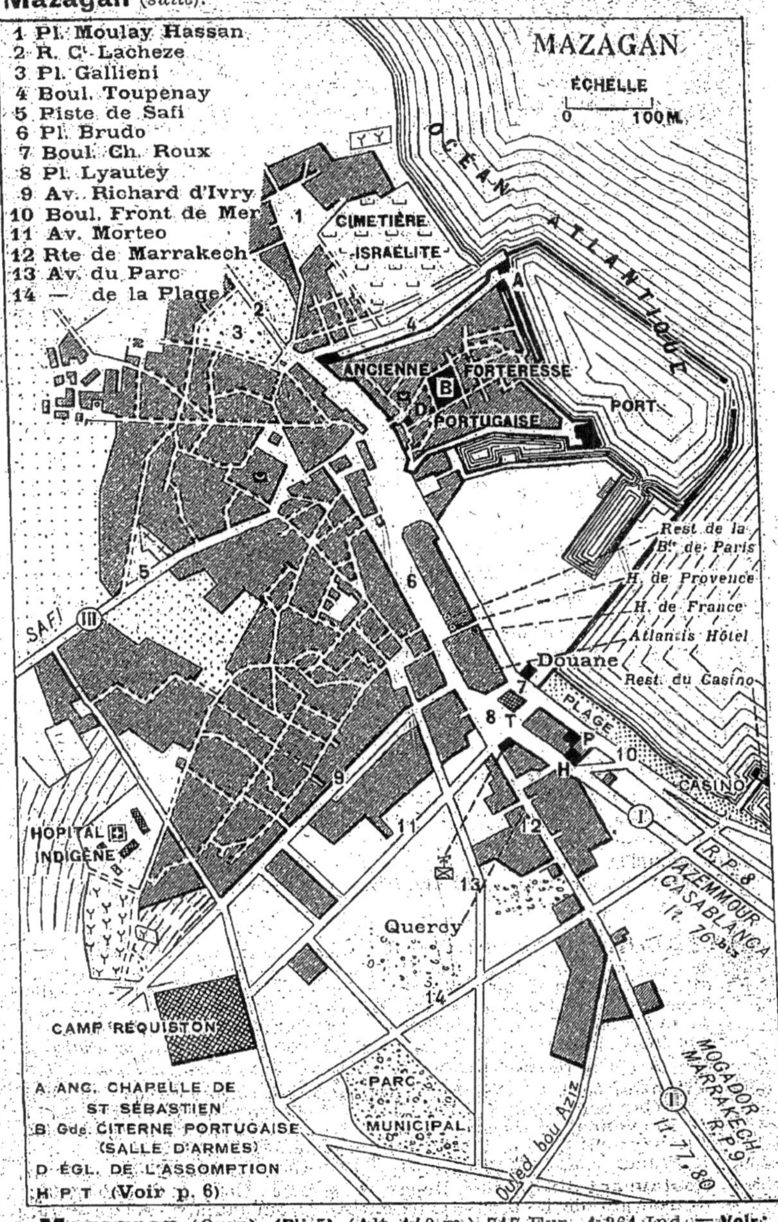

1 Pl. Moulay Hassan
2 R. C¹ Lacheze
3 Pl. Gallieni
4 Boul. Toupenay
5 Piste de Safi
6 Pl. Brudo
7 Boul. Ch. Roux
8 Pl. Lyautey
9 Av. Richard d'Ivry
10 Boul. Front de Mer
11 Av. Morteo
12 Rte de Marrakech
13 Av. du Parc
14 — de la Plage

A ANC. CHAPELLE DE
    ST SÉBASTIEN
B Gde CITERNE PORTUGAISE
    (SALLE D'ARMES)
D ÉGL. DE L'ASSOMPTION
H P T (Voir p. 6)

Mazagran (Oran), **(Pll. 5)**, (Alt. 140 m.), 717 Eur., 4.361 Ind. = **Voir** :
Mon¹ commémoratif de l'Episode de Mazagran ; Egl. = Mostaganem 4

M'Chounèche (*comm. mixte de l'Aurès*) (Constantine), **(Pll. 8)**,
(Alt. 330 m.), 1.600 Ind. — ⛬ ✉ ☎ 🚉 Biskra 30. = **Voir** : Palmeraie ;
Village indigène. = **Exc.** : voir exc. n° 20. = **Spécialité** : Dattes.
Biskra 30
Halte Transatlantique (6 ch.).

Méchéria (Algérie, Territ. du Sud), **(Pll 15)**, (Alt. 1.153 m.), 272 Eur., 1.525 Ind. = **Spécialité** : Vannerie (objets en alfa). — SE : *Hippodrome de la Hellerie 4.* — SE : *Terrain d'aviation 2,5.*

Aïn-Sefra 102 - Le Kreider 81 - Mascara 240 - Saïda 167.

Hôtel-Café de la Gare.

H. Moulay. [5].

Mechra-bel-Ksiri (Maroc), **(Pll 3)**, (Alt. 19 m.), 243 Eur., 247 Ind. = **Exc.** : O : Ruines romaines de Banassa 15.

Dar-bel-Amri 63 - Fès 129 - Kénitra *(par route)* 92 - Larache 94 - Meknès 108 - Petitjean 49 - Souk-el Arba-du-Gharb 15.

Central, *r. d'Ouezzan,* Ch 15 à 20 Chfr 30 (bc) Serv 10 % (8 ch) (wc) Abri int *grat* [6]. ₸ 0.28.

STOCK MICHELIN **Lepot Robert.** BERLIET, CHRYSLER, DELAGE, FORD. [4] ₸ 0.21.
Ets Clémenceau et Cie.

Médéa (Alger), (Pll 15), (Alt. 920 m.), 1.756 Eur., 2.385 Ind. = **Exc.** : Voir exc. n° 15.

Affreville 62 - Alger 91 - Berrouaghia 32 - Blida 42 - Boghari 76 - Cherchell 92 - Lavigerie 44 - Miliana 71.

d'Orient, *r. Gambetta,* Repas 3. 15. 15 (bc) Ch 15 à 20 Chfr 35 (bc) Serv 10 % (12 ch) [6] 12 ☞ (wc) Gar int 3 fr [4] ₸0.63.

du Commerce, *pl. de la République,* (wc) Abri att [6].

STOCK MICHELIN **Adrien Biscos,** *portes d'Alger.* FORD-FORDSON. [40] ₸ 0.79

STOCK MICHELIN **Paul Vassal,** *r. de Lodi.* CITROEN. [20] ₸ 27.

STOCK MICHELIN **Sté Algérienne des Auto. Renault,** *r. Gambetta.* RENAULT. [5] ₸ 1.09.

Médenine (Tunisie, Territ. du Sud), **(Pll 9)**, (Alt. 110 m.), 134 Eur., 989 Ind.— *Pas de* ☒. = **Voir** : Ksar ★ (panorama sur le massif des Matmata). = **Exc.** : *voir exc. n° 26.* = S E : *Terrain d'aviation militaire 3.* = Gabès 76 - Houmt-Souk 70 - Zarzis 62.

Torre.

Medjez-El-Bab (Tunisie), **(Pll 9)**, (Alt. 60 m.), 437 Eur., 1.990 Ind. 2. = **Voir** : Pont de pierre construit au XVIIIᵉ s. avec des matériaux antiques. = **Exc.** : NO : Ruines romaines de Chaouach et Toukabeur *(parcours impraticable aux autos)* 9.
Béja 44 - Bou-Arada 35 - Le Kef 109 - Mateur 66 - Tébourba 35 - Testour 18 - Tunis 60.

des Colons, *pl. Minbrussa,* Abri att [2].

STOCK MICHELIN **Daudet et Rouft,** Gar. Citroën, *av. de la Gare,* CITROEN. ₸ 31.

STOCK MICHELIN **La Tunisienne Auto.** CHENARD, DELAHAYE, ROSENGART.

STOCK MICHELIN **Comptoirs Chevaiso.** BERLIET, FORD.

MEKNÈS (Maroc), **(Pll 1)**, (Alt. 514 m.), 10.560 Eur., 25.007 Ind. = **Stationnement** : *interdit r. Rouamzine pour les voitures de tourisme et dans toute la ville pour les camions. Pour ceux-ci, des emplacements spéciaux ont été réservés.* = **Voir** : Les Portes : Bab el Berdaïne (A) ; Bab Mansour ★ (R) ; Bab el Khemis (S) ; les Médersas : Bou Anania ★ (E), Attarine ★ (K), Filala ★ (L) ; les Souks : Souk de Bab el Djedid (B), Kissaria (F), Souk el Khemis, Souks groupés autour de la Grande Mosquée (D) ; Fontaine El Hedine (N) ; Ancien Palais du Sultan Moulay Ismaïl (V) ; Dar el Makhzene ; Lac ou Bassin de l'Aguedal ; Ecuries (haras) et greniers de Moulay Ismaïl (W) ; Jardin d'Essais de Ben Halima ; Parc aux autruches ; Dar el Beïda (Ecole des élèves officiers marocains) ; Musée des arts indigènes (au 1ᵉʳ étage, belle salle voûtée), *derrière la fontaine El Hedine* (M) ; les Remparts ; Jardin El Haboul et Jardin Maure (Théâtre de verdure). = **Env.** : N : Prendre l'ancienne piste de Moulay Idriss jusqu'à sa rencontre avec la route de Petitjean et rentrer à Meknès par celle-ci. — S : De l'Aguedal, rejoindre la route d'El Hajeb en passant derrière les haras ; rentrer par la Bab bou Ameir. = **Exc.** : *voir exc. nᵒˢ 4 et 5.*
S : *Hippodrome, à Aguedal 1.* — *Terrain d'Aviation militaire 2.*
Syndicat d'Initiative et de Tourisme, *square Dalbiez.* ₸ 20.31.

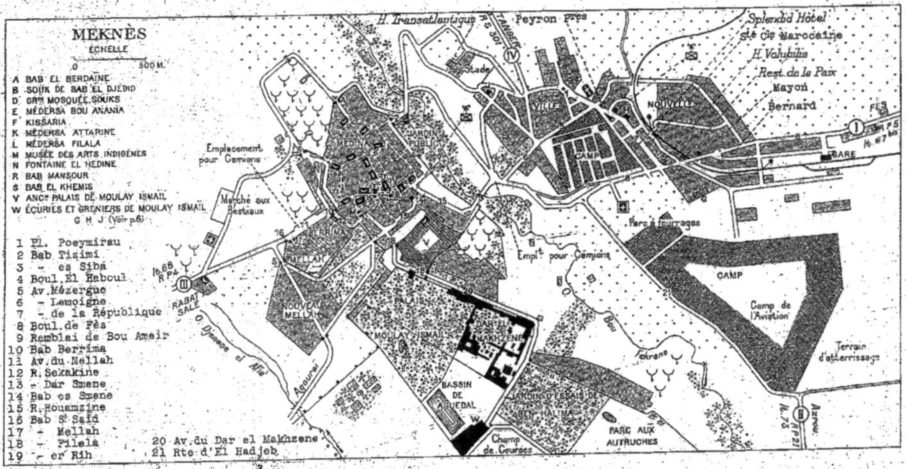

MEKNÈS
ÉCHELLE
0 500 M.
A BAB EL BERDAÏNE
B SOUK DE BAB EL DJEDID
D GRDE MOSQUÉE, SOUKS
E MÉDERSA BOU ANANIA
F KISSARIA
K MÉDERSA ATTARINE
L MÉDERSA FILALA
M MUSÉE DES ARTS INDIGÈNES
N FONTAINE EL HEDINE
R BAB MANSOUR
S BAB EL KHEMIS
V ANCT PALAIS DE MOULAY ISMAÏL
W ÉCURIES ET GRENIERS DE MOULAY ISMAÏL
G H J (Voir p.6)
1 Pl. Poeymirau
2 Bab Tizimi
3 – es Siba
4 Boul. El Haboul
5 Av. Mézergue
6 – Lemoigne
7 – de la République
8 Boul. de Fès
9 Remblai de Bou Ameir
10 Bab Berrima
11 Av. du Mellah
12 R. Sekakine
13 – Dar Smene
14 Bab es Smene
15 R. Rouamzine
16 Bab St Saïd
17 – Mellah
18 – Filala
19 – er Rih
20 Av. du Dar el Makhzene
21 Rte d'El Hadjeb
H. Transatlantique
Peyron Frès
Splendid Hôtel
Sté Cie Marocaine
H. Volubilis
Rest. de la Paix
Mayon
Bernard
Stade
MÉDINA
JARDIN PUBLIC
VILLE
NOUVELLE
CAMP
GARE
Emplacement pour Camions
Marché aux Bestiaux
Parc à fourrages
Empt pour Camions
BERRIMA
S. MELLAH
NOUVEAU MELLAH
PALAIS DE MOULAY ISMAÏL
BASSIN DE AGUEDAL
JARDIN D'ESSAIS DE BEN HALIMA
Champ de Courses
PARC AUX AUTRUCHES
CAMP
Camp de l'Aviation
Terrain d'atterrissage
RABAT SALE
O. Djenane el Afia
Agouraï
Bou Fekrane
Azrou
TANGER
RP5
RP4
RP21

Meknès (*suite*).

🏨 Transatlantique, *ville nouvelle*, ☎ (76 ch) [CC] 32 (wc) Gar ✆ Hotransat ☎ 10.01.
🏨 Volubilis, *près de la gare, av. de la République*, (24 ch) ☎ 24.
🏨 Splendid (meublé), *av. de la République*, (25 ch) ☎ 25 3 (wc) Gar int [8] ✆ Splendid Hôtel ☎ 10.88.
🏨 Regina (meublé), *r. Dar S'men*, (25 ch) ☎ 25 (wc).
★ Restaurant de la Paix, *boul. de Fès*.

STOCK MICHELIN **Sté des anciens Ets Henri Bernard**, *boul. de Fès et pl. Carnot*. CHRYSLER, DELAGE. [AIR] [10] ☎ 10.17.
STOCK MICHELIN **Peyron frères**, *av. de la République*. RENAULT. [40] ☎ 1.14.
STOCK MICHELIN **Gaston Mayon**, Meknès auto, *boul. du Fès*. CITROEN, ROCHET. [AIR] [100|50] ☎ 10.57.
Sté Africaine Ind. et Auto, (anc. Sté Centrale Marocaine), *ville nouvelle*. CHENARD, ROSENGART, STEWART, NASH.
— Ets Rey, *ville nouvelle*. BUICK, CHEVROLET.

Azrou 71 [II] — Fès 61 [I] — Kénitra 133 [III] — Khenifra 152 [II] — Petitjean 59 [IV] — Rabat 141 [III] — Taza 188 [I].

Melilla (Maroc esp.), **(Pli 4)**, 55.000 Eur. = **Voir** : Vieille Citadelle ; Musée archéologique (*autorisation délivrée par l'autorité militaire*) ; Parc Hernandez. = **Exc.** : N : Cap des Trois Fourches (*route très difficile*) 15. = Berkane 98 - Oudjda 158.

🏨 Reine Victoria, *r. Prom.* (45 ch) ☎ 1.

STOCK MICHELIN **Gerardo de la Puente**, *13 Serrallo*. FORD, LINCOLN. ☎ 220.
STOCK MICHELIN **Julio Rodriguez**, *17 Miguel Zazo*. CITROEN. ☎ 327.
STOCK MICHELIN **Hugo Brauner**, *9 Carlos de Arellano*. MERCEDES BENZ-LAFFLY. ☎ 289.
Joachim Cucala, *41 calle O'Donnel*. BERLIET. ☎ 57.

Menâa (*comm.-mixte de l'Aurès*) (Constantine), **(Pli 8)**, (Alt. 920 m.), 3 Eur., 1.200 Ind. — *Pas de* 🚂. — ✉ ✆ ☎ Lambèse (*rte*) 68 *ou* Mac-Mahon (*sentier*) 25. = **Voir** : Village indigène ; Vergers. = **Exc.** : *voir exc. n° 20*.

Ménerville (Alger), [C] **(Pli 16)**, (Alt. 150 m.), 1.589 Eur., 205 Ind.
Alger 54 - L'Alma 16 - Azazga 88 - Blida 81 - Bouira 70 - Félix-Faure 6 - Palestro 25 - Tizi-Ouzou 50.

Central, (18 ch) ☎ Gar ext.

STOCK MICHELIN **Eugène Clément**, *rte Nationale*. RENAULT. [5] ☎ 0.24.

Menzel-Temine (Tunisie), **(Pli 9)**, (Alt. 65 à 80 m.), 36 Eur., 6.970 Ind. — 🚂 Nabeul 36.
Grombalia 63 - Nabeul 36 - Tunis 97.

Mercier-Lacombe (Oran), [C] **(Pli 5)**, (Alt. 635 m.), 1.351 Eur., 4.082 Ind. = Mascara 51 - Sidi-bel-Abbès 38.

du Commerce.

Mers-el-Kébir (Oran), **(Pli 4)**, (Alt. 17 m.), 3.934 Eur., 548 Ind. — 🚂 Oran 8. = **Voir** : Rade ; Plage. = **Exc.** : *voir exc. n° 11*.
Oran 8.

Meskiana (La) (Constantine), **(Pli 8)**, (Alt. 860 m.), 125 Eur., 994 Ind. = Aïn-Beïda 37 - Batna 156 - Constantine 151 - Guelma 152 - Khenchela 85 - Sedrata 87 - Tebessa 52.

François Orosco, Gar. Citroën. CITROEN. [6] ☎ 0.11.

Meurad (Alger), **(Pli 14)**, (Alt. 150 m.), 193 Eur., 200 Ind. — 🚂 Marengo 4. = **Exc.** : SO : Ferme Margueritte et Barrage (vue) 4. — *Voir exc. n° 15*.
Alger 92 - Blida 43 - Bourkika 10 - Cherchell 31 - Hammam-Righa 18,5 - Marengo 4 - Miliana 72.

Michelet *(comm. du Djurdjura)* (Alger), **(Pli 17)**, (Alt. 1.080 m.),
140 Eur., 66 Ind. — Tizi-Ouzou 47. = **Env. :** E : Aït-Ichem (ouvroir indigène ★) 3. = S : Taourirt-Amran 2. = **Exc. :** *voir exc. n° 18.*
Syndicat d'Initiative de la Grande Kabylie, *rue Gambetta, à Tizi-Ouzou.*
Alger 151 - Azazga 71 - Bouïra 95 - Fort-National 20 - Tizi-Ouzou 47.
Transatlantique, (30 ch) CC 11 (wc) Gar 6 0.01.

Midoun (Ile de Djerba) (Tunisie), **(Pli 10)**, 9 Eur., 8.000 Ind. — *Pas de*
= **Voir :** Jardins. = **Exc. :** *voir exc. n° 26.* = Houmt-Souk 22.
Othmann ben Amran frères. 4.

Mila (Constantine), © **(Pli 8)**, (Alt. 584 m.), 194 Eur., 723 Ind. — *Pas*
de = **Voir :** Ville arabe et enceinte ; Mosquée de Sidi Ali ben
Yahia ; Jardin du Cadi (statue de Saturne).
Constantine 60 - Djidjelli 89 - Zeraïa 11.
du Commerce, Rem att 0.03.
Aimé Rochette. 3.
— Mme Vve Alaize et fils.

MILIANA (Alger), ◁S▷ **(Pli 14)**, (Alt. 749 m.), 2.010 Eur., 2.282 Ind. =
Voir : Espl. de la Kasbah (panorama ★)(A). = **Exc. :** *voir exc. n° 15.*

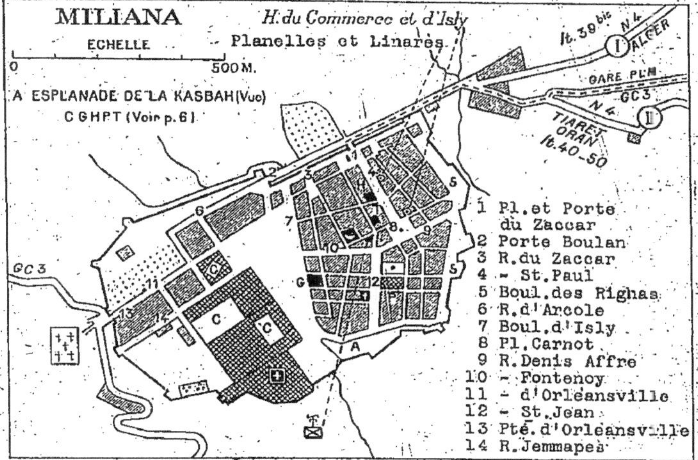

du Commerce et d'Isly, *r. de Constantine*, (wc) Rem int 4 0.12.
STOCK MICHELIN **Planelles et Linarès**, Central gar, *r. St-Paul.* RENAULT. 4.
Kastali. CITROEN.
Affreville 9 (II) — Aïn-N'Sour 9,5 (I) — Alger 131 (I) — Blida 82 (I) —
Berrouaghia 103 (II) — Hammam-Righa 31 (I) — Médéa 71 (II) — Orléansville 96 (II) — Téniet-el-Had 67 (II) — Tiaret 181 (II).

Mirabeau (Alger), **(Pli 17)**, (Alt. 50 m.), 189 Eur., 504 Ind. = **Exc. :**
voir exc. nos 17 et 18. = Alger 93 - Azazga 49 - Camp du Maréchal 7 -
Dellys 36 - Dra-el-Mizan 34 - Tizi-Ouzou 11.

Misserghin (Oran), **(Pli 4)**, (Alt. 110 m.), 2.441 Eur., 2.590 Ind. =
Voir : Pépinières ; Jardins ; Orangeries. = **Exc. :** N : Ravin de la
Vierge ★ 4.
Aïn-Témouchent 58 - Bou-Tlélis 15 - Oran 15 - Tlemcen 123.

MOGADOR (Maroc), **(Pli 11)**, 852 Eur., 17.666 Ind. — *Pas de*
= **Voir :** Porte de la Marine (B) et Esplanade de la Douane ; Esplanade de la Squala (vue ★) (A) ; de la terrasse du Grand Hôtel
Johnston (vue). = **Env. :** S : Plage ; Marabout de Sidi Megdoul et
Vieux Fort portugais, par Dialet 4. = **Exc. :** E : Forêt d'arganiers
15. — Corniche de l'Od Ksob 10 (I). — S : Cap Sim. (à cheval) 20.
— E : *Terrain d'aviation* 1,2. = Synd. d'Init. *aux Services municipaux.*

Mogador (suite).

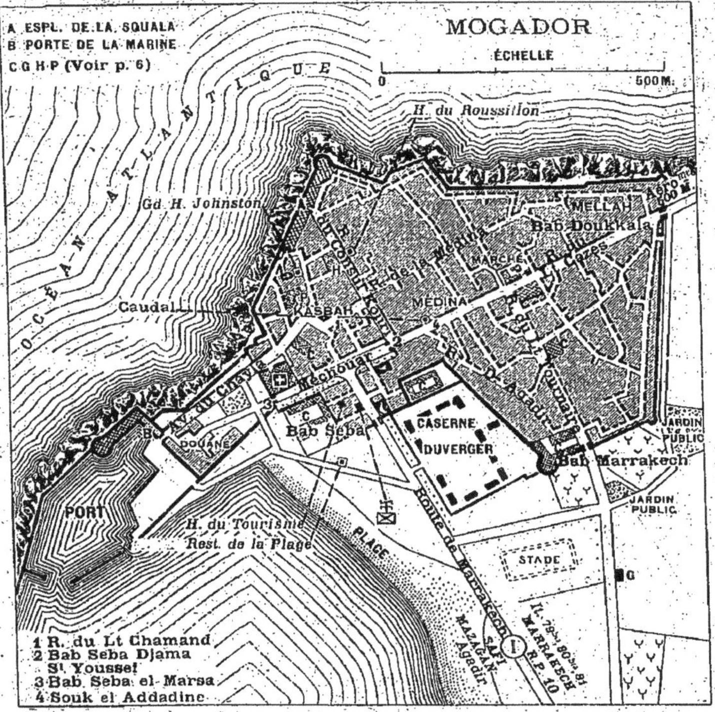

du Tourisme, r. d'Angleterre, Ch 30 à 40 Chfr 49 (bc) Serv 10 %
TE 5 % (32 ch) 2 (wc) 0.75.

Grand Hôtel Johnston, 19 av. Nicolas-Paquet, (25 ch) Gareur
200 m 0.75.

du Roussillon. Repas 3. 10. 15 (bc) Ch 15 à 45 Chfr 30 (bc)
Serv 10 %, (25 ch) 3 (wc) Gareur 100 m 1.13.

★ Restaurant de la Plage.

STOCK MICHELIN Caudal, Gar. Mogador. DELAGE. 10.
Vial, quartier industriel.

Agadir 183 — Azemmour 276 — Marrakech 177 — Mazagan
259 — Safi 153.

Monastir (Tunisie), (Pli 9), (Alt. 25 m.), 450 Eur., 8.550 Ind. —
Sousse 21. = Voir : Enceinte et portes ; Kasbah ; Mosquée
(entrée interdite). = Exc. : à l'île Sidi el Ghedamsi.

Djemmal 19 – Mahdia 48 – Sousse 21.

de Paris.

Diego Manuguerra, Ruspina gar., boul. Alapetite.

Mondovi (Constantine), © (Pli 8), (Alt. 22 m.), 669 Eur., 1.337 Ind.

Barral 5 – Bône 26 – Duvivier 33 – Duzerville 14 – Souk-Ahras 74.

Rivière et Agullès, Central Gar. CITROEN. 10 16.

Montagnac (Oran) (Plis 4-5) (Alt. 224 m.), 669 Eur., 753 Ind.

Auto-Gar., Paul Combe. 5.

Montgolfier (Oran) **(Pll 5)**, (Alt. 590 m.) 788 Eur., 922 Ind.

Mostaganem 118 - Relizane 60 - Tiaret 35 - Zemmora 39.

Miniggio Evariste.

Morris (Constantine), © **(Pll 8)**, (Alt. 8 m.), 397 Eur., 590 Ind.

Béja 192 - Bône 21 - La Calle 65 - Le Tarf 43.

Mus. Albert. Citroen. 4.

MOSTAGANEM (Oran), ⟨SP⟩ **(Pll 5)**, (Alt. 104 m.), 12.639 Eur.,
12.100 Ind. = **Voir** : Jardin public (A) ; Ville indigène ; Cimetière
arabe (vue) ; Plage de la Salamandre. = **Exc.** : *voir exc. n° 13* — S :
Hippodrome 4.

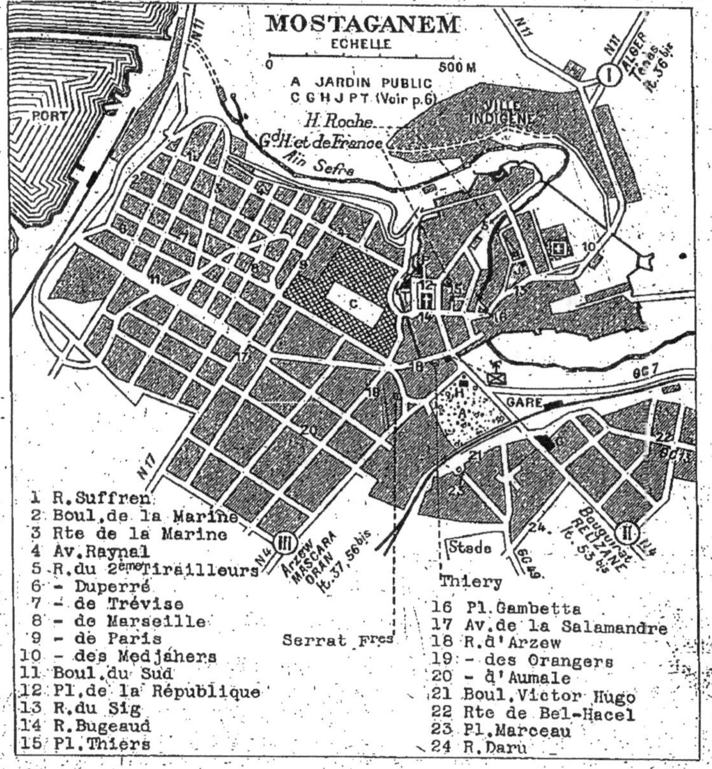

Grand-Hôtel et de France, *pl. de la République*, (50 ch) (wc).

Roche, *3 r. de l'Alma*, (wc) ℡ 146.

STOCK MICHELIN Gar Serrat, frères, *av. de la Pépinière*. Citroen, Panhard.
(AIR) ℡ 0.93.

STOCK MICHELIN E. Thierry, Gar. de la Poste. 6 ℡ 1.57.

STOCK MICHELIN Ets Julien Serviès, *100 r. Quartier-du-Camp-des-Chas-
seurs.* Buick, Chenard, Chevrolet, Rochet, Somua. 60 ℡ 2.77.

Prosper Revelin, *av. de la Pépinière*. Berliet. 20 ℡ 1.41.

— Tordjman Armand, *rte d'Oran*. Renault. 60 ℡ 1.76.

— Gar. Joseph Gramagé, *pl. Marceau*. 30 ℡ 3.14.

— F. Lopez, *quartier du Camp-des-Chasseurs*.

— S. A. des Ets J. Vinson, *rte de la Pépinière*. Delahaye, Peugeot.

Mostaganem *(suite)*.

Aïn-Tédélés 22 (II) — Arzew 48 (III) — Blad-Touaria 18 (II) — Bosquet 37 (I) — Bouguirat 27 (II) — Mascara 83 (III) — Mazagran 4 (III) — Oran 80 (III) — Orléansville 146 (II) — Pont-du-Chélif 31 (II) — Relizane 58 (II) — Rivoli 9,5 (III) — Saint-Cloud 59 (III) — La Stidia 15 (III) — Ténès 162 (I) — Tiaret 153 (II).

Moulay-Idriss (Maroc), **(Pli 1)**, 7.000 Ind. — 🚂 Meknès 26. = **Voir :** Site ★★ ; Sanctuaire et Zaouïa de Moulay Idriss *(entrée interdite)*. = **Env. :** NO : Ruines de Volubilis 5. = **Exc. :** *voir exc. n° 5.*
Fès 67 - Meknès 26 - Petitjean 34 - Volubilis 5.
★ **Refuge du Zerhoun**, Repas 17,50/20. 17,50/20 (bnc Rem.int *grat* ② Cour ⑩ 🕊 6.

Mouzaïaville (Alger), **(Pli 15)**, (Alt. 114 m.), 927 Eur., 474 Ind. = **Exc. :** *voir exc. n° 14.*
Alger 61 - Blida 12,5 - Cherchell 55 - La Chiffa 4,5 - El Affroun 5,5 - Miliana 71.

M'Raïer (Algérie, territ. du Sud) **(Pli 8)**, (Alt. 400 m.), 14 Eur., 3.070 Ind. = **Env. :** puits artésien, palmeraies. = **Spécialité :** dattes.
Biskra 102 - Djamâa 60 - Touggourt 118.

Nabeul (Tunisie), **(Pli 20)**, (Alt. 13 m.), 420 Eur., 8.000 Ind. = **Voir :** Jardins ; Souks ; Plage.
Bir-bou-Rebka 21 - Enfidaville 56 - Grombalia 27 - Hammamet 14 - Menzel-Temine 36 - Tunis 66.
STOCK MICHELIN **S. Simon et Chiche frères.** ⑩ 🕊 59.
STOCK MICHELIN **Comptoirs Chevaiso.** BERLIET, FORD.

Nedroma (Oran), **(Pli 4)**, (Alt. 420 m.), 709 Eur., 5.116 Ind. — 🚂 Marnia 30. = **Voir :** Ruines de l'enceinte ; Grande Mosquée ; Marché *(lundi et jeudi)*. = **Exc. :** S : Ascension du Dj. Fillaoussène (1.136 m.) *(2 h. à pied)* vue sur la côte ibérique par temps clair. — O : Marabout de Sidi-Brahim 15. — *Voir exc. n° 7.*
Marnia 30 - Nemours 18 - Tlemcen 56.

Nefta (Tunisie), **(Pli 8)**, (Alt. 43 m.), 33 Eur., 13.217 Ind. — 🚂 Tozeur 25. = **Douanes :** *voir p. 252.* = **Voir :** Oasis (sources, « corbeille de Nefta » ★). = El Hamma-du-Djerid 36 - Tozeur 25.
🏨 Djerid-Hôtel, *pl. du Marché (1er oct.-31 mai).* 🕊 1.

Nemours (Oran), Ⓒ **(Pli 4)**, (Alt. 3 m.), 2.144 Eur., 1.126 Ind. — *Pas de* 🚂 = Marnia 48 - Nedroma 18 - Port-Say 61 - Tlemcen 74.
⛽ de France, (14 ch) (wc) Gareur 200 m.
🚗 André Gomez. CITROEN. 🕊 0.33

Noisy-les-Bains (Oran), **(Pli 5)**, 610 Eur., 2.519 Ind. — 🚂 1,8.
Mascara 66 - Mostaganem 17 - Perrégaux 24 - Rivoli 7,5 - La Stidia 6.
⛽ de la Place (Vve Vaisseau).

Pour ne pas perdre de temps,
pour trouver de suite le renseignement cherché,
consultez d'abord
l'index alphabétique (à la fin du volume).

ORAN (Oran), ℗ (Pli 4), (Alt. 117 m.), 124.537 Eur., 25.764 Ind. =
Circulation : *sens unique dans certaines rues.* = **Voir :** Château-Neuf
(B 11-12-3) ; Grande mosquée (D 11-3) ; Promenade de Létang ★
(A 11-2-3) ; Cathédrale du Sacré-Cœur (F 12-4) ; Villa Nessler ★
(autorisation de visite en faisant passer sa carte) (M¹ 11-5) ; Porte
d'Espagne ★ (E 10-4) ; Village nègre ; Port. = **Env. :** Corniche
Oranaise. — NO : Bois des Planteurs ; Chapelle et Fort de Santa-
Cruz ; Grotte de l'Aïdour. = **Exc. :** E : Canastel 7. — O : Le Mur-
djadjo (589 m.) 11. — *Voir exc.* n°ˢ *11 et 12.*

S : *Terrain d'aviation 7.*

Syndicat d'Initiative, *5 boulevard Séguin.*

🏨 **Grand Hôtel,** *pl. de la Bastille* (h 12-4), Repas 5.20/30.25/35 (bnc)
Ch 40 à 140 Chfr 55 (bc) Serv 10 % (120 ch) Asc cc 🕭 120 ⚍
40 ⊜ (wc) Gareur 200 m ☎ Grandotel ☏ 7.81-19.10.

🏨 **Continental,** *1 boul. Seguin* (a 12-3), Repas 5. 20. 20 (bnc) Ch 27
à 75 Chfr 40 (bc) Serv 10 % (100 ch) Asc 🕭 100 ⚍ 15 ⊜ (wc)
☏ 3.26 et 25.09.

🏨 Royal (meublé), *3 boul. du Lycée* (b 12-3), Asc 🕭 ⊜ (wc) Gareur
50 m ☎ Royal Hôtel ☏ 5.25.

🏨 de France.

🏨 Jeanne d'Arc (g 12-13-4).

🏨 International Hôtel (meublé), *2 boul. de Colmar* (c 12-3), 🕭 ⊜
(wc) Gareurs 50 et 200 m ☏ 9.66.

🏨 Touring Hôtel (n 13-4).

🏨 de Lyon, *boul. Charlemagne.*

★★ **Rest. Guillaume Tell,** *3 boul. Galliéni.* Repas 16.16 (bnc) ☏ 1.97.
★★ — Lugan.

STOCKISTES MICHELIN :

Georges Lévy, Opéra Auto., *boul. du Lycée* (c 12-3). DELAGE, ROLLAND-
PILAIN, UNIC. 30 ☏ 10.16.

S. A. des Anc. Ets Panhard et Levassor, *70 av. de St-Eugène* (m
12-4). PANHARD. 25 ☏ 11.85.

Sté Nord Africaine des Auto. Citroën, *14 boul. Galliéni* (d 12-3).
CITROEN. ☏ 27.46 et 14.85, *et boul. des Chasseurs.* ☏ 27.48.

Sté Algérienne des Autos Renault (o 12-4). 20 ☏ 5.84 et 23-31.

Succle Berliet, *89 r. d'Arzew.* BERLIET. 3 ☏ 11.26 et 23.26.

E. Rimet, *93 r. de Mostaganem* (q 14-4). LA LICORNE, OVERLAND. 50 ☏
24.91.

Ets P. Adam et Cie, *5 r. Alsace-Lorraine* (f 12-4). FIAT. 6 ☏ 11.42.

J. Ayela et Duprez, *76 r. d'Arzew* (k 13-4). DELAUNAY-BELLEVILLE, FIAT.
AIR 20.

Ets Julien Serviès, *1 et 2 boul. de l'Industrie* (p 12-4), *et r. Josseron.*
BUICK, CHENARD, CHEVROLET, ROCHET, ROSENGART, SOMUA. 100 ☏ 23.98
et 15.85.

Ets Vincent fres, *21 r. Alsace-Lorraine.* DE DION, HISPANO, UNIC, Tracteur
A. R. A. 50 ☏ 5.34 et 11.02.

AUTRES MÉCANICIENS RÉPARATEURS :

Joseph Carrié, *26 r. Alsace-Lor-raine.*

Clément Fernandez, *6 boul. Hip-polyte-Giraud.* 15 ☏ 25.19.

Gar. R. Bayle, *21 boul. du 2ᵉ Zouave.* 25 ☏ 14.60.

Muller, Eden Gar., *3 boul. de l'In-dustrie.* 30 3 ☏ 3.11.

Romain frères, Paris-Gar. et Auto-Ecole, *4 boul. de Metz.* 12 ☏ 20.59.

Joseph Muriel fils, *15 boul. Les-cure.* 30 ☏ 8.64.

Ets Corcel frères, *51 r. de la Bas-tille.* 30 5 ☏ 17.74.

G. Lagarde, *5 boul. Charlemagne.* 20 ☏ 19.54.

Gar. des Bas quartiers, César Bé-noliel et Ardiot, *2 et 3 pl. des Quinconces.* CITROEN. 30 5. ☏ 0.93.

Henri Leininger, *3 boul. Mar-ceau.* CITROEN. ☏ 9.22.

Ch. Carrié, *3 r. Cavaignac.*

A. Coll, *15 r. de Fondouch.* ☏ 4.65.

Manuel Boutié et P. Tachet, *7 r. de Fondouck.*

Henri Bittard, Gar. Lamartine, *5 r. Lamartine.* ☏ 6.38.

Gar. Luc Court, Ors et Porterie, *10 r. Baudin et 8 r. Claude-Bernard.* LUC COURT, TH. SCHNEI-DER. 30 5 ☏ 16.54.

G. Schoennagel, *r. du Marquis de Moris et faub. Choupot.* 10 ☏ 21.22.

Jean Fabbris, *122 r. d'Arzew.* ☏ 3.47.

Ets Michel D'Assigny, *13 boul. Charlemagne.* LA BUIRE. 6 ☏ 10.18.

Inséparables...
le guide et la carte
Michelin !

*le guide
pour la ville,*   *la carte
pour la campagne*

Employez-les ensemble

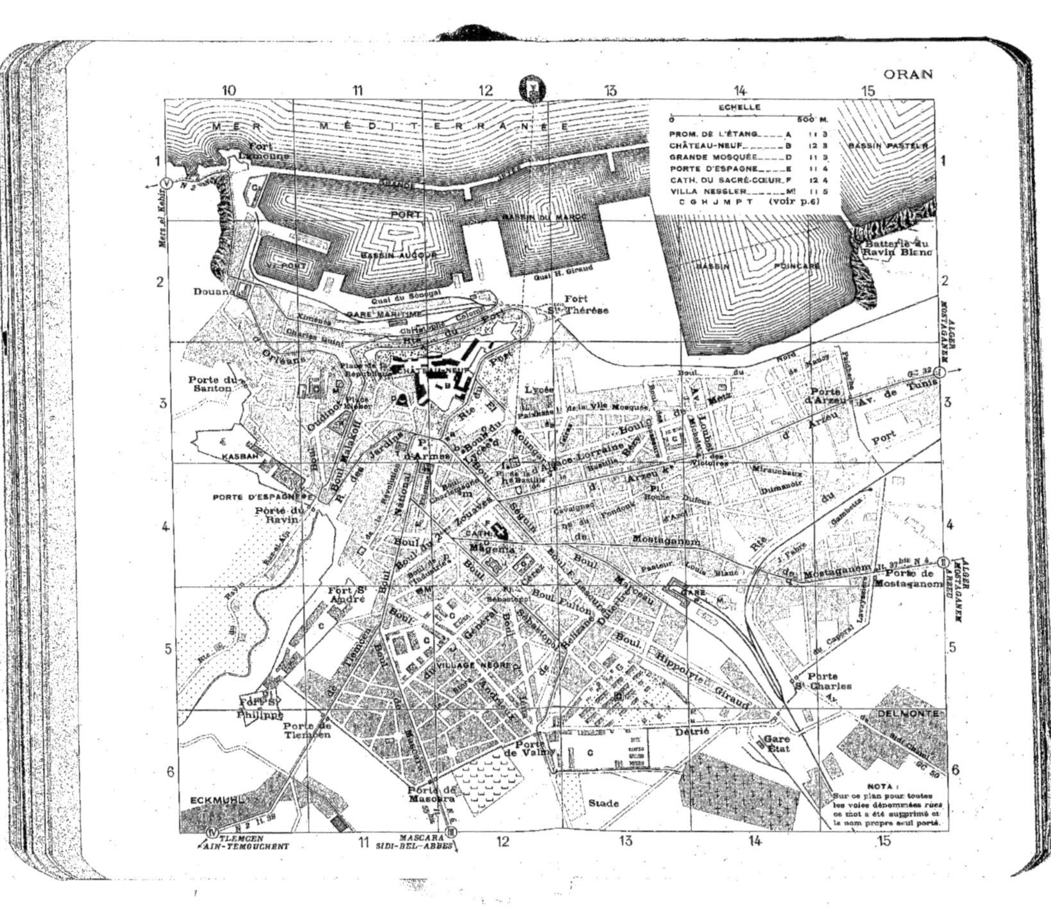
MER MÉDITERRANÉE
ECHELLE
0 500 M.
PROM. DE L'ÉTANG_____A 11 3
CHÂTEAU-NEUF_____B 12 3
GRANDE MOSQUÉE_____D 11 3
PORTE D'ESPAGNE_____E 11 4
CATH. OU SACRÉ-CŒUR_F 12 4
VILLA NESSLER_____M! 11 5
C G H J M P T (voir p.6)
BASSIN PASTEUR
Fort Lamoune
Mers el Kébir
PORT
BASSIN DU MAROC
BASSIN AUCOUR
AV.-PORT
BASSIN POINCARÉ
Batterie du Ravin Blanc
Douane
Quai du Sénégal
GARE MARITIME
Ximenès
Charles Quint
Fort Ste Thérèse
Orléans
Porte du Santon
Oudinot
KASBAH
Lycée
Boul. du Nord
Porte d'Arzeu
Av. de Tunis
ALGER MOSTAGANEM
PORTE D'ESPAGNE
Porte du Ravin
R. des Jardins
Pl. d'Armee
Alsace-Lorraine
Arzeu
Port d'Arzeu
Fort St André
Magenta
Boul. Fulton
de Mostaganem
Rte de Mostaganem
ALGER MOSTAGANEM
Porte de Mostaganem
VILLAGE NÈGRE
Boul. Hippolyte Giraud
Porte St Charles
Fort St Philippe
Porte de Tlemcen
Detrié
Gare État
DELMONTE
Porte de Valmy
Stade
ECKMUHL
Porte de Mascara
TLEMCEN AIN-TEMOUCHENT
MASCARA SIDI-BEL-ABBÈS
NOTA :
Sur ce plan pour toutes
les voies dénommées rues
ce mot a été supprimé et
le nom propre seul porté.

Oran (suite).

Gar. Olympia. De Lara et Ruiz, 4 r. Arago. 25.

Georges Noël, 3 r. des Moulins.

Gar. Afflériat Joseph, 18 r. Général-Cérez. 30.

Achille Argence, 29 r. Alsace-Lorraine. 10.

E. Babet, 5 r. du Citoyen-Bézy. ☏ 23.38.

Bouland et Le Gad, 11 r. Floréal-Mathieu.

Antoine Corvietto, 4 r. Paixhans. 14 ☏ 24.30.

A. Santaella, Gar. Magenta, 6 boul. Magenta. LORRAINE, SALMSON. 40.

Jean Saëz, pont de Gambetta. 8 ☏ 17.19.

Carpi et Erades, Gar. St-Antoine, 27 boul. de Mascara. 20.

S. A. des Ets J. Vinson, r. de la Vieille-Mosquée, Jolras et Bugeaud. DELAHAYE, PEUGEOT.

Sté Algérienne de Matériel Agricole. ◄FORD, HOTCHKISS, LAFFLY, MATHIS.

Serviès François, r. Claude-Bernard. COTTIN. ☏ 9.93.

Sté E. Dahan et fils, Gd Gar. du Centre, 48 r. Alsace-Lorraine.

Amoros François, National Gar., boul. du 2ᵉ Zouaves.

Tourreau, 156 r. Alsace-Lorraine.

Aïn-el-Turck 16 ⑤ — Aïn-Témouchent 73 ④ — Arzew 38 ① — Assis-bou-Nif 15 ② — Mascara 100 ③ — Mers-el-Kébir 8 ⑤ — Misserghin 15 ④ — Mostaganem 80 ① — Perrégaux 78 ③ — Saint-Cloud 23 ① — Sainte-Barbe-du-Tlélat 27 ③ — Sidi-bel-Abbès 82 ③ — Tlemcen 138 ④ — Valmy 12 ③.

ORLÉANSVILLE (Alger), ◇SP◇ (Pli 6), (Alt. 140 m.), 2.762 Eur., 2.000 Ind. ⚏ Voir : Mosquée (A) ; Jardin public. — O : Hippodrome 3.

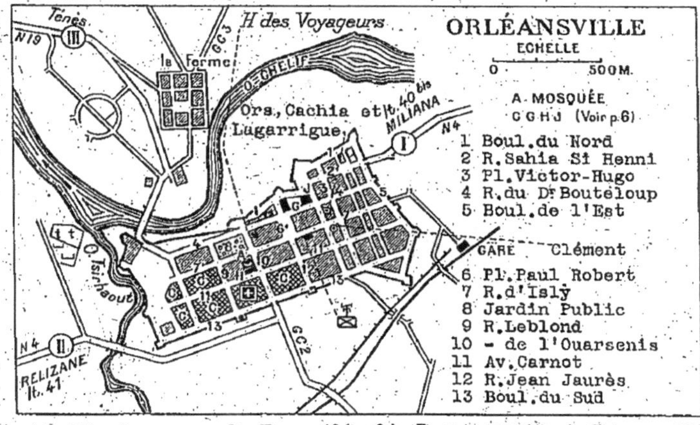

🏨 des Voyageurs, r. de Rome (64 ch) ⛲ 🛁 🚻 (wc) Gareur 20 m 20 ⑵ ☏ 0.04.

STOCK MICHELIN **Ors. Cachia et Lagarrigue**, Omnia Gar., pl. Victor-Hugo. RENAULT 20 ☏ 1.10.

STOCK MICHELIN **Grand Gar. Henri Clément**, r. d'Isly et de l'Alma. CITROEN, DELAGE. 80 ☏ 0.10.

STOCK MICHELIN **Ets P. Adam et Cie.** FIAT, 10 ☏ 1.15.

🚲 S. A. des Ets J. Vinson. DELAHAYE, PEUGEOT.

Affreville 87 ① — Alger 227 ① — Charon 22 ② — Mascara 153 ② — Miliana 96 ① — Oued Fodda 21 ① — Rabelais 42 ③ — Relizane 88 ② — Ténès 53 ③.

Ouargla (Algérie, Territ. du Sud), (Alt. 128 m.), 99 Eur., 16.203 Ind. — Pas de ⚏ ni de ☏. ⚏ Voir : Oasis ; Minaret de la Mosquée Lalla Aza (vue ✶) ; Mosquée de Lalla Malkia.

NO : Terrain d'aviation, 1.

Touggourt 183.

🏨 Transatlantique (10 ch) ⛲ douches. Gar. T. S. F.

☏ de la Place Flatters, Ch 20 à 34 Chfr 45 (bc) Serv 10 % (8 ch) (wc), Abri.

STOCK MICHELIN **René Lagleyze.** RENAULT.

OUDJDA (Maroc), **(Pli 4)**, (Alt. 500 m.), 8.780 Eur., 11.196 Ind. = **Douanes** : *voir p. 252.* = **Voir** : Kasbah ; Minaret de la Mosquée (*entrée rigoureusement interdite*) (A). = **Exc.** : SE : source et palmeraie de Sidi-Yahia 6. — O : Champ de bataille d'Isly (*par la route de Taourirt*) (monument commémoratif) 6. — *Voir exc. n° 6.* — S : *Terrain d'aviation.*

Syndicat d'Initiative et de Tourisme du Maroc oriental, *pl. de France.* ☎ 0.58.

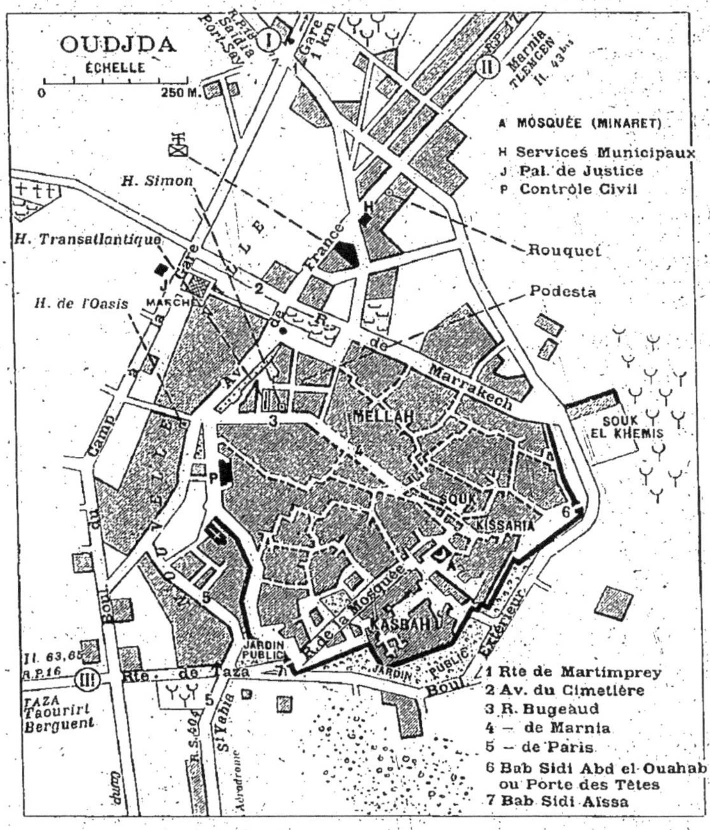

🏨 Transatlantique, (16 ch) 🛁 2 🚿 (wc) Hotransat ☎ 0.67.

🏨 **Simon,** *r. Maréchal-Bugeaud et duc d'Aumale,* Repas 5.18.19 (bnc) Ch 20 à 35 Chfr 45 (bc) Serv 10 % (50 ch) 🛁 45 2 🚿 (wc) Gareur 10 m ☎ 0.04.

🏨 de l'Oasis (meublé).

STOCK MICHELIN **Podesta Gaston,** Velo Palace Auto, *r. du Duc-d'Aumale.* Citroen. [30] ☎ 0.57.

STOCK MICHELIN **P. Rouquet,** *40 av. d'Algérie.* Renault [AIR] ☎ 1.33.

🚗 Gar. Pierre Canu, *9 r. d'Alger.* Peugeot. [5] ☎ 2.23.

— Lagarde Camille, *rte de Martinprey.*

— A. Jorquès et J. Sanchez, *21 av. de la République.* [15] ☎ 2.12.

— J. Lubrano, Central Gar., *r. du duc d'Aumale.* Fiat. [40][5] ☎ 0.30.

Berguent 81 [III] — Berkane 60 [I] — Debdou 160 [III] — El Aïoun-Sidi-Mellouk 59 [III] — Marnia 27 [II] — Martimprey-du-Kiss 38 [I] — Melilla 158 [I] — Taforalt 55 — Taourirt 108 [III] — Taza 225 [III] — Tlemcen 80 [II].

Oued-El-Alleug (Alger), **(Pli 15)**, (Alt. 49 m.), 419 Eur., 136 Ind. — 🚌 Koléa 10. = Alger 47 - Blida 10 - Boufarik 12 - Koléa 10.

🍴 du Midi.

Oued Fodda (Alger), © (Pll 6), (Alt. 170 m.), 347 Eur., 843 Ind.
= **Env. :** Barrage de l'Od Fodda. = Affreville 87 - Les Attafs
12 - Duperré 42 - Miliana 75 - Orléansville 21.

Oued Zem (Maroc), (Pll 12), (Alt. 780 m.), 600 Eur., 2.445 Ind. =
Voir : Marché des Beni Smir (*lundi*).
Ben-Ahmed 72 - Beni-Mellal 77 - Boujad 20 - Casablanca 152 - Kasbah-
Tadla 46 - Khenifra 92 - Kourigha 34 - Settat 117.
Moderne.
Pierre Feuillard. 0.4.

Oued Zenati (Constantine), © (Pll 8), (Alt. 600 à 870 m.), 339 Eur.,
3.034 Ind. = Aïn-Amara 20 - Aïn-Regada 15 - Constantine 80 -
Guelma 42 - Souk-Ahras 119.
de France.
Marcel Payer. 20.

Ouezzan (Maroc), (Pll 3), (Alt. 350 m.), 594 Eur., 12.316 Ind.
O : *Terrain d'aviation militaire au Camp de Beni Melek* 6.
El Ksar-el-Kébir 79 - Fès 152 - Kénitra 133 - Larache 115 - Meknès
190 - Petitjean 120 - Rabat 173 - Souk el Arba du Gharb 56.
Grand Hôtel, Repas 3,50. 12. 12 (bnc) Ch 15 à 25 Chfr 30 (bc)
Serv 10 % (12 ch) 12 (wc) Rem int 5 6.
STOCK MICHELIN **Antoine Luciani.** CITROËN. 20 10.

Ouled-Djellal (Algérie, Territ. du Sud), (Pll 7), (Alt. 196 m.),
40 Eur., 36.000 Ind. — *Pas de* . = **Voir :** Palmeraie ; Mosquée
(minaret). = Biskra 86.
du Sud (*15 oct.-15 mai*), Ch 15 Chfr 35 (bc) Serv 10 % (10 ch). Gar
50 m *grat* 6 Picciocchi 0.02.

Palestro (Alger), ©, (Pll 16), (Alt. 160 m.), 393 Eur., 569 Ind. =
Exc. : N : Gorges de Palestro ★ 5. — *Voir exc. n° 16.*
Alger 79 - Arbatache 37 - Beni-Amran 16 - Bouïra 45 - Le Fondouck
42 - Sétif 229 - Tizi-Ouzou 69.

Palikao (Oran), ©, (Pll 5), (Alt. 530 m.), 1.130 Eur., 1.808 Ind.
Mascara 20 - Uzès-le-Duc 34.
du Commerce, (8 ch).
Ch. Vergobbio. CITROËN. 8 0.22.

Palissy (Oran), (Pll 5), (Alt. 538 m.), 566 Eur., 438 Ind. = Aïn-Témouchent 56 - Chanzy 22 - Sidi-bel-Abbès 13 - Le Télagh 47 -
Tlemcen 80.

Perrégaux (Oran), ©, (Pll 5), (Alt. 42 m.), 5.060 Eur., 1.402 Ind.
= **Exc. :** *voir exc. n° 10.* = Arzew 52 - Bouguirat 28 - Dublineau
21 - Mascara 40 - Mostaganem 41 - Noisy-les-Bains 24 - Oran 78 -
Relizane 59 - St-Denis-du-Sig 26 - La-Stidia 30.
des Voyageurs, r. *du Sig*, Repas 5.15.15 (bc) Ch 15 à 25 Chfr 35
(bc) Serv 10 % (18 ch) 10 (wc) Rem int *grat* 8 0.97.
des Colonies, r. *de Mostaganem*, (14 ch) (wc) Abri int 5.
STOCK MICHELIN **Serrat frères**, *rte d'Alger.* CITROËN, PANHARD. 20.

Petitjean (Maroc), (Pll 1), (Alt. 125 m.), 484 Eur., 1.928 Ind. —
Dar bel Amri 32.
Dar-bel-Amri 32 - Fès 80 - Kénitra 87 - Larache 143 - Mechra-bel-
Ksiri 49 - Meknès 59 - Moulay-Idriss 31 - Rabat 127.
du Midi, av. *Liautey*, Repas 4.12.12 (bc) Ch 18 à 25 Serv 10 %
(15 ch) 12 1 (wc) Abri int *grat* 5 Cipière 0.10.
STOCK MICHELIN **Comptoir Automobile et Agricole** (François-P.
Charreau). BERLIET, CITROËN, CHRYSLER, DELAGE, FORD. 5 0.04.
— Ets Clémenceau et Cⁱᵒ.

Philippe-Thomas (Tunisie) **(Pll 9)**, (Alt. 202 m.), 300 Eur., 600 Ind.
⚊ **Exc. : NE :** Gorges de l'Oued Seldja (*piste automobilisable jusqu'à l'entrée des gorges*) 9. ⚊ Gafsa 38.

PHILIPPEVILLE (Constantine), ⬤ **(Pll 8)**, (Alt. 1 à 147 m.),
19.288 Eur., 8.392 Ind. ⚊ **Voir :** Théâtre romain (A) ; Musée archéologique (M). ⚊ **Exc. : E :** Carrières de Filfila 24. — **NO :** Route en
corniche vers Stora et la Grande Plage 4.

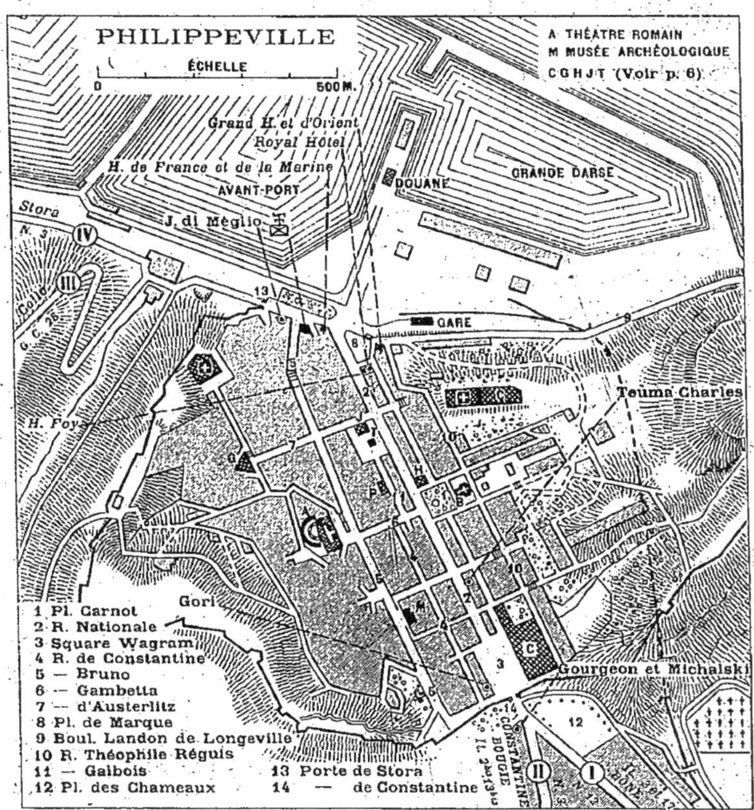

🏨 **Grand-Hôtel et d'Orient,** *pl. de Marqué,* Repas 5. 16. 18. (bnc)
Ch. 20 à 50. Chfr 40 (bc) Serv 10 % (20 ch). 🛁 20. 🚿 2. 🚽 (wc)
Gareur att 📞 0.51.

🏨 de France et de la Marine, *3 r. Nationale,* (26 ch) 🔲 1 🚽 (wc) Rem
att ② 📞 Hôtel France 📞 0.43.

🏨 Foy, *pl. de la Marine et r. Nationale,* (20 ch) 1 🚽 (wc) Gar 100 m
📞 Lagleyze 📞 0.63.

– 🏨 Royal-Hôtel, *2 r. Henri-Tessier,* 1 🚽.

STOCK MICHELIN Jean di Méglio, Gar. de la Poste, *r. Nationale et rte de
la Corniche.* Citroen. 40 📞 1.00.
STOCK MICHELIN Gar. Charles Teuma, *62 r. Nationale.* 10 📞 1.17.
STOCK MICHELIN Gori, *47 pl. Wagram.* 6.
STOCK MICHELIN B. Gourgeon et Ch. Michalski, *pl. des Chameaux.*
Léon Bollée, Morris. 25.
Paul Planchat, Gar. de la Corniche, *rte de la Corniche.* Fiat, Re-
nault. 20 📞 0.95.
— Gar. Raphaël Ros, *av. Raymond-Barrot.* 12 Box 7.

Philippeville (*suite*).

🔧 Charles André.
— Sté de Matériel Auto. et de Culture, *93 r. Nationale*. FORD, HOTCHKISS, LAFFLY, MATHIS. [80]. ☎ 2.31.

Bône 101 [I] — Bougie 260 [II] — Collo 74 [III] — Constantine 86 [II] — Djidjelli 164 [II] — El Milia 96 [II] — Guelma 88 [I] — Jemmapes 32 [I] — St-Charles 17 [II].

Pointe Pescade (*comm. de St-Eugène*), (Alger), **(Pll 15)**, 924 Eur., 382 Ind. = *Taxe séj. : 0 fr. 60*. = **Exc.** : Voir : Alger. = Alger 7,5.

Pont-de-l'Isser (Oran), **(Pll 5)**, (Alt. 246 m.), 332 Eur., 405 Ind. — 🚆 Lavayssière 15. = **Voir** : Egl. = **Exc.** : N : Carrières d'onyx d'Aïn-Tekbalet 4. — *Voir exc. n° 8.* = Aïn-Khial 20 - Aïn-Témouchent 34 - Lamoricière 35 - Oran 106 - Tlemcen 32.

🏨 Pomarès.

Pont-du-Chélif (Oran), **(Pll 5)**, (Alt. 20 m.), 80 Eur., 174 Ind. — 🚆 Aïn-Tédelès 6,5. = **Exc.** : *voir exc. n° 13.* = Aïn-Tédélès 6,5 - Bosquet 16 - Cassaigne 19 - Mostaganem 31 - Renault 75.

Pont-du-Fahs (Tunisie), **(Pll 18)**, (Alt. 175 m.), 204 Eur., 173 Ind. = **Exc.** : N de la gare : Ruines romaines de Thuburbo majus ★ 3. — *Voir exc. n° 25.* = Bir M'Cherga 17,5 - Tunis 61 - Zaghouan 49.

🏨 Illy, Abri 10 m [5] 🍴 Buffet Gare.

🔧 Faillat et Mangiarotti frères. [5].
— Lanza Dominique et Vassalo Tomaso. [4].

Port-Gueydon (Alger), © **(Pll 18)**, (Alt. 40 à 1.200 m.), 311 Eur., 314 Ind. — *Pas de* 🚆. = **Env.** : NE : Azeffoun Kabyle (ruines romaines) 4. = **Exc.** : S. : Pic Tamgout (*4 h. à mulet*). — *Voir exc. n° 17.* = Azazga 43 - Dellys 63 - Tigzirt-sur-Mer 38 - Tizi-Ouzou 65.

🏨 **du Commerce**, Repas 3. 15. 15 (bc) Chfr 36 (bc) Serv 10 % (6 ch) (wc) Abri att 5 fr [5] ☎ 0.04.

Porto-Farina (Tunisie) **(Pll 19)**, (Alt. 4 m.), 387 Eur., 2.463 Ind. — 🚆 Bizerte 37,5. = **Voir** : Lac ; Vieux forts ; Palais en ruines du Bey, et anciennes casernes beylicales. = **Env.** : Sémaphore (vue ★ (*35 min.*).
Bizerte 37,5 - Tunis 59.

Port-Say (*comm. de Marnia*) (Oran), **(Pll 4)**, 89 Eur., 118 Ind. — *Pas de* 🚆. = Marnia 69 - Nemours 61 - Tlemcen 122.

🏨 du Maroc Oriental.

Prévost-Paradol (*comm. de Tiaret*), (Oran), **(Pll 5)**, (Alt. 700 m.), 493 Eur., 608 Ind.
Frenda 45 - Mascara 93 - Tiaret 27 - Uzès-le-Duc 39.

RABAT (Maroc), **(Pll 2)** (Alt. 1 à 72 m.), 18.782 Eur., 26.132 Ind. **Circulation** : *Un seul sens autorisé : Trajet boul. El Alou, r. El Gza. Bab Tebene. — Trajet Bab Bouiba, r. Sidi Fatah, boul. El Alou, — r. des Consuls de l'ouest à l'est (voir plan).* = **Voir** : Le Sémaphore (vue ★) (A) ; la Kasbah des Oudaïa ★★ (B) avec ses portes (vue ★ de la tour) ; la Médersa des Oudaïa ★ (ancien musée des Arts indigènes et jardins ★) (D) et le café Maure (vue ★), puis le nouveau Musée des Arts indigènes (*il est procédé par un service spécial au contrôle et à l'estampillage des tapis marocains. Les tapis dont l'authenticité est ainsi prouvée sont exonérés en France du paiement des droits*) ; le Port et la Douane (E) ; la Mosquée Jama el Kebir (*entrée rigoureusement interdite*) et Souk-Sabbat (F) ; Souks de la r. des Consuls. = **Env.** : E : La Tour Hassan (vue ★★) (K) — SE : Ruines du Chella ★★ (le Marabout et la source) (Q) 3,5, au retour la Résidence Générale (vue) ★ (L) ; le Palais du Sultan (*extérieur*) (N). = **Exc.** : *voir exc. n° 3.* — S : *Hippodrome* 3. — *Terrain d'aviation* [I].

Synd. d'Init. de Rabat et Salé, Services Municipaux, ancienne Résidence, *r. de la Marne*.

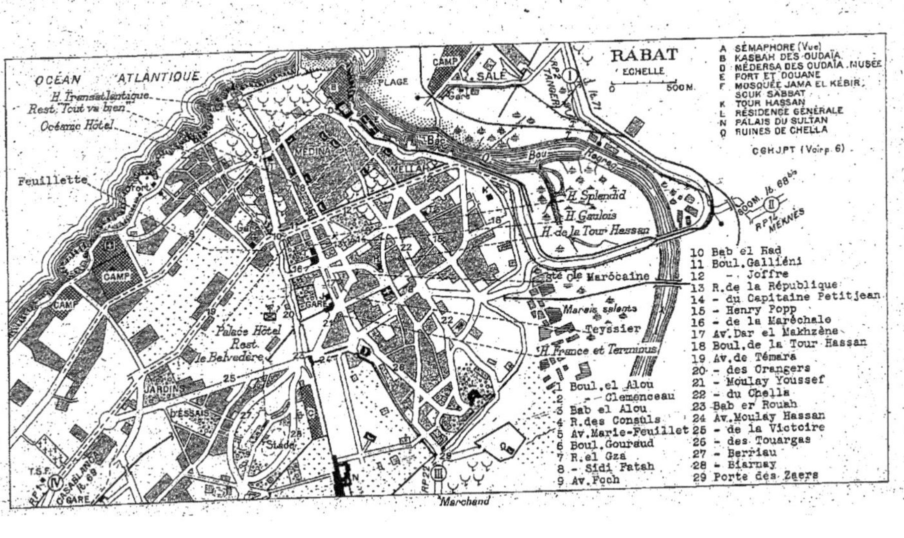
OCÉAN ATLANTIQUE
H. Transatlantique
Rest. Tout va bien
Océanic Hôtel
Feuillette
MÉDINA
MELLAH
PLAGE
CAMP
SALÉ
Gare
RABAT
ECHELLE
0   500 M.
RP 1 TANGER
Bou Regreg
H. Splendid
H. Gaulois
H. de la Tour Hassan
Sté Cle Marocaine
Marais salants
Teyssier
H. France et Terminus
CAMP
Palace Hôtel
Rest.
le Belvédère
JARDINS
D'ESSAIS
Stade
T.S.F.
CASABLANCA
RP 69
Marchand
RP 1 MEKNÈS
A   SÉMAPHORE (Vue)
B   KASBAH DES OUDAIA
D   MÉDERSA DES OUDAIA. MUSÉE
E   FORT ET DOUANE
F   MOSQUÉE JAMA EL KÉBIR.
    SOUK SABBAT
K   TOUR HASSAN
L   RÉSIDENCE GÉNÉRALE
N   PALAIS DU SULTAN
Q   RUINES DE CHELLA
CGHJPT (Voir p. 6)
1 Boul. el Alou
2 -   Clemenceau
3 Bab el Alou
4 R. des Consuls
5 Av. Marie-Feuillet
6 Boul. Gouraud
7 R. el Gza
8 - Sidi Fatah
9 Av. Foch
10 Bab el Had
11 Boul. Galliéni
12 -   Joffre
13 R. de la République
14 - du Capitaine Petitjean
15 - Henry Popp
16 - de la Maréchale
17 Av. Dar el Makhzène
18 Boul. de la Tour Hassan
19 Av. de Témara
20 - des Orangers
21 - Moulay Youssef
22 - du Chella
23 Bab er Rouah
24 Av. Moulay Hassan
25 - de la Victoire
26 - des Touargas
27 - Berriau
28 Boul. Biarnay
29 Porte des Zaers

Rabat (*suite*).

🏨 Transatlantique, *boul. El-Alou,* (50 ch) Asc 🆑 ⚬ ♨ 26 ☕ (wc)
   ⌁ Hotransat ☎ 23.71.

🏨 Palace (meublé), *boul. Galiéni,* (55 ch) 🆑 ⚬ ♨ 5 ☕ (wc) ☎ 11.28.

🏨 de la Tour Hassan, *av. du Chellah, quartier de la Tour Hassan,*
   (50 ch) ⚬ 50 ♨ 5 ☕ (wc) Gar et box int 🄴 ☎ 0.17.

🏨 Gaulois (meublé), *av. Dar el-Makhzène,* (62 ch) ⚬ 2 ☕ (wc) ☎ 11.28.

🏨 Splendid (meublé), *r. de la Paix,* Ch 16 à 35 Serv 10 % (35 ch) ⚬
   20 ♨ 3 ☕ (wc) Gareur 10 m. ☎ 32.83.

🏨 de France et Terminus, *pl. de la Gare,* Repas 5. 15. 15 (bc) Ch
   10 à 30 Chfr 35 (bc) Serv 10 % (24 ch) 🆑 ⚬ 24 ♨ 5 ☕ (wc).
   Gar int 8 fr 🄓 ⌂ ⌁ Terminus ☎ 30.90.

🏨 Océanic, *5 r. de Mazagan et 10 bis av. Marie-Feuillet,* Repas 4.
   10. 10 (bnc) Ch 14 à 30 Chfr 38 (bc) Serv 10 % (40 ch) ⚬ ♨ 3 ☕
   (wc) Gar 20 m 5 fr 🄝 ☎ 31.52.

★★ Restaurant « Le Belvédère », *dans le Jardin Public.*
★★   —   de la Palmeraie, *Galerie de la Palmeraie, av. Darel
           Makhzène.*
★★   —   « Tout va bien », *r. El-Gza (en face le marché).*

STOCK MICHELIN **Ets Teyssier,** *av. Dar-el-Makhzène.* Citroën, G. Irat.
   Rochet. 🆂 🅼 ☎ 31.95.—

STOCK MICHELIN **Henri Feuillette,** *5 et 7 av. de Temara* Berliet, Chrysler,
   Delage, Ford. 🆂 🄯 ☎ 26.46.

STOCK MICHELIN **Sté Africaine Industrielle et Auto** (anc. Sté Cie Marocaine) *r. Pierre-de-Sorbier.* Chenard, Dodge, Nash Stewart. 🄯 ☎ 23.72.

🚗 G. Godefin, *boul. Gouraud.* Renault. 🄐

Casablanca 92 ⓘⱽ — Fédhala 67 ⓘⱽ — Fès 202 ⓘⱼ — Kénitra 40 ① —
Khemisset 83 ⓘⱼ — Larache 196 ① — Meknès 141 ⓘⱼ — Ouezzan 173
① — Petitjean 127 ⓘⱼ — Salé 6 ① — Souk-el Arba-du-Gharb 117 ① —
Tanger 285 ①.

Rabelais (*comm. de Ténès*) (Alger), **(PII 5),** (Alt. 514 m.), 131 Eur.,
   220 Ind. — 🚉 Charon 27.

   Charon 27 - Mostaganem 121 - Orléansville 42 - Renault 14,5.

   🍴 Mazamet, (wc) cour int 🄔.

Rachgoun (*comm. de Béni-Saf*) (Oran), **(PII 14).** = **Exc. :** *voir
   exc. nº 8.* = Aïn-Témouchent 41 - Beni-Saf 8 - Oran 114 - Sidi-bel-
   Abbès 103 - Tlemcen 59.

Rebeval (Alger) **(PII 17),** (Alt. 40 m.), 148 Eur., 751 Ind. = **Exc. :**
   voir exc. nº 17. = Alger 89 - Camp du Maréchal 10,5 - Dellys 18,5 -
   Les Issers 25 - Tizi-Ouzou 28.

Redjas (Constantine), **(PII 8),** (Alt. 170 m.), 134 Eur., 58 Ind. —
   Pas de 🚉. = Constantine 72.

🚗 Augier Maurice.

Reghaïa (Alger), **(PII 16),** (Alt. 13 m.), 141 Eur., 33 Ind. = **Voir :**
   Pont romain.

   Aïn-Taya 9 - Alger 31,5 - L'Alma 6,5 - Rouïba 5,5 - Tizi-Ouzou 73.

   🍴 du Roulage.

Reibell : Voir : Chellala.

RELIZANE (Oran), Ⓒ ((PII 5), (Alt. 88 m.), 4.471 Eur., 7.379 Ind
   = **Voir :** Quartier indigène. = **Exc. :** *voir exc. nº 13.*

🏨 Paix, *pl. de la Mina,* Ch 15 à 24 Chfr 40 (bc) Serv 10 % (25 ch) ⚬
   Abri int grat 🄝 ⌁ St-Martin frères ☎ 0.59.

STOCK MICHELIN **E. Castillo et A. Badaroux,** *boul. V.-Hugo.* Citroën. 🄓
   ☎ 1.32.

STOCK MICHELIN **Raymond Hernandez,** *boul. Victor-Hugo.* ☎ 0.14.

🚗 Ets André et fils. Ford, Hotchkiss, Laffly, Mathis.

Bouguirat 31 ⓘⱼ — L'Hillil 20 ⓘⱼ — Inkermann 43 ① — Mascara 65 ⓘⱼ
— Mostaganem 58 ⓘⱼ — Oran 138 ⓘⱼ — Orléansville 88 ① — Perrégaux 59 ⓘⱼ — St-Aimé 35 — Tiaret 95 ① — Zemmora 21 ①.

(*Voir plan page suivante*).

Relizane (*suite*).

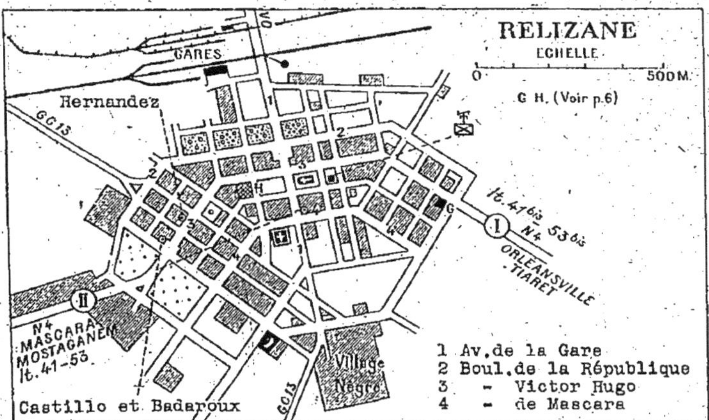

Renault (Oran), **(Pli 5)**, (Alt. 500 m.), 272 Eur., 839 Ind. —
Inkermann 29. ⚌ **Exc. :** *voir exc. n° 13.*
Cassaigne 56 - Inkermann 29 - Mascara 137 - Mostaganem 106 -
Oran 186 - Orléansville 57 - Rabelais 15.
Vve Brochier.

Revoil (Algérie, Territ. du Sud) : *Voir : Beni-Ounif de Figuig.*

Rio Salado (Oran), **(Pli 5)**, (Alt. 85 m.), 5.986 Eur., 1.535 Ind.
Aïn-Témouchent 13 - Er-Rahel 8 - Laferrière 6 - Lourmel 17 - Oran 59 -
Tlemcen 79.
🏨 du Commerce, (15 ch) (wc) Abri int 4 Avizon 0.01.
STOCK MICHELIN **Ch. Albert.** CITROEN. 25. 0.24.
Semperé.

Rivet (Alger), **(Pli 16)**, (Alt. 95 m.), 556 Eur., 367 Ind. — Eucalyptus
8. ⚌ **Exc. :** *voir exc. n° 16.*
Alger 26 - L'Arba 8,5 - Blida 40 - Le Fondouck 11 - Palestro 53.

Rivoli (Oran), **(Pli 5)**, (Alt. 145 m.), 682 Eur., 297 Ind.
Mostaganem 9,5 - Noisy-les-Bains 7,5 - Perrégaux 31,5.
Dhugues.

Robertville (Constantine), **(Pli 8)**, (Alt. 104 m.), 167 Eur., 725 Ind.
Constantine 60 - El Arrouch 7 - Philippeville 38 - St-Charles 21.
Henri Gohin.

Rouïba (Alger), **(Pli 16)**, (Alt. 19 m.), 1.386 Eur., 187 Ind.
Aïn-Taya 7 - Alger 26 - Le Fondouck 11 - Maison-Carrée 14,5 -
Palestro 53 - Reghaïa 5,5 - Tizi-Ouzou 78.
STOCK MICHELIN **Riudavets Jacques**, Central Gar., *pl. de la Mairie.*
RENAULT. 10.
Elie Ducrocq, *rte Nationale.*

Rouïna (Alger, **(Pli 6)**, (Alt. 190 m.), 204 Eur., 255 Ind.
Defilon Louis.

Rovigo (Alger), **(Pli 15)**, (Alt. 127 m.), 319 Eur., 441 Ind. ⚌ **Exc. :**
SO : Bains d'Hammam-Melouane 7. — *Voir exc. n° 15.*
Alger 37 - L'Arba 7 - Bir Rabalou 80 - Blida 25 - Maison-Carrée 25,5
de la Gare, (10 ch).

SAFI (Maroc), **(Pl. 11)**, (Alt. 55 m.), 1.395 Eur., 26.914 Ind. — *Pas de* 🚂. = **Voir :** Les Marabouts de Sidi Abd er Rahmane (B) et de Sidi Bou Zekri (A); la Kechla ★ (anc. forteresse qui maintenant abrite les bur. du Contrôle civil) (D) ; Mosquées (*entrée rigoureusement interdite*) : Salah (E), du Cheïkh M'hamed (L) ; Chap. portugaise (*pour visiter, s'adr. aux Services municipaux*) (F) ; Dar el Bahar (terrasse, vue) (K). = **Env. :** N : le Marabout de Sidi bou Zid (vue ★★) 3. — S : Zaouïa de Sidi Oissel 3. = **Exc. :** N : Sources d'eaux chaudes sulfureuses de Sidi Bouchta par Souk el Had 19 et Cap Cantin 38 — N : Dar Sidi Aïssa (prison de l'ancien Makhzène) 26. — S : Djorf el Youdi par le marabout de Sidi el Ghazi 12 ; Source d'Enga par Et Tnine 58 ; Embouchure et vallée de l'Oued Tensift 36 ; Kasbah du Sultan Noir ★, près de l'embouchure de l'oued Tensift. = **Spécialité :** Poteries — *Hippodrome* 3. — *Terrain d'aviation* 1.

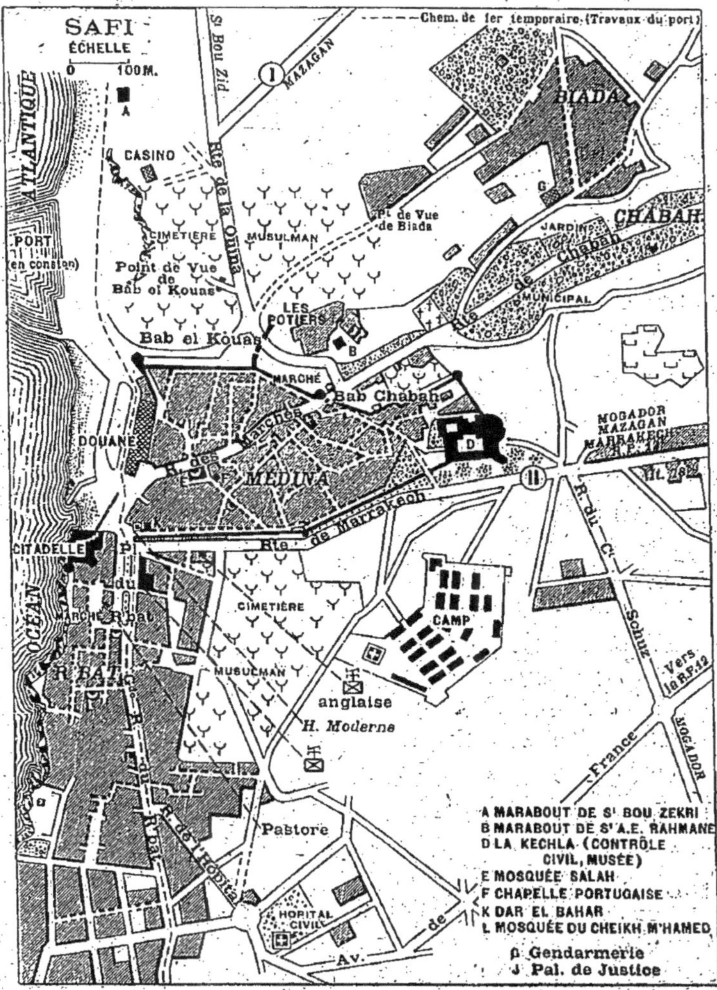

🏨 Moderne, *Gde pl. du R'Bat*, Repas 8,50. 15. 15 (bc) Chfr 38,50 (bc) Serv 10 % (14 ch) 🛁 14 (wc) Gareur 150 m. Morgat ☎ 1,17.

STOCK MICHELIN **Ets Miguel Pastor**, « Gar. Sport ». BERLIET, CHRYSLER, DELAGE, FORD. [AIR] [40] Box [10] ☎ 0.50.

F. Legrand et Cie, *rte de Marrakech et pl. du R'bat.* CITROEN, IRAT, ROCHET. [30].

Azemmour 175 [I] - Marrakech 154 [II] - Mazagan 158 [II] - Mogador 153 [II].

Saïda (Oran), © (Pli 5), (Alt. 837 m.), 6.082 Eur., 5.789 Ind. = **Stationnement** : 0 fr. 50. = **Douanes** : *voir p. 252.* = **Env.** : S : Ruines de la Saïda d'Abd-el-Kader 1. = **Exc.** : NE : Cascades de Tiffrit 20.
Aïn-el-Hadjar 12 - Aïn-Sefra 269 - Le Kreider 86 - Mascara 73 - Le Télagh 77.
🍴 **Riu**, *av. Charrier*, Repas 2.12.12 (bc) Ch 10 à 16 Chfr 32 (bc) Serv 10 % (26 ch) 🛏 1 ☎ (wc) Rem int *grat* ⑤ ☎ Riu ☎ 0.04.
STOCK MICHELIN **Gar. Moderne, Mekati Belkacem**, *r. Géryville*. BERLIET. ⑩ ☎ 0.79.
STOCK MICHELIN **P. David et F. Iguna**, *av. Gambetta.* ☎ 0.01.
🚗 Cazès M. et J., Central Gar. CITROEN, PANHARD. ⑩ ☎ 0.09.
— J. Bernard, Grand Gar., r. *d'Oran et Bézy.* RENAULT. ⑩ ☎ 1.34.
— Saïda auto, René Darlot, *boul. Besombes.* FORD. ⑫ ☎ 0.71.

St-Aimé (Oran), (Pli 5), (Alt. 74 m.), 490 Eur., 700 Ind. = **Exc.** : *voir exc. n° 13.* = Aïn-Tédelès 58 - Inkermann 9 - Mascara 99 - Orléansville 54 - Relizane 34.

St-Arnaud (Constantine), ©, (Pli 7), (Alt. 950 m.), 987 Eur., 2.476 Ind. = **Exc.** : N : Ruines de Djemila ★ (*Voir* : Djemila) 35.
Ⱶ Châteaudun-du-Rhumel 46 - Constantine 100 - Djemila 35 - Djidjelli 130 - Sétif 26.
🏨 de France, *1 r. du Commerce*, (10 ch) 🛏 Rem int ⅏.
🚗 Central Gar., Albert Boerio, *r. Nationale.* ㉕ ☎ 0.49.
— Victor Gros. ④.
— Mme veuve Grange, Modern' Gar.

St-Charles (Constantine), (Pli 8), (Alt. 39 m.), 233 Eur., 775 Ind.
Constantine 69 - El Arrouch 14 - Philippeville 17 - Robertville 21.

St-Cloud (Oran), © (Pli 4), (Alt. 153 m.). 2.360 Eur., 472 Ind. = **Exc.** : NE : Djebel Orousse (631 m.) 6. — *Voir exc. n° 12.*
Arzew 15 - Assis-bou-Nif 13 - Fleurus 7 - Mostaganem 57 - Oran 23.
🍴 des Messageries, *r. d'Oran*, Rem ⑳ ☎ 0.04.
🚗 Joseph Moya, *r. du Lac.*

St-Denis-du-Sig (Oran), © (Pli 5), (Alt. 54 m.), 2.949 Eur., 3.245 Ind. = **Exc.** : *voir exc. n° 12.*
Arzew 42 - Dublineau 27 - Mascara 48 - Mostaganem 67 - Oran 52 - Perrégaux 26 - Ste-Barbe-du-Tlélat 25.
🚗 C. Debieuvre. CITROEN ⑩.

St-Eugène (Alger), (Pli 15), (Alt. 30 à 90 m.), 4.113 Eur., 1.169 Ind. = *Taxe séj.* : 0 fr. 60. = **Voir** : Basilique N.-D. d'Afrique ★. = **Exc.** : (Voir : Alger.) = Alger 5.

St-Germain (Tunisie), (Pli 19), (Alt. 2 m.), 248 Eur., 30 Ind.
Tunis 15.

St-Leu (Oran), (Pli 4), (Alt. 54 m.), 519 Eur., 20 Ind.
Arzew 8 - Mostaganem 41 - Oran 40 - St-Cloud 17 - La Stidia 25.

St-Lucien (Oran), (Pli 4), (Alt. 200 m.), 407 Eur., 788 Ind.
Arzew 43 - Oran 32 - Sainte-Barbe-du-Tlélat 5 - Sidi-bel-Abbès 50 - Les Trembles 33 - Valmy 18.
🚗 Cases B. CITROEN. ⑤ ☎ 0.01.

Ste-Barbe-du-Tlélat (Oran), © (Pli 4), (Alt. 150 m.), 1.439 Eur., 518 Ind. = **Exc.** : *voir exc. n° 12.*
Arzew 38 - Fleurus 22 - Mascara 73 - Oran 27 - Perrégaux 51 - St-Denis-du-Sig 25 - Sidi-bel-Abbès 55 - Les Trembles 38 - Valmy 15.
🍴 du Midi, *Grande-Rue*, Repas 3. 12. 12 (bc) Ch 12 à 15 Chfr 30 (bc) Serv 10 % (6 ch) Rem int 3 fr ⑤ ☎ 0.09.

Ste-Marie-du-Zit (Tunisie), **(Pll 19)**, (Alt. 121 m.), 20 Eur., 15 Ind. — 🚌 Zaghouan 17. = **Exc. :** *Voir exc. n° 24.* Crétéville 30 - Tunis 52 - Zaghouan 17.

Sakiet-Sidi-Youssef (Tunisie) **(Pll 8)** (Alt. 816 m.), 200 Eur., 700 Ind. — 🚌 Le Kef 43. = Souk-Ahras 50 - Le Kef 43. 🚗 Neu Georges. [5] ☎ 2.

SALÉ (Maroc) **(Pll 2)**, (Alt. 20 m.), 1.048 Eur., 19.996 Ind. = **Voir :** Le Cimetière et le Sanctuaire de Sidi ben Acher (B) ; la Grande Mosquée (*entrée rigoureusement interdite*) (D); la Médersa XIVe (E) ; la Bab Sebta (vue ★) (A) ; la rue de la Grande Mosquée (4) et le Talaa ; les ateliers des ébénistes ; les ateliers des nattiers ; Kissaria (marché aux tissus et aux babouches) (K) ; le Cimetière de Bab Djedid ; les anciens Bassins de Radoub (F) ; les remparts ; les fondouks. = **Env. :** NE : Marabout de Sidi Moussa 2,5 et Kasbah Gnaoua (*sortir par la Bab Chaaja*) 3. — NE : les Jardins d'orangers et l'Aqueduc (*sortir par la Bab Fès et prendre à gauche la route qui contourne les remparts*) 1. — Plateau des Bettana (vue ★★) 2 [III]. = **Exc. :** SE : en barque sur l'Od bou Regreg jusqu'aux gorges curieuses de l'Od Akrech. — *Voir exc. n° 3.* = **Spécialités :** nattes ; ébénisterie en arar ; tapis. = Synd. d'Init. à Rabat, *r. de la Marne.*

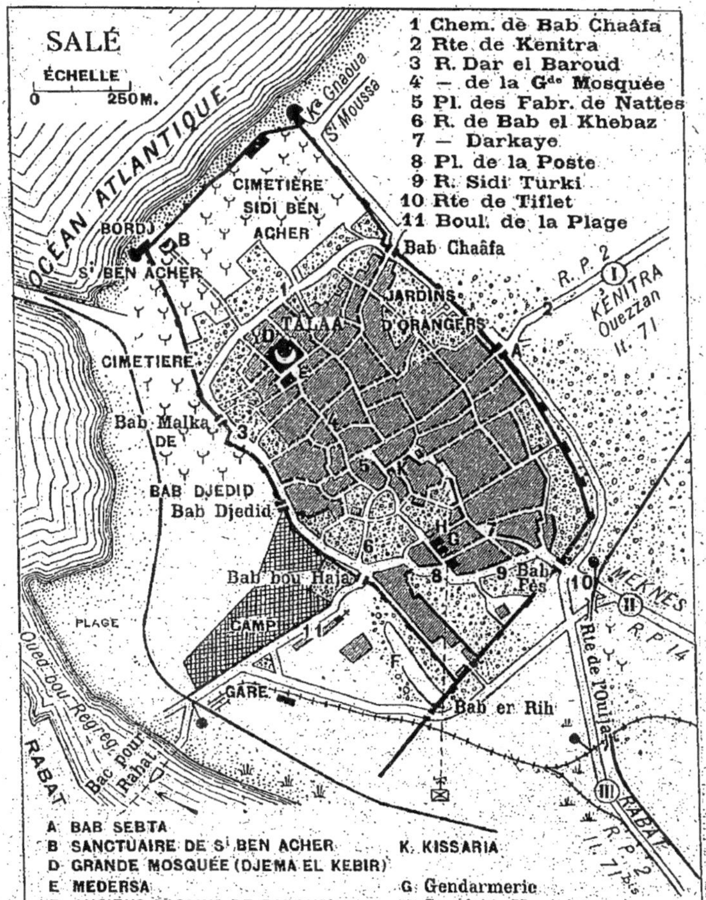

Kénitra 34 [I] — Khemisset 77 [II] — Meknès 135 [II] — Rabat 6 [III].

Sbeïtla (Tunisie), **(Pll 9)**, (Alt. 537 m.), 250 Eur., 1.000 Ind. ⇌
Voir : Ruines romaines ★. ⇌ **Exc. :** N : Gorges de l'Od Sbeïtla
(1 h. à pied.)
 Ebba-Ksour 82 - Gafsa 138 - Le Kef 120 - Sfax 173 - Sidi-Bouzid 40.
 ⚓ Grand Hôtel et Buffet, (wc) Abri int. 4.
 🚂 Hugues Cachia, Central Gar. 10 ⚑ 3.

Sebdou (Oran), **(Pll 5)**, ©, (Alt. 920 m.), 436 Eur., 422 Ind. — 🚋
 Tlemcen 38. ⇌ **Exc. :** *voir exc. n° 9.*
 El Aricha 48 - Lamoricière 47 - Oran 176 - Sidi-bel-Abbès 105 -
 Tlemcen 38.

Sedrata (Constantine), ©, **(Pll 8)**, (Alt. 800 m.), 378 Eur., 1.064 Ind.
 — 🚋 M'Daourouch 30. ⇌ **Exc. :** E : Ruines de Khamissa ★ 14 (Voir :
 Khamissa). ⇌ Aïn-Beïda 50 - Guelma 65 - Khenchela 113 - Souk-
 Ahras 54.
 ⚓ de la Poste.
STOCK MICHELIN Plagnard et Lavest. Citroen. 12.

Sefrou (Maroc), **(Pll 2)**, (Alt. 800 m.), 184 Eur., 8.338 Ind. — 🚋
 Fès 32. ⇌ **Voir :** Les jardins ★ ; fort Prioux (vue ★) ; marché *(jeudi).*
 ⇌ **Env. :** SO : gorges et cascades de l'oued Aggaï 2. ⇌ **Exc. :** NE :
 Bahlil *(piste carrossable)* 5. — E : gorges du Sebou à Mechra el
 Amar *(par la piste carrossable d'El Menzel)* 2,5. — *Voir : exc. n° 4.*
 Azrou 70 - Fès 32 - Meknès 93.

SÉTIF (Constantine), ◁◦▷, **(Pll 7)**, (Alt. 1.100 m.), 8.925 Eur.,
 21.536 Ind. ⇌ **Voir :** Musée *(de 8 à 11 h. et de 13 à 17 h. ou 19 h. 30
 selon la saison)* (A) ; Pl. Barral (bains romains) (14). ⇌ **Env. :** NO :
 Tombeau de Scipion 1,8. ⇌ **Exc. :** *voir exc. n° 19.*

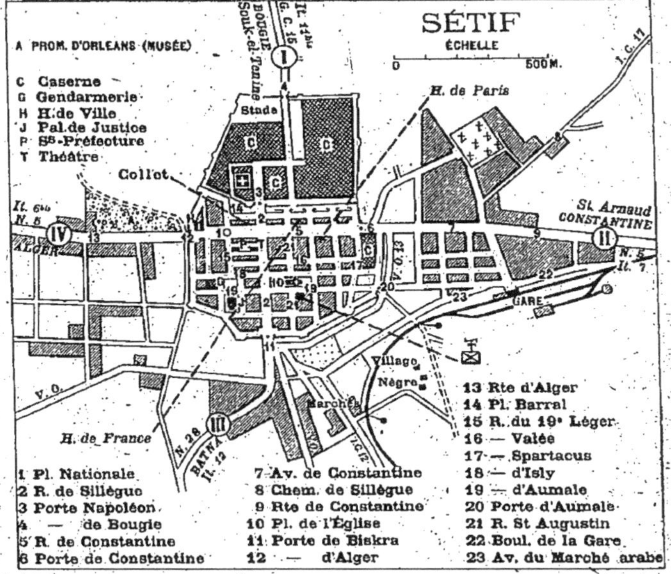

 🏨 de France, *13 r. de Constantine,* (70 ch) ⒼⒼ ⚭ 70 ⚒ 3 ⊂ (wc)
  Gar 10 ⌞ ⚑ 43.
 🏨 **Touring Hôtel** (meublé) Ch 15 à 25 Serv 10 % (20 ch) ⚭ 2 ⊂
  (wc) Gar 10 m grat 18 ⌞ ⚑ 1.49.
 🏨 de Paris, *r. de Constantine,* Ch 20 à 35 Chfr 35 (bc) Serv 10 %
  (18 ch) ⒼⒼ ⚭ 18 ⚒ ⊂ (wc) ⚑ 2.09.

Sétif (*suite*).

STOCKISTES MICHELIN :

Gar. Collet frères, *29 r. de Constantine et 18 r. du 61e de ligne.* RENAULT. 4 ☎ 0.27.
Chiofolo Arthur, *13 r. de Constantine et 4 r. Cardinal-Lavigerie.* DELAGE. 20.
Dirat et Camilleri, Central gar., *7 r. du duc d'Aumale.* BERLIET, ROCHET, TALBOT, VOISIN. AIR 30 ☎ 41.
J. Chiofolo, Gar. Moderne, *r. Cardinal-Lavigerie.* COTTIN, TURCAT. 20 ☎ 1.92.

AUTRES MÉCANICIENS RÉPARATEURS :

Sté Sétifienne, Vincent et Cie, *r. des Jardins.* AMILCAR, DE DION, HISPANO, FORD. ☎ 1.87.
Tomassini, *boul. de la Gare.*
Chiofolo frères, *1 pl. Nationale.* 10.
Gar. A. Jannet, *6 r. de Constantine.* LUC COURT. 2 ☎ 1.60.
Ignora, Eden Gar, *14 r. Trajan.*
G. Dordron, *r. Justinien.* FIAT.

Alger 308 IV — Ampère 52 III — Batna 143 III — Bordj-bou-Arréridj 65 IV — Bougie 112 I — Constantine 126 II — Djidjelli 140 I — Kerrata 53 I — St-Arnaud 26 II — Souk-el-Tenine 78 I.

SETTAT (Maroc), (Pl 12), (Alt. 370 m.), 600 Eur., 9.000 Ind. =
Voir : Les plantations du Jardin du Caïd ; Jardins de la ville. =
Exc. : SO : Aïn bel Mesk (vallée, cascades) (*en auto par la route de Marrakech et la piste de Souk-el-Tenine, à pied après Souk-el-Tenine*) 30. — O : Kasbah de Bou Laouane 47.

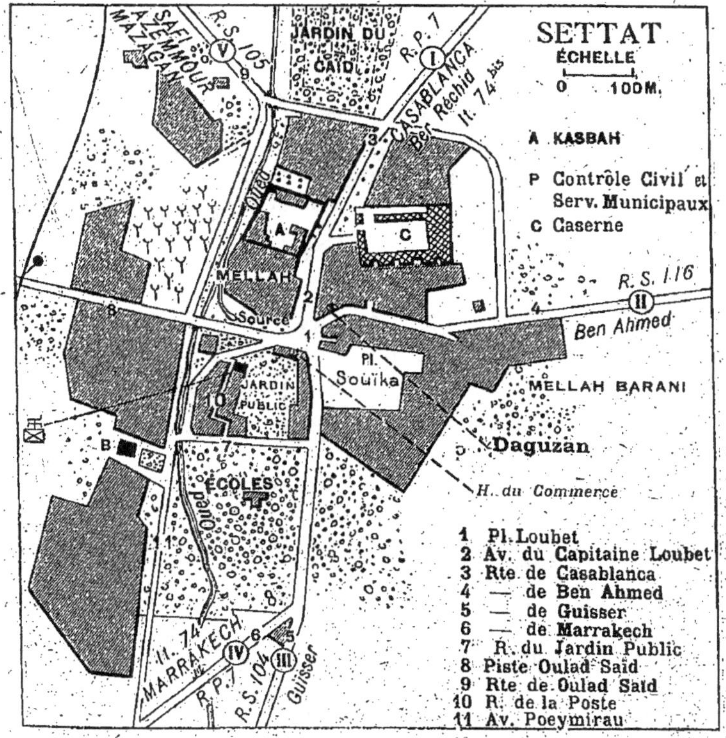

🏨 du Commerce, (18 ch) 18 & 1 (wc) Rem 50 m 10 ☎ Commerce ☎ 0.06.

STOCK MICHELIN **Daguzan Joseph** (Settat Gar.), *r. de Paris.* BERLIET, CITROEN, DELAGE, FORD. AIR 5 ☎ 0.43.

Settat (*suite*).

Ben-Ahmed 45 [II] — Ber-Réchid 31 [I] — Casablanca 72 [I] — El-Boroudj 73 [III] — Kasbah-Tadla 163 [II] — Marrakech 169 [IV] — Mazagan 117 [V].

SFAX (Tunisie), **(Pli 9)**, (Alt. 2 m.), 7.998 Eur., 127.000 Ind. = *Taxe séj. : 0 fr. 60 à 2 fr.* = **Circulation :** *interdite r. des Forgerons, r. des Remparts d'El-Djem, r. Dar Seblai et r. Bordj-En-Nar.* = **Voir :** Enceinte (B) ; Souks ; Hôtel de Ville (Musée archéologique, mosaïques romaines) (H) ; Port ; Grande mosquée ★ (*entrée interdite*) (A). = **Env. :** O : Jardins d'essais 2. = **Exc. :** SO : Phare de Tina (ruines romaines) 12 ; Iles Kerkennah (*excursion de 2 jours, traversée mardi et vendredi, aller ; mercredi et samedi, retour. 2 h. de Sfax à Mélita ; 4 h. 30 de Sfax à Chergui*). = **Spécialité :** Pêcheries d'éponges. = *Hippodrome et terrain d'aviation 2.*

Syndicat d'Initiative, *à la Municipalité.*

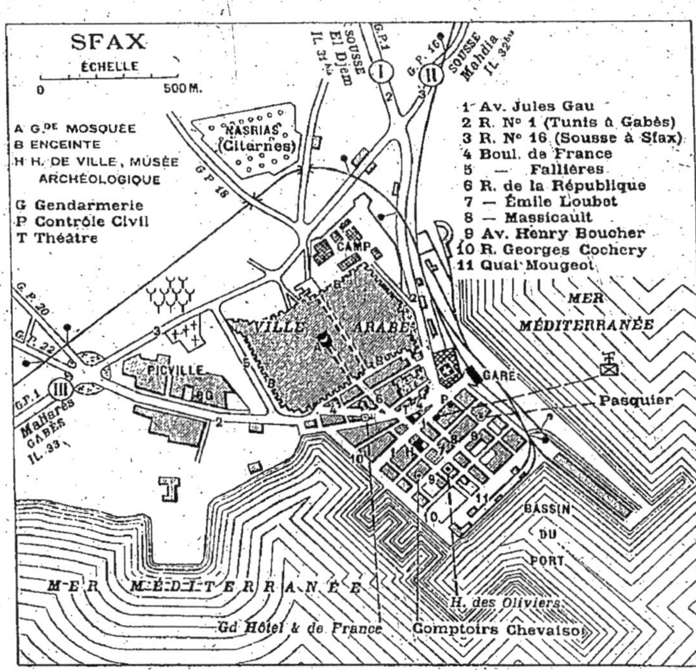

🏨 **des Oliviers,** *av. Henri-Boucher,* Repas 7. 26. 26 (bnc) Ch 30 à 90 Chfr 50 (bc) Serv 10 % TS 2 fr (60 ch) Asc [cc] 60 10 (wc) Gareur 20 m ☎ 1.88.

🏨 Grand Hôtel et de France, *4 r. Victor-Hugo,* 1 (wc) ☎ 20.

STOCK MICHELIN **Pasquier frères,** *5 r. Lamoricière.* Citroen, Delage. [100/20] ☎ 58.

STOCK MICHELIN **Gar. Chevaiso,** *r. Henri Boucher.* Berliet, Ford. [50] Box [7] ☎ 2.66.

Girlando et Maganuco, *9 r. Alexandre-Dumas.* [5] ☎ 329.
— Mohamed et Taïeb Cherfi et Cie, *boul. Amiral-Garnault.* [15] ☎ 423
— Diadei Carmine, Royal Gar. [20] ☎ 312.
— Gamrasni François, *40 r. Pasteur.* [5] ☎ 297.
— Barbara Emile, Sfax Gar, *17 r. Georges-Cochery.* [15] ☎ 279.
— Vincent Foti, Pic Ville. [5].
— Rosario Foti, Gar. Tunisien.

El Djem 65 [I] — Gabès 136 [III] — Kairouan 163 [I] — Maharès 34 [III] — Mahdia 106 [II] — Sbeïtla 173 — Sidi-Bouzid 133 — Sousse 127 [I], 167 [II] — Tunis 267 [I].

SIDI-BEL-ABBÈS (Oran), <sp> (Pli 5), (Alt. 480 m.), 28.024 Eur.,
12.773 Ind. = **Stationnement** : *interdit plus de 10 min. dans les
grandes artères.* = **Voir** : Jardin public.
O : *Hippodrome (terrain d'aviation)* 2.

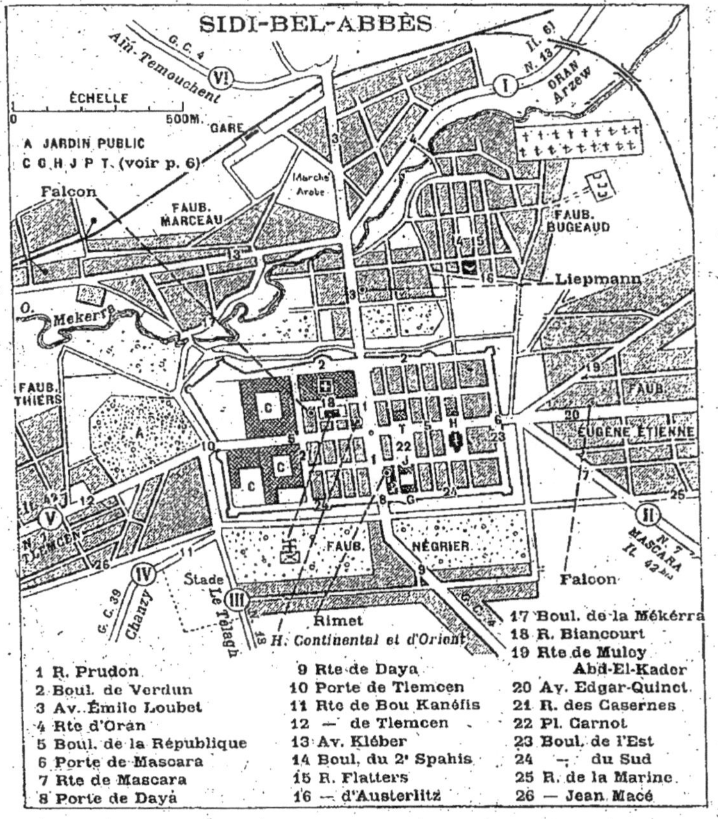

1 R. Prudon	9 Rte de Daya
2 Boul. de Verdun	10 Porte de Tlemcen
3 Av. Émile Loubet	11 Rte de Bou Kanéfis
4 Rte d'Oran	12 — de Tlemcen
5 Boul. de la République	13 Av. Kléber
6 Porte de Mascara	14 Boul. du 2ᵉ Spahis
7 Rte de Mascara	15 R. Flatters
8 Porte de Daya	16 — d'Austerlitz

17 Boul. de la Mékérra
18 R. Biancourt
19 Rte de Muloy
Abd-El-Kader
20 Av. Edgar-Quinet
21 R. des Casernes
22 Pl. Carnot
23 Boul. de l'Est
24 — du Sud
25 R. de la Marine
26 — Jean Macé

Continental et d'Orient, *r. Prudhon,* (50 ch) (wc) Gareur 100 m ☎ 0.24 .
Palace-Hôtel, *25 r. Lord-Byron et 1 r. Prudon,* Ch 14 à 25 Serv.
10 % (44 ch) ⚉ 9 ⚏ (wc) ☎ 1.76.

STOCK MICHELIN Louis Liepmann, *8 av. Loubet.* RENAULT. 40 ☎ 2.71.
STOCK MICHELIN H. Falcon, *4 r. de la Légion et r. Edgar-Quinet.*
CITROEN, PANHARD. 10 ☎ 2.45.
STOCK MICHELIN E. Rimet, *33 r. Prudon.* FORD, LA LICORNE. 100 BOX ☎ 3.87.

☞ H. Rapinat, *7 av. Loubet.* 25 ☎ 3.30.
— Gar. Moderne Sempère Santiago, *22 av. Loubet.* AMILCAR, TALBOT. 30 ☎ 2.68.
— Raoul Ayribier, *15 av. Loubet.* BERLIET. ☎ 1.67.
— G. Mercandier, *4 r. Michelet.* ☎ 1.99.
— Aguilar frères, *35 rte de Mascara.*
— J. Garcia Simon, *49 av. Kléber.* LUC COURT. ☎ 0.26.
— Michel Ruiz, Excelsior Gar., *8 rte de Daya.* 4 ☎ 2.41.
— Otto Buhrer, Gd Gar. Central, *boul. de la République.* DELAHAYE, PEUGEOT. 30 ☎ 0.90.

Aïn-Témouchent 62 Ⓥ — Arzew 93 Ⓘ — Chanzy 35 Ⓘ — Descartes 41
Ⓥ — Mascara 89 Ⓘ — Mercier-Lacombe 38 Ⓘ — Oran 82 Ⓘ —
Palissy 13 Ⓥ — Saïda 98 Ⓘ — Ste-Barbe-du-Tlélat 55 Ⓘ — Le Télagh
50 Ⓘ — Tlemcen 91 Ⓥ — Les Trembles 17 Ⓘ.

Sidi-Bouzid (Tunisie), **(Pli 9)**, 21 Eur., 259 Ind. — 🚌 Djelma 35. =
Spécialité : Fabrication de tapis « Guetifs ». = Sfax 133 - Sbeïtla 40.

Sidi-Ferruch (*comm. de Staouéli*) (Alger), **(Pli 15)**, (Alt. 15 m.)
389 Eur., 772 Ind. — 🚌 3. = **Voir** : Baie de l'Ouest (point de débarquement des Français en 1830 ; monument commémoratif).
Alger 26 - Staouéli 4,5.
⚓ de la Plage, 🚃 Gar int 🔟 ⵊ 0.01.

Sigus (*comm. d'Aïn-M'lila*) (Constantine), **(Pli 8)**, (Alt. 900 m.),
71 Eur., 293 Ind. = **Voir** : Plateau SO : nombreux monuments
mégalithiques. = Aïn-Beïda 74 - Canrobert 48 - Constantine 40 -
Le Khroub 24 - Tebessa 163.

Soliman (Tunisie), **(Pli 19)**, (Alt. 40 à 50 m.), 119 Eur., 4.880 Ind. =
Exc. : *voir exc. n° 23.* = Korbous 18 - St-Germain 20 - Tunis 32.
📮 Sadok et Mohamed Ladibi, Ladibi Gar. 🔟 ⵊ 16.

Souk-Ahras (Constantine), ©, **(Pli 8)**, (Alt. 700 m.), 5.094 Eur.,
6.576 Ind. = **Circulation** : *sens unique dans certaines rues.* = **Douanes** :
voir p. 252. = **Exc.** : -S : Ruines de Madaure, 41 (voir : Madaure).
— SO : Khamissa (ruines ★) 41 (voir : Khamissa).
Aïn-Beïda 104 - Batna 256 - Béja 152 - Bône 100 - Constantine 199 -
Ghardimaou 69 - Guelma 77 - Le Kef 93 - Lamy 43 - Laverdure
18 - Sakiet-Sidi-Youssef 50 - Sedrata 54 - Le Tarf 86 - Tébessa 134.
🏨 Excelsior Hôtel, *pl. Thagaste*, Ch. 14 à 39 Chfr 39. (bc) Serv 10 %
(30 ch) 🆑 🕯 14 🛁 1 🚃 ⵊ Doulat ⵊ 0.21.
🏨 **Grand-Hôtel et d'Orient**, *pl. Thagaste*, Repas 4. 12. 12 (bnc) Cb
12 à 20 Serv 10 % (45 ch) 🆑 🕯 🛁 1 🚃 (wc) ⵊ 0.06.
STOCK MICHELIN **Rozlé et Durand,** Central Gar., *r. Anatole-France.*
Citroën. 🔟 Box 🔢 ⵊ 0.14.
📮 Ets Edouard Lafont et Cie. Berliet, Delage. 🔟 ⵊ 0.11.

Souk-el-Arba (Tunisie), **(Pli 9)**, (Alt. 143 m.), 766 Eur., 1.932 Ind.
= **Exc.** : O : Ruines de Chemtou (*piste automobilisable par beau
temps seulement*) 24. — NO : Ruines de Bulla-Regia ★★ 9 (voir :
Bulla-Regia). = Comité d'Initiative du Nord-Ouest de la Tunisie.
Aïn-Draham 44 - Béja 49 - Les Chênes 34 - Ghardi-maou 34 - Le
Kef 50 - Souk-Ahras 103 - Souk-el-Khemis 22 - Tabarka 70.
⚓ du Commerce (meublé), *r. de la République,* Abri 🔢 ⵊ 10.
STOCK MICHELIN **Yves et Louis Mariani** (Transports Mariani), *pl.
de la République.* Citroën. 🔢 ⵊ 0.07.

Souk-el Arba-du-Gharb (Maroc), **(Pli 3)**, (Alt. 45 m.), 400 Eur.,
500 Ind. = **Exc.** : S : Kariat el Habbassi 7 ; Lalla Mimouna : village
indigène, jardins d'orangers, marché important (*vendredi*) 20.
Arbaoua 33 - Fès 144 - Kénitra 77 - Larache 79 - Mechra-bel-Ksiri 15 -
Meknès 134 - Ouezzan 56 - Rabat 117 - Tanger 168.
⚓ de France, *rte de Tanger*, Repas 4.50.20.20 (bnc) Ch 20 à 25 Chfr
50 (bc) Serv 10 % (13 ch) 🕯 13 🛁 1 🚃 (wc) Gar int *grat* 🔢
ⵊ 00.04.
STOCK MICHELIN **Roy Lucien**, Gharb Auto. Citroën, Cottin, G. Irat,
Rochet. 🔢 ⵊ 0.19.
STOCK MICHELIN **Deron et Escalaïs.** Berliet, Chrysler, Delage, Ford. 🔢.

Souk-el-Khemis (Tunisie), **(Pli 9)**, (Alt. 128 m.), 502 Eur.,
532 Ind. = Béja 27 - Bulla-Regia 3 - Souk-Ahras 125 - Souk-el-
Arba 22.
⚓ de la Poste, Repas 3.12.12 (bc) Ch 12 à 20 Serv 10 % (7 ch) Abri
int *grat* 🔢 ⵊ 39.
📮 Bevilacqua frès et Cie, Central Gar., *r. El Kereddine.* Citroën. 🔢 ⵊ 9.
— Costanzo frès. 🔟.
— Athanasio, Gar. Français. 🔢.

Souk-el-Tenine (*comm.-mixte d'Oued Marsa*) (Constantine), **(Pli 7)**, (Alt. 20 m.), 13 Eur., 15 Ind. — Bougie 34. Exc. : S : Défilé du Chabet-el-Akra ✶ 15. — O : Cap Aokas (vue) 15. — *Voir : exc. n° 19.*

Bougie 34 - Djidjelli 62 - Kerrata 25 - Philippeville 226 - Sétif 78 - Ziama-Mansouriah 17.

des Voyageurs.

SOUSSE (Tunisie), **(Pli 9)**, (Alt. 40 m.), 6.856 Eur., 14.442 Ind. =
Taxe séj. : 0 fr. 50 à 1 fr. 50. = **Stationnement : 1 fr. 50** = **Voir :**
Musée (M) ; Salles de l'Hôtel de Ville (H) ; Grande Mosquée
(*entrée interdite*) (B) ; Ksar-er-Ribat (A) ; Souks ; Kasbah (tour : vue)
(D) ; Mosaïques de la Salle d'Honneur du 4° tirailleurs ; Catacombes
(*de 9 à 11 h. et de 14 à 16 ; 1 fr. ; gratuit le dimanche*) (E). = **Env. :**
Tour de la ville par les remparts ; Promenade de la Corniche.

Hippodrome 2. — Base d'hydravions, au Port.

Syndicat d'Initiative, r. *Jules-Ferry*.

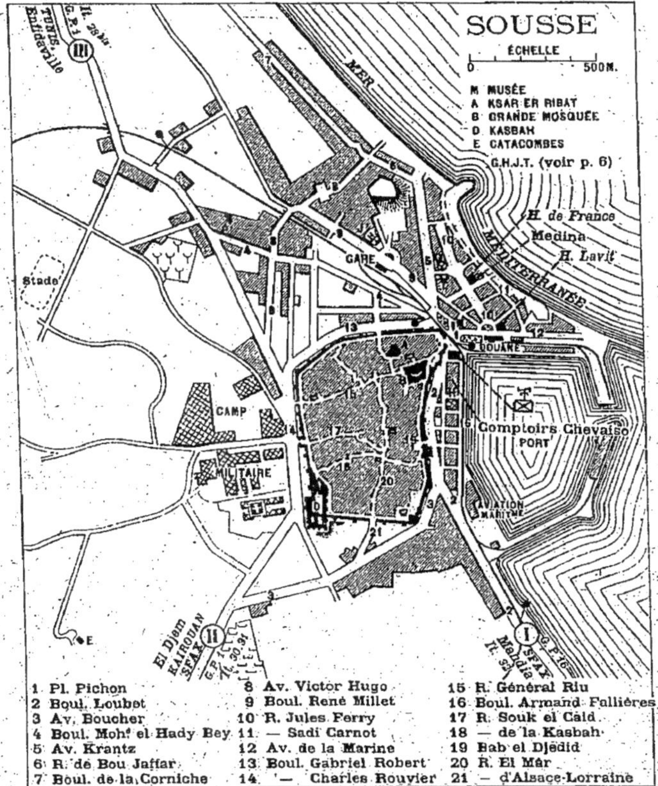

1. Pl. Pichon	8. Av. Victor Hugo	15. R. Général Riu
2. Boul. Loubet	9. Boul. René Millet	16. Boul. Armand Fallières
3. Av. Boucher	10. R. Jules Ferry	17. R. Souk el Caïd
4. Boul. Moh.° el Hady Bey	11. — Sadi Carnot	18. — de la Kasbah
5. Av. Krantz	12. Av. de la Marine	19. Bab el Djédid
6. R. de Bou Jaffar	13. Boul. Gabriel Robert	20. R. El Mar
7. Boul. de la Corniche	14. — Charles Rouvier	21. — d'Alsace-Lorraine

Lavit, *square de la Marine (1er oct.-15 juin)*, Repas 6. 25. 25 (bnc)
Ch 25 à 85 Chfr 40 (bc) Serv 10 % TS 2 fr (45 ch) 45
10 (wc) Gar att Lavit 2.

de France, *av. Krantz*, Repas 5. 16. 18 (bc) Ch 16 à 30 Chfr 35 (bc)
Serv 10 % TS 1,25 (20 ch) 18 1 (wc) Garcur. 150 m 36.

STOCK MICHELIN **Guido Médina**, Excelsior Gar. *11, r. Gambetta.* RENAULT. 30 129.
STOCK MICHELIN **Comptoirs Chevaiso.** BERLIET, FORD. 20 2.19.

Sousse (*suite*).

🚗 Sté Tunisienne des Transports Auto. du Sahel, *r. Jules-Ferry et Tissot*. [50] ☎ 102 et 291.
— Setbon et Gazaïel, Central Gar, *3, boul. Loubet*. CHEVROLET, FASTO, G. IRAT, PEUGEOT, RALLY. [10] ☎ 2.99.
— Debono et Moussu, Trocadéro Gar, *av. Mohamed El Hadi Bey*.

El Djem 62 [II] — Enfidaville 44 [III] — Grombalia 101 [III] — Kairouan 58 [II] — Mahdia 61 [I] — Sfax 127 [I], 167 [II] — Tunis 140 [III].

Staouéli (Alger), **(Pll 15)**, (Alt. 30 m.), 1.007 Eur., 473 Ind. = **Voir :** Domaine de la Trappe. = **Exc. :** *voir exc. n° 14.* = Alger 19,6.
🏨 Malakoff.

Stidia (La) (Oran), **(Pll 5)**, (Alt. 30 m.), 541 Eur., 27 Ind. — 🚂 4.
Arzew 33 - Mazagran 11 - Mostaganem 15 - Noisy-les-Bains 6 - Oran 65 - Perrégaux 30.
🚗 Pierre Drosson. CITROEN. ☎ 0.03.

Tabarka (Tunisie), **(Pll 9)**, (Alt. 2 m.), 657 Eur., 192 Ind. = *Taxe séj. : 0 fr. 50* à *1 fr. 50*. = **Douanes :** *voir p. 252.* = **Voir :** Egl. (anc. citerne romaine); bordj. = **Env. :** Ile de Tabarka (belle vue sur le golfe, ruines génoises (*s'adresser au Syndicat d'Initiative ; traversée de la passe de 500 m., 10 fr. pour une ou pour plusieurs personnes, 2 h.*).
Syndicat d'Initiative de Tabarka et de la Kroumirie.
Aïn-Draham 26 - Béja 77 - Bône 136 - La Calle 50 - Les Chênes 36 Le Kef 120 - Mateur 107 - Tunis 173.
🏨 **de la Paix**, Repas 5.25.25 (bc) Ch 15 à 20 Chfr 35 (bc) Serv 10 % (3 ch) Gar 15 m *grat* [8] Box [1] ☎ 15, T. S. F.
🏨 Bouigas, *pl. du Marché*, Gar att [4] Ц.
STOCK MICHELIN **Tunisienne Automobile.** CHENARD, DELAHAYE, ROSENGART.

Tablat (Alger), © **(Pll 16)**, (Alt. 450 m.), 124 Eur., 115 Ind. — 🚂 L'Arba 38.
Alger 68 - L'Arba 38 - Aumale 55 - Bir Rabalou 35 - Bou-Saâda 181.
🏨 de l'Oasis, (wc) cour att [6].

Taforalt (Maroc), **(Pll 4)**, (Alt. 830 m.), 22 Eur., 13.205 Ind. — *Pas de* 🚂. — ✉ ☎ Berkane 22. = **Exc. :** NE : Gorges du Zegzel 12 — *Voir exc. n° 6.* = Berkane 21 - Martimprey-du-Kiss 43 - Oudjda 55.

Taher (Constantine), © **(Pll 7)**, (Alt. 60 m.), 238 Eur., 331 Ind. — *Pas de* 🚂. = Bougie 114 - Djidjelli 18 - Duquesne 10,5 - El Milia 50 - Philippeville 146.

Takitount (Constantine), © **(Pll 7)**, (Alt. 1.070 m.), 165 Eur., 466 Ind. — 🚂 Sétif 37.
Bougie 77 - Kerrata 18 - Sétif 37 - Souk-el-Tenine 43.

TANGER (Maroc, zone internationale), **(Pll 3)**, 10.000 Eur., 40.000 Ind. = **Douanes :** *voir p. 252.* = **Voir :** Kasbah (*se faire conduire au café Maure*) (vue) ; Bit el Mal et Prisons ★ (A) ; Le Petit Socco (6) ; Le Grand Socco (marché *jeudi et dimanche*) (10). = **Env. :** O : Plateau du Marshan (alt. 104 m., vue ★) ; Palais du Sultan Hafid (*autorisation à demander à la Légation d'Italie, propriétaire de l'immeuble*). = **Exc. :** Ruines de Tingis (*à pied ou à cheval*) 4. — SO : Sources de Charf El Aquab ; Grottes d'Hercule 18 ; Marabout de Sidi-Kassem. — O : Cap Spartel (*sortir par la route de la Montagne ; rampes de 15 à 22 %, puis piste aménagée*) 12.
SO : *Golf* 2,5. — *Terrain d'aviation* 13.
Syndicat d'Initiative et de Tourisme, *rue des Siaghines*. ☎ 241.

Tanger *(suite).*

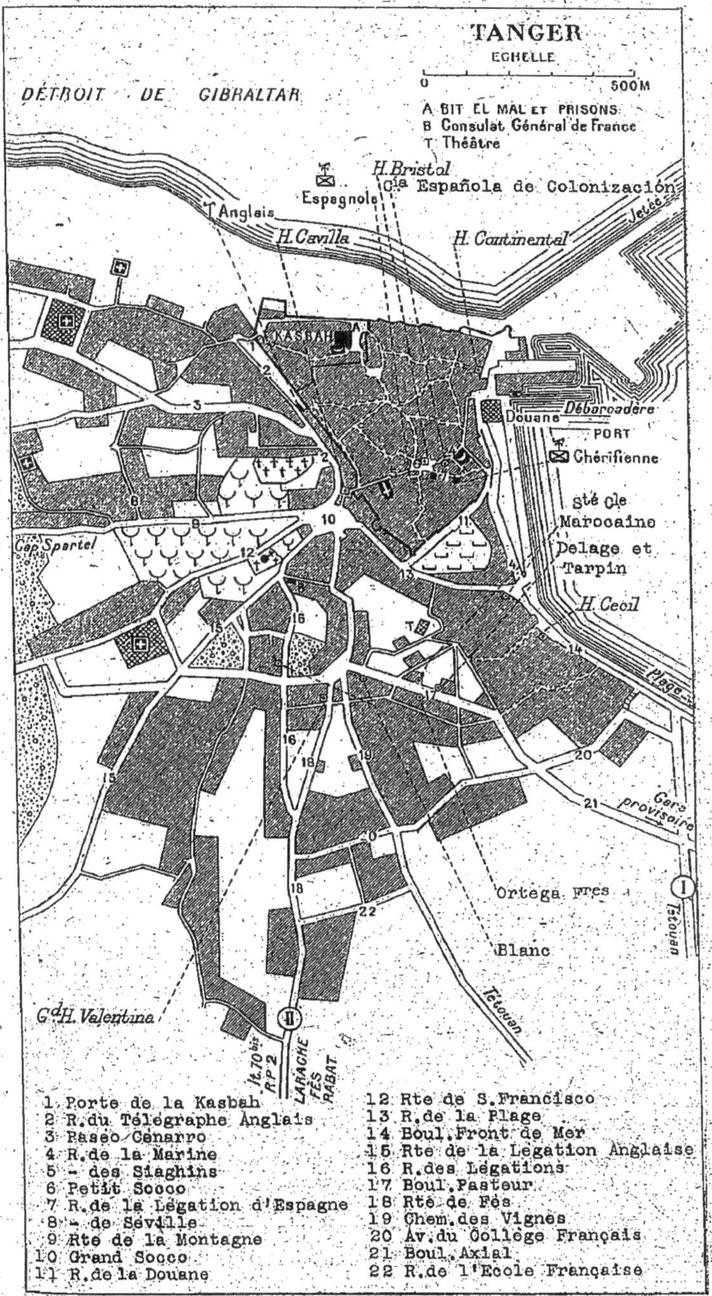

1 Porte de la Kasbah
2 R. du Télégraphe Anglais
3 Paseo Cenarro
4 R. de la Marine
5 — des Siaghins
6 Petit Socco
7 R. de la Légation d'Espagne
8 — de Séville
9 Rte de la Montagne
10 Grand Socco
11 R. de la Douane
12 Rte de S. Francisco
13 R. de la Plage
14 Boul. Front de Mer
15 Rte de la Légation Anglaise
16 R. des Légations
17 Boul. Pasteur
18 Rte de Fès
19 Chem. des Vignes
20 Av. du Collège Français
21 Boul. Axial
22 R. de l'Ecole Française

Tanger *(suite)*.

🏨 **Cecil**, *boul. Front-de-Mer*, Repas (schillings) 1/6. 4/6. 5/6 (bnc) Ch 6/à 20/Chfr 8/(bc) Serv 10 % 🛁 8 🚽 (wc) Rem int *grat* [4] 📨 Cecil ☎ 87.

🏨 **Continental**, *au port*, Repas (pesetas) 1. 7,50. 10 (bnc) Ch 8 à 30 Chfr 15 (bc) Serv 10% (50 ch) 🛁 25 🚿 8 🚽 (wc) 📨 Continental ☎ 24.

🏨 **Valentina**, *rte de Fès*, Repas 5. 15. 20 (bnc) Ch 25 à 40 Chfr 40 (bc) Serv 10 % (60 ch) 🛁 8 🚽 (wc) 📨 Valentina ☎ 88.

🏨 Bristol, *Petit Socco*, Ch 25 à 80 Chfr 40 (bc) Serv 10% 🛁 🚿 🚽 (wc) ☎ 70.

🏨 Cavilla, *Grand Socco*, (25 ch) 🛁 1 🚽 (wc) ☎ 43.

STOCK MICHELIN **Delage et Tarpin**, *boul. Pasteur*. Berliet, Chrysler, Delage, Ford. ☎ 138 et 560.

STOCK MICHELIN **Cia Espanola de Colonizacion**, *55 r. de la Marine*. Dodge. [10] ☎ 406.

STOCK MICHELIN **Sté Africaine Ind. et Auto.** (anc. Sté Centrale Marocaine). Chenard, Nash, Stewart. [AIR] [5] ☎ 603 et 480.

STOCK MICHELIN **J. Blanc**, *r. des Légations*. Citroen, Unic. [10] ☎ 25.

STOCK MICHELIN **Ortega Hermanos**, **Gar. Vulcain**, *24 boul. Pasteur*. Renault. [60] ☎ 251.

🔧 Cayetano Yovino.

Ceuta 97 [I] — Fès 312 [II] — Larache 89 [II] — Petitjean 232 [II] — Rabat 285 [II] — Tétouan 57 [I].

Taourirt (Maroc), **(Pll 4)**, (Alt. 392 m.), 321 Eur., 1.480 Ind. = **Voir** : Panorama du Djorf *(autorisation du Commandant de la Place)* Debdou 52 - El Aïoun 49 - Guercif 51 - Oudjda 108 - Taza 117.

🏠 **de France**, *r. du Maréchal-Joffre*, Repas 3. 12. 12 (bc) Ch 15 Chfr 32,50 (bc) (10 ch) 🛁 Abri ext [5].

STOCK MICHELIN **Gar. Félix Mera.** [10] ☎ 0.01.

Tarf (Le) *(comm. de La Calle)* (Constantine), **(Pll 8)**, (Alt. 20 m.), 267 Eur., 121 Ind.

Béja 149 - Bône 64 - La Calle 22 - Lamy 43 - Morris 43 - Souk-Ahras 86.

Taroudant (Maroc), **(Pll 11)**, (Alt. 250 m.), 12 Eur., 8.500 Ind. *(Autorisation nécessaire du Général commandant la Subdivision de Marrakech)*. — *Pas de* 🏨. = **Voir** : Enceinte ; Kasbah. = **Spécialités** : Eau de fleurs d'orangers ; Objets de cuir et de cuivre. = Agadir 84.

TAZA (Maroc), **(Pll 3)**, (Alt. 600 m.), 2.284 Eur., 7.322 Ind. = **Circulation** : *interdite dans les camps, promenade des Tombeaux et dans la Médina; sens unique dans certaines voies.* = **Douanes** : *voir p. 252.* = **Voir** : Les Remparts et les Bastions (F) ; la Grande Mosquée *(entrée rigoureusement interdite)* (A) ; la Médersa (B) ; la Tour Sarrazine (D) ; Grottes de Kifan El Ghomari (E). = **Exc.** : Le tour de Taza *(à pied)*. — N : Bab Morouj *(piste automobilisable)* 42 ; Touahar 22, puis, *à pied*, les gorges de l'Od Inaouene ; Bab Merzouka 10.

🏨 Transatlantique, (45 ch) [CC] 🛁 🚿 12 🚽 (wc) Gar 📨 Hotransat ☎ 0.06.

🏨 Guillaume Tell, (25 ch) 🚿 🛁.

STOCK MICHELIN **G. Emery**, Tourist Auto, *rte de Fez, près de la Gare*. Chevrolet, Renault. [15] ☎ 0.32.

🔧 Bordenave Charles, Gar. Moderne. Citroen. [12] ☎ 0.34.

Fès 127 [II] — Guercif 66 [I] — Meknès 188 [II] — Oudjda 225 [I].

Renseignements administratifs :
Consultez le **Titre III** *à la fin du Guide.*

Taza (suite).

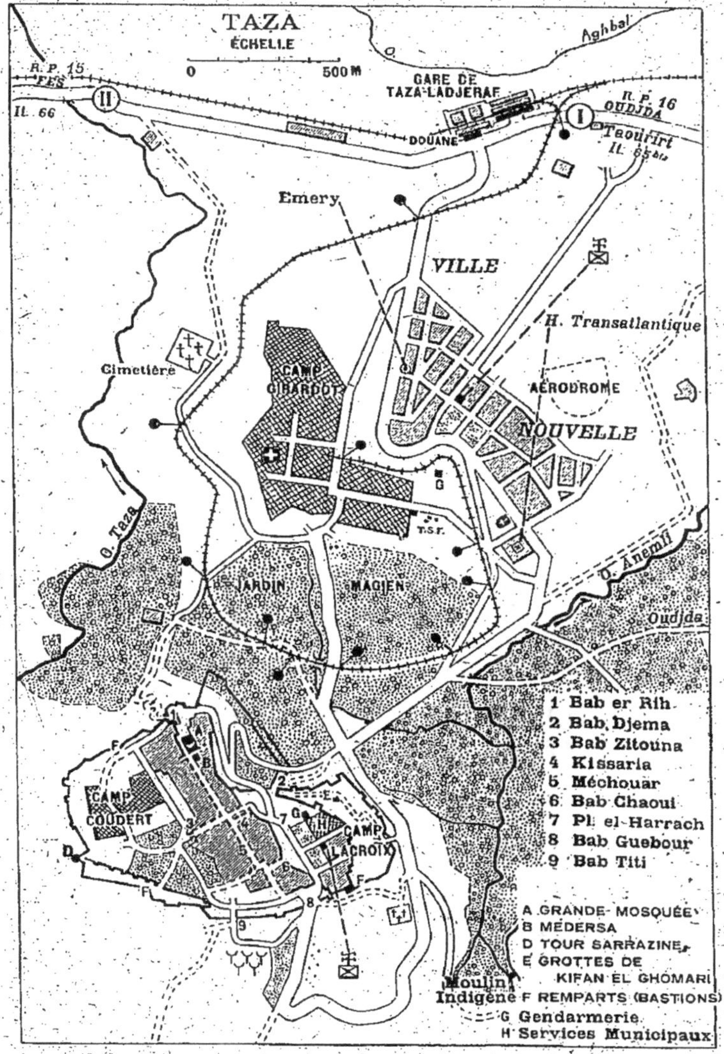

Tazmalt (Constantine), **(Pli 18)**, (Alt 275 m.), 148 Eur., 1.140 Ind.
Akbou 17 - Bordj-bou-Arréridj 66 - Bougie 89 - Sétif 131.

Tébessa (Constantine), Ⓒ **(Pli 8)**, (Alt 950 m.), 2.000 Eur, 9.000 Ind. =
Douanes : *voir page 252.* = **Voir** : Très importantes ruines romaines
★★ ; Basilique chrétienne ; Fortifications byzantines. = **Exc.** : NE
Mines du Kouif 28. — NO : Village berbère de Youks et grotte 21.
Syndicat d'Initiative.

Aïn-Beïda 89 - Constantine 203 - Guelma 204 - La Meskiana 52 -
Souk-Ahras 134.

du Cours, (wc) Abri 100 m 6.

Victoria.

STOCK MICHELIN **Obadia et J. Mibelli**, *pl. Anatole France.* CITROEN. 20.

Tebourba (Tunisie), (Pli 9), (Alt. 40 m.), 195 Eur., 2.650 Ind. =
Voir : Amphithéâtre ; Citernes. =. **Env.** : SE : Pont d'El Batan 2.
Béja 70 - Bizerte 74 - Le Kef 142 - Mateur 33 - Medjez-el-Bab 35 -
Tunis 33.

Teboursouk (Tunisie), (Pli 9), (Alt. 420 m.), 288 Eur., 4.147 Ind. —
Le Krib 30 ou Medjez-el-Bab 42. = **Voir** : Rempart byzantin ;
Tour byzantine et cimetière musulman (vue). = **Exc.** : S : Ruines de
Dougga ★ ★ 7 (voir : Dougga).
Dougga 7 - Le Kef 69 - Medjez-el-Bab 42 - Testour 24 - Tunis 102.
International, Repas 5.20.20 (bnc) Ch 18 à 25 Chfr 30 (bc) Serv
10 % (10 ch) 1 ⊟ (wc) Abri int grat [5] ⟟ 13.
Sanna.
— Coeroli et Neyrand. [12] ⟟ 32.

Tefeschoun (Alger), (Pli 15), (Alt. 125 m.), 363 Eur., 410 Ind. —
Castiglione 4.
Alger 45 - Bérard 5 - Castiglione 4 - Cherchell 45 - Koléa 9.
STOCK MICHELIN **Jeandin**.

Télagh (Le) (Oran), © (Pli 5), (Alt. 897 m.), 1.612 Eur., 1.598 Ind.
— Slissen 22.
Bossuet 15 - Chanzy 25 - El Aricha 97 - Magenta 31 - Oran 132 -
Palissy 47 - Saïda 77 - Sidi-bel-Abbès 50.
des Voyageurs, Cour [2] ⟟ Bosc.

Ténès (Alger), © (Pli 6), (Alt. 50 m.), 1.196 Eur., 683 Ind. = **Env.** :
O : Tombeaux phéniciens 0,6 ; Anciens bains romains 2. — S :
Vieux Ténès 2. — NE : Cap Ténès (route en corniche) 4.
Syndicat d'Initiative de Tourisme de la Région de Ténès, Villa « la Basilde ».
Alger 205 - Cherchell 109 - Gouraya 81 - Mostaganem 162 - Orléans-
ville 53.
Tachet, r. d'Orléansville, Repas 4. 12/15. 12/15 (bnc) Ch 12 à 45
Chfr 35 (bc) Serv 10 % (18 ch) ⓕ 18 ⟺ 1 ⊟ (wc) Gar int
grat [5] ⟟ 0.45.
Transatlantique, (14 ch) ⓕ ⟺ 6 ⊟ Gar ⟟ Hotransat.
des Arts (Robert), r. d'Orléansville, ⓕ (wc) Rem [10] ⟟ Robert
⟟ 0.30.
Jean Remirés, r. d'Orléansville. [3].

Téniet-el-Had (Alger), © (Pli 6), (Alt. 1.150 m.), 589 Eur.,
3.889 Ind. — Affreville 58. = **Exc.** : N : Forêt des Cèdres ★ en
auto jusqu'au Rond-Point (cèdres fameux : le Parasol, la Sultane,
Messaoud) 16 puis 30 min. à pied ; Ascension du Kef Siga (1.715 m.,
panorama ★), par le Rond-Point, puis 30 m. à pied.
Syndicat d'Initiative, à la Mairie.
Affreville 58 - Alger 198 - Boghar 102 - Boghari 110 - Miliana 67 -
Tiaret 114 - Vialar 49.
Moderne.
du Commerce et du Tourisme, r. Marguerite et Mexico et pl. de
Taza, (10 ch) (wc) Rem int [4].

Testour (Tunisie), (Pli 9), (Alt. 75 m.), 93 Eur., 1.400 Ind. —
Medjez-el-Bab 19. = **Voir** : Minaret de la mosquée principale (vue).
= **Exc.** : SO : Ruines d'une forteresse byzantine à Aïn-Tunga 8.
Dougga 34 - Le Kef 91 - Medjez-el-Bab 19 - Téboursouk 27 - Tunis 79.

Tétouan (Maroc esp.), (en esp. Tetuan), **(Pll 3)**, (Alt. 85 m.), 7.000 Eur.,
24.000 Ind. ⚌ **Voir** : La vieille Kasbah (cachots des anciens esclaves
chrétiens). ⚌ Comité de Tourisme « Comité ejecutivo de Turismo, Direccion
de Colonizacion », *calle Sidi Mandri*. ⚌ Ceuta 40 - Tanger 57.

🏨 Alphonse XIII, (pesetas) Ch 7 à 10 Chfr 12,50 (bc) Serv 10 % (40 ch)
🛁 4 ⚌ (wc).

🏨 Espana, r. *Alphonse-XIII*, 🛁 ⚌.

STOCK MICHELIN **José Parrés Puig**, *calle Alfonso XIII*. CHEVROLET, FIAT.
40 Box 8 ☎ 221.

STOCK MICHELIN **A. Buker, La Rueda Libre**, *calle Sidi Mandri*. CHE-
NARD. ☎ 100.38.

Thiersville (Oran), **(Pll 5)**, (Alt. 488 m.), 457 Eur., 703 Ind.
Mascara 18 - Palikao 31 - Saïda 58.

TIARET (Oran), **(Pll 6)**, © (Alt. 1.150 m.), 8.000 Eur., 7.000 Ind
⚌ **Exc.** : S Ladjdar ★ (tombeaux indigènes) 35. — SO : Gorges.
et Cascade de la Mina 12.

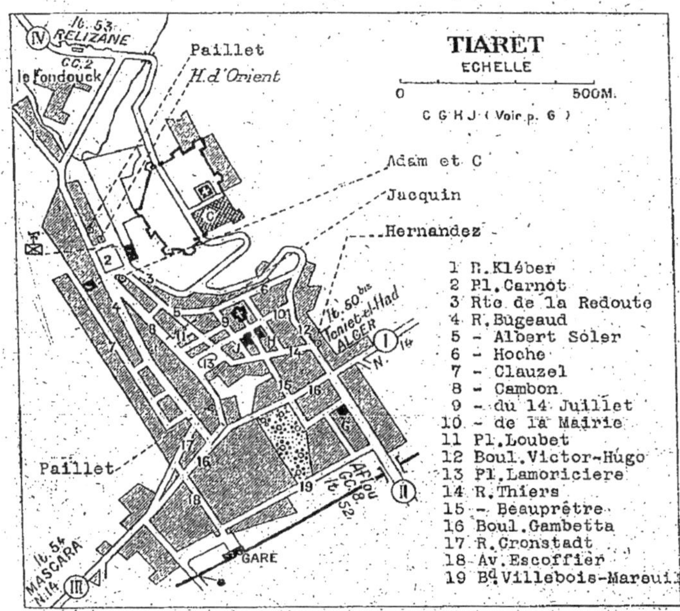

🏨 d'Orient, 🆑 🛁 ⚌ (wc) ☂ Baudoin ☎ 0.58.

STOCK MICHELIN **Tiaret Gar., Paillet et Teboul**, *r. Bugeaud et r. Cambon prolongée*. CITROEN. 40 ☎ 0.99.

STOCK MICHELIN **Gustave Jacquin**, Gar. Bugeaud, *28 r. Bugeaud et 3 r.
de la Mairie*. BERLIET, DELAGE. ☎ 0.45.

STOCK MICHELIN **Hernandez Henry**, Gar. Thiers, *15 r. Cambon*, 30
☎ 1.06.

🚲 Ets. P. Adam et Cie, Gar. Carnot. FIAT. 5 ☎ 0.12.
— Sersou, auto-tracteurs. FORD, HOTCHKISS, LAFFY, MATHIS.
— S. A. des Ets J. Vinson, *r. Beauprêtre*. DELAHAYE, PEUGEOT.

Aflou 173 Ⅱ — Frenda 48 Ⅲ — Mascara 155 Ⅲ — Miliana 181 Ⅰ —
Montgolfier 36 Ⅳ — Mostaganem 153 Ⅳ — Prévost-Paradol 27 — Relizane 95 Ⅳ — Téniet-el-Had 114 Ⅰ — Trézel 27 Ⅱ — Vialar 65.

Tindja (Tunisie).
🚲 Zoëller Célestin 8.

Tigzirt-sur-Mer *(comm.-mixte de Mizrana)* (Alger), **(Pll 17)**, (Alt. 20 m.), 112 Eur., 89 Ind. — Dellys 25. = **Voir :** Ruines romaines ; Basilique chrétienne. — *Voir exc. n° 17.*

Syndicat d'Initiative « Les Amis de Tigzirt » ☎ 0.01.

Dellys 25 - Port-Gueydon 38.

Timgad **(ruines de)** *(comm. d'Aïn-el-Ksar)* (Constantine), **(Pll 8)**, (Alt. 1.071 m.), — Batna 37. = **Voir :** Très importantes ruines romaines ★★ ; Musée (mosaïques) ; Monastère (cuve baptismale en mosaïques) ; Château d'Eau *(visite des ruines et du musée : 5 fr. par personne).* = **Exc. :** *voir exc. n° 20.*

Batna 37 - Biskra 154 - Constantine 155 - Khenchela 71 - Lambèse 26.

Transatlantique, (30 ch) 2 Gar Hotransat.

Grand-Hôtel *(1er oct.-1er mai)*, (10 ch) (wc) Gar et cour int [10] ☎ 0.12.

Tipasa (Alger), **(Pll 14)**, (Alt. 6 m.), 426 Eur., 135 Ind. — Desaix 9. = **Voir :** Ruines antiques ★ : thermes, Château d'Eau, Grande Basilique, Cimetière chrétien, Basilique de Ste-Salsa, Parc Trémaux (deux sarcophages). = **Exc. ;** *voir exc. n° 14.*

Alger 71 - Bérard 15 - Cherchell 25 - Marengo 12 - Miliana 61.

Tizi-Ouzou (Alger), [SI] **(Pll 17)**, (Alt. 189 m.), 1.399 Eur., 1.228 Ind. = **Exc. :** N : Ascension du Belloua (695 m., vue ★) *(3 h. à pied).* — SE : Gorges du Sebaou 7. — *Voir exc. nos 17 et 18.*

Syndicat d'Initiative de la Grande Kabylie. ☎ 0.39.

Alger 104 - Azazga 38 - Bougie 135 - Dellys 47 - Fort-National 27,5 - Mirabeau 11 - Port-Gueydon 65.

Koller, (25 ch) **Abri int** [10].

Oriental, Repas 5.20. 20 (bc) Ch 20 Chfr 25 (bc) Serv 10 % (12 ch) 1 (wc) Abri int *grat* [6] ☎ 0.71.

STOCK MICHELIN **Zouatine Mohamed Benazoua.** [2] ☎ 0.79.

Bienvenu Charles. Delahaye, Peugeot. [5] ☎ 1.28.

— G. Batifort, *av. de la Gare.* Renault. [25] ☎ 1.08.

— Monchovet, *r. de la Paix et St-Eustache.* Berliet.

TLEMCEN (Oran). [SI] **(Pll 5)**, (Alt. 800 m.), 8.246 Eur., 14.859 Ind. *Taxe séj. : 0 fr. 50.* = **Voir :** Grande Mosquée ★★ XIIe (D) ; Méchouar (citadelle) (N) ; Mosquée de Sidi bel Hassen XIIIe musée ★) (E) ; Mosquée de Sidi El Haloui XVIe (A) ; Mosquée de Sidi Brahim (F) ; Mosquée Oulad El Iman XIVe (K) ; Quartier arabe ; Bâb El Kermadin (B) ; Médersa (L). = **Env. :** NE : Agadir, bois sacré de Sidi Yakoub ★) *(1 h. à pied).* — SE : Bou Medine (la Koubba, mosquée ★, la Medersa, Dar-es-Sultan, vue) 2. — O : Mansourah (ruines de l'enceinte, minaret de la mosquée ★) 3. = **Exc. :** *voir exc. nos 7, 8, 9.* = Syndicat d'Initiative, au Musée, *r. Eugène-Étienne.*

Transatlantique, (45 ch) 20 Gar Hotransat ☎ 1.45.

de France, *r. de Fez*, Repas 2,50. 12. 12 (bc) Ch 12 à 30 Chfr 35 (bc) Serv 10 % (40 ch) 40 2 (wc) Rem int *grat* [6] ☎ 1.49.

Régina Hôtel, *r. du Méchouar*, Repas 3,50. 12. 12 (bc) Ch 15 à 30 Chfr 30 (bc) Serv 10 % (60 ch) 40 (wc) Rem ext 5 fr [40] ☎ 2.76.

Voyageurs, (40 ch).

STOCK MICHELIN **Victor Joubert,** Tlemcen auto, *40 r. Ximenès.* Citroen. [50] ☎ 0.64.

STOCK MICHELIN **Sté Algérienne des Autos, Renault.** Renault. [10]

Gar. Auto-Palace, Paul Guissani, *r. Eugène-Etienne.* Renault. [40] ☎ 0.08.

— Ets Georges Wauters, *r. d'Hennaya et allée des Pins.* [6]

— Gaston Pons, Gar. Parisien, *rte d'Oran.*

— Rossinès Georges, *23 r. de la Paix et r. de l'Alliance.* [7].

Aïn-Témouchent 66 [I] — Beni-Saf 67 [III] — El Aricha 86 [II] — Lamoricière 33 [I] — Marnia 57 [II] — Mascara 180 [I] — Nedroma 56 [III] — Oran 138 [I] — Oudjda 80 [III] — Pont-de-l'Isser 32 [I] — Port-Say 122 [II] — Sidi-bel-Abbès 91 [I] — Sebdou 38 [II].

Tlemcen *(suite)*.

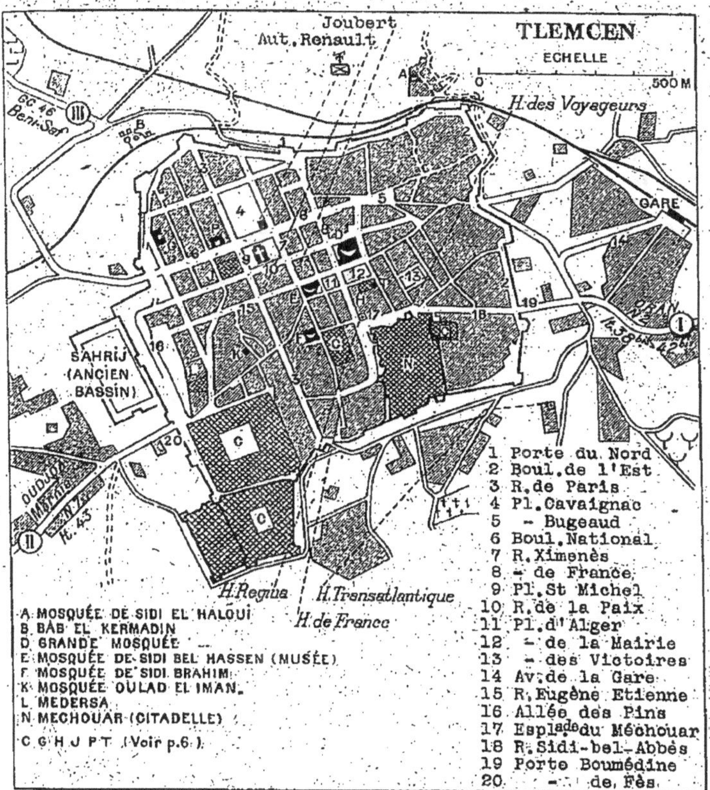

Touggourt (Algérie, Territ. du Sud), **(Pli 17)**, (Alt. 69 m.), 189 Eur.
7.817 Ind. = **Voir** : Grande mosquée (minaret, vue) ; quartier des
Ouled-Naïl ; tombeaux des Sultans de Touggourt. = **Exc.** : S : Oasis
de Témassin 13 ; Zaouïa de Tamelhat 15.

Biskra 22 - Djamâa 58 - M'Raïer 118 - Ouargla 183.

🏨 Transatlantique, (35 ch) ⚏ 8 ⊟ Gar ⌁ Hotransat.

🏨 **de l'Oasis**, *av. de Biskra (1er oct.-1er juin)*, Repas 6. 25. 25 (bnc)
Ch 25 à 125 Chfr 50 (bc) Serv 10 % (24 ch) 10 ⚏ 3 ⊟ (wc) ⌁ Oasis.

STOCK MICHELIN **René Lagleyze**. Renault. 🄗.

🚗 Gar. François Téclès. 🄖.

Tozeur (Tunisie), **(Pli 8)**, (Alt. 49 m.), 152 Eur., 10.904 Ind. =
Taxe séj.: 1 fr. = **Voir** : L'Oasis ; Zaouïa de Sidi Mouldi ; Mosquée
de Bled el Hader (mihrab ★). = **Exc.** : NE : Oasis d'El Oudiane
10. — O : Oasis de Nefta *(voir Nefta)* 25. = **Spécialité** : Dattes
« Deglet-en-nour ». = E : *Terrain d'aviation* 2. = Syndicat d'Initiative.

El Hamma-du-Djerid 9,5 - Gabès 216 - Gafsa 100 - Nefta 25 - Sfax 297.

🏨 Transatlantique, (36 ch) ⚙ ⚏ 6 ⊟ Gar ⌁ Hotransat ☏ 0.13.

🏨 **Splendid** *(1er oct.-30 mai)*, Repas 7. 25. 27 (bnc) Ch 25 à 50 Serv
10 % TS 1fr (24 ch) ⚙ 15 ⚏ 2 ⊟ (wc) Abri 10 fr 🄗 ⊔ ☏ 20.

🏨 **des Sables d'Or** *(15 sept.-15 juin)*, Repas 5. 18. 20 (bc) Ch 25
à 35 Serv 10 % TS 1 fr (13 ch) ⚏ 1 ⊟ (wc) Rem 40 m. *grat* 🄖
☏ 32.

🚗 Doglione frères et H. Doucet, Sahara Gar. Citroen, 🄕 ☏ 38.
— Sté des Autos Circuits transafricains. 🄕 ☏ 2.

Trembles (Les) (Oran), **(Pll 5)**, (Alt. 419 m.), 402 Eur., 61 Ind.
Arzew 76 - Oran 65 - Palissy 30 - Ste-Barbe-du-Tlélat 38 - Sidi-bel-Abbès 17.

Trézel *(comm. de Djebel-Nador)* (Oran), **(Pll 6)**, (Alt. 1.026 m.), 811 Eur., 1.700 Ind. — ⊞ Tiaret 27. **= Voir** : Marché aux bestiaux *(samedi)*. = Aflou 146 - Tiaret 27.

STOCK MICHELIN **P. Mommeja**, Modern. Gar., *r. Victor-Hugo.* Citroen, Panhard. 15 ☏ 0.04.

— Gar. Central., Del Pino Michel, *r. Jeanne-d'Arc et r. Carnot.* Ford. 15 ☏ 0.36.

TUNIS (Tunisie), **(Pll 19)**, (Alt. 58 m.), 79.136 Eur., 106.860 Ind. = *Taxe séj. : 0 fr. 60 à 2 fr.* = **Circulation** : *Sens unique dans certaines voies.* = **Voir** : Grande Mosquée ★ *(entrée interdite)* (F 12-4) ; Mosquée de Sidi Mahrez ★ *(entrée interdite)* (B 12-3) ; Place et Mosquée Halfaouine *(entrée interdite)* (A 11-2-3) ; Dar el Bey (E 12-4) ; Kasbah (D 11-4) ; Quartier de la Médina ; Souks ★★. = **Env.** : N : Parc du Belvédère ★ (panorama ★ sur Tunis) 2. = **Exc.** :

Carthage, La Marsa, Le Bardo *(voir à ces différents noms).* — *Voir exc. n°* 21, 22, 23, 24 et 25. = **Spécialités** : Rahat-Loukhoum ; produits des industries indigènes.

O : *Hippodrome de Kassar Saïd* 10.
NE : *Terrain d'aviation militaire de l'Aouina* 10.
NE : *Aéroport de Kherredine* 16.

Syndicat d'Initiative, *8 av. de Carthage.* ☏ 2.56.

🏨 Transatlantique, *av. de Carthage* (m 13-4), (45 ch) CC ☎ 🚲 19 ⌣ ☏ Hotransat ☏ 6.80.
🏨 **Majestic Hôtel**, *av. de Paris* (c 13-3), Repas 7. 30. 35 (bnc) Ch 40 à 150 Chfr 40 (bc) Serv 10 % TE 2 fr (150 ch) Asc CC ☎ 150 🚲 100 ⌣ (wc) Gar att ☏ Majesticotel ☏ 28.48, 28.49.
🏨 **Tunisia Palace-Hôtel** *(sans rest. juin-fin oct.)* angle de l'av. de Carthage et de la r. de Serbie (j 13-4), Repas 8. 30. 35 (bnc) Ch 35 à 150 Chfr 40 (bc) Serv 10 % TS 2 fr (102 ch) Asc CC ☎ 120 🚲 8 ⌣ (wc) Gareur en face ☏ Palacehôtel ☏ 2.79.
🏨 Maison Dorée, *6 r. de Hollande* (l 13-4), Repas 4. 12. 12 (bnc) Serv 10 % TS 1,25 (42 ch) ☎ 42 🚲 6 ⌣ (wc) ☏ 06.32.
🏨 **St-Georges**, *r. Hoche et d'Isly* (a 13-2), Repas 6. 20. 20 (bnc) Ch 25 à 60 Chfr 25 (bc) Serv 10 % TS 1,25 (50 ch) CC ☎ 50 🚲 15 ⌣ (wc) Gareur 50 m ☏ 04.17.
🏨 de Paris et Impérial, *23 bis av. Al-Djazira* (o 12-4), (60 ch) ☎ 10 ⌣ (wc) Rem 150 m 15 ☏ Audemard ☏ 135.

★★ Restaurant Gastone, *r. d'Italie* (h 12-4). —
★★ — Maison Dorée, *r. de Hollande* (l 13-4).
★★ — Le Chianti, *av. de France* (g 12-13,3-4).
★ — **Brasserie Tantonville**, *14 r. Thiers, 96 r. de Serbie,* Repas 11,75. 11,75 (bc) Serv 10 % ☏ 25.36.

STOCKISTES MICHELIN :
La Tunisienne Auto. *8 r. de Grèce,* (n 13-4) Chenard, Delahaye, Rosengart. AIR 100 100 50 ☏ 0.06.
Auto Palace, F. Ducroquet, *37 av. de Paris et 71 r. de Serbie* (d 13-3). La Licorne, Mathis, Panhard. 100 20 Box 4 ☏ 32.66.
Auto Tractor, *11 av. de Carthage* (p 13-4). Berliet, Ford. 40 ☏ 26-30 et 24.87.
Paul Peyrard, *28 av. de Carthage, (q 13-4) 93 r. du Portugal et r. Flatters.* Peugeot. 100 100 100 80 ☏ 1.31.
Lopez Fres, Palais de l'Auto, *27 av. de Paris* (e 13-3) *et 3 av. de Londres prolongée.* Citroen. AIR 100 100 100 100 ☏ 4.60 et 21.25.
Sté Tunisienne des Auto. Citroën, *21 av. de Paris* (f 13-3). Citroën. ☏ 23.43 et 27.39.
Motor Palace, *29 à 33 av. de Carthage.* Amilcar, Delage, Saurer, Voisin. 25 ☏ 36.00 et 14.59.
Di Malta Fres, Gar. Fiat, *59-61 r. de Serbie, r. de Provence et r. de Syracuse* (k 13-4). Fiat, Spa. 100 ☏ 22.66 et 39.32.
Guelfi et Orfila, Moderne Gar., *43 et 45 r. Massicault* (r 13-4). 100 ☏ 13.61.
Riela et Valenza, Standard Gar., *33 r. de Marseille.* Brasier-Chaigneau. 50 ☏ 20.42.
Rizzo Sauveur, Excelsior Gar., *53 av. de Paris* (b 13-3). Rolland-Pilain, Vermorel. 50 ☏ 0.60 et 22.72.

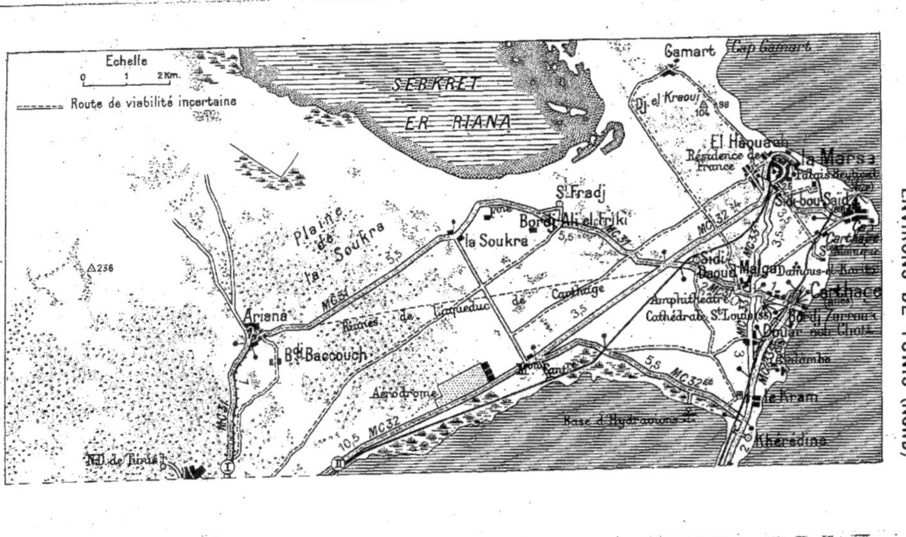

Echelle
0 1 2 Km.
Route de viabilité incertaine
SEBKRET ER RIANA
Gamart
Cap Gamart
Dj. el Kraoui
98
104
El Haouach
Résidence de France
la Marsa
Palais Beylical
Sidi bou Saïd
Carthage
S. Monique
St Fradj
Bordj Ali el Friki
5,5
la Soukra
Plaine de la Soukra
5,5
MC 32
Ariana
236
Ruines de l'aqueduc de Carthage
3,5
Bd Baccouch
Sidi Daoud Malga
Damous-el Karita
Amphithéâtre
Cathédrale St Louis (55)
1
Carthage
Bordj Zerrouk
Douar ech Chott
Mont Centre
Aérodrome
Salamba
3
le Kram
5,5
MC 32 et
Base d'Hydravions
Khéredine
N.D. de Tunis
MC 31
10,5 MC 32
MC 35
ENVIRONS DE TUNIS (NORD)

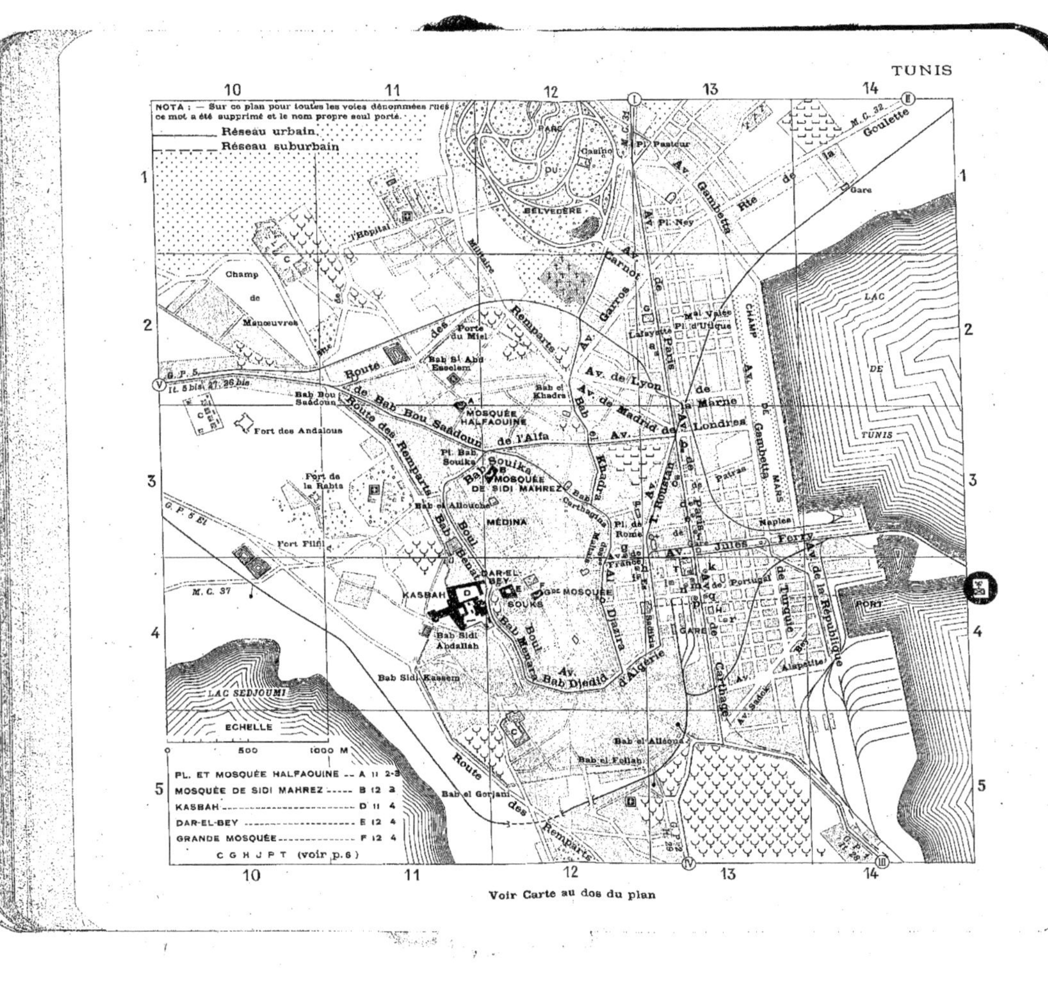
NOTA : — Sur ce plan pour toutes les voies dénommées rues ce mot a été supprimé et le nom propre seul porté.
Réseau urbain
Réseau suburbain
10
11
12
13
14
PARC
Casino
Pl. Pasteur
Av. Gambetta
Rte de la Goulette
M. C. 32
Gare
BELVEDERE
Av. Pl. Ney
Champ de Manœuvres
Carnot
Garros
Remparts
des Porte du Miel
Bab Si Abd Esselem
Bab el Khadra
M. Valée
Pl. d'Utique
Lafayette Paris
Av. de Lyon
CHAMP
LAC
DE
TUNIS
G. P. 5
Rl. 5 bis Rl. 26 bis
Bab Bou Saadoun
Route de Bab Bou Saadoun
Fort des Andalous
MOSQUÉE HALFAOUINE
de l'Alfa
Av. de Madrid
Av. de Londres
de la Marne
Av. de Gambetta MARS
Route des Remparts
Fort de la Rabta
Pl. Bab Souika
Bab Souika
MOSQUÉE DE SIDI MAHREZ
Carthage
Khadra
Patras
Naples
G. P. 5 El
Fort Flifel
Bab el Allouche
MÉDINA
Pl. de Rome
de Paris
Av. Jules Ferry
M. C. 37
KASBAH
DAR-EL-BEY
SOUKS
GDE MOSQUÉE
Av. de Portugal
PORT
Bab Sidi Abdallah
Bab Mnara
Al Diezira
GARE
Av. de la République
Av. de Turquie
LAC SEDJOUMI
Bab Sidi Kassem
Ay. Bab Djedid
d'Algérie
Av. de Carthage
Alapetite
ECHELLE
0   500   1000 M
Route des Remparts
Bab el Allouch
Bab el Fellah
Bab el Gorjani
PL. ET MOSQUÉE HALFAOUINE -- A 11 2-3
MOSQUÉE DE SIDI MAHREZ ----- B 12 3
KASBAH ------------------ D 11 4
DAR-EL-BEY -------------- E 12 4
GRANDE MOSQUÉE ---------- F 12 4
C G H J P T (voir p. 6)
10   11   12   13   14
Voir Carte au dos du plan

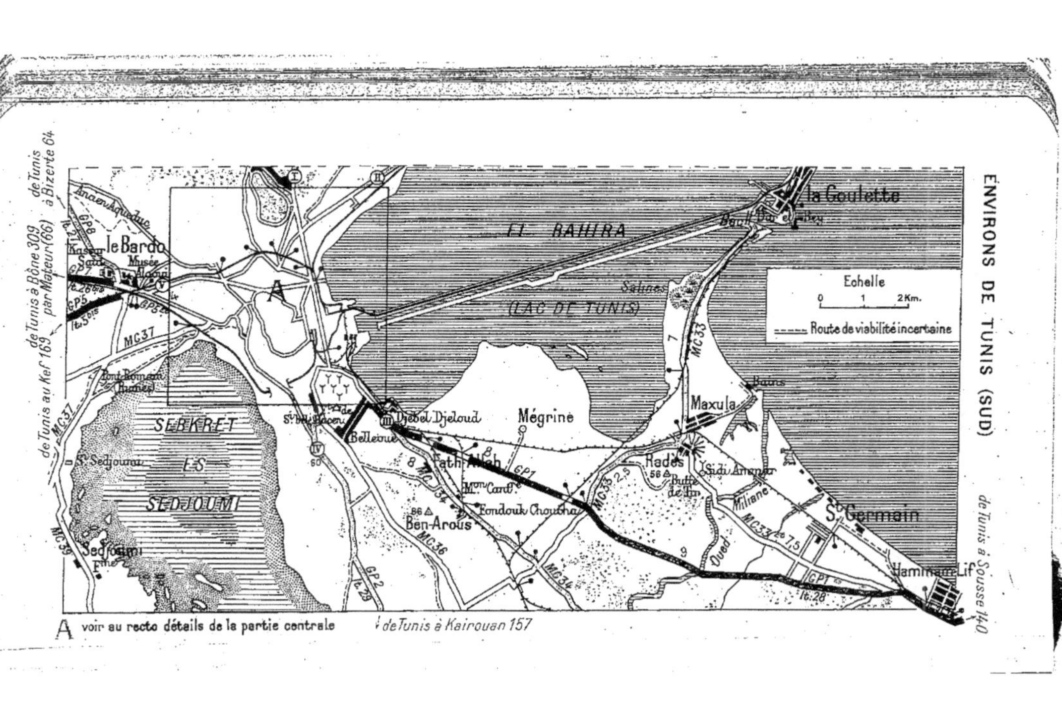
ENVIRONS DE TUNIS (SUD)
de Tunis à Bizerte 64
de Tunis à Bône 309
de Tunis à Mateur (66)
de Tunis au Kef 169
Ancien Aqueduc
le Bardo
Musée Alaoui
SEBKRET ES SEDJOUMI
EL BAHIRA
(LAC DE TUNIS)
Salines
la Goulette
Bordj Du Taley
Echelle
0 1 2 Km.
Route de viabilité incertaine
MC37
Pont Romain (Tunis)
S. Sedjouni
Sedjoumi Fm.
Djebel Djeloud
Mégrine
Maxula
Bellevue
Fath Allah
M. Cardi
Fondouk Choutha
Ben-Arous
Rades
Sidi Amemar
Butte de Tm.
Militaire
St Germain
Oued
Hammam-Lif
GP1
MC33
MC36
MC34
GP2
de Tunis à Sousse 140
voir au recto détails de la partie centrale
de Tunis à Kairouan 157

Tunis (*suite*).

AUTRES MÉCANICIENS RÉPARATEURS :

Gustave Peyrard, Tunis Gar., *52 av. de Carthage*, PEUGEOT. [40] ☎ 582.
Hignard frès, *66 av. Jules-Ferry*, gar., *8 r. Jean-le-Vacher*. [10] ☎ 29.06.
Arthur Ancona, *33 r. de Picardie*. [30] ☎ 25.50.
Comptoir général des produits lubrifiants, D. C. Tanugi, Gar. Victorine, *12 r. de Vesoul*. [50] Box [9] ☎ 57.84 et 57.85.
Albert Berreby, Paris Gar., *31 av. de Paris*, Gar. Carnot, *23 av. Carnot*; Belvédère Gar., *r. Courbet*. [100][30] ☎ 33.58 et 4.33.
François Mifsud et Cie, Tunisien Gar., *3 r. de Sparte*. VERMOREL. [40] ☎ 28.84.
Rallo et Magliolo, *av. Roustan*. [25].
Albert Zammit et Cie, gar. Talbot, *r. de Londres prolongée*. TALBOT. [20] ☎ 32.03.
Gentili, *55 r. Marceschau*.
Carle Frès, auto-gar., *angle des r. Thiers et r. Massicault*. [50] ☎ 37.54.
Arsento, Gar. Gambetta, *av. Jules-Ferry*. [30] ☎ 22.69.
Dalmas et Cie, *37 r. d'Italie et 19 bis r. de Marseille*. [25] ☎ 3.93.
J. et F. Gandolphe, Gd Gar. Colonial, *16 av. de Londres*. [60] ☎ 17.81.
A. Losardo et Carmicino, Touring Gar., *85 r. de Portugal*. [25] ☎ 42.83.
Morel et Cie, *5 bis av. de Paris*.
Vve Moutin et Bœuf, *57 av. Jules-Ferry et 24 r. du Portugal* (Aster Gar.). [10].
A. Gabriele et Cucinella, *43-45 av. de Carthage*.
Jules Rossi, *60 av. de Carthage*.
Bourgeois et Cohen, Gar. Lafayette, *130 av. de Paris*.
Cherici Alfred " Mon Garage ", *29 r. d'Italie*. BIANCHI. [25] ☎ 38.54.
Atelier américain Jean Puglisi, *83 r. Abd-el-Wahab*. [5] ☎ 21.40.
E. Borelli, *av. Alapetite*.
Mohamed Liman, *43 r. des Selliers*.
De Micelli et Falcone, *18 r. d'Isly*.
Briquez Jean-Claude, France Gar., *22 av. de Madrid et 11 r. Arago*. [20] ☎ 20.23.
Félix Chollet, Majestic Gar., *40 av. de Paris*. RENAULT. [100][50] ☎ 57.97.

Le Bardo 4 [V] — Béja 104 [V] — Bizerte 64 [V] — Carthage 21 [I], 17 [II] — Créteville 22 [III] — Enfidaville 96 [III] — Ferryville 85 [V] — La Goulette 18 [II] — Grombalia 39 [III] — Kairouan 157 [IV] — Le Kef 169 [V] — Korbous 50 [III] — La Manouba 7 [V] — La Marsa 18 [II] — Mateur 66 [V] — Medjez-el-Bab 60 [V] — Nabeul 66 [III] — St-Germain 15 [III] — Ste-Marie-du-Zit 52 [III] — Soliman 32 [III] — Sousse 140 [III] — Tabarka 173 [V] — Zaghouan 54 [IV].

Uzès-le-Duc (Oran), **(Pll 5)**, (Alt. 238 m.), 321 Eur., 659 Ind.
Mascara 54 - Palikao 34 - Prévost-Paradol 39.

Valmy (Oran), **(Pll 4)**, (Alt. 105 m.), 435 Eur., 484 Ind. = **Exc.** : *voir exc. nos 11 et 12*.
N : *Terrain d'aviation civil et militaire (aérodrome de la Sénia)* 3.
Mascara 88 - Oran 12 - St-Denis-du-Sig 40 - Ste-Barbe-du-Tlélat 15.

Vialar (Alger), © **(Pll 6)**, (Alt. 889 m.), 719 Eur., 1.421 Ind. — *Pas de* 🚂. = Burdeau 27 - Miliana 116 - Orléansville 90 - Téniet-el-Had 49 - Tiaret 65.
🏨 Moderne.
STOCK MICHELIN **A. Despetit**. DELAHAYE, PEUGEOT. [20] ☎ 0.35.
🔧 Saada Maurice. CITROEN. [15] ☎ 0.8.
— Joseph Bernabé. COTTIN. [20] ☎ 0.64.
— Marcellin. FIAT, FORD.

Volubilis (Ruines de), (Maroc), **(Pll 1)**. — 🚂 ✉ ⚐ Meknès 30. = **Voir** : Ruines romaines : forum, basilique, arc de triomphe, musée (chien de bronze ★, Ephèbe à cheval ★) (*s'adresser à la Direction du Musée* : *5 fr.*). = **Exc.** : *voir exc. n° 5*. = Meknès 30 - Moulay-Idriss 5.

Yakouren (*comm. du Haut-Sébaou*) (Alger), **(Pli 18)**, (Alt. 760 m.)
100 Eur. — 🚆 Tizi-Ouzou 49. = **Voir** : Forêt.
Syndicat d'Initiative de la Grande-Kabylie, r. *Gambetta*, à *Tizi-Ouzou*.
Alger 153 - Azazga 11 - Bougie 86 - El Kseur 60 - Tizi-Ouzou 49.

Zaghouan (Tunisie), **(Pli 19)**, (Alt. 192 à 210 m.), 449 Eur., 3.063 Ind.
= **Stationnement** : *réglementé le vendredi (marché); des écriteaux
indiquent les lieux de stationnement.* = **Voir** : Ruines romaines (arc de
triomphe). = **Exc.** : SE : *en auto* jusqu'à la captation des sources
alimentant Tunis (Nymphéa : château d'eau en ruines) 3 ; *à pied*
jusqu'au poste optique (968 m.) (*pour visiter, autorisation de la
Direction du Génie, à Tunis*) ; *de là, 3 h. 30* jusqu'au sommet du
Djebel Zaghouan 1.295 m., (vue ★). (*Si on le désire, guides à
Zaghouan: s'adresser à la Municipalité ou, à un poste de police*).
— *Voir exc. n° 24.*
Enfidaville 43 - Kairouan 103 - Ste-Marie-du-Zit 17 - Sousse 87 -
Tunis 54.
🏨 de France (10 ch) Gar int 4 📞 1.
🚗 Ditta Ignazio, Zaghouan Gar. CITROEN. 6 📞 33.
— Alessandroni et Vitte. RENAULT. 5 📞 22.

Zarzis (Tunisie), **(Pli 10)**, (Alt. 11 m.), 168 Eur., 6.137 Ind. — *Pas
de* 🚆. = **Exc.** : O : Ruines de Ziane 10. — *Voir exc. n° 26.*
Gabès 138 - Houmt-Souk 46 - Médenine 62.
🏨 **Antonin**, r. *Wilz*, Repas 5.14.14 (bnc) Cb 12 Chfr 29 (bc) Serv 10 %
(4 ch) Gar *grat* 4 📞 2.
🚗 Delabrousse Pierre, Zarzis Gar. CITROEN. 5 📞 20.

Zemmora (Oran), Ⓖ **(Pli 5)**, (Alt. 288 m.), 685 Eur., 1.135 Ind.
Montgolfier 39 - Mostaganem 79 - Relizane 21 - Tiaret 74.

Zeraia (Constantine), **(Pli 8)**, (Alt. 385 m.), 38 Eur., 64 Ind. — *Pas
de* 🚆. = Constantine 71 - Djidjelli 78 - Fedj-M'Zala 33 - Mila 10.

Zéralda (Alger), **(Pli 15)**, (Alt. 29 m.), 898 Eur., 270 Ind. = **Voir** :
Forêt des Planteurs. = **Exc.** : *voir exc. n°ˢ 14 et 15.*
Alger 31 - Blida 36 - Castiglione 16 - Cherchell 65 - Staouéli 7.
🏨 Zéralda, (wc) Gar int 6 ⛽ Delestrac 📞 0.03.
🚗 Zaragori Antoine, Auto-Gar. CITROEN. 5.

Ziama-Mansouriah (*comm. d'Oued-Marsa*), (Constantine), **(Pli 7)**,
(Alt. 5 à 100 m.), 110 Eur., 250 Ind. — *Pas de* 🚆. = **Exc.** : NE :
Grotte merveilleuse de Dar-el-Oued ★ (*gardien sur place; 5 fr.*) 5 ;
Gorges de Taza 14. — *Voir exc. n° 19.*
Bougie 51 - Djidjelli 45 - Philippeville 209 - Souk-el-Tenine 17.
🏨 **St-Lucien**, Repas 3.18.18 (bnc) Ch 18 à 30 Chfr 37 (bc) Serv
10 % (4 ch) (wc) Gar *grat* 📞 0.04.

TITRE III

RENSEIGNEMENTS ADMINISTRATIFS

ET

TRANSPORTS

RENSEIGNEMENTS ADMINISTRATIFS :

ALGÉRIENS voyageant en ALGÉRIE,

TUNISIENS voyageant en TUNISIE,

MAROCAINS voyageant au MAROC,

ALGÉRIENS, TUNISIENS MAROCAINS,

voyageant en FRANCE et à l'ÉTRANGER,

ÉTRANGERS voyageant en AFRIQUE DU NORD.

TRANSPORTS :

MARITIMES ET AÉRIENS.

TITRE III

Les renseignements donnés dans le présent Titre ont été mis à jour avec le plus grand soin, à l'aide de documents officiels, mais en raison des modifications continuellement apportées à la législation des divers pays, il se peut que certains ne soient plus à jour au moment de la publication du Guide, nous ne pouvons donc assumer la responsabilité des inexactitudes qui auraient pu se glisser dans sa rédaction.

Ces renseignements ont été divisés comme suit :

CE QUE DOIT SAVOIR TOUT AUTOMOBILISTE OU MOTOCYCLISTE

	ALGÉRIEN voyageant en Algérie	TUNISIEN en Tunisie	MAROCAIN au Maroc
	page	page	page
pièces nécessaires pour circuler . .	222	232	236
taxes.	225	234	237
formalités concernant le recensement	225	—	238
codes de la route	226	235	238
règlements locaux.	228	—	238

code de l'automobile sur les routes sahariennes, ... page 228

VOYAGES DES ALGÉRIENS, TUNISIENS, MAROCAINS

en France. . pages 239 et 243 | à l'Étranger. pages 239 et 244

VOYAGES DES ÉTRANGERS EN AFRIQUE DU NORD

Algérie. . . . . . . page 249 | Maroc. . . . . page 251

Tunisie. . . . . . . page 250 | Passage par Tanger page 251

DOUANES . . . . page 252

TRANSPORTS .

maritimes . . . . . page 255 | aériens . . . . page 266

ALGÉRIENS
VOYAGEANT EN ALGERIE

RENSEIGNEMENTS ADMINISTRATIFS A L'USAGE DES AUTOMOBILISTES ET DES MOTOCYCLISTES

PIÈCES NÉCESSAIRES POUR CIRCULER

Pour circuler en Algérie, y compris les territoires du Sud, tout possesseur d'une automobile ou d'une motocyclette ou d'une bicyclette à moteur doit être en possession :

de son permis de conduire (carte rose) ;

du récépissé de déclaration de mise en circulation du véhicule (carte grise).

Le véhicule doit porter les plaques réglementaires.

PERMIS DE CONDUIRE OU CARTE ROSE

Nul ne peut conduire un véhicule automobile s'il n'est porteur d'un permis délivré par le Préfet du département de sa résidence sur l'avis favorable d'un expert accrédité par le Gouverneur Général. Dans les territoires du Sud, cette pièce est délivrée par l'Ingénieur des Mines, des Travaux Publics ou des Ponts et Chaussées.

Il est délivré différents permis correspondant aux différents genres de véhicules à conduire. Il faut :

le permis modèle A sans mention, pour tous véhicules automobiles sauf ceux indiqués ci-après.

le permis modèle A avec mention. correspondant au genre de véhicule à conduire. pour les véhicules affectés à des transports en commun. pour les véhicules dont le poids en charge dépasse 3.000 kg. pour les motos à deux roues avec sidecar.

le permis modèle B : pour les motos à deux roues sans sidecar.

Attention : Ces différents permis ne sont délivrés qu'aux candidats ayant au moins 18 ans révolus, à l'exception des permis modèles B, valables seulement pour les motocyclettes à deux roues sans sidecar, qui sont délivrés aux candidats ayant 16 ans révolus.

Les candidats désirant obtenir la mention nécessaire à la conduite des véhicules affectés aux transports en commun doivent avoir 20 ans.

Les permis de conduire délivrés en France, en Tunisie ou au Maroc sont valables en Algérie.

Pour obtenir le permis de conduire A ou B ou la mention sur permis A, le candidat doit s'adresser au Préfet et lui envoyer :

1° une demande sur papier timbré à 3 fr. 60, énonçant leurs nom, prénoms, nationalité, domicile, date et lieu de naissance, et le genre de véhicule à conduire ;

2° la justification de sa résidence et de son état civil avec l'indication, si le candidat français est âgé de 20 à 48 ans et mobilisable, de sa classe de recrutement, du bureau de recrutement dont il dépend ainsi que de son numéro matricule à ce bureau ;

3° deux photos d'identité ;

4° la quittance des droits exigés.

Le possesseur d'un permis B désireux de posséder une carte rose lui permettant de conduire les voitures automobiles devra demander l'échange de son titre contre un permis modèle A avec mention spéciale pour la conduite des véhicules à deux roues. Mêmes pièces à fournir que pour l'obtention de la mention sur permis modèle A (voir ci-avant).

Droits : Les droits à acquitter pour obtenir la carte rose se composent :
1° du droit d'examen de 15 fr. ;
2° du droit de brevet de 50 fr.

Le droit de brevet est réduit à 20 fr. pour les personnes dont le salaire mensuel a été au maximum de 800 fr. pendant les six mois précédant l'examen.

Aucune restitution du droit d'examen n'est faite au candidat ajourné.

Examen. — Le candidat au permis de conduire doit subir, devant un expert accrédité par le ministre des Travaux publics, une ou plusieurs épreuves directes. A cet effet, il recevra une convocation pour des date, heure et lieu donnés. Il devra se présenter au rendez-vous avec le véhicule sur lequel il désire subir l'examen. En cas d'empêchement il est tenu d'en informer préalablement l'inspecteur signataire de la convocation et de joindre un timbre de 0 fr. 50 pour affranchissement d'une nouvelle convocation. Tout candidat qui, sans excuse jugée valable, ne se présenterait pas au jour et à l'heure fixés pour l'examen perdrait le montant du droit d'examen consigné.

Indépendamment de la capacité de conduire un véhicule automobile, le candidat doit justifier de connaissances techniques concernant les organes principaux du véhicule et connaître également les dispositions essentielles du Code de la Route ainsi que les règlements de la police de la circulation automobile.

RÉCÉPISSÉ DE DÉCLARATION DE MISE EN CIRCULATION OU CARTE GRISE

Le récépissé de déclaration de mise en circulation ou carte grise est la pièce d'identité de la voiture. Elle permet à son propriétaire de mettre le véhicule en circulation sur les voies publiques.

Cette pièce est délivrée par le Préfet du département de sa résidence.

Obtention. — Cette déclaration de mise en circulation doit être établie sur papier timbré et indiquer :
les nom, prénoms, qualité ou profession et adresse du déclarant ;
le nom et l'adresse du constructeur du véhicule ;
le type du véhicule et son numéro dans la série de ce type ;
pour les camions pesant en charge plus de 3.000 kg, l'affirmation qu'ils sont munis d'un appareil rétroviseur.

Le propriétaire du véhicule y joindra :
1° un mandat à 3 fr. 60 pour timbre de la carte grise ;
2° s'il y a lieu, un timbre de 0 fr. 50 pour envoi de la carte grise demandée ;
3° les pièces indiquées en A ou B ci-après, correspondant à l'état du véhicule.

A. S'il est neuf :
une copie du procès-verbal de réception du type du véhicule délivrée par le constructeur ;
un certificat de ce dernier constatant que le véhicule est entièrement en conformité du type. Ce certificat devra spécifier la vitesse maximum que le véhicule est capable d'atteindre à l'heure en palier.
Les véhicules de provenance étrangère directe doivent être reçus comme véhicules isolés par le service des mines et chaque type doit faire l'objet d'un procès-verbal de réception.

B. S'il est d'occasion ou a déjà été déclaré :
la carte grise remise par le vendeur ;
un certificat légalisé, sur papier timbré, par lequel l'acquéreur déclare que le véhicule est resté conforme à la construction primitive.

Numéro matricule du véhicule. — La carte grise remise par le Préfet indique le numéro matricule attribué au véhicule par le service des mines. Ce numéro devra être reproduit exactement sur les plaques d'immatriculation du véhicule.

PLAQUES

I. Pour les automobiles.

Les automobiles doivent être munies de différentes plaques.

1° Plaques d'identité.

Une plaque métallique, portant en caractères lisibles les nom, prénoms et domicile du propriétaire, doit être apposée sur la voiture d'une manière très apparente.

Une ou plusieurs plaques métalliques donnant d'une manière apparente le nom du constructeur, l'indication du type et le numéro d'ordre dans la série du type.

2° Plaques d'immatriculation.

Deux plaques inamovibles, bien en évidence, l'une à l'avant, l'autre à l'arrière de la voiture, doivent reproduire le numéro matricule indiqué sur la carte grise. Ce numéro est formé d'un groupe de chiffres arabes suivi des lettres **AL** attribuées aux voitures algériennes.

Sur ces plaques dont le fond doit être noir, le numéro matricule sera peint en blanc avec les dimensions réglementaires.

Ces plaques seront placées de façon à être toujours en évidence dans les plans verticaux perpendiculaires à l'axe longitudinal du véhicule, le centre de la plaque étant, autant que possible, sur cet axe. Par tolérance la plaque arrière pourra être placée sur le garde-boue.

Le numéro sera peint sur une plaque métallique rigide, invariablement rivée au châssis ou à la carrosserie, ou bien peint sur une surface plane faisant partie intégrante du châssis ou de la carrosserie.

3° Plaques pour les voitures destinées au transport des marchandises.

Ces voitures, ainsi que les véhicules remorqués, doivent porter une plaque indiquant le poids du véhicule à vide et le poids maximum de chargement. Les poids seront fournis par le propriétaire du véhicule, sous sa responsabilité, sans que l'administration ait à intervenir contradictoirement avant l'apposition de la plaque.

II. Plaques pour les cyclecars, quadricycles, motocycles, avec ou sans sidecar et bicyclettes à moteur.

Les cyclecars, quadricycles, motocycles et bicyclettes à moteur, doivent être munis :

1° d'une plaque d'identité indiquant le nom et le domicile du propriétaire ;

2° à l'avant et à l'arrière, d'une plaque indicatrice du numéro matricule dans les mêmes conditions que les voitures (*voir plus haut*).

La plaque avant des motocyclettes et bicyclettes à moteur pourra être placée dans le plan de l'axe du cadre de la machine sous réserve que l'inscription du numéro soit reproduite sur les deux faces de la plaque.

Éclairage des plaques.

Pour les autos, la plaque arrière d'immatriculation doit être éclairée dès la chute du jour.

Pour les motos, l'éclairage de la plaque arrière peut être supprimé à condition qu'il soit adjoint à l'arrière, un appareil à surface réfléchissante rouge.

TAXES

Les taxes de circulation ont été supprimées et remplacées en Algérie par un droit intérieur sur les essences et carburants, ainsi que sur les bandages caoutchoutés.

Ce droit est de 10 fr. par hectolitre sur les carburants (essences de pétrole ou autres essences minérales) et de 400 fr. par 100 kilos sur les chapes en caoutchouc (chambres à air, pneus, bandages).

TAXE DES PRESTATIONS

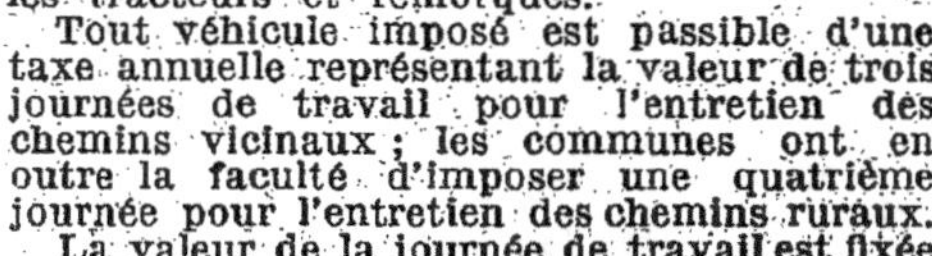

La taxe des prestations établie par le Service des Contributions Directes et perçue au profit des communes, frappe notamment les voitures automobiles, les tracteurs et remorques.

Tout véhicule imposé est passible d'une taxe annuelle représentant la valeur de trois journées de travail pour l'entretien des chemins vicinaux ; les communes ont en outre la faculté d'imposer une quatrième journée pour l'entretien des chemins ruraux.

La valeur de la journée de travail est fixée annuellement, pour l'ensemble des communes de chaque département, par le Conseil Général.

RECENSEMENT

Déclaration. — Les propriétaires de véhicules automobiles (y compris les bicyclettes à moteur) ou de remorques pour véhicules automobiles doivent, du 1er au 16 janvier, remettre à la mairie de la commune où sont habituellement employés ces véhicules et pour chacun d'eux, une déclaration de possession permettant d'identifier le véhicule, d'en connaître les caractéristiques et l'état (Loi du 19 juin 1928).

Ces déclarations seront établies sur des imprimés remis à la mairie.

Les propriétaires sont invités à lire les affiches qui sont apposées en décembre et qui donnent tous renseignements utiles.

Un reçu signé par le Maire est remis au propriétaire du véhicule.

Ne sont dispensés de cette formalité que les possesseurs de véhicules pour lesquels il a été délivré un certificat d'inaptitude (*voir ci-après*).

Les propriétaires qui acquièrent une voiture au cours de l'année n'ont pas de déclaration à faire avant le 1er janvier suivant.

Contrôle des déclarations. — Afin de contrôler l'exactitude de ce recensement basé sur les seules déclarations des propriétaires, l'autorité militaire s'est réservé de procéder chaque année dans vingt localités au maximum pour chaque région, à un classement de vérification.

Les propriétaires recevront par les soins de la mairie de leur commune un avis de convocation individuelle.

Certificat d'inaptitude. — Cette pièce n'est remise, par l'autorité militaire, qu'après vérification des déclarations de possession et seulement pour les véhicules manifestement inaptes au service de l'armée.

Déclaration de perte. — Toute perte de véhicule par vente, destruction ou usure complète doit faire l'objet, de la part de son ancien propriétaire, d'une déclaration de perte. Celle-ci, établie sur formule imprimée délivrée à la Mairie, doit être remise au Maire dans un délai de trente jours à partir du fait qui l'a motivée.

Un reçu signé par le maire est délivré au déclarant.

Les propriétaires ayant contrevenu aux dispositions ci-dessus sur le recensement sont passibles d'amendes variant de 75 à 12.000 francs.

Pour ne perdre de temps,
pour trouver de suite le renseignement cherché
consultez d'abord
l'Index alphabétique (*à la fin du volume*).

CODE DE LA ROUTE

Nous indiquons ci-après les principales dispositions du code de la route (*arrêté du 4 juillet 1924*) applicables aux véhicules automobiles de tourisme circulant en Algérie.

Pression sur le sol, forme et nature des bandages. — Les roues des autos ainsi que celles de leurs remorques doivent être munies de bandages en caoutchouc ou de tous autres systèmes équivalents au point de vue de l'élasticité (*art. 2*).

Gabarit des véhicules et largeur du chargement. — Dans une section transversale, la largeur d'une auto ainsi que son chargement, toutes saillies comprises, ne doit nulle part être supérieure à 2 m. 50 (*art. 3 et 6*).

Conduite des véhicules. — Tout conducteur est tenu d'avertir de son approche les autres conducteurs et les piétons. Il peut utiliser le milieu ou la partie droite de la chaussée, mais il lui est formellement interdit de suivre la partie gauche, sauf en cas de dépassement ou de nécessité de virage (*art. 7*).

Croisement et dépassement. — Pour croiser ou se laisser dépasser, tout conducteur doit prendre sa droite. A l'approche d'un véhicule ou d'un animal qui va le croiser ou le dépasser, il doit se ranger à droite, de façon qu'à sa gauche il laisse le plus large espace possible. Cet espace sera égal au moins à la moitié de la chaussée quand il s'agira d'un véhicule ou d'un troupeau et à 2 mètres quand il s'agira d'un piéton, d'une bicyclette ou d'un animal isolé.

Pour dépasser, tout conducteur doit prendre sa gauche, mais il ne peut le faire qu'après s'être assuré qu'il n'y a pas de risque de collision avec un véhicule ou un animal venant en sens inverse.

Il est interdit d'effectuer un dépassement quand la visibilité en avant n'est pas suffisante.

Après un dépassement, un conducteur ne doit ramener son véhicule sur la droite qu'après s'être assuré qu'il peut le faire sans inconvénient pour le véhicule ou l'animal dépassé (*art. 9*).

Bifurcations et croisées de chemins. — En abordant une bifurcation ou une croisée de chemins, tout conducteur doit annoncer son approche ou vérifier que la voie est libre, marcher à une allure modérée et serrer sur sa droite, surtout aux endroits où la visibilité est imparfaite.

Aux bifurcations et croisées de chemins, le conducteur est tenu de céder le passage au conducteur qui vient sur la voie située à sa droite.

Ces règles sont applicables dans les agglomérations, sauf lorsque les autorités compétentes ont édicté des prescriptions différentes (*voir ci-après règlements municipaux*) (*art. 10*).

Stationnement des véhicules. — Il est interdit de laisser stationner un véhicule sans nécessité sur la voie publique.

Tout véhicule en stationnement doit être placé de manière à gêner le moins possible la circulation et à ne pas entraver l'accès des propriétés.

Le conducteur ne peut abandonner son véhicule qu'après avoir pris les précautions nécessaires pour éviter tout accident, toute mise en route intempestive et pour supprimer tout bruit gênant du moteur.

Lorsqu'un véhicule est immobilisé par suite d'un accident, son conducteur doit prendre les mesures nécessaires pour garantir la sécurité de la circulation et notamment, dès la chute du jour, pour assurer l'éclairage de l'obstacle. En cas de dérangement de véhicule en cours de route, les réparations et la mise au point bruyantes doivent, sauf impossibilité absolue, être opérées à 100 mètres au moins de toute habitation (*art. 11 et 30*).

BARRIÈRES DE DÉGEL. — En cas d'établissement de barrières de dégel, s'en rapporter aux arrêtés des Préfets pour circuler sur les routes nationales et départementales, les chemins de grande communication et d'intérêt commun et les routes forestières, et à ceux des Maires pour les autres voies (*art. 15*).

PASSAGE DES PONTS. — Les conducteurs doivent observer les mesures de sécurité placardées à l'entrée des ponts notamment en ce qui concerne le maximum de charge (*art. 16*).

ORGANES MOTEURS. — Les moteurs doivent être munis d'un dispositif d'échappement silencieux dont l'emploi est obligatoire dans les agglomérations et quand l'automobile croise ou dépasse en rase campagne des bestiaux ou des animaux de selle, de trait ou de charge (*art. 21*).

ORGANES DE MANOEUVRE ET DE DIRECTION. — Les autos pesant à vide plus de 350 kg devront avoir la marche arrière ; celles de plus de 3.000 kg seront munies d'un miroir rétroviseur (*art. 22*).

FREINS. — Toute automobile doit être pourvue de deux systèmes de freinage à commande et transmission indépendantes. Ces freins doivent être suffisamment puissants pour arrêter et immobiliser le véhicule sur les plus fortes déclivités.

L'un au moins des systèmes de freinage doit agir directement sur les roues ou sur des couronnes immédiatement solidaires de celles-ci.

Les remorques uniques sont exemptées de l'obligation des freins (*art. 23*).

ÉCLAIRAGE. — Les *autos* doivent être munies à l'avant de deux feux blancs dont un doit être placé à gauche, et à l'arrière et à gauche d'un feu rouge. Le foyer lumineux de ces feux peut être le même.

Pour les *motos*, l'éclairage peut être réduit à un feu visible de l'avant et de l'arrière ou seulement à un feu visible de l'avant et d'un appareil à surface réfléchissante rouge à l'arrière.

De plus, les véhicules marchant à une vitesse dépassant 20 km. à l'heure doivent avoir un phare éclairant à 100 m. en avant quoique n'étant pas aveuglant pour les autres usagers de la route. Mais il est interdit de se servir de ce mode d'éclairage dans la traversée des voies des agglomérations pourvues d'un éclairage public.

Les automobiles (autres que celles traînant une remorque) qui stationnent sur la voie publique (*voir ci-dessus*) peuvent être signalées par une seule lanterne donnant vers l'avant un feu blanc et vers l'arrière un feu rouge et placé de manière à couvrir le véhicule du côté où s'effectue la circulation. L'emplacement, les caractéristiques de l'appareil et la puissance de l'éclairage doivent être tels que l'auto soit efficacement signalée au conducteur de tout véhicule s'approchant dans un sens ou dans l'autre (*art. 4 et 24*).

SIGNAUX SONORES. — En rase campagne l'approche de toute automobile doit être signalée, en cas de besoin, au moyen d'un appareil sonore susceptible d'être entendu à 100 mètres au moins et différent du type de signaux réservés à des usages spéciaux.

Toutefois dans les agglomérations, le son émis devra rester d'intensité assez modérée pour ne pas incommoder les habitants ou les passants, ni effrayer les animaux (*art. 25*).

VITESSE. — Les conducteurs de véhicules quelconques doivent toujours marcher à une allure modérée dans la traversée des agglomérations et toutes les fois que le chemin n'est pas parfaitement libre ou que la visibilité n'est pas assurée dans de bonnes conditions (*art. 8*).

D'autre part, le conducteur d'une automobile doit rester constamment maître de sa vitesse. Il est tenu non seulement de ralentir ou même d'arrêter le véhicule toutes les fois que celui-ci en raison des circonstances ou de la disposition des lieux pourrait être une cause d'accident, de désordre ou de gêne pour la circulation, notamment dans les agglomérations, dans les courbes, dans les fortes descentes, les sections de routes bordées d'habitations, les passages étroits et encombrés, les carrefours, lors d'un croisement ou d'un dépassement, ou encore lorsque sur la voie publique les bêtes de trait, de charge ou de selle, les bestiaux montés ou conduits par des personnes manifestent des signes de frayeur.

Dès la chute du jour, et en cas de brouillard, la vitesse des automobiles doit être également réduite.

La vitesse permise dans la traversée des aggloméraitons est en outre réglementée par des arrêtés préfectoraux et municipaux : voir ci-dessous (*art. 35*).

Pour les véhicules pesant en charge plus de 3.000 kg., cette vitesse est fixée par l'arrêté gubernatorial du 10 février 1925.

RÈGLEMENTS PRÉFECTORAUX
ET MUNICIPAUX

1° **Vitesse.** — La vitesse permise dans la traversée des villes et villages a été réglementée par des arrêtés des préfets d'Algérie.

Les vitesses horaires maxima sont indiquées dans le tableau suivant :

CATÉGORIE DE VÉHICULES	ALGER	CONSTAN-TINE	ORAN
Véhicules dont le poids en charge est inférieur à 3.000 kilos . .	25	15	20
Véhicules dont le poids en charge dépasse 3.000 kilos.	10	10	10

Mais les maires et les administrateurs de communes mixtes peuvent encore réduire ces limites en tenant compte de la configuration des lieux et des circonstances locales.

2° **Pour le département d'Alger.** — **Usage des signaux à bras.** — Pour indiquer l'intention de tourner, d'appuyer à droite ou à gauche, de ralentir, de se faire dépasser ou d'arrêter, tout conducteur de véhicule doit étendre le bras droit horizontalement en le tenant immobile.

Il n'est fait d'exception à cette règle que pour les automobiles dont la conduite est à gauche ; dans ce cas, le conducteur étendra le bras à gauche (*arrêté préfectoral du 27 janvier 1927*).

LE CODE DE L'AUTOMOBILE
SUR LES ROUTES SAHARIENNES

Dans les territoires du Sud de l'Algérie, la circulation des voitures automobiles sur les pistes est soumise aux conditions spéciales énumérées dans l'arrêté de M. le gouverneur général de l'Algérie, en date du 26 octobre 1926.

Ces conditions spéciales sont rappelées ci-dessous :

Art. 1er. — Dans les territoires du Sud de l'Algérie, la circulation des voitures automobiles sur les pistes est soumise, additionnellement aux dispositions des décrets des 4 juillet-5 octobre 1924, aux conditions spéciales suivantes :

Art. 2. — LIMITATION DU POIDS DES VÉHICULES. — Sont seules autorisées à circuler sur les pistes les voitures automobiles dont le poids total en charge n'excède pas :

pour les voitures à 4 roues, 4.000 kilogrammes ;

pour les autochenilles et les voitures à 6 roues, 5.000 kilogrammes.

Les voitures autres que les autochenilles doivent être montées sur pneumatiques jumelés à l'arrière ou à large empattement.

Cette limitation de tonnage n'est pas applicable aux voitures circulant sur des pistes spécialement aménagées pour les poids lourds ou ne comportant d'autres travaux d'aménagement que l'établissement de repères de direction.

Art. 3. — LIMITATION DES VITESSES. — Les vitesses maxima que peuvent atteindre les voitures automobiles sont fixées comme suit :

Voitures dont le poids total en charge est inférieur ou égal à 3.000 kilogrammes : 60 km. à l'heure ;

Voitures dont la charge totale est supérieure à 3.000 kilogrammes :
  servant au transport des personnes : 35 km. à l'heure;
  servant au transport des marchandises : 25 km. à l'heure.

Dans la traversée des villes, villages et hameaux, la vitesse des voitures automobiles dont le poids total en charge est supérieur à 3.000 kilogrammes ne devra pas dépasser 12 kilomètres à l'heure.

Art. 4. — MESURES DE SÉCURITÉ. — En raison de l'éloignement des centres habités, du manque total de ressources en eau et en vivres dans l'intervalle et des conditions climatériques du Sahara, sont considérées comme ne pouvant être parcourues sans mesures de sécurité particulières les pistes ci-après désignées :

a. *Territoire de Touggourt*

Pistes partant de Zeribet-el-Oued, de Biskra ou de Chegga en direction du Souf ;
Piste d'Ouled-Djellal à Guerrara par Dziwa ;
Piste de Tozeur-Nefta à El Oued et Touggourt
Piste de Touggourt à Dziwa et Guerrara.

b. *Territoire de Ghardaïa.*

Piste de Ghardaïa à El Goléa ;
Piste de Messaâd ou de Laghouat à Touggourt ;
Piste de Laghouat à Tadjerouna et à Brezina.

c. *Territoire d'Aïn-Sefra.*

Pistes partant de Géryville, d'Aïn-Sefra et de Beni-Ounif de Figuig en direction du Sud et de Colomb-Béchar en direction du Nord, de l'Ouest et du Sud.

d. *Territoire des Oasis.*

Toutes les pistes du territoire sauf celle de Touggourt à Ouargla.

Art. 5. — Les mesures de sécurité que nécessite la circulation automobile sur ces pistes sont les suivantes :

1° Avis aux autorités des points de départ et d'arrivée ;
2° Marche en convoi ;
3° Transport d'approvisionnements de réserve en essence, vivres et eau potable ;
4° Transport de rechanges et d'agrès pour parer aux incidents de route ;
5° Armement des convois.

Art. 6. — AVIS AUX AUTORITÉS LOCALES. — Tout automobiliste désirant suivre l'une des pistes énoncées à l'article 4 ci-dessus pour se rendre à El-Oued, Guerrara, El Goléa, Brézina, El-Abiod, Sidi-Cheikh, ou pour gagner la vallée de la Zousfana, du Guir ou de la Saoura est tenu de se présenter au chef d'annexe ou de poste du point de départ pour l'informer de son projet et se renseigner sur l'itinéraire à suivre, l'état des pistes, les points d'eau, les gîtes d'étapes et les mesures de sécurité que comporte le voyage à entreprendre.

Aucune voiture ne doit être mise en route sans que le chef d'annexe ou de poste du point d'arrivée ait été informé télégraphiquement de ce départ et de l'itinéraire qui sera suivi. Le chef de poste ou d'annexe du point de départ est également informé par télégramme de l'arrivée des voitures à destination. Les avis de départ et d'arrivée sont envoyés par télégrammes privés, visés par les chefs d'annexe ou de poste et payés par les intéressés.

S'il existe des bordjs gîte d'étape sur le parcours, l'autorité locale du point de départ remet au chef du convoi un billet autorisant les gardiens à donner aux voyageurs le libre accès des bordjs et à mettre à leur disposition les locaux et les ressources dont ils disposent.

Art. 7. — MARCHE EN CONVOI. — Pour s'engager en toute sûreté sur les pistes désignées à l'article 4 ci-dessus, les voitures automobiles seront groupées au moins par deux, afin de se prêter mutuellement aide et secours en cas d'accident.

Toutes les voitures du convoi doivent demeurer constamment en liaison à la vue, s'attendre et s'aider en cas de panne de l'une d'elles.

Les marches de nuit ne pourront être entreprises que sur des pistes parfaitement connues. Sur des pistes peu connues, il est interdit de circuler la nuit, même avec un guide.

Sauf le cas de force majeure, aucune modification ne devra être apportée à l'itinéraire fixé.

Art. 8. — Transport d'approvisionnements de réserve. — Chaque voiture automobile devra transporter des approvisionnements en essence, huile, vivres et eau suffisante pour lui permettre d'arriver jusqu'à destination.

L'approvisionnement d'essence et d'huile sera égal, en principe, à la quantité normalement nécessaire pour le même trajet sur route ordinaire, augmentée d'un tiers pour tenir compte de l'évaporation et des allongements de parcours éventuels.

S'il n'existait pas de dépôt d'huile et d'essence au point d'arrivée, les quantités de ces matières à emporter devraient être calculées pour l'aller et le retour.

En prévision de secours tardifs, pouvant, dans certains cas, n'arriver que par piétons, chaque voiture doit emporter, au *minimum*, cinq jours de vivres de réserve par personne, en plus des vivres nécessaires pour l'étape du jour.

La ration d'eau individuelle à prévoir par jour est de deux litres au minimum.

Chaque voiture transportera, en outre, un approvisionnement de réserve de 20 litres d'eau par voyageur, indépendamment de l'approvisionnement nécessaire pour le radiateur, lequel doit être égal à deux fois la capacité des appareils de refroidissement de chaque véhicule.

Art. 9. — Transport de rechanges, outils et agrès divers. — Aucun atelier de réparations pour automobiles, aucune possibilité de remplacer les organes ou accessoires de ces véhicules n'existant actuellement dans le Sud, toute voiture automobile circulant sur les pistes sahariennes, pour ne pas risquer d'être immobilisée plusieurs semaines par le moindre incident, doit transporter avec elle, indépendamment de son outillage normal au complet et en bon état, un jeu de pièces de rechange les plus indispensables, dont il appartient à chaque conducteur d'arrêter la nomenclature détaillée d'après le type et l'état d'entretien de son véhicule, mais qui, d'après l'expérience acquise, paraît devoir comprendre principalement : une magnéto, des bougies, des bielles et des lames de ressorts.

En ce qui concerne les pneus et les chambres à air de rechange, leur nombre doit être approprié à la longueur du voyage et aux difficultés du terrain.

Les outils et agrès indispensables comprennent du matériel de débroussaillement, de puisage et de dépannage. Chaque convoi doit être pourvu : par voiture, d'une pelle, d'une pioche, d'une serpe et par deux voitures, d'une hache, d'une scie passe-partout, d'un seau en tôle forte de 5 à 6 litres, de cent mètres de corde de grosseur moyenne, de quatre planches ou de treillis métallique.

Art. 10. — Armement. — Tout organisateur ou chef de convoi automobile devra obligatoirement s'enquérir par écrit, en temps utile, auprès du commandant du territoire, des conditions de la sécurité pour le cas où les circonstances imposeraient momentanément un certain armement.

Les postes du Sud ne pouvant mettre à la disposition des voyageurs ni armes, ni munitions, les intéressés auront à se procurer, avant de quitter le Tell, l'armement reconnu nécessaire pour leur sécurité.

Art. 11. — Personnel de conduite. — Les conducteurs d'automobiles devront être des praticiens éprouvés, d'une grande vigueur physique et morale, ayant l'expérience des pistes du Sud. Autant que possible, l'un d'eux sera choisi parmi les conducteurs ayant déjà effectué le voyage.

En prévision de l'indisponibilité de l'un des conducteurs en cours de route, il sera prudent d'emmener un conducteur suppléant.

Le chef de convoi sera muni d'une boussole et d'une carte générale de la région parcourue ou d'un croquis des pistes existant dans la région.

Chaque convoi devra, en outre, être accompagné d'un indigène sûr, choisi ou agréé par l'autorité locale, connaissant bien la région et pouvant servir de guide et d'interprète. En cas d'immobilisation du convoi, le guide aura pour mission d'aller chercher du secours dans les campements ou les postes les plus voisins.

Art. 12. — Dégradations aux pistes. — Sauf pour la traversée des dunes, il est interdit, après les pluies, de circuler en automobile sur les pistes jusqu'à ce que le terrain soit redevenu sec.

Les conducteurs d'automobiles doivent régler la marche de leur voiture de manière à ne pas détériorer les pistes. Les voitures du convoi éviteront de suivre les mêmes frayés. Après le passage d'une rampe, on rejettera en dehors de la plate-forme les pierres ou autres matériaux dont on se serait servi pour la franchir.

En cas de panne, si pour dégager la voiture, il a été nécessaire de creuser le sol en avant des roues, ces ornières devront être comblées avec soin. Si la panne a eu lieu sur une chaussée en drinn, les bottes de drinn qui auraient été disjointes par les secousses seront remises en place avec soin.

On ne devra en aucun cas enlever des matériaux sur un point de la chaussée pour les transporter sur un autre.

La réparation immédiate des dégradations faites aux pistes est obligatoire et ne doit être omise sous aucun prétexte.

A l'arrivée à l'étape, les conducteurs des voitures signalent au commandant du poste les passages où ils ont éprouvé des difficultés, les défectuosités ou les dégradations qu'ils ont constatées et les réparations qu'il serait utile d'effectuer.

Art. 13. — SÉJOUR AUX ÉTAPES. — S'il existe un hôtel à l'étape, les automobilistes devront prévenir cet établissement de leur arrivée et s'assurer avant de se mettre en route, qu'ils pourront y être hébergés et nourris. Autrement ils auront à se pourvoir de vivres et de matériel de campement.

L'emplacement d'un camp sera toujours choisi conformément aux indications du commandant du poste, responsable de la sécurité.

Il est interdit de réquisitionner des vivres chez les indigènes. Tous les achats doivent être librement consentis. Une dhifa ne peut être sollicitée ou acceptée qu'à la condition d'être largement rémunérée.

Les voyageurs de passage ne sont admis aux mess des officiers ou des sous-officiers que sur invitation : ils doivent régler leurs repas d'après les tarifs fixés par le commandant du poste.

Tous litiges ou différends qui pourraient survenir dans les postes ou en tribu entre les voyageurs et le personnel des convois automobiles d'une part, et les habitants civils ou militaires d'autre part, seront soumis au commandant du poste.

Le paiement des journées de déplacement dues aux indigènes qui auraient été envoyés au secours d'un convoi est à la charge des voyageurs de ce convoi ; le prix des journées est celui qui est en usage dans la localité ; l'autorité qui a envoyé les indigènes s'assurera avant le départ du convoi qu'ils ont été payés.

Art. 14. — SANCTIONS ET EXCEPTIONS. — Les infractions au présent arrêté donneront lieu à des poursuites contre leurs auteurs en conformité des lois et règlements en vigueur.

Les organisateurs des circuits automobiles ou leurs représentants locaux, les conducteurs d'automobiles et les voyageurs seront tenus pour responsables, chacun en ce qui le concerne, de l'inobservation des prescriptions édictées ci-dessus.

Si un automobiliste se lançait dans un voyage au Sahara à l'insu de l'autorité locale ou sans tenir compte de ses avis, le chef du premier poste qui se trouverait sur son passage ferait mettre la voiture en fourrière ; le contrevenant ne serait autorisé à continuer son voyage qu'après avoir satisfait aux obligations imposées par le présent arrêté. Un compte rendu de l'incident serait adressé télégraphiquement au Gouverneur Général.

Exceptionnellement, pour des parcours aller et retour inférieurs à 500 kilomètres, ou sur certaines pistes très fréquentées, ou si des circonstances favorables le permettent, les chefs d'annexe ou de poste pourront autoriser des voitures automobiles à circuler isolément, sous réserve que toutes les garanties de sécurité requises soient réalisées.

Ces autorisations seront données par écrit et il en sera rendu compte au commandant du territoire.

Des dérogations aux dispositions de l'art. 8 relatives à l'approvisionnement en vivres de réserve et à celles de l'art. 9 relatives à l'approvisionnement en matériel de débroussaillement, de puisage et de dépannage peuvent être accordées dans les mêmes conditions.

TUNISIENS
VOYAGEANT EN TUNISIE

RENSEIGNEMENTS ADMINISTRATIFS A L'USAGE
DES AUTOMOBILISTES ET MOTOCYCLISTES

PIÈCES NÉCESSAIRES POUR CIRCULER

Pour être admis à circuler en Tunisie, tout possesseur d'une automobile, d'une motocyclette avec ou sans sidecar ou d'une bicyclette à moteur doit posséder :

son permis de conduire ;

le récépissé de déclaration de mise en circulation du véhicule ;

un permis de circulation.

Le véhicule doit être pourvu de plaques réglementaires.

PERMIS DE CONDUIRE

Nul ne peut conduire un véhicule automobile s'il n'est porteur d'un permis délivré par le Directeur Général des Travaux Publics en Tunisie ou de celui valable en France, en Algérie ou au Maroc.

Il est délivré **différents permis** correspondant aux différents genres de véhicules à conduire. Il faut :

le permis modèle A sans mention (carte rose). } pour tous véhicules automobiles sauf ceux indiqués ci-après.

le permis modèle A avec mention (carte rose). } pour les véhicules affectés à des transports en commun. pour les véhicules dont le poids en charge dépasse 3.000 kg. pour les motos à deux roues avec sidecar.

le perm's modèle B (carte rouge). } pour les motos à deux roues sans sidecar.

O'tention : ces différents permis ne sont délivrés qu'aux candidats ayant au moins 18 ans révolus, à l'exception des permis modèle B, valables seulement pour les motocyclettes à deux roues sans sidecar, qui sont délivrés aux candidats ayant 16 ans révolus.

Pour obtenir le permis de conduire A ou B ou la mention sur permis A, le candidat doit s'adresser au Directeur Général des Travaux Publics et lui envoyer :

1° une demande sur papier timbré à 3 fr. 60, énonçant ses nom, prénoms, nationalité, domicile, date et lieu de naissance, et le genre de véhicule à conduire ;

2° la justification de sa résidence et de son état civil avec l'indication, si le candidat est Français, âgé de 20 à 48 ans, et mobilisable, de sa classe de recrutement, du bureau de recrutement dont il dépend ;

3° deux photos d'identité ;

4° une quittance délivrée par le Trésorier Général de Tunisie justifiant du paiement des droits afférents à l'obtention du permis de conduire.

Le possesseur d'un permis B désireux de posséder une carte rose lui permettant de conduire les voitures automobiles devra demander l'échange de son titre contre un permis modèle A avec mention spéciale pour la conduite des véhicules à deux roues. Mêmes pièces à fournir que pour l'obtention de la mention sur permis modèle A (voir ci-dessus).

Examen : le candidat au permis de conduire doit subir devant l'Ingénieur Principal, chef du service des mines ou son délégué, une ou plusieurs épreuves directes permettant d'apprécier son aptitude à conduire et à manœuvrer les véhicules auxquels s'appliquera le permis.

Le candidat doit en outre justifier de sa connaissance des règles de police de la circulation automobile.

Lorsque le résultat de ces épreuves est satisfaisant, le Directeur Général des Travaux Publics délivre aux candidats admis la carte rose ou rouge.

RÉCÉPISSÉ DE DÉCLARATION DE MISE EN CIRCULATION OU CARTE GRISE

Tout propriétaire d'un véhicule automobile doit, avant de le mettre en circulation sur les voies publiques, adresser au Directeur Général des Travaux Publics une déclaration de mise en circulation faisant connaître ses nom et domicile, accompagnée de la notice descriptive du véhicule complétée par le certificat de constation délivré par le service des mines soit au constructeur du véhicule, soit au propriétaire.

Le procès-verbal délivré en France ou en Algérie est valable en Tunisie.

Pour les véhicules de provenance étrangère, l'examen par le service des mines doit être fait avant la mise en service en Tunisie sur le point du territoire désigné par le propriétaire.

L'immatriculation est subordonnée au versement d'une taxe de 100 fr. par voiture, camion ou remorque, et de 50 fr. par motocyclette ou bicyclette à moteur.

Le récépissé de déclaration remis au propriétaire indiquera le numéro matricule attribué au véhicule.

PERMIS DE CIRCULATION

Le permis de circulation est remis par le Receveur des Contributions Indirectes lors du premier paiement des taxes sur les véhicules.

Il est remis au redevable un permis vert qui est, selon les cas, de durée illimitée ou de durée limitée.

Dans le premier cas, ce permis est valable et les droits restent exigibles jusqu'à déclaration de cessation. Lors des paiements suivants, il est remis une quittance.

PLAQUES

Les automobiles doivent porter différentes plaques :

1° Plaque d'identité :

Aucun conducteur ne peut faire circuler sur la voie publique un véhicule qui ne serait pas muni de la plaque d'identité.

Cette plaque métallique doit être apposée, en avant et à gauche du véhicule, et porter en français les nom, prénoms, profession et adresse du propriétaire inscrits en caractères apparents et lisibles.

2° Plaques d'immatriculation :

a. **Voitures automobiles.** — Tout véhicule automobile doit être pourvu de deux plaques bien en évidence, l'une à l'avant, l'autre à l'arrière, portant le numéro matricule inscrit sur la carte grise.

Le numéro matricule comprend un numéro d'ordre proprement dit, puis les lettres majuscules **TU** caractéristiques de la Tunisie, suivies d'un ou plusieurs chiffres arabes indiquant la série à laquelle appartient le numéro d'ordre.

Sur les plaques d'immatriculation dont le fond doit être noir, le numéro matricule sera peint en blanc avec les dimensions prescrites par l'arrêté du 31 décembre 1927.

Ces plaques seront placées de façon à être toujours en évidence dans les plans verticaux perpendiculaires à l'axe longitudinal du véhicule, le centre de la plaque étant, autant que possible, sur cet axe.

Chacune des plaques pourra être constituée par une surface plane faisant partie intégrante du châssis ou de la carrosserie et sur laquelle le numéro sera peint à demeure. Dans ce cas, la surface dont il s'agit pourra ne pas être rigoureusement plane à condition expresse qu'il ne puisse résulter de la courbure tolérée aucune déformation des chiffres et lettres de nature à nuire à la lisibilité du numéro.

Par tolérance, la plaque arrière peut être placée sur le gar de-boue.

Motocyclettes et bicyclettes à moteur. — Ces véhicules doivent porter à l'avant et à l'arrière une plaque indicatrice du numéro matricule dans les mêmes conditions que les autos (voir ci-dessus).

La plaque avant des bicyclettes à moteur et motocyclettes pourra être placée dans le prolongement de l'axe du cadre de l'appareil sous réserve que l'inscription du numéro réglementaire soit reproduite sur les deux faces de la plaque.

TAXES

Les propriétaires de véhicules automobiles sont passibles des taxes suivantes :
1° **taxe sur les véhicules** ;
2° **taxe municipale** ;
3° **taxe de consommation** sur les bandages caoutchoutés.

I. TAXE SUR LES VÉHICULES

A. — Taxe applicable aux voitures automobiles.

Cette taxe comprend :

a) la taxe de circulation :

voitures de moins de 12 CV . . . . 140 fr. } par an et
— de plus de 12 CV . . . . 280 fr. } par voiture.

b) la taxe par voiture :

1 ou 2 places. . . . . 70 fr. } par an et
plus de 2 places. . . . . 140 fr. } par voiture.

c) la taxe à la puissance :

de 1 à 12 CV. . . . . 14 fr. } par CV. et
de plus de 12 CV. . . . . 28 fr. } par an.

La taxe à la puissance est réduite de moitié pour les autos immatriculées en Tunisie depuis plus de dix ans.

Les remorques ne sont assujetties qu'à la taxe de circulation de 200 fr. par tonne de charge utile.

La taxe sur les automobiles est exigible par trimestre et d'avance; toutefois les intéressés ont la faculté de se libérer d'avance pour plusieurs trimestres ou pour l'année.

B. — Taxe applicable aux cyclecars, motos et sidecars :

La taxe annuelle perçue sur les cyclecars et sidecars est de 42 fr. ; celle sur les motos et appareils analogues est de 21 fr.

Cette redevance est payable par an et d'avance.

II. TAXE MUNICIPALE

Certaines localités tunisiennes ont institué une taxe municipale sur les véhicules automobiles remisés sur leur territoire.

Le montant de cette redevance est fonction des caractéristiques des véhicules et de la ville dans laquelle ils sont imposés. Elle varie de 20 à 600 fr. par an pour les autos et de 15 à 120 fr. par an pour les motos.

III. TAXE DE CONSOMMATION

La taxe de consommation sur les pneus et chambres (600 fr. par 100 kilos) est perçue par la douane à l'importation dans la Régence. Elle se trouve dès lors comprise dans le prix d'achat des bandages caoutchoutés.

CODE DE LA ROUTE

Le code de la route tunisien est sensiblement le même que celui de l'Algérie (page 226).

Nous indiquons ci-après, en ce qui concerne les voitures de tourisme et les motos, les dispositions différentes des règles à observer en Algérie.

CONDUITE DES VÉHICULES. — Les conducteurs de véhicules peuvent utiliser le milieu ou la partie droite de la chaussée, mais il leur est formellement interdit de tenir leur gauche (*art. 16*).

BIFURCATIONS. — Le conducteur doit ralentir et faire usage du signal avertisseur avant d'aborder les carrefours et les croisements. De plus, à tout croisement, il est tenu de prendre le côté droit de la voie qu'il parcourt.

En outre, s'il aborde une voie d'importance supérieure à celle qu'il suit, il doit s'assurer que cette voie est libre avant de s'y engager (*art. 23*).

STATIONNEMENT DES VÉHICULES. — Le stationnement sur la voie publique peut être autorisé pour certains véhicules à des conditions fixées par le Président des Communes (*art. 28*).

PASSAGE DES PONTS. — Les conducteurs de véhicules doivent s'assurer que le passage est libre avant de s'engager sur les ponts ne permettant que le passage d'une seule voiture de front (*art. 24*).

ORGANES DE MANŒUVRE. — Les appareils indicateurs doivent être placés bien en vue et éclairés la nuit (*art. 41*).

ÉCLAIRAGE. — Aucun véhicule ne peut circuler ou stationner sur une voie publique pendant l'intervalle de temps qui s'écoule depuis le coucher jusqu'au lever du soleil sans être signalé par au moins une lanterne allumée dont le feu, sauf exceptions autorisées par le Directeur Général des Travaux Publics, soit visible de l'arrière et de l'avant. Il est accordé, pour l'application de cette prescription, une tolérance d'un quart d'heure si les conditions de visibilité sont suffisantes pour la sécurité de la circulation (*art. 29*).

Pour les autos, un phare éclairant à 50 mètres en avant est obligatoire dès que la voiture est susceptible de marcher à une vitesse de plus de 18 km. à l'heure en palier (*art. 51*).

Quant à la lanterne des motos, elle doit pouvoir éclairer à 30 mètres en avant (*art. 57*).

SIGNAUX SONORES. — Ils doivent être entendus à 50 mètres au moins. L'usage des signaux adoptés pour les motos est en outre formellement interdit pour tout autre catégorie de véhicules.

VITESSE. — En aucun cas la vitesse des véhicules automobiles dont le poids en charge est supérieur à 3.000 kg. ne peut dépasser 30 km. à l'heure en rase campagne et 10 km. dans la traversée des agglomérations.

La vitesse des véhicules automobiles dont le poids en charge est inférieur à 3.000 kg. ne peut dépasser 20 km. à l'heure dans la traversée des agglomérations (*art. 50*).

ALLURE. — Il est interdit aux conducteurs de lutter de vitesse entre eux (*art. 17*).

TRAVERSÉE DES VOIES FERRÉES. — Ils ne doivent traverser les PN non gardés, qu'après s'être assurés qu'aucun train ou qu'aucune machine n'est en vue. Dans tous les cas, il faut modérer l'allure à laquelle on marche, à la traversée des voies ferrées (*art. 27*).

MAROCAINS
VOYAGEANT AU MAROC

RENSEIGNEMENTS ADMINISTRATIFS A L'USAGE
DES AUTOMOBILISTES ET DES MOTOCYCLISTES

PIÈCES NÉCESSAIRES POUR CIRCULER

Les conducteurs d'automobiles, de motocyclettes ou de bicyclettes à moteur sont tenus de présenter à toute réquisition de l'autorité compétente :

le cert'fcat de capacité ou carte rose ;

le récépissé de déclaration de mise en circulation du véhicule (carte grise) ;

la plaque de circulation.

Le véhicule doit porter les **plaques réglementaires.**

CERTIFICAT DE CAPACITÉ OU CARTE ROSE

Nul ne peut conduire une automobile s'il n'est porteur d'un certificat de capacité délivré par la direction générale des Travaux Publics, ou en possession d'un permis délivré en France, en Algérie ou en Tunisie.

Au Maroc cette pièce est établie pour un type de voiture déterminé correspondant aux catégories ci-après :

1° Voitures de tourisme ;
2° — affectées à des transports en commun ;
3° — dont le poids en charge dépasse 3.000 kilos ;
4° Motocycles.

L'examen passé pour l'obtention du permis de conduire les véhicules indiqués ci-dessus en 2° et 3° entraîne de droit celle de la catégorie indiquée en 1°.

Obtention. — La carte rose est délivrée aux candidats ayant au moins dix-huit ans révolus.

Les postulants doivent adresser au chef des services municipaux ou à l'autorité de contrôle de leur résidence :

1° une demande sur papier libre énonçant leurs nom, prénoms, domicile, date et lieu de naissance et l'accompagner des pièces suivantes ;
2° deux photos d'identité ;
3° d'une ou de plusieurs pièces établissant identité et domicile ;
4° d'un récépissé constatant le paiement du droit d'examen.

Droits. — Le droit d'examen est de 50 fr. Il est réduit à 30 fr. pour les employés.

Le droit d'examen est acquitté au Trésor dans les grandes villes, et chez le percepteur dans les centres de moindre importance.

Examen. — Le service des Travaux Publics, à qui est communiqué le dossier, se charge ensuite de convoquer les candidats et de leur faire subir l'examen, puis de leur remettre la carte rose lorsqu'ils ont été reçus.

RÉCÉPISSÉ DE DÉCLARATION DE MISE EN CIRCULATION
OU CARTE GRISE

Tout propriétaire de véhicule automobile devra, avant de le mettre en circulation au Maroc, adresser à l'autorité du lieu de sa résidence (services municipaux ou de contrôle), une déclaration indiquant :

1° le nom et l'adresse du propriétaire ;
2° le nom et l'adresse du constructeur du véhicule ;
3° le numéro du type et le numéro d'ordre dans la série du type, le nombre de cylindres et la puissance en CV ;
4° une quittance constatant les droits d'inscription qui sont de :
40 fr. pour les autos ;
10 fr. pour les motos et les bicyclettes à moteur.

Cette déclaration est transmise au bureau des Travaux Publics qui établit la carte grise sur laquelle est indiqué le numéro d'immatriculation attribué au véhicule.

PLAQUES

Les véhicules automobiles doivent être munis des plaques réglementaires suivantes :
1° d'une plaque d'identité ;
2° de deux plaques d'immatriculation.
3° de la plaque de circulation (voir ci-après : Taxes).

Plaque d'identité.

La plaque d'identité doit être en métal et porter en caractères français frappés ou gravés, apparents et lisibles, d'au moins 5 millimètres de hauteur, les nom, prénoms, profession et domicile du propriétaire du véhicule. Elle doit être fixée par des vis ou des rivets à l'avant et du côté gauche de la voiture.

Plaques d'immatriculation.

Les plaques d'immatriculation des véhicules marocains doivent répondre aux mêmes exigences que les plaques d'immatriculation dont doivent être munis les véhicules algériens (*voir page 224*).
Les lettres **MA** sont attribuées aux voitures marocaines.

TAXES

Les automobilistes marocains sont passibles de la taxe de circulation et de la taxe municipale.

TAXE DE CIRCULATION

La taxe de circulation est calculée d'après la puissance du véhicule.

Elle est :

pour les automobiles	de 1 à 6 CV.	70 fr.
— —	de 7 à 12 CV.	100 —
— —	de 13 à 16 CV.	150 —
— —	de 17 à 23 CV.	250 —
— —	de 24 et au-dessus ;	500 —
pour les motos	. . . .	30 —
pour les sidecars	. . . .	50 —

par an.

Contre paiement de cette taxe annuelle, il est remis une plaque de circulation, qui doit être placée en évidence sur le véhicule.

TAXE MUNICIPALE

Dans chaque ville, un arrêté fixe la taxe applicable aux autos et aux motos.
Cette redevance doit être payée au receveur municipal de la ville sur déclaration annuelle aux services municipaux.

RECENSEMENT

La dahir du 29 septembre 1926 oblige les propriétaires de véhicules automobiles, à faire lors de la mise en circulation et à la renouveler chaque année au mois de janvier, une déclaration de recensement qui doit être adressée aux autorités civiles.

CODE DE LA ROUTE

Comme en Tunisie, le code de la route régissant la circulation au Maroc est sensiblement le même que celui de l'Algérie.

Nous n'indiquons ci-après que les modifications apportées aux principales dispositions du code algérien (page 226) par l'arrêté viziriel du 6 février 1923 modifié par l'arrêté viziriel du 13 mai 1925.

PRESSION SUR LE SOL, FORME ET NATURE DES BANDAGES. — Il est spécifié, en outre, que les véhicules à chenilles ne peuvent circuler sur les voies publiques qu'avec l'autorisation du Directeur Général des Travaux Publics (*art. 1*).

BIFURCATIONS ET CROISÉES DE CHEMINS — **En dehors des agglomérations, la priorité de passage aux bifurcations et croisées de chemins est accordée aux véhicules circulant sur les routes chérifiennes.**

En dehors des agglomérations, à la croisée de chemins de même catégorie au point de vue de la priorité, le conducteur est tenu de céder le passage au conducteur qui vient à sa droite.

Dans les agglomérations, les mêmes règles sont applicables, sauf prescriptions spéciales édictées par les autorités municipales (*art. 11*).

MESURES EXCEPTIONNELLES PENDANT LES PÉRIODES PLUVIEUSES. — Pendant les périodes de pluies, le Directeur Général des Travaux Publics peut interdire complètement la circulation des voitures sur les routes ou pistes qu'il désignera, ou limiter le chargement des voitures admises à circuler (*art. 17*).

VITESSE. — L'administration peut, d'autre part, limiter formellement la vitesse des véhicules sur les passages qu'elle signalera par des écriteaux.

Les vitesses maxima que peuvent atteindre les véhicules automobiles dont le poids total en charge dépasse 3.000 kg., s'ils sont pourvus de *bandages pneumatiques*, sont fixées comme suit :

POIDS TOTAL EN CHARGE	VITESSES MAXIMA (EN KM. A L'HEURE) Véhicules affectés au transport des	
	personnes	marchandises
De 3.000 kg à 4.500 kg. . .	40	35
De 4.501 — à 8.000 — . .	35	30
De 8.001 — à 11.000 — . .	25	20
Au-dessus de 11.000 — . .	15	10

CIRCULATION DANS LA ZONE D'INSÉCURITÉ

La circulation dans la zone d'insécurité est subordonnée à l'octroi d'une autorisation préalable accordée par les Généraux commandant les régions militaires de Fès, Taza, Meknès et Marrakech.

MESURES LOCALES OU TEMPORAIRES

Le Directeur Général des Travaux Publics ou, dans les villes érigées en municipalité, les Pachas, ont qualité pour édicter les mesures locales ou temporaires nécessaires en vue d'assurer la commodité ou la sécurité de la circulation ou d'éviter les dégradations excessives de la voie publique. Leurs arrêtés peuvent limiter le poids des véhicules, limiter et même interdire provisoirement la circulation sur certaines sections de route ou ouvrages d'art.

VOYAGES DES ALGÉRIENS, TUNISIENS, MAROCAINS EN FRANCE ET A L'ÉTRANGER

RÉSUMÉ DES FORMALITÉS

Les automobilistes et motocyclistes (sur moto avec sidecar) désirant faire un voyage hors de leur pays doivent accomplir les formalités ci-après :

I. Formalités de police.

Chaque voyageur doit être porteur, selon les cas, d'un **passeport**, ou d'un **sauf-conduit**, ou d'une **pièce d'identité** (voir ci-dessous).

Le conducteur du véhicule doit être muni d'un **certificat international de route** (page 240).

Le véhicule doit porter une **plaque internationale** (page 240).

Le certificat et la plaque internationaux sont inutiles pour les voyages en France (voir page 243).

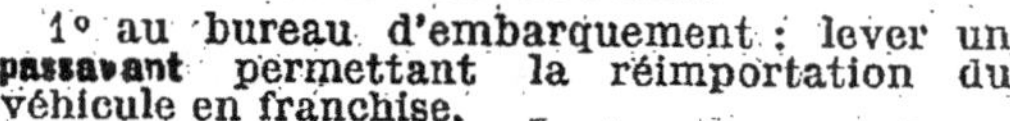

II. Formalités de douane.

1° au bureau d'embarquement : lever un **passavant** permettant la réimportation du véhicule en franchise.

Si l'on est déjà muni d'un passavant ou d'un **carnet d'identité** (page 241) ou d'un **carnet de passages en douane** (page 241) le faire viser.

2° au bureau français ou étranger :

soit consigner le **montant des droits** (page 241), correspondant à l'importation temporaire.

soit, pour un voyage de tourisme, présenter un **triptyque** ou un **carnet de passages en douanes** (page 241), et le faire viser.

Soit bénéficier des **facilités douanières** accordées par certains pays (pages 244 à 248).

III. Taxe de circulation : est due à l'entrée de certains pays.

IV. Règlements spéciaux : voir à chaque pays.

{ page 244 à page 248.

Les *motocyclistes (sur moto sans sidecar ou sur bicyclette à moteur)* sont tenus d'accomplir les mêmes formalités que les automobilistes (voir ci-dessus) sauf en ce qui concerne les formalités à accomplir au bureau de douane d'embarquement. Ces motocyclistes ne sont pas obligés de se faire délivrer un passavant, mais de faire apposer deux plombs sur le cadre indémontable de leur machine.

FORMALITÉS DE POLICE

Seuls les résidents français de l'Afrique du Nord se rendant en Belgique, au Luxembourg, dans les Pays Rhénans ou dans la Sarre sont dispensés de passeport (voir ci-après carte d'identité et sauf-conduit). Pour leurs voyages en France, des pièces d'identité sont suffisantes.

Dans les autres cas, les Algériens, les Tunisiens, les Marocains (français ou indigènes) doivent être munis d'un passeport pour se rendre dans es pays étrangers.

Passeport : cette pièce est personnelle.
en **Algérie** elle est délivrée par le Préfet sur présentation :
1° d'un certificat de résidence (coût 3 fr. 60) ;
2° d'une demande établie sur timbre à 3 fr. 60 ;
3° deux photos d'identité.
et après avoir acquitté un droit de 20 fr.

En Tunisie, le passeport (coût 18 fr. est délivré par les contrôleurs civils, sur présentation de pièces d'identité et de deux photos d'identité. Pour les sujets tunisiens le passeport est remis par le gouvernement tunisien.

Au Maroc, le passeport est délivré par les autorités qualifiées. Le coût de cette pièce varie avec le lieu de délivrance.

Pour être valable, quelques pays (*voir pages 244 à 248*) exigent l'apposition sur le passeport d'un visa subordonné au paiement d'une taxe variable suivant le pays.

Carte d'identité : les résidents français de l'Afrique du Nord désirant entrer en Belgique ou au Luxembourg doivent être en possession d'une pièce d'identité portant une photo oblitérée par un timbre officiel (carte rose ou grise, par exemple).

Sinon, ils devront présenter une carte d'identité.

En Algérie, cette pièce est remise par le Préfet sur présentation d'une pièce d'identité, et d'une demande transmise par le Commissaire de Police.

Coût : 68 fr. pour les non salariés, 10 fr. pour les salariés.

En Tunisie et au Maroc, la carte d'identité est délivrée par les autorités locales (en Tunisie, les contrôleurs civils) sur présentation de pièces d'identité.

Sauf-conduit : munis d'un sauf-conduit, les résidents français de l'Afrique du Nord peuvent se rendre dans les Pays Rhénans occupés et dans la Sarre.

Cette pièce est établie gratuitement par les autorités locales (voir ci-dessus : passeport).

CERTIFICAT INTERNATIONAL DE ROUTE

Le certificat international de route est la pièce d'identité du véhicule circulant à l'étranger. Dans les pays ayant adhéré à la convention internationale de la circulation, il remplace la carte grise valable dans les pays d'origine. Il sert, de plus, de permis de conduire et remplace ainsi la carte rose.

Le certificat international de route est délivré :

en Algérie, par les Préfets d'Alger, de Constantine et d'Oran (*coût 20 fr.*) ; l'A. C. d'Algérie délivre gratuitement ce certificat à ses membres par délégation du Préfet.

en Tunisie, par le Directeur Général des Travaux Publics de Tunis ou par l'A. C. de Tunisie (*coût 20 fr.*) ;

au Maroc, par le Directeur Général des Travaux Publics à Rabat (*gratuit*).

Les intéressés doivent établir une demande sur papier timbré indiquant :

les nom, prénoms, nationalité et domicile du propriétaire du véhicule ;

les nom, prénoms, date et lieu de naissance du ou des conducteurs ;

l'identité de la voiture : genre, forme, couleur de la carrosserie, nombre de places, poids à vide.

Y joindre :

les cartes roses des conducteurs et la carte grise du propriétaire ;

une pièce d'identité indiquant la nationalité du ou des conducteurs ;

un certificat de domicile au cas où les cartes rose et grise auraient plus de trois mois de date ;

une photo d'identité de chaque conducteur au Maroc (deux photos).

PLAQUE INTERNATIONALE

La plaque internationale du format de 30 centimètres de hauteur sur 18 centimètres de largeur doit porter, peint en noir sur fond blanc, les lettres distinctives MA pour les véhicules immatriculés au Maroc et F pour les véhicules algériens et tunisiens. La plaque doit être apposée à l'arrière de la voiture.

Les lettres caractéristiques ci-dessus doivent mesurer au moins 10 centimètres de hauteur et la largeur du trait doit avoir au moins 15 millimètres.

FORMALITÉS DE DOUANE

PASSAVANT. — CARNET D'IDENTITÉ

Les automobiles quittant temporairement l'Afrique du Nord et dont les propriétaires désirent bénéficier de la réimportation en franchise, doivent faire l'objet, à la sortie, d'un passavant ou d'un carnet d'identité; toutefois cette pièce n'est pas nécessaire si l'automobiliste possède un carnet de passages en douane (voir ci-dessous) dans lequel est incorporé un passavant.

Ces différentes pièces permettent la réadmission du véhicule dans le délai d'un an à compter de la date de leur établissement.

Passavant descriptif.

Le passavant est établi par les **bureaux de douane** seulement durant les heures légales d'ouverture. Présenter la voiture. Si le véhicule est d'origine étrangère, justifier de sa nationalisation, par la production de la quittance des droits d'entrée, par exemple.

Le passavant indiquera toutes les caractéristiques de la voiture ainsi que les accessoires et le nombre de pneus et de chambres à air de rechange.

Il sert, pendant sa validité, à un nombre indéterminé de voyages. Il suffit de le faire viser à chaque passage au bureau de douane.

Carnet d'identité.

Le carnet d'identité est délivré seulement à leurs membres par les **sociétés de tourisme** accréditées auprès du Service des Douanes (A. C. d'Algérie, coût 5 fr.). Il porte les mêmes indications que le passavant et ne peut servir qu'à un nombre déterminé de voyages à l'étranger. **Muni de cette pièce, il est possible de passer en tout temps la frontière.**

MONTANT DES DROITS

Les automobilistes non munis de triptyque ou de carnet de passages en douane ne sont admis à pénétrer dans un pays étranger qu'après avoir acquitté **au bureau de douane d'entrée**, les droits exigés pour l'importation des véhicules automobiles.

Ces droits, variables suivant les pays, doivent être acquittés en monnaie de l'Etat où l'on pénètre.

Les droits consignés à l'entrée sont restitués à la sortie par n'importe quel bureau. Pour obtenir la restitution, il faut que l'automobiliste n'ait pas effectué un séjour d'une durée supérieure au délai d'un an octroyé par le pays et qu'il présente au moment de l'exportation, le reçu de consignation délivré à l'entrée. Sinon les droits sont acquis au trésor.

Tous détails sur le montant des droits de douane sont donnés page 244 à page 248.

NOTA. — Certains pays accordent une franchise temporaire sous la garantie d'un acquit à caution par lequel on s'engage, conjointement avec une caution dûment agréée, à réexporter son véhicule dans un délai déterminé, variable suivant les pays. Dans ce cas, il n'est pas toujours permis de sortir par un autre bureau que celui de l'entrée.

Le plus simple, si l'on désire employer le régime de l'acquit à caution, est de s'adresser aux agences en douane des frontières.

TRIPTYQUE. — CARNET DE PASSAGES EN DOUANE

Aux touristes, nous ne saurons trop recommander l'emploi du triptyque ou du carnet de passages en douane qui permettent d'effectuer dans un minimum de temps les formalités à accomplir à la frontière.

Chacune de ces pièces dispense de la consignation des droits de douane, la société qui l'a émise s'en portant garante.

Elles ne sont délivrées, qu'à leurs membres, par les **sociétés de tourisme** accréditées auprès des Douanes, notamment par :

l'A. C. d'Algérie (section automobile), 4, rue Édouard-Cat, à Alger.

l'A. C. de Tunisie, 9, avenue de Carthage, à Tunis.

l'A. C. Marocain, avenue du Général-d'Amade à Casablanca.

le Touring Club de France, 65, avenue de la Grande-Armée, à Paris.

Afin de donner au club intéressé les renseignements nécessaires à l'établissement de ces 2 pièces, lui demander un imprimé qu'il suffira de remplir.

Ces pièces ne sont délivrées qu'au nom d'un touriste, non d'une société.

Triptyque.

Le triptyque permet aux véhicules de tourisme un nombre indéterminé de passages de la frontière du pays pour lequel il est délivré et pendant la durée de validité qui varie suivant les pays.

Il y a deux sortes de triptyques :

a) le triptyque-assurance,

b) le triptyque ordinaire.

Leur prix d'établissement, varie suivant les pays, de 40 à 100 fr.

Pour délivrer le **triptyque-assurance**, les sociétés précitées exigent:

1° le versement d'une prime d'assurance, variant de 15 à 40 fr. suivant le club et le pays ;

2° la signature d'un avenant à la police d'assurance du club.

Le T. C. F. demande en outre le dépôt de 500 fr. remis à leur propriétaire au moment où le triptyque est restitué à cette société.

A l'A. C. de Tunisie les automobilistes doivent consigner 50 fr., remboursables à la remise du triptyque.

Le **triptyque ordinaire** est remis par le T. C. F. contre le dépôt du montant des droits exigés par le pays pour lequel cette pièce est demandée (voir pays étrangers, *pages 244 à 248*).

A chaque passage à la douane étrangère, faire viser le triptyque.

Carnet de passages en douane.

Le carnet de passages en douane est composé d'un certain nombre de feuillets (40 ou 50 volets) dont le premier sert de passavant ; les autres tiennent lieu de triptyques pour les pays acceptant le régime du carnet de passages en douane.

Sa validité est d'un an, à compter de sa délivrance.

De même que pour les triptyques, il existe deux sortes de carnets de passages en douane.

a) carnet de passages en douane assurance,

b) carnet de passages en douane ordinaire,

qui sont délivrés dans les conditions suivantes :

Carnet de passages en douane assurance : 1° l'A. C. d'Algérie le délivre contre paiement de la prime d'assurance de 50 fr. et du prix du carnet (40 ou 50 volets : 100 fr.).

Bien que le carnet de passages en douane ne soit pas encore valable en Tunisie et au Maroc (1), l'A. C. de Tunisie et l'A. C. du Maroc peuvent délivrer cette pièce par l'intermédiaire de l'A. C. de France.

2° le T. C. F. l'établit dans les mêmes conditions que le triptyque-assurance (voir ci-dessus) y ajouter le prix du carnet de 40 volets: 130 fr.

b) **Carnet de passages en douane ordinaire** : le T. C. F. l'établit seulement, contre versement au club des droits et paiement du carnet de 40 volets : 110 fr.

Cette consignation est égale au montant des droits de douane payables à l'entrée du pays où ce montant est le plus élevé.

A chaque passage à la douane d'origine ou étrangère, faire viser le carnet de passages en douane.

Remise des triptyque et carnet de passages en douane.

Aussitôt après leur retour dans leur pays, les automobilistes doivent remettre leurs triptyque ou carnet de passages en douane au club qui l'a délivré.

Pour que ces pièces soient acceptées, il faut que :

le volet n° 3 des triptyques porte les visas de première entrée et de sortie définitive des pays pour lesquels ils ont été délivrés ;

le carnet à souches des carnets de passages en douane soit revêtu des visas d'entrée et de sortie (chaque sortie a un caractère définitif).

____

(1) En dernière heure, nous apprenons que cette pièce est maintenant valable au Maroc.

VOYAGES EN FRANCE

I. FORMALITÉS DE POLICE.

Les résidents français de l'Afrique du Nord venant en France doivent être porteurs de pièces d'identité.

Les indigènes doivent être munis d'un passeport (page 239).

Le conducteur du véhicule (auto ou moto) doit être en possession du permis de conduire et de la carte grise qui lui servent habituellement en Algérie, en Tunisie ou au Maroc.

II. FORMALITÉS DE DOUANE.

1° Au bureau d'embarquement, les touristes nord-africains sont tenus d'accomplir les formalités indiquées page 239, en ce qui concerne le passavant, le carnet d'identité ou celui de passages en douane, pour les autos; et au plombage pour les motos;

2° Au bureau français, ils peuvent :

soit consigner le montant des droits correspondant à l'importation temporaire ;

soit, pour un voyage de tourisme, présenter un triptyque ou un carnet de passages en douane et le faire viser (page 241).

soit lorsque l'exportation de leur voiture venant de France, date de moins d'un an, présenter le passavant délivré à la sortie de la métropole.

soit, s'ils réimportent définitivement leur voiture en France, bénéficier des facilités indiquées page 254.

Montant des Droits : le montant des droits exigibles varie suivant le pays où est immatriculé le véhicule.

1° **Pour les véhicules algériens** ces droits sont limités au montant de la taxe de luxe, soit 12 p. 100 *ad valorem*. Si le véhicule est d'origine étrangère, il convient de justifier de sa nationalisation ;

2° **Pour les véhicules tunisiens ou marocains** ces droits sont :

a. les droits de douane proprement dits, soit 45 p. 100 *ad valorem* pour les autos et 180 fr. par 100 kg. pour les motos ;

b. le droit de timbre proportionnel, égal à 1/500° des droits de douane ;

c. la taxe de luxe, soit 12 p. 100 calculés sur la valeur du véhicule augmentée des droits de douane et de timbre proportionnel.

Les droits ci-dessus ne sont remboursés que pendant le délai d'un an à compter du jour de l'importation.

III. TAXE DE CIRCULATION.

Cette taxe est due dès l'entrée en France. Toutefois les automobilistes tunisiens sont exempts de taxe pendant le trimestre en cours s'ils présentent le permis de circulation valable en Tunisie. Après cette période, ils doivent se munir d'un permis trimestriel (voir ci-après).

Les automobilistes et motocyclistes nord-africains peuvent à leur entrée en France :

1° soit se munir d'un laissez-passer ;

2° soit demander l'application du régime intérieur fiscal français et se rendre au bureau des Contributions Indirectes pour y obtenir un permis de circulation trimestriel. Au vu de ce titre, le service des douanes autorise la mise en circulation du véhicule dans la métropole.

Laissez-passer : le laissez-passer est établi sur papier timbré à 3 fr. 60 contre paiement d'un droit de circulation de 10 ff. par jour, pour la durée que fixe l'automobiliste.

Les touristes ne peuvent bénéficier de ce régime que pendant soixante jours par an, pour des périodes non nécessairement continues.

Si le touriste désire prolonger son séjour après l'échéance du laissez-passer, cette pièce ne pouvant être ni renouvelée, ni sa validité prolongée, il devra, suivant le cas, se faire délivrer :

1° soit des permis journaliers de circulation ;

2° soit un permis trimestriel.

Les *touristes algériens* qui veulent quitter la France, au début d'un trimestre fiscal ont quelquefois intérêt à se ménager à leur arrivée en France, la possibilité de profiter du régime du laissez-passer et des permis journaliers pour cette période.

A cet effet, ils doivent demander, au moment du débarquement, un laissez-passer valable pendant un ou plusieurs jours :
1° pendant le trimestre d'arrivée ;
2° — — de sortie.

Ainsi, un touriste débarquant le 25 juin pour repartir le 10 octobre, pourra demander un laissez-passer valable d'une part du 25 au 30 juin et d'autre part du 1er au 10 octobre. Si son départ était retardé, il lui serait loisible d'obtenir, à compter du 10 octobre, des permis journaliers de circulation.

Bien entendu, il aura à se munir du 1er juillet au 30 septembre du permis de circulation trimestriel.

Permis journaliers de circulation. — Ces permis sont remis par les recettes buralistes des Contributions Indirectes contre paiement de 0 fr. 80 par jour et par CV., pour une période qui ne dépasse pas celle séparant l'échéance du laissez-passer du dernier jour du trimestre fiscal en cours (31 mars, 30 juin, 30 septembre et 31 décembre).

Les touristes ayant bénéficié des permis journaliers de circulation doivent, dès le premier jour du trimestre fiscal suivant, se mettre sous le régime intérieur en se faisant délivrer un permis trimestriel.

Permis trimestriel. — Aux automobilistes et aux motocyclistes étrangers à la métropole (Algériens, Tunisiens, Marocains), le permis de circulation trimestriel est remis contre paiement de la taxe d'Etat, et de la taxe municipale s'il y a lieu.

Ces taxes, acquittées à la recette buraliste des Contributions Indirectes, varient en raison de la puissance du véhicule donnée par la carte grise.

Pour renseignements complémentaires, voir le *Guide « France »*, titre III, chapitre : taxes.

VOYAGES
DANS LES AUTRES PAYS EUROPÉENS

ALLEMAGNE

Passeport : avec visa consulaire.

Montant des droits : par 100 kg., en marks-or.

Auto pesant :

jusqu'à 2.200 kg. 75
de 2.201 à 3.200 kg 40
plus de 3.200 kg 30
Moto. 160

Les droits doivent être acquittés en reichs-marks-papier.

Se renseigner sur la valeur de l'agio variable.

Triptyque et Carnet de passages en douane : délivrés en Algérie, en Tunisie, au Maroc, valables un an.

Taxe de circulation : due dès l'entrée. Pour un séjour ne dépassant pas 60 jours, une steuerkarte ou carte de circulation est délivrée contre paiement d'une taxe journalière :
pour les autos, de 1 RM par jour avec minimum de 3 RM ;
pour les motos, de 0,5 RM par jour avec minimum de 3 RM.
Après un séjour de 60 jours, les véhicules étrangers sont soumis au régime intérieur allemand.

BELGIQUE

Carte d'identité ou pièce d'identité avec photo (page 240).

Montants des droits : I. Droits de douane . . . . . . par 100 kg.
a) Auto pesant moins de 2.000 kg.
    a) Châssis sans carrosserie jusqu'à 1.300 kg.
        et châssis avec carrosserie jusqu'à 1.800 kg. } 860 fr.
    b) Autres . . . . 960 —
De 2.000 kg. à 4.000 kg.
    a) Voitures de voyageurs.
    b) Autres voitures. . . . . } 960 —
Plus de 4.000 kg. . . . . 480 —
b) Moto . . . . 1.200 —

II. *a)* Taxe de transmission sur auto 2 p. 100.
    b) Taxe de luxe sur moto : 10 p. 100.

Les taxes de transmission et de luxe sont calculées sur la valeur des véhicules augmentée des droits de douane.

La consignation des droits de douane ou leur remboursement ne peuvent se faire qu'à un bureau de douane, à l'exclusion d'une succursale.

Facilités douanières accordées aux motos sans sidecar :

Les motocyclistes sur moto sans sidecar sont dispensés du cautionnement des droits de douane s'ils présentent au bureau de douane d'entrée, une carte d'identité délivrée par une société sportive (T.C.F.-U.V.F. par exemple), accréditée auprès de ces douanes.

Cette carte doit porter :

une photo du titulaire oblitérée par sa signature ;

ses nom, prénoms, domicile et numéro d'inscription à la société ;

le millésime de l'année en cours ;

le signalement du véhicule ;

la signature du Président ou du Secrétaire de la société.

Triptyque et carnet de passages en douane : délivrés en Algérie, Tunisie et Maroc, valables un an.

Les visas de première entrée et dernière sortie, seuls apposés sur les triptyques et carnets de passages en douane peuvent être demandés aux bureaux de douane et aux succursales ouvertes à la circulation internationale.

Lorsqu'ils ne sont pas certains d'y retourner, nous engageons les automobilistes quittant le pays à faire constater la sortie définitive sur leurs pièces douanières.

Taxe de circulation : autos et motos venant d'Algérie ou de Tunisie.

Les véhicules devant circuler au plus trois mois sont soumis aux taxes suivantes :

1° Taxe fixe de première entrée annuelle, auto : 37 fr. 50 ; moto : 12 fr. 50 ;

2° Taxe journalière, auto : 10 fr. ; moto : 4 fr.

Les autos et motos venant du Maroc ne sont soumises qu'à la taxe journalière.

Après trois mois de séjour les véhicules étrangers sont soumis aux taxes de circulation perçues sur les autos belges.

Toutefois les touristes peuvent, à leur entrée en Belgique, se mettre sous le régime fiscal intérieur et acquitter d'avance la taxe trimestrielle ou semestrielle perçue sur les véhicules belges.

Pour les voyages dans ce pays consulter le Guide Michelin : « Belgique, Luxembourg, Pays Rhénans, Sud de la Hollande, édition 1929, et les cartes Michelin au 1/200.000°.

ESPAGNE

Passeport : sans visa consulaire pour les Français et les Algériens : avec visa pour les Tunisiens ou Marocains.

Dans les 48 heures de l'arrivée, faire viser ce passeport par le Gouverneur civil de la province ou par le Maire de la commune. A Madrid, le visa est apposé à la Direction de la Sûreté.

Montant des droits : applicable aux véhicules français :

Par 100 kg.	en pesetas or :
Auto pesant jusqu'à 800 kg.	75
de 801 à 1.200 kg.	90
de 1.201 à 1.600 kg.	105
de 1.601 à 2.000 kg.	120
de 2.001 à 2.400 kg.	175
de plus de 2.400 kg.	200
Moto.	200

Les droits doivent être acquittés en pesetas papier, se renseigner sur la valeur de l'agio variable tous les mois.

Il est perçu en outre à la première entrée annuelle un droit fixe de 10 pesetas, 90 par automobile.

Triptyque et Carnet de passages en douane : délivrés en Algérie, Tunisie et Maroc, valables un an.

Taxe de circulation : Au bureau d'entrée, les automobilistes se feront délivrer, contre paiement de 5 pesetas, une « patente de turismo internacionale », valable pour les 48 premières heures de circulation dans le royaume. Ils placeront cette pièce dans un « endroit visible ». Si le séjour excède 48 heures, mais ne dépasse pas 6 mois, les automobilistes auront à payer, au bureau de douane de sortie, 2 pesetas par journée excédant les 2 premiers jours.

Les touristes séjournant plus de 6 mois sont soumis aux taxes semestrielles qu'acquittent les automobilistes espagnols.

Pour les voyages dans ce pays consulter le Guide Michelin « España y Portugal » édition 1929 en langue-espagnole et les cartes Michelin au 1/400.000°.

GIBRALTAR

Aucun droit de douane n'est perçu sur les véhicules des touristes entrant à Gibraltar.

Les automobilistes sont seulement tenus de présenter leur certificat international de route.

Heures d'ouverture des portes de la ville : de 5 heures à 22 h. 30.

Sens de la circulation : tenir la gauche, dépasser à droite.

ITALIE

Passeport : sans visa consulaire pour les Français, et les Algériens ; avec visa pour les Marocains et les Tunisiens.

Dans les trois jours de l'arrivée se présenter au bureau de police pour y faire connaître son identité, la durée probable du séjour, le lieu de provenance et le but de voyage. Renouveler cette déclaration à chaque changement de localité. Cette formalité peut être accomplie par le gérant de l'hôtel.

L'exportation des capitaux nationaux est réglementée. En conséquence, faire constater le montant dont on est porteur à l'entrée, afin d'éviter toute difficulté à la sortie.

Facilités de Police : Les touristes non munis de passeport et désirant, en venant de France, se rendre en Italie, pour y excursionner de trois à cinq jours, peuvent se faire délivrer:

a) une autorisation de la Préfecture des Alpes-Maritimes ;

b) un laissez-passer (*coût 10 fr.*), par l'Office italien du tourisme de la Banca Commerciale Italiana, 10, avenue de la Victoire à Nice ou par ses agences de Beaulieu, Menton et Monte-Carlo.

Montant des droits :

1° Auto,   par 100 kg.,   en lires or :

a) pesant jusqu'à 400 kg.	120
de 401 à 900 kg.	115
de 901 à 1.600 kg.	65
de 1.601 à 2.500 kg.	75
de 2.501 à 4.000 kg.	95
plus de 4.000 kg.	60

b) plus 35 % *ad valorem* pour les voitures pesant moins de 2.500 kg.

2° Moto, par pièce 216

Sidecar, par pièce. 36

Les droits doivent être acquittés en lires papier à la valeur de 3,66.

Facilités douanières : le Royal Automobile Club d'Italie est autorisé à délivrer des cartes de tourisme comparables aux cartes d'entrée provisoire remises à l'entrée en Suisse (page 248).

Au moment où nous mettons sous presse, ce régime n'est accepté que pour l'entrée par les bureaux de Grimaldi, de Piena (pour la France) et de Chiasso (pour la Suisse).

Triptyque et carnet de passages en douane : délivrés en Algérie, Tunisie et Maroc, valables un an.

Taxe de circulation : n'est due qu'après trois mois de séjour effectif.

PN non gardés : une pancarte placée à proximité prescrit de s'arrêter avant de traverser la voie ferrée pour s'assurer qu'un train n'est pas en vue. Ne pas manquer à cette obligation.

Pour les voyages dans la Haute-Italie, consulter le Guide Michelin « Suisse-Haute-Italie (Tyrol-Dolomites) » et les cartes Michelin au 1/200.000°.

LUXEMBOURG (GRAND DUCHÉ DU)

Ce pays est soumis aux mêmes règles que la Belgique (voir p. 244) sauf en ce qui concerne la taxe de circulation. Au Luxembourg les véhicules algériens et tunisiens ne sont soumis qu'à la taxe journalière ; quant aux véhicules marocains ils sont exempts de droits de circulation pendant trois mois.

Le franc belge est la monnaie du pays.

Pour les voyages dans ce pays, consulter le Guide Michelin «-Belgique, Luxembourg, Pays Rhénans, Sud de la Hollande», -édition 1929 et les Cartes Michelin au 1/200.000°.

PAYS RHÉNANS OCCUPÉS

Mêmes formalités que pour entrer en Allemagne sauf en ce qui concerne les pièces de police : un sauf-conduit remplace le passeport (page 240).

Pour les voyages dans les Pays Rhénans occupés, consulter le Guide Michelin « Belgique, Luxembourg, Pays Rhénans, sud de la Hollande » édition 1929.

PORTUGAL

Passeport : avec visa consulaire.

Les étrangers devant séjourner plus de 48 heures au Portugal doivent, dans les 24 heures de l'arrivée, se munir d'un permis de séjour valable pour 6 mois *(coût 7 escudos, 50)*.

Cette pièce est obtenue au Gouverno Civil ou Administracao do Colcelho (à Lisbonne et à Porto, au bureau de la Policia Internacional) sur présentation de 4 photos d'identité et du passeport visé, au Portugal, par le consul du pays de son possesseur.

L'exportation des capitaux nationaux est réglementée. En conséquence faire constater le montant dont on est porteur à l'entrée, afin d'éviter toute difficulté à la sortie.

Montant des droits :

Automobiles pour le transport des passagers, en escudos, par 100 kg. :

     pesant jusqu'à 1.000 kg 10
— de 1.001 à 1.500 kg. 15
— de 1.500 à 3.000 kg. 20
— plus de 3.000 kg. 3

Les droits doivent être acquittés en escudos papier, un escudo or vaut environ 25 escudos papier.

Triptyque et Carnet de passages en douane : délivrés en Algérie, Tunisie et Maroc, valables un an.

Pour les voyages dans ce pays consulter le Guide Michelin «Espana y Portugal », édition 1929 en langue portugaise et les cartes Michelin au 1/400.000°.

SARRE

Formalités de police : chaque voyageur est tenu de présenter une pièce d'identité établie par l'autorité compétente du pays d'origine.

Les Français sont tenus de présenter, à défaut de passeport, un sauf-conduit (page 241).

Le conducteur doit être muni de la carte rose, ou à son défaut, du certificat international de route. Les voitures françaises ne sont pas astreintes à la plaque internationale.

Formalités de douane et taxe de circulation : les pièces permettant la libre circulation en France sont valables sur le territoire de la Sarre.

NOTA : les principales villes sarroises sont décrites dans le Guide Michelin «France» édition 1929.

SUISSE

Passeport : pas de visa consulaire pour les Français, les Algériens et les Marocains; avec visa pour les Tunisiens.

Montant des droits : par 100 kg.   en francs suisses.

Auto pesant moins de 800 kg. 110
— — de 800 à 1.200 kg. inclus. 130
— — plus de 1.200, jusqu'à 1.600 kg. inclus . . . 150
— — plus de 1.600 kg. 170
Moto avec ou sans sidecar. 150

Facilités douanières : pour un séjour de courte durée, il est délivré aux automobilistes et aux motocyclistes non porteurs d'un triptyque ou d'un carnet de passages en douane, une carte d'entrée provisoire valable cinq jours contre paiement de 2 fr. suisses. Cette carte exonère pendant sa validité du paiement des droits de douane.

Exceptionnellement la durée de validité de la carte d'entrée provisoire peut être étendue à huit ou dix jours au maximum, contre paiement d'un supplément de 1 ou 2 francs suisses, à effectuer avant l'expiration de ladite carte, auprès d'un bureau de douane du pays.

Au delà de cette prolongation, si l'on veut séjourner encore en Suisse, consigner les droits de douane, ou se faire délivrer un triptyque dans les conditions portées sur la carte d'entrée.

Le passeport et le certificat international de route peuvent être demandés au touriste bénéficiant des facilités douanières.

D'autre part, les motocyclistes (sur moto sans sidecar) peuvent entrer librement en Suisse sur présentation d'une carte d'identité d'une Société sportive (voir facilités Belgique). Mais elle n'est valable que si la signature du titulaire est légalisée par le maire ou visée par le commissaire de police.

Sur présentation de cette dernière carte il est délivré, par le bureau de douane, un certificat de contrôle. Cette pièce est valable de la date d'importation au 31 janvier suivant et permet de franchir la frontière un nombre indéterminé de fois.

Lors de la dernière sortie de Suisse, le touriste a l'obligation de pourvoir à la décharge définitive de ce formulaire.

Triptyque et carnet de passages en douane : délivrés en Algérie, Tunisie et Maroc, valables un an.

Taxe de circulation: n'est due qu'après 3 mois de séjour ; sauf dans le canton de Genève où la taxe est perçue après 2 mois.

Réglementation : à la douane d'entrée les automobilistes sont obligés de se munir d'une brochure donnant tous détails sur la réglementation des routes (coût : 2 fr. suisses).

Pour les voyages dans ce pays, consulter le Guide Michelin « Suisse-Hte-Italie (Tyrol-Dolomites) » et les Cartes Michelin au 1/200.000ᵉ.

VOYAGES DES ÉTRANGERS EN AFRIQUE DU NORD

FORMALITÉS A ACCOMPLIR
PAR LES AUTOMOBILISTES ET LES MOTOCYCLISTES SE RENDANT
1º EN ALGÉRIE, 2º EN TUNISIE, 3º AU MAROC.

En plus des formalités qu'ils doivent accomplir avant de quitter leur pays les automobilistes et les motocyclistes sont tenus, pour être admis à circuler en Algérie de remplir les conditions ci-après, différentes suivant leur nationalité.

VOYAGES EN ALGÉRIE

A. TOURISTES FRANÇAIS, TUNISIENS OU MAROCAINS

1º Formalités de police : chaque voyageur doit être en possession de pièces d'identité.
Le conducteur du véhicule doit être muni du permis de conduire ou certificat de capacité et de la carte grise utilisés dans leur pays.

2º Formalités de douane : les véhicules immatriculés et venant de France, ou de Tunisie sont acceptés en franchise en Algérie.
Les véhicules immatriculés au Maroc sont passibles des droits de douane (voir ci-dessous formalités de douane des touristes d'une autre nationalité).

3º Taxe de consommation : celle-ci est perçue sur l'essence à raison de 10 fr. par hl. ; sur les bandages caoutchoutés à raison de 400 fr. par 100 kg.
Toutefois pour des voyages de tourisme, ces taxes ne sont pas exigées pour les pneus de la voiture et ceux de rechange (au maximum deux) et pour les restants d'essence contenus dans les réservoirs habituels.

B. TOURISTES D'UNE AUTRE NATIONALITÉ

1º Formalités de police : se munir :
a. d'un passeport pour chaque voyageur. Les Belges et les Luxembourgeois en sont dispensés ; il leur suffit de présenter une pièce d'identité avec photo (certificat international de route, carte d'identité, passeport, etc.).
b. d'un certificat international de route pour le conducteur du véhicule. Munir la voiture d'une plaque internationale.
Si le séjour en Algérie doit dépasser 2 mois, déposer dans les 48 heures de l'arrivée une demande de carte d'identité à la mairie ou au commissariat de police. La carte d'identité délivrée en France aux Étrangers est valable en Algérie.

2º Formalités de douane : 1º soit consigner le montant des droits de douane correspondant à l'importation temporaire. Ces droits sont de 45 p. 100 *ad valorem.* Ils ne sont remboursés que pendant le délai d'un an à compter du jour de l'importation.
2º soit présenter un triptyque ou un carnet de passages en douane et le faire viser ;

3º Taxe de consommation (voir ci-dessus).

VOYAGES EN TUNISIE

En dehors des formalités que doivent accomplir les automobilistes et les motocyclistes avant de quitter leur pays, ils sont tenus, pour être admis de circuler en Tunisie, de remplir les conditions ci-après, variant suivant leur nationalité,

A. TOURISTES FRANÇAIS, ALGÉRIENS OU MAROCAINS

1° Formalités de police : chaque voyageur doit être en possession de pièces d'identité.

Le conducteur du véhicule doit être muni des cartes rose et grise utilisées dans leur pays.

2° Formalités de douane :

a. **droits de douane :** les véhicules immatriculés en France, en Algérie ou au Maroc sont acceptés en franchise en Tunisie ;

b. **taxe de consommation :** les véhicules algériens et marocains en sont exempts. Sur les pneus et chambres des véhicules français, il est perçu un droit de 6 fr. par kg. A la sortie de la Régence, ce droit est remboursé, déduction faite de 1/100e par journée de séjour.

3° Taxe de circulation :

Autos : les véhicules immatriculés en Algérie et au Maroc sont exempts d'impôts pendant le trimestre au cours duquel a lieu l'importation. Passé cette période, ils sont soumis au régime intérieur (page 234).

Les véhicules immatriculés en France sont dispensés d'impôt pendant le trimestre en cours, sur présentation du permis de circulation valable en France. Pour les trimestres suivants, ils sont soumis au régime intérieur (page 234).

Motos : une taxe de 15 fr. est exigée pour les motos entrant dans la Régence. Elle s'applique à l'année en cours au moment de l'introduction.

B. TOURISTES D'UNE AUTRE NATIONALITÉ

1° Formalités de police : se munir :

a. d'un passeport pour chaque voyageur. Les Belges et les Luxembourgeois en sont dispensés ; il leur suffit de présenter une pièce d'identité avec photo (certificat international de route, carte d'identité, passeport, etc.) ;

b. d'un certificat international de route pour le conducteur du véhicule. Placer à l'arrière de la voiture une plaque internationale.

2° Formalités de douane :

a. **droits de douane,** si l'importation se fait par une frontière terrestre, le véhicule est admis en franchise.

A leur entrée dans la Régence par un port tunisien, les propriétaires de véhicules d'origine étrangère doivent :

1° soit consigner les droits de douane s'élevant,

pour les autos à 45 p. 100 *ad valorem,*

pour les motos à 160 fr. par 100 kg.

Le délai de consignation est de 6 mois.

2° soit présenter un triptyque qu'il suffit de faire viser.

b. **Taxe de consommation.**

Il est perçu un droit de 6 fr. par kilo sur les pneus et chambres. A la sortie de la Régence, ce droit est remboursé, déduction faite de 1/100e par journée de séjour.

3° Taxe de circulation : *Autos :* à leur entrée en Tunisie les touristes faisant dans la Régence des voyages ou séjours supérieurs à 8 jours et inférieurs à 2 mois doivent acquitter une taxe de 25 fr. par période mensuelle partielle ou complète.

Après 2 mois les automobilistes étrangers sont soumis au régime intérieur (page 234).

Motos : même régime que pour les Français (voir ci-dessus).

VOYAGES AU MAROC

En dehors des formalités que doivent accomplir les automobilistes et les motocyclistes avant de quitter leur pays, ils sont tenus, pour être admis à circuler au Maroc, de remplir les conditions ci-après :

1° Formalités de police.

a) Chaque voyageur doit être en possession d'un passeport. Celui des Étrangers, autres que les Français, doit porter un visa spécial « Bon pour le Maroc ». En France, ce visa (coût 3 fr.) est apposé par le Préfet ayant établi le passeport.

Dans les trois jours de l'arrivée, faire viser le passeport par le chef de région.

b) Le conducteur du véhicule doit être muni :

1° s'il est Français, Algérien ou Tunisien : des cartes rose et grise ;

2° s'il est d'une autre nationalité : d'un certificat international de route.

En outre, le véhicule devra être muni d'une plaque internationale.

2° Formalités de douane.

Au bureau de douane chérifien :

1° soit consigner le montant des droits de douane correspondant à l'importation temporaire : 12,5 0/0 *ad valorem* (1). Le délai de consignation est de trois mois.

2° soit présenter un triptyque ou un carnet de passages en douane qu'il suffit de faire viser.

Il n'est pas perçu de taxe de circulation sur les véhicules importés temporairement.

(1) Lorsque *l'importation est définitive*, les droits à acquitter à l'entrée au Maroc sont les suivants :

1° Droits de douane proprement dits :

a) si l'importation a lieu par la frontière algéro-marocaine et si le véhicule est destiné à circuler exclusivement dans le Maroc oriental : 5 p. 100 *ad valorem*.

b) si l'importation se fait par le Maroc occidental : 12,5 p. 100 *ad valorem*.

Les véhicules destinés primitivement au Maroc oriental et sortant par suite de cette zone sont taxés de la différence entre les deux tarifs indiqués ci-dessus, soit 7,5 p. 100 *ad valorem*.

Cette taxation a lieu soit à Oudjda quand l'importateur le signale à son entrée au Maroc, soit dans le cas contraire, à Taza, limite du Maroc oriental et du Maroc occidental.

2° Droits de portes.

La taxe, dite de portes, s'élève à 1 fr. 50 par quintal.

3° Droit de consommation.

Ce droit est perçu sur l'essence importée dans les réservoirs de la voiture à raison de 0 fr. 10 par litre et sur les pneus et les chambres à air du véhicule à raison de 1 fr. 50 par kg.

Le propriétaire doit ensuite faire immatriculer le véhicule au Maroc.

PASSAGE PAR TANGER

Traversée de la zone internationale.

1° **Débarquement à Tanger** : les touristes débarquant à Tanger sont tenus de présenter leur passeport ainsi que les pièces de circulation de la voiture : cartes rose et grise ou certificat international de route.

De plus, ils devront :

a) ou consigner le montant des droits correspondant à l'importation temporaire, soit 12,5 0/0 *ad valorem*.

b) ou présenter la pièce douanière d'entrée au Maroc : triptyque ou carnet de passages en douane qui sera annoté à l'entrée et à la sortie.

2° **Embarquement à Tanger.**

Avant de quitter le Maroc, les touristes feront apposer sur le titre de douane ayant servi à l'entrée (triptyque ou carnet de passages en douane), le visa de sortie définitive.

Si l'importation au Maroc a eu lieu sous le régime de la consignation, les droits consignés seront restitués sur présentation du reçu datant de moins de trois mois.

Traversée de la zone espagnole.

1° Route de Tanger-Larache-Rabat.

Au bureau de douane espagnol : examen des passeports qui doivent être revêtus du visa du consul d'Espagne. Les Français sont exempts de ce visa.

Au bureau de douane français de Quédadra : accomplissement des formalités d'entrée au Maroc (voir page 251).

2° Route de Rabat-Larache-Tanger.

Au bureau de douane français de Quédadra : pas de formalités à accomplir, celles-ci le seront à Tanger (voir ci-dessus embarquement à Tanger).

Aux bureaux espagnols :

1° présentation des passeports au poste de la garde civile espagnole;

2° présentation des pièces douanières au bureau de douane.

A Tanger : (voir ci-dessus, embarquement à Tanger).

DOUANES

BUREAUX DE DOUANE

Les bureaux de douane habilités à constater le passage des touristes en automobile se trouvent :

1° Dans les ports de débarquement : Casablanca, Tanger, Oran, Mostaganem, Alger, Bougie, Philippeville, Bône, Bizerte et Tunis (La Goulette) ;

2° Aux frontières maroco-algérienne et algéro-tunisienne.

Nous indiquons ci-après ces bureaux classés du nord au sud, avec en regard le bureau correspondant.

FRONTIÈRE MAROCO-ALGÉRIENNE		FRONTIÈRE ALGÉRO-TUNISIENNE	
MAROC.	ALGÉRIE.	ALGÉRIE.	TUNISIE.
1° Zone internationale : Tanger.		La Calle.	Tabarka.
		Lacroix.	Babouch.
2° Zone espagnole : Cuesta Colorado. El-Ksar el Kebir.		Souk Ahras.	Ghardimaou Sakiet Sidi Youssef.
3° Zone française : Quédadra.		Clairefontaine.	Ouled Boughanem.
Bureaux mixtes : Saïda. Marnimprey du Kiss. Oudjda.		Tebessa.	Haïdra. Bou Chebka. Tamerza.
Berguent.	El Aricha.	El Oued	Nefta.
Figuig.	Ain Sefra.		

A chaque passage aux bureaux de douane ci-dessus les automobilistes sont tenus de s'arrêter pour y accomplir les formalités concernant leur voiture. Les visas qu'apposent ces bureaux sont seuls valables.

HEURES ET JOURS D'OUVERTURE

Maroc.

Tanger. . . . .
Cuesta Colorado. .
El Ksar el Kebir. .
Quédadra. . . . .
{ du 1er Mars au 30 Juin, de 7 h. 30 à 12 h. et de 14 h. 30 à 18 h.
du 1er Juillet au 30 Sept., de 7 h. à 12 h. et de 15 h. à 18 h.
du 1er Oct. au 28 Fév., de 8 h. à 12 h. et de 14 h. à 18 h.

Saïdia. . . . . . .
Martimprey du Kiss.
Berguent. . . . . .
Figuig. . . . . . .
{ du 1er Avril au 30 Sept., de 7 h. à 11 h. et de 14 h. à 18 h.
du 1er Oct. au 31 Mars, de 8 h. à 11 h. et de 13 h. à 17 h.

Oudjda. . . . . ouvert en permanence.

Algérie.

Tous les bureaux : { du 1er Avril au 30 Sept., de 7 h. à 11 h. et de 14 h. à 18 h.
du 1er Oct. au 31 Mars, de 8 h. à 11 h. et de 13 h. à 17 h.

Tunisie (1).

Tous les bureaux : { du 15 Avril au 30 Juin, de 7 h. à 11 h. et de 14 h. 30 à 17 h. 30.
du 1er Juillet au 30 Sept., de 6 h. 30 à 11 h. et de 15 h. 30 à 17 h. 30.
du 1er Oct. au 14 Avril, de 8 h. à 11 h. 30 et de 14 h. 30 à 17 h. 30.

Les bureaux ci-dessus sont fermés les jours fériés : dimanche, le premier jour des fêtes musulmanes. de l'Aïd Keleir, l'Aïd Seghir, du Mouloud, de l'Aahoura, 1er janvier, lundi de Pâques, Ascension, Toussaint, Noël.

Passage en dehors des heures d'ouverture.

En dehors des heures d'ouverture, les visas sont apposés par les agents des douanes contre paiement d'une taxe de vacation, variable suivant les bureaux et les heures.

I. En Algérie, à tous les bureaux sauf à celui d'El Aricha, elle est :

entre 6 h. et 19 h., de 5 fr.   entre 22 h. et 24 h., de 15 fr.
entre 19 h. et 22 h., de 7 fr. 50   entre 24 h. et 6 h., de 20 fr.

Au bureau d'El Aricha, la redevance est fixée comme suit :

Pour la brigade :   Pour le bureau :

entre 6 h. et 19 h. . à 6 fr.   10 fr.   } par agent
entre 24 h. et 6 h. . . à 12 fr.   15 fr.   } et
entre 19 h. et 24 h. . à 9 fr.   20 fr.   } par heure.

II. En Tunisie, la taxe est :

entre 6 h. et 19 h., de 10 fr.
entre 19 h. et 24 h., de 15 fr.
entre 24 h. et 6 h., de 20 fr.

III. Au Maroc :

Aux bureaux de Saïdia, de Berguent et de Figuig il est perçu la taxe de vacation suivante :

---

(1) A noter que l'heure tunisienne avance d'une heure sur celle d'Algérie.

| de 6 fr. 25 entre 6 h. à 19 h. | de 19 fr. entre 22 h. à 24 h., |
| de 9 fr. 50 entre 19 h. à 22 h. | de 25 fr. entre 24 h. à 6 h., |

Aux autres bureaux marocains, il n'est pas perçu de taxe de vacation.

TOLÉRANCES DOUANIÈRES

Algérie.	Tunisie.	Maroc.
Essence : Voir formalités d'entrée en Algérie (p. 249).	Par tolérance, l'essence contenue dans les réservoirs normaux est admise en franchise.	Voir formalités d'entrée au Maroc (p. 251).
Huile : Il est perçu un droit de 61 fr. 20 par 100 kg.	Mêmes facilités que pour l'essence s'il s'agit de l'entrée d'une quantité normale d'huile (voir ci-dessus).	Aucune tolérance. Les droits de douane sont de 12,5 p. 100 *ad valorem*.
Tabac : En franchise : 10 cigares ou 20 cigarettes ou 40 gr. de tabac.	Comme en Algérie.	Aucune tolérance.

IMPORTATION EN FRANCE D'OBJETS PROVENANT DE L'AFRIQUE DU NORD

Les produits algériens sont admis en France en franchise des droits de douane, ils restent soumis à la taxe à l'importation (2 p. 100 ou 12 p. 100). Il en est de même des marchandises étrangères qui ont acquitté les droits de douane dans la colonie.

Certains produits tunisiens ou marocains sont admissibles en franchise, les autres sont passibles des droits du tarif minimum.

Le bénéfice de la franchise accordée aux tapis provenant de la Tunisie ou du Maroc, est seulement subordonné aux conditions du transport direct et à la production des justifications d'origine réglementaires (certificat d'origine, délivré sur papier timbré par le contrôleur civil du lieu de production, visé par la douane du port d'embarquement, et estampillé par le service des Arts Indigènes. Le coût de l'estampille est de 2 fr. Les droits, dont sont passibles les objets de fabrication indigène destinés à être importés en France, peuvent être acquittés en Algérie, avant l'embarquement pour la métropole. On évite tout retard dû à l'accomplissement de cette formalité à l'arrivée.

RÉIMPORTATION EN FRANCE D'AUTOMOBILES PROVENANT DE L'AFRIQUE DU NORD

Les véhicules de provenance algérienne, importés définitivement en France ne sont passibles que du paiement de la taxe de luxe (soit 12 p. 100) sur la valeur des véhicules au moment de l'importation dans la métropole.

Quant aux véhicules d'origine française, de provenance tunisienne ou marocaine, une décision du ministre des Finances du 31 mai 1928, à l'essai pendant un an, exonère des droits de douane de 45 p. 100 *ad valorem* les propriétaires réimportant ces véhicules pour leur usage personnel à la condition qu'ils aient été achetés neufs, soit dans la métropole avec exonération de la taxe de luxe, soit aux représentants de nos marques nationales en Afrique du Nord.

Les propriétaires devront, à cet effet, produire à l'appui de la facture d'achat, un certificat de douane locale contenant le signalement de la voiture et la date de la déclaration d'importation pour la consommation dans le pays de protectorat ainsi qu'un certificat de simple sortie de la métropole.

Du fait que ces véhicules auront bénéficié de l'exonération de la taxe de luxe en France, l'impôt de 12 p. 100 devra, lors de la rentrée dans la métropole, être perçu sur la valeur de la facture et non sur la valeur de la voiture au moment où elle sera représentée en douane

TRANSPORTS
MARITIMES

Nous donnons ci-après des renseignements sur les relations maritimes effectuées par des bateaux rapides de transports réguliers des voyageurs et de leurs véhicules automobiles, entre le Maroc, l'Algérie, la Tunisie d'une part et l'Espagne, la France et l'Italie d'autre part.

Les indications fournies étant sujettes à variations, les touristes devront, avant leur départ, s'adresser directement aux Compagnies ou à leur représentant pour obtenir les renseignements de dernière heure.

Nous conseillons aux automobilistes de retenir à l'avance les places qui leur sont nécessaires tant pour eux que pour leur voiture. Ils ne peuvent considérer cette formalité accomplie qu'après réponse formelle de la Compagnie.

ALGÉRIE-TUNISIE-FRANCE

Ports desservis et lignes de transport (voir carte page suivante).

Les transports rapides entre l'Algérie, la Tunisie et la France s'effectuent principalement sur les paquebots de la **Compagnie Générale Transatlantique (C. G. T.)**, de la **Société Générale de Transports Maritimes à Vapeur (S. G. T. M.)**, de la **Compagnie de Navigation Mixte (C. N. M.)** et de la **Société Maritime Nationale (S. M. N.)**.

Adresses des agences.

Ports	C. G. T.	S. G. T. M.	C. N. M.	S. M. N.
Ajaccio				M. Scalaroza
Alger	6, bd Carnot	M. Carol	MM. Coudray et Fils, bd de la République	
Bastia				M. Costa
Bizerte	Banque de Tunisie	M. Quillichini		
Bougie				
Bône	quai Warnie	M. Gazague	MM. Fadda et R. Ruffier	
Oran	qu. du Centre	M. Parent	MM. Deros	
Philippeville	sur les quais	M. Caffa	MM. Cordina et Campiglia	
Tunis	Banque de Tunisie, 32 Es Sadikia		M. Pedelupé	M.C. Pedelupé, 7, rue d'Alger
Marseille	9, quai de la Joliette	70, rue de la République	Direction : 1, r. Cannebière	1, bd Dugommier
Port-Vendres			MM. Pams et fils. Gare Maritime	

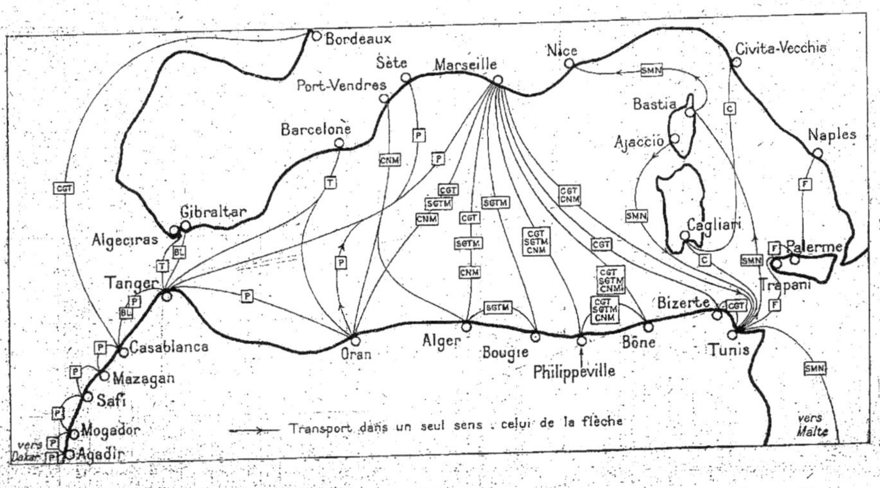

Bordeaux
Sète
Marseille
Nice
Civita-Vecchia
Port-Vendres
Bastia
SMN
Barcelone
Ajaccio
Naples
CGT
Gibraltar
Algeciras
BL
Tanger
T
Casablanca
Mazagan
Safi
Mogador
vers Dakar
Agadir
Oran
Alger
Bougie
Philippeville
Bône
Tunis
Bizerte
Trapani
Palerme
Cagliari
CNM
P
P
T
CGT
SGTM
CNM
CGT
SGTM
CGT
CNM
CGT
SGTM
CNM
CGT
CNM
P
SGTM
CGT
SGTM
CNM
CGT
SGTM
CNM
P
SMN
C
F
F
C
SMN
F
CGT
F
SMN
vers Malte
Transport dans un seul sens : celui de la flèche

FRÉQUENCE ET DURÉE
DES TRANSPORTS MARITIMES

COMPAGNIES	LIGNES	Nombre de transports hebdomad.	NOMS DES NAVIRES	DURÉES DES PARCOURS
C. G. T. . . .	Oran-Marseille	1	*Lamoricière*	
	Alger-Marseille	3 ou 4	*Timgad* et *Gouverneurs Généraux*.	37 h. / 26 h.
	Philippeville-Marseille	1	*Figuig*	35 h.
	Philippeville-Bône	1	*Figuig*	6 h.
	Bône-Marseille	1	*Figuig* / *Eug.-Péreire*	31 h. / 34 h.
	Bizerte-Marseille	1	*Gouv. Génér. et Oudjda*	29 à 36 h.
	Bizerte-Tunis	1	*Gouv. Génér. et Oudjda*	6 h.
	Tunis-Marseille	1	*Gouverneurs Généraux*	32 à 38 h.
S. G. T. M.	Oran-Marseille	1	*Gouverneurs Généraux*	37 h.
	Alger-Marseille	1 / 1	*Sidi-Brahim* / *Espagne*	28 h. / 33 h.
	Alger-Bougie	1	*Espagne*	
	Bougie-Marseille	1	*Espagne*	
	Philippeville-Marseille	1	*Sidi-Ferruch*	
	Philippeville-Bône	1	*Sidi-Ferruch*	
	Bône-Marseille	1	*Sidi-Ferruch*	
C. N. M. . .	Oran-Port-Vendres	1 ou 2	*Mustapha II*	31 h.
	Oran-Marseille	1	*Djemila et Miliana*	44 à 45 h.
	Alger-Marseille	1 ou 2	*Gouverneurs Généraux* / *El Biar*	23 à 24 h. 30 / 28 h.
	Alger-Port-Vendres	1	*Gouv. Gén.*	23 h.
	Philippeville-Marseille	1	*Gouv. Gén.*	28 à 29 h.
	Philippeville-Bône	1	*Gouv. Gén.*	5 h.
	Marseille-Bône	1	*Gouv. Gén.*	28 h.
	Tunis-Marseille	1	*Marsa-II*	33 h. 30 à 38 h.
S. M. N. .	Tunis-Bastia-Nice (ce sens seulement)	1 tous les 14 jours		50 h.
	Ajaccio-Tunis (ce sens seulement).			42 h.

I. — Transports des voyageurs.

Les tarifs ci-dessous sont indiqués en francs français.

Billets d'aller.

1° **G. G. T., S. G. T. M., C. N. M.**

CLASSE	C. G. T.		S. G. T. M.			C. N. M.		
	A	B	A	B	C	A	B	C
1re classe	600	500	600	500	370	600	550	500
2e — . . .	450	370	450	370	275	450	410	870
3e — . . .	235	195	235	195	165	235	220	195
4° — . . .	115	105	115	105	95	115	110	105

Le prix du transport est le même dans les deux sens, quelle que soit la traversée empruntée, il varie suivant la classe et le paquebot choisis.

Les tarifs ci-dessus sont applicables de la façon suivante :

C. G. T. : tarif A sur les paquebots *Lamoricière*, *Timgad*, *Charles-Roux* et *Gouverneurs Généraux*.

C. G. T. : tarif B sur les paquebots *Figuig*, *Eugène-Péreire* et *Oudjda*.

S. G. T. M. : tarif A sur le paquebot *Gouverneur Général Laferrière*.

— — B sur le paquebot *Sidi-Brahim*.

— — C sur les paquebots : *Espagne* et *Sidi-Ferruch*.

(à noter que le Sidi-Ferruch n'a pas d'installation de 3e classe.)

C. N. M. : tarif A sur les paquebots *Mustapha* et *Gouverneurs Généraux*.

C. N. M. : tarif B sur le paquebot *El Biar*.

— C sur le paquebot *Marsa*.

2° **S. M. N.**

	1re CLASSE	3e CLASSE
Tunis-Bastia	489	213
Tunis-Nice	528	252
Ajaccio-Tunis	490	213

Le tarif varie seulement suivant la classe et le parcours.

Billets d'aller et retour. — Les billets d'aller et retour, valables 3 mois, sont délivrés avec une réduction de 10 % sur le prix de 2 billets simples.

Billets pour enfants. — Les enfants des passagers sont transportés gratuitement s'ils sont âgés de moins de 3 ans ; ceux de 3 à 7 ans non révolus paient demi-place.

Taxes supplémentaires. — Au prix du billet, il y a lieu d'ajouter les taxes ci-après :

1° éventuellement, le supplément perçu pour l'attribution des places dites « de luxe » ou de « priorité ». Cette taxe varie suivant le paquebot choisi et l'emplacement de la cabine retenue.

2° la taxe d'embarquement ou de débarquement. Ces taxes diffèrent suivant les ports de départ et d'arrivée et la classe où s'effectue le voyage.

PORTS	LUXE	1re CLASSE	2e CLASSE	3e CLASSE	4e CLASSE
	fr.	fr.	fr.	fr.	fr.
A Alger	16	12	9,5	4	2
A Oran	10	10	5	3	1
A Philippeville	1	1	1	1	1
A Tunis . . .	25	20	17	11	8,5
A Marseille . .	6,5	6,5	6,5	6,5	1,3
A Port-Vendres	9	9	9	5,5	1,5

3° la taxe d'État qui est suivant les classes : luxe, 100 fr.; 1re cl., 12 fr.; 2e cl., 8 fr.; 3e cl., 5 fr.; 4e cl., 2 fr. Les enfants de 3 à 7 ans non révolus ne paient que demi-taxe.

4° la taxe sanitaire perçue seulement sur les voyages en 3e et 4e cl. : 3 fr. pour les voyages d'Afrique du Nord en France ; 2 fr. pour les voyages effectués de France en Afrique du Nord.

5° le timbre: les billets délivrés en Algérie ou à destination de ce pays sont soumis au droit de timbre de 3 fr. 60.

II. — Transport des véhicules automobiles.

Conditions. — Les renseignements que nous donnons ci-après s'appliquent aux automobiles de tourisme et aux motocyclettes voyageant sans emballage.

Pour le transport de ces véhicules, il y a lieu de tenir compte que :

1° le véhicule doit être présenté la veille de l'embarquement ;

2° les réservoirs d'essence et de carbure doivent être vides ;

3° les accumulateurs doivent être déconnectés pour être expédiés séparément, aux conditions prévues par le règlement ;

4° les accessoires et objets ne faisant pas corps avec le véhicule doivent être enlevés et faire l'objet d'une expédition distincte ;

5° toutes les compagnies de navigation ne se chargent pas des formalités douanières.

6° le fret varie en raison du poids du véhicule ; il y a lieu d'y ajouter les frais supplémentaires variant avec les sociétés ;

7° l'assurance du véhicule est facultative.

Tarif. — **Fret. 1° Automobiles** transportées par :

1° la C. G. T.

Voitures pesant jusqu'à 650 kg.	577,50 par voiture	de
— de 651 à 1.000 kg.	615	—	quai
— de 1.001 à 1.200 kg.	805	—	à
— de 1.201 à 1.500 kg.	995	—	quai
— de 1.501 à 2.000 kg.	1.375	—	

2° la S. G. T. M.

Voitures pesant jusqu'à 1.500 kg. : 650 fr. la tonne de quai à quai (avec minimum de 525 fr.).
Voitures pesant de 1.500 à 2.000 kg. : 750 fr. la tonne de quai à quai.
Voitures pesant plus de 2.000 kg. : 570 fr. la tonne, non compris les frais d'embarquement et de débarquement.

3° la C. N. M.

Voitures pesant jusqu'à 600 kg. environ fr.	655 par voiture	de
— de 601 à 1.000 kg. — —	615	—	quai
— de 1.001 à 1.200 kg. — —	805	—	à
— de 1.201 à 1.500 kg. — —	995	—	quai
— de 1.501 à 2.000 kg. — —	1.375		
— plus de 2.000 kg. 570 fr. la tonne, non compris les frais d'embarquement et de débarquement.			

4° la S. M. N. : Marseille-Tunis et vice versa.

Voitures pesant jusqu'à 650 kg. environ fr.	522,50 par voiture	de
— de 651 à 1.000 kg. — —	570	—	quai
— de 1.001 à 1.200 kg. — —	760	—	à
— de 1.201 à 1.500 kg. — —	950	—	quai
— de 1.501 à 2.000 kg. — —	1.330		

2° Motocyclettes transportées par :

la C. G. T., la S. G. T. M. et la C. N. M.

Moto sans sidecar.	110 fr. l'unité.
— avec sidecar.	165 fr. —

la S. M. N. (Marseille-Tunis).

Moto sans sidecar.	100 fr. l'unité.
— avec sidecar.	150 fr. —

Assurance. — Au tarif de fret ci-dessus s'ajoute éventuellement celui de l'assurance pour les dommages, pertes, ou avaries résultant de la traversée.

Elle varie, suivant la valeur du véhicule, de 60 à 300 fr. de prime pour les automobiles de 10.000 à 100.000 fr., et de 20 à 60 fr. pour les motocyclettes de 2.000 à 10.000 fr.

III. — Transport des bagages.

Franchise. — Il est alloué une franchise de poids de 60 kg. pour les voyageurs de 1re et de 2e classes ; de 30 kg. pour les voyageurs de 3e et 4e classes. Cette franchise est réduite de moitié pour les enfants payant demi-place.

Taxe. — L'excédent de bagages est taxé par :
la C. G. T., la S. G. T. M. et la C. N. M., à raison de 5 fr. par fraction indivise de 10 kg. ;
la S. M. N., à raison de 251 à 341 fr. les 1.000 kg.
La taxe fixe d'enregistrement des bagages est de 1 fr. 30.

Tarif des télégrammes envoyés par T. S. F. pendant les traversées :
sur les paquebots de la C. G. T. : 4 fr. 25 par mot (par Marseille ou Bonifacio).
sur les paquebots de la C. N. M. et de la S. G. T. M. : jusqu'à 10 mots : 15 fr. ; au-dessus : 1 fr. 50 par mot.
sur les paquebots de la S. M. N. : 3 fr. par mot environ.

MAROC-FRANCE

La **G. G. T.** assure les transports entre Casablanca et Bordeaux sur les paquebots *Halli*, *Macoris*, *Volubilis* et *Figuig*.

Adresses : boulevard du 4e zouaves à Casablanca.
1, cours du Xavier-Arnozan à Bordeaux.

I. — Transport des voyageurs.

Billet d'aller et taxes supplémentaires, (en francs français.)

	1re CLASSE	2e CLASSE	3e CLASSE	4e CLASSE pour hommes seulement
	fr.	fr.	fr.	fr.
Prix du billet d'aller.	1.100	780	500	335
Taxe d'embarquement à Casablanca. . . .	3,50	3,50	3,50	3,50
Taxe de débarquement à Bordeaux	10	10	10	2
Taxe d'Etat	12	8	5	2
Taxe sanitaire . . .	5	4	3	2
Droit de timbre. . . .	2	2	2	2
Taxe du 28/3/28 . . .	5	5	5	2,50

Billets d'aller et retour { sont délivrés dans les mêmes conditions
Billets pour enfants { qu'en Algérie (voir page 258).

II. — Transports des véhicules automobiles.

Conditions (voir page 259).

Tarif. — Fret indiqué en francs français.

1.° Automobiles :

pesant jusqu'à 1.000 kg . . . . . 480 fr. par voiture.
— de 1.001 à 1.500 kg. . . 720 fr. —
— de 1.501 à 3.000 — . . . 960 fr. —
— plus de 3 tonnes . . . . 300 fr. par tonne.

2° Motocyclettes :

sans sidecar . . . . 175 fr. l'unité.
avec sidecar . . . . 265 fr. —

Assurance. — Mêmes conditions que pour les transports Algérie-France (voir page 260).

III. — Transports des bagages.

Franchise. — Il est accordé une franchise de 100 kg. en 1re classe, 60 kg. en 2e classe et de 30 kg. en 3e et 4e classes.

Taxe. — L'excédent des bagages est calculé à raison de 65 fr. les 100 kg.

Pour le transport de bagages, il est perçu une taxe d'embarquement et de débarquement de 6 fr. à Casablanca, de 3 fr. à Bordeaux.

MAROC-ALGÉRIE — FRANCE

Ports desservis et lignes de transport (voir carte page 256).

La **Compagnie Paquet (P)** assure les transports maritimes :

1° entre le Maroc et la France et vice versa ;
2° entre l'Algérie et le Maroc et vice versa ;
3° entre les ports marocains.

Elle dessert ainsi : Marseille, Sète, Oran, Tanger, Casablanca, Mazagan, Safi, Mogador, Agadir.

Les principales lignes établies par cette société sont :
1° Casablanca, Tanger, Marseille et retour ;
2° a. Oran, Tanger, Casablanca, Mazagan, Safi, Mogador, Agadir et retour ;
b. Oran, Barcelone, (1) Marseille. Cette ligne ne peut être empruntée dans le sens Marseille-Oran que par les voyageurs se rendant au Maroc.

Durée des transports :

LIGNES	ÉPOQUE DES TRANSPORTS	NOMS DES NAVIRES	DURÉE DES PARCOURS
Casablanca-Tanger-Marseille et vice versa . .	Été : tous les samedis Hiver : tous les 10 jours	Maréchal-Lyautey Anfa	3 jours
Tanger-Oran-Sète et vice versa	tous les 14 jours	Circassie Ouolof	
Agadir - Mogador - Safi-Mazagan - Casablanca et vice versa	tous les 14 jours	Circassie Ouolof	
Casablanca-Tanger-Oran	tous les 14 jours	Circassie Ouolof	

(1) Le passage par Barcelone ne s'effectue qu'occasionnellement.

Adresses des agences dans les ports d'embarquement :

Marseille : Direction de la Compagnie, 4, place Sadi-Carnot.
Agent général à Paris : M. Nunzi, 43, rue Lafayette.
Sète : Nicoulet et Cie, 9, quai d'Alger.
Oran : M. S. Parent, 3, place d'Armes.
Tanger : MM. Favier et Bendelac.
Casablanca : M. A. Philip.
Mazagan : MM. Carlo Morteo et Figlio.
Safi   } M. A. Legrand.
Mogador }

I. — Transports des voyageurs.

Billet d'aller comprenant les taxes supplémentaires sauf celle relative à l'attribution des cabines sur le pont-promenade, aux voyageurs de 1re classe.

PARCOURS	1re CLASSE	2e CLASSE	3e CLASSE	PONT
Tanger-Marseille ou Sète	1.027,10	716,10	458,10	290,40
Casablanca - Marseille ou Sète	1.135,60	810,60	526,60	350,90
Oran-Tanger (dans ce sens seulement)	450	325	235	90
Oran-Casablanca (dans ce sens seulement)	545	450	315	110
Tanger-Casablanca	205	175	130	65
Casablanca-Mazagan	90	75	45	30
— -Safi	175	145	90	45
— -Mogador	265	175	130	65
— -Agadir				
Mazagan-Safi	90	75	60	30
— -Mogador	175	145	90	45
— -Agadir				
Safi-Mogador	90	75	60	45

Billets d'aller et retour. — Il est accordé une réduction d'environ 10 p. 100 sur le prix de billets simples, aux passagers de 1re, 2e et 3e classes. Ce billet est valable 3 mois.

Billets pour enfants. — Ils sont délivrés dans les mêmes conditions que pour les transports Algérie-France (page 258).

Retenue des places. — En retenant leur place les voyageurs doivent déposer 100 fr. par personne.

II. — Transports des véhicules automobiles.

Conditions : voir page 259.

Embarquement à Marseille : Les voitures accompagnées de triptyque, carnet de passages en douane, carnet d'identité ou celles n'étant accompagnées d'aucune pièce pourront être présentées à la Direction à 8 h. le matin du départ.
Celles devant faire l'objet de réserves de retour auprès de la Douane, celles étant temporairement en France, et celles accompagnées d'une carte W W devront être présentées la veille du départ avant 15 h.

Tarif. — **Fret.** (Marseille-Tanger ou Casablanca).

1° Automobiles :

```
Voiture pesant jusqu'à 800 kg. . .   490 fr. par voiture\   de
  —        —    de  801 à 1.200 kg.   630 fr.      —       ( quai
  —        —    de 1.201 à 1.500 kg.  840 fr.      —       ) à sous
  —        —    de 1.501 à 2.000 kg. 1.050 fr.     —       ) palan.
  —        —    de 2.001 à 2.500 kg. 1.120 fr.     —
```

2° Motocyclettes :

sans sidecar . . . . 125 fr. l'unité
avec sidecar . . . . 315 fr.   —

Assurance : Prime variable suivant la valeur.

III. — Transport des bagages.

Franchise. — Aux voyageurs de 1re classe, il est accordé une franchise de 100 kg. ou 1 m³, ; à ceux de 2e classe, 60 kg. ou 0m³,5 ; enfin à ceux de 3e classe et de pont, 30 kg. ou 0 m³,5.

Taxe. — Les excédents sont taxés à raison de 7 fr. 50 par fraction de 10 kg.

Frais de manipulation :

par colis enregistré pour Tanger : 3 fr.
 —   —   —   — Casablanca : 9 fr.

Tarif des télégrammes envoyés par T. S. F. pendant les traversées : 4 fr. 25 le mot.

MAROC-ESPAGNE

Ports desservis et lignes de transports.

Les relations entre le Maroc et l'Espagne sont assurées :
par la **B and Line (B. L.)** pour les services Casablanca-Tanger-Gibraltar et vice versa.
par la **Compania Trasmediterranea (T.)** pour les services directs Tanger-Algéciras et Alicante-Oran. La traversée d'Oran à Barcelone se fait avec escale à Alicante (1).

Durée des transports.

COMPA-GNIES	LIGNES	NOMBRE DE TRANSPORTS HEBDOMAD.	NOMS DES NAVIRES	DURÉES DES PARCOURS
B. L.	Tanger - Gibraltar et vice versa. .	3	Gibel-Zerjon, Gibel-Dersa	2 h. 30 à 3 h.
	Tanger-Casablanca et vice versa	1	Gibel-Zerjon.	13 h.
T.	Oran-Alicante . .	1	Vicente-La Roda-Delfin	
	Tanger-Algéciras.	tous les jours		

(1) Ces indications, reçues en dernière heure, modifient notre carte, page 256.

Adresses des agences.

Bland Line : dans les ports de Casablanca-Tanger et Gibraltar : Bland-Line.

Cia Trasmediterranea : siège social : Madrid, pl. de las Cortes, 6.
Tanger : Grande Place, appartement 5.
Algeciras : Marina, 2, Apartado 12.
Alicante : Paseo de los Martires 3, bajos — Apartado 44.
Oran : pl. de la République 10 — Apartado 64.
Barcelone : via Layetana 2 — Apartado 581.

I. — Transport des voyageurs.

Tarif. — **Bland Line** : le tarif ci-dessous est indiqué en £.

CLASSE	TANGER-GIBRALTAR OU VICE VERSA	TANGER CASABLANCA OU VICE VERSA	CASABLANCA GILBRALTAR OU VICE VERSA
1re classe. . .	0.18.0	1.10.0	2.0.0
Entrepont. .	0.8.0	0.10.0	0.17.0

Cia Trasmediterranea : le tarif ci-dessous est indiqué en pesetas.

CLASSE	ORAN-ALICANTE ou vice versa	TANGER-ALGECIRAS ou vice versa
1re classe réservé.	124	61,80
2e — —	—	47,25
1re classe	102,90	36
2e —	71,90	26,70
3e —	42,40	14,40

Les renseignements ci-après sur les billets d'aller et retour, billets d'enfants et billets pour domestiques ne concernent que la Bland Line.

Billets d'aller et retour. — Les billets d'aller et retour, valables 6 mois, sont délivrés avec une réduction de 10 0/0 sur le prix de deux billets simples.

Billets pour enfants. — Les enfants des passagers sont transportés gratuitement s'ils sont âgés de moins de 4 ans ; ceux de 4 à 12 ans non révolus paient demi-place.

Billets pour domestiques. — Il est accordé une réduction de 25 p. 100 aux domestiques voyageant avec leurs maîtres.

II. — Transport des véhicules automobiles.

Conditions (voir page 259).

La Cia Trasmediterranea demande que les voitures soient présentées deux jours avant le départ.

Tarif. — Automobiles transportées par
la **Bland Line**
1° Fret.

Tanger-Gibraltar . . . . £ 3.0.0
Casablanca-Tanger. . . . . £ 3.0.0
Casablanca-Gibraltar. . . . . £ 5.0.0

2° **Frais supplémentaires** : à Casablanca et à Tanger (francs français).

Embarquement : 150 fr. ;
Débarquement : 140 fr.

à Gibraltar : taxe officielle du gouvernement perçu à l'embarquement ou au débarquement : £ 1.5.0.

3° **Assurance** : 2 p. 100 de la valeur du véhicule.

la **Cia Trasmediterranea**.

Même tarif pour Oran-Alicante et Tanger-Algéciras ou vice versa.

Voitures pesant jusqu'à 1.000 kg. . . . . 100 pesetas
—   —   de 1.000 à 2.000 kg. 150   —
—   —   plus de 2.000 kg. 175   —

Motocyclettes transportées par la Cia Trasmediterranea : 10 pesetas l'unité.

III. — Transport des bagages.

Franchise. — Il est alloué par la Bland Line une franchise de 100 kg. de bagages aux voyageurs de 1re classe ; 70 kg. à ceux de 2e classe et 50 kg. à ceux de l'entrepont.

Tarif des télégrammes envoyés par **T. S. F.** pendant **les traversées** : sur les bateaux de la Cia Trasmediterranea : jusqu'à 10 mots : 3 pesetas; au-dessus 0,30 p. par mot.

TUNISIE-ITALIE

La **Società italiana di Navigazione « Florio »** (F) effectue les transports entre Tunis, Trapani et Palerme (Sicile) et Naples, à raison de 2 traversées hebdomadaires entre la Tunisie et la Sicile et vice versa dont 1 transport hebdomadaire entre la Tunisie et l'Italie (avec escale à Palerme) et vice versa.

Les transports Tunis-Cagliari (Sardaigne)-Civita-Vecchia (Italie) sont assurés par la **Citra** ; **« Compagnia Italiana Transatlantica »** (C).

Pour tous renseignements de détail, s'adresser :
à la **Compagnie Florio** : via dell' Umilta, 43, Roma.
à la **Cie Citra** : siège social : Roma,
ou à Genova : via Balbi 6.
ou à Napoli : Traversa Municipio 17.

MAROC-SÉNÉGAL

La **Compagnie Paquet** (voir page 261), en plus de ses lignes Maroc-France assure la liaison régulière du Maroc avec le Sénégal par une ligne de paquebots rapides.

Les ports en relation sont :
Au Maroc : Tanger et Casablanca.
Au Sénégal : Dakar.
Pour tous renseignements, s'adresser aux agences de la Compagnie Paquet (page 262).

Pour trouver immédiatement

tous renseignements contenus dans ce Guide,

consultez à la fin du volume,

L'INDEX ALPHABÉTIQUE.

Vous gagnerez du temps.

TRANSPORTS AÉRIENS

Services établis entre le Maroc, l'Algérie, la Tunisie et la Métropole.

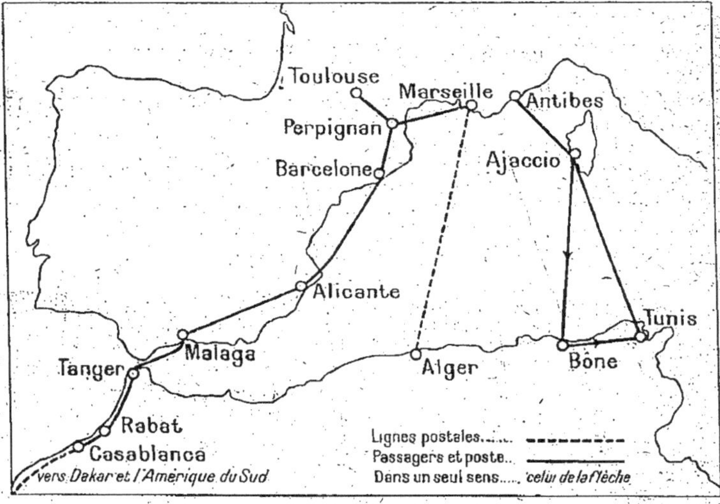

Ces lignes permettent, en plus du transport des voyageurs, l'acheminement rapide des aéropaquets et de la correspondance, soit dans les pays indiqués ci-dessus, soit en A. O. F., soit en Amérique du Sud ou vice versa.

Aux voyageurs empruntant les voies aériennes, il est recommandé de se munir de vêtements chauds, et d'emporter un repas froid.

ALGÉRIE

En dehors du service Antibes-Ajaccio-Bône-Tunis (voir ci-après : Tunisie), il n'existe actuellement qu'un service postal aérien direct entre l'Algérie et la France. Ce service relie Alger à Marseille en 5 heures.

La **Compagnie Générale Aéropostale** envisage l'établissement d'un service pour les passagers qui, selon toutes probabilités, fonctionnera courant 1929.

Le tarif de transport de la correspondance et des aéropaquets est le même que celui appliqué pour le transport Maroc-France (page 269).

TUNINIE

La **Compagnie Air Union** (siège social à Paris : 9, rue Auber ; 7° Richelieu 99-56) assure les transports aériens entre la France, la Corse et la Tunisie. Un de ses services comporte le passage par Bône, entre Ajaccio et Tunis.

Tarif.

LIGNE AÉRIENNE	HORAIRE		PRIX DE TRANSPORT				des Messageries par kg.
			des passagers				
			Aller	A. R.	Aller	A. R.	
			fr.	fr.	fr.	fr.	fr.
Tunis. . .	Mardi et vendredi 8 h.		800	1.400			6
Ajaccio. .	{12 h. 30 {13 h. 30 15 h. 30		500	900	1.300	2.300	6 } 12
Antibes. . }	Lundi 8 h.	Jeudi 8 h.					6
Ajaccio. .	{10 h. {10 h. 45	10 h. 10 h. 45	800		1.300	2.300	6 } 12
Bône . . .	{15 h. 15 {16 h. 15	↓					6
Tunis. . .	18 h. 15	15 h. 30	200				2

Le tarif de transport étant le même dans les deux sens, nous ne l'avons indiqué qu'une fois. Seul le parcours Bône-Tunis ne s'effectue que dans le sens indiqué ci-dessus.

Bagages. — Il est accordé une franchise de 15 kg. par passager. Le supplément des bagages est calculé au tarif des Messageries.

MAROC

La **Compagnie Générale Aéropostale** assure les transports aériens entre la France, l'Espagne et le Maroc ou vice versa.

Adresses { Paris Siège social : 92, av des Champs-Elysées. ℡ Elysées 52-03, à 05.
Casablanca : 9, r. de l'Horloge. ℡ 8-75. Port-Aérien ℡ 1.68.
Rabat : aérodrome. ℡ 7.88 ou 7.86.
Tanger : boulevard Pasteur. ℡ 304.
Toulouse : 1, route de Revel. ℡ 7.81.

Horaire. — Le service Toulouse ou Marseille-Casablanca est assuré tous les jours, seul le service Marseille-Perpignan n'a pas lieu le lundi. Il dessert Perpignan, Barcelone, Alicante, Malaga, Tanger et Rabat.

Tarif. — Voir tableau page suivante.

Le prix des billets délivrés à Malaga, Alicante ou Barcelone, ou à destination d'une de ces trois villes, est majoré des taxes suivantes pour frais divers et visas des consulats :

pour un billet d'aller : Malaga, 26 pesetas ; Alicante, 21 pesetas ; Barcelone, 31 pesetas.

pour un billet d'aller et retour, la taxe perçue est le double de celle d'un billet d'aller.

Les billets d'aller et retour sont valables un mois.

Passeport. — Les voyageurs empruntant la ligne Maroc-France ou vice versa devront être munis d'un passeport en règle pour l'Espagne.

Bagages. — Il est accordé à chaque passager une franchise de 15 kg. de bagages. L'excédent est taxé au tarif des aéropaquets.

AÉROPAQUETS

Tarif. — Le même dans les deux sens.

Maroc-France : 17 fr. par kg. ou, pour les colis encombrants et légers par 4 dm³. Minimum de taxation : 38 fr. par colis.

Maroc-Intervilles : 5 fr. par kg. ou par 4 dm³ } minimum de perception
Maroc-Dakar : 14 fr. par kg. ou par 4 dm³ } 2 kg. par colis.

PRIX DE TRANSPORT DES PASSAGERS.

Le tarif étant le même dans les deux sens, nous ne l'avons indiqué qu'une fois.

HORAIRE dans chaque sens. (Aller)	(Retour)	DE	pour TANGER Aller	A.R.	pour MALAGA Aller	A.R.	pour ALICANTE Aller	A.R.	pour BARCELONE Aller	A.R.	pour PERPIGNAN Aller	A.R.	pour TOULOUSE OU MARSEILLE Aller	A.R.
			fr.	fr.	fr.	fr.	fr.	fr.	fr.	fr.	fr.	fr.	fr.	fr.
18 h. 20	4 h. 30	Casablanca	530	900							1.385	2.355	1.440	2.460
17 h. 40 / 17 h. 30	5 h. 10 / 5 h. 20	Rabat	430	720	1.305	2.335	1.305	2.335	1.305	2.335	1.235	2.100	1.340	2.275
16 h. 10 / 16 h.	7 h. / 7 h. 10	Tanger												
14 h. 40 / 14 h. 30	8 h. 30 / 8 h. 50	Malaga												
11 h. 20 / 11 h. 10	12 h. / 12 h. 20	Alicante	1.305	2.335	290 pes.	495 pes.	290 pes.	495 pes.						
8 h. 10 / 8 h.	15 h. 50 / 16 h. 10	Barcelone			485 pes.	830 pes.								
6 h. 50 / 6 h. 40	17 h. 30 / 17 h. 50	Perpignan	935	1.585										
5 h. 30	19 h.	Toulouse	1.115	1.885	910 fr.	1.555 fr.	910 fr.	1.555 fr.	910	1.555	220	370		
6 h. 30 / 4 h. 30	17 h. 50 / 19 h. 50	Perpignan / Marseille	Mêmes prix que pour Toulouse.											

Exemple. — Le prix de la traversée Rabat-Barcelone ou vice versa est de 1.305 fr.

Conditions d'envoi. — Sauf accord spécial, chaque aéropaquet ne doit pas dépasser 30 kg. et ses dimensions ne doivent pas être supérieures à 0 m. 50 × 0 m. 30 × 0 m. 30.

Les rouleaux sont admis quand ils n'excèdent pas 1 m. de longueur et 0 m. 20 de diamètre.

Aucun mode d'emballage n'est requis, toutefois la Compagnie décline toute responsabilité en cas de dommages causés par suite de l'insuffisance des emballages.

Les colis ne sont acceptés qu'en port payé.

Les envois contre remboursement sont acceptés. Dans ce cas, il est perçu une taxe de recouvrement de 1 p. 100 de la valeur du remboursement. Minimum : 1 fr.

Les aéropaquets ne sont acceptés aux bureaux des aéroports qu'accompagnés d'une déclaration en douane. Cette pièce, établie en 4 exemplaires pour le Maroc et le Sénégal, 3 exemplaires pour l'Algérie, 4 exemplaires pour la France précise l'origine, le poids, la valeur et le contenu de chaque colis.

Assurance : les aéropaquets sont assurés au tarif de 3 p. 100 de leur valeur. Minimum : 5 fr. par colis.

La Compagnie n'encourt aucune responsabilité pour la perte ou la détérioration des colis non assurés. Elle ne répond en aucun cas des retards pouvant survenir dans l'acheminement des aéropaquets, pour quelque cause que ce soit.

TRANSPORTS POSTAUX PAR AVION

Objets admis. — Les objets de correspondance de toute nature, ordinaires ou recommandés sont admis à l'exclusion des colis postaux, des valeurs à recouvrer, des lettres et boîtes en valeur déclarée.

Les mandats-cartes ou mandats-lettres ne sont acceptés que sur la demande expresse des expéditeurs.

Conditions d'admission. — La correspondance envoyée par avion doit porter à l'angle gauche une étiquette « par avion » fournie aux guichets des bureaux de poste.

Si les lieux d'expédition et de destination ne sont pas l'un et l'autre pourvus d'un aéroport, le parcours aérien à emprunter doit être spécifié. Une lettre expédiée de Michelet à Avignon, par exemple portera, en conséquence la mention « par avion d'Alger à Marseille ».

Les poids et dimensions maxima des objets admissibles sont les mêmes que pour les envois postaux ordinaires.

Les correspondances ordinaires doivent être déposées, soit dans les boîtes aux lettres, pendant les heures d'ouverture des bureaux, soit dans les boîtes affectées à la correspondance pneumatique, mais, de préférence, aux guichets des bureaux de poste.

Distribution. — Les correspondances par avion sont comprises dans la première distribution qui suit l'arrivée au bureau destinataire.

Tarif. — Le coût de l'expédition comprend :

a. la taxe postale intérieure ;
b. la surtaxe aérienne.

		SURTAXE AÉRIENNE				
POIDS DE L'ENVOI	TARIF INTÉRIEUR	Algérie Tunisie France.	Maroc-Toulouse-Marseille-Bordeaux ou vice versa		Inter-villes-Maroc.	Maroc A. O. F.
			Corr. milit.	Corr. civile.		
Jusqu'à 10 gr.	0,50	0,80	0,80	1,00	0,30	2,00
— 20 —	0,50	1,30	1,50		0,50	4,50
— 50 —	0,75	1,80	2,00		0,75	8,00
— 100 —	1,00	2,50	3,00		1,00	12,00
— 200 —	1,30	4,00	5,00		1,40	17,30
Par 100 gr. ou fract. de 100 gr. supplémentaires.	0,30	1,50	2,00		0,70	5,30

NOTES

INDEX ALPHABÉTIQUE

NOTES

NOTES

CHARGE

des " Confort-Bibendum "

est inférieur à 400 kg	montez du	9 × 48	
s'il dépasse 400 kg	—	10 × 48	
— 500 kg	—	11 × 45	
— 550 kg	—	12 × 45	
— 700 kg	—	13 × 45	
— 800 kg	—	14 × 45 ou 14 × 50	
— 1.000 kg	—	15 × 45 ou 15 × 50	
— 1.200 kg	—	16 × 50	
— 1.500 kg	—	17 × 50	

Si le poids de l'essieu arrière de votre voiture chargée......

jusqu'à 1.800 kg.

GONFLAGE

des " Confort-Bibendum "

Pesez l'essieu Avant et l'essieu Arrière de votre voiture, en charge et gonflez à la pression donnée par le tableau de gonflage page XL.

Assurez-vous, en même temps, que vos pneus ne sont pas surchargés. Si vous n'avez pas ces poids, adoptez provisoirement les pressions approximatives suivantes :

PNEUS DE	A L'AVANT	A L'ARRIÈRE
9 × 48	1 kg 500	2 kg
10 × 48	1 kg 500	2 kg
11 × 45	1 kg 500	2 kg
12 × 45	1 kg 750	2 kg 250
13 × 45	1 kg 750	2 kg 250
14 × 45	1 kg 750	2 kg 250
14 × 50	1 kg 750	2 kg 250
15 × 45	2 kg	2 kg 750
15 × 50	2 kg	2 kg 750
16 × 50	2 kg 500	3 kg 250
17 × 50	2 kg 500	3 kg 500

Le 1er et le 15,

un coup de gonflage !

GONFLAGE

des pneus Confort

Pesez l'essieu Avant et l'essieu Arrière de votre voiture en charge et gonflez à la pression donnée par le tableau de gonflage page XLI.

Assurez-vous, en même temps, que vos pneus ne sont pas surchargés. Si vous n'avez pas ces poids, adoptez provisoirement les pressions approximatives suivantes :

PNEUS DE	A L'AVANT	A L'ARRIÈRE
27 × 4,40	1 kg 750	2 kg 250
28 ×. 4,95-29 × 5,00	1 kg 750	2 kg 250
28 × 5,25	1 kg 750	2 kg 250
29 × 4,40	1 kg 750	2 kg 400
29 × 4,75	1 kg 750	2 kg 400
29 × 4,95-30 × 5,00	1 kg 750	2 kg 250
30 × 4,50	1 kg 750	2 kg 400
30 × 4,95-31 × 5,00	1 kg 750	2 kg 250
30 × 5,25	1 kg 750	2 kg 250
30 × 5,77	2 kg	2 kg 500
31 × 4,45	1 kg 750	2 kg 400
31 × 4,95-32 × 5,00	1 kg 750	2 kg 250
31 × 5,25	1 kg 750	2 kg 250
32 × 5,77	2 kg	2 kg 500
32 × 6,00	2 kg 500	3 kg 250
32 × 6,20	2 kg	2 kg 500
33 × 6,00	2 kg 500	3 kg 250
33 × 6,20	2 kg	2 kg 500
33 × 6,75	2 kg 500	3 kg 500
715 × 115	1 kg 500	1 kg 750
720 × 120	1 kg 750	2 kg 250
730 × 130	1 kg 750	2 kg 250
740 × 140	2 kg	2 kg 500
775 × 145	1 kg 750	2 kg 250
780 × 150	2 kg	2 kg 500
860 × 160	2 kg	2 kg 500
905 × 165	2 kg 500	3 kg 500

Le 1er et le 15, un coup de gonflage !

GONFLAGE
des pneus haute-pression

Pesez l'essieu Avant et l'essieu Arrière de votre voiture en charge et gonflez à la pression donnée par le tableau de gonflage page XL.

Assurez-vous, en même temps, que vos pneus ne sont pas surchargés. Si vous n'avez pas ces poids, adoptez provisoirement les pressions approximatives suivantes :

PNEUS DE	A L'AVANT	A L'ARRIÈRE
30 × 3	2 kg 500	3 kg 500
30 × 3 1/2	3 kg	4 kg
30 × 5	3 kg	4 kg
31 × 4	3 kg	4 kg
32 × 4	3 kg	4 kg
32 × 4 1/2	3 kg	4 kg
33 × 4	3 kg	4 kg
33 × 4 1/2	3 kg	4 kg
33 × 5	3 kg	4 kg
34 × 4 1/2	3 kg	4 kg
35 × 5	3 kg	4 kg
550 × 65	2 kg 500	3 kg 500
650 × 65	2 kg 500	3 kg 500
700 × 85	2 kg 500	3 kg 500
710 × 90	3 kg	4 kg
760 × 90	3 kg	4 kg
765 × 105	3 kg	4 kg
800 × 148	3 kg	4 kg
810 × 90	3 kg	4 kg
815 × 105	3 kg	4 kg
815 × 120	3 kg	4 kg
820 × 120	3 kg	4 kg
835 × 135	3 kg	4 kg
875 × 105	3 kg	4 kg
880 × 120	3 kg	4 kg
890 × 140	3 kg 50	4 kg 500
895 × 135	3 kg	4 kg
920 × 120	3 kg	4 kg
935 × 135	3 kg	4 kg

Le 1ᵉʳ et le 15,
un coup de gonflage !

Des pneus trop petits
meurent vite

Montez la dimension au-dessus
vous gagnerez de l'argent

MICHELIN